Boller
Hartmann

Volkswirtschaft

Situationen – Informationen – Kompetenzen

Boller
Hartmann

Volkswirtschaft

Situationen – Informationen – Kompetenzen

Merkur
Verlag Rinteln

Wirtschaftswissenschaftliche Bücherei für Schule und Praxis
Begründet von Handelsschul-Direktor Dipl.-Hdl. Friedrich Hutkap †

Verfasser:

Dr. Eberhard Boller, Dipl.-Hdl.

Gernot B. Hartmann, Dipl.-Hdl.

Fast alle in diesem Buch erwähnten Hard- und Softwarebezeichnungen sind eingetragene Warenzeichen.

Umschlagfotos:

Bild links: Maksim Shmeljov – www.colourbox.de

Bild rechts oben: Maribaben – Adobe.Stock.com

Bild rechts unten: Sean Locke Photography – Adobe.Stock.com

* * * * *

1. Auflage 2020

Gesamtherstellung:
MERKUR VERLAG RINTELN Hutkap GmbH & Co. KG, 31735 Rinteln

E-Mail: info@merkur-verlag.de
lehrer-service@merkur-verlag.de
Internet: www.merkur-verlag.de

ISBN 978-3-8120-**0664-4**

Vorwort

Bei dem vorliegenden Lehr- und Lernbuch ist der **Titel** gleichzeitig auch die **zentrale Zielsetzung** der Autoren und somit prägend für dessen gesamten **Aufbau** und **Inhalt.** Was konkret bedeutet es für ein Buch, das sich die **Kompetenzorientierung** auf die Fahnen schreibt und somit einen **wesentlichen Beitrag** für einen derart **ausgelegten Unterricht** leisten möchte? Kurz gesagt: Beim kompetenzorientierten Unterrichten geht es darum, dass die Lehrkraft den **Unterricht vom Ende her plant,** d.h., sie stellt sich zu **Beginn** die Frage, welche **Kompetenzen** die Lernenden mit **Abschluss** des **Kompetenzbereichs** erreicht haben sollen.

Zunächst gilt es also festzulegen, welche **Kenntnisse** die Lernenden erworben haben, welche **Fähigkeiten** und **Fertigkeiten** sie entwickelt haben und welche **Einstellungen, Haltungen** und **Motivationen** gefördert werden sollten. Ausgehend von diesen Zielen haben die Autoren Situationen kreiert und kompetenzorientierte Aufgabenstellungen formuliert, die im Regelfall die Erstellung komplexer Handlungsergebnisse abverlangen.

Die **Kompetenzorientierung** und der damit einhergehende **Aufbau dieses Buches** zielt darauf ab, dass die Lernenden:

- sich **anwendungsbereites Wissen** aneignen, also Kenntnisse, Fähigkeiten und Fertigkeiten, die **Handeln** ermöglichen;
- ihre **Einstellungen** und **Werte** bewusst **reflektieren;**
- befähigt werden, **Problemstellungen** zielführend zu **bewältigen;**
- einen **differenzierenden** Unterricht erleben können, der **individuelle Lernwege** ermöglicht;
- einen **Lernerfolg** erleben können, der sie auch zum **Weiterlernen motiviert;**
- durch die **Praxis- und Lebensnähe** die oft theoretischen Inhalte wesentlich **leichter gedanklich durchdringen** können;
- in ihrer **sprachlichen Bildung** unterstützt werden;
- befähigt werden, **Prüfungssituationen** besser zu bewältigen;
- in die Lage versetzt werden, **selbstständiger** zu **lernen.**

Wir wünschen Ihnen einen guten Lehr- und Lernerfolg!

Frühjahr 2020

Die Verfasser

Methoden zur Erstellung von Handlungsergebnissen

Ein kompetenzorientierter Unterricht verlangt bestimmte **Handlungsergebnisse.** In diesem Teil des Buches stellen die Autoren ausgewählte Methoden zur Erstellung von Handlungsergebnissen vor.

Situationen

Jedes Kapitel beginnt mit einer Situation, die darauf abzielt, die **Thematik** in der **Lebenswirklichkeit** der Lernenden zu **verorten,** um die **Lernmotivation** zu fördern.

Der Situation schließen sich **kompetenzorientierte Arbeitsaufträge** an, die die Lernenden sowohl zum Thema hinführen als auch theoretisches Wissen auf praktische Anwendung lenken oder durch **vollständige Handlungen** im Kontext von Lebenswirklichkeit ein Handlungsergebnis verlangen.

Situation: Michels Konsumwünsche übersteigen seine finanziellen Möglichkeiten

Michel Knappstein besucht zurzeit eine Berufsfachschule mit dem Ziel, anschließend eine Ausbildung zum Industriekaufmann zu beginnen. Von seinen Eltern erhält er ein monatliches Taschengeld in Höhe von 80,00 EUR.

Da Michel aber mit diesem Geld selten auskommt, hat er seit nunmehr drei Monaten einen Aushilfsjob in einem Supermarkt angenommen, wo er zweimal die Woche stundenweise Regale einräumt. Für diese Tätigkeit bekommt er 120,00 EUR monatlich.

Von dem ihm zur Verfügung stehenden Geld muss Michel im Wesentlichen seine Kleidung, sein Prepaidhandy sowie seine Freizeitaktivitäten ...

In dem nun folgenden Monat steht Michel vor großen Problemen, was seine geplanten ...

Kompetenzorientierte Arbeitsaufträge:

1. Formulieren Sie das Problem, mit dem sich Michel im nächsten Monat auseinandersetzen muss!
2. Versetzen Sie sich in die Situation von Michel. Erarbeiten Sie selbstständig mögliche Handlungsansätze zum Umgang mit diesem „Knappheitsproblem"!
3. Erläutern Sie den in diesem Zusammenhang wichtigen Ansatz des „Homo oeconomicus"!

Informationen

Die jeweiligen Informationen im Anschluss an die Situation sind zu klar abgegrenzten Lerneinheiten zusammengefasst. **Merksätze** sowie zahlreiche praxis- und lebensnahe **Beispiele, Übersichten** und **Grafiken** veranschaulichen die Lerninhalte und erhöhen die **Einprägsamkeit** der Informationen.

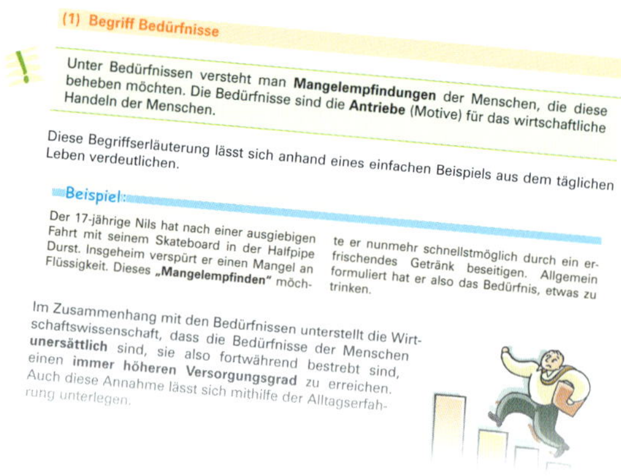

(1) Begriff Bedürfnisse

Unter Bedürfnissen versteht man **Mangelempfindungen** der Menschen, die diese beheben möchten. Die Bedürfnisse sind die **Antriebe** (Motive) für das wirtschaftliche Handeln der Menschen.

Diese Begriffserläuterung lässt sich anhand eines einfachen Beispiels aus dem täglichen Leben verdeutlichen.

Beispiel:

Der 17-jährige Nils hat nach einer ausgiebigen Fahrt mit seinem Skateboard in der Halfpipe Durst. Insgeheim verspürt er einen Mangel an Flüssigkeit. Dieses **„Mangelempfinden"** möchte er nunmehr schnellstmöglich durch ein erfrischendes Getränk beseitigen. Allgemein formuliert hat er also das Bedürfnis, etwas zu trinken.

Im Zusammenhang mit den Bedürfnissen unterstellt die Wirtschaftswissenschaft, dass die Bedürfnisse der Menschen **unersättlich** sind, sie also fortwährend bestrebt sind, einen **immer höheren Versorgungsgrad** zu erreichen. Auch diese Annahme lässt sich mithilfe der Alltagserfahrung unterlegen.

Kompetenzen

Am Ende eines jeweiligen Abschnitts finden sich umfangreiche Möglichkeiten für die Lernenden, die angestrebten Kompetenzen zu trainieren. Dabei bieten die Autoren ein **breites Spektrum** an Aufgabenstellungen und legen besonders großen Wert auf die **Anwendung** der Inhalte.

Dies reicht von einfachen Aufgaben für einen **weniger zeitintensiven** Kompetenzcheck bis hin zu Aufgabenstellungen, die **umfangreiche Handlungsergebnisse** abverlangen.

Kompetenztraining

40 1. Stellungnahme

Trotz zunehmender Globalisierung versuchen Staatengemeinschaften oder Staaten durch protektionistische Maßnahmen sich gegenüber anderen Ländern abzuschotten. Lesen Sie hierzu nachfolgenden Zeitungsartikel!

... Sardinen und Welse
nach Christian Davis

Die Entwicklungsländer werden oft mit fadenscheinigen Argumenten daran gehindert, ihre Erzeugnisse auf den Märkten der Industrieländer zu verkaufen. Ein Beispiel hierfür liefert ein Streit zwischen Peru und der ...

WTO Recht", das subventionierten Rechtsbeistand lieferte. Peru hat diesen Prozess gewonnen und darf seit 2003 seine Fischereierzeugnisse als „pazifische Sardinen" in der EU verkaufen.

Um die Erarbeitung zu erleichtern und die Präsentation der Arbeitsergebnisse methodisch variieren zu können, stehen für eine Vielzahl der Aufgaben **Vorlagen im PDF-Format** bereit. Diese können Sie über die Mediathek des Verlages (www.merkur-verlag.de, Suche: „0664") herunterladen. Im Buch sind diese Aufgaben mit dem Symbol DOWNLOAD gekennzeichnet.

Inhaltsverzeichnis

Methoden zur Erstellung von Handlungsergebnissen

1 Grundlagen ökonomischen Denkens und Handelns analysieren und beurteilen

2 Preisbildungsprozesse auf unterschiedlichen Märkten analysieren und beurteilen

4 Das Wirtschaftswachstum als volkswirtschaftliche Grösse beurteilen und durch konjunkturpolitische Massnahmen beeinflussen

5 Vollbeschäftigung durch Bekämpfung der Arbeitslosigkeit mittels Beschäftigungs- und Bildungspolitik anstreben

6 Preisniveaustabilität messen und dieses Ziel durch den Einsatz geldpolitischer Instrumente erreichen

9 Eine saubere Umwelt im Spannungsverhältnis zwischen ökonomischen und ökologischen Zielen anstreben

Methoden zur Erstellung von Handlungsergebnissen

Im nachfolgenden Kapitel werden exemplarisch ausgewählte Methoden erläutert, die für die **Erstellung von Handlungsergebnissen** notwendig sind. Dabei liegt das Augenmerk neben einer **Kurzbeschreibung** vor allem auf solchen **Hinweisen,** die für mögliche **Bewertungsansätze** der einzelnen Handlungsergebnisse für die Beteiligten von besonderer Bedeutung sein könnten.

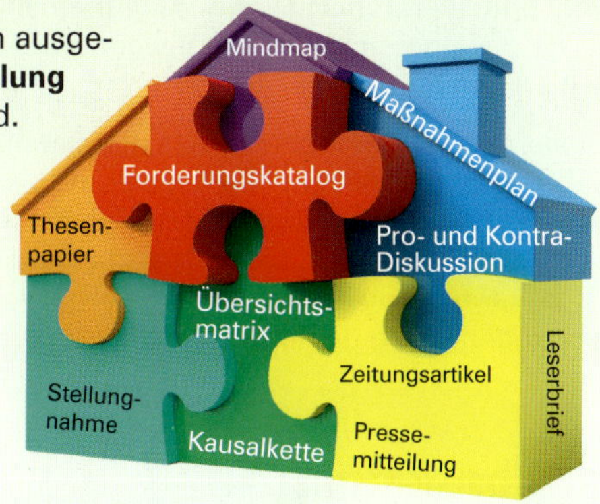

1 Mindmap

Diese bereits im Altertum eingesetzte Arbeitstechnik wurde in den 70er-Jahren von dem Engländer Buzon aufgegriffen und weiterentwickelt. Mindmapping – also das Anfertigen einer **„geistigen Landkarte"** bzw. das Aufzeichnen von „Gedankenbildern" – ist eine

- Technik, um **Gedanken, Ideen** oder **Sachverhalte** aufzuschreiben,
- Arbeitsmethode, die **sprachliches und bildhaftes Denken verbindet,** nutzt und fördert,
- Möglichkeit, um die Arbeit und Kommunikation in einer Gruppe zu **verbessern** und zu erleichtern.

Zunächst wird das zu bearbeitende Problem bzw. Thema **knapp** und **präzise** in die **Mitte** eines **Flipcharts** oder eines Abschnitts einer Tapetenrolle geschrieben und eingekreist. Danach werden themenbezogene Einfälle der Schülerinnen und Schüler entweder durch Zuruf oder innerhalb einer Partner- oder Gruppenarbeit um dieses Thema herumgeschrieben, wobei folgende **Regeln** zu beachten sind:

- Die Teilnehmer sollen **Schlüsselbegriffe formulieren,** wobei – möglichst durch unterschiedliche Farben hervorgehoben – Oberbegriffe bzw. Teilbereiche auf „Hauptästen" und Unterbegriffe auf „Nebenästen" zu notieren sind.
- Jedem „Ast" sollte nur **ein** Schlüsselwort zugeordnet werden.
- Es darf während der Ideensammlung **keinerlei Bewertung und Kritik** an den vorgebrachten Ideen geübt werden.
- Es sollen **möglichst viele** Ideen gesammelt werden. Quantität geht vor Qualität.

Beispiel:

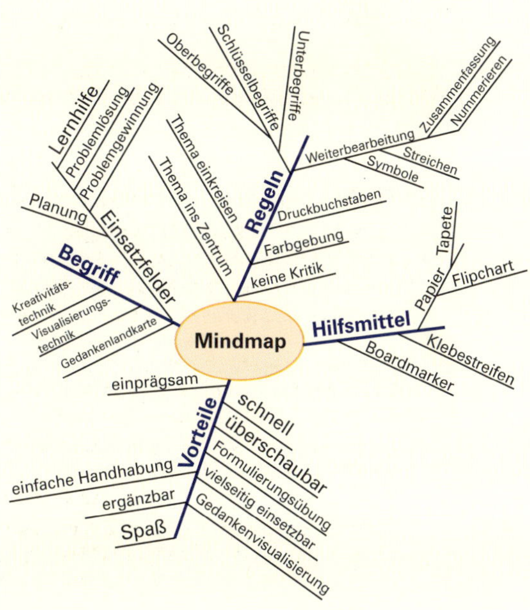

Erst im Anschluss an die Ideensammlung können unwichtige „Äste" gestrichen, Verbindungen zwischen Ästen hergestellt, Äste – falls erforderlich – nummeriert oder farbige Symbole bzw. Zeichen eingesetzt werden.

Bei der Sortierung ist darauf zu achten, dass die **Haupt- und Nebenäste thematisch sinnvoll** und **hierarchisch** vom **Allgemeinen zum Speziellen** anzuordnen sind. Insgesamt sollte die **Übersichtlichkeit** gewährleistet und die Nachvollziehbarkeit der **Gedankenketten** erkennbar sein.

Diese schnell erlernbare Kreativitätstechnik zeichnet sich insbesondere durch ihre **vielseitigen Einsatzmöglichkeiten** aus, da sie sowohl in Planungs- als auch Problemlösungs- oder Problemsicherungsphasen genutzt werden kann. Zudem fördert diese einprägsame Form der Darstellung das **vernetzte Denken,** macht Zusammenhänge überschaubar und ist als **„Handlungsergebnis"** der Lerngruppe im Rahmen des behandelten Themas jederzeit gegenwärtig und ergänzungsfähig.

2 Übersichtsmatrix

Nicht selten sind Themenbereiche sehr **komplex** und die einzelnen Aspekte auf vielfältige Weise miteinander verflochten. Eine **tabellarisch** bzw. **listenartig strukturierte Darstellung** solcher Sachverhalte im Sinne einer **übersichtlichen Aufbereitung** kann somit ein wichtiges Hilfsmittel sein. So ermöglicht sie dem Betrachter einen umfassenden Überblick und erleichtert zudem eine eventuell anstehende Entscheidung.

Bei der Erstellung einer Übersichtsmatrix ist darauf zu achten, dass die Spalten und Zeilen **korrekt** und **präzise** mit sinnvoll aufeinander abgestimmten Kriterien bzw. Aspekten beschrieben sind, sodass die einzelnen **Matrixfelder** sich **sachlogisch** in den **Gesamtkontext** einsortieren.

Beispiel:

Die Mittel, die dem Menschen Nutzen stiften, heißen Güter. Es werden verschiedene Güterarten unterschieden.

Aufgabe: Stellen Sie Konsum- und Produktionsgüter in einer Übersichtsmatrix dar, indem Sie diese erläutern und mit jeweils vier Beispielen aus dem Alltagsleben unterlegen!

Güterarten	Erläuterungen	Beispiele
Konsumgüter	Güter, die der unmittelbaren Bedürfnisbefriedigung dienen, nennt man Konsumgüter (konsumieren: verzehren). Man spricht deshalb auch von **Gegenwartsgütern**.	■ Laptop, ■ Smartphone, ■ Motorroller, ■ eine Kiste Mineralwasser.
Produktionsgüter	Güter, die zur Herstellung (Produktion) von Wirtschaftsgütern benötigt werden, heißen Produktionsgüter. Weil die Produktionsgüter letztlich der Erzeugung von Konsumgütern dienen sollen, heißen sie auch **Zukunftsgüter**.	■ Rohstoffe, ■ Fabrikgebäude, ■ Maschinen, ■ maschinelle Anlagen.

3 Forderungskatalog

- Ein **Forderungskatalog** ist eine **zusammenfassende Aufzählung** (Verzeichnis) von **begründeten** und **realistischen** Forderungen, die eine **Anspruchsgruppe** gegenüber einem **Adressaten** formuliert.
- **Ziel** ist es, den Adressaten zum **Handeln,** konkret zur Umsetzung der an ihn adressierten Forderungen, zu bewegen.

Bei der Erstellung eines Forderungskatalogs sollte folgende **Vorgehensweise** beachtet werden:

- **Ausgangssituation** als Basis für das gewünschte Ziel **präzise darstellen.** Dabei sollte möglichst auf **verlässliche** und **seriöse** Quellen geachtet werden.
- **Allgemein gilt:** Auf **Fakten** beruhende Forderungen haben eine größere Chance, vom Adressaten akzeptiert zu werden.
- Der **Adressat** für den Forderungskatalog sollte **ebenso präzise benannt** werden wie der **Fordernde.**
- **Sammlung von Forderungen** (z. B. mittels Brainstorming), die sich aus der Analyse der Ausgangssituation ableiten lassen. Die Forderungen sollten anschließend **knapp und klar** formuliert werden. Dies führt nicht zuletzt auch dazu, dass sie den Adressaten auch **ansprechen** und ihn noch **konkreter** auffordern, zu handeln.
- Die Forderungen sollten in **sachlogischer Reihenfolge** sortiert werden. Zum besseren Verständnis sind die einzelnen Forderungen **kurz** zu **erläutern** und – dort wo erforderlich – zu **begründen.**
- Zur besseren Übersichtlichkeit sind die Forderungen zu **nummerieren** und entsprechende **Absätze** einzubauen.

Beispiel:

Ausgangssituation: Anlässlich der Bundestagswahl am 24. September 2017 fordert der Vorstand der Deutschen Gesellschaft für die Vereinten Nationen e. V. (DGVN), die deutsche UN-Politik entlang von zehn Prioritäten auszurichten.

Aufgabe: Die DGVN fordert **alle Parteien sowie alle Kandidatinnen und Kandidaten zum Deutschen Bundestag** auf, diese Empfehlungen aufzunehmen und zu den Leitlinien ihrer Regierungs- und Parlamentsarbeit zu machen.

Forderungskatalog

Anlass: Die Welt ist aus den Fugen geraten. In diesen turbulenten Zeiten müssen die Vereinten Nationen eine zentrale Rolle in der internationalen Politik spielen. Nur die Vereinten Nationen bieten den nötigen universellen Rahmen, um wachsenden weltpolitischen Problemen gemeinsam zu begegnen. Konflikte mit grenzüberschreitenden Auswirkungen, Menschenrechtsverletzungen, Klimawandel oder steigende soziale Ungleichheit innerhalb und zwischen Staaten können nicht im nationalen Alleingang oder von kleinen Staatenkoalitionen gelöst werden.

1. Mit den Vereinten Nationen die globalen Herausforderungen bewältigen.
2. Völkerrecht einhalten und normativen Rahmen stärken.
3. Konflikte nicht verwalten, sondern aktiv verhindern.
4. Personell und finanziell engagiert zu UN-Friedensmissionen beitragen.
5. Transformation für mehr Nachhaltigkeit: Agenda 2030 umsetzen.

6. Klimawandel aufhalten: Temperaturanstieg auf 1,5°C begrenzen und Betroffene unterstützen.
7. Entwicklungszusammenarbeit an Agenda 2030 anpassen, multilaterale Zusammenarbeit ausbauen.
8. UN-Organisationen stetig und verlässlich im Bereich Flucht und Migration unterstützen.
9. Frauenrechte fördern und Gendergerechtigkeit verwirklichen.
10. Perspektiven für junge Menschen durch Bildung und Partizipation schaffen.

Hinweis: Aus Platzgründen wurde auf die Erläuterungen und Begründungen zu den einzelnen Forderungen verzichtet. Diese können in der Originalquelle eingesehen werden.

Quelle: https://dgvn.de/politik/forderungskatalog-2017 [Zugriff am 24.09.2019].

4 Maßnahmenplan

Der **Maßnahmenplan** gilt als **universelles Werkzeug,** um vorab definierte Ziele mithilfe von **konkreten Aktivitäten** zu erreichen.

Letztlich ist ein Maßnahmenplan eine **Art To-do-Liste,** die festlegt:

- welche **Aktivität,**
- in welcher **Reihenfolge,**
- mit welchem **Aufwand,**
- von **wem,**
- bis zu welchem **Zeitpunkt**

ausgeführt wird.

Mittels Maßnahmenplan lässt sich **zielorientiert** arbeiten bzw. der Ablauf eines Projekts detailliert planen. Ein klassischer Maßnahmenplan wird wegen der besseren Übersichtlichkeit als **einfache Tabelle** erstellt, die alle geplanten Aktivitäten **übersichtlich** und **strukturiert** darstellt.

Bei der Erstellung eines vollständigen Maßnahmenplans sollten folgende **Schritte** beachtet werden:

	Fünf Schritte zum Maßnahmenplan
1	Thema/Bezug zur Ausgangssituation herstellen
2	Zielsetzung (mit Zeithorizont) formulieren
3	(Realistische) Maßnahmen/Aktionen (mit Zeitvorgaben) formulieren und auf mögliche Probleme bzw. Hindernisse hinweisen
4	Zuständigkeiten sowie Reihenfolge der geplanten Maßnahmen festlegen
5	Erhoffte Wirkungen der geplanten Maßnahmen und Aktionen formulieren und Kontrollverantwortlichkeiten festlegen

Hinweis: Schritte 3 bis 5 können mittels einer Tabelle visualisiert werden (siehe nachfolgendes Beispiel).

Maßnahmen oder Ansätze für zukünftige Maßnahmen werden häufig in Workshops oder Team-Meetings zumeist mittels **Brainstorming** entwickelt. Von großer Bedeutung für den Erfolg eines Maßnahmenplans ist die **Verbindlichkeit der Beteiligten** in der Umsetzung und die **Zielstrebigkeit** der für die Umsetzung verantwortlichen Personen. Bleiben Verstöße gegen die vereinbarte Umsetzung ohne Folge oder werden Zeitüberschreitungen die Regel, verliert der Maßnahmenplan seine Verbindlichkeit und wird ein inhaltsleeres Dokument.

Beispiel:

Ausgangssituation: Mit dem Begriff „Industrie 4.0" wird die vierte Entwicklungsstufe der Industrialisierung beschrieben. Damit verbunden sind große Herausforderungen für die deutsche Volkswirtschaft, insbesondere für die künftige Arbeitswelt, die digitale Infrastruktur und das Bildungssystem. So setzen einerseits zunehmend automatisierte Produktionsprozesse in vielen Bereichen Arbeitskräfte frei, wohingegen diese Veränderungen gleichzeitig neue Qualifikationen von den Mitarbeitern von morgen verlangen.

Zielsetzung: Die deutsche Volkswirtschaft soll für die Aufgaben und Herausforderungen im Zuge der Digitalisierung der Arbeitswelt fit gemacht werden.

Aufgabe: Erstellen Sie einen Maßnahmenplan für die Bundesregierung, in dem Sie exemplarisch drei notwendige Maßnahmen zur Bewältigung dieser für den Wohlstand des Landes wichtigen Zukunftsaufgabe formulieren!

Maßnahmenplan

Maßnahme	Zeitvorgabe	Mögliche Probleme/ Hindernisse	Zuständigkeit	Erhoffte Wirkung
1. Die erforderlichen Kompetenzen für die Mitarbeiter in der Arbeitswelt der Zukunft müssen klar definiert werden.	Innerhalb der nächsten 12 Monate sollten die wichtigsten Kernkompetenzen berufsübergreifend formuliert werden.	Zum jetzigen Zeitpunkt lassen sich ohne tiefgreifende Studien solche Kompetenzen nicht klar definieren bzw. ändern sich diese im Zeitablauf.	Arbeitgeberverbände in Zusammenarbeit mit technischen Hochschulen.	Mittels eines Katalogs von Kompetenzen können die Lehrpläne für die Aus- und Weiterbildungsangebote entsprechend angepasst werden, um so die Arbeitskräfte für die Anforderungen der Zukunft fit zu machen.
2. In ganz Deutschland sollte die digitale Infrastruktur ausgebaut und auf den neuesten Stand gebracht werden, um somit schnelles Internet für alle als eine Art Grundrecht zu gewährleisten.	Innerhalb von fünf Jahren sollte ein Versorgungsgrad von ca. 90 % erreicht sein.	Der Ausbau der digitalen Infrastruktur kann mangels finanzieller oder personeller Ressourcen nicht im vorgesehenen Zeitraum realisiert werden.	Bundesministerium für Wirtschaft, Energie und Digitalisierung.	Alle Unternehmen, Institutionen, Bildungseinrichtungen und privaten Haushalte können an der digitalen Entwicklung und den damit einhergehenden Veränderungen teilhaben.
3. Die durch die Industrie 4.0 freigesetzten Mitarbeiter müssen über Weiterqualifizierung in den Arbeitsmarkt wieder integriert werden.	Fortlaufender Prozess. Die Zeitvorgabe bezieht sich hier vielmehr auf einen Zeitraum von maximal 12 Monaten, innerhalb dem ein freigesetzter Mitarbeiter im Durchschnitt wieder dem Arbeitsmarkt zugeführt wird.	Es treten vor allem bei älteren Arbeitnehmern und solchen mit sehr niedrigem Bildungsstand Hindernisse bei der Weiterqualifizierung auf. Nicht alle weiterqualifizierten Arbeitnehmer lassen sich im Anschluss nahtlos in Arbeit vermitteln.	Bundesministerium für Arbeit und Soziales in Zusammenarbeit mit der Bundesagentur für Arbeit.	Durch diese Maßnahme soll der mit der Industrie 4.0 einhergehende Anstieg der Arbeitslosigkeit im besten Fall vermieden werden.

5 Stellungnahme

Bei einer **Stellungnahme** handelt es sich um eine **Meinungsäußerung** zu einem bestimmten Sachverhalt bzw. Problem, die darauf abzielt, auf der Basis individueller **Wertmaßstäbe** zu einem begründeten eigenen **Werturteil** in Bezug auf die zugrunde liegende Fragestellung zu kommen.

Die Stellungnahme sollte **adressatenbezogen** sein und auf **bloße Behauptungen verzichten** sowie durch **Argumente** – dort wo möglich – mit **konkreten Fakten** (z.B. Zahlen, Studien) **unterlegt** werden.

Um dieses Ziel strukturiert anzusteuern, sollte eine Stellungnahme stets folgendem **sachlogischen Aufbau** folgen:

1 Einleitung

Hier wird zunächst das Thema bzw. die zentrale These des Autors für den Empfänger (Leser) kurz und möglichst präzise dargestellt.

2 Hauptteil

In diesem Teil der Stellungnahme findet die Auseinandersetzung mit einer vorgegebenen Meinung, der Klärung eines Sachverhalts oder eines strittigen Problems statt. Im Zuge dieser Kontroverse werden:

- die Zielkonflikte bzw. das Für und Wider benannt,
- die Wirkungen und Folgen des Sachverhaltes bzw. der Alternativen überprüft,
- die Chancen und Risiken in angemessener Anzahl differenziert dargestellt und
- eventuell neue Lösungsansätze entwickelt.

3 Schlussteil

Hier findet eine kritische Überprüfung der vorgegebenen Beweisführung statt. Dabei wird der eigene Standpunkt mit den maßgeblichen Abwägungen zusammenfassend dargelegt und begründet, wobei das stärkste Argument möglichst an den Schluss gestellt werden sollte. Das Fazit umfasst drei Elemente, und zwar:

- das abschließende Urteil (Entscheidung/Empfehlung),
- eine Untermauerung des Urteils (der Entscheidung/Empfehlung) und
- die Entkräftung der Gegenargumente.

6 Veröffentlichung

Die Veröffentlichung kann in verschiedenen Ausprägungen als **Handlungsergebnis** im Rahmen einer Aufgabenstellung gefordert sein.

Im Wesentlichen sollten die konkreten Anforderungen an derartige Veröffentlichungen **fächerübergreifend** im **Deutschunterricht** ausführlich besprochen werden. Vor diesem Hintergrund werden nachfolgend lediglich **einige Wesensmerkmale** der drei gängigen Formen einer Veröffentlichung dargestellt.[1]

1 Vgl. hierzu: www.nibis.de/uploads/2bbs-vetter/220714_Handlungsprodukte_BRC_BVW_VW_ab2017.pdf [Zugriff: 25.10.2019].

(1) Zeitungsartikel

Der **Zeitungsartikel** ist eine logisch strukturierte Informationsvermittlung, die je nach Aufgabenstellung für einen vorgegebenen Adressatenkreis in sachlichem oder kommentierendem Sprachstil verfasst wird, um diesen zu einem konkreten Thema kurz, prägnant und präzise zu informieren und für die Thematik zu interessieren.

(2) Pressemitteilung

Die **Pressemitteilung** beantwortet als Sachtext in aller Kürze und sehr präzise die wichtigsten **W-Fragen** (Wer? Was? Wann? Wo? Wie? Warum?) für die als Zielgruppe ausgewählten Adressaten. Die Pressemitteilung ist ein wichtiges Instrument der Kommunikationspolitik für Unternehmen, Institutionen und Behörden. Allgemein gilt, dass die **Überschrift** sehr aussagekräftig sein sollte und die wichtigsten **Fakten an den Anfang** der Pressemitteilung gestellt werden. Zudem sollten die **Presse-Kontaktdaten des Unternehmens** angegeben werden, d.h. der Name des Unternehmens samt Anschrift, Anspechpartner mit Telefonnummer und E-Mail-Adresse sowie ggf. die Internetseite.

(3) Leserbrief

Der **Leserbrief** ist eine schriftliche Reaktion auf einen veröffentlichten Beitrag (z.B. Zeitung) und dient der kurzen, sachbezogenen Darstellung einer persönlichen Meinung. Er ermöglicht dem Absender somit, den eigenen Standpunkt einer breiten Öffentlichkeit vorzustellen bzw. seine eigene Position darzulegen. Der Leserbrief zeigt zumeist eine ablehnende oder zustimmende Reaktion auf einen Artikel (meist Zeitung oder Zeitschrift) und bezieht somit Stellung zum Inhalt des Beitrags. Allerdings ist es auch denkbar, dass der Absender ausschließlich den Stil des Artikels würdigt oder auch kritisiert und sich weniger auf den eigentlichen Inhalt bezieht. Möglich ist zudem ein Leserbrief als Reaktion zu einem veröffentlichten Leserbrief.

Bei der Erstellung eines Leserbriefes sollten folgende **Regeln** beachtet werden:

- Stellen Sie deutlich klar, auf welchen Teil des jeweiligen Artikels Sie sich beziehen und benennen Sie konkret, welchen Inhalt, welche Aussage bzw. welchen Fehler Sie beanstanden.
- Verweisen Sie außerdem darauf, welche Rolle Sie selbst einnehmen. Sind Sie ein Experte auf dem jeweiligen Gebiet oder sind Sie unter Umständen selbst von der Thematik betroffen?
- Formulieren Sie die eigenen Argumente logisch und sachlich korrekt und belegen Sie diese mit eindeutigen Beispielen bzw. Fakten. Dies erhöht die Chance, dass das Ganze abgedruckt wird und wirkt auch für Außenstehende nachvollziehbarer.

7 Thesenpapier

Eine **These** ist ein möglichst kurz und prägnant formulierter **Behauptungssatz,** der zumeist eine **eigene Meinung** wiedergibt und **begründet** bzw. **belegt** werden muss. Hieraus folgt, dass allgemein bekannte Tatsachen keine Thesen darstellen.

Im Wesentlichen dient ein Thesenpapier als Grundlage für eine Diskussion, indem es in die Thematik einführt bzw. zu Gegenäußerungen einlädt.

Bei der Erstellung eines Thesenpapiers sollten folgende **Schritte** beachtet werden:

1 Thema formulieren

Ein Thesenpapier sollte neben dem **Namen des Verfassers** auch das **Thema** bzw. die den Thesen zugrundeliegende **Fragestellung** an den Anfang stellen.

2 Thesen formulieren und sortieren

- Die dann folgenden Thesen bestehen aus **kurz** und **präzise** formulierten Aussagen und sollten nach Möglichkeit nur aus jeweils **einem Satz** bestehen und der besseren Übersichtlichkeit halber **durchnummeriert** werden.
- Die Thesen sollten allesamt den Kern der Frage bzw. der Problemstellung treffen und deren Argumente sowohl interessant als auch überzeugend sein.
- Schließlich sollten die Thesen in einer **logischen Reihenfolge** sortiert sein, um so die Zusammenhänge besser zu verdeutlichen.

3 Schlusskommentar

Am Ende des Thesenpapiers kann ein **Schlusskommentar** einfügt werden, der die Position des Verfassers und/oder ein Fazit aus den Thesen enthält.

Beispiel:

Ausgangssituation: Die Begriffe „Industrie 4.0" und „Digitalisierung der Arbeitswelt" lösen in der Bevölkerung, bei verschiedenen Experten und nicht zuletzt auch in einigen Kreisen der Politik große Zukunftsängste aus.

Aufgabe: Erstellen Sie ein Thesenpapier, dass in dieser Entwicklung mehr die Chancen als die Risiken für unsere Volkswirtschaft in den Vordergrund rückt!

Digitalisierung wirkt sich auf die Bundesrepublik Deutschland positiv aus

1. Die Digitalisierung schafft Arbeitsplätze, da neue Technologien neue Produkte und Dienstleistungen ermöglichen und somit auch neue Berufe.
2. Die mit der Digitalisierung einhergehende Automatisierung sichert Jobs, denn in traditionellen Branchen tragen Effizienzgewinne durch eine stärkere Automatisierung dazu bei, Produkte und Dienstleistungen billiger zu machen und die Nachfrage nach ihnen zu erhöhen.
3. Das Tempo des technologischen Wandels wird überschätzt, denn Innovationen brauchen viel Zeit, um breitflächig eingesetzt zu werden und wirken zu können.
4. Gerade in Deutschland ergänzen sich Demografie und Digitalisierung vorteilhaft, denn perspektivisch haben wir nicht zu viele, sondern zu wenige und gleichzeitig auch ältere Arbeitskräfte.
5. Die Digitalisierung steigert vor allem den Druck für gering qualifizierte Arbeitnehmer, da sie nicht die Gesamtzahl der geleisteten Arbeitsstunden, wohl aber die von niedriger qualifizierten Arbeitnehmern reduziert.
6. Die Bildungsfrage wird in der künftigen Arbeitswelt noch bedeutsamer, denn sie entscheidet letztlich darüber, ob der Einzelne mit den Entwicklungen mithalten kann.

8 Pro- und Kontra-Diskussion

Im Kern handelt es sich bei der Pro- und Kontra-Diskussion um eine **prägnante** und **präzise** begründete **Gegenüberstellung** möglicher Argumente mit abschließender Bewertung (Fazit).

Bei der Erstellung einer Pro- und Kontra-Diskussion sollte folgende **Vorgehensweise** beachtet werden:

- Pro- und Kontra-Argumente **sammeln und formulieren.** Die Argumente sollten nicht aus der Luft gegriffen sein, sondern in dem angeführten Kontext durchaus **realistisch** sein.
- Pro- und Kontra-Argumente **strukturiert** darstellen, z. B. mittels einer Tabelle.
- Ein **abschließendes Fazit** am Ende der Pro- und Kontra-Diskussion besteht aus **drei Elementen:**
  1. dem abschließenden **Urteil** (Entscheidung/Empfehlung),
  2. der **Untermauerung** des Urteils bzw. der Empfehlung mit entsprechend stichhaltigen Begründungen und
  3. der **Entkräftung** möglicher Gegenargumente.

Beispiel:

Ausgangssituation: Um den Sozialstaat und somit den Bundeshaushalt zu entlasten und die Systeme der sozialen Sicherung mit Blick auf den demografischen Wandel vor dem Kollaps zu bewahren, sollen die einzelnen Leistungen deutlich reduziert werden. Im Gegenzug sollen die hieraus resultierenden Steuer- und Abgabenentlastungen von jedem Einzelnen individuell für eine entsprechende private Absicherung von Lebensrisiken genutzt und somit vorhandene Versorgungslücken geschlossen werden.

Aufgabe: Diskutieren Sie, ob ein derartiger Umbau des Sozialstaats sinnvoll ist!

Argumente für den Abbau des Sozialstaats	Argumente gegen den Abbau des Sozialstaats
■ Mit Blick auf den demografischen Wandel muss der Sozialstaat von immer weniger Zahlern finanziert werden. ■ Die Ausgaben werden durch die zunehmende Überalterung der Bevölkerung explodieren. ■ Die hohen Sozialleistungen könnten einen Anreiz für Zuwanderung darstellen. ■ Der Einzelne hat viel mehr Freiheit über die Verwendung seiner Mittel selbst zu entscheiden. ■ ...	■ Viele wären aufgrund ihres geringen Einkommens nicht in der Lage, die eigenen Lebensrisiken hinreichend abzusichern. ■ Ein Absinken der Sozialleistungen könnte in einigen Bevölkerungsgruppen zu einem starken Anstieg von Armut führen. ■ Ein höheres Armutsrisiko könnte den sozialen Frieden stören und zu Massenprotesten oder Unruhen führen. ■ Es besteht die Gefahr, dass der Einzelne die Absicherung der Lebensrisiken wegen Minderschätzung dieser Bedürfnisse nicht selbst vornimmt und somit in einigen Fällen ohne Absicherung dasteht. ■ ...

Fazit: Individuelle Lösungen.

9 Wirkungs- und Kausalkette

Den Ausgangspunkt einer Wirkungskette bildet ein **ursächliches Ereignis** (Auslöser), welches eine **Abfolge** (Kette) von weiteren **möglichen Ereignissen** nach sich zieht. Nicht zuletzt deshalb spricht man in diesem Zusammenhang auch von einer „Kausalkette", wenn jede **Wirkung** selbst wieder **Ursache** eines sich hieran anschließenden Ereignisses wird.

Denkbar ist auch, dass die Wirkungskette in Form eines **Kreislaufs** verläuft. Zu einem solchen „Zyklusdiagramm" kommt es immer dann, wenn das letzte Ereignis der Wirkungskette wieder in dem ursprünglichen Auslöser endet.

Bei der Erstellung einer Wirkungskette (Kausalkette) sollte folgende **Darstellungsweise** beachtet werden:

- Um im Rahmen einer Aufgabenstellung ein sinnvolles Ergebnis zu gewährleisten, sollte neben der eigentlichen Ursache (Auslöser) ein möglicher **Richtungspunkt** als Ende der Kausalkette vorgegeben werden.
- Die einzelnen Wirkungen werden mit entsprechenden **Pfeilen** verbunden und dokumentieren den Übergang zur nächsten Folge (Ereignis) bzw. zur nächsten Handlung.
- Die Symbole können durch **erklärende Wörter** ergänzt werden (wenn, dann, daraus folgt, unter der Voraussetzung usw.).
- Bei der Darstellung einer Wirkungskette kann zudem unterschieden werden, ob es sich um eine **mögliche** oder **zwingende** Wirkung handelt.

Beispiel:

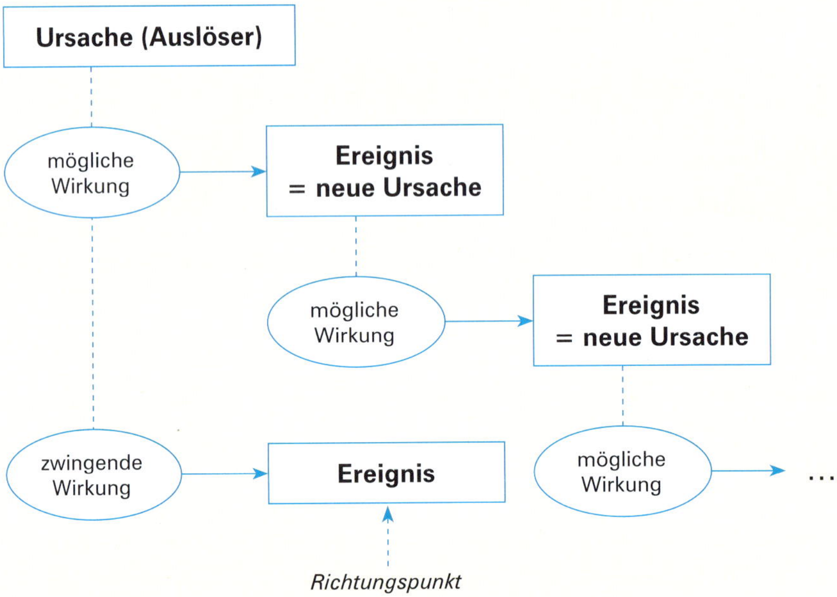

Quelle: In Anlehnung an: http://www.riepel.net/methoden/Wirkungskette.pdf [Zugriff am 24.09.2019].

1 Grundlagen ökonomischen Denkens und Handelns analysieren und beurteilen

1 Wirtschaftliches Handeln von Wirtschaftssubjekten im Hinblick auf wirtschaftliche, ökologische und soziale Aspekte bewerten

Situation: Familie Mutschke plant einen Urlaub

Der Schüler Maximilian Mutschke sitzt abends gemeinsam mit seinen Eltern und seiner Schwester im Wohnzimmer, um den in einigen Monaten anstehenden Familienurlaub zu planen. Gleich zu Beginn des Gesprächs wird jedoch deutlich, dass die Wünsche und Interessen der vier Familienmitglieder weit auseinanderliegen.

So bevorzugt Maximilian einen etwa zweiwöchigen Urlaub in einem großen Luxushotel, mit „All-inclusive-Verpflegung" und funktionsfähigem WLAN, damit er auch während des Urlaubs über seine sozialen Netzwerke ausgiebig kommunizieren kann. Für ihn kommt nur eine Flugreise zu einem sonnigen Urlaubsort auf einer spanischen Insel mit vielfältigen Möglichkeiten zum abendlichen Ausgehen in Betracht.

Dieser Wunsch stößt jedoch sogleich bei seiner Schwester Karla auf erheblichen Widerstand.

Sie ist verärgert über die Wünsche ihres Bruders und hält ihm einen langen Vortrag über die negativen Folgen des Massentourismus.

Urlaubswünsche der Familie Mutschke

Kompetenzorientierte Arbeitsaufträge:

1. Stellen Sie sich vor, Sie gewinnen eine „Traumreise Ihrer Wahl". Formulieren Sie ausführlich Ihre eigenen Wünsche, Bedürfnisse und Interessen für eine solche Urlaubsreise!
2. Erläutern Sie, welche Wirkungen Ihre persönliche wirtschaftliche Situation konkret auf die in Aufgabe 1 zusammengestellte Urlaubsplanung hat, falls Sie diesen Urlaub selbst oder durch Ihre Eltern finanzieren müssten! Formulieren Sie abschließend zu Ihren Erläuterungen einen Zusammenhang zwischen dem Bedarf und den Bedürfnissen!
3. **Übersichtsmatrix**

   Notieren Sie zehn Bedürfnisse, die Sie sich im Laufe dieses Tages erfüllen möchten! Sortieren Sie diese anschließend in einer Übersichtsmatrix nach Existenz- und Luxusbedürfnissen!

1.1 Wirtschaftsteilnehmer Haushalt, Unternehmen und Staat

Jeder von uns kommt tagtäglich mit **wirtschaftlichen Sachverhalten** in Berührung. Ganz gleich, ob wir eine Kinokarte erwerben, per Internet über entsprechende Portale entgeltlich Musik bzw. Filme streamen oder einen Ausbildungsplatz mit dem Ziel annehmen, später durch eine entsprechende Arbeit Geld zu verdienen. Wir alle **konsumieren** tagtäglich **vielfältige Produkte** und **Dienstleistungen,** die Unternehmen oder staatliche Einrichtungen erzeugt haben und für uns bereithalten.

In der Volkswirtschaftslehre bezeichnet man als **Wirtschaftssubjekt** jede **wirtschaftlich selbstständig handelnde Einheit.** Dies kann z. B. ein privater Haushalt, ein Unternehmen, ein Kreditinstitut oder ein Staat sein.

Wenn wir früher oder später einer Arbeit nachgehen, interessiert uns nicht nur, ob die Arbeit Spaß macht, sondern auch die Höhe des Einkommens.

Wenn wir das verdiente Geld schließlich ausgeben, werden wir uns zumeist die Frage stellen, ob die Preise der Güter und Dienstleistungen, die wir kaufen wollen, angemessen und für uns bezahlbar sind. Wir sind, ob wir wollen oder nicht, Glieder einer Gesellschaft und damit der Wirtschaft.

Die **Wirtschaft** ist ein **wichtiger Teil** unseres **Lebens,** der im Kern die **Versorgung mit Gütern und Dienstleistungen** zum Gegenstand hat.

1.2 Ökonomische Modelle

(1) Beobachtung ökonomischer Sachverhalte

Mit dem Alltagswissen über wirtschaftliche Erscheinungen können wir nicht erklären, weshalb bestimmte **ökonomische** (wirtschaftliche) Sachverhalte so und nicht anders ablaufen. Dies ist vielmehr Aufgabe wissenschaftlicher Untersuchungen (Analysen). Hierbei kommt der **Beobachtung der Wirklichkeit** eine besondere Bedeutung zu.

(2) Modellbildung

Mit Blick auf die vielen Verzahnungen des Wirtschaftsgeschehens vollzieht sich ökonomisches Denken typischerweise in Form von **Modellen,** die lediglich einen Teil der komplexen Realität (Wirklichkeit) abbilden. Mit ihrer Hilfe lassen sich die Grundzüge des Wirtschaftsprozesses durch das **Zusammenspiel** von Haushalten, Unternehmen, dem Staat und anderen Wirtschaftssubjekten **vereinfacht** darstellen.

Modelle sind eine **gedankliche Hilfskonstruktion** zur **vereinfachten** Abbildung der Realität.

Beispiel:

Untersucht man in der Volkswirtschaftslehre den Verlauf der nachgefragten Menge, so beschränkt sich diese Betrachtung beispielsweise auf die Änderung der Nachfragemenge bei Variation des Preises des nachgefragten Gutes.

Dabei bleiben andere Faktoren, z.B. die Einkommensentwicklung, die Veränderung der Qualität des nachgefragten Produktes, die Bedeutung dieses Produktes innerhalb der Bedürfnishierarchie des Nachfragers oder gar die Preisentwicklung anderer Güter, zunächst außen vor. Erst nach und nach werden in das vereinfachte Ausgangsmodell auch diese Faktoren mit einbezogen, um komplexere Zusammenhänge zu veranschaulichen und gedanklich zu durchdringen.

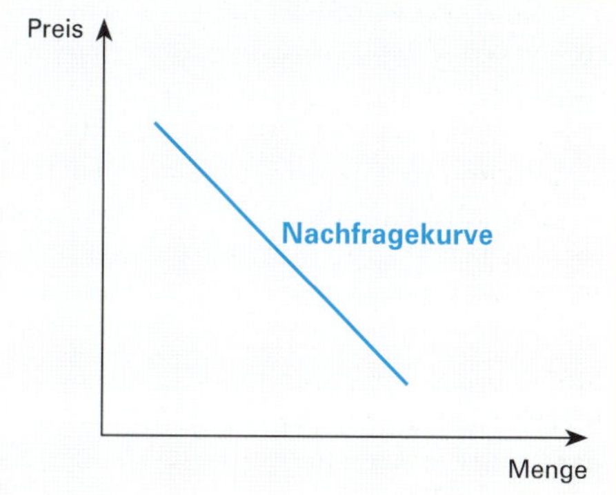

1.3 Konsumverhalten der Menschen

1.3.1 Problemstellung

Das zur Verfügung stehende Einkommen einer Privatperson kann entweder für Konsumzwecke **ausgegeben** oder **gespart** werden.

Unter **Konsum**[1] versteht man die **Inanspruchnahme** von Gütern und Dienstleistungen zur unmittelbaren Bedürfnisbefriedigung.

Das Konsumverhalten (Verbraucherverhalten) ist neben der Höhe des Einkommens von vielen anderen Faktoren abhängig und **verändert** sich im Laufe der Zeit.

Das **Konsumverhalten** der Verbraucher wird laufend **wissenschaftlich erforscht,** da es sowohl für die Entwicklung der gesamten **Volkswirtschaft** als auch für die Selbstverwirklichung jedes **Einzelnen** von großer Bedeutung ist.

1 **Konsumieren:** verbrauchen, verzehren.

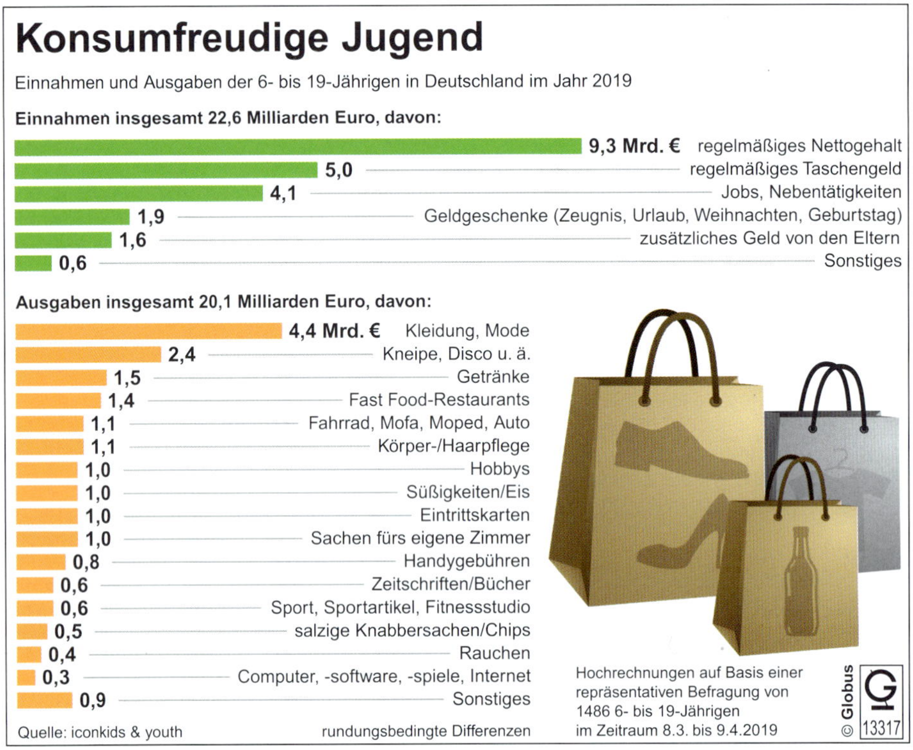

1.3.2 Ökonomische und ökologische Erklärungsansätze zum Konsumverhalten

Im Folgenden werden ökonomische und ökologische Erklärungsansätze zum Konsumverhalten (Verbraucherverhalten) vorgestellt.

(1) Ökonomische Erklärungsansätze zum Konsumverhalten

Ökonomische Erklärungsansätze zum Konsumverhalten unterstellen, dass der Verbraucher sich immer nach dem **ökonomischen Prinzip**[1] verhält. Dieses besagt, dass der Verbraucher versucht, die Ware möglichst billig zu erwerben **(Minimalprinzip)** bzw. mit dem vorhandenen Geld möglichst viele Waren zu kaufen **(Maximalprinzip)**. Der Preis eines bestimmten Gutes bestimmt also vorwiegend das Kaufverhalten.

Der **gut informierte** und **rational**[2] **handelnde** Konsument zeigt auf einem Markt folgende theoretische Grundverhaltensweisen:

- **Steigt** der **Preis** eines Gutes, **sinkt** die nachgefragte **Menge** dieses Gutes.
- **Fällt** der **Preis** eines Gutes, **steigt** die nachgefragte **Menge** dieses Gutes.

1 **Prinzip**: Grundsatz. Näheres zum ökonomischen Prinzip siehe Kapitel 2.3.2.

2 **Ratio**: Verstand, **rational**: vom Verstand gesteuert, vernünftig.

Die Hauptkritik an den ökonomischen Erklärungsansätzen des Konsumverhaltens bezieht sich auf die Tatsache, dass **allein** wirtschaftliche Überlegungen als entscheidend für Kaufhandlungen angesehen werden. Dies entspricht jedoch **nicht** der Realität. So spielen z.B. **emotionale** und zunehmend auch **ökologische** Aspekte eine Rolle bei Konsumentscheidungen.

(2) Ökologische Erklärungsansätze zum Konsumverhalten

Ein ökologisches Konsumverhalten gewinnt vor dem Hintergrund weiter **steigender globaler Umweltbelastungen** für immer mehr Menschen in Deutschland an Bedeutung. Bei diesem Konsumverhalten geht es den Verbrauchern in erster Linie um die **Vermeidung negativer ökologischer Auswirkungen** der Güterproduktion, die sich **generationenübergreifend** durch entsprechende Umweltschäden abzeichnen.

Konsumenten erwarten heutzutage nicht nur einen **Gebrauchsnutzen** von den zu ihrer Lebenshaltung notwendigen Gütern. Der **Nutzengewinn** des Konsums soll auch auf möglichst umweltschonende Weise erreicht werden. Beispiele dieses Trends zum ökologischen Konsum ist das seit Jahren anhaltende stetige Wachstum des Marktes für **biologisch erzeugte Lebensmittel,** die steigende Nachfrage nach **Lebensmitteln aus der Region,** der Verzicht auf Fleischkonsum oder Flugreisen.

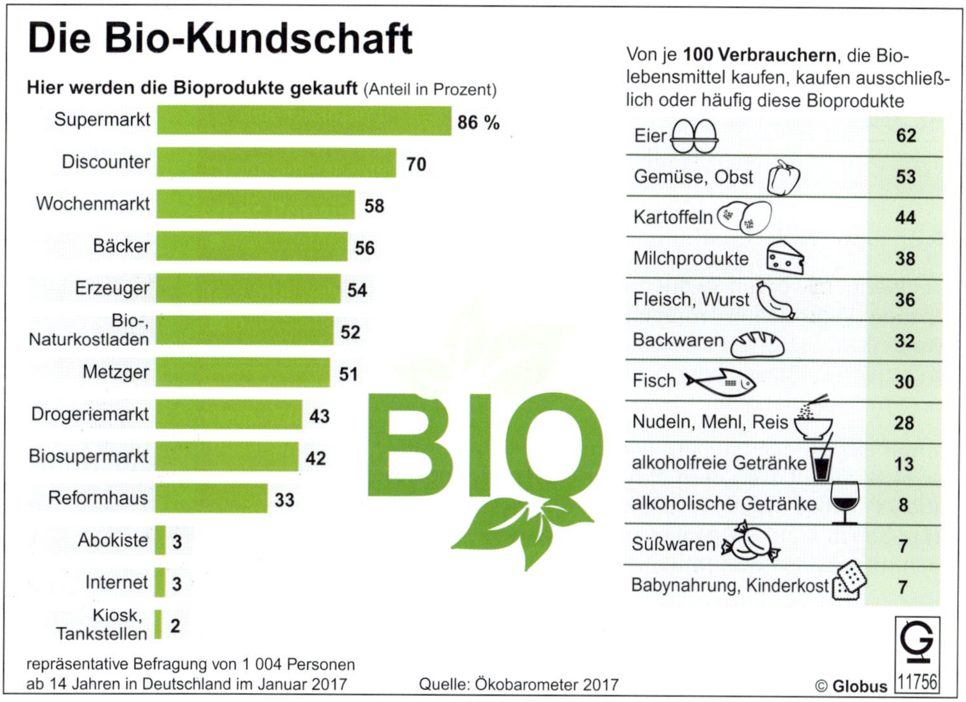

Die Grundidee bzw. der **Trend** hin zum umweltgerechten Konsum dehnt sich mittlerweile auf immer **mehr Konsumbereiche** aus. So gibt es ein umfassendes Sortiment an ökologisch hergestellter **Kleidung, Möbeln oder Reisen** („sanfter Tourismus").

1.3.3 Veränderung der Konsumwünsche

Das Konsumverhalten hat sich in den letzten Jahrzehnten grundlegend verändert. Der Verbraucher, der seinen Bedarf im Rahmen eines starr geplanten Verhaltens deckt, wird seltener. Stattdessen rückt die **spontane, erlebnishafte** Bedürfnisbefriedigung in den Vordergrund.

Gründe für die Veränderung des Konsumverhaltens sind u. a.:

- Die vergangenen Jahre waren durch einen **Wertewandel** hin zur Individualisierung und Erlebnisorientierung gekennzeichnet.
- Immer mehr **Frauen** sind berufstätig und haben ein **eigenes Einkommen.**
- Die Globalisierung beeinflusst den Lebensstil. Das große Warenangebot vervielfacht die **Konsumalternativen.**
- Die Verbraucher sehen im Konsum eine **Belohnung** für die geleistete Arbeit. **Einkaufen** („Shoppen") wird zu einer beliebten Form der **Freizeitgestaltung. Shopping Malls** (Einkaufszentren) erfreuen sich immer größerer Beliebtheit.

Der **Wandel vom Versorgungs- zum Erlebniskonsum** begann zunächst im Urlaubs- und Freizeitbereich und hat mittlerweile auch den Bereich der allgemeinen Lebensführung erreicht.

Die **Erlebnisqualität** wird zu einem immer wichtigeren Kaufkriterium. Konsumgüter ohne erkennbaren Erlebniswert verlieren zunehmend an Attraktivität.

1.3.4 Fehlentwicklungen im Konsumverhalten

Die zunehmende Konsumorientierung führt nicht selten zu einem **Konsumzwang.** Gekauft wird nicht mehr in erster Linie, um seine Versorgung sicherzustellen, sondern um akzeptiert zu werden oder um Spaß zu haben – koste es, was es wolle.

Zudem besteht die Gefahr, dass die Menschen konsumieren, um **Frust** abzubauen. Die Lust auf Konsumieren entspringt dann der **Angst** vor der eigenen **inneren Leere.** Aus einer zu starken und sehr zeitintensiven Konsumorientierung heraus erwachsen insbesondere folgende Gefahren:

- Die **Bereitschaft** der Menschen, **selbst Verantwortung und Verpflichtungen zu übernehmen** und sich gegenseitig in bestimmten Situationen zu helfen, **sinkt.**
- Die Konsumgesellschaft bringt persönliche **Desorientierung** und **Verhaltensunsicherheit** mit sich. Man hat Angst vor dem Verlust von sozialen Statussymbolen und damit auch der Anerkennung.
- Das Kreditkartenzücken und **Online-Shoppen** ist oftmals sichtbarer Ausdruck einer neuen Form der Konsumabhängigkeit. Das **„Über-die-eigenen-Verhältnisse-Leben"** ist ein weiteres Merkmal dieser Fehlentwicklung im Verbraucherverhalten.

Diese Gefahren dürfen nicht unterschätzt werden. Der Konsument muss daher in die Lage versetzt werden, Konsumentscheidungen mehr mit **Vernunft** und **weniger** vom **Gefühl** her zu treffen. Der Informationsaustausch mit Freunden, aber auch Verbraucherberatungsstellen können helfen, den Weg zu einem **verantwortungsbewussten** Konsumverhalten zu finden.

- **Allgemein gilt:** Je **informierter** die Menschen als Verbraucher sind und je **größer** ihre **Unabhängigkeit** gegenüber den Verlockungen des Konsumangebots ist, desto **weniger** sind sie von den Fehlentwicklungen betroffen.
- Jeder **Einzelne** kann durch seine Kaufentscheidung die **Entwicklung** von Wirtschaft, Gesellschaft und Umwelt **mitbestimmen.**

Kompetenztraining

1

1. Beschreiben Sie, warum das Konsumverhalten nicht nur aus rein ökonomischer Sicht erklärt werden kann!
2. Lesen Sie zunächst nachfolgenden Text zum Konsumverhalten!

Konsumverhalten – Die tägliche Verführung

Niemand schöpfte Verdacht. Nicht die Freundinnen, denen Gina Morgenson den prickelnden Schaumwein aus Australien einschenkte und die Bodylotion einer Naturproduktserie ans Herz legte. Nicht die Nachbarn, denen Eric Morgenson beim Barbecue seinen neuen Grill präsentierte. Nicht die Mitschüler, denen die Söhne ihre coolen Rucksäcke und Snowboards vorführten. Vertrauensvoll wie Lämmer folgten Nachbarn und Freunde den Morgensons – und kauften und kauften, was immer diese sympathische, gut situierte Familie ihnen anpries. Sie ahnten nicht, dass sie Teil eines verblüffenden Experiments waren und wie Marionetten dem Willen eines einzigen Mannes folgten.

Martin Lindstrom ist ein zierlicher, jungenhaft wirkender Mann, man sieht ihm nicht an, welche Macht er hat. Doch Lindstrom gilt als Marketing-Guru. Er berät Firmen, die ihre Produkte erfolgreicher vermarkten wollen. Er weiß, wie man Menschen verführt. Und er sorgte dafür, dass die Einwohner von Laguna Beach in Kalifornien [. . .] plötzlich ganz verrückt nach bestimmten Markenprodukten waren. Inspiriert von dem Hollywoodfilm *The Joneses – Verraten und verkauft*, in dem vier als Familie getarnte Marketingagenten ihren Nachbarn neue Produkte unterjubeln, wollte Lindstrom herausfinden, welchen Einfluss Freunde und Bekannte auf Kaufentscheidungen haben.

Er stellte den Film mit einer echten Familie nach, den Morgensons. Eine eigens engagierte Castingagentin hatte sie nach monatelanger Suche gefunden. Die Morgensons waren sozial gut vernetzt, erfolgreich und sahen gut aus – sie verkörperten den amerikanischen Traum. Lindstrom ließ 35 Kameras und 25 Mikrofone in ihrem Haus verstecken, um vier Wochen lang zu beobachten, wie sie ihren Freunden und Nachbarn bei jeder Gelegenheit die ausgewählten Seifen, Weine oder Schuhe aufzuschwatzen versuchten. Das Ergebnis übertraf Lindstroms kühnste Erwartungen: Jeder der Freunde kaufte später im Schnitt drei der gelobten Produkte.

Tagtäglich werden wir systematisch von Marketingexperten und Werbegenies manipuliert. Mit immer raffinierteren Methoden versuchen sie, die geheimsten Wünsche und Gefühle der Menschen zu ergründen und ihre Konsumgewohnheiten auszuspionieren – um sie dann zum Kauf immer neuer Produkte zu verführen.

3 Boller, Hartmann - ISBN 978-3-8120-0664-4

Und nur allzu bereitwillig gehen wir auf ihre Manipulationen ein, geben den Versuchungen nach. Denn Kaufen verspricht Glück – weckt doch jedes neue Produkt die Hoffnung, das Leben noch ein klein wenig besser zu machen. Die Tricks der Marketingstrategen und Verkäufer treffen heute mehr denn je auf eine verunsicherte Gesellschaft, die nach Halt und Bestätigung sucht, oft auch nur nach Beschäftigung. Kaufen ist ein Hobby geworden, ein Mittel zur Stimmungsregulation und Selbstoptimierung, manche sagen sogar: eine neue Weltreligion.

Doch das Glück in Tüten ist trügerisch. Wen hat nicht schon einmal nach dem Rausch das schlechte Gewissen beschlichen (Dispokredit! Klimawandel! Welthunger!) und das schale Gefühl, dass immer mehr nie genug ist – wohl aber Geld, Zeit und Energie kostet. [. . .]

Quelle: ZEIT Online vom 31.05.2012.

Aufgabe:

Erläutern Sie, inwieweit dieser Artikel Ihr persönliches Konsumverhalten bzw. Ihre Konsummotive konkret beschreibt. Gehen Sie dabei insbesondere darauf ein, durch wen und in welcher Form Ihr Einkaufsverhalten beeinflusst wird!

1.4 Entstehung von Nachfrage

1.4.1 Begriff und Arten der Bedürfnisse

(1) Begriff Bedürfnisse

Unter Bedürfnissen versteht man **Mangelempfindungen** der Menschen, die diese beheben möchten. Die Bedürfnisse sind die **Antriebe** (Motive) für das wirtschaftliche Handeln der Menschen.

Diese Begriffserläuterung lässt sich anhand eines einfachen Beispiels aus dem täglichen Leben verdeutlichen.

Beispiel:

Der 17-jährige Nils hat nach einer ausgiebigen Fahrt mit seinem Skateboard in der Halfpipe Durst. Insgeheim verspürt er einen Mangel an Flüssigkeit. Dieses **„Mangelempfinden"** möchte er nunmehr schnellstmöglich durch ein erfrischendes Getränk beseitigen. Allgemein formuliert hat er also das Bedürfnis, etwas zu trinken.

Im Zusammenhang mit den Bedürfnissen unterstellt die Wirtschaftswissenschaft, dass die Bedürfnisse der Menschen **unersättlich** sind, sie also fortwährend bestrebt sind, einen **immer höheren Versorgungsgrad** zu erreichen. Auch diese Annahme lässt sich mithilfe der Alltagserfahrung unterlegen.

Beispiel:

Die 17-jährige Jessica wünscht sich dringend ein neues Smartphone. Wird ihr dieser Wunsch von ihren Eltern erfüllt, so bedeutet dies mit Sicherheit nicht das Ende ihrer Bedürfnisse. Denn kaum ist mit dem Smartphone ihr zu diesem Zeitpunkt sehnlichster Wunsch befriedigt, sehnt sie sich beispielsweise nach dem Führerschein, danach nach einem Urlaub. Sollten ihr auch diese Bedürfnisse erfüllt werden, so dürften als nächstes ein größeres Zimmer oder ein eigenes Auto auf ihrer Wunschliste auftauchen. Und auch wenn ihr dies früher oder später ermöglicht werden sollte, findet sich für Jessica mit Sicherheit im Anschluss daran wiederum ein neuer Mangel, den es schnellstmöglich zu beseitigen gilt.

(2) Gliederung der Bedürfnisse

Gliederung der Bedürfnisse nach der Dringlichkeit

Bedürfnisse	Erläuterungen	Beispiele
Existenzbedürfnisse	Sie sind körperliche Bedürfnisse. Sie müssen befriedigt werden. Ihre Befriedigung ist lebensnotwendig.	■ Hunger bzw. Durst stillen wollen. ■ Das Bedürfnis, sich vor Kälte bzw. dem Erfrieren schützen zu wollen.
Kulturbedürfnisse	Sie entstehen mit zunehmender kultureller, also auch technischer, wirtschaftlicher oder künstlerischer Entwicklung, weil die Ansprüche, die der Einzelne an das Leben stellt, wachsen.	■ Sich modisch kleiden wollen. ■ Der Wunsch nach einer Ferienreise. ■ Ein eigenes Auto fahren wollen.
Luxusbedürfnisse	Von Luxusbedürfnissen spricht man, wenn sich die Bedürfnisse auf Sachgüter oder Dienstleistungen richten, die sich in einer bestimmten Gesellschaft nur besonders Wohlhabende leisten können.	■ Eine sehr teure Luxusuhr tragen. ■ Eine Villa mit Swimmingpool und/oder ■ eine Segeljacht besitzen wollen.

Eine **genaue Abgrenzung** zwischen Kultur- und Luxusbedürfnissen ist nicht immer ohne Weiteres möglich. Gemeinsam ist ihnen, dass ihre Befriedigung **nicht** unbedingt lebensnotwendig ist.

Gliederung der Bedürfnisse nach dem Bedürfnisträger

Bedürfnisse	Erläuterungen	Beispiele
Individualbedürfnisse[1]	Sie richten sich auf Güter, die der **Einzelne** für sich allein (bzw. innerhalb seiner Familie) konsumieren kann.	Die Wünsche, Pizza zu essen, ein bestimmtes Getränk zu sich zu nehmen, ein eigenes Smartphone oder Auto zu besitzen.

1 **Individualbedürfnisse:** Bedürfnisse des Einzelnen (von Individuum: Einzelwesen).

Bedürfnisse	Erläuterungen	Beispiele
Kollektivbedürfnisse[1]	Sie werden mit Gütern befriedigt, die **allen** Mitgliedern der Gesellschaft zur Nutzung zur Verfügung stehen sollten.	Die Wünsche, auf einer Landstraße Motorroller zu fahren, ein öffentliches Verkehrsmittel zu benutzen, eine Schule zu besuchen, an einer staatlichen Universität zu studieren. Das Bedürfnis, in einer sauberen Umwelt zu leben.

Mit **zunehmendem Wohlstand** ist zu beobachten, dass die **Kollektivbedürfnisse anwachsen.** Die Ansprüche an den Staat werden immer umfangreicher (z.B. Forderungen nach besseren Schulen, mehr Universitäten, mehr Umweltschutz, besseren Straßen).

Gliederung der Bedürfnisse nach der Bewusstheit der Bedürfnisse

Bedürfnisse	Erläuterungen	Beispiele
Offene Bedürfnisse	Bei offenen Bedürfnissen handelt es sich um solche Mangelempfindungen, die dem Einzelnen **bewusst** sind.	Im Anschluss an eine Doppelstunde Sport verspürt ein Schüler den Wunsch, etwas zu trinken, um seinen Durst zu löschen.
Latente[2] **Bedürfnisse**	Sie sind beim Einzelnen **unterschwellig** vorhanden und müssen erst noch durch die Umwelt geweckt werden. Die Bewusstwerdung dieser im Unterbewusstsein bereits existenten Wünsche wird durch einen „äußeren Reiz" ausgelöst.	So hat gewiss jeder schon einmal die Erfahrung gemacht, dass er beim Shopping – angelockt von einer Schaufensterauslage oder einem herrlichen Essensduft – etwas gekauft hat, was bis zu diesem Zeitpunkt nicht auf seiner „Einkaufsliste" stand.
Manipulierte[3] **Bedürfnisse**	Bei manipulierten Bedürfnissen handelt es sich um ein Mangelempfinden, das gezielt von Werbung, Politik, Medien oder anderen Manipulatoren erzeugt wird. Dabei spricht insbesondere die Werbung nicht nur (latent) vorhandene Bedürfnisse an, sie erzeugt vielmehr bei den Zielgruppen auch **neuartige** Bedürfnisse.	Das Image der aktuellen „Stars" (Musiker, Sportler, Schaupieler, Youtuber etc.) und die damit verbundene Art, sich zu schminken oder zu kleiden, wird regelmäßig von gewissen Medien zur Mode stilisiert und infolge millionenfach verkauft. Zudem wird häufig beim Kauf bestimmter Marken eine Elitezugehörigkeit unterstellt. Weitere Beispiele sind Modetrends bei Frisuren, Schönheitsideale oder Körperkult.

1 **Kollektivbedürfnisse**: Bedürfnisse der Gesamtheit, Gemeinschaft.

2 **Latent**: versteckt.

3 **Manipulieren:** Menschen bewusst und gezielt beeinflussen oder lenken.

Bedürfnispyramide nach Maslow

Der Mensch wird, wenn er **vernünftig (rational)** handelt, zunächst die Bedürfnisse zu befriedigen suchen, die ihm am **dringlichsten** erscheinen.

Der amerikanische Psychologe Abraham Maslow hat deshalb das Konzept einer Bedürfnispyramide entwickelt. Nach Maslow wird der Wunsch zur Befriedigung der Bedürfnisse einer höheren Pyramidenstufe erst dann erreicht, wenn die Bedürfnisse der **Vorstufe weitestgehend** befriedigt sind.

Bedürfnispyramide nach Maslow

Beispiel:

Ein Schüler kauft einen Pullover und erfüllt damit ein **Grundbedürfnis,** weil er nicht frieren möchte. Fordert er bewusst eine gute Faserqualität, so erreicht er damit das **Sicherheitsbedürfnis.** Mit der Auswahl von Farbe und Design befriedigt er das **soziale Bedürfnis** und zum Teil das Geltungsbedürfnis. Beim Einkauf erwartet er Beratung und Anregung zum Kombinieren mit Hemd, Tuch, Schal oder Jacke und befriedigt damit sein **Geltungsbedürfnis.** Indem er eine besondere Marke kauft (der Pullover trägt das Zeichen einer Premiummarke) in der Absicht, einen Lebensstil zu erreichen, wird ein Statuskauf vorgenommen. So trägt der Pullover durch die Selbststilisierung zur **Selbstverwirklichung** bei.

Wie nachfolgender Artikel aufzeigt, konnte wissenschaftlich nachgewiesen werden, dass der **Umgang** von Kleinkindern mit einem Bedürfnis sich in vielfältiger Weise auf das spätere Leben des Einzelnen auswirkt.

Marshmallow-Test – Nimm mich!

Was haben Marshmallows mit der Karriere zu tun? Eine ganze Menge, wie der berühmte Test von Walter Mischel beweist. Warum Sie nicht gleich nach dem erstbesten Bonbon greifen sollten, das der Chef Ihnen vor die Nase hält.

Das Experiment, mit dem der Neuropsychologe Walter Mischel von der Columbia University in New York zu einer Art Pop-Star in der Wissenschaft geworden ist, klingt so einfach wie simpel: In den Sechzigerjahren hat er amerikanische Vorschulkinder vor einen Marshmallow gesetzt und ihnen erklärt, dass sie eine zweite Süßigkeit als Belohnung bekommen, wenn sie zwanzig Minuten den Marshmallow unberührt lassen. Wenn sie allerdings den Snack vor Ablauf der Zeit aufessen oder eine Klingel betätigen, um das Aufsichtspersonal in das Labor zu holen, müssen sie sich mit nur einem Marshmallow zufriedengeben. Der Test fiel unterschiedlich aus: Einige Kinder aßen den Marshmallow sofort auf oder scheiterten schon nach wenigen Minuten; andere hielten ohne Probleme die vorgeschriebene Zeit durch – und wieder andere setzten ausgeklügelte Methoden ein, um sich abzulenken und das hochgesteckte Ziel zu erreichen.

Mischel erklärt auch, wie die Resultate mit den späteren Lebensleistungen der Versuchspersonen zusammenhängen. Die Kinder, denen es gelang, durchzuhalten und die süße Schaumzuckerware nicht zu essen, haben Jahrzehnte später erfolgreichere Wege im Berufs- und im Familienleben eingeschlagen als jene Kinder, die weniger Willensstärke zeigten. Mischels Hypothese lautet deshalb: Wer über eine starke Willenskraft verfügt und sich auf langfristige Ziele konzentriert, hat bessere Chancen, ein erfolgreiches und zufriedenes Leben zu führen.

Aufschlussreich für Mischels Analyse sind besonders jene, die verschiedene Tricks einsetzten, um die zwanzig Minuten zu überstehen. Sie haben dem Wissenschaftler gezeigt, was man tun muss, um den „inneren Schweinehund" auszutricksen und ein Ziel zu erreichen. Man kann den Test deshalb symbolisch verstehen und auf alle Lebensbereiche übertragen: Im Alltag kann der zweite Marshmallow für eine Beförderung stehen, die mehr Zeit, Geduld oder Arbeit erfordert; oder für einen kleineren Bauch, für den man auf Süßigkeiten verzichten will; oder für einen Partner, dem man trotz Verlockungen treu bleiben möchte.

1.4.2 Bedarf

Da die Bedürfnisse der Menschen unbegrenzt sind, können sie mit Blick auf die nur **begrenzt** vorhandenen (finanziellen) **Mittel** nicht alle befriedigt werden. Der **Teil** der Bedürfnisse, der sich von dem **verfügbaren** Taschengeld oder Einkommen bzw. den Ersparnissen realisieren lässt, wird als Bedarf bezeichnet.

! Die mit **Kaufkraft** versehenen Bedürfnisse bezeichnet man als **Bedarf**.

Beispiel:

Der 17-jährige Hamid, der sein monatliches Taschengeld schon aufgebraucht hat, würde sich gerne den neuesten James-Bond-Film im Kino ansehen. Leider bleibt dieser Wunsch zunächst ein Bedürfnis. Erst wenn er zu Beginn des neuen Monats von seinen Eltern seine 50,00 EUR Taschengeld erhält, könnte er sich den Film im Kino anschauen. Das Bedürfnis wird erst dann zum konkreten Bedarf.

1.4.3 Nachfrage

! Die **Nachfrage** ist der Teil des Bedarfs, der **tatsächlich** am Markt an Gütern und Dienstleistungen **nachgefragt** wird.

Der Bedarf muss **nicht** in vollem Umfang mit der am Markt tatsächlich nachgefragten Gütermenge übereinstimmen, da unterschiedliche Gründe dazu führen können, dass Güter letztlich nicht nachgefragt werden.

Die Nachfrage des Einzelnen basiert also auf dessen Bedürfnissen. Dabei ist die konkrete Nachfrage von verschiedenen **Kriterien** abhängig, wie beispielsweise den **Preisen** der Güter, der **Konsumsumme** und **Bedürfnisstruktur** des Nachfragenden.

Beispiel:

Der Schüler Paul Becker verspürt in der ersten Pause großen Hunger auf eine Pizzaschnecke, ein Eis und Schokolade.

An der Preistafel des Schulkiosks informiert er sich über das aktuelle Angebot.

Bei Durchsicht seiner Geldbörse stellt er allerdings fest, dass er nur über 1,80 EUR Bargeld verfügt, sodass er nicht alle seine Bedürfnisse mit den ihm zur Verfügung stehenden finanziellen Mitteln befriedigen kann. Zwar könnte er sich theoretisch zwei Schokoriegel und eine Eiskugel kaufen, aufgrund der nach seinem Empfinden zu hohen Preisforderung für eine Eiskugel entscheidet er sich jedoch für drei Schokoriegel, sodass ihm 0,30 EUR verbleiben. Der Bedarf, also die mit Kaufkraft ausgestatteten Bedürfnisse, wurde nicht in vollem Umfang als Nachfrage am Markt (Schulkiosk) wirksam.

Preisliste

Kakao	0,60 EUR
Kaffee	0,75 EUR
Limonade	0,90 EUR
Orangensaft	1,10 EUR
belegte Brötchen	0,75 EUR
Nussecke	1,25 EUR
Pizzaschnecke	2,50 EUR
Kleiner Salat	2,75 EUR
Müsliriegel	0,60 EUR
Schokoriegel	0,50 EUR
Eiskugel	0,80 EUR

Kompetenztraining

2

1. Nennen Sie je fünf Beispiele für lebensnotwendige und nicht lebensnotwendige Bedürfnisse!

2. Erläutern Sie, worin sich die Existenzbedürfnisse von den Kulturbedürfnissen unterscheiden!

3. 3.1 Beschreiben und interpretieren Sie das nebenstehende Schaubild:

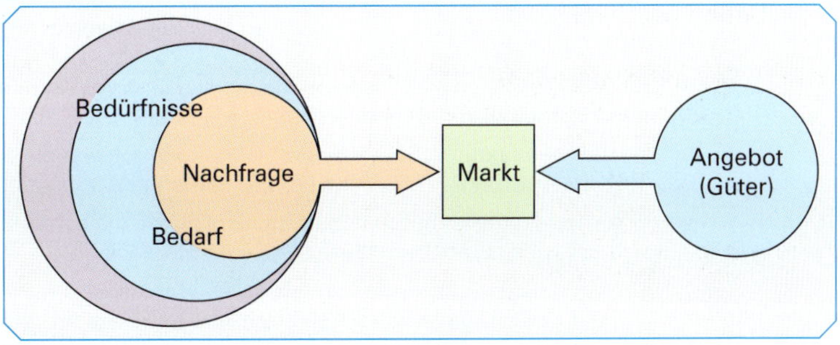

3.2 Ergänzen Sie folgende Übersicht, indem Sie die Bedürfnisarten und jeweils drei von Ihnen selbst gewählte Beispiele aus Ihrem Lebensalltag eintragen!

DOWNLOAD

Bedürfnisse nach Dringlichkeit

______	______	______
Beispiele: 1. ______ 2. ______ 3. ______	Beispiele: 1. ______ 2. ______ 3. ______	Beispiele: 1. ______ 2. ______ 3. ______

3.3 Teilen Sie die Bedürfnisse nach den Bedürfnisträgern ein!

Nennen Sie zu jeder Bedürfnisart mindestens zwei selbst gewählte Beispiele aus Ihrem Lebensbereich!

DOWNLOAD

4. Vervollständigen Sie das nebenstehende Schaubild, indem Sie die folgenden Begriffe sachlogisch korrekt in die vorgegebenen Felder einfügen!
   - Nachfrage
   - Bedarf
   - Deckung (eines Teils) des Bedarfs
   - Bedürfnis
   - Kaufkraft

Vom Bedürfnis zur Nachfrage:

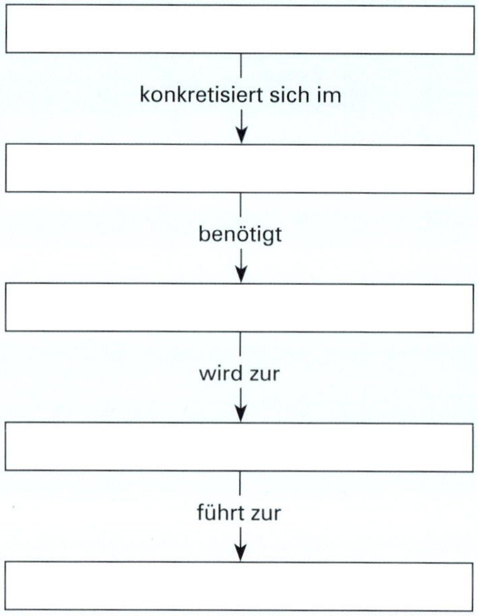

5. Bedürfnisse lassen sich nach unterschiedlichen Kriterien einteilen. Prüfen Sie, welche der nachfolgenden Aussagen falsch ist! Ist keine der Aussagen falsch, tragen Sie eine ⑨ ein!

   ① Bei den latenten Bedürfnissen handelt es sich um ein Mangelempfinden, das gezielt von Werbung, Politik, Medien oder anderen Manipulatoren erzeugt wird.

   ② Individualbedürfnisse richten sich auf Güter, die der Einzelne für sich allein bzw. innerhalb seines privaten Haushalts konsumieren kann.

   ③ Von Luxusbedürfnissen spricht man, wenn sich die Bedürfnisse auf Sachgüter oder Dienstleistungen richten, die sich in einer bestimmten Gesellschaft nur wenige Begüterte leisten können.

   ④ Existenzbedürfnisse sind körperliche Bedürfnisse, deren Befriedigung lebensnotwenig ist.

   ⑤ Kulturbedürfnisse entstehen mit zunehmender kultureller, also auch technischer, wirtschaftlicher oder künstlerischer Entwicklung, weil die Ansprüche, die der Einzelne an das Leben stellt, wachsen.

   ⑥ Das Bedürfnis, an einer Universität zu studieren, zählt zu den Kollektivbedürfnissen.

☐

6. Bedürfnisse lassen sich nach verschiedenen Gesichtspunkten unterteilen.
Stellen Sie in den nachfolgenden Fällen fest, ob es sich um ein

Spalte A

① Individualbedürfnis,

② Kollektivbedürfnis,

Spalte B

③ Existenzbedürfnis,

④ Kultur- und Luxusbedürfnis,

handelt! Tragen Sie die entsprechenden Ziffern in die jeweiligen Felder ein!
Ist nach Ihrer Einschätzung keine genaue Zuordnung möglich, tragen Sie bitte eine ⑨ ein!

6.1	Die bayrische Landesregierung möchte in Zukunft mehr Polizisten einstellen, um so den Wunsch der Bevölkerung nach mehr innerer Sicherheit zu erfüllen.	
6.2	Der Schüler Max Rauth möchte sich eine Spielekonsole der neuesten Generation kaufen. Leider sind seine derzeitigen Ersparnisse noch nicht ausreichend.	
6.3	Die Stadt Hannover plant den Bau eines neuen Erlebnisbades mit mehreren Wasserrutschen und einer großzügigen Sauna- und Wellnessoase.	
6.4	Die Familie Schnatterer baut ein Einfamilienhaus in der Nähe von Köln. Ihre Mietwohnung wurde ihnen wegen Eigenbedarfs zum nächsten Jahr gekündigt.	
6.5	Die Schülerin Franziska Simon möchte künftig ein eigenes Auto fahren. Hierzu besucht sie aktuell die Fahrschule Geiger.	
6.6	Die Bundeswehr baut eine neue Kaserne in Oberbayern für die Ausbildung von Gebirgsjägern. Diese Maßnahme wurde erforderlich, da das Heer aufgestockt werden soll.	
6.7	Die Bürger der Stadt Freiburg haben per Bürgerinitiative durchgesetzt, dass die Stadt künftig ein Fahrverbot für Pkw in der Innenstadt verhängt, da die zulässigen Grenzwerte für die Luft ständig überschritten werden.	
6.8	Der Schüler Paul Gruber verspürt großen Durst und möchte sich deshalb in der Pause eine Flasche Mineralwasser am Schulkiosk kaufen.	
6.9	Die Stadt Frankfurt muss im nächsten Jahr dringend in eine neues Wasserwerk investieren, um mit Blick auf den gestiegenen Bedarf die Versorgungssicherheit zu gewährleisten.	
6.10	Um ihre beruflichen Aufstiegschancen zu verbessern, möchte die Auszubildende Annica Christin im Anschluss an ihre Ausbildung nebenberuflich an einer privaten Hochschule studieren.	

2 Eigene Erfahrungen nutzen und Konsumentscheidungen hinterfragen

Situation: Michels Konsumwünsche übersteigen seine finanziellen Möglichkeiten

Michel Knappstein besucht zurzeit eine Berufsfachschule mit dem Ziel, anschließend eine Ausbildung zum Industriekaufmann zu beginnen. Von seinen Eltern erhält er ein monatliches Taschengeld in Höhe von 80,00 EUR.

Da Michel aber mit diesem Geld selten auskommt, hat er seit nunmehr drei Monaten einen Aushilfsjob in einem Supermarkt angenommen, wo er zweimal die Woche stundenweise Regale einräumt. Für diese Tätigkeit bekommt er 120,00 EUR monatlich.

Von dem ihm zur Verfügung stehenden Geld muss Michel im Wesentlichen seine Kleidung, sein Prepaidhandy sowie seine Freizeitaktivitäten bestreiten. Am Wochenende geht Michel gerne mit seinen Freunden ins Kino, Restaurant, Fußballstadion oder in eine gemütliche Musikkneipe, wobei er an solchen Abenden durchschnittlich 25,00 EUR ausgibt.

In dem nun folgenden Monat steht Michel vor großen Problemen, was seine geplanten Ausgaben anbelangt. Diese sind wieder mal erheblich größer als Einnahmen. Hier muss er also noch einige der geplanten Konsumentscheidungen überdenken, will er mit seinem Geld auskommen.

Kompetenzorientierte Arbeitsaufträge:

1. Formulieren Sie das Problem, mit dem sich Michel im nächsten Monat auseinandersetzen muss!
2. Versetzen Sie sich in die Situation von Michel. Erarbeiten Sie selbstständig mögliche Handlungsansätze zum Umgang mit diesem „Knappheitsproblem"!
3. Erläutern Sie den in diesem Zusammenhang wichtigen Ansatz des „Homo oeconomicus"!

2.1 Begriff Güter

Bedürfnisse wollen befriedigt werden. Wer Hunger hat, braucht Nahrung. Wer Durst hat, braucht Getränke. Wer friert, braucht Kleidung. Wer Neues wissen möchte, braucht Informationen (z.B. das Internet). Und wer krank ist, braucht ärztliche Hilfe und Medikamente. Der Gebrauch oder Verbrauch von Gütern und Dienstleistungen erhöht das Wohlbefinden des Menschen. Man sagt, dass die Bedürfnisbefriedigung „Nutzen" stiftet.

Die Mittel, die dem Menschen **Nutzen stiften,** heißen **Güter**.

2.2 Arten der Güter

(1) Freie Güter und wirtschaftliche Güter

Freie Güter

Die freien Güter, d.h. solche, die in **unbeschränktem** Maße zur Verfügung stehen (z.B. Luft, Sonnenstrahlen, Meerwasser), können von jedem Menschen nach Belieben in Anspruch genommen werden. Sie sind **nicht** Gegenstand des Wirtschaftens. Allerdings ist zu bemerken, dass sich die Zahl der freien Güter durch den Raubbau an der Natur (Vernichtung der Tierwelt, Verschmutzung der Binnengewässer, der Meere und der Luft) immer mehr verringert. Die **ehemals freien** Güter werden zu **wirtschaftlichen** Gütern und es gilt, sie mit Verstand (rational) zu verwalten und zu verteilen.

Wirtschaftliche Güter

Diese Güter stehen nur beschränkt zur Verfügung, d.h., sie sind **knapp**. Da ihre Gewinnung bzw. Herstellung Kosten verursacht, werden sie gegen Entgelt am Markt angeboten und erzielen einen Preis. Zu den wirtschaftlichen Gütern zählen die **Sachgüter**[1] (z.B. Lebensmittel, Kleidung, Fahrzeug), die **Dienstleistungen**[2] (z.B. Beratung durch einen Rechtsanwalt, Unterricht, Durchführung eines Dauerauftrags durch die Bank) oder **Rechte**[2] (z.B. Patente, Lizenzen).

Beispiel:

Zwischen den Begriffen **Knappheit** und **Seltenheit** besteht ein Unterschied. Malt der Hobbykünstler Fröhlich z.B. ein Bild, so besteht dieses Bild nur ein Mal auf der Welt. Das Bild ist „selten". Will indessen kein Mensch dieses Bild haben, geschweige denn kaufen, ist das Bild nicht knapp. Knappheit liegt nur vor, wenn die Bedürfnisse nach bestimmten Gütern größer sind als die Zahl dieser verfügbaren Güter.

(2) Konsumgüter und Produktionsgüter

Güterarten	Erläuterungen	Beispiele
Konsumgüter	Güter, die der unmittelbaren Bedürfnisbefriedigung dienen, nennt man Konsumgüter (konsumieren: verzehren). Man spricht deshalb auch von **Gegenwartsgütern.**	■ Laptop, ■ Smartphone, ■ Motorroller, ■ eine Kiste Mineralwasser.
Produktionsgüter	Güter, die zur Herstellung (Produktion) von Wirtschaftsgütern benötigt werden, heißen Produktionsgüter. Weil die Produktionsgüter letztlich der Erzeugung von Konsumgütern dienen sollen, heißen sie auch **Zukunftsgüter.**	■ Rohstoffe, ■ Fabrikgebäude, ■ maschinelle Anlagen, ■ Transportanlagen, ■ Werkzeuge.

1 **Sachgüter** stellen **materielle Güter** dar.

2 **Dienstleistungen** und **Rechte** stellen **immaterielle Güter** dar.

(3) Private und öffentliche Güter

Güterarten	Erläuterungen	Beispiele
Private Güter	Sie werden von privaten Unternehmen gegen Entgelt am Markt angeboten.	■ Kleidung, ■ Auto, ■ Smartphone.
Öffentliche Güter	Sie werden von der **öffentlichen Hand** (z. B. Bund, Länder, Kommunen) für die **Allgemeinheit** bereitgestellt und in der Regel vom **Staat finanziert.**	■ Öffentliche Schulen, ■ innere Sicherheit (Polizei), ■ Klimaschutz.

Da öffentliche Güter **jedem Individuum** in der gleichen Menge zur Verfügung stehen, aber niemand zur Bezahlung eines Beitrages gezwungen werden kann, kommt es nicht selten zu einer **kollektiven Schädigung,** wenn alle Individuen **eigennützig** handeln. Der Grund hierfür ist das sogenannte **Trittbrettfahrer-Problem** (Freerider-Problem).

Beispiel:

Unterstellen wir, dass der Staat einigen hauptberuflichen Fischern ein größeres Gewässer zum Fischfang kostenlos zur Verfügung stellt. Individuell rational handelt der einzelne Fischer, wenn er zur Steigerung seines Einkommens möglichst viele Fische in dem Gewässer fängt. Durch dieses Verhalten kommt es allerdings zu

einer Abnahme des Fischbestandes, sodass die Fischerei in diesem Gewässer eventuell eingestellt werden muss. Jeder Fischer schädigt also durch sein individuell rationales Verhalten seine Kollegen. Unter dem Aspekt der kollektiven Rationalität wäre also eine andere Handlungsweise wünschenswert.

Weiten wir das Beispiel auf den weltweiten Fischfang aus, so tritt als externer Effekt die Überfischung der Weltmeere auf und damit ein Problem für die Nahrungsmittelversorgung der Weltbevölkerung.

Maßnahmen zur Reduzierung dieses Allmendeproblems können sein:

- **Nutzungs- oder Mengenbeschränkungen:** Es wird eine Lizenzgebühr verlangt oder es werden Mengenkontingente festgelegt.
- **Privatisierung:** Verkauf der Gewässer an einen Privatmann, der gegen ein Nutzungsentgelt den Fischern Fangrechte verkauft.
- **Kooperation der Betroffenen:** Jedem Fischer wird ein bestimmter Seeabschnitt zugeteilt. Weil die Abschnitte unterschiedliche Fischbestände haben, rotieren die jeweiligen Seegebiete zwischen den Betroffenen.

(4) Komplementärgüter und Substitutionsgüter

Wenngleich viele Güter in keinem direkten oder indirekten Verhältnis zueinander stehen (z. B. Taschenlampe und Schere), gibt es dennoch wichtige Beziehungsstrukturen.

So spricht man im Allgemeinen von **Komplementärgütern,** wenn sich die beiden Güter gegenseitig **ergänzen,** die Nutzung des einen Gutes also ohne den Einsatz des anderen Gutes wenig sinnvoll erscheint (z. B. Toner und Kopierer, Auto und Benzin, Tinte und Füllfederhalter).

Sind hingegen beide Güter gegeneinander **austauschbar**, so bezeichnet man sie als **Substitutionsgüter** (z. B. Feuerzeug und Streichhölzer, Laptop und PC, Brille und Kontaktlinsen).

Wie **bedeutsam** derartige Güterbeziehungen im alltäglichen Leben sein können, verdeutlichen nachfolgende Beispiele.

Beispiele:

- Die 17-jährige Tabea möchte sich einen neuen Drucker für ihren PC kaufen. Besonders günstig erscheint ihr ein Angebot eines örtlichen Discounters, der einen Tintenstrahldrucker zum Preis von 39,00 EUR anbietet. Leider vergisst sie, den Händler danach zu fragen, wie viel die Ersatzpatronen für diesen Druckertyp kosten. Bereits nach drei Monaten benötigt Tabea eine neue Patrone. Bei einem Preisvergleich stellt sie fest, dass die für diesen Drucker erforderlichen Patronen fast ebenso viel kosten wie der Drucker selbst.

- Der 16-jährige Oliver telefoniert viel über sein Handy. Wegen der gestiegenen Handytarife versucht Oliver künftig einen Großteil seiner Gespräche über das Festnetz zu erledigen, da das Telefonieren dort günstiger ist.

Kompetenztraining

3 1. Erläutern Sie, welchem Zweck die Bereitstellung der Güter durch die Volkswirtschaft dient!

2. 2.1 Führen Sie aus, worin sich die freien Güter von den wirtschaftlichen Gütern unterscheiden!

   2.2 Bilden Sie hierzu jeweils zwei Beispiele!

3. Es ist nicht selten, dass ein Gut einmal ein Produktionsgut, einmal ein Konsumgut ist. Beispiel: Strom im Industriebetrieb – Strom im Haushalt.

   Aufgabe:

   Geben Sie weitere Beispiele (mindestens vier) an!

4. Ordnen Sie folgende Mittel der Bedürfnisbefriedigung den Sachgütern oder den Dienstleistungen zu:

   Nahrungsmittel, Öl, Anlageberatung, Gebäude, Massage, Auto, Maschinen, Leistungen eines Zahnarztes, Kran, Blumenstrauß, Unternehmertätigkeit.

5. Begründen Sie, warum die Luft und das Wasser zunehmend zu wirtschaftlichen Gütern werden!

DOWNLOAD

6. Vervollständigen Sie das folgende Schaubild, indem Sie die nachfolgenden Begriffe sachlogisch korrekt in die vorgegebenen Felder einfügen!

- öffentliche Güter
- Schnellstraße
- Blockbandsäge
- Atemluft
- Sonnenlicht
- Krananlage
- Sneakers
- freie Güter
- Rucksack
- Schulbildung
- Produktionsgüter
- staatliche Universität
- Gabelstapler

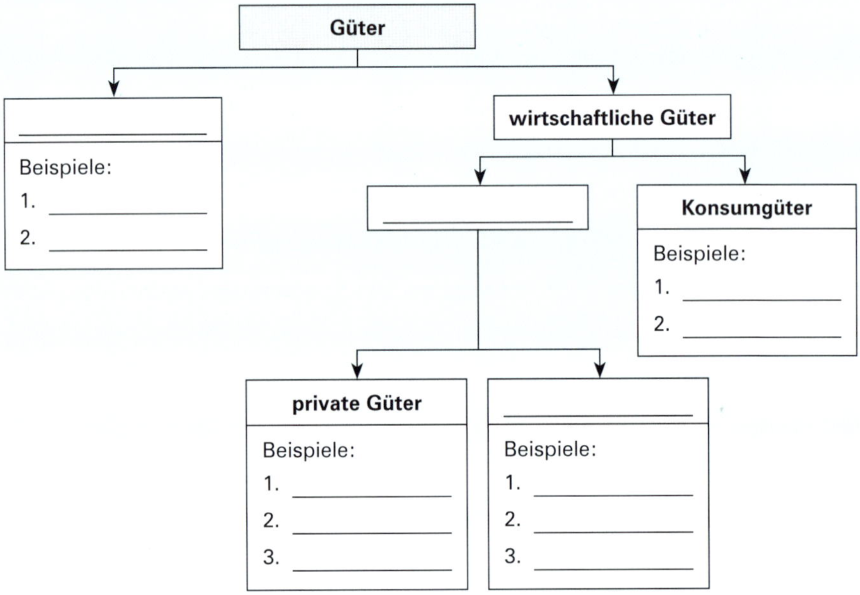

7. Entscheiden Sie, in welcher Beziehung die jeweiligen Güterpaare zueinander stehen! Tragen Sie eine

① für Komplementärgüter,
② für Substitutionsgüter oder eine
⑨ ein, wenn kein Beziehungszusammenhang besteht!

7.1 Pfeffer und Salz	
7.2 Wasser und Feuerwehrschlauch	
7.3 Deckenlampe und LED-Leuchtmittel	
7.4 Zucker und Süßstoff	
7.5 Girokonto und Sparkonto	
7.6 Kreditkarte und Sparkarte	
7.7 Geldausgabeautomat und Girocard	

2.3 Konsumenten- und Produzentenentscheidungen

2.3.1 Notwendigkeit des wirtschaftlichen Handelns

Den **unbegrenzten** Bedürfnissen des Menschen (der Unternehmen) stehen nur **begrenzte** Mittel (knappe Güter) gegenüber. Aus der **Knappheit** der Gütervorräte folgt, dass der Mensch (das Unternehmen) bestrebt sein muss, mit den vorhandenen Gütern **vernünftig** (z. B. sparsam) umzugehen, um die **bestmögliche** Bedürfnisbefriedigung zu erzielen. Der Mensch bzw. das Unternehmen ist gezwungen zu **wirtschaften.**

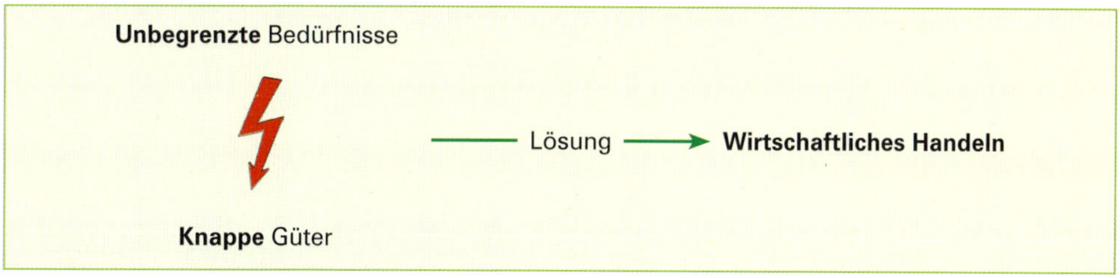

- Unter **Wirtschaften** versteht man ein **planvolles Handeln,** um eine optimale Bedürfnisbefriedigung zu erreichen.
- Sind die Bedürfnisse größer als die Gütermenge, die zu ihrer Befriedigung bereitsteht, liegt **Knappheit** vor.

2.3.2 Ökonomisches Prinzip

Die Wirtschaftswissenschaft unterstellt i. d. R. in ihren Modellen, dass die Wirtschaftssubjekte (z. B. Haushalte, Unternehmen) grundsätzlich nach dem wirtschaftlichen (ökonomischen) Prinzip handeln.

Der Grundsatz, seine Handlungen stets nach Vernunftsgesichtspunkten auszurichten, heißt **Rationalprinzip.** Wendet man das Rationalprinzip in der Wirtschaft an, spricht man vom **ökonomischen Prinzip.**

Zur Umsetzung des wirtschaftlichen Handelns sind **zwei** Handlungsmöglichkeiten denkbar: nach dem Maximal- und Minimalprinzip.

(1) Maximalprinzip

Das **Maximalprinzip** besagt: Mit den **gegebenen Mitteln** ist der **größtmögliche (maximale) Erfolg (Nutzen)** anzustreben.

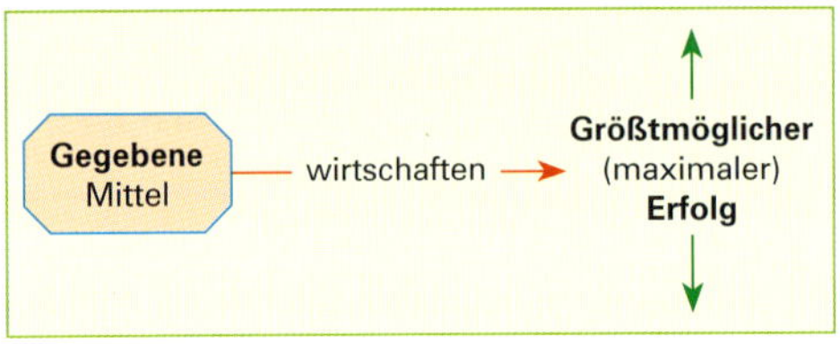

Beispiele:

- Die Schülerin Samira fährt mit 200,00 EUR nach München zum Shoppen. Mit diesem Geld möchte sie möglichst viele modische Kleidungsstücke kaufen.
- Mit einem festgelegten Werbebudget von 2 Mio. EUR möchte die Moselbrauerei AG einen möglichst großen Werbeerfolg erreichen.

(2) Minimalprinzip

Das **Minimalprinzip** besagt: Einen **geplanten Erfolg** (Nutzen) mit dem **geringsten (minimalen) Einsatz an Mitteln** zu erreichen.

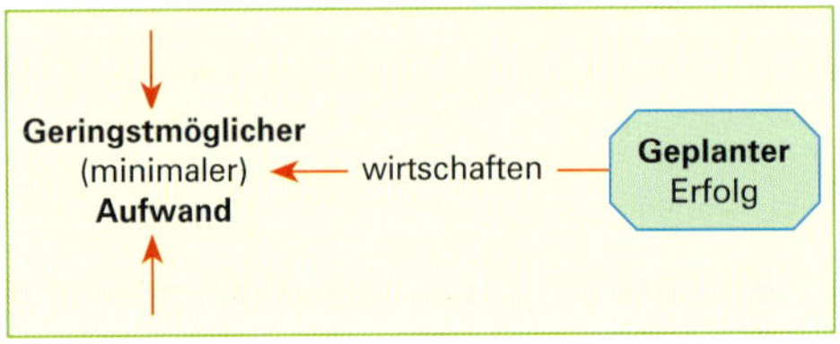

Beispiele:

- Der Schüler Nils möchte sich einen ganz bestimmten Laptop kaufen. Hierzu vergleicht er im Internet verschiedene Lieferanten, um so das preisgünstigste Angebot herauszufinden.
- Die Nordseebrauerei AG benötigt vier neue Gabelstapler. Durch Anfragen bei verschiedenen Händlern versucht sie, diese möglichst günstig einzukaufen.

Unsinnig, d. h. logisch nicht umsetzbar, wäre die Formulierung des ökonomischen Prinzips dergestalt, dass mit **geringstmöglichen** Mitteln ein **größtmöglicher** Erfolg angestrebt werden soll. So ist es beispielsweise undenkbar, ohne jeglichen Lernaufwand alle Prüfungsaufgaben richtig zu beantworten.

2.3.3 Nutzentheorie

2.3.3.1 Begriff Nutzen

Der Begriff „Nutzen" lässt sich auf **zweierlei Art** verwenden. So zieht man den Nutzenbegriff einerseits zur **Erklärung menschlichen Handelns** heran, indem man beispielsweise folgende Aussage trifft: „Das einzelne Wirtschaftssubjekt verhält sich so, dass es seinen **Nutzen** möglichst **maximiert.**" Die Folge: Unterstellt man zum Beispiel, dass mit zunehmendem Konsum eines Gutes der Nutzen jeder zusätzlichen Einheit abnimmt (Grenznutzen) und sogar negativ werden kann (Sättigungsmenge), dann sollte man mit Blick auf die Nutzenmaximierung spätestens an diesem Punkt den Konsum beenden.

Andererseits kann der Begriff des Nutzens auch bei der **Beurteilung von Alternativen** verwendet werden. Wirtschaftssubjekte treffen beispielsweise Konsumentscheidungen, indem sie verschiedene Konsumalternativen auf der Basis einer **subjektiven Nutzeneinschätzung** sortieren, um dann schließlich ihre Wahl zu treffen.

Beispiel:

Leonie und Michel machen gemeinsam mit ihren Eltern einen Sonntagsausflug mit dem Fahrrad. Bei einer Rast an einem Ausflugslokal dürfen sie sich entweder ein Erfrischungsgetränk oder ein Eis aussuchen. Beide entscheiden sich jeweils für eine Zitronen-Minze-Limonade, da ihnen das Getränk unter den gegebenen Umständen offensichtlich einen größeren Nutzen stiftet als ein Eis.

In der ökonomischen Theorie versteht man unter dem Nutzen das Maß für die Fähigkeit eines Gutes oder einer Gütergruppe, die Bedürfnisse eines wirtschaftlichen Akteurs (z. B. eines Privathaushalts) zu befriedigen.

Der **Nutzen** ist ein **Maß für die Bedürfnisbefriedigung,** die ein Konsument durch den **Konsum von Gütern** erzielt.

2.3.3.2 Zusammenhang zwischen Grenznutzen und Gesamtnutzen

Die ältere Nutzentheorie unterstellt, dass der durch den Konsum eines Gutes entstehende Nutzen in **reellen** Zahlen messbar ist. Demnach lässt sich die Nutzenstiftung bei steigendem Konsum dieses Gutes wie folgt umschreiben: Mit zunehmendem Konsum eines Gutes pro Zeiteinheit nimmt der Nutzen der zuletzt verbrauchten Einheit **(Grenznutzen)** ab und kann ab einer bestimmten Menge **(Sättigungsmenge)** sogar negativ werden.

Durch den von Konsumeinheit zu Konsumeinheit geringer werdenden Grenznutzen steigt die Gesamtnutzenkurve und nimmt – bedingt durch den ab der Sättigungsmenge negativ werdenden Nutzen – schließlich wieder ab. Vor diesem Hintergrund sollte bei **ökonomisch rationalem** Verhalten die Sättigungsmenge **nicht** überschritten werden.

Mit **zunehmender Bedürfnisbefriedigung** durch ein Gut nimmt der **Grenznutzen ab.**

Beispiel:

Ein Schüler verspürt nach Erledigung der Hausaufgaben einen großen Hunger und fährt zu einer großen amerikanischen Fastfood-Kette. Dort verspeist er zunächst mit Heißhunger einen Hamburger, der zwar sein größtes Hungergefühl vorübergehend stillt, aber eine Sättigung tritt nicht ein. Aufgrund des nach wie vor bestehenden Bedürfnisses nach Essen kauft er sich weitere Hamburger. Beim Verzehr stellt er unweigerlich fest, dass mit jedem weiteren Hamburger der Nutzenzuwachs zum Gesamtnutzen (Grenznutzen) und somit auch der Durchschnittsnutzen abnimmt. Wenn er sich nach dem Verzehr des siebten Hamburgers durch eine sich allmählich einstellende Übelkeit schlechter fühlt als nach dem Verzehr des sechsten Hamburgers, so hat beim Übergang auf die zuletzt konsumierte Einheit der Gesamtnutzen durch den negativen Grenznutzen sogar abgenommen. Das „Überschreiten der Sättigungsmenge" führt zu negativem Grenznutzen und somit zu einem insgesamt abnehmenden Gesamtnutzen, wie nachfolgende Tabelle und Grafik zeigt.

4 Boller, Hartmann - ISBN 978-3-8120-0664-4

Unterstellen wir, dass der erste Hamburger einen Nutzen von zehn Nutzeneinheiten stiftete und dieser mit jedem weiteren Hamburger um zwei Nutzeneinheiten abnahm, so ergibt sich folgender Nutzenverlauf:

Anzahl	Grenznutzen	Gesamtnutzen	Durchschnittsnutzen
1	10	10	10
2	8	18	9
3	6	24	8
4	4	28	7
5	2	30	6
6	0	30	5
7	–2	28	4

Zusammenhang zwischen Grenznutzen und Gesamtnutzen

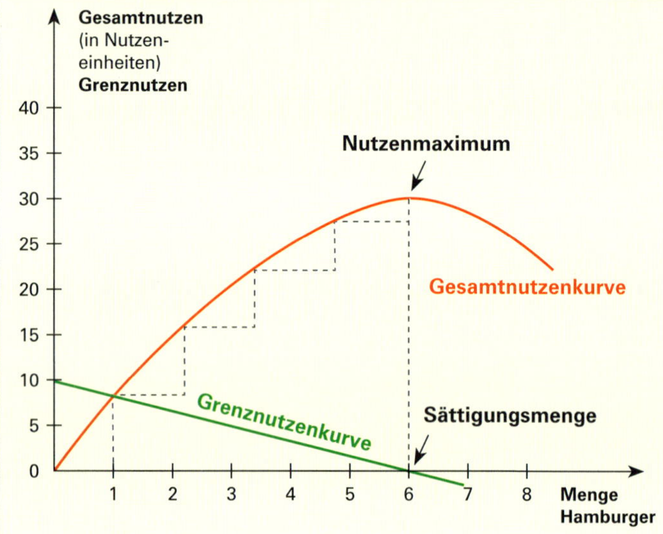

2.3.3.3 Präferenzen

- **Präferenzen** bedeuten, dass es **Bevorzugungen** (Vorlieben) der Nachfrager gibt.
- Die Bevorzugungen können sich auf den **Anbieter/Nachfrager selbst** und/oder deren **Erzeugnisse** beziehen.

In der nachfolgenden Tabelle sind verschiedene Formen von Präferenzen zusammengefasst.

Form der Präferenzen	Erläuterungen	Beispiele
Sachliche Präferenz	Die Käufer haben sachliche Präferenzen, wenn die **Güte** (Qualität) oder **äußere Aufmachung** (Verpackung) der angebotenen Waren unterschiedlich sind. Vielfach spielt auch die persönliche Meinung der Kunden eine erhebliche Rolle, obwohl die angebotenen Güter objektiv gleichwertig sind.	Eine Gruppe von Bierliebhabern „schwört" auf das „Gänsebier", die andere auf das „Felsenbier". In diesem Fall besitzen die beiden Bierhersteller ein „Meinungsmonopol", das ihnen gestattet, für ihre Biere unterschiedliche Preise zu verlangen.

Form der Präferenzen	Erläuterungen	Beispiele
Persönliche Präferenz	Ein Käufer bevorzugt einen Anbieter, den er privat kennt, oder ein Erzeugnis aus persönlichen Gründen.	Der Anbieter ist dem Kunden persönlich bekannt und besonders sympathisch; die Bedienung ist sehr geschickt; der Service ist einwandfrei.
Räumliche Präferenz	Hier ziehen die Käufer den **nächstliegenden** Anbieter aus Bequemlichkeit, aus Gründen der Zeit- und Transportkostenersparnis oder wegen der Besichtigungsmöglichkeit der Waren vor.	Der „Laden um die Ecke" ist schneller und bequemer erreichbar als der möglicherweise preisgünstigere Supermarkt am Rand der Stadt.
Zeitliche Präferenz	In diesem Fall ist ein Anbieter deshalb für eine Vielzahl von Kunden attraktiv, weil er **schneller** und/oder **pünktlicher** als seine Mitbewerber liefern kann.	Im Elektromarkt am Ort kann man den gekauften Laptop gleich mitnehmen, auf den im Internet bestellten Laptop muss man unter Umständen einige Tage warten.

2.3.3.4 Opportunitätskosten[1]

Jede **wirtschaftliche Entscheidung** hat mit Blick auf die generelle Knappheit ihren Preis: den **Nutzenentgang** der **zweitbesten Lösung.** Diesen Nutzenentgang bezeichnet man in der Volkswirtschaftslehre auch als **Opportunitätskosten (Alternativkosten[2]).** Wie derartige Kosten bei alltäglichen Entscheidungen anfallen, verdeutlicht nachfolgendes Beispiel.

Beispiel:

Die 17-jährige Sophie hat aufgrund verschiedener Ferienjobs insgesamt 1500,00 EUR angespart. Mit diesem Geld könnte nunmehr entweder einer der beiden seit längerer Zeit gehegten Wünsche – eine dreiwöchige Urlaubsreise in die USA anzutreten bzw. einen neuen Laptop und Drucker anzuschaffen – realisiert werden oder das ange-

sparte Kapital für den in naher Zukunft geplanten Kauf eines Autos erhöht werden. Unabhängig davon, für welche Verwendung sich Sophie letztlich auch entscheiden mag, auf die beiden anderen Alternativen müsste sie dann (zunächst einmal) verzichten. Dieser Verzicht beziffert dann die Opportunitätskosten ihrer Entscheidung.

Die **Opportunitätskosten (Alternativkosten)** geben an, auf wie viele Einheiten eines Gutes beim Konsum eines anderen Gutes **verzichtet** werden muss.

Dabei gilt: Mit **zunehmendem Verzicht** eines bestimmten Gutes zugunsten eines anderen Gutes werden die Opportunitätskosten **umso höher.**

1 **Opportun** (lat.): In der gegenwärtigen Situation von Vorteil. **Opportunität**: Zweckmäßigkeit in der gegenwärtigen Situation.

2 **Alternativ** (lat.-fr.): wahlweise, zwischen zwei Möglichkeiten die Wahl lassend.

Beispiel:

Die 16-jährige Theresia isst für ihr Leben gern Schokolade. So hat sie es sich zur Angewohnheit gemacht, täglich mindestens eine halbe Tafel dieser Leckerei zu verspeisen. Da dieser Genuss auf Dauer nicht gesund ist, möchte sie nunmehr den Verzehr von Schokolade stufenweise gegen den Verzehr von Obst austauschen. Von Woche zu Woche soll jeweils ein weiterer Tag mit Schokoladenverzehr gegen einen mit Obstverzehr ersetzt werden. Der Austausch von Obst gegen Schokolade an einem von sieben Wochentagen dürfte ihr sicherlich ohne allzu große Mühen gelingen. Mit jeder weiteren Woche jedoch dürfte ihr die Substitution von Schokolade gegen Obst verhältnismäßig immer schwerer fallen. Die Opportunitätskosten steigen also mit fortwährendem Austauschprozess.

2.3.4 Nutzenmaximierung bei Haushalten und Kosten-Nutzen-Analyse bei Unternehmen und Staat

(1) Private Haushalte

Ein **privater Haushalt** (z. B. ein einzelner Verbraucher oder eine Familie) handelt dann nach dem ökonomischen Prinzip, wenn er sein Nettoeinkommen (gegebene Mittel) so verwendet, dass er einen höchstmöglichen Nutzen erzielt **(Nutzenmaximierung)** oder ein geplantes Einkommen mit dem geringstmöglichen Arbeitsaufwand erreichen möchte **(Aufwandsminimierung).**

Beispiel:

Kauft eine Person für ihren Haushalt „blindlings" ein, ohne auf Preise und Qualitäten zu achten, verschwendet sie ihr Haushaltsgeld. Auf diese Weise wird sie für sich und ihre Familie nicht den höchstmöglichen Nutzen erzielen, der mit dem gegebenen Budget (geplante Ausgabensumme) erreichbar wäre. Nach dem ökonomischen Prinzip, und zwar nach dem Maximalprinzip, handelt die Person dann, wenn sie die Preise vergleicht und die jeweils günstigsten Kaufmöglichkeiten wahrnimmt, um so mit dem vorhandenen Budget möglichst viele Güter einkaufen zu können.

(2) Unternehmen

Unternehmen, die nach dem **ökonomischen Prinzip** handeln, streben **Maximierung des Gewinns** an. Alle geschäftlichen Maßnahmen werden deshalb so getroffen, dass das **investierte Kapital** einen möglichst hohen Gewinn erbringt.

Anders formuliert: Jede **neue Investition** wird seitens des Unternehmens nur dann durchgeführt, wenn diese voraussichtlich Gewinn abwirft. Für die Investitionsentscheidung wird deshalb eine **Kosten-Nutzen-Analyse** durchgeführt. Dabei werden den **Kosten** der Investition der **voraussichtliche Nutzen** (z.B. erwartete Umsatzerlöse) **gegenübergestellt.**

Ergibt sich dabei mit hoher Wahrscheinlichkeit ein positives Ergebnis, wird die Investition realisiert.

Beispiel:

Eine Spedition hat seit längerer Zeit mehr Auftragsanfragen, als sie mit den aktuell vorhandenen Fahrzeugen bewältigen kann. Die Anschaffung eines neuen Fahrzeuges würde jährliche Kosten in Höhe von 125 000,00 EUR verursachen. Nach vorsichtigen Schätzungen könnten durch diese Investition pro Jahr mindestens zusätzliche Transportaufträge im Wert von 150 000,00 EUR abgewickelt werden. Vor dem Hintergrund dieser Daten auf der Basis einer Kosten-Nutzen-Analyse könnte der Gesamtgewinn der Spedition gesteigert werden, sodass die Investition durchgeführt werden sollte.

Ein Unternehmen handelt auch dann nach dem ökonomischen Prinzip, wenn es einen geplanten Gewinn mit dem geringstmöglichen Mitteleinsatz erreichen möchte **(Kostenminimierung)**.

Beispiel:

Ein Handwerksmeister, der nicht darauf achtet, dass sparsam mit Material und sorgfältig mit Maschinen und Werkzeug umgegangen wird, verstößt gegen das ökonomische Prinzip, in diesem Fall gegen das Sparprinzip (Minimalprinzip).

(3) Staat

Eine besondere Bedeutung spielt die Kosten-Nutzen-Analyse bei **staatlichen Investitionen.** Im Mittelpunkt der Betrachtung steht dabei der **Grundsatz der Wirtschaftlichkeit**. Diesem Grundsatz folgend, sollten die **öffentlichen Mittel** seitens der Entscheidungsträger so eingesetzt werden, dass das mit der Investition angestrebte Ziel möglichst optimal erreicht wird.

Das Problem bei öffentlichen Investitionsentscheidungen ist, dass – im Gegensatz zu privatwirtschaftlichen Investitionen – die wirtschaftlichen Ergebnisse der geplanten Investition sich nicht immer **quantitativ** über **Erfolgskennziffern** wie Rentabilität oder Produktivität abbilden lassen. Vielmehr spielen bei diesen Entscheidungen auch **qualitative** Faktoren eine Rolle.

Beispiel:

Für den geplanten Bau einer neuen Autobahn durch den Staat lassen sich die Kosten für den Bau sowie die voraussichtlichen Einnahmen durch die Maut als quantitative Größen relativ einfach ermitteln. Allerdings gibt es eine Vielzahl qualitativer Faktoren, die im Rahmen der Kosten-Nutzen-Analyse zu berücksichtigen sind.

So dürften als positive Effekte ganz sicher geringere Stauzeiten auf den Nebenstrecken, eine bessere Verkehrsanbindung der betroffenen Region und damit einhergehend ein wirtschaftlicher Aufschwung dieser Region sowie eine Zeitersparnis für die Nutzer der Autobahn anzuführen sein.

Demgegenüber stehen jedoch auch negative Effekte, wie etwa die Lärmbelästigung der Anwohner, die „Zerschneidung" einer gewachsenen Kulturlandschaft oder die zunehmende Verunreinigung der Atemluft.

2.4 Homo oeconomicus und menschliches Verhalten in der Realität

(1) Begriff Homo oeconomicus

Wirtschaftssubjekte, die ihr **gesamtes** Handeln ausschließlich an dem **ökonomischen Prinzip** ausrichten, bezeichnet man als **„Homo oeconomicus"**.

Wirtschaftssubjekte sind die wirtschaftlich handelnden Einzelpersonen, Gruppen und Organisationen (z.B. Betriebe, staatliche Stellen, Gewerkschaften, Unternehmensverbände).

Handlungsbestimmend für den Homo oeconomicus ist das Streben nach **Nutzenmaximierung (Konsumenten)** bzw. nach **Gewinnmaximierung (Produzenten)**. Viele Modelle der Volkswirtschaftslehre basieren auf dieser Fiktion[1] des Homo oeconomicus.

In der Wirklichkeit sind die wirtschaftlichen Handlungen der Menschen **keineswegs immer rational** (vernunftgesteuert) bestimmt. Eine große Rolle im Wirtschaftsleben spielen u.a. **Machtstreben, Prestigedenken**[2] oder auch **Neidgefühle**.

Beispiele:

- Vorführungen im Kino werden am Wochenende besser besucht als Vorführungen unter der Woche, und das, obwohl diese mitunter wesentlich preiswerter angeboten werden.
- Bei einem „Spontankauf" entscheidet man sich aus einer Laune heraus für den Kauf eines Produkts, dessen Nutzen man schon kurze Zeit später infrage stellt.
- Ein Landwirt arbeitet weiterhin in seinem Betrieb, obwohl er bei gleicher Anzahl von Arbeitsstunden in einem Unternehmen ein wesentlich höheres Einkommen erzielen könnte.

1 **Fiktion:** Vorstellung, Vermutung.

2 **Prestige:** positives Ansehen, Geltung.

(2) Spieltheorie

Mit der wissenschaftlichen Untersuchung rationalen Verhaltens beschäftigt sich unter anderem die Spieltheorie. Die spieltheoretische Modellbildung geht von einem allgemeinen Entscheidungsproblem für mehrere Individuen aus und betont die Aspekte von Konflikt und Kooperation, die sich aus der konkurrierenden Zielsetzung der einzelnen Individuen ergeben. Wie derartige Untersuchungen den „Homo oeconomicus" widerlegen, soll am Beispiel des **„Ultimatum-Spiels"** verdeutlicht werden.

Beispiel: Ultimatum-Spiel

Bei diesem Spiel handelt es sich um die Simulation einer ökonomischen Entscheidung. Die Grundidee des Spiels besteht darin, dass ein feststehender Betrag (z. B. 1 000,00 EUR) unter zwei Personen (A und B) aufgeteilt werden soll. Dabei muss Spieler A dem Spieler B unter Angabe eines Ultimatums ein Angebot unterbreiten, wie viel Letzterer erhalten soll. Die strengen Spielregeln sehen vor, dass beide Personen nicht miteinander kommunizieren dürfen, sodass keine Verhandlungen im eigentlichen Sinne stattfinden. Des Weiteren gilt, dass das Spiel nicht wiederholbar ist. Spieler B hat nach Unterbreitung des Angebots nunmehr zwei Optionen (Möglichkeiten):

- Er nimmt dieses Angebot an mit der Konsequenz, dass der Betrag dann entsprechend dem Vorschlag des Spielers A zwischen beiden Personen aufgeteilt wird.
- Lehnt B das Angebot ab, so gehen beide Parteien leer aus; der Geldbetrag ist unwiderruflich verloren.

Der Wirtschaftstheorie folgend müsste eigentlich gelten, dass Spieler A im Sinne der Nutzenmaximierung dem Spieler B einen möglichst geringen Betrag anbietet, um sein Einkommen zu maximieren. Spieler B hingegen müsste dem ökonomischen Prinzip folgend jeden Betragsvorschlag akzeptieren. So bedeutet beispielsweise ein Angebot von 1,00 EUR, dass Spieler B bei Annahme des Angebots diesen Euro erhält, wohingegen er im Falle einer Ablehnung nichts erhalten würde.

Tatsächlich aber zeigen die Ergebnisse dieses spieltheoretischen Versuchs, dass im Gegensatz zur bloßen Maximierung des Nutzens (hier Einkommens) die meisten Menschen hohen Wert auf Fairness legen. So haben nur wenige Spieler in der Rolle der Person A eine stark „ungleiche" Verteilung vorgeschlagen. Gleichzeitig war zu beobachten, dass die Bereitschaft der Spieler B, einen Verteilungsvorschlag zu akzeptieren, abnahm, je schlechter der Verteilungsschlüssel für ihn ausfiel.

Wie die **Spieltheorie** belegt, richten Menschen ihr gesamtes Handeln nicht ausschließlich an dem ökonomischen Prinzip aus, vielmehr scheinen andere Werte – wie beispielsweise **Solidarität, Fairness** und **Gerechtigkeit** – ihnen gleichfalls von Bedeutung zu sein.

Kompetenztraining

4 1. Nennen Sie zwei eigene Beispiele für das Handeln nach dem ökonomischen Prinzip
   1.1 im privaten Haushalt und
   1.2 im wirtschaftlichen Betrieb!

2. Begründen Sie, warum Minimalprinzip und Maximalprinzip zwei Ausprägungen des wirtschaftlichen Prinzips darstellen!

3. Beurteilen Sie diese Formulierung des ökonomischen Prinzips:

   „Mit möglichst geringem Aufwand an Mitteln soll der größtmögliche Erfolg erzielt werden."

4. Als eine Bedingung für „vollständige Konkurrenz" nennt Walter Eucken, dass die Marktteilnehmer keine sachlichen, zeitlichen, räumlichen oder persönlichen Vorzüge (Präferenzen) haben.

   Kennzeichnen Sie die nachfolgenden Fälle mit einer

   ①, wenn sachliche Präferenzen vorliegen,

   ②, wenn zeitliche Präferenzen vorliegen,

   ③, wenn räumliche Präferenzen vorliegen,

   ④, wenn persönliche Präferenzen vorliegen,

   ⑨, wenn keine Präferenzen vorliegen.

   (Falls Ihnen das Buch nur leihweise überlassen wurde, schreiben Sie die Lösungsnummer bitte in Ihre Unterlagen!)

4.1 Lukas Müller möchte 100 000,00 EUR auf einem Sparkonto anlegen. Aus mehreren Angeboten entscheidet er sich für das Institut, das ihm die beste Verzinsung garantiert.	
4.2 Die Schülerin Mara Bari möchte sich einen neuen Pkw kaufen. Dabei entscheidet sie sich wegen der längeren Lieferzeit nicht für das günstigste Angebot.	
4.3 Die Autoversicherung für ihr neues Fahrzeug schließt Frau Bari – ohne weitere Informationen einzuholen – bei ihrem Bekannten ab.	
4.4 Ben Zacharias beauftragt eine Maklerin damit, eine preisgünstige Eigentumswohnung in Leipzig für ihn zu suchen.	
4.5 Aufgrund seiner Bewerbungen für eine Ausbildung zum Bankkaufmann erhält Carsten Clever mehrere Zusagen. Um Fahrtkosten zu sparen, entscheidet er sich für den Ausbildungsbetrieb in seinem Wohnort.	
4.6 Der Informatiker Bernd Bits möchte seine Bankgeschäfte von zu Hause aus erledigen. Aus mehreren Angeboten, die alle den gleichen Service bieten, wählt er das kostengünstigste aus.	
4.7 Nachdem Christian seine Ausbildungsstelle bei der Volksbank Rheinland e. G. angetreten hat, eröffnen seine Eltern dort ein Girokonto.	

5. Prüfen Sie, in welcher der folgenden Situationen das Maximalprinzip zur Anwendung kommt. Falls in keiner Situation das Maximalprinzip zur Anwendung kommt, tragen Sie eine ⑨ ein!
   ① Ein Unternehmen möchte für die Mitarbeiter insgesamt 50 neue Laptops mit einer bestimmten Ausstattung erwerben. Es werden Angebote eingeholt, um bei dem preisgünstigsten Anbieter zu kaufen.
   ② Ein Produktionsbetrieb bemüht sich, seine Produktionsanlagen so zu betreiben, dass Wasser und Luft nicht verunreinigt werden.
   ③ Ein Kurierdienst plant, mit dem Einsatz möglichst weniger Auslieferungsfahrzeuge seine Marktposition auszubauen und Marktführer zu werden.
   ④ Ein Busunternehmen weist seine Fahrer an, durch Beachtung der günstigsten Drehzahlbereiche mehr Kilometerleistung bei gegebenem Dieseltreibstoffeinsatz zu erzielen.
   ⑤ Ein Unternehmen möchte seine gesamte Produktion in den nächsten Jahren auf das Prinzip der Nachhaltigkeit umstellen.

6. Entscheiden Sie, in welcher der folgenden Situationen das Minimalprinzip zur Anwendung kommt. Falls in keiner Situation das Minimalprinzip zur Anwendung kommt, tragen Sie eine ⑨ ein!
   ① Ein Unternehmen möchte für die Mitarbeiter insgesamt 50 neue Laptops mit einer bestimmten Ausstattung erwerben. Es werden Angebote eingeholt, um bei dem preisgünstigsten Anbieter zu kaufen.
   ② Ein Produktionsbetrieb bemüht sich, seine Produktionsanlagen so zu betreiben, dass Wasser und Luft nicht verunreinigt werden.
   ③ Ein Kurierdienst plant, mit dem Einsatz möglichst weniger Auslieferungsfahrzeuge seine Marktposition auszubauen und Marktführer zu werden.
   ④ Ein Busunternehmen weist seine Fahrer an, durch Beachtung der günstigsten Drehzahlbereiche mehr Kilometerleistung bei gegebenem Dieseltreibstoffeinsatz zu erzielen.
   ⑤ Ein Unternehmen möchte seine gesamte Produktion in den nächsten Jahren auf das Prinzip der Nachhaltigkeit umstellen.

5 Der Schüler Paul Küngelmann aus Rosenheim isst für sein Leben gern Bratwurst. Angenommen, der Konsum der ersten Bratwurst stiftet ihm einen Nutzen von 100 Nutzeneinheiten. Mit dem Konsum der zweiten Bratwurst nimmt der Nutzen im Vergleich zur ersten Bratwurst um 10 Nutzeneinheiten ab. Mit jeder weiteren Bratwurst erhöht sich der Nutzenrückgang um weitere 10 Nutzeneinheiten.

1. Bei dem Konsum welcher Bratwurst beträgt der Nutzenzuwachs null Nutzeneinheiten? Fertigen Sie zur Lösung der Aufgabe eine Skizze mit der Entwicklung des Nutzens pro Bratwurst (Grenznutzen) an!

   Tragen Sie auf der y-Achse den Grenznutzen (1 cm ≙ 10 Nutzeneinheiten) und auf der x-Achse die konsumierten Bratwürste (1 cm ≙ 1 Bratwurst) ein! DOWNLOAD

2. Berechnen Sie den maximalen Gesamtnutzen, den Paul beim Konsum von Bratwürsten erreichen kann!

3 Wirtschaftskreisläufe als Erklärungsmodell für das Zusammenspiel der Wirtschaftssubjekte nutzen

Situation: Melek Ünver absolviert ein Schülerpraktikum

Melek Ünver strebt eine Ausbildung zur Industriekauffrau an und absolviert zurzeit ein Schülerpraktikum bei der Solartech Müller KG. Nach einigen Tagen im Betrieb nimmt sich Herr Kunz, einer der Geschäftsführer, ausgiebig Zeit für Melek und erklärt ihr, von wie vielen Akteuren der Erfolg des Unternehmens abhängt.

Dabei führt er zunächst an, wie wichtig es für die Zukunft des Unternehmens sei, auch in den nächsten Jahren hinreichend motivierte und gut ausgebildete Fachkräfte zu bekommen. Nicht umsonst investiere das Unternehmen sehr viel Geld in die Ausbildung der Mitarbeiter, da ohne sie der Erfolg der vergangenen Jahre so nicht möglich gewesen wäre.

Quelle: TÜV SÜD

Weiterhin erklärt Herr Kunz, dass auch dem Staat eine wesentliche Rolle für den künftigen Erfolg des Unternehmens zukommt. Nur wenn die Regierung auch in Zukunft die Solarenergie fördere, könnten die Absatzerfolge auf dem heutigen Niveau gefestigt werden. Ohne diese staatlichen Förderungen würden viele Abnehmer von einer Investition in Solarparks absehen, da diese sich dann nicht mehr für sie lohnen würde.

Als wichtige Partner bezeichnet Herr Kunz die Banken, die das Unternehmen seit der Existenzgründung vor etwa zehn Jahren begleitet haben. Herr Kunz weist vor allem darauf hin, dass es dem Unternehmen ohne die Finanzierung durch die Banken gar nicht möglich gewesen wäre, derartige Investitionen durchzuführen.

Sorge macht Herrn Kunz die zunehmende Konkurrenz aus dem Ausland, die bei der Herstellung von Solaranlagen nicht nur technisch aufholt, sondern vor allem mit niedrigeren Preisen den Wettbewerb auf den Märkten anheizt. Dies habe bereits dazu geführt, dass einige kleinere Konkurrenten der Solartech Müller KG im Inland aus dem Markt gedrängt wurden, was nicht zuletzt zum Verlust der Arbeitsplätze geführt hat.

Kompetenzorientierte Arbeitsaufträge:

1. Bestimmen Sie, welche Wirtschaftssubjekte in der vorangestellten Situation aufgeführt sind!
2. Erläutern Sie beispielhaft die in der Situation aufgezeigten Beziehungen der Wirtschaftssubjekte untereinander!
3. Beschreiben Sie an zwei Beispielen, wie sich veränderte Aktivitäten eines Wirtschaftssubjektes auf die monetären und realen Ströme im Wirtschaftskreislauf auswirken!

3.1 Der einfache Wirtschaftskreislauf

Das Zusammenspiel der Wirtschaftseinheiten in einer Volkswirtschaft lässt sich durch eine Kreislaufdarstellung abbilden.

> Beim **einfachen Wirtschaftskreislauf** wird unterstellt, dass in dieser Wirtschaft nur **Haushalte** und **Unternehmen** am Wirtschaftsleben teilnehmen.

Sämtliche Ersteller von Gütern und Dienstleistungen in einer Volkswirtschaft werden in dem **Sektor „Unternehmen“** zusammengefasst, während sämtliche Verbraucher den **Sektor „private Haushalte“** bilden.

Zur Erstellung von Gütern und Dienstleistungen werden von den Unternehmen Arbeitskräfte, Boden und Kapital benötigt. Diese sogenannten **Produktionsfaktoren**[1] kaufen sie von den privaten Haushalten. Die „Kaufpreise“ fließen diesen z. B. in Form von Arbeitseinkommen, Pachten, Mieten, Zinsen oder Dividenden zu. Die privaten Haushalte geben wiederum – im einfachsten Falle – ihre Einkommen **vollständig** zum Kauf von Gütern und Dienstleistungen aus.

Aus diesen Vorgängen lässt sich unmittelbar ableiten, dass innerhalb des Wirtschaftskreislaufes zwei unterschiedliche Ströme fließen: der **Geldkreislauf** und der **Güterkreislauf**.

Betrachtet man beide Ströme, stellt man fest, dass Geld- und Güterstrom **entgegengesetzt** verlaufen. **Wertmäßig** sind sie jedoch **gleich**.

Geld-kreislauf	■ Die Unternehmen zahlen an die Haushalte Entgelte für die Bereitstellung der Produktionsfaktoren. ■ Dieses Geld fließt den Unternehmen durch den Verkauf von Gütern und Dienstleistungen an die Haushalte wieder zu.
Güter-kreislauf	■ Die Haushalte stellen den Unternehmen Produktionsfaktoren zur Verfügung. ■ Die Unternehmen liefern an die Haushalte die von ihnen produzierten bzw. bereitgestellten Güter und Dienstleistungen.

Einfacher Wirtschaftskreislauf

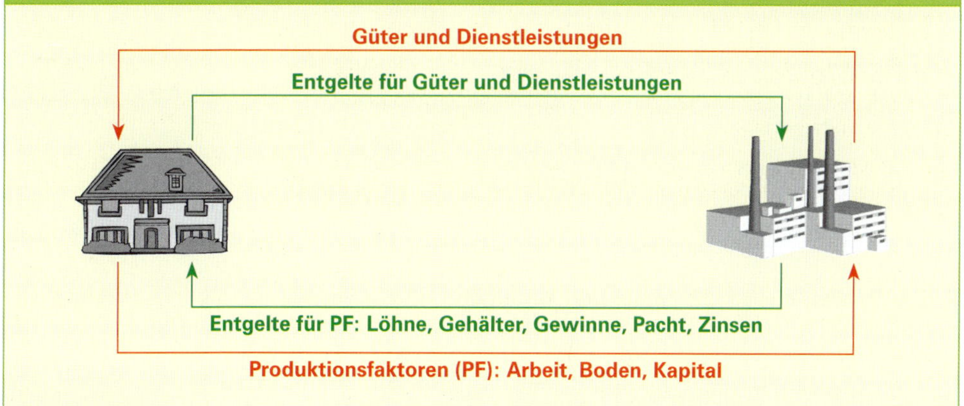

1 Vgl. hierzu Kapitel 4.

3.2 Der erweiterte Wirtschaftskreislauf

Das einfache Modell zeigt eine Wirtschaft, in der die privaten Haushalte ihr gesamtes Einkommen verbrauchen. Eine Wirtschaft aber, die **alles verbraucht,** was sie erzeugt, kann **nicht wachsen.** Sie ist **stationär.** Soll eine Wirtschaft wachsen, d. h. mehr als bisher produzieren, müssen ihre Produktionsanlagen erweitert bzw. neue Produktionsanlagen geschaffen werden.

Eine **wachsende** Wirtschaft, also eine Wirtschaft, die von Jahr zu Jahr **mehr** erzeugt, bezeichnet man als **evolutorische**[1] (sich entwickelnde) Wirtschaft.

Wird das Modell des „einfachen Wirtschaftskreislaufs" um den **Sektor „Banken"** (Kreditinstitute) erweitert und wird der **Sektor Unternehmen** in die **Investitionsgüterindustrie** und in die **Konsumgüterindustrie** (einschließlich Handel) aufgeteilt, treten zu den bisher genannten gesamtwirtschaftlichen Strömen folgende hinzu:

1. Die privaten Haushalte **sparen (S)** einen Teil ihrer Einkommen und führen die gesparten Mittel den Banken (Kreditinstituten) zu.

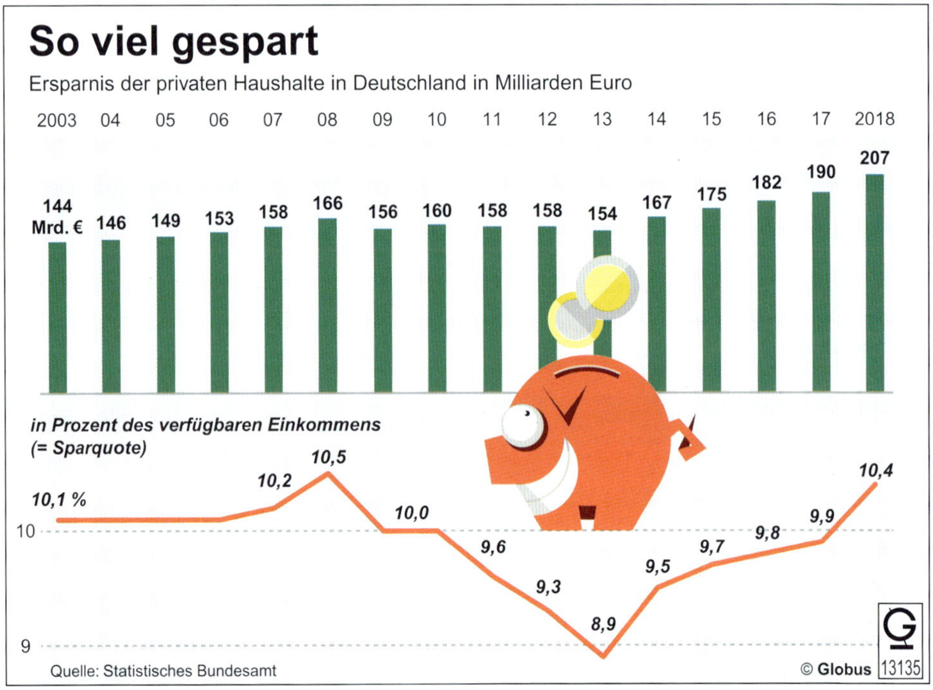

2. Die Banken stellen die Mittel den Unternehmen zur Verfügung, die ihre Produktionsanlagen erweitern und/oder ihre Vorräte aufstocken, also **investieren (I).**

1 **Evolution** (lat.): Entwicklung.

3. Die Investitionsgüterindustrie verkauft die von ihr hergestellten **Investitionsgüter** an die Konsumgüterindustrie. Die Verkaufserlöse aus diesen Lieferungen fließen der Investitionsgüterindustrie zu **(Investitionsgütermärkte)**.

   In der nebenstehenden Abbildung wurden die Güterströme nicht eingezeichnet, um die Übersichtlichkeit zu wahren. Im Übrigen stellen auch die Dienstleistungen der **Kreditinstitute** „Güter" im wirtschaftlichen Sinne dar (z. B. Verwaltung der eingelegten Gelder, Kreditgewährung). Der Ausgleich von Kreditangebot und Kreditnachfrage vollzieht sich auf den **Finanzmärkten**.

Der um den Sektor „Banken" erweiterte Wirtschaftskreislauf

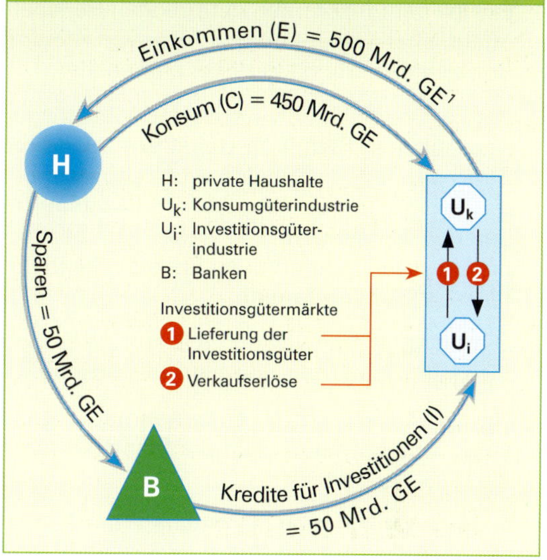

3.3 Der vollständige Wirtschaftskreislauf

(1) Der Sektor Staat

Eine Volkswirtschaft ohne **Staat** ist nicht denkbar. Dem Staat fällt unter anderem die Aufgabe zu, mit wirtschafts- und gesellschaftspolitischen Maßnahmen den **Wirtschaftsablauf** zu **steuern.**

In der Bundesrepublik Deutschland fließen durch den staatlichen Sektor[2] **knapp 50 %** des Bruttoinlandsprodukts, also des Gesamtwerts aller erzeugten Güter.[3]

(2) Der Sektor Ausland

Eine moderne Wirtschaft ohne **außenwirtschaftliche Beziehungen** (geschlossene Volkswirtschaft) ist ebenfalls kaum vorstellbar. Unterschiedliche **Rohstoffvorkommen,** unterschiedliches **technisches Wissen** und die **Ansprüche** der Bevölkerung zwingen dazu, Güter einzuführen (zu importieren) und auszuführen (zu exportieren).

Der **binnenwirtschaftliche** Wirtschaftskreislauf wird um den **außenwirtschaftlichen** Kreislauf **erweitert** (offene Volkswirtschaft).

1 GE: Geldeinheiten (z. B. EUR, USD, GBP).

2 Zum Sektor „Staat" gehören vor allem der Bund, die Länder, die Kreise, die Gemeinden und die Sozialversicherungsträger.

3 Das **Bruttoinlandsprodukt** ist der in Geld gemessene Wert der Gesamterzeugung einer Volkswirtschaft einschließlich des durch die Produktion verursachten Wertverlusts der Produktionsanlagen (Abschreibungen).

Zu den bereits bekannten Kreislaufströmen treten nunmehr noch folgende Geldströme (auf die Darstellung entsprechender Güterströme wird verzichtet) hinzu:

1. Ein Teil der Einkommen der privaten Haushalte und Unternehmen wird vom **Staat** (den **öffentlichen Haushalten**) in Form von **Steuern** und anderen gesetzlichen **Abgaben** (z. B. Sozialversicherungsbeiträge) einbehalten.
2. Die Staatseinnahmen werden wieder ausgegeben. Sie fließen zum Teil den privaten Haushalten in Form von **Gehältern** und **Löhnen** für die Beamten und Angestellten des Staates zu (z. B. in Schulen und Behörden, bei der Bundeswehr oder Polizei). Ein weiterer Teil wird für die Vergabe von **Staatsaufträgen** an die Unternehmen verwendet, die dadurch **Umsatzerlöse** erzielen. Für besonders förderungswürdige Zwecke erhalten die Unternehmen (oft auch Private) Geldbeträge, die nicht mehr zurückgezahlt werden müssen **(Subventionen).**
3. Die Unternehmen verkaufen Dienstleistungen und Sachgüter an das **Ausland (Export).** Eine Wirtschaft mit **Außenhandelsbeziehungen** heißt **„offene Wirtschaft"**.
4. Umgekehrt kaufen die Unternehmen Dienstleistungen und Sachgüter von ausländischen Unternehmen und/oder Staatsbetrieben **(Import).** Ein entsprechender Geldstrom fließt ins Ausland.
5. Teile der Einkommen der privaten Haushalte sowie der Gewinne der Unternehmen werden **gespart** und bei den Banken angelegt. Diese gewähren den privaten Haushalten **Konsumkredite** und den Unternehmen **Investitionskredite**.

Der vollständige Wirtschaftskreislauf

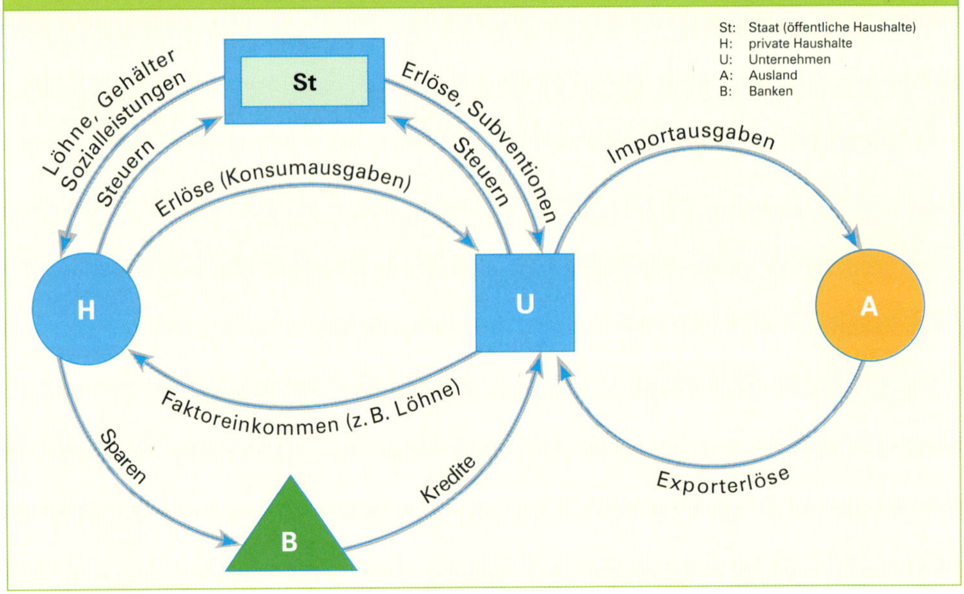

Zu den **Auswirkungen auf die monetären und realen Ströme** im vollständigen Wirtschaftskreislauf sind in nachfolgender Tabelle Beispiele aufgeführt.

Beziehung zwischen	Geldkreislauf	Güterkreislauf
Haushalt und Staat	■ Der Auszubildende Carsten Clever bezahlt die Kfz-Steuer. ■ Familie Müller erhält Kindergeld.	■ Hans Schmidt arbeitet als Lehrer an einer staatlichen Schule. ■ Die Stadt München baut eine neue Spielstraße.
Haushalt und Banken	■ Der vermögende Daniel Geissen erhält eine Zinsgutschrift für sein Sparguthaben. ■ Der Angestellte Ralf Schupp zahlt an seine Bank Kontoführungsgebühren.	■ Der Immobilienbesitzer Hans Becker vermietet sein Geschäftshaus an die Sparkasse Schwaben. ■ Die Volksbank Konstanz verkauft einem Münzsammler eine Goldmünze.
Haushalt und Ausland	■ Dem in Luxemburg arbeitenden Egon Kling wird sein Gehalt an die Sparkasse Trier überwiesen. ■ Die preisbewusste Tanja Spar bezahlt ihren in Italien gekauften Kleinwagen.	■ Ein Fußballprofi legt einen Teil seines Vermögens in den USA an. ■ Ein kalifornischer Winzer versendet eine Kiste Wein an einen deutschen Weinliebhaber.
Unternehmen und Staat	■ Die Hinkelstein AG überweist ihre Körperschaftsteuer an das zuständige Finanzamt. ■ Der Staat tätigt Subventionszahlungen an deutsche Unternehmen.	■ Die Hochbau GmbH erstellt ein neues Berufsschulgebäude im Auftrag eines Landkreises. ■ Die städtische Müllabfuhr entsorgt den Müll der Ballast GmbH.
Unternehmen und Banken	■ Die Computer GmbH erhält von der Kundenbank AG eine Gutschrift für gelieferte Hardware. ■ Die Stuttgarter Bank eG belastet die Fritz Verzug AG mit Sollzinsen.	■ Die Paper GmbH beliefert die örtliche Sparkasse mit Büromaterial. ■ Die Volksbank Köln eG verkauft der Second-Hand KG ausrangierte Büromöbel.
Unternehmen und Ausland	■ Die Maschinenbau AG erhält eine Dividendenzahlung auf ausländische Aktien. ■ Die Mannheimer Möbel Import GmbH überweist eine Rechnung an einen italienischen Zulieferer.	■ Die Konstanzer Wassertechnik OHG entsendet einen Ingenieur in den Sudan. ■ Ein deutsches Maschinenbauunternehmen mietet ein Betriebsgebäude in Portugal.

3.4 Kritik am Modell des Wirtschaftskreislaufs

In dem Modell wird unterstellt, dass sich die realen und geldlichen (monetären) Ströme entsprechen. Dies gilt allerdings nur dann, wenn die Haushalte ihr **gesamtes** Einkommen (Y = yield) konsumieren. In der Realität haben die Haushalte bezüglich der **Verwendung** ihres Einkommens **zwei** Möglichkeiten: **Konsum** (C = consumption) oder Konsumverzicht in Form von **Sparen** (S = save). Konsumverzicht bedeutet zunächst einmal, dass verfügbare Einkommensteile nicht für Konsum verwendet werden. Bezüglich der Einkommensverwendung privater Haushalte gilt also:

Y = C + S (Einkommensverwendungsgleichung)

Durch den geringeren Konsum der Haushalte werden Produktionskapazitäten nicht in Anspruch genommen, die nunmehr statt für die Herstellung von Konsumgütern für die Produktion von **Produktionsgütern** genutzt werden können. Das so **gebildete Sachkapital** steht den Unternehmen im Rahmen des Produktionsprozesses **langfristig** zur Verfügung (Investition). Hierdurch erhöhen sich die volkswirtschaftlichen Produktionskapazitäten, was letztlich mit einem **Anstieg des „volkswirtschaftlichen Vermögens"** gleichzusetzen ist. Unternehmen können also entweder Konsum- oder Produktionsgüter herstellen. Für die Entstehung von Einkommen gilt also:

Y = C + I (Einkommensentstehungsgleichung)

Da sich beide Wertströme in ihrer Größe entsprechen, kann man sie gleichsetzen und nach mathematischen Grundregeln wie folgt umformen:

$$C + I = C + S$$
$$I = S$$

In dem Modell des einfachen Wirtschaftskreislaufs fehlt also dieser Prozess des **Vermögenszuwachses** innerhalb einer Volkswirtschaft, der sich auch auf einem „Vermögensänderungskonto" darstellen lässt.

Vermögensänderungskonto

Investitionen	Ersparnis

Kompetenztraining

6 1. 1.1 Stellen Sie die Beziehungen zwischen den Sektoren „Unternehmen" und „Haushalte" in einer Skizze dar! Beachten Sie dabei, dass es Geld- und Güterströme gibt!

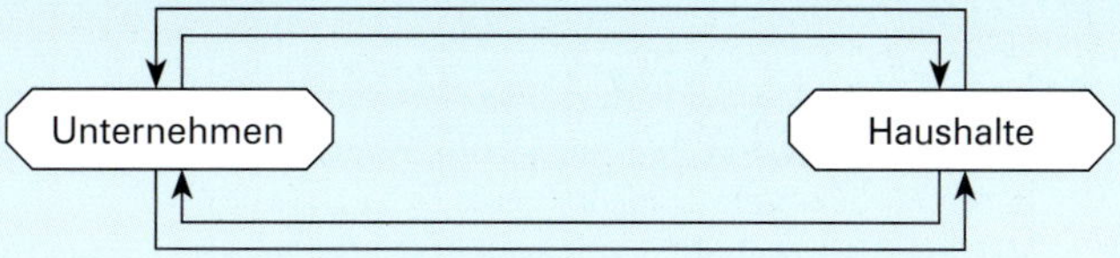

DOWNLOAD

1.2 Beschreiben Sie, wie sich Güter- und Geldkreislauf zueinander verhalten!

1.3 Beurteilen Sie, welcher der beiden Kreisläufe wertmäßig größer ist!

1.4 Erläutern Sie, welche Annahmen über das Konsumverhalten der Haushalte in diesem Modell gemacht werden!

1.5 Geben Sie Auskunft, welche Arten von Unternehmen bei der Erstellung von Gütern und Dienstleistungen unterschieden werden können!

2. Der Wirtschaftskreislauf ist ein Modell, das die Beziehungen der Teilnehmer einer Volkswirtschaft darstellt. Zu einigen Kreislaufströmen sind nachfolgend Beispiele aufgeführt. Nennen Sie die Beziehung zwischen den Wirtschaftssubjekten (z. B. Haushalt und Staat) und entscheiden Sie, ob die Beziehung in Form eines Geld- oder Güterstroms besteht.

2.1 Die Familie Ümür erhält für ihre beiden Kinder jeden Monat eine Kindergeldzahlung.

2.2 Manfred Koslowski arbeitet als Hausmeister an einer Berufsfachschule für Wirtschaft und Verwaltung.

2.3 Die Bürowelt Meier KG liefert dem Finanzamt Freiburg neue Rechner und Monitore.

2.4 Einem Bundesligaverein werden aus Sicherheitsgründen bei den Heimspielen regelmäßig Polizisten unentgeltlich zur Verfügung gestellt.

2.5 Ein deutscher Bundesligaprofi und Nationalspieler spielt für einen Verein im Breisgau.

2.6 Die Stahlwerke Ditzingen AG überweist die Körperschaftsteuer an das Finanzamt.

2.7 Die 18-jährige Schülerin Jennifer arbeitet am Wochenende in einem Discounter und räumt dort Regale ein.

3. Die Beziehungen der Wirtschaftssubjekte werden modellhaft als Wirtschaftskreislauf dargestellt. Dieser Wirtschaftskreislauf zeigt die Güter- und Geldströme zwischen den beteiligten Wirtschaftssubjekten. Der Geldkreislauf einer offenen Volkswirtschaft mit staatlicher Aktivität weist folgende Werte aus (Angaben in Mrd. EUR):

Einkommen der privaten Haushalte vom Staat	700
Einkommen der privaten Haushalte von den Unternehmen	1 700
Ersparnisse der privaten Haushalte	240
Einnahmen des Staates von privaten Haushalten	850
Einnahmen des Staates von den Unternehmen	650
Exporte der Unternehmen	500

Aufgaben:

3.1 Erläutern Sie, worin sich die offene von der geschlossenen Volkswirtschaft unterscheidet!

3.2 Berechnen Sie die Konsumausgaben der privaten Haushalte!

3.3 Ermitteln Sie die von den Unternehmen in Anspruch genommenen Kredite!

3.4 Ermitteln Sie die Importausgaben der Unternehmen bei ausgeglichener Handelsbilanz!

5 Boller, Hartmann - ISBN 978-3-8120-0664-4

3.5 Nennen Sie drei Formen von Einkommen, die den privaten Haushalten von den Unternehmen zufließen!

3.6 Nennen Sie vier Formen von Einnahmen des Staates von privaten Haushalten und von Unternehmen!

3.7 Nennen Sie zwei Formen von Transferzahlungen des Staates an die privaten Haushalte!

DOWNLOAD

4. Der Wirtschaftskreislauf einer Volkswirtschaft weist folgende Werte aus:

– Einkommen der privaten Haushalte vom Staat (Lohn, Gehälter, Sozialleistungen)	300 Mrd. GE
– Von den Unternehmen bezogene Einkommen der privaten Haushalte	700 Mrd. GE
– Sparen der privaten Haushalte	200 Mrd. GE
– Von den privaten Haushalten an den Staat abgeführte Steuern und Sozialabgaben	250 Mrd. GE
– Von den Unternehmen an den Staat abgeführte Steuern, Abgaben und Gebühren	150 Mrd. GE
– Vom Staat von den Unternehmen gekaufte Sachgüter und Dienstleistungen	100 Mrd. GE
– Von den Unternehmen in Anspruch genommene Kredite der Banken	200 Mrd. GE
– Die Ex- und Importe der Unternehmen gleichen sich aus und betragen je	80 Mrd. GE

Aufgaben:

4.1 Zeichnen Sie einen vollständigen Wirtschaftskreislauf und tragen Sie die Geldströme ein.

4.2 Berechnen Sie die Höhe der Konsumausgaben der privaten Haushalte und zeichnen Sie diesen Geldstrom in Ihr Kreislaufschema ein!

5. In einer Volkswirtschaft finden im Geldkreislauf im Laufe eines Kalenderjahres nachfolgende Vorgänge zwischen Haushalten, Unternehmen, Staat, Banken und Ausland statt. Die Angaben sind jeweils in Milliarden Geldeinheiten (Mrd. GE) aufgeführt:

– Von den Unternehmen bezogene Einkommen der privaten Haushalte	1400
– Der Staat erhält Subventionszuschüsse aus dem Ausland	100
– Der Staat zahlt Zinsen an die Banken	50
– Von den Haushalten an den Staat abgeführte Abgaben, Steuern und Gebühren	500
– Die privaten Haushalte erzielen Einkünfte aus dem Ausland	300
– Von den Unternehmen in Anspruch genommene Kredite	400
– Die Ex- und Importe der Unternehmen betragen jeweils	160
– Die privaten Haushalte sparen bei den Banken	400
– Der Staat kauft von den Unternehmen Sachgüter und Dienstleistungen	200
– Die privaten Haushalte beziehen Güter und Dienstleistungen aus dem Ausland	200
– Die Unternehmen führen Steuern und Abgaben an den Staat ab	300
– Die Banken zahlen Steuern und Abgaben an den Staat	40
– Die privaten Haushalte erhalten vom Staat Einkommen und Sozialleistungen	600
– Der Staat überweist Entwicklungshilfezahlungen an das Ausland	200
– Konsumausgaben der Haushalte fließen den Unternehmen zu	?

Aufgabe:

Berechnen Sie das Defizit des Staatshaushalts, das dieser auf dem ausländischen Kapitalmarkt finanzieren muss!

Mrd. GE

4 Produktionsfaktoren effizient kombinieren

Situation: Betriebsbesichtigung bei einem Automobilhersteller

Ihre Klassenlehrerin hat eine Betriebsbesichtigung bei einem großen deutschen Automobilhersteller organisiert. Nach Ihrer Ankunft mit dem Bus werden Sie zunächst auf dem Werksgelände von einem eigens hierfür abgestellten Mitarbeiter begrüßt. Vor der noch anstehenden Werksführung wird Ihnen dann in einem speziell dafür vorgesehenen Raum ein Film über wichtige betriebliche Abläufe des von Ihnen besuchten Produktionsstandortes gezeigt.

Im Mittelpunkt dieses Films steht die Entwicklung und Fertigung einer gerade auf dem Genfer Autosalon neu vorgestellten Modellreihe des Unternehmens. Im Laufe des Filmbeitrags wird Ihnen deutlich, wie hoch der Forschungs- und Entwicklungsaufwand für ein neues Automodell ist. Auch die Tatsache, aus wie vielen verschiedenen Ländern die einzelnen Komponenten für das Endprodukt geliefert werden, beeindruckt Sie. Dabei verteilen sich die Zulieferbetriebe des Unternehmens rund um den Globus.

In dem Film wird auch deutlich, dass der Automobilhersteller selbst mehrere Produktionsstandorte in der ganzen Welt unterhält. An diesen Standorten fertigt der Hersteller andere Modellreihen mit unterschiedlichen Antriebstechnologien, die weltweit ihren Absatz finden.

Kompetenzorientierte Arbeitsaufträge:

1. Nennen Sie die bedeutsamsten Faktoren, die für die Herstellung von Autos notwendig sind!
2. Formulieren Sie beispielhaft, inwiefern die Produktion unterschiedlicher Güter auch schwerpunktmäßig unterschiedliche Faktoren für die Produktion erfordert!
3. Erläutern Sie, welche Ursachen es haben könnte, dass ein Autohersteller weltweit Produktionsstandorte unterhält!
4. **Thesenpapier**

   Formulieren Sie in Form von fünf Thesen, welche Folgen sich aus diesen Entwicklungen ganz konkret für Sie als zukünftigen Arbeitnehmer ergeben!

4.1 Begriff Produktionsfaktor

Als **Produktionsfaktor** werden alle **materiellen** und **immateriellen Güter** bezeichnet, deren Einsatz für die **Erzeugung anderer wirtschaftlicher Güter** erforderlich sind.

Die **Produktion** wirtschaftlicher Güter geschieht durch die **Kombination** von Produktionsfaktoren.

4.2 Die Produktionsfaktoren aus volkswirtschaftlicher Sicht

Aus volkswirtschaftlicher (gesamtwirtschaftlicher) Sicht unterteilt man die für die Produktion eingesetzten Güter in **Arbeit, Boden** und **Kapital.**

(1) Produktionsfaktor Arbeit

Begriff Arbeit

Unter dem Produktionsfaktor **Arbeit** im volkswirtschaftlichen Sinne versteht man die **Tätigkeiten des Menschen**, die er gegen **Entgelt** ausführt.

Der Produktionsfaktor Arbeit lässt sich in vielfältiger Art und Weise differenzieren nach der:

- **Art der Tätigkeit:** körperliche und geistige Arbeit;
- **Intensität der Ausbildung:** ungelernte Arbeit, angelernte Arbeit, gelernte Arbeit;
- **Selbstbestimmtheit der Tätigkeit:** selbstständige Arbeit, unselbstständige Arbeit;
- **Leitungsfunktion:** leitende (dispositive) Arbeit, ausführende (exekutive) Arbeit.

Wissen und Bildung

Spätestens seit der ersten industriellen Revolution hat das **Wissen** um die Herstellung von Gütern stark an Gewicht zugenommen. Deshalb rechnet man heute das Wissen entweder als **vierten Produktionsfaktor** zu den drei klassischen Produktionsfaktoren hinzu oder ordnet es dem Faktor Arbeit zu. Eine **gute Ausbildung** ist eine **Investition** in die eigene Arbeitskraft, die zu **besserer Entlohnung** führen kann. Zudem hat man in zahlreichen Studien nachweisen können, dass ein höherer Bildungsabschluss das **Risiko von Arbeitslosigkeit verringert**.

Vor diesem Hintergrund ist **Bildung** für breite Bevölkerungsschichten die beste **Investition** in die **Zukunft** jedes **Einzelnen** und somit auch eines Staates. Dies erklärt zudem, warum das **Recht auf Bildung** zu den Grundrechten unseres Landes zählt. Heute versteht man unter „Recht auf Bildung" auch die Weiter- und Höherbildung.

Da Bildung und Ausbildung dem Menschen nicht von vornherein gegeben sind, sondern oft mühevoll erworben werden müssen, handelt es sich bei der Bildung um einen **abgeleiteten** (derivativen) **Produktionsfaktor.** Mit Blick auf die Bedeutung der Bildung für den **wachsenden Wohlstand** einer Volkswirtschaft haben **Investitionen in Bildung** einen besonders starken Einfluss auf die künftige wirtschaftliche Entwicklung eines Landes.

(2) Produktionsfaktor Boden

Zu dem **Produktionsfaktor Boden** zählen neben der **Erdoberfläche** auch **alle von der Natur bereitgestellten Ressourcen** (z. B. Bodenschätze, Wind, Sonne).

Ein Wesensmerkmal dieses Produktionsfaktors ist die **Begrenztheit**, die ihn mit Blick auf die **zunehmende Weltbevölkerung**[1] zu einem besonders knappen Gut werden lässt.

Boden

Der Boden ist für die Produktion in unterschiedlicher Weise nutzbar. So dient er als:

Abbauboden
dem Abbau von Rohstoffen,

Standortboden
den Betrieben als Basis für den Vollzug der Produktion,

Anbauboden
der land- und fortwirtschaftlichen Produktion.

(3) Produktionsfaktor Kapital

Der **Produktionsfaktor Kapital** umfasst alle in einem Produktionsprozess eingesetzten (produzierten) **Produktionsmittel** wie beispielsweise Gebäude, Maschinen oder Werkzeuge.

Der Produktionsfaktor Kapital bezieht sich ausschließlich auf das **Realkapital** und **nicht** auf das **Geldkapital.** Im volkswirtschaftlichen Sinne erleichtert das **Geld(-kapital)** als allgemeines Tauschmittel lediglich die **Geschäftsabwicklung.**

Da Kapital erst durch die Kombination der beiden „ursprünglichen" Produktionsfaktoren Arbeit und Boden hergestellt werden kann, bezeichnet man diesen Faktor auch als **abgeleiteten Produktionsfaktor.**[2] Eine Produktion unter Einsatz von Kapital führt zu einer höheren Ausbringungsmenge als eine Produktion ohne Einsatz von Kapital.

Die Bildung von Realkapital setzt das **Sparen** (Konsumverzicht) voraus.

Die Anlage von Geld- und Sachkapital in Produktivvermögen bezeichnet man als **Investition.** Bei den Investitionen unterscheidet man allgemein folgende Arten:

1 Die Weltbevölkerung hat sich von 1960 mit 3 Milliarden bis Juli 2018 mit 7,6 Milliarden Menschen mehr als verdoppelt.

2 Vielfach bezeichnet man diesen Produktionsfaktor auch als **derivativen** Produktionsfaktor.

Bruttoinvestitionen (Summe aller Investitionen)

Anlageinvestitionen	**Vorratsinvestitionen**
Investitionen in Anlagevermögen (Ausrüstungen, Bauten) und immaterielle Anlagen.	Vermehrung oder Verminderung (Desinvestition) in Umlaufvermögen (z. B. Bestand an fertigen und unfertigen Erzeugnissen).

Ersatzinvestitionen (Anlagereinvestition)	**Nettoinvestitionen** (Anlageneuinvestition)
Mittels dieser Investition wird der Anlagebestand erhalten. Ersatzinvestitionen können allerdings zu Verbesserungen der Produktion führen, sodass eine Produktionssteigerung auch dann möglich ist, wenn die Nettoinvestitionen gleich null sind.	Diese die Anlageersatzinvestition übersteigenden Investitionen führen zu einer Kapitalneubildung und erhöhen die Leistungskraft einer Volkswirtschaft.

(4) Daten als „4. Produktionsfaktor"

Neueren Ansätzen folgend gelten – wie auch nachfolgendes Beispiel verdeutlicht – **Informationen** (Daten) als **4. Produktionsfaktor**.

Beispiel:

Für einen Möbel-Mitnahmemarkt ist es von erheblicher Bedeutung, dass die von den Kunden gewünschten Möbel stets in den entsprechenden Mengen, Ausstattungen oder Farben vorhanden sind. Sollte das nicht gelingen, sind die Kunden schnell enttäuscht und der Markt verliert nach und nach seine Kundschaft. Um wettbewerbsfähig zu bleiben, muss der Möbelmarkt seine Bestellungen für den Verkauf Monate im Voraus auf der Grundlage der erwarteten Kundennachfrage möglichst zielgenau planen.

Sollte diese Einschätzung der Kundennachfrage jedoch falsch sein, kommt es zu Engpässen im Möbelmarkt und somit zu Umsatzeinbußen oder zu einem zu hohen Lagerbestand, was wiederum mit hohen Kosten verbunden ist. Zudem müssten erhöhte Lagerbestände zeitnah mit entsprechenden Preisnachlässen abverkauft werden, was zusätzlich den erwarteten Gewinn schmälert.

Da die Produktion von Möbeln – die sogenannte Wertschöpfungskette – in der Realität international über Kontinente verteilt stattfindet, müssen die Beteiligten über große Distanzen Entscheidungen treffen. Dieser Umstand macht die Planung insgesamt noch komplizierter. Somit werden möglichst weit im Voraus große Mengen an Daten benötigt, um die in der Zukunft liegende Nachfrage bestmöglich vorausschauend zu planen. Zu den für eine möglichst genaue Prognose erforderlichen Datensätzen gehören u. a.:

- Angaben, in welchen Jahreszeiten vorzugsweise welche Möbel gekauft werden,
- welche Monate in der Möbelbranche zu den umsatzstärksten bzw. zu den umsatzschwächsten gehören,
- zu welchem Zeitpunkt des Monats die Verbraucher gewöhnlich über ausreichende finanzielle Mittel zum Möbelkauf verfügen,

- welche Wochentage am häufigsten und welche eher selten für den Einkauf von Möbeln genutzt werden,
- welche aktuellen Modetrends oder Veränderungen im Konsumverhalten erwartet werden etc.

Des Weiteren beeinflussen Großereignisse wie eine Fußball-WM ebenso das Kaufverhalten wie das aktuelle Wetter, sodass auch Wetterprognosen (z. B. über länger anhaltende Hitzeperioden) miteinbezogen werden müssen.

Die vorangestellten Ausführungen zeigen die enorme Größe dieser Datenmengen, die mittlerweile in den Unternehmen vorliegen und intelligent verarbeitet werden müssen, um möglichst viele Potenziale zu nutzen. So bergen sie etwa neue Erkenntnisse über Optimierungsmöglichkeiten betrieblicher Abläufe, über Marktlücken, Kundenwünsche und vieles mehr.

4.3 Kostengünstigste Kombination der Produktionsfaktoren (Minimalkostenkombination)

- Bei der Minimalkostenkombination wird diejenige Kombination der Produktionsfaktoren gesucht, die bei **gegebenem** Kostenbudget den **höchsten** Output erbringt bzw. bei **gegebener** Ausbringungsmenge die **geringsten** Kosten verursacht.
- Eine **Minimalkostenkombination** ist die Umsetzung des **ökonomischen Prinzips** im **Produktionsbereich** einer Unternehmung.

Voraussetzung für das Auffinden der **Minimalkostenkombination** ist, dass die Produktionsfaktoren **untereinander austauschbar** (substituierbar) sind.

Beispiel:

Angenommen, ein Unternehmen muss für seine Kunden täglich 50 hochwertige Stanzteile fertigen. Unterstellen wir weiterhin, dass diese Produktionsmenge – wie in nachfolgender Tabelle dargestellt – durch unterschiedliche Kombinationen der Produktionsfaktoren Arbeit (in Stunden) und Kapital (Zahl der Maschinen) erreicht werden kann.

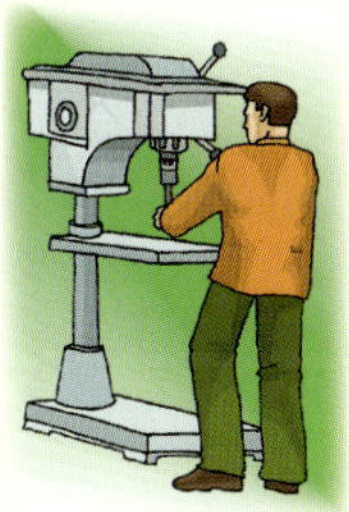

Arbeit in Stunden	3	4	5	6	10
Zahl der Maschinen	10	7	5	4	3

Welche Kombination das Unternehmen tatsächlich wählt, hängt von den Kosten der Produktionsfaktoren ab.

Beträgt der Stundenlohn 40,00 EUR und die Maschinenkosten 60,00 EUR je Maschine, erhält man folgende Werte:

Arbeitskosten (Löhne) in EUR	120,00	160,00	200,00	240,00	400,00
Maschinenkosten in EUR	600,00	420,00	300,00	240,00	180,00
Gesamtkosten in EUR	720,00	580,00	500,00	480,00	580,00

Bei einem Stundenlohn von 40,00 EUR und Kosten von 60,00 EUR je Maschine wird der Betrieb die Faktorkombination 6 Arbeitsstunden (6 · 40,00 EUR) und 4 Maschinen (4 · 60,00 EUR) wählen, weil dies die kostengünstigste Faktorkombination **(Minimalkostenkombination)** ist, um 50 Stanzteile herzustellen.

4.4 Die Produktionsfaktoren aus betriebswirtschaftlicher Sicht

In Abgrenzung zur Volkswirtschaftslehre untergliedern sich die betriebswirtschaftlichen Produktionsfaktoren in den **dispositiven** Leistungsfaktor (leitende Arbeit) und die **elementaren** Leistungsfaktoren. Zu den elementaren Leistungsfaktoren zählen die ausführende Arbeit, das Sachvermögen (Gebäude, Werkstoffe und Betriebsmittel), Rechte (immaterielle Leistungsfaktoren) und auch das Geldvermögen.

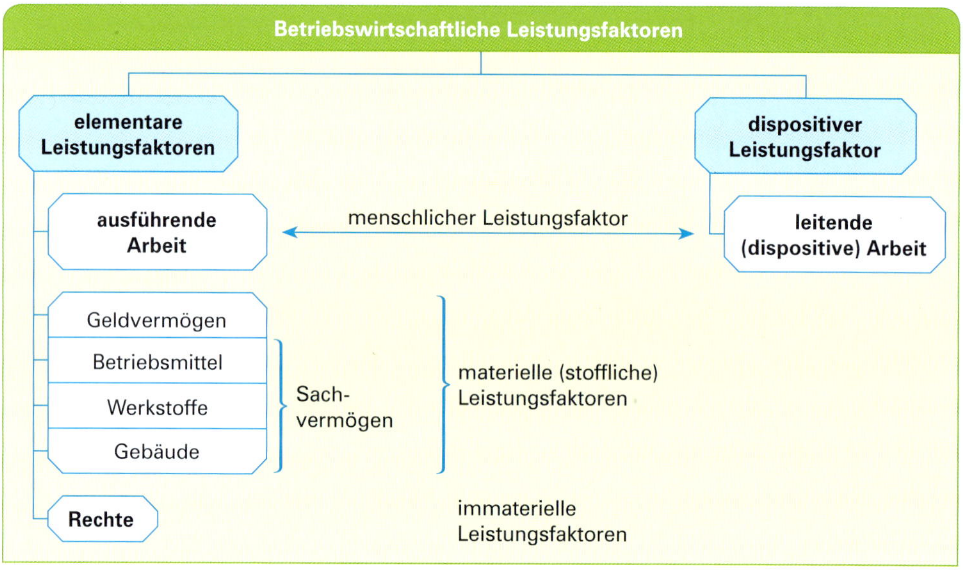

Kompetenztraining

7 1. Vor vielen Jahrhunderten lebte ein Mann mit seiner Frau und einer vielköpfigen Familie in der Nähe eines Weihers. Die Arbeit des Mannes bestand darin, seine Familie zu ernähren. Dies tat er durch das Sammeln von Früchten in der Natur. Die meiste Zeit wandte er dafür auf, mit bloßen Händen Fische im Weiher zu fangen.

   Nennen Sie die Faktoren, die der Mann zur Deckung seiner Bedürfnisse einsetzte!

2. Nach einem arbeitsreichen Tag kam der Mann aus dem vorigen Fall zu dem Schluss, dass es so nicht weitergehen könne.

   Er entschloss sich, einen Weg zu finden, wie er das sehr mühsame Fischen ändern könne. Nach einigem Nachdenken kam ihm die Idee, aus den Weidenruten vor seiner Höhle ein Fanggerät zu bauen, mit dem das Fischen leichter würde. Da er an diesem Tag ein gutes Fangergebnis hatte, sagte er zu seiner Frau, dass sie einige Fische für den nächsten und übernächsten Tag aufheben solle, da er ein Gerät zum Fischfang bauen wolle. Es gelang ihm, eine Technik zu entwickeln, mit der er die Weidenruten zu einem Fangkorb flechten konnte. Als er am dritten Tag mit seinem Fangkorb fischte, konnte er in kurzer Zeit mehr Fische fangen als vorher.

   Beschreiben Sie, welche Mittel der Mann einsetzte, um das bessere Fangergebnis zu erreichen!

3. 3.1 Erläutern Sie, wodurch es dem Mann in Aufgabe 2 möglich wurde, Kapital zu bilden!

   3.2 Entscheiden Sie, welche volkswirtschaftlichen Produktionsfaktoren ursprünglich (originär) vorhanden waren und welcher Produktionsfaktor erst nachträglich (derivativ) entstanden ist!

4. Entscheiden Sie, welche volkswirtschaftlichen Produktionsfaktoren in den unten stehenden Fällen hauptsächlich zur Produktion herangezogen werden. Tragen Sie die zutreffende Bezeichnung in das vorgesehene Feld ein! Folgende Ziffern stehen zur Auswahl:

   ① Arbeit, ③ Kapital,

   ② Boden, ⑨ wenn keine eindeutige Zuordnung möglich ist.

4.1 Das Bankhaus Wucher & Co. KG eröffnet eine SB-Zweigstelle.	
4.2 Die Möbelschreinerei Hobel GmbH hat sich auf das Restaurieren antiker Möbel spezialisiert.	
4.3 Der ehemalige Rennfahrer Nicki Lauda betreibt eine eigene Fluggesellschaft.	
4.4 Der ostfriesische Fischereibetrieb Olaf Olafson e.K. betreibt seit vielen Generationen die Hochseefischerei.	
4.5 Heidi Klum eröffnet auf der Düsseldorfer Königsallee eine Modeboutique für Designeranzüge.	
4.6 Eine deutsche Großbank betreibt ein Beratungscenter für vermögende Anlagekunden.	
4.7 Die Car Concept AG produziert Autos der gehobenen Mittelklasse.	
4.8 Das Ingenieurbüro GPS GmbH hat sich auf die Vermessung weltweiter Großprojekte spezialisiert, für die sie gut ausgebildete Ingenieure und hochwertige Technologie einsetzt.	

5. In der Volkswirtschaft von Lummerland werden unter anderem Hemden hergestellt. Dabei kann die Produktion entweder durch Näherinnen erfolgen oder maschinell. Die nachfolgende Tabelle zeigt verschiedene Kombinationen für den möglichen Einsatz der Produktionsfaktoren Arbeit und Kapital, die eine Produktion von 100 Hemden ermöglichen.

Kombination	①	②	③	④	⑤
Arbeitseinheiten	20	16	12	8	4
Kapitaleinheiten	4	6	10	16	24

In Lummerland belaufen sich die Kosten für eine Einheit des Produktionsfaktors Arbeit auf 40,00 Geldeinheiten (GE), die Kosten für eine Einheit Kapital betragen 25,00 GE.

Aufgaben:

5.1 Ermitteln Sie die Minimalkostenkombination und die Höhe der dort anfallenden Gesamtkosten!

Minimalkostenkombination ☐ Gesamtkosten ☐☐☐ GE

5.2 Durch eine Neustrukturierung der Arbeitsabläufe kann die Anzahl der benötigten Arbeitseinheiten um jeweils 25 % gesenkt werden. Ermitteln Sie unter dieser neuen Voraussetzung die Minimalkostenkombination und die Höhe der insgesamt anfallenden Kosten!

Minimalkostenkombination ☐ Gesamtkosten ☐☐☐ GE

5.3 Kurze Zeit nach der Neustrukturierung der Arbeitsabläufe stiegen die Kosten für eine Einheit Arbeit, nicht zuletzt durch neue Tarifabschlüsse und höhere Sozialabgaben, um 8,00 GE je Einheit. Ermitteln Sie unter dieser neuen Voraussetzung die Minimalkostenkombination und die Höhe der insgesamt anfallenden Kosten!

Minimalkostenkombination ☐ Gesamtkosten ☐☐☐ GE

5.4 Erläutern Sie, zu welchem Ergebnis Ihre Entscheidung hinsichtlich des Anteils der verschiedenen betrieblichen Produktions-(Leistungs-)faktoren an der Leistungserstellung führt!

5.5 Nennen Sie mindestens vier weitere Beispiele für den gegenseitigen Austausch (Substitution) von Leistungsfaktoren!

5.6 Geben Sie an, nach welchem Prinzip Sie Ihre Entscheidungen getroffen haben!

6. Sie sollen im Unterricht ein Kurzreferat über die drei Produktionsfaktoren halten. Ein Mitschüler hat Ihr Referat auf inhaltliche Fehler hin überprüft und die fünf nachfolgenden Sachdarstellungen am Rand mit einem Fragezeichen versehen. Entscheiden Sie, welche Erklärung Sie gegebenenfalls abändern müssen!

   Tragen Sie die Ziffer ⑨ ein, wenn die von Ihnen gemachten Ausführungen alle korrekt sind!

   ① Die Produktionsfaktoren werden im Wirtschaftskreislauf dem Güterstrom zugeordnet. ☐

   ② Produktionsfaktoren sind knappe Güter.

   ③ Das Meer zählt zum Produktionsfaktor Boden.

   ④ Konsumverzicht ist eine Grundvoraussetzung zur Bildung des Produktionsfaktors Kapital.

   ⑤ Die Kombination von Produktionsfaktoren bezeichnet man als Produktion.

5 Auswirkungen der Arbeitsteilung auf die Wirtschaftssubjekte beurteilen

Situation: Tausendfache Produktionsmenge dank Arbeitsteilung

Adam Smith (1723–1790), der Begründer der klassischen Volkswirtschaftslehre, hat am Beispiel einer Stecknadel deutlich gemacht, wie durch arbeitsteilige Produktion in kurzer Zeit eine wesentlich größere Menge der gleichen Güter erzeugt werden kann.

Anstatt einer entstehen 4 800 Stecknadeln

Ein Arbeiter, der noch niemals Stecknadeln gemacht hat und auch nicht dazu angelernt ist [...], könnte, selbst wenn er sehr fleißig ist, täglich höchstens eine, sicherlich aber keine zwanzig Nadeln herstellen. Aber so, wie die Herstellung von Stecknadeln heute betrieben wird, ist sie nicht nur als Ganzes ein selbstständiges Gewerbe. Sie zerfällt vielmehr in eine Reihe getrennter Arbeitsgänge, die zumeist zur fachlichen Spezialisierung geführt haben. Der eine Arbeiter zieht den Draht, der andere streckt ihn, ein dritter schneidet ihn, ein vierter spitzt ihn zu, ein fünfter schleift das obere Ende, damit der Kopf aufgesetzt werden kann. Auch die Herstellung des Kopfes erfordert zwei oder drei getrennte Arbeitsgänge. Das Ansetzen des Kopfes ist eine eigene Tätigkeit, ebenso das Weißglühen der Nadel, ja, selbst das Verpacken der Nadeln ist eine Arbeit für sich. Um eine Stecknadel anzufertigen, sind somit etwa 18 verschiedene Arbeitsgänge notwendig, die in einigen Fabriken jeweils verschiedene Arbeiter besorgen, während in anderen ein einzelner zwei oder drei davon ausführt. Ich selbst habe eine kleine Manufaktur dieser Art gesehen, in der nur 10 Leute beschäftigt waren, sodass einige von ihnen zwei oder drei solcher Arbeiten übernehmen mussten. Obwohl sie nun sehr arm und nur recht und schlecht mit dem nötigen Werkzeug ausgerüstet waren, konnten sie zusammen am Tage doch etwa 12 Pfund Stecknadeln anfertigen, wenn sie sich einigermaßen anstrengten. Rechnet man für ein Pfund über 4 000 Stecknadeln mittlerer Größe, so waren die 10 Arbeiter imstande, täglich etwa 48 000 Nadeln herzustellen, jeder also ungefähr 4 800 Stück. Hätten sie indes alle einzeln und unabhängig voneinander gearbeitet, noch dazu ohne besondere Ausbildung, so hätte der einzelne gewiss nicht einmal 20, vielleicht sogar keine einzige Nadel am Tag zustande gebracht. Mit anderen Worten, sie hätten mit Sicherheit nicht den zweihundertvierzigsten, vielleicht nicht einmal den viertausendachthundertsten Teil von dem produziert, was sie nunmehr infolge einer sinnvollen Teilung und Verknüpfung der einzelnen Arbeitsgänge zu erzeugen imstande waren.

Adam Smith, Der Wohlstand der Nationen (1776), München 1978, S. 11 f.

Quelle: Informationen zur politischen Bildung Nr. 293.

Kompetenzorientierte Arbeitsaufträge:

1. **Arbeitsvorschlag: Referat**

   Adam Smith gilt als Begründer der klassischen Volkswirtschaftslehre. Informieren Sie sich ausgiebig über Adam Smith und sein Wirken. Stellen Sie im Rahmen eines Referats Ihren Mitschülerinnen und Mitschülern die wichtigsten Erkenntnisse seiner vor knapp 300 Jahren durchgeführten Forschungsarbeiten vor! Gehen Sie dabei auch darauf ein, inwiefern seine Erkenntnisse aus der damaligen Zeit heutzutage noch von Bedeutung sind!

2. Erläutern Sie drei Arten der Arbeitsteilung!
3. **Pro- und Kontra-Diskussion**

   Führen Sie jeweils vier Vor- und Nachteile der Arbeitsteilung an! Gewichten Sie die jeweiligen Vor- und Nachteile und nehmen Sie begründet dazu Stellung, ob die positiven oder negativen Aspekte überwiegen!

5.1 Begriff Arbeitsteilung

In den meisten Fällen geschieht die Produktion und Bereitstellung wirtschaftlicher Güter durch Arbeitsteilung.

- Unter **Arbeitsteilung** versteht man die Auflösung des Herstellungsprozesses in **Teilverrichtungen.**
- Diese Arbeitsteilung ist letztlich eine **Strategie,** um die Auswirkungen der Knappheit der Güter auf den Menschen zu mildern.

5.2 Arbeitsteilung zwischen den Wirtschaftssektoren

Untergliedert man die verschiedenen Zweige einer arbeitsteiligen Wirtschaft in **vertikaler** Richtung, so lassen sich drei Wirtschaftsstufen unterscheiden. Unterstützt werden diese drei **Wirtschaftssektoren** von den Dienstleistungsbetrieben, die ebenfalls dem tertiären Sektor zugerechnet werden.

Wirtschaftsbereiche	Erläuterungen
Erzeugung (primärer Sektor)	Die Funktion dieses Sektors ist die **Bereitstellung** von Rohstoffen. Hierzu zählen beispielsweise land- und forstwirtschaftliche Betriebe, Fischereien, Kiesgruben, Erdöl und Erdgas fördernde Betriebe. 
Weiterverarbeitung (sekundärer Sektor)	Gegenstand dieser Unternehmen ist die **Umwandlung** der Rohstoffe in Investitions- und Konsumgüter (z. B. Maschinenbau-, Automobil- oder Textilindustrie). 
Verteilung (tertiärer Sektor)	Unternehmen dieser Wirtschaftsstufe übernehmen die **Verteilung** der Güter vom Produzenten bis zum Endverbraucher. Hierzu zählen in erster Linie Handelsbetriebe. 
Sonstige Dienstleistungsbetriebe	Die Übernahme von **Hilfsfunktionen** bei der Erzeugung, Weiterverarbeitung und Verteilung von Gütern obliegt den Dienstleistungsunternehmen, die ebenfalls dem **tertiären** Sektor zugerechnet werden (z. B. Kreditinstitute, Versicherungen, Verkehrsbetriebe). 

Die Bedeutung der einzelnen Wirtschaftssektoren verändert sich im Zeitablauf. Wie die nachfolgende Abbildung verdeutlicht, hat sich auch in Deutschland in den letzten zweihundert Jahren eine deutliche Verlagerung vom primären zum sekundären und schließlich zum tertiären Sektor vollzogen. Nicht ohne Grund spricht man hierzulande nicht mehr von der Industrie-, sondern **Dienstleistungsgesellschaft,** da mittlerweile in etwa drei Viertel aller Arbeitsplätze im tertiären Sektor angesiedelt sind. Die Ursachen für diesen Strukturwandel sind sehr vielschichtig, wie beispielsweise Veränderung der Nachfrage, neue Technologien oder Produktivitätsfortschritte.

Prozentuale Aufteilung der Erwerbstätigen in Deutschland gegliedert nach den drei Sektoren

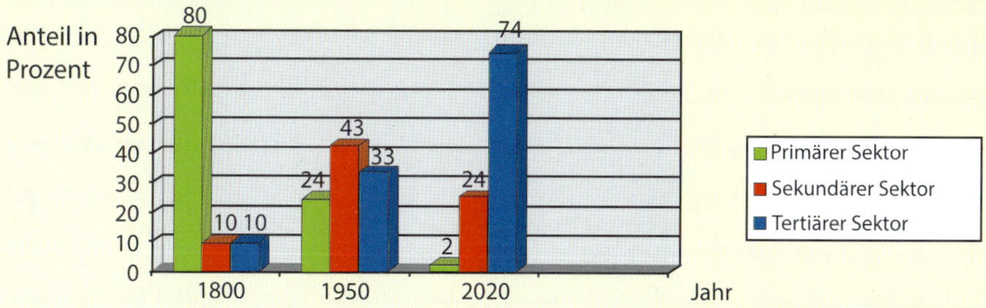

5.3 Innerbetriebliche Arbeitsteilung

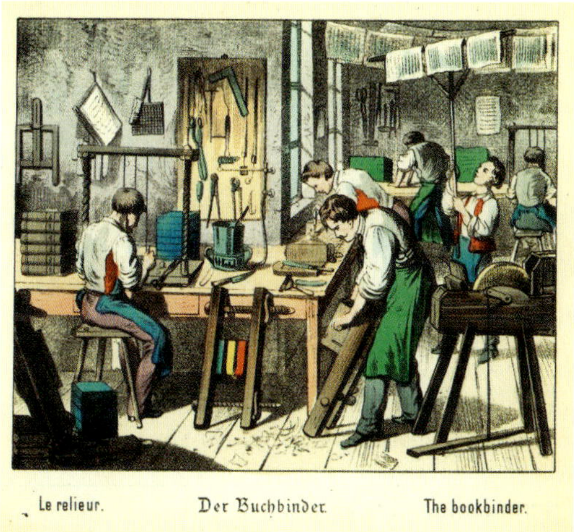

Einst vollzogen sich Produktion und Verbrauch innerhalb einer Großfamilie, z. B. innerhalb eines sich selbst versorgenden Bauernhofs (geschlossene Hauswirtschaft). Mit der **Berufsbildung** und **Berufsspaltung** wurden die Produktionsstätten mehr und mehr aus den Haushalten **ausgegliedert:** Es entstanden die wirtschaftlichen Betriebe. Die Eigentümer dieser Betriebe konnten oft die anfallende Arbeit nicht mehr allein bewältigen und stellten Arbeitskräfte („Gesellen" in Handwerksbetrieben, „Gehilfen" in Handelsbetrieben) ein. Mit der Berufsbildung ging also die **innerbetriebliche Arbeitsteilung** Hand in Hand.

Im Rahmen der **innerbetrieblichen Arbeitsteilung** wird die Gesamtaufgabe eines Betriebes in **Teilaufgaben** zerlegt und bestimmten betrieblichen **Funktionsbereichen** (z. B. Beschaffung, Produktion, Vertrieb und Verwaltung) zugewiesen.

Ziel dieser innerbetrieblichen Arbeitsteilung ist vor allem eine **Steigerung der Produktivität.**

Beispiel:

Innerhalb der Buchhaltungsabteilung wird die Arbeit auf verschiedene Mitarbeiter aufgeteilt, z. B.:

Belege sortieren → Belege kontieren → Kontrollieren → Buchen → Belege ablegen

Stufen innerbetrieblicher Arbeitsteilung	
1. Stufe	Schaffung von **betrieblichen Aufgabenbereichen (Funktionen)** wie etwa Beschaffung, Lagerung, Produktion, Verwaltung und Vertrieb (Absatz).
2. Stufe	**Zerlegung** ursprünglich **zusammengehöriger Tätigkeiten** in einzelne **Teilverrichtungen.** Diese „Arbeitszerlegung" erfolgt sowohl im verwaltenden Bereich als auch in der Produktion. Der Arbeitszerlegung kommt (und kam) vor allem die fortschreitende Technik zu Hilfe. Ein Musterbeispiel ist das Fließband, an dem der einzelne Arbeiter lediglich die sich immer wiederholenden gleichen Handgriffe vorzunehmen hat. Man spricht daher auch von der **technischen Arbeitsteilung.**

Innerbetrieblich führt die **Technisierung** zu immer enger werdenden Tätigkeitsbereichen der Arbeitenden, bis schließlich am Fließband nur noch wenige Handgriffe notwendig sind. Erst die **Automation** bringt die Ablösung dieser in kleinste Handgriffe zerlegten Arbeit durch elektronisch gesteuerte und sich selbst kontrollierende Maschinen.

Die Aufteilung eines Arbeitsvorgangs unter dem Gesichtspunkt der technischen Möglichkeiten nennt man **technische Arbeitsteilung.**

5.4 Internationale Arbeitsteilung[1]

Die internationale Arbeitsteilung geht auf die Erkenntnis zurück, dass jedes Land diejenigen Erzeugnisse im Tauschweg international anbieten wird, die es mit den vergleichsweise (relativ) niedrigsten Kosten erzeugt. Diese Erkenntnis wurde von **David Ricardo** in dem **Gesetz der komparativen Kostenvorteile** formuliert.

Beispiel:

Portugal würde die Erzeugung einer bestimmten Menge Textilien 90 Arbeitstage kosten, die Erzeugung einer bestimmten Menge Wein 80 Arbeitstage.

England benötigt für die gleichen Mengen 100 bzw. 120 Arbeitstage.

Kosten/Güter Länder	Kosten für z. B. 10 t Textilien (T) in Arbeitstagen	Kosten für z. B. 10 hl Wein (W) in Arbeitstagen	komparative (vergleichsweise) Kostenvorteile T : W
Portugal	90	80	1 : 0,88
England	100	120	1 : 1,2

1 Vgl. hierzu ausführlich Kompetenzbereich 7, Kapitel 1.

Obwohl Portugal beide Güter billiger produzieren kann, lohnt sich die Arbeitsteilung für beide Länder, wenn sich jedes Land auf das Gut spezialisiert, das es mit den relativ geringsten Kosten herstellen kann. In dem Beispiel sollte sich Portugal auf Wein, England auf Textilien beschränken, obwohl England beide Produkte mit höheren absoluten Kosten erzeugt.

Beweis unter der Annahme, dass jedes Land 10 t Textilien und 10 hl Wein produziert hat.

Länder **Güter**	**Portugal**		**England**		**Gesamtkosten in Arbeitstagen**
	Textilien	**Wein**	**Textilien**	**Wein**	
Kosten **ohne** internationale Arbeitsteilung in Arbeitstagen	90	80	100	120	390
Kosten **mit** internationaler Arbeitsteilung in Arbeitstagen	–	160	200	–	360
Kostenersparnis in Arbeitstagen	10		20		30

5.5 Produktivität und Wirtschaftlichkeit

5.5.1 Produktivität

(1) Begriff Produktivität

Die **Produktivität** ist die **technische Ergiebigkeit** eines Produktionsvorgangs. Sie stellt das **Verhältnis** von **Ausbringungsmenge** zu den **Einsatzmengen** der Produktionsfaktoren dar:

$$\textbf{Produktivität} = \frac{\text{Ausbringungsmenge}}{\text{Einsatzmenge}}$$

Aus dieser allgemeinen Formulierung lassen sich **Teilproduktivitäten** ableiten.

Je nachdem, an welchem Produktionsfaktor wir die Ausbringungsmenge messen, erhalten wir verschiedene Produktivitäten. Hier eine Auswahl:

- **Arbeitsproduktivität** = Ausbringungsmenge : Anzahl der Lohnstunden
- **Maschinenproduktivität** = Ausbringungsmenge : Anzahl der Maschinenstunden
- **Rohstoffproduktivität** = Ausbringungsmenge : mengenmäßiger Rohstoffeinsatz

(2) Berechnung der Arbeitsproduktivität

Die **Arbeitsproduktivität** ist das **Verhältnis** von hergestellter **Produktionsmenge** zu eingesetzter **Arbeitskraft.**

Allgemein gilt:

$$\text{Arbeitsproduktivität} = \frac{\text{Ausbringung je Periode}}{\text{Arbeitseinsatz}}$$

Beispiel:

Ein Bauunternehmen erstellte im Monat April mit seinen Beschäftigten 2000 m^3 umbauten Raum, im Mai 2400 m^3. Die geleisteten Arbeitsstunden betrugen im April 3840 und im Mai 4416 Arbeitsstunden. Der Einsatz von Werkzeugen, Maschinen, Fahrzeugen, Ausstattung und Gebäude blieb unverändert (Wert 300000,00 EUR).

Aufgabe:

Berechnen Sie die Arbeitsproduktivität für die Monate April und Mai und geben Sie mögliche Gründe für die Entwicklung der Arbeitsproduktivität an!

Lösung:

Monat	Arbeitsproduktivität	Monat	Arbeitsproduktivität
April	$\frac{2000}{3840} = \underline{\underline{0{,}52}}$	Mai	$\frac{2400}{4416} = \underline{\underline{0{,}54}}$

Das Ergebnis zeigt, dass sich die Arbeitsproduktivität im Mai erhöht hat. Da sich die Ausstattung mit Maschinen und Werkzeugen nicht geändert hat, ist die Produktivitätssteigerung ausschließlich auf die Arbeiter zurückzuführen.

Gründe können sein: besseres Wetter (die Arbeitskräfte fühlen sich wohler); die Aufsicht wurde verbessert; die Arbeitskräfte befürchten Entlassungen und strengen sich daher mehr an; das Betriebsklima ist besser geworden; die im April gewonnene Routine (Gewandtheit) nach der Winterpause führte im Mai zur Leistungssteigerung.

5.5.2 Wirtschaftlichkeit

(1) Begriff Wirtschaftlichkeit

Der Begriff „Wirtschaftlichkeit" ist nicht neu. Er taucht z. B. in den Familien immer dann auf, wenn der Kauf eines neuen Autos zur Diskussion steht. Nicht nur auf die äußere Form soll es ankommen, sondern auch auf die „Wirtschaftlichkeit". Hierbei überlegt man sich, dass der Wagen zwar „etwas bringen soll", stellt dieser Leistung jedoch die aufzubringenden Kosten gegenüber.

Unter **Wirtschaftlichkeit** versteht man das Verhältnis von **Leistung** zu **Kosten.**

Unter **Leistung** versteht man die in Geld gemessene Ausbringungsmenge. **Kosten** sind die in Geld gemessenen Einsatzmengen der Produktionsfaktoren.

(2) Berechnung der Wirtschaftlichkeit

Die Wirtschaftlichkeitskennzahl berechnet sich wie folgt:

$$\text{Wirtschaftlichkeit} = \frac{\text{Leistung}}{\text{Kosten}}$$

Die Wirtschaftlichkeit ist von der Produktivität zu unterscheiden. Während die **Produktivität** ein reines Mengenverhältnis ausdrückt (z. B. m^3 umbauten Raums je Arbeitsstunde) bzw. mit konstanten Output- und Inputpreisen rechnet, werden bei **Wirtschaftlichkeitsberechnungen** tatsächliche Preise zugrunde gelegt.[1]

Beispiel:

Die Molkerei Bioalm AG wurde durch den Zusammenschluss verschiedener Landwirte, die sehr streng auf Nachhaltigkeit und artgerechte Tierhaltung achten, gegründet. Sie produziert ausschließlich in angemieteten Räumlichkeiten einer Großmolkerei. Dort findet auch die Abfüllung und Lagerung der Produkte statt. Der Transport zum Handel wird von einer Spedition mit Kühlwagen durchgeführt.

Im ersten Geschäftsjahr erzielt die Molkerei Bioalm AG einen Umsatz in Höhe von 2 500 000 Mio. EUR. Die Kosten für Löhne und Gehälter beliefen sich auf 1 250 000,00 EUR, für Miete und Nebenkosten (Strom, Wasser etc.) mussten 280 000,00 EUR aufgewendet werden. Die Transportkosten betrugen 150 000,00 EUR, für Roh-, Hilfs- und Betriebsstoffe sowie Marketingmaßnahmen waren 620 000,00 EUR zu zahlen.

Im zweiten Geschäftsjahr konnte der Umsatz um 10 % gesteigert werden. Bei den Kosten kam es zu einer Steigerung von 200 000,00 EUR im Vergleich zum ersten Geschäftsjahr.

Aufgabe:

Berechnen Sie die Wirtschaftlichkeit für die ersten beiden Geschäftsjahre und erläutern Sie die Gründe für die Entwicklung der Wirtschaftlichkeit!

Lösung:

$$\text{Wirtschaftlichkeit im 1. Geschäftsjahr} = \frac{2\,500\,000{,}00\ \text{EUR}}{2\,300\,000{,}00\ \text{EUR}} = 1{,}087$$

$$\text{Wirtschaftlichkeit im 2. Geschäftsjahr} = \frac{2\,750\,000{,}00\ \text{EUR}}{2\,500\,000{,}00\ \text{EUR}} = 1{,}1$$

Die Wirtschaftlichkeit ist im zweiten Jahr gestiegen, da es der Molkerei gelungen ist, das Verhältnis von Leistung und Kosten zu verbessern. So stiegen die Leistungen im 2. Geschäftsjahr um 250 000,00 EUR, während die Kosten nur um 200 000,00 EUR zulegten.

1 Wird bei Wirtschaftlichkeitsberechnungen mit konstanten Preisen gerechnet, spricht man von „mengenmäßiger Wirtschaftlichkeit". Sie stellt ebenfalls eine mögliche Produktivitätskennzahl dar.

5.6 Beurteilung der Arbeitsteilung

Mit der Arbeitsteilung sind gleichermaßen Vor- und Nachteile verbunden. Sie werden nachstehend einander gegenübergestellt:

Vorteile:

- Steigerung der Produktivität (z. B. Leistungssteigerung durch Routinearbeit); infolgedessen
- Einkommensverbesserungen;
- spezielle Begabungen lassen sich zum Nutzen des Einzelnen und der Gesellschaft entfalten;
- Ausbildung für spezielle Tätigkeiten ist kürzer als für nicht spezialisierte Arbeiten; Schaffung von Arbeitsplätzen auch für angelernte und ungelernte Arbeitskräfte;
- Arbeitsteilung erleichtert den Einsatz von Maschinen; damit wird dem Arbeitenden die Arbeit erleichtert;
- kleinere Arbeitsaufgaben, deshalb bessere Beherrschung der Arbeit.

Nachteile:

- Gesundheitliche Schäden durch einseitige Belastung körperlicher und geistiger Funktionen;
- Umstellungsschwierigkeiten bei Verlust oder Veränderung des Arbeitsplatzes;
- gegenseitige Abhängigkeit der Arbeitenden (Verlust der Selbstständigkeit);
- der Arbeitende verliert die Übersicht über den Gesamtzusammenhang seiner Tätigkeit;
- die Arbeit erscheint dem Einzelnen sinnlos;
- Monotonie der Arbeit führt zum Verlust der Arbeitsfreude (Beruf wird zum „Job");
- seelische Schäden können die Folge sein;
- schöpferische Tätigkeit oft nicht oder kaum mehr möglich;
- hoher Kapitaleinsatz notwendig.

Kompetenztraining

8 1. Innerhalb einer Volkswirtschaft lassen sich drei Sektoren unterscheiden. Schreiben Sie hinter die nachfolgenden Betriebe, ob es sich um ein Unternehmen aus dem

① primären,

② sekundären oder

③ tertiären Sektor handelt!

1.1 Diskothek Galaxy 2000	
1.2 Ökolandwirt Fridolin Fritz	
1.3 Schreinerei Eder	
1.4 Reisebüro Fernweh	
1.5 Modegeschäft Designerklamotte	
1.6 Frankfurt School of Finance & Mangement Frankfurt	
1.7 Krabbenfischerei Hans Hansen	
1.8 Beerdigungsinstitut Pietät	
1.9 Sägewerk Karl Schnitzler GmbH	
1.10 Bundeswehr	

2. Im Anschluss an ein Expertenreferat zum Thema „Deutschland auf dem Weg zur Dienstleistungsgesellschaft" unterhalten sich fünf Zuhörer über den Inhalt des Vortrags. Entscheiden Sie, welche Äußerung Sie auf jeden Fall in Zweifel ziehen würden!

① Der primäre Sektor verliert in Industriegesellschaften zunehmend an Bedeutung.

② Die Wirtschaftssektoren sind das Ergebnis volkswirtschaftlicher Arbeitsteilung.

③ Der Verkauf von Sorten durch Kreditinstitute zählt zu den Dienstleistungen und ist somit dem tertiären Sektor zuzuordnen.

④ Da Kreditinstitute durch Kreditvergabe an der „Geldproduktion" beteiligt sind, ist dieser Bereich dem sekundären Sektor zuzuordnen.

⑤ In Deutschland sind annähernd zwei von drei Beschäftigten im tertiären Sektor tätig.

3. Beurteilen Sie, welcher der nachfolgenden Sachverhalte vor allem den primären Sektor kennzeichnet!

① Dieser Sektor zählt in den Industriegesellschaften zu dem Wachstumssektor.

② In diesem Sektor werden Sachgüter als Realkapital hergestellt.

③ Für diesen Sektor ist der Produktionsfaktor Boden von herausragender Bedeutung.

④ In diesem Sektor wird der Produktionsfaktor Kapital eingesetzt.

⑤ In diesem Sektor werden gewöhnlich nur zwei Produktionsfaktoren eingesetzt.

4. Ein Fertigungsbetrieb hat diesen Organisationsaufbau:

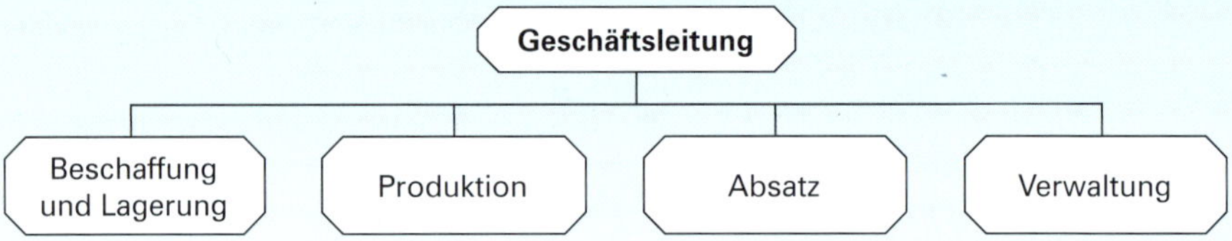

Aufgaben:

4.1 Erläutern Sie, warum es diese unterschiedlichen Abteilungen gibt!

4.2 Beurteilen Sie, ob die Geschäftsleitung auf diese Gliederung verzichten könnte!

5. Die Länder A und B sind in der Lage, jeweils 6000 Lkw und 6000 Bagger herzustellen. Die Gesamtkapazität beträgt alternativ 12000 Stück.

Die Herstellungskosten betragen pro Stück:

Aufgaben:

5.1 Ermitteln Sie, in welchem Verhältnis die komparativen Kosten beider Länder stehen!

	Lkw	**Bagger**
Land A	50000,00 EUR	55000,00 EUR
Land B	70000,00 EUR	60000,00 EUR

5.2 Entscheiden Sie, welches Gut Land A und welches Land B bei internationaler Arbeitsteilung herstellen sollte!

DOWNLOAD

5.3 Ermitteln, Sie, wie viel Euro Kosten
- für jedes Land einzeln,
- für beide Länder zusammen entstehen,

wenn jeweils je Land 5000 Lkw und 5000 Bagger produziert werden und keine internationale Arbeitsteilung besteht!

DOWNLOAD

5.4 Berechnen Sie, wie viel Euro Kosten für jedes Land im Falle der Aufgabe 5.3 entstehen, wenn sich die beiden Länder zum Warenaustausch entschließen und jedes Land das Gut mit den vergleichsweise geringsten Produktionskosten herstellt!

DOWNLOAD

5.5 Ermitteln Sie, wie viel Euro Kosten die beiden Länder einzeln und insgesamt durch die Arbeitsteilung sparen können!

5.6 Beurteilen Sie, welche Konsequenzen sich ergeben, wenn die internationale Arbeitsteilung vollständig durchgeführt würde!

5.7 Beschreiben Sie, wo die Grenzen der internationalen Arbeitsteilung liegen!

6. **Mindmap**

Erstellen Sie zur Wiederholung eine Mindmap zum Kapitel „Grundlagen des Handelns in Wirtschaftsmodellen“, aus der die wesentlichsten Inhalte erkennbar hervorgehen!

7. 7.1 Erklären Sie am Beispiel der betrieblichen Arbeitsteilung, worin der komparative Kostenvorteil bestehen kann!

7.2 Zwei Unternehmen der Autoindustrie (U_1 und U_2) haben sich auf die Produktion von Kupplungen und Bremsen spezialisiert. Die Produktionskosten werden in Arbeitstagen ausgedrückt.

Unter-nehmen	Arbeitsstunden für die Herstellung von einer Kupplung	Arbeitsstunden für die Herstellung von einer Bremse
U_1	80	90
U_2	120	100

Aufgabe:

Berechnen Sie, um wie viel Prozent Kupplungen- und Bremsenproduktion steigen, wenn sich U_1 auf die Herstellung von Kupplungen und U_2 auf die Herstellung von Bremsen spezialisieren! DOWNLOAD

8. Ein Glaser stellt zusammen mit seinen drei Gesellen nur Fenster gleicher Größe und Qualität her. Der Verkaufspreis je Stück beträgt 150,00 EUR. Im Monat Mai stellten er und seine drei Gesellen in insgesamt 720 Arbeitsstunden 100 Fenster her, die auch verkauft wurden. Die Gesamtkosten der Glaserei betrugen im gleichen Monat 11 500,00 EUR. Das Eigenkapital belief sich auf 280 000,00 EUR.

Aufgaben:

8.1 Berechnen Sie die Produktivität je Arbeitsstunde!

8.2 Ermitteln Sie die Wirtschaftlichkeit!

9. In der Schreinerei Eder werden nur Türen in einer genormten Qualität und Größe hergestellt. Zehn Schreiner bzw. Tischler stellten im August in insgesamt 1 620 Arbeitsstunden 540 Türen, im September in 2 030 Arbeitsstunden 690 Türen und im Oktober in 2 320 Arbeitsstunden 812 Türen her.

Im August und im September kostete den Betrieb eine Arbeitsstunde inklusive Lohnnebenkosten 25,00 EUR, im Oktober aufgrund von Tariflohnerhöhungen 27,00 EUR. Die übrigen Kosten betrugen 10 000,00 EUR monatlich.

Der Verkaufspreis je Tür betrug im August 100,00 EUR. Aufgrund der schwieriger werdenden Absatzverhältnisse musste der Verkaufspreis in den Monaten September und Oktober auf 90,00 EUR gesenkt werden. Somit konnten – wie auch zuvor im August – alle produzierten Türen abgesetzt werden.

Aufgaben:

9.1 Berechnen Sie die Arbeitsproduktivität und die Wirtschaftlichkeit für die Monate August, September und Oktober und tragen Sie Ihre Ergebnisse in die nachfolgende Tabelle ein! DOWNLOAD

Kennzahl / Monat	Arbeitsproduktivität	Wirtschaftlichkeit
August		
September		
Oktober		

9.2 Interpretieren Sie die von Ihnen ermittelten Ergebnisse!

6 Idealtypische Wirtschaftsordnungen mit der sozialen Marktwirtschaft vergleichen

Situation: Meike und Karla treffen sich nach einem Shoppingsamstag

An einem Samstagabend treffen sich die beiden Freundinnen Meike und Karla in einem Bistro, um in aller Ruhe den weiteren Verlauf des Abends zu planen. Nachdem Karla ausführlich über ihren heutigen Shoppingstress beim Kauf neuer Schuhe und einer Lederjacke mit einer dazu passenden Handtasche berichtet hat, fragt sie Meike, wie sie denn den heutigen Tag verbracht habe.

Die 17-jährige Meike berichtet, dass sie schon ganz früh am Morgen mit ihrer Mutter zunächst beim Bäcker Brötchen und Croissants besorgt hat. Anschließend hätten sie dann noch beim Metzger etwas Wurstaufschnitt sowie für die morgen geplante Grillparty ihrer Eltern verschiedenartiges Grillgut gekauft. Auf dem Rückweg wären sie noch beim Getränkehändler vorbeigefahren, um einige Getränke zu besorgen.

Nach dem Frühstück sei sie dann in die Stadt gefahren. Hier hätte sie neben einem dringend benötigten Paar Joggingschuhen noch einige T-Shirts, zwei Hosen und eine Smartphone-Hülle eines bekannten Modedesigners gekauft. Anschließend hätte sie sich noch einen Besuch beim Friseur und einen Espresso in einem italienischen Eiscafé gegönnt.

Karla sieht ihre Freundin an und sagt: *„Überleg doch mal, was wir beide heute alles gekauft haben. Und immer haben wir das bekommen, was wir uns so vorgestellt haben. Hast du eigentlich schon einmal darüber nachgedacht, wie das sein kann, dass Millionen von Menschen Tag für Tag eigene Einkaufspläne schmieden und von wenigen Ausnahmen abgesehen, ist das, was die Menschen kaufen möchten, immer in den Läden vorhanden, ohne dass sie diese Güter oder Dienstleistungen im Vorfeld bestellt haben? Wer plant das Ganze eigentlich? Ich habe mir diese Frage schon öfter gestellt, aber bis heute habe ich keine Antwort darauf gefunden."*

Meike antwortet: *„Ich habe in der Schule dazu mal irgendetwas gehört. Ich meine, es ging da um Wirtschaftsordnungen. Wenn ich aber ehrlich bin, habe ich das nicht wirklich verstanden."*

Kompetenzorientierte Arbeitsaufträge:

1. Erläutern Sie, was man unter einer Wirtschaftsordnung versteht!
2. Grenzen Sie die Begriffe Individualismus und Kollektivismus voneinander ab!
3. **Übersichtsmatrix**

   Vergleichen Sie die beiden idealtypischen Wirtschaftsordnungen mittels Übersichtsmatrix anhand von sechs selbst gewählten Kriterien!

6.1 Begriff der Wirtschaftsordnung

Eine Volkswirtschaft kann nicht funktionieren, wenn keine **sinnvolle Planung** betrieben wird. Gegensätzlich sind jedoch die Auffassungen darüber, **wer** dieses komplexe Geschehen planen soll. Entweder man lässt die **einzelnen Wirtschaftssubjekte,** also die Konsumenten und die Produzenten, **selber planen und entscheiden** oder man überträgt die Planungen auf eine übergeordnete **zentrale Behörde.**

- Fällt die Entscheidung über die Organisation der Gesamtwirtschaft zugunsten **jedes Einzelnen** aus, so erhält man ein System **dezentraler Planung.**
- Will man die Lenkung durch eine **zentrale Entscheidungsbehörde,** so liegt ein System **zentraler Planung** vor.

Unabhängig davon, wie die Entscheidung auch ausfallen mag, es handelt sich in beiden Fällen um ein Ordnungsgefüge, welches das **Wirtschaftsgeschehen steuert.**

Unter **Wirtschaftsordnung** versteht man die Art und Weise, wie eine Volkswirtschaft die **Produktion** und die **Verteilung** der hergestellten Güter **organisiert.**

Die Aufgabe einer solchen Ordnung besteht vor allem darin, die **zentralen Grundfragen** jeder Gesellschaft im Bereich des Wirtschaftslebens zu beantworten:

- **Welche Güterarten und Gütermengen** sollen produziert werden?
- **Wie** sollen diese Güter produziert werden?
- **Für wen** sollen diese Güter produziert werden?
- **Wer** entscheidet über die vorangestellen Fragen?

Die Wirtschaftsordnung ist **fester Bestandteil** der **Gesellschaftsordnung.** Grundsätzlich gibt es in der Theorie **zwei gegensätzliche** Entwürfe. Bei den beiden **idealtypischen** Wirtschaftsordnungen – der **Marktwirtschaft** auf der einen und der **Zentralverwaltungswirtschaft** auf der anderen Seite – handelt es sich um die beiden **ideellen (gedanklichen)** Grundmodelle aller Wirtschaftsordnungen. Sie wurden in ihrer **reinen** Ausprägung so jedoch in **keiner** Volkswirtschaft bisher umgesetzt.

6.2 Freie Marktwirtschaft als idealtypische Wirtschaftsordnung

6.2.1 Begriff freie Marktwirtschaft

Wesentliches Merkmal der freien Marktwirtschaft ist die **Freiheit des Einzelnen (Individualismus**[1]). Der **Einzelne** ist für sich selbst verantwortlich und strebt wirtschaftlich eine **Nutzenmaximierung** an. Gleiches gilt für die **Unternehmen,** die das Ziel der **Gewinn-**

1 **Individualismus:** Sichtweise, die dem Einzelnen und seinen Bedürfnissen den Vorrang vor der Gemeinschaft einräumt. Für den Individualismus ist der Mensch eine **eigenständige Persönlichkeit,** der für sich selbst verantwortlich ist. Oberster Grundsatz des Individualismus ist die **Freiheit des Einzelnen.** Für die Wirtschaftsordnung bedeutet dies, dass sich der Staat nicht durch Gesetze und Verordnungen in die Wirtschaft einmischen soll.

maximierung anstreben. Die Theorie der Marktwirtschaft besagt: Wenn jeder seinen **eigenen Vorteil** sucht,

- wird der **Unternehmer** die vom Verbraucher **gewünschten** Waren herstellen und versuchen, dabei einen möglichst hohen Gewinn zu erzielen.
- wird der **Verbraucher** die Waren dort kaufen, wo sie ihm am **billigsten** angeboten werden.

Die **Abstimmung der Pläne** von Unternehmen und Verbraucher erfolgt über den **Markt.** Der freie, d. h. nicht vom Staat beeinflusste Wettbewerb ist nach der Theorie imstande, die vielen Einzelinteressen der Marktteilnehmer zum Ausgleich zu bringen.

Wie kommt es aber, dass all die Waren zur gewünschten Zeit am gewünschten Ort zur Verfügung stehen und das in aller Regel für viele Millionen Kunden täglich?

In der freien Marktwirtschaft haben sich die Unternehmen auf die **Wünsche ihrer Kunden** eingestellt und produzieren entsprechende Güter in den **voraussichtlich** nachgefragten Mengen. Dies tun sie nicht, weil sie als Wohltäter jeden Einzelnen versorgen möchten. Vielmehr handeln sie aus rein egoistischen Motiven. Denn sie möchten über den Verkauf ihrer Waren und Dienstleistungen Gewinne erzielen. Somit dient der **Eigennutz** der Unternehmen automatisch dem **Gesamtwohl.** In der Theorie spricht man in diesem Zusammenhang davon, dass die freie Marktwirtschaft[1] wie eine **„unsichtbare Hand"** den Markt und somit auch die Einzel- und Gesamtinteressen zum Ausgleich bringt.

Unsichtbare Hand

„Nicht von dem Wohlwollen des Fleischers, Brauers oder Bäckers erwarten wir unsere Mahlzeit, sondern von ihrer Bedachtnahme auf ihr eigenes Interesse. [...]

Jeder Einzelne bemüht sich darum, sein Kapital so einzusetzen, dass es den größten Ertrag bringt. Im Allgemeinen wird er wenig bestrebt sein, das öffentliche Wohl zu fördern, noch wird er wissen, inwieweit er es fördert. Er interessiert sich nur für seine eigene Sicherheit und seinen eigenen Gewinn. Und gerade dabei wird er, wie von unsichtbarer Hand geleitet, ein Ziel fördern, das er von sich aus gar nicht anstrebt; indem er seine eigenen Interessen verfolgt, fördert er das Wohl der Gesellschaft häufig wirksamer, als wenn er es direkt beabsichtigt hätte."

Quelle: Adam Smith, Untersuchung über Wesen und Ursachen des Reichtums der Völker, hg. v. Erich W. Streissler, übers. v. Monika Streissler, Tübingen 2005, S. 98.

Wichtige Ordnungsmerkmale der freien Marktwirtschaft sind:

- Konsumfreiheit,
- Produktionsfreiheit,
- Freihandel sowie
- Vertragsfreiheit.

1 Die **freie Marktwirtschaft** ist ein Modell. Es handelt sich um eine Idee, die in reiner Form nie existiert hat.

Auch die **freie Berufswahl bzw. Arbeitsplatzwahl** muss garantiert sein. Dies schließt die Freiheit ein, sich gewerblich zu betätigen **(Gewerbefreiheit)**. Der **Staat** greift dabei überhaupt nicht in das Wirtschaftsgeschehen ein. Er hat lediglich die **Aufgabe,** Schutz, Sicherheit und Eigentum der Bürger zu gewährleisten, ein Zahlungsmittel bereitzustellen sowie das Rechtssystem zu erhalten **(„Nachtwächterstaat")**. Der Staat enthält sich ansonsten der wirtschaftlichen Einflussnahme und überlässt die Steuerung der Wirtschaft allein dem Markt, d.h. dem Gesetz von Angebot und Nachfrage.

wichtige Ordnungsmerkmale der freien Marktwirtschaft

Konsumfreiheit

Die Entscheidung darüber, was und wie viel gekauft wird, liegt ausschließlich bei den Konsumenten.

Produktionsfreiheit

Die Entscheidung darüber, was und wie viel produziert wird, liegt ausschließlich bei den Unternehmen.

Freihandel

Es bleibt den Unternehmen und Haushalten überlassen, ob und wie viel sie aus dem Ausland kaufen (importieren) bzw. an das Ausland verkaufen (exportieren) wollen.

Vertragsfreiheit

Die Ausgestaltung der Verträge (z.B. Kaufverträge) und die Frage, mit welchen Partnern überhaupt Verträge abgeschlossen werden, ist ausschließlich den Vertragsparteien überlassen.

6.2.2 Nachteile der freien Marktwirtschaft

(1) Soziale Probleme durch Versagen des Arbeitsmarktes

In der freien Marktwirtschaft werden die Arbeitnehmer nach **Leistung** entlohnt. Die Lohnhöhe richtet sich nach Angebot und Nachfrage, was zu **sozialen Missständen** führen kann.

Beispiel:

In der freien Marktwirtschaft ist der Arbeitsmarkt sich selbst überlassen. Der Lohn als Preis für Arbeit schwankt je nach Arbeitsangebot und Arbeitsnachfrage. Besteht ein Überangebot von Arbeitskräften (besteht also Arbeitslosigkeit), sinken die Löhne. Dies kann vor allem im Niedriglohnsektor zu steigender Armut führen. Der Lohn wird erst wieder steigen, wenn die Arbeitskräfte im Verhältnis zur Arbeitsnachfrage wieder knapp geworden sind.

Das System der freien Marktwirtschaft führt somit zu einer **starken Abhängigkeit der Arbeitnehmer.**

(2) Einkommens- und Vermögensverteilung ist ungerecht

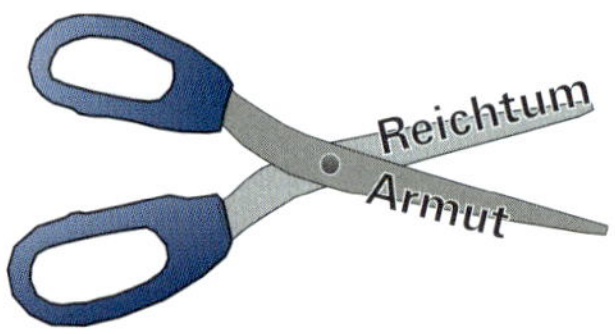

Vermögen, Bildung und Leistungsfähigkeit sowie Eigentum an einem Unternehmen sind in Wirklichkeit ungleich verteilt. Daraus folgt, dass in der freien Marktwirtschaft eine ungleiche Einkommens- und Vermögensverteilung herrscht. Sie führt dazu, dass Arme immer ärmer und Reiche immer reicher werden.

(3) Einschränkung des Wettbewerbs zwischen den Anbietern

Auf einem freien Markt versuchen Anbieter, den freien Wettbewerb z.B. durch Preisabsprachen einzuschränken oder auszuschalten. Dadurch werden die Preise nicht mehr vom Markt, sondern von Unternehmen mit einem hohen Marktanteil bestimmt.

(4) Vermögenskonzentration[1] bei wenigen Unternehmen

Marktstarke Unternehmen können ihre Absatzpreise höher als die ansetzen, die sich bei freier Konkurrenz ergeben würden. Dies führt zu überhöhten Gewinnen der Unternehmen und somit zu einer Vermögenskonzentration bei den wenigen Unternehmern.

1 **Konzentration**: Zusammenballung.

(5) Unterversorgung mit öffentlichen Gütern und hohe Umweltbelastungen

Öffentliche (staatliche) Güter wie Gesundheits- und Bildungswesen sowie die gesamte Infrastruktur[1] werden ohne Einflussnahme des Staates vernachlässigt. Ohne Schutz des Staates kommt es zudem zu einer Ausbeutung von Umweltgütern.

6.3 Zentralverwaltungswirtschaft als idealtypische Wirtschaftsordnung

6.3.1 Funktionsweise des Modells

Während das Modell der freien Marktwirtschaft auf dem Individualismus beruht, ist die geistige Grundlage der Zentralverwaltungswirtschaft der **Kollektivismus.**[2] Für den Kollektivismus ist der Mensch in erster Linie ein Sozialwesen (Gemeinschaftswesen). Deswegen stehen **Staat und Gesellschaft über dem Einzelnen.** Hieraus folgt, dass sich der **Einzelne** den Prinzipien der Gesellschaft bzw. des Staates **unterzuordnen** hat.

Im Gegensatz zum Individualismus stellt der Kollektivismus fest, dass sich die Einzelinteressen keineswegs immer mit dem Gesamtinteresse decken. Vielfach stehen sie derart im Widerspruch, dass der Forderung „Gemeinnutz geht vor Eigennutz" Geltung verschafft werden muss.

Für die Wirtschaftsordnung ergibt sich daraus die Notwendigkeit

- der **zentralen Planung,**
- der Abschaffung der **Vertragsfreiheit,**
- der Abschaffung der **Gewerbefreiheit,**
- des Verbots des privaten **Unternehmergewinns** („Profit") und
- der Abschaffung des privaten **Eigentums** an den Produktionsmitteln.

Hierbei handelt es sich um extreme Vorstellungen, die bis heute noch nirgends vollständig verwirklicht worden sind.[3] Die Zentralverwaltungswirtschaft ist – wie die freie Marktwirtschaft – eine idealtypische Wirtschaftsordnung.

1 **Infrastruktur** sind die Einrichtungen eines Landes, die für den Ablauf von wirtschaftlichen Tätigkeiten erforderlich sind und der volkswirtschaftlichen Entwicklung dienen. Hierzu zählen Schulen, Krankenhäuser, Sport- und Freizeitanlagen, Energie- und Wasserversorgung, Einrichtungen der Verkehrs- und Nachrichtenübermittlung.

2 **Kollektiv**: Gesamtheit, Zusammenschluss (**Kollektivismus**: das Ganze). Aufgrund des Lehrplans wird die Zentralverwaltungswirtschaft im Folgenden nicht dargestellt.

3 Versuche zur Verwirklichung der Idee der Zentralverwaltungswirtschaft waren z. B. die sozialistischen Wirtschaftsordnungen der ehemaligen Ostblockstaaten (z. B. der UdSSR, der DDR, der VR Polen) sowie der Volksrepublik China.

! In der **Zentralverwaltungswirtschaft**[1] werden Produktion und Konsum durch **zentrale staatliche Stellen** geplant. **Gemeinnutz** geht vor **Eigennutz.**

Will der Staat die **Produktion planen,** muss er sich ein genaues Bild über die einsetzbaren Faktormengen, d. h. über Boden, Bodenschätze und Arbeitskräfte einerseits und Fabrikanlagen, Transportmittel und Rohstoffe (Produktionsmittel) andererseits, machen.

Noch schwieriger als die zentrale Produktionsplanung ist die **Planung des Konsums.** Die Planungsbehörde muss sich über die Verbraucherwünsche im Klaren sein, es sei denn, sie setzt von sich aus fest, was der Einzelne zu verbrauchen hat bzw. verbrauchen darf.

Beispiel:

Plant ein Land mit einer Zentralverwaltungswirtschaft die Produktion von Schuhen für das nächste Jahr, so muss der Staat viele Faktoren mit in diese Planung einbeziehen. Zu nennen sind dabei u.a. folgende Einflussfaktoren auf die Nachfrage nach Schuhen:

- Wie viele Schuhe in welchen Schuhgrößen werden im kommenden Jahr benötigt?
- Wie kalt oder heiß werden die einzelnen Jahreszeiten ausfallen, was sich ganz wesentlich auf die Nachfrage nach bestimmten Schuhen auswirkt?
- Welche Arten von Verschlüssen (z.B. Schnürschuhe, Schuhe mit Klettverschluss, Schuhe mit Reißverschluss, Schuhe mit Gummizug oder Schnallen) sollen bei den Schuhen in welchen Mengen geplant werden?
- Welche Arten (Halbschuhe, Sandalen, Stiefel, halbhohe Schuhe) von Schuhen mit welchen Absätzen werden besonders im Trend liegen?
- Welche Materialien (z.B. Kunstleder, Vollleder) und in welchen Varianten (grob- oder feinnarbig, matt oder hochglänzend) werden seitens der Käufer verlangt?
- Welche Farbe der Schuhe ist bei welchem Modell besonders gefragt?

Die vorangestellte Aufzählung verdeutlicht, wie komplex sich die Planung allein von Schuhen in einer derartigen Wirtschaftsordnung gestaltet. Zudem ist zu berücksichtigen, dass auch die voraussichtlich zur Verfügung stehende Menge an Rohstoffen die Planung erheblich beeinflusst. Vor diesem Hintergrund ist es verständlich, dass sich die Auswahl und Varianten an Schuhen in Ländern mit Planwirtschaft sehr übersichtlich gestaltet, da es im Wesentlichen auf die Sicherstellung der Grundversorgung mit Schuhen ankommt.

Fehlplanungen im Konsumgüterbereich bedeuten, dass entweder ein Teil der Produktion nicht absetzbar ist (die Nachfrage ist zu gering) oder das Angebot nicht ausreicht (die Nachfrage ist zu groß). Im letzteren Fall muss das Angebot **rationiert** werden, d. h., jeder erhält eine von der Planungsbehörde festgelegte **Zuteilung** (Gutschein- oder Bezugsscheinsystem).

! Die **Zentralverwaltungswirtschaft** ist durch **zentrale Entscheidung, Planung** und **Kontrolle** gekennzeichnet.

1 Statt **Zentralverwaltungswirtschaft** werden auch folgende Begriffe gebraucht: Zentralwirtschaft, zentral gelenkte Wirtschaft, Gemeinwirtschaft, Planwirtschaft, Kommandowirtschaft.

6.3.2 Ordnungsmerkmale (Grundvoraussetzungen) des Modells

Damit eine zentralgesteuerte Wirtschaft funktionsfähig sein kann, müssen folgende **Ordnungsmerkmale** gegeben sein:

- Eine **zentrale Planungsbehörde** (eine staatliche Behörde) plant Verbrauchs- und Produktionsmengen.
- Die **Verteilung** der zu erstellenden Gütermengen und Dienstleistungen wird zeitlich und örtlich **vorausgeplant.**
- Die Produzenten können keine Entscheidungen darüber treffen, ob, was und wie viel sie produzieren wollen **(keine Produktionsfreiheit, keine Gewerbefreiheit, keine Niederlassungsfreiheit).**
- Ebenso können die Verbraucher keine Entscheidungen darüber treffen, was und wie viel sie verbrauchen wollen (**keine Konsumfreiheit,** sondern **Zuteilungssystem**).
- Weder Unternehmen noch Haushalte können darüber entscheiden, ob und wie viel sie importieren oder exportieren wollen (**kein Freihandel,** sondern **staatlicher Außenhandel; Devisenzwangswirtschaft**).
- **Keine Vertragsfreiheit.**
- Da der Staat die Produktions- und Konsumentscheidungen trifft, kann es **kein Privateigentum** an den Produktionsmitteln geben. Die Produktionsmittel sind verstaatlicht (in **Kollektiveigentum** überführt d. h. sozialisiert).
- **Keine freie Berufswahl, keine Arbeitsplatzwahl** und **keine Freizügigkeit,** weil die Planerfüllung verlangt, dass die Arbeitskräfte dort eingesetzt werden, wo sie am dringendsten benötigt werden.

6.4 Vergleich der beiden idealtypischen Wirtschaftsordnungen

Die beiden theoretischen Modelle von Wirtschaftsordnungen lassen sich anhand von Vergleichskriterien voneinander abgrenzen.

Vergleichskriterien	Marktwirtschaft	Zentralverwaltungswirtschaft
Planungssystem	dezentrale Planung	zentrale Planung
Koordinationssystem	Märkte mittels Preismechanismus	Salden der Planbilanzen
Motivationssystem	Haushalte: Nutzen Unternehmen: Gewinn	Haushalte: Bedarfsdeckung Unternehmen: Grad der Planerfüllung
Eigentumsordnung	Privateigentum	Kollektiveigentum
Vertragsfreiheit	ja	nein
Gewerbefreiheit	ja	nein
Konsumfreiheit	ja	stark eingeschränkt
Funktion des Staates	Festlegung eines Ordnungsrahmens	umfangreiche Planungs- und Steuerungsfunktion
Festsetzung der Löhne und Gehälter	Einzel- bzw. Kollektivverträge (Tarifverträge)	Festsetzung durch Plan

Kompetenztraining

9

1. Erläutern Sie, ob Sie eine Volkswirtschaft für denkbar halten, bei der die Bedürfnisse der Bevölkerung ohne Planung gedeckt werden könnten!
2. Erklären Sie, welche grundsätzlichen Lösungsmöglichkeiten es für die Fragen gibt, was, wie, wann und für wen produziert werden soll!
3. Beschreiben Sie, wodurch die Steuerung der Marktwirtschaft erfolgt!
4. Diskutieren Sie, ob eine Marktwirtschaft ohne Privateigentum an Produktionsmitteln realistisch ist!
5. Erläutern Sie, wie die Wirtschaftssubjekte in einer Marktwirtschaft erfahren, ob ein Gut knapp ist!
6. Beschreiben Sie, wodurch in der Marktwirtschaft vermieden wird, dass es zu wirtschaftlicher Macht kommt!
7. Entscheiden Sie, welche der nachfolgenden Aussagen für die Grundmodelle von Wirtschaftsordnungen zutreffen!

   Notieren Sie als Lösung eine

   ①, wenn diese Aussage nur für das Modell der Marktwirtschaft gilt,

   ②, wenn diese Aussagen nur für das Modell der Zentralverwaltungswirtschaft gilt,

   ③, wenn diese Aussage für beide Modelle gilt,

   ④, wenn diese Aussage für keines der beiden Modelle gilt!

7.1	Die Produktionsmittel befinden sich zum größten Teil in staatlicher Hand.	
7.2	Diese Wirtschaftsordnung ist gekennzeichnet durch eine Mehrplanwirtschaft mit Wettbewerbssteuerung.	
7.3	Die individuelle Freiheit des Einzelnen findet besondere Beachtung.	
7.4	Löhne und Gehälter werden zwischen Arbeitgeber und Arbeitnehmer grundsätzlich individuell vereinbart.	
7.5	Der Import ausländischer Güter ist jedem Unternehmen freigestellt.	
7.6	Die Regierungen können Rechtsnormen erlassen, die das wirtschaftliche Miteinander regeln.	
7.7	Diese Wirtschaftsordnung stellt sicher, dass jedes Wirtschaftssubjekt seine Pläne erfüllen kann.	
7.8	Eigentum des Staates ist bei dieser Wirtschaftsordnung nicht vorgesehen.	
7.9	Unternehmen verfügen über eine Unternehmensleitung.	
7.10	Oberstes Ziel der Unternehmen ist die Gewinnmaximierung.	
7.11	Der Staat garantiert eine erstklassige Versorgung der Haushalte mit allen Produkten des alltäglichen Bedarfs.	
7.12	Die Wünsche und Vorstellungen des Einzelnen sind nicht so wichtig wie das Wohl der Gemeinschaft.	
7.13	Im Wesentlichen werden die Preise staatlich fixiert.	
7.14	Die Planung der Produktion erfolgt in den Unternehmen.	

6.5 Die soziale Marktwirtschaft als Wirtschaftsordnung in der Bundesrepublik Deutschland

Situation: Was ist soziale Marktwirtschaft?

Lesen Sie zunächst den nachfolgenden Artikel!

Soziale Marktwirtschaft

Die deutsche Wirtschaftspolitik orientiert sich seit Mitte des 20. Jahrhunderts am Konzept der Sozialen Marktwirtschaft. Es geht zurück auf Ludwig Erhard, der von 1949 bis 1963 der erste Bundeswirtschaftsminister der Bundesrepublik Deutschland war. Die zentrale Idee besteht darin, die Freiheit aller, die als Anbieter oder Nachfrager am Markt teilnehmen, zu schützen und gleichzeitig für sozialen Ausgleich zu sorgen.

Der erste Grundsatz in der Sozialen Marktwirtschaft ist, dass die Märkte über den Preismechanismus für den Ausgleich von Angebot und Nachfrage sorgen: Sind besonders begehrte Güter knapp, steigt deren Preis. Das drängt Nachfrage zurück und bietet zugleich Gewinnmöglichkeiten für zusätzliche Anbieter. Anbieter werden versuchen, die Produktion so kostengünstig wie möglich zu gestalten.

Es ist eine wichtige Aufgabe des Staates, den Rahmen für einen funktionierenden Wettbewerb zu schaffen und zu erhalten. Gleichzeitig muss er die Bereitschaft und die Fähigkeit der Menschen zu eigenverantwortlichem Handeln und mehr Selbstständigkeit fördern.

Der zweite Grundsatz der Sozialen Marktwirtschaft neben dem freien Markt ist der soziale Ausgleich. Dieser soll eine soziale Absicherung für diejenigen bereitstellen, die aufgrund von Alter, Krankheit oder Arbeitslosigkeit keine Markteinkommen erzielen können. Zu einer Sozialen Marktwirtschaft gehören zudem nicht nur gute Wettbewerbsbedingungen und ein gutes Investitionsklima, sondern auch soziale Teilhabe sowie Chancengerechtigkeit.

Textquelle: www.bmwi.de. (Auszug).

Kompetenzorientierte Arbeitsaufträge:

1. Nennen Sie die zentrale Idee der sozialen Marktwirtschaft und legen Sie kurz dar, wo die soziale Marktwirtschaft in der Bundesrepublik Deutschland verankert ist!
2. Ein Grundsatz der sozialen Marktwirtschaft betont den sogenannten „sozialen Ausgleich". Erläutern Sie kurz, was man hierunter versteht und führen Sie konkrete Beispiele an, in welcher Form dieser Grundsatz im Alltag anzutreffen ist!
3. Nicht wenige Kritiker führen immer wieder an, dass der „soziale Ausgleich" ein wesentlicher Grund für die zunehmende Belastung der öffentlichen Haushalte darstellt.

   Recherchieren Sie im Internet, wie hoch die Sozialausgaben aktuell die öffentlichen Haushalte belasten und diskutieren Sie über Möglichkeiten, diese Ausgaben künftig einzudämmen!

6.5.1 Grundlagen der sozialen Marktwirtschaft

Wird in der öffentlichen Diskussion von „sozialer Marktwirtschaft" gesprochen, ist immer die in der Wirklichkeit (Realität) der Bundesrepublik Deutschland bestehende Wirtschaftsordnung gemeint. „Vater" der sozialen Marktwirtschaft ist Ludwig Erhard.[1]

Grundziel dieser Wirtschafts- und Gesellschaftsordnung ist: „So viel **Freiheit wie möglich,** so viel **staatlichen Zwang wie nötig",** wobei man sich freilich immer darüber streiten kann, was möglich bzw. was nötig ist.

> Die **soziale Marktwirtschaft** ist eine **Wirtschaftsordnung,** die grundsätzlich den **freien** Markt bejaht, ohne die **Nachteile** der freien Marktwirtschaft in Kauf nehmen zu wollen.

Soziale Marktwirtschaft

Freier Wettbewerb Sicherung des Wettbewerbs	**Staat**	**Sozialer Ausgleich zugunsten wirtschaftlich Schwacher**
■ Gewerbefreiheit ■ Produktions- und Handelsfreiheit ■ Europäische Niederlassungsfreiheit ■ freie Arbeitsplatzwahl ■ freie Berufswahl ■ freie Konsumwahl ■ Schutz des Privateigentums	legt in Gesetzen die Regeln fest	■ Sozialversicherungen: solidarische Unterstützung in Notsituationen ■ Arbeitnehmerschutz ■ Verbraucherschutz

Bürgergesellschaft, freiwilliges Engagement

Quelle: Sozialpolitik, Ausgabe 2015/2016

6.5.2 Ordnungsmerkmale der sozialen Marktwirtschaft

Die soziale Marktwirtschaft ist insbesondere gekennzeichnet durch:

(1) Freiheit der Märkte und deren Begrenzung durch sozialen Ausgleich

- Bei der sozialen Marktwirtschaft sind **Freiheit und Verantwortung** miteinander gekoppelt. Die Verantwortung umfasst die Verantwortung des **Einzelnen** für sich **selbst** und auch für **andere.**
- Das Konzept der sozialen Marktwirtschaft ist **nicht** auf einen **Versorgungsstaat** ausgelegt, der den Einzelnen **zeitlich unbegrenzt** und **ohne jegliche Eigenverantwortung** unterstützt.
- Der Staat **sichert** jedoch dem Einzelnen seinen Lebensunterhalt in schwierigen Lebenssituationen. Staatliche Hilfe wird allerdings nur dann **unterstützend (subsidiär)** oder **ersatzweise** gewährt, wenn die **Kräfte des Einzelnen** oder dessen **privaten Umfeldes** nicht ausreichen, seine Notlage selbst zu lösen. Vorrang hat immer die **Hilfe zur Selbsthilfe (Subsidiaritätsprinzip).**

1 Ludwig Erhard, der erste Wirtschaftsminister der Bundesrepublik Deutschland, verwendete den Begriff der „sozialen Marktwirtschaft", als er nach 1948 die Marktwirtschaft in der Bundesrepublik einführte und damit die Zwangswirtschaft der ersten Nachkriegsjahre ablöste. Der Begriff „soziale Marktwirtschaft" selbst stammt von seinem Mitarbeiter, dem Staatssekretär Alfred Müller-Armack.

- Der **Antrieb** zur **Selbstverantwortung** und **-versorgung** des Einzelnen soll **nicht zerstört** werden.

Beispiel: Arbeitslosengeld II

Die Zahlungen werden gekürzt bzw. eingestellt, wenn der Antragsteller über eigenes, bestimmte Freibeträge übersteigendes Vermögen verfügt. Des Weiteren werden bei der Berechnung der vom Staat zu zahlenden Leistungen auch Einkommen von Personen berücksichtigt, die mit dem Antragsteller in einer Bedarfsgemeinschaft leben.

Außerdem werden die Leistungen vorübergehend gekürzt, wenn der Leistungsempfänger zumutbare Arbeit ablehnt bzw. an ihm angebotenen Qualifizierungsmaßnahmen für den Arbeitsmarkt nicht teilnimmt.

(2) Grundsätze Gewerbe-, Vertrags- und Konsumfreiheit [Art. 2 GG] und deren Begrenzung

- Zum Schutze des Verbrauchers, der Nachbarschaft und der Allgemeinheit ist die **Gewerbefreiheit eingeschränkt.** Beispiele: Handel mit frei verkäuflichen Arzneimitteln, Handel mit Waffen und Munition, Automatenaufstellung, Betrieb von Schank- und Speisewirtschaften.
- **Gefährliche Anlagen** und **bestimmte Gewerbezweige** werden staatlich überwacht. Hierzu zählen z. B. Braunkohlekraftwerke, Gasturbinenanlagen, Windkraftanlagen, Anlagen zur Herstellung von Arzneimitteln, Pflanzenschutzmittel, Mineralölraffinerien.
- Zum Schutz der Umwelt wird die Gewerbefreiheit durch **Umweltgesetze** eingeschränkt.
- Die **Vertragsfreiheit** wird dort **begrenzt,** wo die Rechte anderer verletzt werden.
  - Wucherische und sittenwidrige Rechtsgeschäfte (z. B. überhöhte Zinsforderungen, Kauf von Rauschgift und Drogen) sind verboten.
  - Umfangreiche Arbeitsschutzrechte schützen den einzelnen Arbeitnehmer (z. B. Kündigungsschutzgesetz, Jugendarbeitsschutzgesetz, Arbeitsschutzgesetze).
- Die **Konsumfreiheit** ist in manchen Branchen **eingeengt.** So dürfen bestimmte Arzneimittel von den Apotheken nur gegen ärztliches Rezept abgegeben werden.

(3) Berufsfreiheit [Art. 12 GG] und deren Begrenzung

- In der sozialen Marktwirtschaft besteht das Recht auf **freie Wahl des Berufs,** des Arbeitsplatzes und der Ausbildungsstätte.[1]
- Das Recht auf freie Berufs-, Arbeitsplatz- und Ausbildungsstättenwahl ist dort begrenzt, wo es an Arbeits- und Ausbildungsplätzen fehlt. Ein **gerichtlich durchsetzbares „Recht auf Arbeit"** gibt es nach dem Grundgesetz **nicht.**
- Die Aussage des Art. 12 GG stellt eine Aufforderung an den Staat dar, dafür Sorge zu tragen, dass **genügend Arbeits- und Ausbildungsplätze** zur Verfügung stehen.

---

1 Die Berufsausbildung wird im Regelfall durch Gesetz geregelt.
Beispiele: Ärzte und Apotheker benötigen die Approbation (vom Staat verliehenes Recht zur Berufsausübung). Bei Handwerkern ist (noch) in vielen Fällen die Meisterprüfung (der „große Befähigungsnachweis") erforderlich, wenn sie z. B. Auszubildende beschäftigen, Lehrer, die zwei staatliche Prüfungen bestehen müssen.

7 Boller, Hartmann - ISBN 978-3-8120-0664-4

(4) Eigentum, Erbrecht [Art. 14 GG] und deren Begrenzung

- Das Eigentumsrecht umfasst das **Privateigentum** an **Konsumgütern** (z. B. Kleidung, Privatauto, Eigenheim, Eigentumswohnung), **Produktionsmitteln** sowie **Grund und Boden**.
- Das Grundgesetz gewährt dem Gesetzgeber jedoch weitgehende Eingriffsrechte in das Privateigentum. Einmal soll das Eigentum dem Wohle der Allgemeinheit dienen **(„soziale Bindung des Eigentums“)**, zum anderen ist eine **Enteignung ausdrücklich erlaubt.** Produktionsmittel, Grund und Boden und Naturschätze können verstaatlicht werden [Art. 15 GG].

(5) Gleichheit vor dem Gesetz [Art. 3 GG]

Verlangt wird eine **Gleichbehandlung** in **vergleichbaren Fällen.** Beispiele hierfür sind:

- **Gleicher Lohn** für **gleiche Arbeit,** d. h. also auch zwischen Mann und Frau oder zwischen In- und Ausländern.
- Gleiche Bildungs- und Berufschancen für alle **(„Chancengleichheit“).**
  Maßnahmen zur Verwirklichung des Ziels der Chancengleichheit sind z. B. Bereitstellung von Mitteln zum Ausbau von Schulen, betrieblichen Ausbildungsstätten und Hochschulen; Maßnahmen zur Umschulung und Weiterbildung Erwachsener; Ausbildungsförderung für Schüler und Studenten nach dem Bundesausbildungsförderungsgesetz [BAföG].

6.5.3 Regulierungen durch Staatseingriffe

6.5.3.1 Einkommenspolitik[1]

Die **Einkommenspolitik** ist darauf gerichtet, starke Einkommens- und Vermögensunterschiede **auszugleichen.**

Eine gerechtere Einkommens- und Vermögensverteilung wird vor allem erreicht durch:

- **Einkommensteuer.** Die Steuertarife steigen nach einem unversteuerten Grundfreibetrag bei zunehmender Einkommenshöhe progressiv[2] an.
- **Sozialversicherungsbeiträge.** Die Beiträge zur Sozialversicherung sind (bis zur jeweiligen Beitragsbemessungsgrenze) einkommensabhängig. Wer mehr Einkommen bezieht, zahlt einen höheren Sozialversicherungsbeitrag.
- **Transferzahlungen.** Dies sind Zuwendungen (Geldzahlungen oder Güterleistungen), die der Staat an private Haushalte leistet. Hierzu zählen z. B. Kinder-, Eltern-, Wohngeld, Förderung der Vermögensbildung, Erwerbsminderungsrente usw. Transferleistungen werden aus Steuern, Sozialversicherungsbeiträgen oder staatlicher Kreditaufnahme bezahlt. Transferzahlungen sind eine staatliche Einkommens- und Vermögensverteilung.

6.5.3.2 Sozialpolitik[3]

Sozialpolitik umfasst alle Maßnahmen, die darauf abzielen, die **Chancengleichheit** zwischen den verschiedenen sozialen Gruppen anzugleichen sowie die **Absicherung der Lebensbedingungen** der Bevölkerung zu verbessern.

1 Vgl. hierzu Kompetenzbereich 8, Kapitel 2.

2 **Progressiv**: fortschreitend, sich allmählich steigernd.

3 Vgl. hierzu Kompetenzbereich 8, Kapitel 3.

Beispiel:

Jedem soll – unabhängig von den finanziellen Voraussetzungen – die Möglichkeit offenstehen, über den Besuch öffentlicher Bildungseinrichtungen (z. B. Schulen, Fachhochschulen, Universitäten) seinen Fähigkeiten entsprechende Qualifikationen zu erwerben.

Im Wesentlichen verfolgt die Sozialpolitik zwei Ziele:

- **soziale Gerechtigkeit** und
- **soziale Sicherheit.**

6.5.3.3 Wettbewerbspolitik[1]

Wettbewerb ist die Grundlage der sozialen Marktwirtschaft. Ohne Wettbewerb kann der Preis seine für die Steuerung des Wirtschaftsprozesses unerlässlichen Funktionen nicht erfüllen.

Da die Unternehmen, vor allem bei wirtschaftlichen Schwierigkeiten, bestrebt sind, den freien Wettbewerb auszuschalten, indem sie

- wettbewerbsbeschränkende Vereinbarungen **(Kartelle)** treffen,
- **Unternehmenszusammenschlüsse (Fusionen)** bilden und
- ihre **marktbeherrschende Stellung missbräuchlich ausnutzen,** um Konkurrenten aus dem Markt zu drängen (z. B. durch Liefer- und Bezugssperren),

muss der Staat den Wettbewerb durch eine **aktive Wettbewerbspolitik** sichern.

Das **zentrale Ziel** der Wettbewerbspolitik ist, ein **wettbewerbliches Verhalten** der Anbieter auf den Märkten **sicherzustellen.**

Rechtliche Grundlage der Wirtschaftspolitik in der Bundesrepublik Deutschland ist das **„Gesetz gegen Wettbewerbsbeschränkungen“** [GWB].[2]

6.5.3.4 Umweltpolitik[3]

Umweltpolitik umfasst alle Maßnahmen zur **Erhaltung** und **Verbesserung** der **natürlichen Lebenswelt** der Menschen.

Im Zentrum dieses Politikfeldes steht der Schutz von Luft, Wasser, Boden, der Pflanzen- und Tierwelt sowie des Klimas vor **schädlichen** Wirkungen **menschlicher Eingriffe.** Zudem sind bereits **eingetretene** Schäden soweit als möglich zu **beseitigen.**

1 Vgl. hierzu Kompetenzbereich 2, Kapitel 4.

2 Vgl. hierzu Kompetenzbereich 2, Kapitel 4.7.

3 Vgl. hierzu Kompetenzbereich 9.

Kompetenztraining

10

1. Nennen Sie fünf wesentliche Ordnungsmerkmale der sozialen Marktwirtschaft!

2. Erklären Sie anhand von Beispielen, wie in der sozialen Marktwirtschaft

   2.1 die Vertragsfreiheit und

   2.2 die Gewerbefreiheit

   eingeschränkt werden!

3. Zeigen Sie auf, wie unser Staat versucht, Auswüchse in der Wirtschaft zu vermeiden und seiner sozialen Verpflichtung gerecht zu werden! (4 Beispiele!)

4. Begründen Sie, ob die folgenden Regelungen des Staates mit den Prinzipien der sozialen Marktwirtschaft vereinbar sind!

   4.1 Das Steuersystem wird so geordnet, dass jeder Steuerpflichtige über das gleiche Nettoeinkommen verfügen kann.

   4.2 Jeder Einwohner erhält das Recht, in Notfällen seinen Anspruch auf Unterstützung durch den Staat gerichtlich einklagen zu können.

   4.3 Der Staat erhält das Recht, zum Wohle der Allgemeinheit Enteignungen gegen Entschädigung vornehmen zu dürfen.

   4.4 Zur Erhaltung von 40000 Arbeitsplätzen räumt der Staat dem Unternehmen X auf Dauer eine Ermäßigung der Umsatz- und Gewerbesteuer ein.

   4.5 Zur Ankurbelung der Konjunktur gewährt der Staat Subventionen, die innerhalb eines bestimmten Zeitraums durchgeführt werden.

   4.6 Der Staat verbietet durch Gesetz den Zusammenschluss von Unternehmen, wenn diese dadurch eine Marktbeherrschung erreichen wollen.

   4.7 Der Staat zahlt Unternehmen einer Branche Zinszuschüsse für Anpassungsinvestitionen, die durch den technischen Fortschritt notwendig wurden, obwohl die Unternehmensleitungen diese Anpassungen in der Vergangenheit fahrlässig unterlassen haben.

   4.8 Der Staat gewährt nach sozialen Gesichtspunkten gestaffelte Prämien für Arbeitnehmer, die einen Teil ihres Einkommens vermögenswirksam anlegen.

   4.9 Der Staat schreibt Preise für Grundnahrungsmittel und Mietwohnungen vor.

   4.10 Der Staat zahlt Umschulungsbeihilfen für Arbeitnehmer, die ihre Arbeitsplätze infolge technologischer Entwicklungen verloren haben.

5. 5.1 Grenzen Sie die soziale Marktwirtschaft von der freien Marktwirtschaft ab, indem Sie zwei wesentliche Grundprinzipien der sozialen Marktwirtschaft beschreiben!

   5.2 Stellen Sie mögliche Zielkonflikte in der sozialen Marktwirtschaft dar! Leiten Sie diese aus dem Spannungsverhältnis zwischen dem Ziel der größtmöglichen Freiheit einerseits und dem Ziel des sozialen Ausgleichs andererseits ab!

6. Erläutern Sie, warum der Staat in der sozialen Marktwirtschaft dazu aufgerufen ist, Wettbewerbspolitik zu betreiben und nennen Sie die Ziele, die der Staat mit seiner Wettbewerbspolitik verfolgt!

7. Erläutern Sie an zwei selbst gewählten Beispielen, warum die Messung von Umweltschäden schwierig ist!

8. Recherchieren Sie den Zusammenhang zwischen Luft-, Wasser- und Bodenverunreinigung an einem Beispiel!

9. Nennen Sie drei Maßnahmen im Rahmen der Einkommensumverteilung!

2 Preisbildungsprozesse auf unterschiedlichen Märkten analysieren und beurteilen

1 Preisbildung bei vollkommenem Wettbewerb

Situation: Max verdient sein Taschengeld auf Märkten

Der 18-jährige Schüler Max Schlaumeier verdient sich gerne ein wenig Geld zusätzlich. Da Max schon recht früh in seinem Leben für sich erkannt hat, dass er gerne „sein eigenes Ding macht“, kam für ihn kein normaler Job infrage, sodass er sich vor drei Monaten selbstständig machte. Zu diesem Zweck hat er gemeinsam mit seinem Vater den Kleinwohnwagen des Großvaters zu einem schönen „Marktstand“ umgebaut und mit tollen Graffitis versehen. Mit dem mobilen Verkaufsstand fährt er dann zu verschiedenen Festen in der näheren Umgebung seines Wohnortes, um frisch zubereitete Crêpes zu verkaufen.

Zurzeit überlegt Max, ob er seinen Crêpestand für das eintägige Stadtfest seines Wohnortes am Sonntag anmelden soll. Nach Auskunft der Organisatoren dieses Festes müsste er für den Stand eine Tagesgebühr von 150,00 EUR entrichten. Max verkauft die Crêpes zurzeit mit drei verschiedenen Belägen. Nach seiner Berechnung betragen die Kosten pro Crêpe inklusive Crêpetüte und Serviette unabhängig vom Belag ca. 1,00 EUR. Den Verkaufspreis hat Max seit Beginn seiner Geschäftstätigkeit auf 2,50 EUR festgelegt.

Da Max für das Backen eines Crêpes nur eine Herdplatte zur Verfügung steht, kann er während des zehnstündigen Stadtfestes maximal 300 Crêpes herstellen und verkaufen.

Kompetenzorientierte Arbeitsaufträge:

1. Angenommen, Sie wollen bei herrlichem Sonnenschein dieses Stadtfest besuchen. Bestimmen Sie, welche Faktoren konkret Ihr Einkaufsverhalten an den einzelnen Ständen bzw. in den Geschäften beeinflussen!
2. Angenommen, Crêpes zählen zu Ihren absoluten Lieblingsspeisen. Kurz bevor Sie den Marktstand von Max erreichen, sehen Sie, wie er den Preis pro Crêpe um 1,00 EUR erhöht. Erläutern Sie, welche Auswirkung diese Preiserhöhung auf Ihre Kaufentscheidung hat, wenn es keinen anderen Crêpestand gibt und Sie über ausreichend Taschengeld verfügen! Geben Sie an, wie Ihre Entscheidung ausfallen würde, wenn Crêpes nicht Ihre einzige Lieblingsspeise wäre!
3. Erläutern Sie, wie Sie sich verhalten würden, wenn es weitere Crêpestände auf dem Markt geben würde und Sie unbedingt Crêpes essen möchten!
4. Max hat noch immer keine Entscheidung getroffen, ob er für das Stadtfest seinen Stand anmelden möchte. Unterstellen Sie, dass Max einen Verkaufspreis von 2,50 EUR für realistisch hält.

   Berechnen Sie, wie viele Crêpes er verkaufen müsste, damit er keinen Verlust erleidet; bei welcher Verkaufsmenge also seine „Gewinnschwelle“ läge! Ermitteln Sie, wie hoch der für ihn maximal auf dem Stadtfest erzielbare Gewinn wäre!

1.1 Individuelles und idealtypisches Nachfrageverhalten bei Preis- und Einkommensveränderungen analysieren

1.1.1 Bestimmungsfaktoren des individuellen[1] und idealtypischen Nachfrageverhaltens

Die **Kaufentscheidungen** der einzelnen Verbraucher fallen höchst **unterschiedlich** aus. Diese Tatsache wird rasch deutlich, wenn man sein eigenes Kaufverhalten mit dem von anderen Familienmitgliedern und Bekannten vergleicht. Der Grund für diese Unterschiede liegt darin, dass das Nachfrageverhalten der Verbraucher bzw. des privaten Haushalts von zahlreichen Faktoren abhängt. Beispielhaft seien genannt:

Bestimmungsfaktoren	Erläuterungen	Beispiele
Individuelle Nutzeneinschätzung	Die individuelle Nachfrage nach Gütern ist von Nachfrager zu Nachfrager unterschiedlich, weil Dringlichkeit und Rangordnung der Bedürfnisse (die Bedürfnisstrukturen) verschieden sind.	■ Steigt bei Jugendlichen das Bedürfnis nach Energy-Drinks, so wird die Nachfrage nach diesen Getränken spürbar zunehmen (**Rechtsverschiebung** der Nachfragekurve). ■ Kommen Sneakers aus der Mode, wird deren Nachfrage deutlich zurückgehen (**Linksverschiebung** der Nachfragekurve).
Verfügbares Einkommen bzw. Vermögen	Die individuelle Nachfrage wird durch das verfügbare Einkommen (z.B. Gehalt abzüglich Steuern und Sozialversicherungsabgaben) sowie die Höhe des Vermögens bestimmt und begrenzt.	■ Beginnt ein Schüler mit der Berufsausbildung, so steigt in der Regel sein frei verfügbares Einkommen im Vergleich zum bisherigen Taschengeld. Als Folge wird sich seine Nachfrage in vielen Bereichen deutlich erhöhen, beispielsweise Ausgaben für das Handy, Kinobesuche, Kleidung (**Rechtsverschiebung** der Nachfragekurve). ■ Wird ein Jugendlicher nach seiner Ausbildung arbeitslos, sinkt sein verfügbares Einkommen und somit auch sein Konsum (**Linksverschiebung** der Nachfragekurve).
Preis des nachgefragten Gutes	Bei gegebenem Einkommen und gegebenem Vermögen bestimmt u.a. der Preis eines Gutes, ob und in welcher Menge ein Gut nachgefragt wird.	■ Verteuern sich Kinokarten, wird die Nachfrage nach Kinobesuchen wahrscheinlich zurückgehen. ■ Verbilligt sich das Telefonieren und Surfen mit Smartphones, wird die Nachfrage erkennbar steigen.

1 **Individuum:** der Einzelne; **individuell:** auf die einzelne Person bezogen, persönlich.

Bestimmungs-faktoren	Erläuterungen	Beispiele
Preise anderer Güter		
■ **Preise von Substitutions-gütern**	Bei austauschbaren Gütern (Substitutionsgütern) wird ein Verbraucher bei steigendem Preis des Gutes A die Nachfrage nach dem Gut A einschränken oder ganz einstellen und seine Nachfrage nach dem Substitutionsgut B erhöhen.	In einer Schülercafeteria werden mittags Schnitzelbrötchen und Pizzastücke angeboten. Steigt der Preis von Schnitzelbrötchen, dürfte sich die Nachfrage nach Pizzastücken deutlich erhöhen. 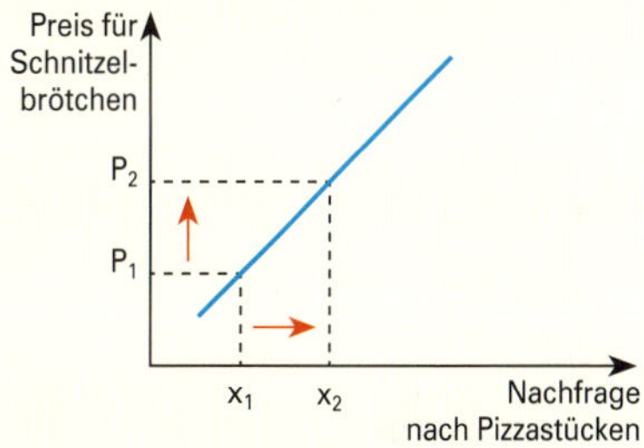
■ **Preise von Komplementär-gütern**	Bei sich gegenseitig ergänzenden Gütern (Komplementärgütern) wird der Verbraucher seine Nachfrage einschränken, wenn der Preis eines oder mehrerer Komplementärgüter steigt.	Steigt der Preis für Gas, dürfte die Nachfrage nach Gasheizungen zurückgehen. 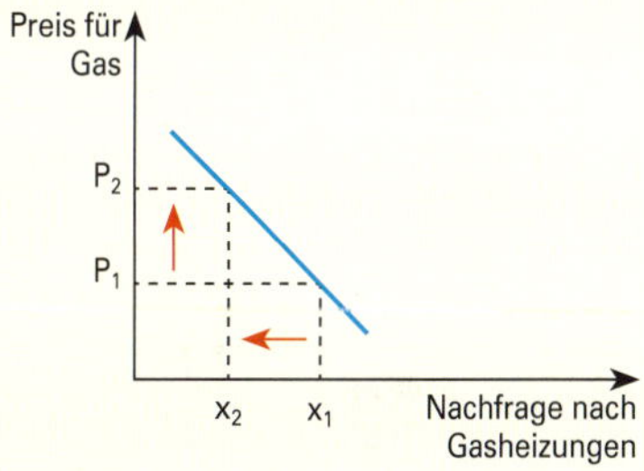

Lassen wir alle anderen Bestimmungsgründe der individuellen Nachfrage außer Acht, dann kann man folgende **Beziehungen zwischen Preis und nachgefragter Menge** annehmen **(„Gesetz der Nachfrage“):**

- Mit **steigendem** Preis eines Gutes **sinkt** die Nachfrage nach diesem Gut.
- Mit **sinkendem** Preis eines Gutes **steigt** die Nachfrage nach diesem Gut.

Das **Gesetz der Nachfrage** beschreibt das normale Nachfrageverhalten eines privaten Haushalts.

Die **Nachfragekurven** sind von privatem Haushalt zu privatem Haushalt unterschiedlich, weil die Bedürfnisstrukturen und die Einkommens- und Vermögensverhältnisse verschieden sind.[1]

Normale Nachfrage eines 4-Personen-Haushalts nach Kartoffeln

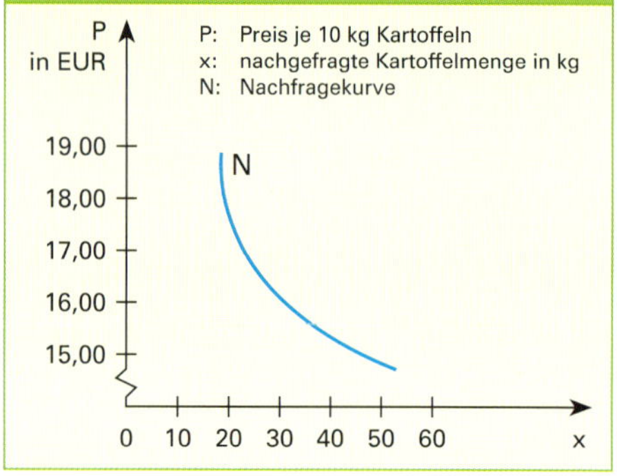

Beispiel:

Legt der Haushalt Müller weniger Wert auf Reis, sondern bevorzugt er Kartoffeln, wird seine mengenmäßige Nachfrage nach Kartoffeln nur geringfügig abnehmen, wenn der Kartoffelpreis steigt. Man sagt, die Nachfrage ist preisunelastisch. Preiselastisch ist hingegen seine Nachfrage nach Reis. Steigt der Preis für Reis, wird der Haushalt Müller weniger oder keinen Reis mehr nachfragen.

1.1.2 Atypisches (anomales) Nachfrageverhalten

Es ist sogar möglich, dass die Nachfragefunktion eine **anomale Gestalt** aufweist (vgl. nebenstehende Abbildung), d. h., dass bei **steigenden Preisen** mit **steigender Nachfrage** und umgekehrt zu rechnen ist. Diese Umkehrung des „Nachfragegesetzes" (**anomale** oder **inverse Nachfrageelastizität**) lässt sich in der Realität im Wesentlichen auf folgende Ursachen zurückführen:

- Die Nachfrager **schließen von dem Preis direkt auf die Qualität eines Produktes,** sodass bei einem höheren Preis wegen der vermuteten höheren Qualität mehr von dem betreffenden Gut nachgefragt wird **(„Qualitätsvermutungseffekt").**
- Die Nachfrager kaufen ein teures Markenprodukt, um sich von der Masse abzuheben **(„Snob-Effekt").** Dieses Phänomen lässt sich u. a. bei Bekleidung beobachten, der erst von einem gewissen Preis an ein Wert beigemessen wird **(Snob-Value),** schon deshalb, weil nicht jeder diesen hohen Preis bezahlen kann.

Snob-Effekt (anomale Nachfrage)

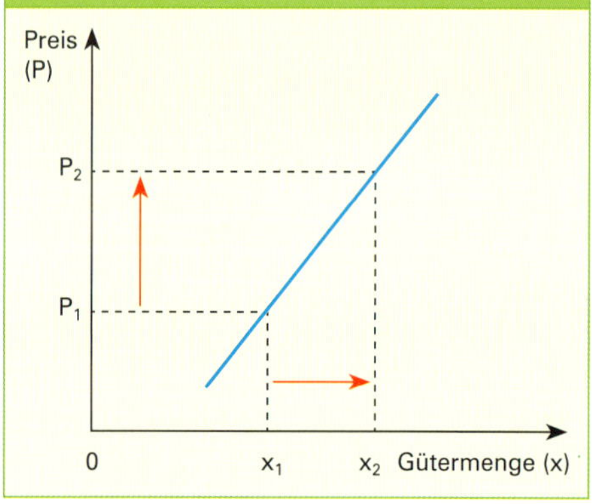

1 Aus **Vereinfachungsgründen** wird die „Nachfragekurve" in den **Wirtschaftswissenschaften grafisch** zumeist als **Gerade** und somit **mathematisch** als **lineare Funktion** dargestellt. Diese Vereinfachung wird im Folgenden in diesem **Schulbuch** ebenfalls praktiziert. Bei der mathematischen Darstellung ergeben sich **zwei Möglichkeiten**:

1. **Ausgehend** von einem bestimmten **Preis** wird die Frage beantwortet, wie hoch die sich dabei ergebende Nachfrage ist („horizontale Interpretation"). **Beispiel:** $x(p) = 4 - 0{,}25p$.
2. Bei der umgekehrten Interpretation beschreibt man den Zusammenhang **ausgehend** von einer bestimmten **Nachfragemenge,** wie hoch der sich dabei ergebende Preis ist („vertikale Interpretation"). **Beispiel:** $p(x) = 16 - 4x$.

Beispiel:

Einem bisher eher unbekannten Unternehmen gelingt es, sein Modelabel durch Marketingmaßnahmen mit Sportstars zu einer sehr begehrten Modemarke zu machen. Obwohl die Textilien um mehr als das Doppelte teurer werden, steigt der Absatz deutlich an.

Entdeckt wurde das „anomale" Nachfrageverhalten allerdings nicht bei reichen, sondern bei besonders **armen** Haushalten, und zwar schon im 19. Jahrhundert von dem englischen Nationalökonomen Robert Giffen. Nicht zuletzt deshalb wird die anomale Nachfragereaktion auch als **Giffen-Fall** bezeichnet. So stellte Giffen in Londoner Armenvierteln fest, dass bei Haushalten mit sehr geringem Einkommen der Brotkonsum bei steigenden Preisen anstieg. Als Erklärung fand er heraus, dass die Haushalte auf die vor dem Brotpreisanstieg teilweise gekauften höherwertigen Güter wie Fleisch oder Fisch verzichteten. Um satt zu werden, kauften die Haushalte von dem eingesparten Geld trotz Brotpreisanstieg mehr Brot; denn im Brot blieben die sättigenden Kalorien immer noch **verhältnismäßig** billig.

Mit Zunahme des Brotpreises musste die ärmere Bevölkerung zur Deckung des täglichen Kalorienbedarfs also ihr Einkommen mehr und mehr auf das lebensnotwendige Brot verwenden und auf den Konsum von höherwertigen Gütern gänzlich verzichten. Die durch den Verzicht auf höherwertige Güter entstandenen Einschnitte bei der Sättigung mussten durch eine entsprechende Ausweitung der täglichen Brotnachfrage ausgeglichen werden.

Derartiges Verhalten kann heute noch in **Kriegs- und Krisengebieten** beobachtet werden, wo die Haushalte trotz steigender Lebensmittelpreise mehr Lebensmittel einkaufen.

1.1.3 Direkte Preiselastizität der Nachfrage

Die aus einer Preisänderung eines Gutes resultierende Mengenänderung der Nachfrage dieses Gutes lässt sich mithilfe der sogenannten **„direkten Preiselastizität der Nachfrage"** messen. Sie gibt an, um wie viel Prozent sich die nachgefragte **Menge (Wirkung)** ändert, wenn der **Preis (Ursache)** um **ein** Prozent geändert wird.

Diese Ursache-Wirkungs-Beziehung lässt sich wie folgt errechnen:

Direkte[1] Preiselastizität der Nachfrage $(El_{dir}) = \frac{\text{Relative Mengenänderung in Prozent}}{\text{Relative Preisänderung in Prozent}}$

- Ist die Nachfrage **elastisch** ($El_{dir} > 1$), führen **Preissenkungen** zu **steigenden** Umsätzen, **Preiserhöhungen** zu **sinkenden** Umsätzen.
- Ist die Nachfrage **unelastisch** ($El_{dir} < 1$), führen **Preissenkungen** zu **Umsatzrückgängen, Preissteigerungen** zu **steigenden Umsätzen.**

1 In der Literatur wird der **Zusatz „direkte"** häufig **weggelassen.** Im Folgenden soll in diesem Schulbuch aus Vereinfachungsgründen deshalb auch nur von der Preiselastizität der Nachfrage gesprochen werden.

Beispiel:

Liegt der Preis für ein Kilogramm Spargel bei 4,00 EUR, so werden viele Nachfrager bereit sein, für diesen Preis den Spargel zu kaufen, sodass die am Markt nachgefragte Menge entsprechend hoch ausfällt.

Wird jedoch das Kilo Spargel für 8,00 EUR angeboten, dürfte die am Markt nachgefragte Menge an Spargel sinken.

Für diesen Fall errechnet sich die Preiselastizität demzufolge:

$$\text{Preiselastizität der Nachfrage} = \frac{-50\,\%}{100\,\%} = -0{,}5.$$

Das Ergebnis lässt sich wie folgt interpretieren: **Erhöht** sich der **Preis** für Spargel um **1 Prozent,** so **sinkt** die nachgefragte **Menge** um **0,5 Prozent.** Die Nachfrage reagiert **unterproportional elastisch** auf die Preisänderung.

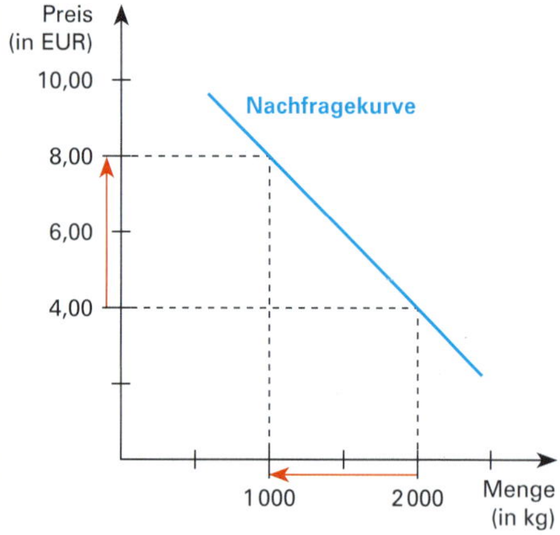

Wie nachfolgende Abbildungen verdeutlichen, reagiert die Nachfrage **unterschiedlich stark** (elastisch) auf Preisänderungen.

Mögliche Nachfragekurven

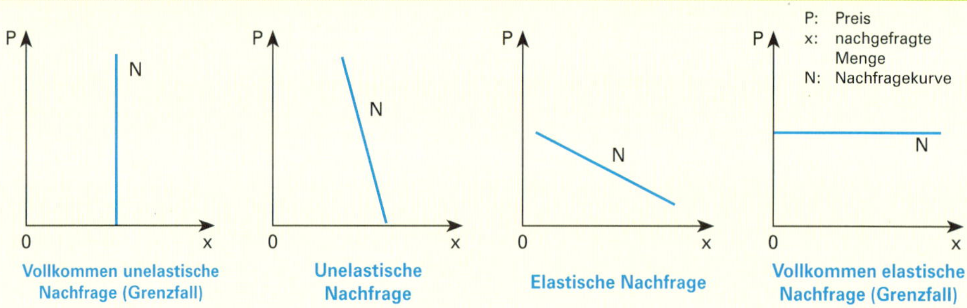

Vor allem bei lebensnotwendigen und für lebensnotwendig erachteten Gütern (Güter des Zwangsbedarfs, z. B. Wasser, Medikamente, Süßstoff für Zuckerkranke, Zigaretten für Raucher).

Vor allem bei nicht lebensnotwendigen Gütern (Güter des Wahlbedarfs, z. B. Ferienreisen, Zweitwagen, Kinobesuche, Restaurantbesuche).

1.1.4 Indirekte Preiselastizität der Nachfrage (Kreuzpreiselastizität)

- Die **Kreuzpreiselastizität (indirekte Preiselastizität der Nachfrage, El_{ind})** ist das Verhältnis einer prozentualen Nachfrageänderung für ein **Gut A** zu einer prozentualen Preisänderung eines **Gutes B.**
- $El_{ind} = \dfrac{\text{Prozentuale Nachfrageänderung für das \textbf{Gut A}}}{\text{Prozentuale Preisänderung für das \textbf{Gut B}}}$

Arten der indirekten Preiselastizität	Erläuterungen
Komplementärelastizität	Bei der indirekten Preiselastizität der Nachfrage ist die Elastizitätskennziffer (der Elastizitätskoeffizient) **negativ,** wenn es sich um **Komplementärgüter** handelt. Anbieter, die Komplementärgüter herstellen bzw. vertreiben (z. B. Smartphone/Handytarife), müssen die Preisentwicklung der Komplementärgüter beobachten. **Steigen** die Preise der **Komplementärgüter,** sind unter sonst gleichen Bedingungen **Nachfragerückgänge** nach dem eigenen Produkt zu erwarten. Für Anbieter von Komplementärgütern ist es demnach lebenswichtig, den **langfristigen Trend** (Entwicklungsrichtung) auf dem Komplementärgütermarkt zu beobachten. **Beispiel:** Steigt der Preis für Benzin von 1,50 EUR auf 1,65 EUR, nimmt – so sei angenommen – die Nachfrage nach Autos mit hohem Benzinverbrauch von 20 000 auf 16 000 Stück pro Monat ab. Die Kreuzpreiselastizität beträgt –2. Dies besagt, dass der Prozentsatz der Nachfrageverringerung beim Gut A (Autos) doppelt so groß ist wie der Prozentsatz der Preiserhöhung beim Gut B (Benzin). 
Substitutionselastizität	Bei **Substitutionsgütern** ist die Elastizitätskennziffer positiv. Für Anbieter ist es nicht nur wichtig, die Reaktionen der Käufer bei eigenen Preisänderungen vorauszuschätzen, sondern auch die Preisentwicklung bei **Konkurrenzprodukten,** die in der Regel den Charakter von Substitutionsprodukten besitzen (Autos verschiedener Hersteller, Getränke mit unterschiedlichen Inhalten), zu beobachten. Bei Preiserhöhungen der Substitutionsgüter kann es daher sinnvoll sein, eigene Preiserhöhungen zu unterlassen, um einen größeren Marktanteil zu gewinnen. Eigene Preiserhöhungen führen hingegen dazu, dass die Kunden auf Konkurrenzprodukte (Substitute) ausweichen. Die steigende Zahl eng verwandter Produkte bringt so eine **Schwächung der Marktmacht** der **Anbieter** und eine **Stärkung der Marktmacht** der **Verbraucher** mit sich. **Beispiel:** Steigt der Preis für einen Döner in einer Kleinstadt von 5,00 EUR auf 6,00 EUR, nimmt die Nachfrage nach Pizza – so sei unterstellt – von 1 000 Stück auf 1 100 Stück pro Tag zu. Die Kreuzpreiselastizität beträgt +0,5. Dies besagt, dass die Verbraucher in der betreffenden Stadt auf Pizza ausweichen, falls deren Preis konstant bleibt. Der Prozentsatz der Nachfrageerhöhung nach dem Gut A (Pizza) ist halb so groß (0,5) wie der Prozentsatz der Preiserhöhung des Gutes B (Döner). 

1.1.5 Gesamtnachfrage für ein Gut (Marktnachfrage)

Die **Marktnachfrage (Gesamtnachfrage)** für ein Gut ist die **Nachfrage aller privaten Haushalte** für dieses Gut. Sie ergibt sich aus der **Aggregation**[1] (Queraddition) **aller individuellen Haushaltsnachfragen.**

Die nachfolgende Tabelle zeigt die Nachfrage zweier Haushalte nach Kartoffeln in Abhängigkeit vom Preis sowie die sich daraus ergebende Marktnachfrage.

Beispiel:

Die Preisabhängigkeit der Nachfrage zweier Haushalte sei wie folgt festgelegt:

Preis in EUR je kg	Nachgefragte Mengeneinheiten (kg Kartoffeln) je Zeiteinheit (je Woche) durch die Haushalte		Marktnachfrage nach Kartoffeln beider Haushalte (1) + (2)
	Müller (1)	Schmidt (2)	
1,00	–	–	–
0,80	0,5	–	0,5
0,60	1	1	2
0,40	1,5	2	3,5
0,20	2	3	5
0,00	2,5	4	6,5

Aggregation der individuellen mengenmäßigen Haushaltsnachfragekurven zur mengenmäßigen Marktnachfragekurve

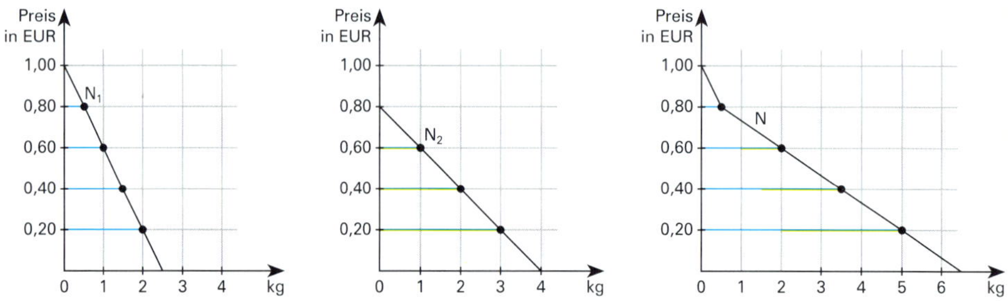

Nachfrage des Haushalts von Müller (N_1) + Nachfrage des Haushalts von Schmidt (N_2) = Marktnachfrage beider Haushalte (N)

1 **Aggregation**: Vereinigung, Zusammenfassung.

Unterstellt man, dass sich die Mehrzahl aller Nachfrager nach dem „Gesetz der Nachfrage" verhalten und fasst man gedanklich **alle individuellen Nachfragekurven** zusammen, erhält man die Marktnachfragekurve (Gesamtnachfragekurve nach **einem** Gut).

Die **Marktnachfragekurve** zeigt, wie groß die mengenmäßige Nachfrage nach einem Gut bei unterschiedlichen Preisen dieses Gutes ist.

Normale Gesamtnachfrage

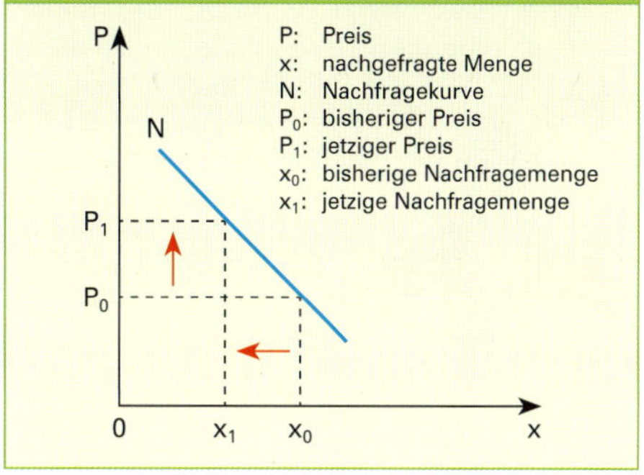

1.1.6 Nachfrageverschiebungen

In der Wirtschaft verändern sich die Nachfrageverhältnisse laufend, d.h., die Nachfragekurven **verschieben** sich. Solche Verschiebungen treten z.B. ein, wenn sich

- die **Bedürfnisse** ändern,
- die **Preise anderer Güter** steigen oder fallen,
- die **Zahl der Nachfrager** wächst oder schrumpft (z.B. aufgrund einer Bevölkerungszunahme oder -abnahme) oder
- die **Einkommen** steigen.

- **Zunehmende Nachfrage** bedeutet, dass bei **gegebenen** Preisen **mehr** nachgefragt wird: Die Nachfragekurve verschiebt sich nach **„rechts"**.
- **Abnehmende Nachfrage** bedeutet, dass bei **gegebenen** Preisen **weniger** nachgefragt wird: Die Nachfragekurve verschiebt sich nach **„links"**.

Beispiele:

- Durch neue Studien wird belegt, dass regelmäßiges Joggen schon bei zwei Stunden pro Woche die durchschnittliche Lebenserwartung um mehrere Jahre ansteigen lässt. Diese Erkenntnis wird über einen längeren Zeitraum in verschiedenen Medien sehr umfangreich thematisiert. Daraufhin nimmt die Nachfrage nach Joggingschuhen stark zu.

Zunehmende Nachfrage nach Joggingschuhen

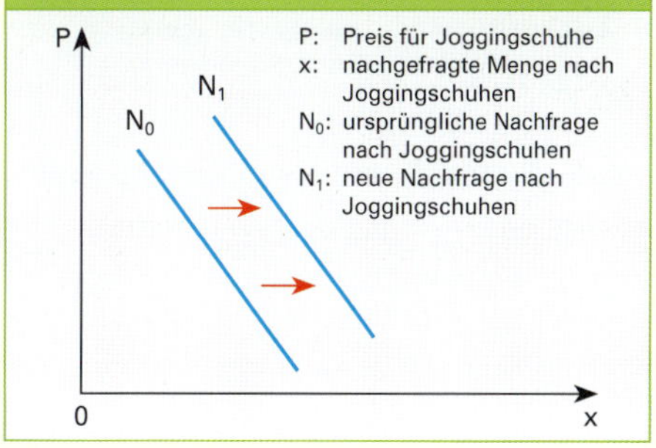

- Aufgrund der Antiraucherkampagne mag es sein, dass einige Haushalte das Rauchen ganz aufgeben bzw. einige Haushalte den Konsum senken. Die Nachfrage nach Zigaretten wird also bei gleichen Preisen und gleichbleibenden Einkommen insgesamt zurückgehen. Die Nachfragekurve verschiebt sich nach **„links"**.

Abnehmende Nachfrage nach Zigaretten

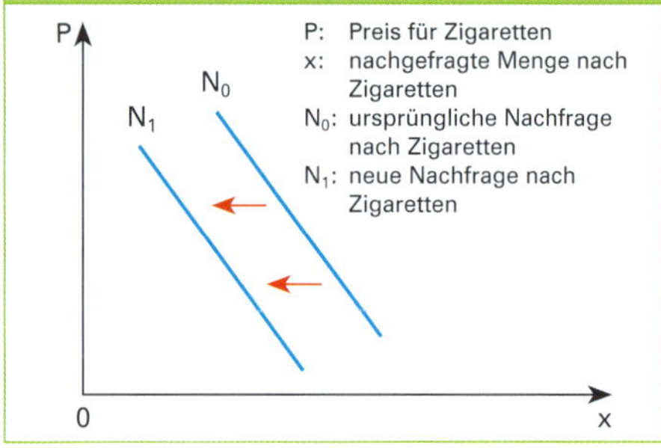

1.1.7 Einkommenselastizität der Nachfrage

Wie sich die **nachgefragte Menge** eines Gutes in Abhängigkeit von der **Einkommensentwicklung** der Haushalte ändert, lässt sich mittels der sogenannten **Einkommenselastizität** messen.

Die **Einkommenselastizität der Nachfrage** gibt an, um wie viel Prozent sich die **nachgefragte Menge** (= Wirkung) ändert, wenn das **Einkommen** der Haushalte (= Ursache) **um 1 Prozent** variiert. Diese Ursache-Wirkungs-Beziehung lässt sich wie folgt berechnen:

$$\textbf{Einkommenselastizität der Nachfrage} = \frac{\text{Relative Mengenänderung in Prozent}}{\text{Relative Einkommensänderung in Prozent}}$$

Das **Vorzeichen** der Einkommenselastizität macht eine Aussage über die Art der Nachfrageänderung in Abhängigkeit von der Einkommensentwicklung.

- Ist die Einkommenselastizität der Nachfrage **negativ,** handelt es sich zumeist um ein **inferiores Gut** (auch „Sättigungsgut" genannt). Einfache Güter der Lebenshaltung (z. B. Wasser) werden mit steigendem Einkommen von den Konsumenten durch höherwertige Güter (z. B. Fruchtsäfte) ersetzt.
- Ein **positives** Vorzeichen der Einkommenselastizität hingegen kennzeichnet **superiore Güter** (auch „Nichtsättigungsgüter" genannt).

Beispiel:

Das Einkommen eines Haushaltes steigt von 1 500,00 EUR auf 1 800,00 EUR. Der Haushalt kauft nunmehr statt der bisherigen 8 Brote im Monat nur noch 6 Brote. Gleichzeitig erhöht sich die Nachfrage des Haushalts nach Brötchen.

Berechnen Sie die Einkommenselastizität des Haushaltes und erläutern Sie, um welche Güterart es sich handelt!

Für den vorangestellten Fall errechnet sich die Einkommenselastizität der Nachfrage wie folgt:

$$\text{Einkommenselastizität der Nachfrage: } \frac{-25\,\%}{+20\,\%} = -1{,}25$$

Das Ergebnis lässt sich wie folgt interpretieren: Die **Einkommenselastizität** für Brot ist im vorliegenden Fall negativ; es handelt sich somit um ein **inferiores Gut.** Einfache Güter zur Lebenshaltung – wie das hier zugrunde gelegte Brot – sind ein typisches Beispiel für inferiore Güter, da sie bei steigendem Einkommen von den Konsumenten durch höherwertige Güter (z. B. Brötchen, Croissants) ersetzt werden.

Kauft der Haushalt im vorliegenden Fall also z. B. 50 Prozent mehr Brötchen als bisher, so ergibt sich:

Einkommenselastizität der Nachfrage: $\frac{+50\,\%}{+20\,\%} = 2{,}5$

Das positive Ergebnis zeigt, dass Brötchen aus Sicht dieses Haushalts superiore Güter sind.

Ob ein Gut inferior oder superior ist, entscheiden die **persönlichen** (subjektiven) **Einstellungen** und **Empfindungen** der Nachfrager.

1.2 Verhalten von Anbietern bei Preisänderungen unter Anwendung der Kenntnisse aus dem Nachfrageverhalten schlussfolgern

Während die **Nachfrager** das Interesse haben, zu **möglichst niedrigen** Preisen zu kaufen, ist das Interesse der **Anbieter** darauf gerichtet, zu **möglichst hohen Preisen** zu verkaufen. Die **Interessenlagen** der Marktpartner sind also **entgegengesetzt.**

1.2.1 Individuelles Angebot

Wir beschränken uns im Folgenden auf das Angebotsverhalten der privaten Betriebe (Unternehmen). Das individuelle Angebot wird von zahlreichen Faktoren mitbestimmt. Folgende Beispiele seien genannt:

Zielsetzung des Anbieters	Marktstellung des Anbieters	Tatsächliche und/oder erwartete Marktlage	Kosten und Kostenstruktur des Anbieters
Zum Beispiel: ■ Gewinnmaximierung, ■ Kostendeckung, ■ Ausweitung des Marktanteils, ■ Ausschaltung der Konkurrenz, ■ Sicherung eines angemessenen Gewinns, ■ Umweltschutz.	Polypolistisches, oligopolistisches oder monopolistisches Verhalten.[1]	■ Konjunkturlage, ■ Absatzpreise der Konkurrenz, ■ Stand und Entwicklung der Nachfrage, ■ technische und/oder modische Entwicklung, ■ Konkurrenzbedingungen.	■ Preise der Produktionsfaktoren, ■ technischer Stand (technisches Wissen) des Anbieters.

1 Siehe Kapitel 1.3.2.

1.2.2 Kosten und Kostenstruktur des Anbieters als Bestimmungsfaktor des Angebots

- Bei reproduzierbaren[1] Gütern stellen die **Kosten** je Stück (Stückkosten) i.d.R. die **Preisuntergrenze** der Anbieter dar, denn auf längere Sicht muss jeder Anbieter seine Gesamtkosten decken, wenn er überleben (am Markt bleiben) will.
- Die Gesamtkosten setzen sich aus **fixen Kosten** und **variablen**[2] **Kosten** zusammen.

Die **fixen Kosten** sind in ihrer absoluten Höhe von der **Beschäftigung** des Betriebs **unabhängig.** Sie fallen unter sonst gleichen Bedingungen von Periode zu Periode (z.B. von Monat zu Monat) in **gleicher Höhe** an.

Die absolute Höhe der **variablen Kosten** hängt von der Beschäftigung des Betriebs ab.

Mit zunehmender Beschäftigung, d.h. mit zunehmender Kapazitätsauslastung,[3] sinken die **Kosten je Stück (Stückkosten),** weil der Anteil der **fixen Kosten** an der einzelnen Leistungseinheit (z.B. Stückzahl eines bestimmten Erzeugnisses, verkaufte Waren) **abnimmt.** Mit abnehmender Beschäftigung tritt der umgekehrte Effekt ein. Man spricht vom **Gesetz der Massenproduktion.**

Beispiele: fixe Kosten

Pachten, Mieten, Gehälter für das Personal, Standgebühr auf einem Markt.

Beispiele: variable Kosten

- Rohstoffverbrauch (im Industriebetrieb),
- Einstandspreise (Bezugspreise) im Handelsbetrieb,
- Energieverbrauch bei der Produkion.

Beispiel:

Die Huber KG hat sich auf die Herstellung hochwertiger Mountainbikes für den Profisport spezialisiert und kann pro Monat maximal 500 Bikes herstellen. Die variablen Kosten pro Stück betragen 1 000,00 EUR, die fixen Kosten belaufen sich auf 400 000,00 EUR pro Monat.

Hergestellte Menge in Stück (x)	Fixe Kosten in EUR (K_F)	Fixe Kosten je Stück in EUR (k_f)	Variable Kosten in EUR (K_V)	Variable Kosten je Stück in EUR (k_v)	Gesamtkosten in EUR (K_G)	Stückkosten in EUR (k_g)
100	400 000,00	4 000,00	100 000,00	1 000,00	500 000,00	5 000,00
200	400 000,00	2 000,00	200 000,00	1 000,00	600 000,00	3 000,00
300	400 000,00	1 333,33	300 000,00	1 000,00	700 000,00	2 333,33
400	400 000,00	1 000,00	400 000,00	1 000,00	800 000,00	2 000,00
500	400 000,00	800,00	500 000,00	1 000,00	900 000,00	1 800,00

1 **Reproduzierbare Güter** sind solche, die immer wieder in gleicher Art hergestellt werden können.
2 **Variabel** (lat., frz.): beweglich, veränderlich.
3 **Kapazität:** Leistungsfähigkeit eines Betriebs je Zeiteinheit.

- Die **Stückkosten** (k_g) setzen sich zusammen aus den **variablen Kosten** je Stück (k_v) und den **fixen Kosten** je Stück (k_f).
- Mit **zunehmender** Produktionsmenge **verteilen** sich die fixen Kosten auf eine immer **größere** Stückzahl. Hierdurch **sinken** die **fixen** Kosten pro Stück, sodass die **Gesamtstückkosten** ebenfalls **sinken (Stückkostendegression).**

Die Gesamtkosten (K_G) eines Unternehmens setzen sich aus der Summe von fixen Kosten (K_f) und variablen Kosten (K_v) zusammen und hängen vor allem von der **Ausbringungsmenge** ab.

Allgemein gilt:

$$K_G(x) = K_f + K_v(x)$$

wobei sich die gesamten variablen Kosten aus der Multiplikation der variablen Kosten pro Stück und der hergestellten Produktionsmenge ergeben:

$$K_v(x) = k_v \cdot x$$

1.2.3 Gewinnschwelle (Break-even-Point) als Bestimmungsfaktor des Angebots

Folgt das Unternehmen dem Ziel der **Gewinnmaximierung,** so wird es bei **linearem (proportionalem)** Kostenverlauf und mindestens die Stückkosten abdeckenden Marktpreisen die Menge am Markt **anbieten,** die bei **Vollauslastung** der vorhandenen Produktionskapazität hergestellt werden kann.

Wie nachfolgende Abbildung verdeutlicht, übersteigen bei einer **niedrigen** Ausbringungsmenge die Gesamtkosten die Gesamterlöse, also das Produkt von Menge und Preis. Es wird **kein Gewinn** erzielt. Erst ab einer bestimmten Absatzmenge – auch **„Break-even-Point"** oder **„Gewinnschwelle"** genannt – gelangt das Unternehmen in die Gewinnzone.

Rechnerisch lässt sich die **Gewinnschwelle** wie folgt berechnen:

$$\text{Gewinnschwelle }(x) = \frac{K_f}{p - k_v} \quad \text{oder} \quad K_f + k_v \cdot x = x \cdot p$$

Da ab diesem Punkt der Gewinn umso höher ausfällt, je größer die produzierte Absatzmenge ist, wird das Unternehmen den **maximalen Gewinn** (= Differenz zwischen Kosten und Erlösen) dann erreichen, wenn es bis zur Kapazitätsgrenze produziert, da in diesem Punkt der **Abstand** zwischen der Erlös- und der Kostengeraden am größten ist.

Zusammenhang zwischen Kosten und Angebotsmenge bei linearem Kostenverlauf

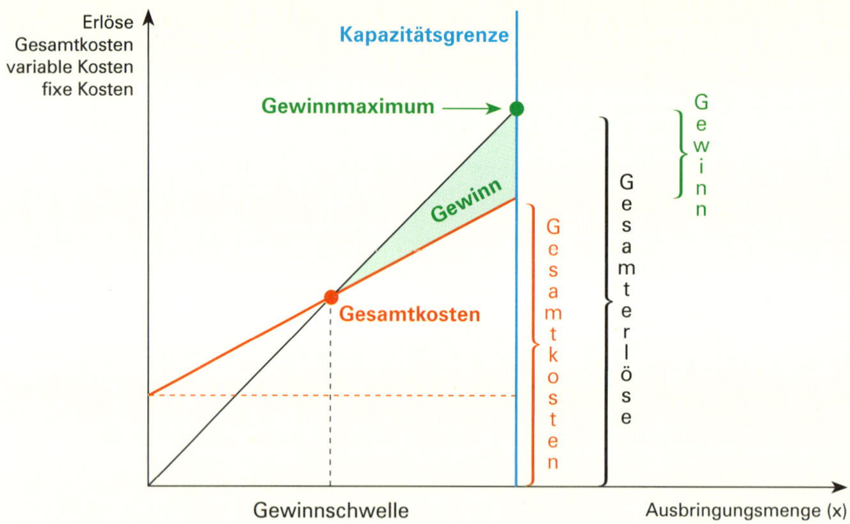

Beispiel:

Die Huber KG verkauft ihre hochwertigen Mountainbikes für den Profisport zu einem Preis von 2600,00 EUR an den Großhandel.

Aufgabe:

Ermitteln Sie die Gewinnschwelle!

Hergestellte Menge in Stück (x)	Fixe Kosten in EUR (K_F)	Variable Kosten in EUR (K_V)	Gesamt-kosten in EUR (K_G)	Umsatzerlöse in EUR	Gewinn bzw. Verlust in EUR
100	400000,00	100000,00	500000,00	260000,00	–240000,00
200	400000,00	200000,00	600000,00	520000,00	– 80000,00
300	400000,00	300000,00	700000,00	780000,00	80000,00
400	400000,00	400000,00	800000,00	1040000,00	240000,00
500	400000,00	500000,00	900000,00	1300000,00	400000,00

$$\text{Gewinnschwelle} = \frac{400\,000{,}00}{2600{,}00 - 1\,000{,}00} = \underline{\underline{250 \text{ Stück}}}$$

Bis zu einer Produktions- und Absatzmenge von 250 Stück erzielt die Huber KG weder einen Verlust noch einen Gewinn.

Proberechnung: Gewinn = Erlöse – Kosten

$G(x) = E(x) - K_G(x)$

$G(250) = (250 \cdot 2600{,}00) - (400\,000{,}00 + 250 \cdot 1\,000{,}00)$

$G(250) = 650\,000{,}00 - 650\,000{,}00$

$G(250) = 0$

Bei einer Produktions- und Absatzmenge **über** 250 Mountainbikes pro Monat erzielt die Huber KG einen Gewinn. Wie obige Tabelle weiterhin verdeutlicht, gilt:

Je mehr die Produktions- und Absatzmenge die Stückzahl von 250 übersteigt, desto höher ist der Gewinn. Der maximale Gewinn wird demzufolge an der Kapazitätsgrenze erreicht.

1.2.4 Gesetz des Angebots

Im Folgenden beschränken wir uns auf die Betrachtung des **Zusammenhangs zwischen Preis und Angebot**. Die Wirtschaftstheorie sieht i. d. R. folgende Beziehungen zwischen Preis und Angebotsmenge **(„Gesetz des Angebots")**:

- Mit **steigendem** Preis eines Gutes **steigt** das Angebot für dieses Gut.
- Mit **sinkendem** Preis **sinkt** das Angebot für dieses Gut.

Das Gesetz des Angebots lässt sich wie folgt begründen:

- Mit steigenden Absatzpreisen wird der Anbieter versuchen, sein Angebot mengenmäßig auszuweiten, weil er sich **zusätzliche Gewinne** verspricht.
- Bei sinkenden Preisen wird er sein Angebot verringern oder (längerfristig) ganz aus dem Markt nehmen, weil die **Gewinne sinken** oder **Verluste entstehen.**

Die **Angebotskurven** sind von Anbieter zu Anbieter unterschiedlich, weil Zielsetzungen, Marktstellungen, Marktsituationen und Kostenstrukturen verschieden sind.[1]

Normales Angebot eines landwirtschaftlichen Betriebs bei unterschiedlichen Preisen

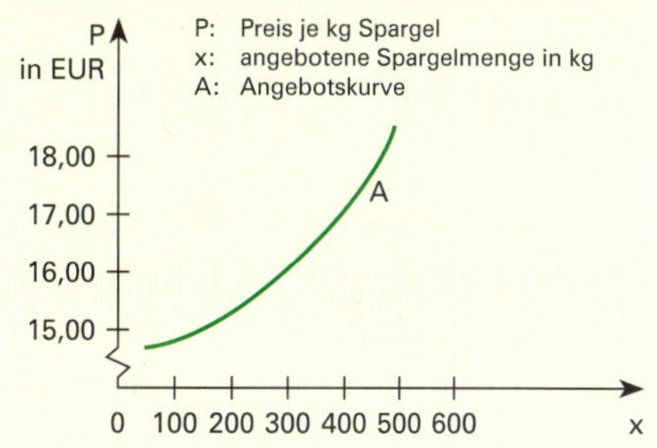

Beispiel:

Das Angebot ist in der Regel vollkommen elastisch, wenn ein Anbieter unterbeschäftigt ist, sodass er bei steigender Nachfrage nicht die Preise erhöhen möchte, um den Absatz nicht zu gefährden. Sein Angebot wird jedoch dann vollkommen unelastisch, wenn er an seiner Kapazitätsgrenze angelangt ist: Er kann die Preise erhöhen, nicht aber sein mengenmäßiges Angebot.

1.2.5 Atypisches (anomales) Angebotsverhalten

Das Gesetz des Angebots beschreibt das normale Angebotsverhalten. Es gibt jedoch wesentliche Ausnahmen. Nach dem **Gesetz der Massenproduktion** nehmen die Stückkosten bei zunehmender Produktion ab, bei abnehmender Produktion jedoch zu. Marktstarke Unternehmen mit hohem Fixkostenanteil[2] werden daher versuchen, bei zurückgehender Nachfrage ihre Produktion und damit ihr Angebot bei **steigenden** Preisen zu drosseln, um ihre Stückkosten zu decken **(anomales Angebot).** Umgekehrt sind sie in der Lage, bei zunehmender Nachfrage ihr Angebot auszuweiten und die Absatzpreise zu **senken** (Beispiele: elektrische Küchengeräte, Smartphones, Tablet-PCs, TV-Geräte).

---

1 Aus **Vereinfachungsgründen** wird die „Angebotskurve" in den **Wirtschaftswissenschaften grafisch** zumeist als **Gerade** und somit **mathematisch** als **lineare Funktion** dargestellt. Diese Vereinfachung wird im Folgenden in diesem **Schulbuch** ebenfalls praktiziert. Bei der mathematischen Darstellung ergeben sich **zwei Möglichkeiten**:
1. **Ausgehend** von einem bestimmten **Preis** wird die Frage beantwortet, wie hoch das sich dabei ergebende Angebot ist („horizontale Interpretation"). **Beispiel**: $x(p) = 1 + 0{,}5p$.
2. Bei der umgekehrten Interpretation beschreibt man den Zusammenhang **ausgehend** von einer bestimmten **Absatzmenge**, wie hoch der sich dabei ergebende Preis ist („vertikale Interpretation"). **Beispiel**: $p(x) = -2 + 2x$.

2 **Fixkosten** = Festkosten.

1.2.6 Preiselastizität des Angebots

Die aus einer Preisänderung resultierende Mengenänderung des Angebots lässt sich mithilfe der sogenannten **„Preiselastizität des Angebots“** messen.

Die **Preiselastizität des Angebots** gibt an, um **wie viel Prozent** sich die angebotene **Menge (Wirkung)** ändert, wenn der **Preis (Ursache)** um **1 Prozent** geändert wird.

Diese Ursache-Wirkungs-Beziehung lässt sich wie folgt errechnen:

$$\text{Preiselastizität des Angebots} = \frac{\text{Relative Mengenänderung in Prozent}}{\text{Relative Preisänderung in Prozent}}$$

Wie nachfolgende Abbildungen verdeutlichen, reagiert das Angebot **unterschiedlich stark** (elastisch) auf Preisänderungen.

Mögliche Angebotskurven

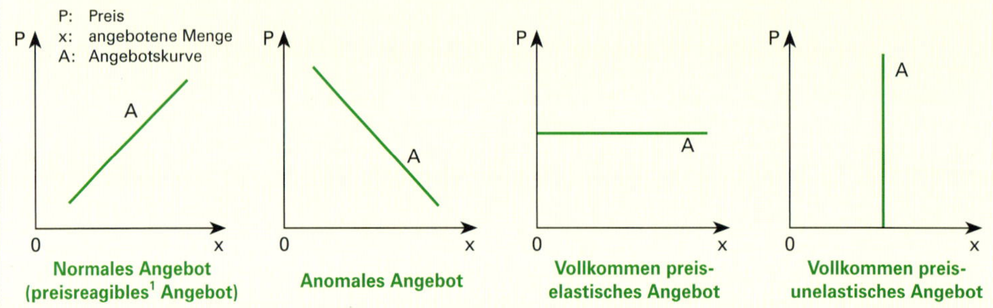

1.2.7 Gesamtangebot für ein Gut (Marktangebot)

Zum Zweck der Ableitung des Gesamtangebots und der daraus folgenden Gesamtangebotskurve wird unterstellt, dass **der Preis** eines Gutes für jeden Anbieter **eine gegebene Größe** (ein **Datum**) ist. Um die Gesamtangebotskurve (Marktangebotskurve) zu erhalten, muss man die einzelnen individuellen Angebotskurven gedanklich zusammenfassen (= aggregieren).

- Das **Gesamtangebot** für ein Gut ist das Angebot aller Betriebe für dieses Gut.
- Das Gesamtangebot für ein Gut ergibt sich aus der **Aggregation** (= Queraddition) aller individuellen Angebote.

1 **Reagibilität:** Eigenschaft bzw. Fähigkeit, sehr sensibel zu reagieren.

Beispiel:

Die Preisabhängigkeit des Angebots von drei Betrieben sei wie folgt festgelegt:

Preis in EUR je Stück	Angebotene Mengeneinheiten (1 000 Stück Eier) je Zeiteinheit (je Woche) durch die Hühnerfarmen			Marktangebot von Eiern aller Anbieter (1)–(3)
	(1) Adler	(2) Specht	(3) Vogel	
0,00	–	–	–	–
0,10	4	–	–	4
0,20	4	3	–	7
0,30	4	3	2	9
0,40	4	3	2	9

Die Preisuntergrenze von Adler beträgt 0,10 EUR, die von Specht 0,20 EUR und die von Vogel 0,30 EUR.

Aggregation der individuellen Angebotskurven zur Gesamtangebotskurve

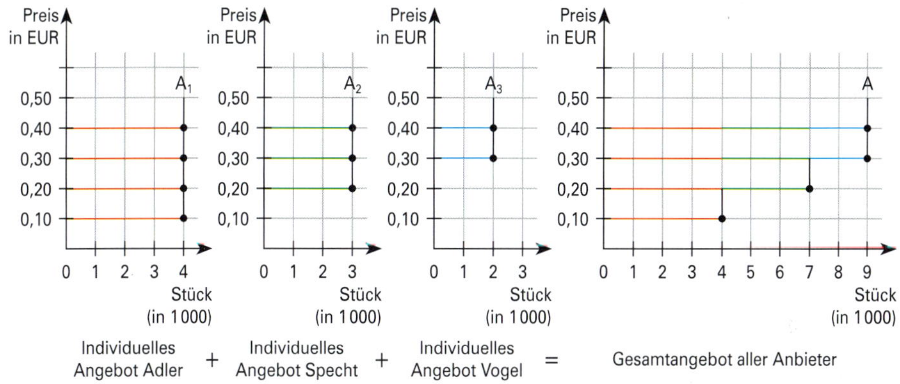

Normales Gesamtangebot

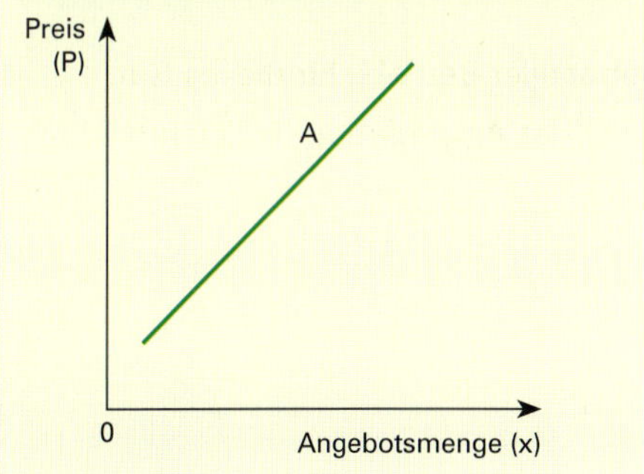

Aggregiert man die individuellen Angebotskurven einer sehr großen Zahl (streng genommen einer unendlich großen Zahl) von Anbietern, schwinden die „Treppen" in der **Gesamtangebotskurve** immer mehr: Man erhält eine geglättete Angebotskurve.

Die **Gesamtangebotskurve** zeigt (wie alle Angebotskurven), wie groß das **mengenmäßige** Angebot für ein Gut bei **unterschiedlichen** Preisen dieses Gutes ist.

Aus der abgeleiteten Angebotskurve folgt, dass sich im Regelfall die angebotene Menge eines Gutes mit **steigendem** Preis **erhöht** und mit **sinkendem** Preis **verringert („Gesetz des Angebots")**.

Auswirkung einer Preissteigerung auf das Gesamtangebot

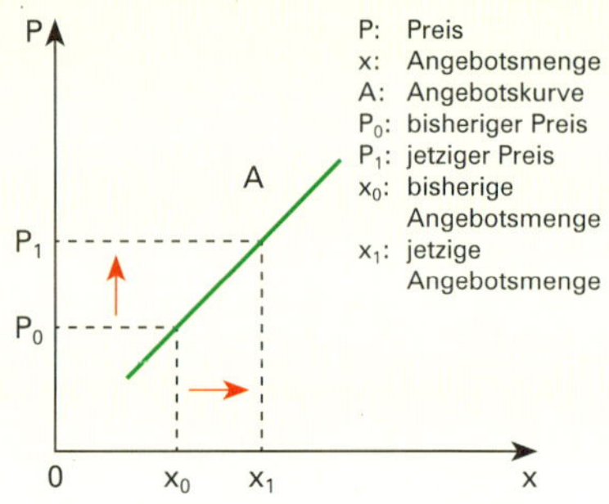

1.2.8 Angebotsverschiebungen

Das Marktangebot für ein Gut verschiebt sich im Laufe der Zeit aus verschiedensten Gründen. Nimmt z. B. die Zahl der Anbieter zu, nimmt auch das Angebot zu. Nimmt die Zahl der Anbieter ab, nimmt auch das Angebot ab, es sei denn, die Kapazitäten der Anbieter verändern sich.

Weitere Gründe für die **Zunahme** des Angebots sind z. B.:

- der **technische Fortschritt** (aufgrund des Übergangs der Betriebe auf anlageintensivere Produktionsverfahren erweitern sich die Kapazitäten und damit das mögliche Angebot),
- die **Zukunftserwartungen** der Unternehmer (aufgrund zusätzlicher Investitionen nimmt das Angebot zu) und
- **Faktorpreissenkungen** (die bisherigen Mengen können nunmehr zu niedrigeren Preisen angeboten werden).

Das Umgekehrte gilt, wenn das Marktangebot abnimmt.

Zunehmendes Angebot aufgrund steigender Anbieterzahl

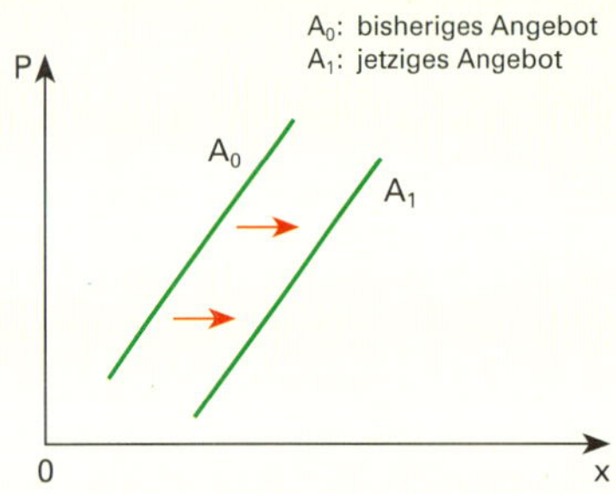

Abnehmendes Angebot aufgrund sinkender Anbieterzahl

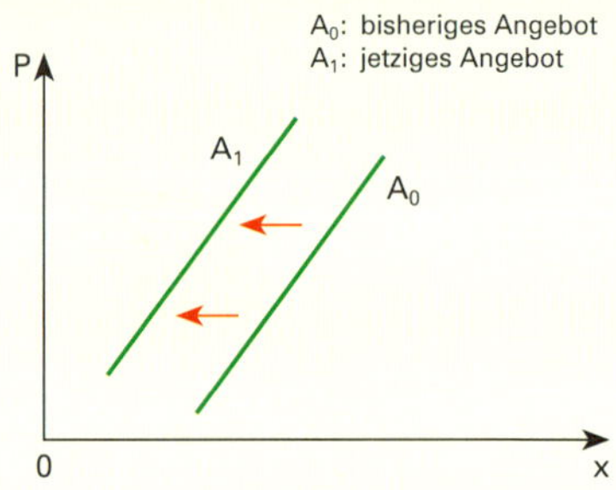

1.2.9 Zusammenhang zwischen Gesamtangebot und individuellen Kosten der Anbieter

Das Gesamtangebot (Marktangebot) für ein Gut lässt sich auch in der Weise ableiten, dass man die einzelnen Anbieter nach ihrer individuellen Kostenhöhe ordnet.

In den Genuss der **Produzentenrente**[1] (Anbieterrente) kommen alle Anbieter, die zu einem höheren Preis verkaufen können, als ihre Kosten betrugen.

Ein Betrieb, der gerade noch seine Kosten decken kann, heißt **Grenzbetrieb.** Anbieter, deren Stückkosten höher als der Absatzpreis sind, müssen längerfristig aus dem Markt scheiden.

Individuelle Kosten der Anbieter

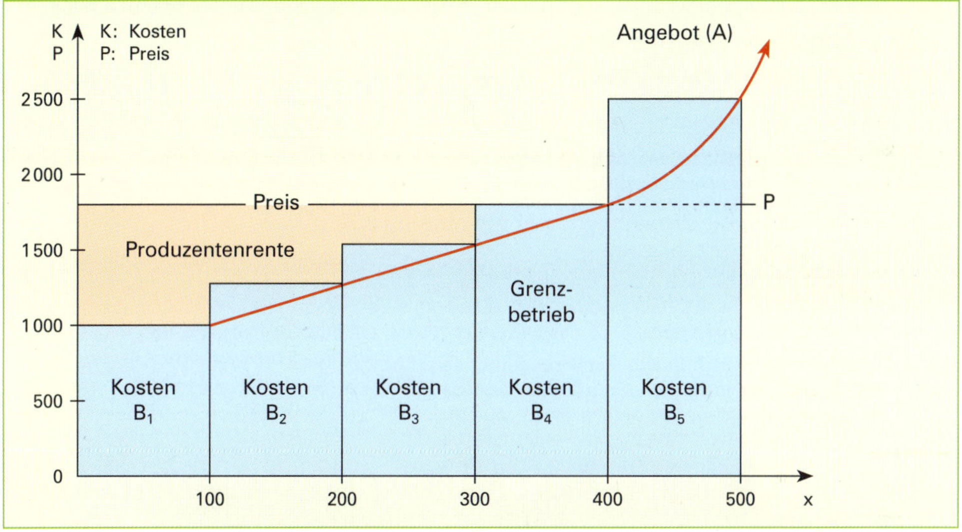

1 Zur Produzentenrente vgl. Kapitel 1.3.3.3.

Kompetenztraining

11

1. Erklären Sie die Zusammenhänge zwischen dem Preis eines Gutes und der Nachfrage nach diesem Gut!
2. Nennen und begründen Sie mindestens zwei Ursachen für Nachfrageverschiebungen!
3. Erläutern Sie, welche Faktoren das Anbieterverhalten der Unternehmen auf dem Markt mitbestimmen können! Nennen und begründen Sie mindestens zwei Bestimmungsgründe des Anbieterverhaltens!
4. Führen Sie an, welche Zusammenhänge normalerweise unter sonst gleichen Bedingungen zwischen dem Preis eines Gutes und dem Angebot für dieses Gut bestehen!
5. Nennen und begründen Sie mindestens zwei Ursachen für Angebotsverschiebungen!
6. Anbieter und Nachfrager treten auf dem Markt mit entgegengesetzten Interessen auf. Erläutern Sie diese Interessen!
7. Lesen Sie zunächst nachstehenden Text und beantworten Sie sodann die anschließenden Fragen!

Im Allgemeinen machen wir uns recht wenig Gedanken darüber, dass wir mit unserer Nachfrage nicht nur den Preis, sondern auch die Charaktereigenschaften der angebotenen Produkte (z. B. ihre Qualität, ihre Gefährlichkeit oder Ungefährlichkeit, ihre Umweltschädlichkeit oder -verträglichkeit) mitbestimmen.

Nehmen wir z. B. ein Tankerunglück. Es verursacht nicht nur Umweltschäden, die kaum wieder gutzumachen sind, sondern auch gewaltige Kosten, um wenigstens die schlimmsten Folgen zu beseitigen. Es wird uns klar, dass wir als Verbraucher letztlich die Ursache für die entstandenen Umweltschäden sind, weil wir die Produkte, die aus dem Erdöl hergestellt werden, nachfragen. Wir möchten sie sogar möglichst billig haben, was wiederum die Schiffseigner veranlasst, auch die ältesten und damit unsicheren Öltanker einzusetzen. Scheinbar sparen wir die Kosten eines sicheren und damit teureren Transports. Tatsächlich bürden wir sie der Allgemeinheit auf, wir wälzen sie als sogenannte Social Costs (= soziale Kosten) ab.

Aufgaben:

7.1 Nennen Sie mindestens zwei weitere Beispiele für derartige „soziale Kosten"!

7.2 Unterbreiten Sie Vorschläge für mögliche Maßnahmen, um die Entstehung sozialer Kosten zu verringern!

7.3 Nennen Sie mindestens zwei Beispiele, wie die Verbraucher das Angebot in Richtung zu mehr Umweltverträglichkeit beeinflussen können!

7.4 Nennen Sie mindestens zwei Beispiele dafür, wie die Anbieter auf die Verbraucher Einfluss nehmen können, damit diese verstärkt auf umweltverträgliche Produkte „umsteigen"!

7.5 **Leserbrief**
Formulieren Sie einen Leserbrief, der sich kritisch mit dem Konsumverhalten der Verbraucher in Bezug auf „soziale Kosten" auseinandersetzt!

12

1. Nachdem die Preise für Rindfleisch von 4,00 EUR je kg auf 3,00 EUR je kg gesunken sind, reagierten die Landwirte mit einer Reduzierung der Angebotsmenge um 25 %.

Aufgaben:

1.1 Berechnen Sie die Preiselastizität des Angebots!

1.2 Interpretieren Sie das Ergebnis!

2. Die Münchener Bank AG erhöht die monatliche Grundpauschale für Girokonten von 10,00 EUR auf 15,00 EUR. Nach der Preiserhöhung musste der Marktbereichsleiter feststellen, dass aufgrund dieser Veränderung ca. 100 der ursprünglich 5000 Kunden ihre Girokonten zu Konkurrenzinstituten verlagerten.

   Aufgaben:

   2.1 Berechnen Sie die Preiselastizität der Nachfrage!

   2.2 Interpretieren Sie das Ergebnis! Gehen Sie hierbei insbesondere auf mögliche Gründe für das Verhalten der Nachfrager ein.

3. Für die Anbieter ist die Reaktion der Nachfrager auf Preisänderungen des jeweils nachgefragten Gutes von großer Bedeutung.

   Aufgaben:

   3.1 Entscheiden Sie, welches Nachfrageverhalten in folgenden Fällen vorliegt!

   3.1.1 Eine Preissteigerung von 50 % bewirkt keine Mengenänderung bei dem betreffenden Gut.

   3.1.2 Eine Preissteigerung von 10 % führt zu einer Mengenzunahme von 15 % bei dem betreffenden Gut.

   3.2 Erläutern Sie, was man unter einer starren Preiselastizität der Nachfrage versteht! Suchen Sie nach möglichen Beispielen, in denen mit einer derartigen Reaktion der Nachfrager zu rechnen ist!

   3.3 Nach einer Einkommenserhöhung um 412,50 EUR auf nunmehr 3162,50 EUR monatlich erhöht der Haushalt seinen Konsum von Wurst- und Fleischwaren vom Biolandwirt von 8,00 kg auf 11,60 kg monatlich. Gleichzeitig sinkt der Konsum abgepackter Wurst- und Fleischwaren vom Discounter um 5,40 kg auf 3,60 kg.

   Berechnen Sie die jeweilige Einkommenselastizität der Nachfrage! Erläutern Sie das Ergebnis Ihrer Berechnungen!

4. Neben dem Preis des nachgefragten Gutes beeinflussen allerdings auch die Preise anderer Güter die nachgefragte Menge.

   Aufgaben:

   4.1 Erklären Sie diese Zusammenhänge anhand der Wirkung von Preisänderungen von Substitutions- und Komplementärgütern!

   4.2 Gehen Sie dabei jeweils auf ein konkretes Beispiel ein und stellen Sie die jeweilige Beziehung grafisch dar!

   4.3 Entscheiden Sie, um welche Güterarten es sich in den nachfolgenden Fällen handelt!

   4.3.1 Eine Preissteigerung bei Gut A von 30 % bewirkt eine Nachfragemengenzunahme bei Gut B um 15 %.

   4.3.2 Eine Preissteigerung bei Gut A von 50 % bewirkt eine Nachfragemengenabnahme bei Gut B um 25 %.

5. Gemäß einer Marktstudie liegt die Preiselastizität der Nachfrage nach Alkopops bei 0,4. Sie sind Politiker und haben sich das Ziel gesetzt, den Konsum derartiger Getränke um 20 % einzudämmen, um so die Gefahr für Jugendliche, dem Alkohol zu verfallen, zu verringern. Eine Flasche dieses Getränkes kostet augenblicklich 3,00 EUR.

   Aufgabe:

   Berechnen Sie, auf wie viel Euro der Preis für eine Flasche steigen muss, damit Sie Ihr Ziel erreichen!

6. Nachdem die Preise für Schweinefleisch an der Rohstoffbörse in der jüngeren Vergangenheit aufgrund diverser Hinweise auf eine hohe Dioxinbelastung dieses Lebensmittels von 1 500,00 EUR je Tonne auf 1 387,50 EUR je Tonne sukzessive gefallen sind, haben die betroffenen Agrarbetriebe die Produktion deutlich zurückgefahren, sodass die Angebotsmenge um 1 950 Tonnen auf 11 050 Tonnen zurückgegangen ist.

   Aufgabe:

   Ermitteln Sie die Preiselastizität des Angebots!

7. Ein kleiner Handwerksbetrieb stellt Schneeschieber her. Der Absatzpreis des Anbieters beträgt 30,00 EUR. Seine maximale Kapazität liegt bei 200 Stück pro Tag, seine fixen Kosten pro Tag bei 1 500,00 EUR, die variablen Kosten pro Stück bei 15,00 EUR.

   Aufgabe:

   Berechnen Sie die Gewinnschwelle pro Tag!

8. Die Mockenhaupt Running AG, ein mittelständischer Hersteller von handgefertigten Marathon-Laufschuhen, hat im letzten Geschäftsjahr insgesamt 6 200 Paar Schuhe auf Bestellung hergestellt und zu einem Preis von 400,00 EUR pro Paar direkt an die Endverbraucher absetzen können.

   Die fixen Kosten des Unternehmens beliefen sich auf 450 000,00 EUR, der Betriebsgewinn betrug 480 000,00 EUR.

   Aufgabe:

   Ermitteln Sie die variablen Kosten je Paar Laufschuhe!

9. Kevin Vettel und Jennifer Rossberg fahren zur Tankstelle. Sie nennen dem Tankwart ihre Bestellungen, ohne auf die Preistafel zu schauen. Kevin Vettel bestellt wie immer 50 Liter Super Plus. Jennifer Rossberg verlangt stets Super Plus für 50,00 EUR.

   Aufgabe:

   Erläutern Sie, welche Preiselastizitäten der Nachfrage sich aus dem unterschiedlichen Tankverhalten ableiten lassen!

10. Der Studienabbrecher Moritz Meier hat es sich angewöhnt, bei seinem wöchentlichen Besuch in der Stammkneipe fünf Gläser Rotwein zu trinken und dazu zwei kubanische Zigarren für jeweils 10,00 EUR das Stück zu rauchen. Der Betreiber der Stammkneipe, Diplomsoziologe Dr. Müller-Lüdenscheid, erhöht wegen der gestiegenen Energiepreise den Preis für das Glas Rotwein um 1,00 EUR auf nunmehr 6,00 EUR. Moritz raucht daraufhin nur noch eine Zigarre.

    Aufgabe:

    Berechnen Sie, wie groß die Kreuzpreiselastizität der Nachfrage nach Zigarren ist!

1.3 Preisbildung durch Anwendung des Marktmodells veranschaulichen und deren Auswirkungen für Anbieter und Nachfrager beurteilen

1.3.1 Begriff Markt

In einer marktwirtschaftlich orientierten Wirtschaftsordnung stellen alle Wirtschaftssubjekte – also die **Haushalte** (in der Regel als **Nachfrager**) sowie die **Unternehmen** (zumeist in der Rolle der **Anbieter**) – ihrem **Eigeninteresse** folgend **selbstständig** Wirtschaftspläne auf. Dabei versuchen die **Anbieter** (Unternehmen) ihre Pläne am Ziel der **Gewinnmaximierung** auszurichten. Die **Nachfrager** (Haushalte) orientieren sich bei ihren Planungen überwiegend an dem Ziel der **Nutzenmaximierung**.

Anbieter versuchen auf dem Markt ihre Güter abzusetzen. Dabei streben sie nach Gewinnmaximierung. → **MARKT** ← **Nachfrager versuchen auf dem Markt ihre Nachfragepläne zu verwirklichen. Sie streben nach Nutzenmaximierung.**

Die **Gegensätzlichkeit** dieser Planungsgrundlage wird deutlich, wenn man sich vor Augen führt, dass die **Anbieter** im Rahmen ihrer Zielsetzung bemüht sein werden, entsprechend **hohe Preise** durchzusetzen. Die **Nachfrager** demgegenüber versuchen, mit den ihnen zur Verfügung stehenden Mitteln ein **möglichst hohes Nutzenniveau** zu realisieren, also zu möglichst **niedrigen Preisen** ihren Bedarf zu decken.

Beide „Parteien“ sind bestrebt, ihre individuellen Planungen am Markt zu realisieren.

- So ermöglicht der Markt den **Anbietern,** ihre Güter entsprechend ihren Zielvorstellungen anzubieten und sich über die Nachfrage zu informieren.
- Den **Nachfragern** hingegen bietet der Markt die Möglichkeit, sich über das Angebot zu informieren und ihre Kaufentscheidung unter Berücksichtigung der Nutzenmaximierung zu treffen.

Ökonomisch betrachtet versteht man unter **Markt** den Ort, an dem **Angebot** und **Nachfrage aufeinandertreffen.**

Letztlich erfolgt über den Markt ein **Ausgleich** zwischen den **entgegengesetzten** Interessen von Anbietern und Nachfragern, da sich als Ergebnis des Marktgeschehens ein **Preis (Gleichgewichtspreis)** bildet, über den die unterschiedlichen Zielsetzungen der Marktteilnehmer „ausbalanciert“ werden **(Selbststeuerungsmechanismus des Marktes).**

1.3.2 Marktarten[1]

1.3.2.1 Kriterien für eine Markteinteilung

Wer den Begriff Markt hört, denkt vermutlich zunächst an solche Märkte wie z. B. den Wochenmarkt, den Supermarkt oder den Flohmarkt. Des Weiteren werden einem sicher Begriffe wie Arbeitsmarkt oder Wohnungsmarkt einfallen. Auch im Internet findet man Portale für den Gebrauchtwagenmarkt oder Stellenmarkt.

Je nachdem, von welchem **Gesichtspunkt** aus man die Märkte betrachtet, kann man verschiedene **Einteilungen** vornehmen, und zwar:

Kriterien	Erläuterungen
Marktobjekt	■ **Gütermärkte**: Auf diesen Märkten werden Sachgüter und Dienstleistungen gehandelt. ■ **Faktormärkte**: Marktobjekte sind die Produktionsfaktoren Arbeit (Arbeitsmarkt), Boden (Immobilienmarkt) und Geldkapital als Vorstufe zum Realkapital (Finanzmärkte).
Organisationsgrad	■ **Organisierte Märkte**: Das Marktgeschehen verläuft nach bestimmten, festgelegten Regeln, wobei Zeit und Ort ebenfalls determiniert sind (z. B. Börse, Auktion, Messe). ■ **Nicht organisierte Märkte**: Das Marktgeschehen ist nicht an einen festen Ort oder eine bestimmte Zeit gebunden. 
Marktzutritt	■ **Offene Märkte**: Anbieter wie Nachfrager haben freien Zugang zu diesem Markt. Es bestehen keinerlei Zugangsbeschränkungen. ■ **Beschränkte Märkte**: Der Marktzutritt ist an die Erfüllung bestimmter Voraussetzungen (z. B. Konzessionen, Befähigungsnachweise) gebunden. ■ **Geschlossene Märkte**: Der Marktzutritt ist nur einem bestimmten Teilnehmerkreis vorbehalten (z. B. Staat als Nachfrager von Rüstungsgütern).
Vollkommenheitsgrad	■ **Vollkommene Märkte**: Märkte, auf denen es nur einen einheitlichen Preis für ein bestimmtes Gut geben kann. ■ **Unvollkommene Märkte**: Märkte, auf denen es für ein bestimmtes Gut unterschiedliche Preise gibt.
Anzahl der Anbieter und Nachfrager	Gliedert man den Markt nach der Anzahl der Anbieter und Nachfrager, die auf dem Markt auftreten, unterscheidet man ■ **Polypol,** ■ **Oligopol** und ■ **Monopol.**

1 Man spricht auch von „Marktformen im weiteren Sinne".

1.3.2.2 Marktarten nach der Anzahl der Anbieter und Nachfrager

(1) Polypol

Unzählige Anbieter und Nachfrager treten auf dem Markt auf. Das einzelne Unternehmen hat nur einen geringen Anteil am Gesamtangebot. Der einzelne Nachfrager hat nur einen geringen Anteil an der Gesamtnachfrage.

Aufgrund des geringen Anteils am Markt kann **kein Anbieter direkt Einfluss auf den Marktpreis** nehmen. Auch der Nachfrager vermag den Marktpreis nicht zu beeinflussen.

Auf dem Markt besteht ein **außerordentlich starker Wettbewerb.**

Beispiele:

- Arbeitsmarkt
- Wohnungsmarkt
- Markt für Gebrauchtwagen

(2) Oligopol

Beim **Angebotsoligopol** steht **wenigen Anbietern** eine **Vielzahl von Nachfragern** gegenüber. **Einzelne Unternehmen** haben einen **hohen** Marktanteil.

In einem Angebotsoligopol lassen sich in der Realität (Wirklichkeit) **zwei verschiedene Verhaltensweisen** der Anbieter bei der Preisbildung beobachten:

Beispiele:

- Musikstreaming-Dienste
- Mobilfunk
- Computer-, Flugzeugindustrie
- Pay-TV-Anbieter

- **Preiskampf:** Ein Anbieter senkt die Preise. Sein Absatz steigt. Die übrigen Anbieter möchten dies verhindern. Sie senken daher ebenfalls die Preise.
- **„Schlafmützenwettbewerb“:** Statt sich in einem Preiskampf gegenseitig die Kunden streitig zu machen, belassen die Anbieter die Preise auf einem hohen Niveau.

(3) Monopol

Einem **einzigen Anbieter** steht eine **Vielzahl von Nachfragern** gegenüber. Angebotsmonopole entstehen, wenn nur ein Unternehmen ein bestimmtes Gut herstellt.

Der Monopolist kann den **Absatzpreis** für das von ihm angebotene Gut **frei bestimmen.**

Beispiele:

- Bestimmte Teile der Rüstungsindustrie
- Pharmakonzern in Bezug auf ein durch Patent geschütztes Medikament
- Trinkwasserversorgung

Matrix der Marktarten nach der Zahl der Marktteilnehmer[1]

Zahl der Nachfrager / Zahl der Anbieter	einer	wenige	viele
einer	zweiseitiges Monopol	Angebotsmonopol mit oligopolistischer Nachfrage	Angebotsmonopol
wenige	Nachfragemonopol mit oligopolistischem Angebot	zweiseitiges Oligopol	Angebotsmonopol
viele	Nachfragemonopol	Nachfrageoligopol	vollständige (polypolistische) Konkurrenz

vollkommene Märkte — unvollkommene Märkte

Aufgrund dieser Matrixdarstellung erhält man 9 verschiedene Marktformen. Beachtet man, dass (theoretisch) **jede** Marktform **vollkommen** oder **unvollkommen** sein kann, ergeben sich 18 Marktformen.

1 Dieses Marktformenschema stammt von Heinrich von Stackelberg (1905–1946).

1.3.3 Preisbildung auf dem vollkommenen Polypolmarkt

1.3.3.1 Bildung des Gleichgewichtspreises am Beispiel der Börse

Um den Preis als Regulator verstehen zu können, ist es zweckmäßig, sich einen Markt mit sehr vielen Anbietern und sehr vielen Nachfragern vorzustellen **(Polypol)**. Auf diesem Markt liegt **vollständige Konkurrenz** (vollständiger Wettbewerb) vor. Eine Marktform wie das Polypol kommt in der Wirklichkeit in reiner Form recht selten vor. Ein wichtiges Beispiel für das Polypol ist die Börse.

Die **Börse** ist ein Markt für **einheitliche** (homogene) Waren oder Wertpapiere, der regelmäßig an einem bestimmten Ort stattfindet **(Punktmarkt, zentralisierter Markt).**

Beispiel:

Auf der Warenbörse[1] Hamburg wird die Getreidesorte „Weizen B-230“ gehandelt.

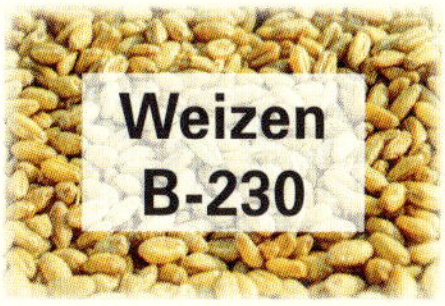

Aufgabe:

Ermitteln Sie grafisch den Gleichgewichtspreis bei der nachfolgenden Nachfrage- und Angebotssituation!

Preis je Tonne (t) in EUR	Nachfrage in t	Angebot in t	umsetzbare Menge in t
210	25	5	5
211	20	10	10
212	15	15	15
213	10	20	10
214	5	25	5

Lesebeispiel 1:

Wenn der Preis je Tonne **210,00 EUR** beträgt, werden 25 t nachgefragt. Es werden jedoch nur 5 t angeboten. **Begründung:** Nur wenige Anbieter möchten zu diesem **niedrigen** Preis ihre Ware verkaufen. **Folge:** Es entsteht ein **Nachfrageüberschuss** in Höhe von 20 t.

Lesebeispiel 2:

Wenn der Preis je Tonne **214,00 EUR** beträgt, werden 25 t angeboten. Es werden jedoch nur 5 t nachgefragt. **Begründung:** Nur wenige Nachfrager möchten zu diesem **hohen** Preis diese Ware kaufen. **Folge:** Es entsteht ein **Angebotsüberschuss** in Höhe von 20 t.

1 **Warenbörse** ist der Markt, auf dem vertretbare Waren nach Standardtypen (z. B. Markenbutter, Emmentaler 45 %, Rohöl) gehandelt werden.

Lösung:

Tragen wir an der x-Achse (waagerechte Achse des Koordinatensystems) die angebotenen bzw. nachgefragten Gütereinheiten (im Beispiel t) und an der y-Achse (senkrechte Achse) die möglichen Preise (hier EUR je t) ab, erhalten wir folgende **Angebots- und Nachfragekurven:**

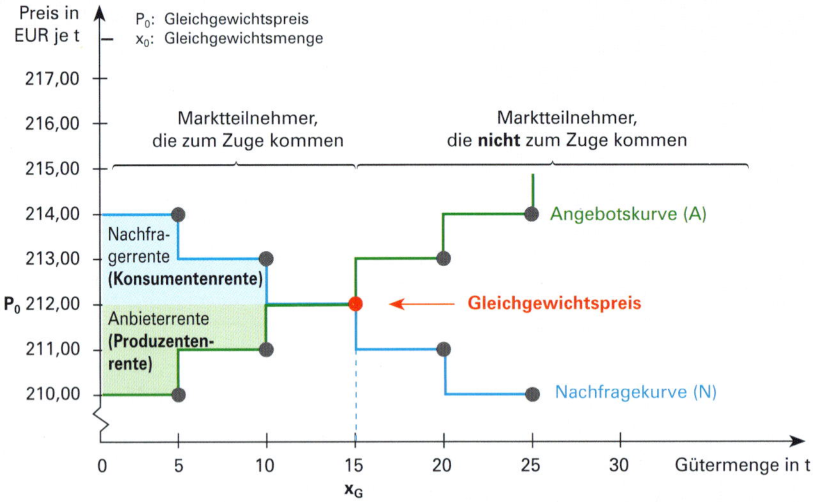

Erläuterungen:

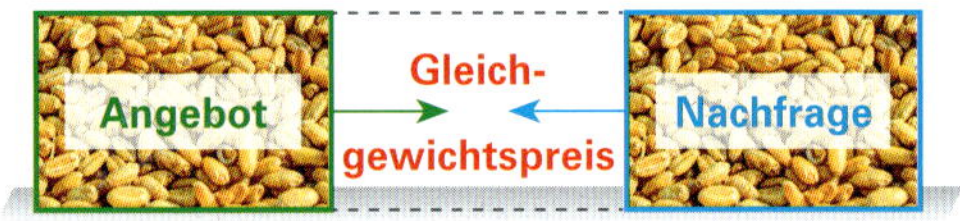

- Beim **Gleichgewichtspreis in Höhe von 212,00 EUR** entsprechen sich Angebot und Nachfrage.
- Alle **Nachfrager,** die nur einen **geringeren Preis** als den Gleichgewichtspreis in Höhe von 212,00 EUR zu zahlen bereit waren, können **nicht kaufen**. Sie gehen **leer** aus.
- Alle **Nachfrager,** die einen **höheren Preis** als 212,00 EUR zu zahlen bereit waren, erzielen eine **Nachfragerrente.** Sie müssen **weniger** Geld ausgeben als geplant.
- Alle **Anbieter,** die einen **höheren Preis** als den Gleichgewichtspreis in Höhe von 212,00 EUR fordern, können **nicht verkaufen.** Sie bleiben auf ihrem Angebot **sitzen.**
- Alle **Anbieter,** die einen **niedrigeren** Preis als 212,00 EUR gefordert haben, erzielen eine **Anbieterrente.** Sie erlösen **mehr** Geld als geplant.

Der **Gleichgewichtspreis** bringt Angebot und Nachfrage zum **Ausgleich,** er „räumt den Markt".

Zu beachten ist aber, dass die **Anbieter,** die einen **höheren** Preis erzielen wollten, und die **Nachfrager,** die nur einen **geringeren** Preis bezahlen wollten, **leer** ausgehen.

Normalerweise gilt:

- Mit **steigendem** Preis **steigt** das mengenmäßige Angebot, mit **sinkenem** Preis **sinkt** das mengenmäßige Angebot **(„Gesetz des Angebots").**
- Mit **steigendem** Preis **sinkt** die mengenmäßige Nachfrage, mit **sinkendem** Preis **steigt** die mengenmäßige Nachfrage **(„Gesetz der Nachfrage").**

1.3.3.2 Käufer- und Verkäufermarkt

Wenn man sich nun vorstellt, dass sehr viele (theoretisch „unendlich" viele) Anbieter und Nachfrager auf dem Markt sind, verschwinden die „Treppen" aus der Angebots- und aus der Nachfragekurve. Es ergeben sich nachfolgende Bilder.

Abb. 1: Angebotslücke

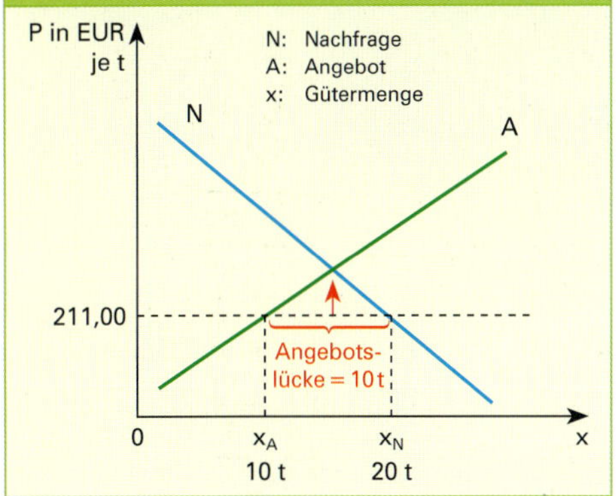

Abb. 2: Nachfragelücke

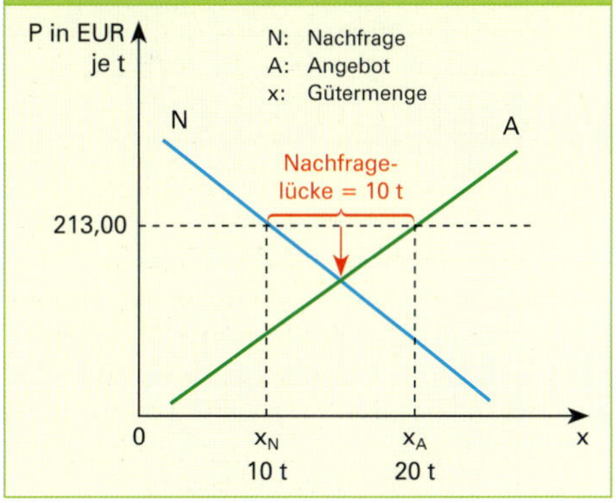

Ganz wesentlich ist die Erkenntnis, dass nur der Gleichgewichtspreis (Einheitspreis) den Markt räumen kann. Setzt der Börsenmakler beispielsweise einen Kurs von 211,00 EUR je Tonne fest, beträgt die Nachfrage 20 t, das Angebot nur 10 t (vgl. Abbildung 1: Unterangebot = Übernachfrage = Angebotslücke). Der Börsenmakler wird also den Preis **heraufsetzen**.

- Ist bei einem gegebenen Preis das Angebot **kleiner** als die Nachfrage (Angebotslücke), wird der Preis **steigen.**
- Märkte mit **Angebotslücken** werden als **Verkäufermärkte** bezeichnet. Die Anbieter (Verkäufer) haben eine **starke Stellung,** weil im Verhältnis zur Nachfrage **zu wenig** Güter angeboten werden.

Umgekehrt ist es, wenn der Börsenmakler beispielsweise einen Preis von 213,00 EUR je Tonne bestimmt. Dann beläuft sich das Angebot auf 20 t, die Nachfrage lediglich auf 10 t (vgl. Abbildung 2: Überangebot = Unternachfrage = Nachfragelücke). Der Makler wird also den Preis **herabsetzen.**

- Ist bei einem gegebenen Preis die Nachfrage **kleiner** als das Angebot (Nachfragelücke), wird der Preis **sinken.**
- Märkte mit **Nachfragelücken** heißen **Käufermärkte.** Die Nachfrager (Käufer) haben eine **starke Marktstellung,** weil im Verhältnis zur Nachfrage **zu viel** Güter angeboten werden.

9 Boller, Hartmann - ISBN 978-3-8120-0664-4

1.3.3.3 Produzenten- und Konsumentenrente

Die **Gleichgewichtsmenge** wird zum **Gleichgewichtspreis** abgesetzt. **Jeder Anbieter,** der bereit war, **zum** Gleichgewichtspreis (Grenzanbieter) **oder** einem **niedrigeren** Preis seine Güter zu verkaufen, kommt zum Zuge. Anbieter, die auch zu einem niedrigeren Preis als dem Gleichgewichtspreis bereit gewesen wären, ihre Produkte zu verkaufen, erzielen einen über ihren Planungen liegenden „Mehrerlös". Diesen Mehrerlös **multipliziert** mit der **abgesetzten** Menge bezeichnet man als **Produzentenrente.** Mit Ausnahme des Grenzanbieters erzielen alle Anbieter, die zum Zuge kommen, diesen Mehrerlös.

Produzenten- und Konsumentenrente

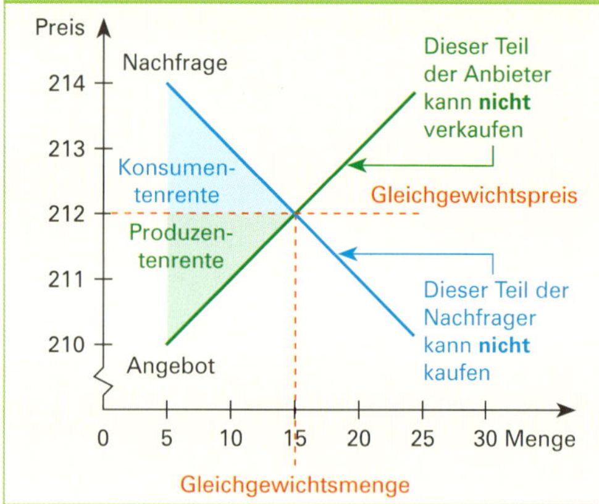

Beispiel: Produzentenrente

Im vorliegenden Fall beträgt die Produzentenrente insgesamt 15,00 EUR. Sie berechnet sich wie folgt:

Bei einem Preis von 210,00 EUR wären Anbieter bereit gewesen, 5 t für 210,00 EUR pro t zu verkaufen. Sie erhalten jedoch 2,00 EUR pro t mehr als kalkuliert. Für diese 5 t werden somit insgesamt 10,00 EUR mehr erlöst, also 5 t je 2,00 EUR.

Bei einem Preis von 211,00 EUR pro t wären weitere Anbieter bereit gewesen, 5 t zu verkaufen. Insgesamt werden bei diesem Preis deshalb jetzt 10 t angeboten. Schließlich würden die Anbieter, die für 210,00 EUR verkaufen würden auch für 211,00 EUR verkaufen. Für diese zusätzlichen 5 t erhalten die Anbieter 1,00 EUR pro t mehr, als sie eigentlich einnehmen wollten. Somit erhöht sich die Produzentenrente um weitere 5,00 EUR.

Die Produzentenrente ist die **Fläche oberhalb** der **Angebotskurve** und **unterhalb** des **Gleichgewichtspreises.**

Die Nachfrager, die auch zu einem **höheren** Preis als dem Gleichgewichtspreis bereit gewesen wären, die Güter zu kaufen, erzielen aufgrund der „Minderausgaben" einen Nutzengewinn (= **Konsumentenrente**).

! Die **Konsumentenrente** ist die **Differenz** zwischen der **Zahlungsbereitschaft** der Nachfrager und dem tatsächlichen **Marktpreis.**

Beispiel: Konsumentenrente

Im vorliegenden Fall beträgt die Konsumentenrente insgesamt 15,00 EUR. Sie berechnet sich wie folgt:

Bei einem Preis von 214,00 EUR wären Nachfrager bereit gewesen, 5 t für 214,00 EUR je t zu kaufen. Sie müssen jedoch 2,00 EUR pro t weniger zahlen (212,00 EUR statt 214,00 EUR). Für diese 5 t werden somit insgesamt 10,00 EUR weniger gezahlt, also 5 t je 2,00 EUR.

Bei einem Preis von 213,00 EUR wären weitere Nachfrager bereit gewesen, 5 t zu kaufen. Insgesamt werden bei diesem Preis deshalb jetzt 10 t nachgefragt. Schließlich würden die Nachfrager, die für 214,00 EUR kaufen würden, auch für 213,00 EUR kaufen. Für diese zusätzlichen 5 t zahlen die Nachfrager 1,00 EUR pro t weniger, als sie eigentlich zahlen wollten. Somit erhöht sich die Konsumentenrente um weitere 5,00 EUR.

Die Konsumentenrente ist die **Fläche unterhalb** der **Nachfragekurve** und **oberhalb** des **Gleichgewichtspreises.**

1.3.3.4 Voraussetzungen des vollkommenen Marktes

Aus unserem Modell lassen sich nun eine ganze Reihe von Erkenntnissen ableiten.

Zunächst haben wir festgestellt, dass für die Ware ein einheitlicher Preis, eben der **Einheitspreis** (Gleichgewichtspreis) besteht. Die Frage ist, unter welchen **Voraussetzungen** (= Prämissen) ein solcher Einheitspreis entstehen kann.

Für das Vorliegen eines **vollkommenen** Marktes müssen nachfolgende Voraussetzungen erfüllt sein:

Voraussetzungen	Erläuterungen	Beispiele
Homogenität der Güter	Ein Einheitspreis entwickelt sich nur dann, wenn auf dem Markt vollkommen gleichartige Güter gehandelt werden: Die Güter müssen homogen sein.	■ Banknoten, ■ Aktien einer bestimmten Aktiengesellschaft, ■ Edelmetalle, ■ Baumwolle eines bestimmten Standards, ■ Superbenzin, ■ Strom.
Punktmarkt	Angebot und Nachfrage müssen gleichzeitig an einem bestimmten Ort aufeinandertreffen.	Die an einem bestimmten Tag in einem bestimmten Börsensegment, auf Messen oder Wochenmärkten zusammenlaufenden Kauf- und Verkaufswünsche bestimmen den Kurs (den Preis) des Tages.
Markttransparenz	Anbieter und Nachfrager müssen eine vollständige Marktübersicht besitzen.	■ Ein Nachfrager hat dann eine vollständige Marktübersicht, wenn er die Preise und Qualitäten aller angebotenen Waren kennt. ■ Ein Anbieter besitzt die vollkommene Marktübersicht, wenn ihm die Kaufabsichten aller Kunden bekannt sind. (Vollständige Markttransparenz findet sich folglich nur an der Börse.)
Unendlich schnelle Reaktionsfähigkeit	Anbieter und Nachfrager müssen sofort auf Änderungen der Marktsituation reagieren können.	■ Der Börsenspekulant hat jederzeit die Möglichkeit, sich telefonisch an der Börse über den Stand der Nachfrage, des Angebots und der Kurse zu informieren (Markttransparenz). Zugleich hat er die Möglichkeit, z. B. bei steigenden Kursen mehr anzubieten oder weniger nachzufragen (schnelle Reaktionsfähigkeit). ■ Die Autofahrer können sich über eine Tank-App zeitnah über die Preisänderungen bei Kraftstoffen informieren. Somit haben sie die Möglichkeit, bei der Wahl der Tankstelle sehr schnell zu reagieren.

Voraussetzungen	Erläuterungen	Beispiele
Keine Präferenzen[1]	Käufer und Verkäufer dürfen sich nicht gegenseitig bevorzugen.	■ Eine **sachliche Präferenz** liegt vor, wenn ein Käufer der Meinung ist, dass das Produkt des Herstellers A besser als das des Herstellers B ist, auch wenn beide Produkte objektiv gleich (homogen) sind. ■ Eine **zeitliche Präferenz** ist gegeben, wenn z. B. Urlaub in der Hauptsaison statt Nebensaison bevorzugt wird. ■ Von **räumlicher Präferenz** spricht man z. B., wenn die räumliche Nähe des Marktpartners zu Bevorzugungen führt. Besuch des Restaurants an der Skipiste statt einer Gaststätte im Tal. ■ **Persönliche Präferenzen** bestehen z. B. dann, wenn ein Kunde ein Geschäft aufgrund besonders kulanter und freundlicher Bedienung bevorzugt.

Fehlt nur eine der genannten Bedingungen, spricht man von einem **unvollkommenen Markt.** Annähernd vollkommene Märkte sind die Ausnahme, unvollkommene Märkte sind die Regel.

Das äußere Merkmal des unvollkommenen Marktes ist, dass es für eine Güterart **unterschiedliche Preise** gibt.

Die **Gründe für die Unvollkommenheit der Märkte** sind im Einzelnen:

- Eine bestimmte Güterart wird in verschiedenen Qualitäten, Abmessungen, Aufmachungen, Farben usw. hergestellt. Das Gut ist **heterogen** (= verschiedenartig).
- Angebot und Nachfrage treffen weder am gleichen Ort noch zur gleichen Zeit zusammen (= **dezentralisierte, nicht organisierte Märkte**).
- Anbietern und Nachfragern **fehlt die Marktübersicht.** (Der Verbraucher weiß beispielsweise in der Regel nicht, was die Schokolade im übernächsten Geschäft kostet.)
- Käufer und Verkäufer hegen persönliche, sachliche, räumliche oder zeitliche **Präferenzen.**

1.3.4 Änderungen des Gleichgewichtspreises

1.3.4.1 Wechselwirkungen zwischen Angebot, Nachfrage und Preis

Die Steuerungsfunktion des Marktes lässt sich am besten verstehen, wenn man das Marktgeschehen im **Zeitablauf** betrachtet, in das Modell also Angebots- bzw. Nachfrageverschiebungen einbezieht.

Diese sogenannten **Preisgesetze** werden jedoch nur dann wirksam, wenn man von einer **normalen Angebotskurve** (also vom Gesetz des Angebots) und von einer **normalen Nachfragekurve** (also vom Gesetz der Nachfrage) ausgeht.

1 Vgl. Kompetenzbereich 1, Kapitel 2.3.3.3.

<table>
<tr><th>Auswirkung</th><th>Nachfrageänderung</th><th>Angebotsänderung</th></tr>
<tr><td>Preis-erhöhung</td>
<td>Bleibt das Angebot unverändert und die Nachfrage steigt (Rechtsverschiebung der Nachfragekurve), wollen mehr Nachfrager die gleichbleibende Menge Güter kaufen. Folge: Der Preis steigt.

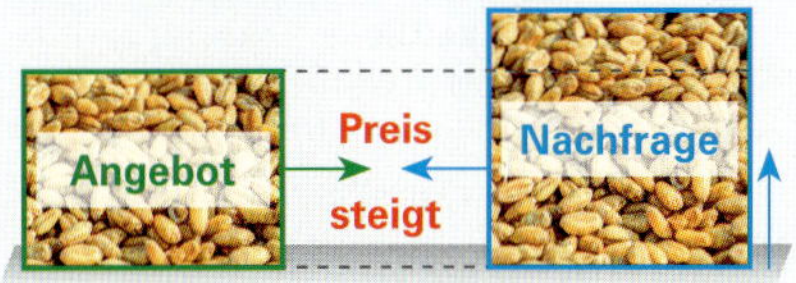

Steigende Preise und zunehmender Absatz bei zunehmender Nachfrage

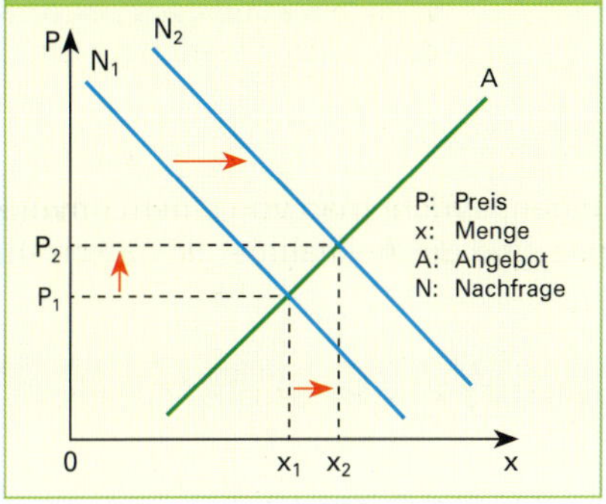
</td>
<td>Bleibt die Nachfrage unverändert und das Angebot sinkt (Linksverschiebung der Angebotskurve), wollen mehr Nachfrager ein geringeres Angebot kaufen. Folge: Der Preis steigt.

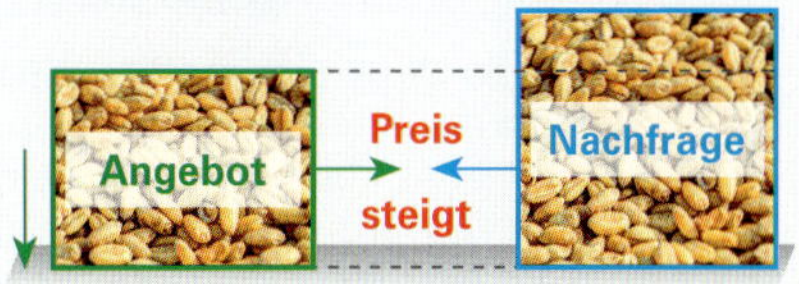

Steigende Preise und abnehmender Absatz bei abnehmendem Angebot

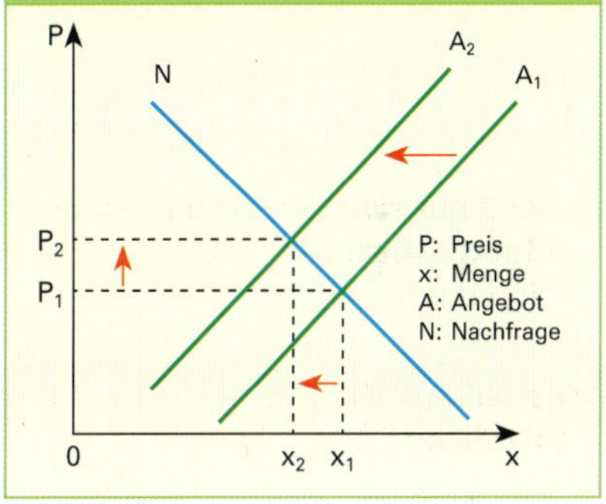
</td></tr>
<tr><td>Preis-senkung</td>
<td>Bleibt das Angebot unverändert und die Nachfrage sinkt (Linksverschiebung der Nachfragekurve), wollen weniger Nachfrager das Gut kaufen als die Anbieter verkaufen. Folge: Der Preis sinkt.

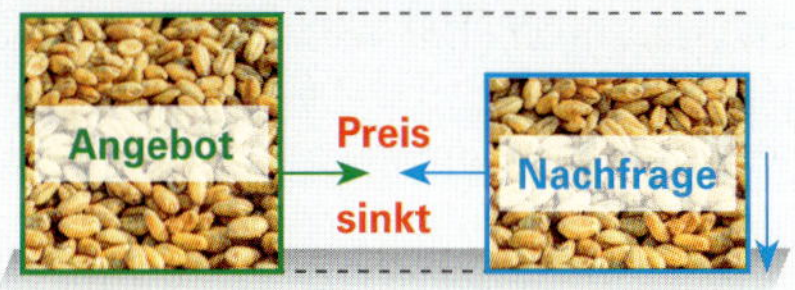

Sinkende Preise und abnehmender Absatz bei abnehmender Nachfrage

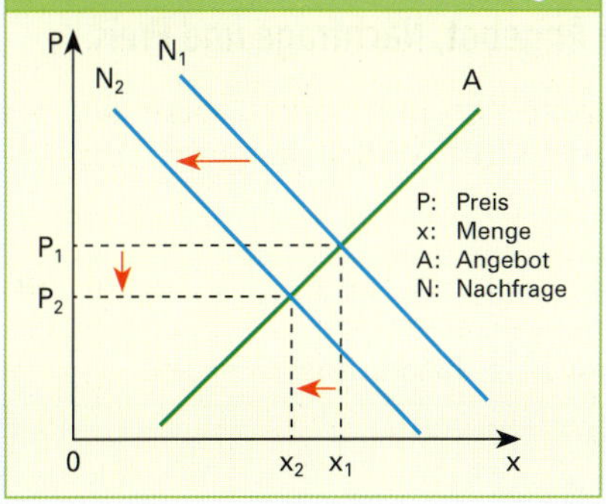
</td>
<td>Bleibt die Nachfrage unverändert und das Angebot steigt (Rechtsverschiebung der Angebotskurve), wollen mehr Anbieter das Gut verkaufen als Nachfrager kaufen. Folge: Der Preis sinkt.

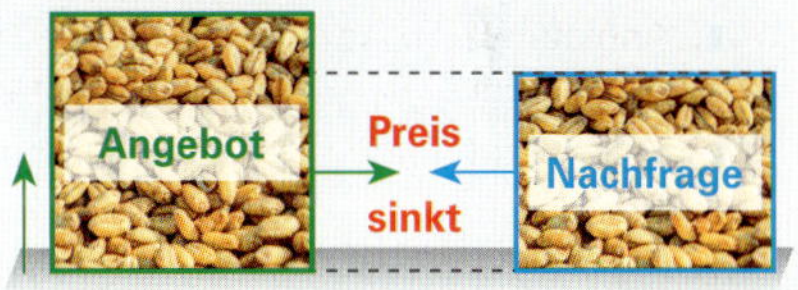

Sinkende Preise und zunehmender Absatz bei zunehmendem Angebot

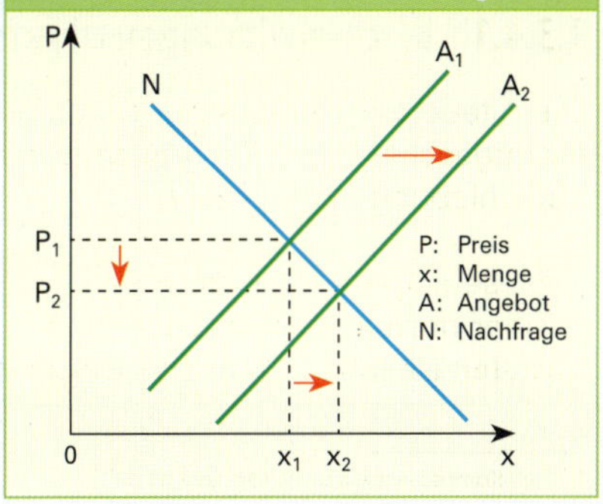
</td></tr>
</table>

1.3.4.2 Bedeutung der Preisgesetze

Die bisherigen Überlegungen zeigen, dass in einer freien Marktwirtschaft Preis, Angebot und Nachfrage (kurz: die Märkte) die Volkswirtschaft **selbsttätig** (automatisch) **steuern.** Was für die Güterpreise gilt, trifft im Modell auch auf die übrigen Marktpreise zu.

Beispiele:

- So wird der **Arbeitsmarkt** über die **Löhne** (Preise für die Arbeitskraft) reguliert. Ist das Arbeitsangebot hoch und die Arbeitsnachfrage niedrig, wird eben der Lohn so lange sinken, bis der „Markt geräumt" ist.
- Gleichermaßen werden die **Kreditmärkte** mithilfe des **Zinsmechanismus** gesteuert. Ist das Kreditangebot niedrig, die Kreditnachfrage hoch, wird der Zins so lange steigen, bis auch hier die Kreditnachfrage dem Kreditangebot entspricht. Somit erübrigen sich jegliche staatliche Eingriffe in das Marktgeschehen.

1.3.5 Funktionen[1] des Gleichgewichtspreises

Ausgleichsfunktion 	Der Gleichgewichtspreis ist der Preis, bei dem der höchstmögliche Umsatz erzielt wird. Alle Nachfrager, die den Gleichgewichtspreis bezahlen wollen (oder können), und alle Anbieter, die zum Gleichgewichtspreis verkaufen wollen (oder können), kommen zum Zuge. „Der freie Preis räumt den Markt."
Signalfunktion 	Sie äußert sich darin, dass der freie Marktpreis den Knappheitsgrad eines Gutes anzeigt (signalisiert). Steigt der Preis, so wird erkennbar, dass ■ sich entweder das Güterangebot bei gleichbleibender Nachfrage verknappt hat, ■ sich die Nachfrage bei gleichbleibendem Güterangebot erhöht hat oder ■ die Nachfrage schneller als das Güterangebot gestiegen ist. Der fallende Preis zeigt die gegenteilige Marktsituation an.
Lenkungsfunktion 	Der freie Marktpreis steuert das Angebot und damit die Produktion auf diejenigen Märkte hin, auf denen die größte Nachfrage herrscht und folglich die höchsten Preise (und damit Gewinne) erzielt werden können. **Beispiel:** Sinkt die Nachfrage nach Rindfleisch zugunsten der Nachfrage nach Geflügelfleisch, werden die Rindfleischpreise sinken und die Geflügelpreise steigen. Die Landwirte stellen sich auf die Produktion von Geflügelfleisch um und schränken die Produktion von Rindfleisch ein.
Erziehungsfunktion 	Da der Preis bei vollkommener polypolistischer Konkurrenz vom einzelnen Nachfrager nicht beeinflussbar ist, zwingt er die Produzenten, ihre Kosten zu senken, wenn sie rentabel anbieten wollen. Die Verbraucher werden dazu erzogen, möglichst sparsam (möglichst preisgünstig) einzukaufen, wenn sie ihren Nutzen maximieren wollen.

1 **Funktionen**: hier im Sinne von Aufgabe.

1.3.6 Preisbildung auf dem vollkommenen Oligopolmarkt

(1) Begriffe

Beim **Oligopol** treten auf dem Markt nur **wenige Anbieter** und/oder **wenige Nachfrager** auf. Der **einzelne Oligopolist** hat somit einen **großen Anteil** am **Gesamtangebot** bzw. an der **Gesamtnachfrage** auf dem Markt.

Diese Marktform ist in der Realität häufig anzutreffen (z.B. Märkte für Mineralöl, Automobile, Waschmittel, Smartphones, Telefonanbieter).

(2) Möglichkeiten der Preisbildung

Beim Angebotsoligopol ist der Marktanteil der einzelnen Anbieter so groß, dass er auf den **Marktpreis Einfluss nehmen** kann. Jeder Anbieter besitzt dabei einen mehr oder weniger großen **autonomen (monopolistischen) Bereich,** der es ihm gestattet, **Preispolitik** zu betreiben, ohne dass die Konkurrenz reagiert oder reagieren muss. Wird der Bereich überschritten, muss der Anbieter mit einer Reaktion der Konkurrenten rechnen.

Im **vollkommenen** Angebotsoligopol sind die einzelnen Anbieter **gezwungen,** auf Aktionen ihrer Konkurrenten **unmittelbar** zu **reagieren,** die **unterschiedliche** Preise für ein Gut bzw. eine Dienstleistung **nicht** vorstellbar sind.

Somit kann ein Oligopolist durch eine Preissenkung die gesamte Nachfrage auf sich ziehen und – freie Kapazitäten vorausgesetzt – seinen Marktanteil ausdehnen. Diese Konstellation zwingt die übrigen Anbieter zu entsprechenden Gegenreaktionen, sodass **eine enge Aktions-Reaktions-Verbundenheit** zwischen den einzelnen Anbietern besteht und es verstärkt zu **Preiskämpfen** kommt.

Der durch die enormen Auswirkungen solcher Aktionen bestehende Wettbewerb kann die Anbieter jedoch dazu verleiten, durch Absprachen eine derart scharfe Rivalität untereinander auszuschalten **(„Schlafmützenwettbewerb").**

1.3.7 Preisbildung auf dem vollkommenen Monopolmarkt

(1) Grundlagen

Im Sprachgebrauch werden alle marktbeherrschenden Unternehmen bzw. staatlichen Betriebe als „Monopole" bezeichnet. Theoretisch liegt ein **Monopol** jedoch nur dann vor, wenn ein einziger Anbieter oder Nachfrager auf dem Markt ist.[1] Im Folgenden wollen wir uns auf das **Angebotsmonopol beschränken**.

Ein **Angebotsmonopol** liegt vor, wenn einem einzigen Anbieter eine Vielzahl von Nachfragern gegenübersteht.

1 Bei einem Nachfragemonopol sieht sich ein Nachfrager zahlreichen Anbietern gegenüber (z.B. Bundeswehr – Zuliefererbetriebe). Ein zweiseitiges Monopol (bilaterales Monopol) weist nur einen Anbieter und einen Nachfrager auf (z.B. näherungsweise Arbeitgeber einerseits und Gewerkschaften andererseits).

Ein **vollkommenes Angebotsmonopol** ist gegeben, wenn der Monopolist nur ein **homogenes** Gut anbietet und darüber hinaus alle sonstigen Bedingungen des vollkommenen Marktes gegeben sind. Das vollkommene Monopol ist somit ein theoretischer Grenzfall. Unter den Bedingungen des vollkommenen Marktes kann es nur **einen einheitlichen** Monopolpreis geben, ein Fall, der in Wirklichkeit nur äußerst selten anzutreffen sein wird.

In der Regel sind nämlich die Angebotsmonopolisten in der Lage, **Preisdifferenzierung** zu treiben, d.h. für ein und dasselbe Gut **unterschiedliche** Preise zu verlangen **(unvollkommenes Monopol)**.

Beispiel:

Ein Elektrizitätswerk räumt Tag- und Nachtstromtarife ein. Darüber hinaus werden von Klein- und Großverbrauchern unterschiedliche Tarife verlangt.

Obwohl also das vollkommene (homogene) Angebotsmonopol in der Wirklichkeit kaum in reiner Form vorkommen dürfte, ist das Modell des vollkommenen Monopols geeignet, die mögliche **Absatzpolitik** eines marktstarken Anbieters zu veranschaulichen.

(2) Preis-Absatz-Kurve des Monopolisten

Da der Angebotsmonopolist definitionsgemäß der alleinige Anbieter eines Gutes ist, vereinigt er die **Gesamtnachfrage** für ein Gut auf sich. Dies bedeutet, dass er sich der Gesamtnachfrage gegenübersieht.[1] Diese Gesamtnachfragekurve wird auch als **Preis-Absatz-Kurve** bezeichnet, weil aus ihr ablesbar ist, welche **Gütermengen** die Käufer bei alternativen Monopolpreisen zu kaufen beabsichtigen.

Preis-Absatz-Kurve eines Monopolisten

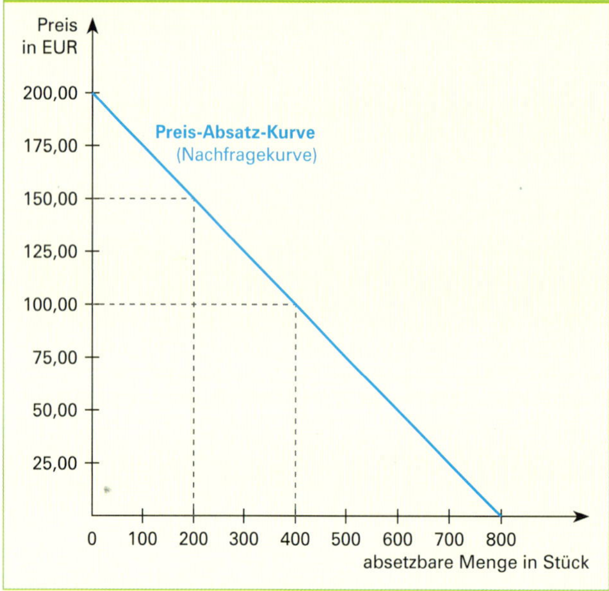

Beziehungen zwischen Absatzpreis und Absatzmenge

Preis in EUR	Absetzbare Menge in Stück
0,00	800
25,00	700
50,00	600
75,00	500
100,00	400
125,00	300
150,00	200
175,00	100
200,00	–

Bei einem Preis von z.B. 150,00 EUR kann der Monopolist 200 Stück absetzen; bei einem Preis von z.B. 100,00 EUR kann er 400 Stück absetzen (normale Nachfrage).

In der Realität kennt der Monopolist das Nachfrageverhalten seiner Kunden nicht genau, wenngleich mithilfe der heutigen Marktforschungsmethoden Aussagen darüber gemacht

1 In den folgenden Überlegungen unterstellen wir, dass sich die Gesamtnachfrage für ein Gut „normal" verhält.

werden können, wie die Nachfrager auf geplante Preis- oder Angebotsmengenänderungen eines Monopolisten voraussichtlich reagieren werden. Die Preis-Absatz-Kurve des Monopolisten heißt daher auch „konjekturale[1] Preis-Absatz-Kurve".

Im Gegensatz zum polypolistischen Anbieter, der aufgrund seiner verschwindend geringen Marktmacht den Absatzpreis als gegeben, d.h. als „Datum" hinnehmen muss, kann der Angebotsmonopolist den Absatzpreis für das von ihm angebotene Gut frei **(autonom)** bestimmen: Er kann **Preispolitik** betreiben.[2]

(3) Monopolistische Preispolitik

Um feststellen zu können, welchen Preis ein Monopolist festlegen muss, um seinen Gewinn zu maximieren bzw. seinen Verlust zu minimieren, greifen wir zu einem vereinfachenden Beispiel.

Folgende Voraussetzungen sollen gelten:

- Es gelten die Bedingungen des vollkommenen Marktes.
- Dem Monopolisten ist die Preis-Absatz-Kurve bekannt. Sie verläuft „normal" und linear.
- Der Monopolist hat fixe und proportional-variable Kosten.
- Der Monopolist richtet sich nach dem (kurzfristigen) Gewinnmaximierungsprinzip (Gewinnmaximierungsmonopol).
- Der Monopolist bildet keine Lager (Produktionsmenge entspricht der Angebotsmenge).
- Die Faktorpreise (die Kosten) sind konstant.

Beispiel:

Angenommen, ein Industriebetrieb mit Alleinvertriebsrecht stellt Spezialwerkzeuge her. Die fixen Kosten je Tag belaufen sich auf 20000,00 EUR, die proportional-variablen Kosten je Stück auf 40,00 EUR. Die Beziehungen zwischen Absatzpreis und Absatzmenge seien die gleichen, wie sie in der Abbildung auf S. 136 dargestellt wurden.

Aus der nachfolgenden Tabelle ist ersichtlich, dass der Monopolist sein **Gewinnmaximum** bei einer Absatzmenge von 300 Stück bzw. bei einem Absatzpreis von 125,00 EUR je Stück erzielt. Hier ist der Unterschied zwischen Umsatz einerseits und Kosten andererseits am größten (siehe auch Abbildung auf S. 136). Ist die Gewinnmaximierung oberstes Unternehmensziel, wird der Monopolist also einen Preis von 125,00 EUR je Stück festlegen **oder** 300 Stück je Periode anbieten.

Das **Umsatzmaximum** beträgt 40000,00 EUR. Es wird bei einem Absatzpreis von 100,00 EUR je Stück bzw. bei einer Absatzmenge von 400 Stück erreicht. Das **Gewinnmaximum** liegt bei einer geringeren Absatzmenge als das Umsatzmaximum, weil das Unternehmen variable Kosten aufweist. Vom Gewinnmaximum an steigen bei zunehmendem Absatz die Gesamtkosten schneller als der Umsatz.

---

1 **Konjektural:** vermutet.

2 Der Anbieter auf einem vollkommenen polypolistischen Markt kann keine Preispolitik betreiben. Er muss sich vielmehr mit seiner Absatzmenge so an den Preis anpassen, dass er einen möglichst hohen Gewinn (bzw. einen möglichst geringen Verlust) erzielt. Er ist **„Mengenanpasser"**, kann also nur Mengenpolitik betreiben.

Preis je Stück (P)	Absetzbare Menge (x)	Umsatz (Menge · Kosten) (U = x · P)	Gesamtkosten (fixe + variable Kosten) (K)	Verlust bzw. Gewinn (U – K)	Stückkosten $\left(\frac{K}{x}\right)$
200,00	–	–	20 000,00	–20 000,00	–
175,00	100	17 500,00	24 000,00	– 6 500,00	240,00
150,00	200	30 000,00	28 000,00	2 000,00	140,00
125,00	300	37 500,00	32 000,00	5 500,00	107,00
100,00	400	40 000,00	36 000,00	4 000,00	90,00
75,00	500	37 500,00	40 000,00	– 2 500,00	80,00
50,00	600	30 000,00	44 000,00	–14 000,00	73,00
25,00	700	17 500,00	48 000,00	–30 500,00	69,00
–	800	–	52 000,00	–52 000,00	65,00

Gewinn- und Umsatzmaximum eines Monopolisten

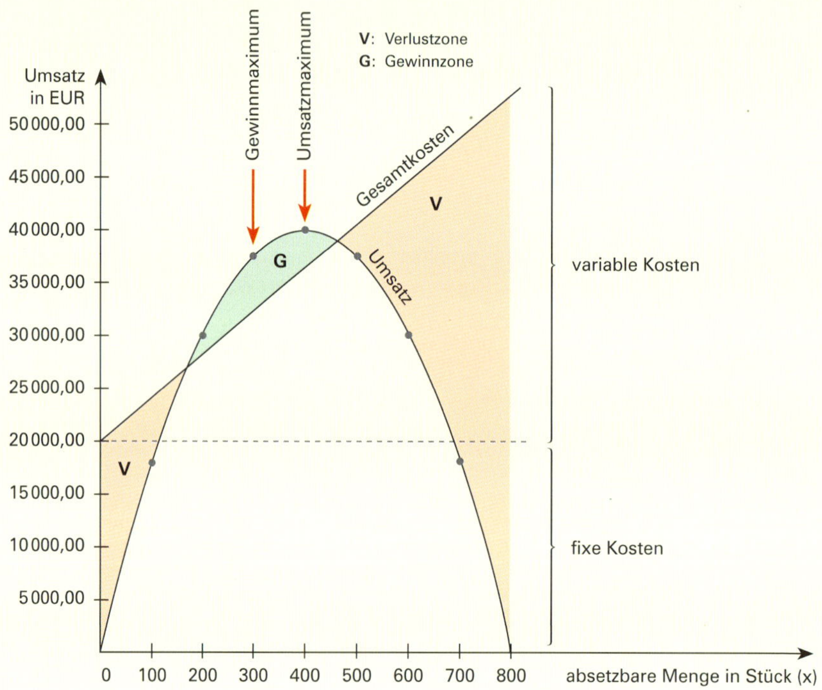

Kompetenztraining

13 1. Entscheiden Sie, welcher Marktart bzw. welchen Marktarten Sie folgende Märkte zurechnen!

1.1 In der Europäischen Union (EU) gibt es unzählige Landwirte, die Getreide verschiedener Sorten und Qualitäten anbauen und zahlreichen Käufern anbieten.

1.2 Auf dem Schuhmarkt konkurrieren sehr viele Einzelhandelsunternehmen. Sie bieten ihre Waren einer unübersehbar großen Zahl von möglichen Kunden an.

1.3 Auf diesem Markt (z. B. der Frankfurter Börse) werden u. a. Aktien gehandelt. Der Kurs (der Preis) der Aktien wird von Skontroführern[1] festgelegt.

1.4 In der Zeitung finden Sie die Rubriken „Zu vermieten" bzw. „Mietgesuche".

1.5 Auf diesem Markt treten zahlreiche Leute, die einen Pkw auf Raten kaufen wollen, als Nachfrager auf, um ihren Autokauf finanzieren zu können.

1.6 Überall im Land bieten die Bäckereien ihre frischen Backwaren an.

1.7 Außer dem Bund darf kein Unternehmen gewerbsmäßig Euromünzen prägen lassen.

2. Stellen Sie eine Matrix der Marktarten nach der Zahl der Marktteilnehmer mit neun Feldern auf und füllen Sie diese mit einem selbst gewählten praktischen Beispiel je Marktform aus! DOWNLOAD

3. Legen Sie mit eigenen Worten dar, wie der Preis im vollkommenen Polypol den Markt zum Ausgleich bringt!

4. Angenommen, auf einem Wochenmarkt treten folgende Anbieter frischer und absolut gleichwertiger Pfifferlinge auf, wobei jeder Anbieter 10 kg auf den Markt bringt.

Die Mindestpreisvorstellungen der Anbieter sind:

Anbieter	A	B	C	D	E	F
Preis je kg in EUR	10,00	11,00	12,00	13,00	14,00	15,00

Als Nachfrager treten 50 Einkäufer auf, die höchstens Folgendes ausgeben und je 1 kg kaufen wollen:

Einkäufer	1–10	11–20	21–30	31–40	41–50
Preisvorstellung je kg in EUR	13,00	12,50	12,00	11,50	11,00

Aufgabe:

Bestimmen Sie den Gleichgewichtspreis, indem Sie eine Tabelle mit nachfolgend dargestelltem Aufbau zu Angebot und Nachfrage anfertigen! Ermitteln Sie bei den jeweiligen Preisen auch den jeweiligen Angebots- und Nachfrageüberhang! DOWNLOAD

Preis (EUR je kg)	Angebotsmenge (in kg)	Nachfragemenge (in kg)	Angebotsüberhang (in kg)	Nachfrageüberhang (in kg)

5. In Aufgabe 4 haben wir zwar so getan, als ob es sich um einen vollkommenen polypolistischen Markt handelt. In Wirklichkeit ist dies jedoch nicht der Fall. Begründen Sie diese Aussage!

2 **Skontro** (it.) bedeutet weiterführen, fortschreiben. Das „Skontrobuch" ist das Auftragsbuch eines Maklers. **Skontroführer** sind Unternehmen, die zur Feststellung des Börsenpreises (des Kurses) an einer Wertpapierbörse zugelassen sind [§ 25 BörsG]. Die Skontroführer haben die Funktion eines Maklers.

6. Erläutern Sie, warum die Börse dem Modell des vollkommenen polypolistischen Marktes ziemlich nahe kommt!

7. In den folgenden Fragen ist unterstellt, dass sich sowohl das Angebot als auch die Nachfrage „normal" verhalten, also preisreagibel sind. Entscheiden Sie, wie sich dann Preis und umgesetzte Menge entwickeln, wenn
   7.1 bei gleichbleibendem Angebot die Nachfrage zunimmt!
   7.2 bei gleichbleibendem Angebot die Nachfrage abnimmt!
   7.3 bei gleichbleibender Nachfrage das Angebot zunimmt!
   7.4 bei gleichbleibender Nachfrage das Angebot abnimmt!

8. Auf einem Markt besteht für ein Gut folgende Gesamtnachfrage und folgendes Gesamtangebot:

Preis je Stück in EUR	Gesamte Nachfragemenge	Gesamte Angebotsmenge
5,00	2500	1500
5,20	2250	1750
5,40	2000	2000
5,60	1750	2250
5,80	1500	2500

Aufgaben:

Entscheiden Sie, welche der folgenden Aussagen durch das obige Zahlenbeispiel bestätigt werden kann!

① Bei einem Preis von 5,80 EUR besteht ein Nachfrageüberhang von 1000 Stück.
② Der Gleichgewichtspreis bildet sich bei einer Nachfragemenge von 2250 Stück.
③ Bei einem Preis von 5,00 EUR ergibt sich ein Angebotsüberhang von 1000 Stück.
④ Bei einem Preis von 5,60 EUR ergibt sich eine Gleichgewichtsmenge von 1750 Stück.
⑤ Bei einem Preis von 5,20 EUR ergibt sich ein Nachfrageüberhang von 500 Stück.

9. Ordnen Sie den nachfolgenden Begriffen die im Schaubild aufgeführten Ziffern zu!

a) Preis	
b) Menge	
c) Nachfragekurve	
d) Angebotskurve	
e) Angebotsdefizit	
f) Nachfragedefizit	
g) Gleichgewichtspreis	
h) Gleichgewichtsmenge	
i) Produzentenrente	

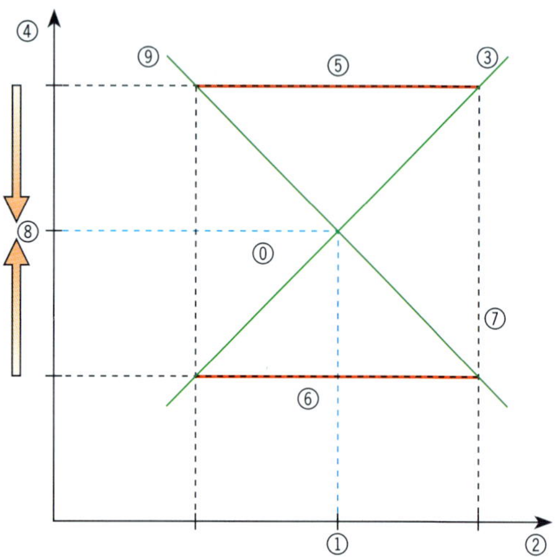

14 1. Auf dem Markt für Vitamine herrscht bezüglich einer bestimmten Vitaminart folgende Nachfrage- und Angebotssituation, die nur auszugsweise dokumentiert wird:

Preis der Vitaminart in EUR	40,00	35,00	30,00	25,00	20,00	5,00
Nachgefragte Stücke in 100	0	0	0	1	2	5
Angebotene Stücke in 100	10,5	9,5	7,5	6	4,5	0

Aufgabe:

Zeichnen Sie die Angebots- und Nachfragekurve je 5,00 EUR je 100 Stück ≙ 1 cm und bestimmen Sie den Gleichgewichtspreis und die zu diesem Preis umsetzbaren Stückzahlen.

Zeichnen Sie zunächst nur die angegebenen Daten in das Koordinatensystem ein. Unterstellen Sie die beliebige Teilbarkeit von Menge und Preis, sodass Sie nunmehr die eingezeichneten Punkte miteinander zu einer Angebots- bzw. Nachfragekurve verbinden können!

2. Die Polypolpreisbildung stellt einen Ausgleichsmechanismus zwischen den gegensätzlichen Interessen der Anbieter und Nachfrager dar.

Aufgaben:

2.1 Erläutern Sie, welches die gegensätzlichen Interessen der Anbieter und Nachfrager sind!

2.2 Begründen Sie, warum es sich bei der Polypolpreisbildung um einen Mechanismus, d.h. um ein sich selbstständig regelndes System, handelt!

3. Begründen Sie, wie sich folgende Datenänderungen auf den Gleichgewichtspreis bei vollständiger und vollkommener Konkurrenz auswirken! Es wird unterstellt, dass sich alle übrigen Bedingungen nicht ändern. Angebot und Nachfrage verhalten sich normal.

Aufgaben:

3.1 Die Gewerkschaften setzen Arbeitszeitverkürzungen bei vollem Lohnausgleich durch. Die Unternehmer ersetzen die ausgefallenen Arbeitsstunden vollständig durch Neueinstellungen.

3.2 Die Nachfrage nach Kalbfleisch geht zurück, weil die Verbraucher fürchten, dass die Züchter die Tiere mit gesundheitsschädlichen Stoffen mästen.

3.3 Der Staat senkt die Kostensteuern.

3.4 Rationalisierungsmaßnahmen der Unternehmer führen zu steigender Produktivität.

3.5 Die Verbraucher fürchten Preiserhöhungen; sie sparen deshalb weniger.

4. Bei einem Makler an einer Warenbörse gehen folgende Kauf- und Verkaufsaufträge ein:

DOWNLOAD

Kaufaufträge	**Verkaufsaufträge**
10 t billigst	15 t bestens
15 t zu 80,00 EUR höchstens	10 t zu 81,00 EUR mindestens
5 t zu 81,00 EUR höchstens	20 t zu 82,00 EUR mindestens
20 t zu 82,00 EUR höchstens	5 t zu 83,00 EUR mindestens
30 t zu 83,00 EUR höchstens	25 t zu 84,00 EUR mindestens
25 t zu 84,00 EUR höchstens	30 t zu 85,00 EUR mindestens

Billigst bzw. bestens: Hierbei handelt es sich um nicht limitierte Kauf- bzw. Verkaufsaufträge. Sie werden zu dem am Abschlusstag gültigen Preis (Kurs) abgerechnet.

Aufgabe:

Ermitteln Sie, welchen Kurs der Warenmakler festlegt!

5. Erläutern Sie, welche Aussagen sich treffen lassen, wenn das Angebot und die Nachfrage gleichzeitig zu- oder abnehmen! (Begründen Sie Ihre Antworten zeichnerisch, d.h. mithilfe der Angebots- und Nachfragekurven!)

6. Erläutern Sie, welche Aufgaben der Marktpreis für Anbieter und Nachfrager zu erfüllen hat!

15

1. Für ein bestimmtes Gut gelten am Markt folgende Angebots- und Nachfragebedingungen (x: Menge; p: Preis):

   Nachfrage: $x(p) = 28 - 4p$; Angebot: $x(p) = 4 + 2p$;

   Ermitteln Sie den Gleichgewichtspreis und die Gleichgewichtsmenge!

2. Gegeben sei ein freier Markt in Form eines zweiseitigen Polypols, der sich im Gleichgewicht befindet. Entscheiden Sie, welche der folgenden Aussagen auf diesen Markt zutrifft!

   2.1 Das Güterangebot wird jenen Käufern zugeteilt, die es – gemessen an der Zahlungsbereitschaft – am niedrigsten bewerten.

   2.2 Die Güternachfrage wird jenen Verkäufern zugeteilt, welche die Güter zu den höchsten Kosten produzieren können.

   2.3 Es wird diejenige Gütermenge produziert, die zu einem Maximum an Produzenten- und Konsumentenrente führt.

   2.4 Es wird diejenige Gütermenge produziert, die zu einem Maximum an Konsumentenrente führt.

   2.5 Es wird diejenige Gütermenge produziert, die zu einem Maximum an Produzentenrente führt.

3. Entscheiden Sie, welche der folgenden Aussagen zur Konsumentenrente richtig ist!

   Die Konsumentenrente

   3.1 ist gleich der Zahlungsbereitschaft der Käufer minus der Summe der Kaufpreiszahlungen.

   3.2 misst den Nutzen der Verkäufer aus der Marktteilnahme.

   3.3 entspricht dem Nutzen, den Produzenten aus der Teilnahme am Marktgeschehen ziehen.

   3.4 entspricht dem Nutzen, den Produzenten und Konsumenten aus der Teilnahme am Marktgeschehen ziehen.

   3.5 ist die Fläche unter der Nachfragekurve und unter dem Preis.

   3.6 ist die Fläche über der Angebotskurve und über dem Preis.

4. Auf dem Markt für den nachwachsenden Rohstoff A liegen dem Makler die nachfolgend in Tabellenform dargestellten Nachfrage- und Angebotsmengen vor. Bei den einzelnen Preisen ist die jeweils insgesamt am Markt wirksam werdende Menge angegeben.

Preis in EUR pro Tonne	Gesamtnachfragemenge in Tonnen	Gesamtangebotsmenge in Tonnen
300,00	60	180
290,00	140	170
280,00	160	160
270,00	205	80
260,00	217	30

   4.1 Berechnen Sie die auf diesem Markt insgesamt erzielbare Produzentenrente!

   4.2 Berechnen Sie die auf diesem Markt insgesamt erzielbare Konsumentenrente!

5. Auf dem Markt für einen bestimmten Rohstoff liegen dem Makler folgende Kauf- und Verkaufsaufträge vor:

Käufer	**Jeweils akzeptierte Preisobergrenze**
Kunde A möchte 480 t kaufen	240,00 EUR pro t
Kunde B möchte 192 t kaufen	288,00 EUR pro t
Kunde C möchte 288 t kaufen	324,00 EUR pro t
Kunde D möchte 144 t kaufen	360,00 EUR pro t
Verkäufer	**Jeweils akzeptierte Preisuntergrenze**
Kunde E möchte 480 t verkaufen	360,00 EUR pro t
Kunde F möchte 288 t verkaufen	324,00 EUR pro t
Kunde G möchte 432 t verkaufen	288,00 EUR pro t
Kunde H möchte 192 t verkaufen	240,00 EUR pro t

Aufgaben:

5.1 Ermitteln Sie, wie hoch der vom Makler festzusetzende Marktpreis ist!

5.2 Berechnen Sie, wie hoch der bei dem vom Makler festzusetzenden Marktpreis erzielbare Gesamtumsatz auf dem Markt ausfällt!

5.3 Ermitteln Sie, wie hoch der Angebotsüberhang bei einem Preis von 324,00 EUR je Tonne ist!

6. Auf einem Gemüsemarkt werden bei einem Preis von 9,00 EUR je kg insgesamt 800 kg Spargel nachgefragt und 250 kg Spargel angeboten.

Prüfen Sie, in welcher Zeile die Marktsituation richtig beschrieben wird!

Zeile	Marklage	Marktumsatz in EUR	Preisentwicklung
①	Angebotsüberhang	7 200,00	fallend
②	Nachfrageüberhang	7 200,00	steigend
③	Angebotsüberhang	2 250,00	fallend
④	Nachfrageuberhang	2 250,00	steigend
⑤	Angebotsüberhang	2 250,00	steigend

16 1. Bilden Sie zu jeder Monopolart ein eigenes Beispiel! Recherchieren Sie gegebenenfalls im Internet!

Arten der Monopole

nach der Anzahl der dem Monopol angehörenden Unternehmen
- Einzelmonopole (Individualmonopole)
- Kollektivmonopole (Kartelle, verbundene Unternehmen, Trusts)
- Teilmonopole (ein starker Anbieter und einige schwache)

nach der Marktseite
- Angebotsmonopole
- Nachfragemonopole
- bilaterale Monopole

nach der Zielsetzung
- Gewinnmaximierungsmonopole
- Bedarfsdeckungsmonopole

nach der Entstehung
- natürliche Monopole (Rohstoffquellen)
- Patentmonopole
- Staatsmonopole
- Meinungsmonopole

2. Ein vollkommenes Angebotsmonopol bietet nur einen Artikel an.

Aufgaben:

2.1 Definieren Sie den Begriff Angebotsmonopol!

DOWNLOAD

2.2 Stellen Sie eine Tabelle entsprechend dem nachstehenden Muster auf! Die variablen Kosten betragen 5,00 EUR je Stück.

Absetzbare Menge in Stück	Preis je Stück in EUR	Umsatz in EUR	Fixe Kosten in EUR	Variable Kosten in EUR	Gesamtkosten in EUR	Verlust bzw. Gewinn in EUR
5000	10,00	50000,00	10000,00	25000,00	35000,00	+ 15000,00
6000	9,50		10000,00			
7000	9,00		10000,00			
8000	8,50		10000,00			
9000	8,00		10000,00			
10000	7,50		10000,00			
11000	7,00		10000,00			
12000	6,50		10000,00			
13000	6,00		10000,00			
14000	5,50		10000,00			

2.3 Entscheiden Sie, welchen Absatzpreis die Geschäftsleitung festlegen wird, wenn sie

2.3.1 den maximalen Gewinn erzielen möchte oder

2.3.2 den maximalen Umsatz anstrebt.

2.4 Beantworten Sie – nachdem Sie die vorhergehende Tabelle ergänzt haben – folgende Fragen:

2.4.1 Erläutern Sie, welche Tatsache es einem Monopolisten ermöglicht, selbstständige Preispolitik zu betreiben!

2.4.2 Erklären Sie, warum ein Unternehmen, das die Möglichkeit der Preispolitik hat, häufig andere Mittel als die Preispolitik zum Zweck der Umsatzsteigerung einsetzt!

2.4.3 Erläutern Sie, wie sich eine Preissenkung auf den Umsatz auswirken kann!

2.4.4 Stellen Sie dar, wie sich eine Preiserhöhung auf den Umsatz auswirken kann!

2.4.5 Erläutern Sie, warum der Gewinn auch dann abnehmen kann, wenn durch Preissenkungen ein höherer Absatz erzielt wird!

3. Ein Monopolist kann seine Monopolstellung verlieren, wenn er seine Absatzpreise zu hoch ansetzt.

Aufgaben:

3.1 Begründen Sie diese Aussage!

3.2 Definieren Sie den Begriff Angebotsoligopol!

3.3 Erläutern Sie, warum Oligopolisten in ihrer Preispolitik nicht voneinander unabhängig sind!

3.4 Erläutern Sie, warum bei Oligopolisten der Preiswettbewerb verhältnismäßig selten ist!

2 Preisbildung bei unvollkommenem Wettbewerb

Situation: Kevin ärgert sich über die Preise in der Schulkantine

Mehrere Schüler stehen an einem Montag in der ersten Pause gemeinsam auf dem Schulhof und unterhalten sich über die gerade geschriebene Klausur. Aus dem Hintergrund nähert sich Kevin, den man von Weitem bereits lauthals vor sich hin schimpfen hört. Als er bei der Gruppe angekommen ist, lässt er seinem Ärger freien Lauf. Kevin erzählt, dass er sich gerade in der Schulkantine ein Schnitzelbrötchen gekauft hat und im Vergleich zur Vorwoche 0,50 EUR mehr zahlen musste. Dies sei aus seiner Sicht eine totale Abzocke; aber was bleibe einem Schüler in der 15-minütigen Pause auch anderes übrig, als in der Schulkantine etwas zu kaufen, wenn man sein Frühstück mal wieder zu Hause hat liegen lassen.

Kevin ergänzt, dass er sich vor allem deshalb so aufregt, weil es in der Stadt viele Bäckereien gäbe und dort würden die Schnitzelbrötchen zu unterschiedlichen Preisen und teilweise viel günstiger angeboten als in der Schulkantine.

Kevins Nachfrage nach Schnitzelbrötchen[1]

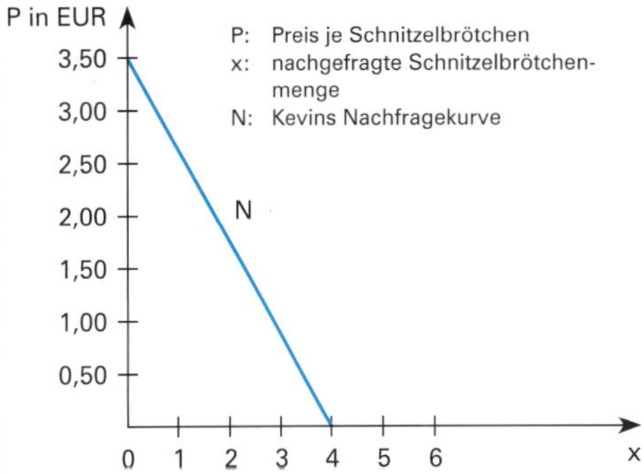

Kompetenzorientierte Arbeitsaufträge:

1. Betrachten Sie zunächst Kevins Nachfragekurve nach Schnitzelbrötchen und interpretieren Sie deren Verlauf!
2. Vergleichen Sie die hier angesprochenen Marktformen und untersuchen Sie diese unter dem Aspekt der Verteilung von Marktmacht und Wettbewerb!
3. Nennen Sie jeweils zwei Beispiele für Märkte, auf denen der Wettbewerb aufgrund des „Preiskampfes" erkennbar funktioniert, und solche, auf denen mangels Preiskampf augenscheinlich kein Wettbewerb herrscht!
4. Beurteilen Sie die Notwendigkeit, inwiefern der Staat Regelungen zum Schutz des Wettbewerbs einführen sollte!

1 Der Verlauf der Nachfragekurve unterstellt eine „beliebige Teilbarkeit" der Schnitzelbrötchen.

2.1 Preisbildung des unvollkommenen Angebotspolypols

2.1.1 Herausbildung eines Preisniveaus für ein Gut

Auch im Modell der freien Marktwirtschaft kann man nicht davon ausgehen, dass die Märkte vollkommen sind.[1] Es wäre im Grunde auch eine armselige Wirtschaftsgesellschaft, in der mit Blick auf die Homogenität der Güter von jeder Güterart nur eine einzige Sorte hergestellt und angeboten wird.

Die fast **unüberschaubare Zahl eng verwandter Güter** führt dazu, dass der Markt für die Nachfrager nur in Ausnahmefällen „vollkommen transparent" ist.

Beispiele:

- Eine bestimmte Brotsorte kostet in verschiedenen Bäckereien nicht dasselbe.
- Für einen bestimmten Softdrink muss man in Geschäften und Lokalen unterschiedliche Preise bezahlen.

Diese Tatsache allein erlaubt es den Anbietern bereits, ihre Preise innerhalb einer bestimmten **Spanne** festzusetzen, ohne bei Preiserhöhungen sofort alle Kunden an die Konkurrenz zu verlieren oder bei Preissenkungen alle Kunden gewinnen zu können. Deswegen ergibt sich bei zeichnerischer Darstellung des **Gesamtangebots** keine „Angebotskurve", sondern ein **„Angebotsband"**. Dieses drückt aus, dass unter den Bedingungen der **unvollkommenen polypolistischen Konkurrenz** ein Anbieter in der Lage ist, eine bestimmte Gütermenge innerhalb bestimmter Grenzen zu **unterschiedlichen Preisen** anzubieten.

Umgekehrt besitzen auch die Nachfrager keine **eindeutige** Preisvorstellung.

Die **Gesamtnachfrage** stellt sich also ebenfalls als ein „Band" dar.

Beispiel:

Möchte eine Mutter ihrem Kind einen Pullover kaufen, hat sie die Vorstellung, dass sie „etwa" 30,00 EUR bis 50,00 EUR ausgeben möchte.

Die nebenstehende Abbildung zeigt, dass es bei **unvollkommener Konkurrenz** (auch wenn sie vollständig, d. h. polypolistisch ist) **keinen einheitlichen Preis** geben kann. Es gibt lediglich eine **Preisunter-** und eine **Preisobergrenze.** Je heterogener (z. B. je undurchschaubarer) ein Markt ist, desto größer ist der mögliche **Preisspielraum.** Es lassen sich lediglich Durchschnittspreise für ein bestimmtes Gut errechnen.

Angebots- und Nachfrageband auf unvollkommenen Märkten

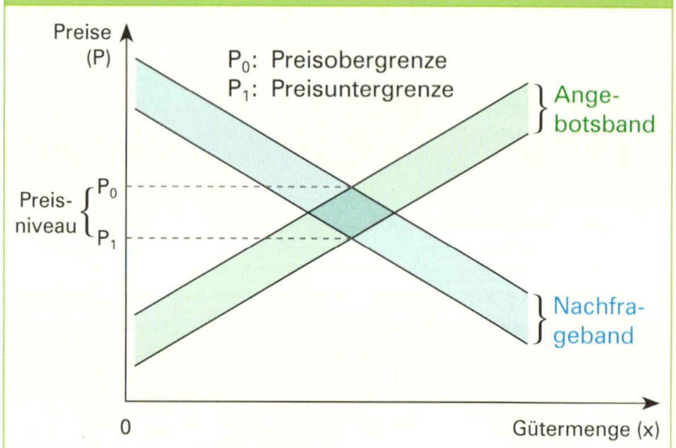

- Auf einem unvollkommenen Markt gibt es **keinen Einheitspreis.**
- **Gesamtangebot** und **Gesamtnachfrage** werden mit Blick auf die wegen der **Unvollkommenheit** möglichen **Preisspielräume** jeweils als **„Band"** dargestellt.

1 Zu den Gründen für die Unvollkommenheit der Märkte siehe Kapitel 1.3.3.4.

2.1.2 Monopolistischer Preisspielraum eines einzelnen Anbieters

Unter den Bedingungen des vollkommenen Polypols kann der einzelne Anbieter **keine Preispolitik** betreiben. Der Preis ist für ihn ein **Datum**. Würde er seinen Absatzpreis höher als den Marktpreis ansetzen, verlöre er sämtliche Kunden.

Anders ist die Situation des einzelnen Anbieters beim unvollkommenen Polypol. Hier haben die Nachfrager gegenüber den Anbietern und/oder deren Erzeugnissen bzw. Handelswaren **bestimmte Präferenzen**.

Beispiele:

- Die **Werbung** beeinflusst die „Meinung" der Kunden.
- Mithilfe der **Produktgestaltung** (z. B. Qualitätsverbesserung, Formgebung, Verpackungsgestaltung, Einführung von Markenzeichen) sollen die sachlichen Präferenzen verstärkt werden.
- Durch die Wahl geeigneter **Absatzmethoden** (z. B. Vertrieb über das Internet, Lieferservice) kann die Kundennähe vergrößert werden.

Unter der Bedingung der **Unvollkommenheit des Marktes** versuchen die Anbieter im Polypol, sich eben diese Unvollkommenheit für ihre **Preisgestaltung** zunutze zu machen.

Sollte es ihnen gelingen, bei den Nachfragern Präferenzen zu erzeugen und sich somit von den Mitanbietern abzusetzen, schaffen sie sich einen **„monopolistischen Spielraum"** (rot unterlegte Fläche in der nebenstehenden Abbildung), in dem sie ihre Preise relativ **autonom** gestalten können, ohne größere Nachfrageeinbußen hinnehmen zu müssen.

Preisbildung bei unvollkommener polypolistischer Konkurrenz

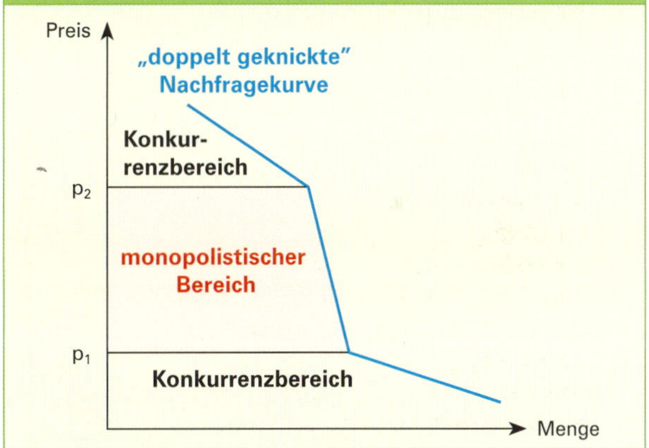

Innerhalb dieses **begrenzten** Spielraums reagiert die Nachfrage auf Preisänderungen **relativ unelastisch.** Außerhalb dieses Bereichs **(Konkurrenzbereich)** hingegen ist bei Preisänderungen mit entsprechend starken Mengenreaktionen der Nachfrager zu rechnen, d. h., die **Preiselastizität der Nachfrage** ist **hoch**.

Beispiel:

Der Besitzer einer Hühnerfarm hat es verstanden, sich durch den Verkauf „naturfrischer" Weideeier einen guten Ruf zu schaffen, weil seine Legehennen auf eigenen Wiesen freien Auslauf haben.

Dem Landwirt ist es durch entsprechende Werbung in der Region sowie eine den Verbraucher ansprechende Verpackung gelungen, seine Eier zu einem vergleichsweise hohen Preis zu verkaufen. Nach mehrmonatigen Versuchen in seinem Hofladen hat er festgestellt, dass er die Preise für ein Hühnerei zwischen 0,40 EUR und 0,50 EUR beliebig verändern kann, ohne dass der Absatz merklich steigt oder fällt.

Der **monopolistische Spielraum** des Anbieters liegt also zwischen 0,50 EUR und 0,40 EUR. Würde er seinen Preis pro Ei höher als 0,50 EUR festsetzen, verlöre er fast all seine Kunden an die Konkurrenz. Läge der Absatzpreis hingegen unter 0,40 EUR, könnte er die dann stark ansteigende Nachfrage nicht mehr bedienen.

Kompetenztraining

17

1. Erläutern Sie, unter welcher Bedingung (unter welchen Bedingungen) ein unvollkommener polypolistischer Markt vorliegt!

2. Auf einem unvollkommenen polypolistischen Markt nimmt das Angebot bei gleichbleibender Nachfrage ab. Erläutern Sie, wie sich das Durchschnittspreisniveau auf diesem Markt verändern wird! Begründen Sie Ihre Feststellung!

3. Auf einem unvollkommenen polypolistischen Markt nimmt bei unverändertem Angebot die Nachfrage ab. Erläutern Sie, wie sich das Durchschnittsniveau auf diesem Markt verändern wird! Begründen Sie Ihre Feststellung!

4. Die Bäckerei Franz Mooshammer sieht sich in München einer großen Konkurrenz ausgesetzt. Aus diesem Grund hat der Inhaber schon vor vielen Jahren seine Produktion umgestellt. In dem Familienbetrieb werden seither nach alter handwerklicher Tradition nur noch Biosemmeln gefertigt und an sieben Tagen in der Woche im Holzofen ausgebacken.

   Die Zutaten werden ausschließlich von zertifizierten Biobetrieben geliefert. Die Bäckerei hat gleich neben der Backstube die einzige Verkaufsfläche, Lieferungen außerhalb des Betriebes finden nicht statt.

   Nach der Geschäftsübergabe auf seinen Sohn Alois möchte dieser über einen Zeitraum von mehreren Wochen austesten, welche Preisspielräume er am Markt ausschöpfen kann. Zur Vorbereitung auf diese Testphase hat sich Alois sehr detailliert in die Kosten des Betriebes eingearbeitet und aus den vorhandenen Daten eine Kalkulation erstellt. Nach seinen Berechnungen belaufen sich die Kosten für eine Biosemmel im Durchschnitt auf ca. 0,14 EUR. Da alle Familienmitglieder im Betrieb mitarbeiten, fallen kaum Personalkosten an, sodass die fixen Kosten pro Monat (kalkuliert mit vier vollen Arbeitswochen) mit 6000,00 EUR veranschlagt werden können.

   Im Rahmen seiner Markterkundung verlangt Alois nunmehr von Woche zu Woche jeweils unterschiedliche Preise für seine Biosemmeln und hält die Verkaufszahlen genau fest.

Am Ende der Testphase verfügt er über folgende Daten:

Woche	**1**	**2**	**3**	**4**	**5**	**6**	**7**
Preis (in EUR)	0,40	0,45	0,50	0,55	0,60	0,65	0,70
Absatz (Stück)	25000	23000	22000	21800	21600	15000	10000

Aufgaben:

4.1 Entscheiden Sie, welche der nachfolgenden Aussagen die Marktsituation der Bäckerei Franz Mooshammer richtig beschreibt!

4.1.1 Die Bäckerei Mooshammer befindet sich in einem oligopolistischen Markt mit relativer Preisstarrheit, da es für Semmeln in München nahezu einen Einheitspreis gibt.

4.1.2 Es handelt sich um einen vollkommenen polypolistischen Markt, bei dem der Preis für die Bäckerei Mooshammer ein Datum darstellt. Lediglich bezüglich der produzierten Menge an Biosemmeln kann das Unternehmen frei entscheiden.

4.1.3 Die Bäckerei Mooshammer hat eine Monopolstellung in der Stadt München und kann nunmehr ganz autonom Preis- oder Mengenpolitik betreiben.

4.1.4 In ihrer Rolle als Monopolist kann die Bäckerei Mooshammer über die Preisdifferenzierung für die Biosemmeln die Konsumentenrente abschöpfen und somit die eigenen Gewinne erhöhen.

4.1.5 Die Bäckerei Mooshammer ist Anbieter in einem unvollkommenen Monopol. Dies erlaubt es dem Unternehmen, sich über besondere Merkmale einen monopolistischen Spielraum zu schaffen.

4.1.6 Das Unternehmen bietet seine Waren auf einem unvollkommenen polypolistischen Markt an und sieht sich nicht zuletzt wegen der Spezialisierung auf traditionell hergestellte Biosemmeln einer doppelt geknickten Preis-Absatz-Funktion gegenüber.

4.2 Skizzieren Sie die Preis-Absatz-Funktion der Bäckerei in nachfolgendem Schemata!

Hinweis: Zeichnen Sie zunächst die Absatzzahlen in das Schema ein und verbinden Sie anschließend diese Punkte miteinander!

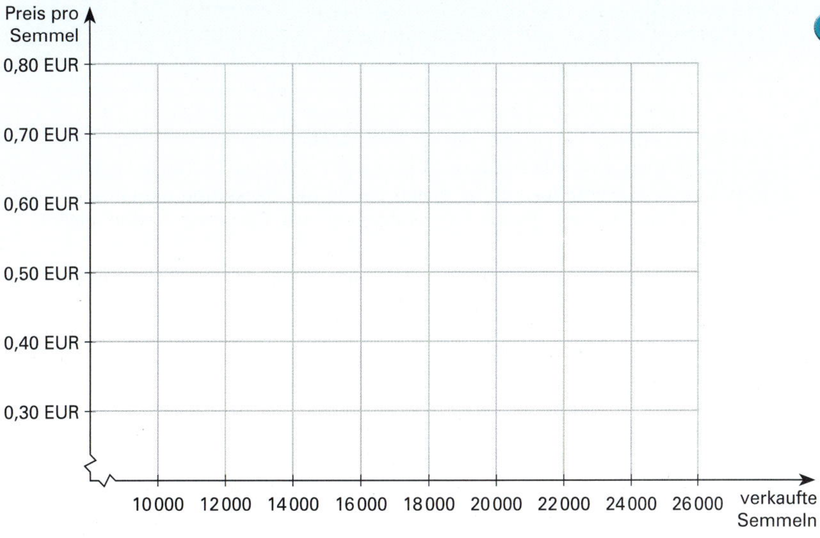

4.3 Ermitteln Sie den Absatzpreis, den Alois für seine Biosemmeln verlangen sollte, falls er nach maximalem Gewinn strebt! Nutzen Sie zur Lösung nachfolgende Tabelle!

DOWNLOAD

Woche	**1**	**2**	**3**	**4**	**5**	**6**	**7**
Preis (in EUR)	0,40	0,45	0,50	0,55	0,60	0,65	0,70
Absatz (Stück)	25000	23000	22000	21800	21600	15000	10000
Umsatz pro Woche (in EUR)							
Kosten pro Woche (in EUR)							
Gewinn pro Woche (in EUR)							

5. Der unvollkommene polypolistische Markt wird auch als „monopolistische Konkurrenz" bezeichnet.

Aufgabe:

Erklären Sie diesen Begriff!

2.2 Preisbildung des unvollkommenen Angebotsmonopols

Ebenso wie die polypolistischen Märkte sind auch die monopolistischen Märkte in der Regel **unvollkommen,** d.h., es fehlen eine oder mehrere Prämissen des vollkommenen Marktes.

Ein **unvollkommenes Monopol** liegt vor, wenn das Monopolunternehmen in der Lage ist, **Preisdifferenzierung**[1] – auch **Preisdiskriminierung**[2] genannt – zu betreiben, indem es die „Konsumentenrente" abschöpft.

Es können folgende Arten der **Preisdifferenzierung** unterschieden werden:

Arten	**Kriterien**	**Beispiele**
Sachliche Preisdifferenzierung	■ Nach dem Verwendungszweck des Gutes; ■ nach der gekauften Menge; ■ nach der Produktgestaltung.	■ Strom für private Haushalte – Strom für Industriebetriebe; ■ Staffelrabatte; ■ Preise für Standardmodelle – Preise für Luxusmodelle bei Autos.

1 **Differenzieren** (lat.): abstufen, unterscheiden.

2 **Diskriminieren** (lat.): unterschiedlich behandeln, herabsetzen.

Arten	Kriterien	Beispiele
Persönliche Preisdifferenzierung	■ Nach den Einkommen der Kunden; ■ nach der Gruppenzugehörigkeit.	■ Spezielle Tarife für Rentner; ■ Niedrigere Eintrittspreise für Schüler, Studenten und Schwerbehinderte.
Räumliche Preisdifferenzierung	Nach der räumlichen Verteilung der Käufer.	■ Angebotspreise im Ausland niedriger als im Inland (Dumping); ■ Zonenpreise (z. B. Benzinpreise).
Zeitliche Preisdifferenzierung	Nach der zeitlichen Verteilung der Nachfrage.	■ Urlaubsreisen zur Haupt- und Nebensaison; ■ Kinovorführungen unter der Woche oder am Wochenende.
Verdeckte Preisdifferenzierung	Nach den künstlich geschaffenen Meinungen bei den Käufern.	■ Vortäuschung von Produktunterschieden

Beispiel:

Ein Angebotsmonopol sieht sich einer Nachfragekurve gegenüber, wie sie in den nachstehenden Abbildungen wiedergegeben wird.

Die Preisdifferenzierung (ein Produkt wird zu verschiedenen Preisen verkauft) setzt voraus, dass die Käufer voneinander entweder räumlich oder sachlich (Inländer – Ausländer, Endverbraucher – Wiederverkäufer) getrennt werden können. Falls es unserem Monopolisten gelingt, beispielsweise drei Abnehmergruppen voneinander zu scheiden und seine Preise auf 1400 GE, 1200 GE und 1000 GE festzusetzen, so beträgt sein Umsatz 3 x 1400, 1 x 1200 und 1 x 1000 GE, zusammen also 6400 GE. Betragen seine Gesamtkosten bei einem Umsatz von 5 Produktionseinheiten 3600 GE, so macht er einen Gewinn von 2800 GE. Ohne Preisdifferenzierung würde der Monopolist lediglich einen Umsatz von 5000 GE erzielen (5 x 1000 GE). In diesem Fall beliefe sich sein Gesamtgewinn nur auf 1400 GE (siehe linke Abbildung).

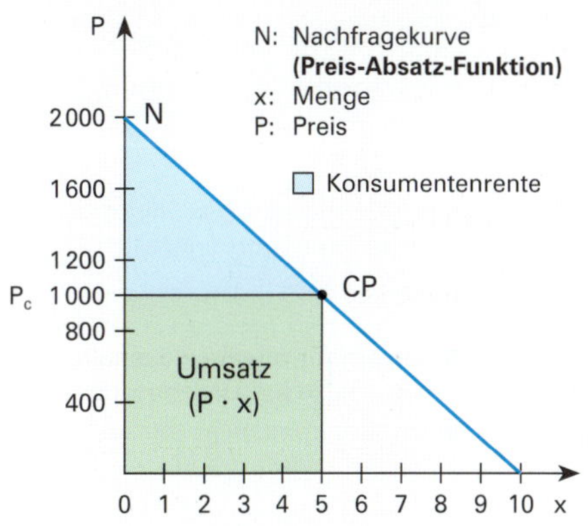

Umsatz ohne Preisdifferenzierung

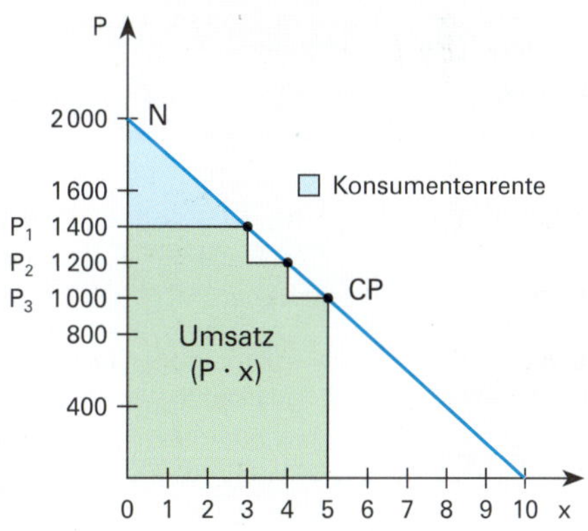

Umsatz bei Preisdifferenzierung

Je weiter die Preisdifferenzierung durchgeführt werden kann, desto größer ist der Gesamtgewinn. Die **absolute Preisuntergrenze** ist die Höhe der **Grenzkosten**: Jede weitere Produktionsausdehnung verursacht mehr zusätzliche Kosten als zusätzlich erlöst wird.

2.3 Preisbildung des unvollkommenen Angebotsoligopols

Weil auf oligopolistischen Märkten ein Preiswettbewerb nicht ohne Risiko ist und dazu führen kann, dass alle Anbieter Nachteile erleiden, wird der Preis als Wettbewerbsinstrument häufig ausgeschaltet und durch absatzpolitische Maßnahmen (z. B. Kundendienst, Garantien, Qualität, Werbung) ersetzt. Oligopolistische Märkte sind daher häufig von **Preisstabilität** geprägt.

Da die Anbieter in einem unvollkommenen Angebotsoligopol bei ihrer Preispolitik mit Reaktionen der Konkurrenten rechnen müssen, gibt es auf solchen Märkten für die Anbieter bezüglich des Preises prinzipiell zwei Strategien: **Verdrängungswettbewerb oder Kooperation.**

Verdrängungs-wettbewerb	Löst ein Anbieter einen Preisunterbietungsprozess („Preiskampf") aus und senken daraufhin alle übrigen Anbieter ebenfalls die Preise, so führt dies bei allen Anbietern zu einer Gewinnminderung bzw. zu Verlusten, ohne dass sich die Marktanteile der einzelnen Anbieter wesentlich ändern. Der „Preiskrieg" ist nur dann von „Erfolg" gekrönt, wenn ein Konkurrent, weil er die geringeren Preise durch eine Kostenreduktion nicht auffangen kann, aus dem Markt ausscheidet. In diesem Fall können die verbleibenden Anbieter ihre Marktanteile ausweiten mit entsprechenden Gewinnmöglichkeiten.
Kooperations-strategie	Werden Preisänderungen vorgenommen, übernimmt ein Unternehmen die **Preisführerschaft.** Die übrigen Anbieter verstehen dies dann als Signal, die Preise ebenfalls zu erhöhen oder zu senken **(Parallelverhalten).** Häufig wechselt die Preisführerschaft zwischen den Anbietern ab (z. B. bei Benzinpreiserhöhungen, Erhöhungen der Gaspreise usw.). Teilweise kann es auch zu **Preisabsprachen** („Frühstückskartell", „Gentlemen's Agreement") kommen. Preisabsprachen sind gesetzlich verboten.

2.4 Einschränkung der Preisfunktionen auf monopolistischen und oligopolistischen Märkten

Die **Preisfunktionen** bei **vollständiger Konkurrenz** werden durch **Monopole** und **Oligopole ganz oder teilweise außer Kraft gesetzt.**

Ausgleichsfunktion der Preise 	Sie kann aufgehoben werden, weil ein Monopolist oder Oligopolist den Preis so festsetzen kann, dass ein Nachfrageüberhang entsteht (der Preis ist zu niedrig), sodass Auftragsbestände und Lieferfristen entstehen. Es ist aber auch möglich, dass der Anbieter den Preis so hoch festlegt, dass bei Aufrechterhaltung der Mindestkapazitätsausnutzung auf Lager gearbeitet werden muss. Sowohl im Fall des zu hohen als auch im Fall des zu niedrigen Preises wird der **Markt** durch den Preis **nicht geräumt.**
Signalfunktion der Preise 	Sie ist auf monopolistischen bzw. oligopolistischen Märkten eingeschränkt, da der Preis autonom von den marktbeherrschenden Unternehmen festgesetzt wird. So muss z. B. eine Monopolpreiserhöhung nicht unbedingt auf eine Zunahme der Nachfrage zurückzuführen sein. Es ist vielmehr möglich, dass die Monopolpreiserhöhung auf eine künstliche Verknappung des Angebots durch den Monopolisten (z. B. durch ein Kartell) zurückzuführen ist.

Lenkungsfunktion der Preise 	In der Regel kann von einer Lenkungsfunktion des Preises auf monopolistischen Märkten nicht gesprochen werden. Bei polypolistischer Konkurrenz soll z. B. eine zunehmende Nachfrage über eine zunächst stattfindende Preiserhöhung zu einer Zunahme des Angebots führen. Wird die zusätzliche Nachfrage vom Monopolisten jedoch nur zur Erhöhung des Stückgewinns bei gleichbleibender Produktionsmenge (Absatzmenge) ausgenutzt, wird die Lenkungsfunktion des Preises ausgeschaltet.
Erziehungsfunktion der Preise 	Der polypolistische Wettbewerb zwingt die Unternehmen zum wirtschaftlichsten Einsatz der Produktionsfaktoren und zur Produktion qualitativ einwandfreier Erzeugnisse. Ob ein Monopolist unter diesem Zwang steht, ist anzuzweifeln. Da er in seiner Absatzpolitik nur von den Nachfragern, nicht aber von Mitbewerbern abhängig ist, kann er durchaus versuchen, hohe Kosten, die auf schlechter Organisation und mangelnder Rationalisierung beruhen, durch hohe Preise auf die Kunden abzuwälzen.

Kompetenztraining

18 1. Das Städtische Theater (800 Sitzplätze) in Neustadt hat unter Abzug der Subventionen im Durchschnitt fixe Kosten in Höhe von 10 000,00 EUR je Theaterabend. (Die variablen Kosten sind so gering, sodass sie kostenrechnerisch vernachlässigt werden können.)

Die Theaterleitung erwartet, dass die Besucher auf Preisänderungen wie folgt reagieren werden:

Preis je Karte in EUR	20,00	19,00	18,00	17,00	16,00	15,00	14,00
Zahl der verkauften Karten	500	550	600	650	700	750	800

Aufgaben:

1.1 Angenommen, die Theaterleitung will die Karten zu einem Einheitspreis verkaufen und den abendlichen Gewinn maximieren. Ermitteln Sie rechnerisch den Preis je Abendkarte, der den gewinnmaximalen Kartenverkauf erbringt! Stellen Sie hierzu eine Kosten-Leistungs-Tabelle nach folgendem Muster auf:

DOWNLOAD

Zahl der Besucher	Preis je Abendkarte in EUR	Umsatz in EUR	Fixe Kosten in EUR	Verlust bzw. Gewinn in EUR
500	20,00	10 000,00	10 000,00	–
550	19,00	10 450,00	10 000,00	+ 450,00
⋮	⋮	⋮	⋮	⋮

1.2 Ermitteln und begründen Sie, wie viel Karten unverkauft bleiben, wenn der gewinnmaximierende Einheitspreis (Monopolpreis) festgesetzt wird!

1.3 Angenommen, die Theaterleitung handelt nicht nach dem Gewinnmaximierungsprinzip, sondern nach dem Kostendeckungsprinzip.

1.3.1 Entscheiden Sie, welchen Preis sie verlangen wird!

1.3.2 Ermitteln Sie, wie viel Kunden dann keine Karte erhalten können! Beurteilen Sie, ob es sich in diesem Fall um eine Angebots- oder um eine Nachfragelücke handelt! (Begründen Sie Ihre Antwort!)

1.4 Erläutern Sie, warum in diesem Beispiel Gewinn- und Umsatzmaximum identisch sind!

1.5 Die Theaterleitung gelangt zur Ansicht, dass der Gewinn durch Preisdifferenzierung bei ausverkauftem Haus erhöht werden kann. Sie teilt die vorhandenen Plätze in drei Ränge ein. Für den Rang I (500 Plätze) verlangt sie 20,00 EUR je Karte, für den Rang II (200 Plätze) 16,00 EUR und für den Rang III (100 Plätze) 14,00 EUR.

1.5.1 Begründen Sie, ob alle Karten verkauft werden!

1.5.2 Berechnen Sie den Gesamtgewinn!

1.6 Entscheiden Sie, welche Art des Angebotsmonopols im Fall 1.5 vorliegt!

2. Erklären Sie, warum auf oligopolistischen Märkten i. d. R. Ruhe an der „Preisfront" herrscht!

19

1. **Übersichtsmatrix**

Stellen Sie in einer Übersichtsmatrix die Ausgleichs-, Signal-, Lenkungs- und Erziehungsfunktion des Preises bei vollständiger Konkurrenz dar und nennen Sie eigene Beispiele zu den einzelnen Preisfunktionen!

2. Zeigen Sie, wie die einzelnen Preisfunktionen auf monopolistischen Märkten eingeschränkt bzw. aufgehoben werden!

3. **Text 1:**

Es gibt auf die Dauer weder unverkäufliche Mengen bei den Produzenten (kein Angebotsüberhang) noch eine Nachfrage, die bei diesem Preis nicht befriedigt wird (kein Nachfrageüberhang).

Man muss dabei aber sehen, dass die Koordination durch den Preis in einem bestimmten Sinn unsozial ist: Ein steigender Preis „rationiert" die Nachfrage und beschränkt in der Tendenz die Nachfrage der weniger Kaufkräftigen. Wegen dieser unsozialen Rationierungsfunktion des Preises werden bei der Koordination der Wirtschaftspläne von Produzenten und Konsumenten also eher die Bedürfnisse der kaufkräftigen Nachfrager berücksichtigt als die Wünsche aller Verbraucher. So wird teures Hundefutter produziert, während manche Menschen sich kein Fleisch kaufen können.

Text 2:

Der Preis ist weiterhin ein ideales Instrument, die für die Entscheidungen von Produzenten und Konsumenten notwendigen Informationen zu liefern. Verschiebt sich z. B. die Nachfragekurve nach rechts (Erhöhung der Nachfrage), so wird bei dem alten Preis ein Nachfrageüberhang entstehen und die Konkurrenz unter den Nachfragern wird den Preis in die Höhe treiben ...

Text 3:

Die Information durch den Preis genügt jedoch nicht, es muss auch erreicht werden, dass die Produzenten das Gewünschte produzieren. Dazu ist ein Sanktionssystem erforderlich, das in einer Marktwirtschaft durch die freie Verfügbarkeit der erzielten Gewinne geschaffen wird. Anbieter, die sich einer veränderten Marktlage schneller anpassen als ihre Konkurrenten, werden durch vorübergehend höhere Gewinne oder geringere Verluste belohnt.

Aufgaben:

3.1 Entscheiden Sie, welche Preisfunktion im Text 1 beschrieben wird!

3.2 Erläutern Sie, welche Kritik die Autoren dieses Textes an der beschriebenen Preisfunktion üben!

3.3 Entscheiden Sie, von welcher Preisfunktion im Text 2 die Rede ist!

3.4 Erläutern Sie das Sanktionssystem in einer Marktwirtschaft!

4. In einer Stadt werden von vielen Händlern Kühlschränke der Marke „Frostolux 2000“ angeboten. Ein Preisvergleich ergab, dass die Preise dieser Kühlschränke bei den einzelnen Händlern zwischen 478,00 EUR und 624,00 EUR lagen.

Aufgaben:

4.1 Beurteilen Sie, welche Aussage sich über die Preisforderungen der einzelnen Händler machen lässt!

4.2 Begründen Sie, welche Gründe es für die unterschiedlichen Preisforderungen gibt!

4.3 Fassen Sie zusammen, an welchen Gesichtspunkten sich ein einzelner Händler bei der Festlegung seines Angebotspreises orientieren wird!

5. Nur die Stadtwerke Gießen bieten im Bereich der Stadt Gießen Erdgas zu Heizzwecken an.

Aufgaben:

5.1 Entscheiden Sie, in welcher Marktposition sich in Gießen der Anbieter mit seinem Gut Erdgas befindet!

5.2 Hans Niemeyer will in sein Einfamilienhaus eine Gasheizung einbauen lassen. Er muss deshalb bei den Stadtwerken einen Antrag auf Genehmigung einer derartigen Heizungsanlage stellen.

Prüfen Sie, welche Größe ihres Absatzes die Stadtwerke durch den Genehmigungszwang steuern können!

5.3 Die Stadtwerke erhöhen zum 1. Januar ihre Abgabepreise für Erdgas um 8 %.

Erläutern Sie, welche Auswirkungen diese Preiserhöhung voraussichtlich auf die Nachfrage nach Erdgas haben wird!

5.4 Nennen Sie mögliche Gesichtspunkte, nach denen die Stadtwerke ihre Abgabepreise für Erdgas orientieren werden!

Die Stadtwerke entschließen sich, ihre Abgabepreise für Erdgas nach drei Tarifgruppen zu differenzieren:

Tarif I: Gewerbliche Großabnehmer,
Tarif II: Private Großabnehmer (Heizungen),
Tarif III: Private Kleinabnehmer.

5.5 Begründen Sie, warum eine derartige Preisdifferenzierung möglich ist!

5.6 Entscheiden Sie, welchen Abgabepreis für einen m³ Erdgas Sie bei den drei Tarifen am niedrigsten ansetzen würden!

6. Anbieter können unterschiedliche Formen der Preisdifferenzierung betreiben. Stellen Sie in den folgenden Fällen fest, ob es sich um

① räumliche Preisdifferenzierung,
② zeitliche Preisdifferenzierung,
③ persönliche Preisdifferenzierung oder
④ sachliche Preisdifferenzierung handelt!

6.1	Eine weltweit agierende Fastfood-Kette bietet ihre Produkte nicht zu Einheitspreisen an.	
6.2	Bei einem Kreditkartenanbieter werden Ihnen drei Kartenkategorien mit unterschiedlichen Preisen angeboten.	
6.3	Ein Schüler eröffnet ein Girokonto zu anderen Konditionen als ein Angestellter.	
6.4	Nach einem ausgiebigen Preisvergleich buchen Sie Ihren Urlaub aus Kostengründen für die Nebensaison.	
6.5	Mineralölkonzerne bieten ihren Kraftstoff innerhalb Deutschlands zu unterschiedlichen Preisen an.	
6.6	Beim Besuch eines Bundesligaspiels legen Sie Ihren Schülerausweis vor.	
6.7	Für Medikamente, die am Wochenende gekauft werden, müssen Sie einen Zuschlag zahlen.	

3 Staatliche Eingriffe in die Preisbildung beurteilen

Situation: Melissa und Jule streiten über die Eingriffe des Staates

Melissa ist im Anschluss an ihre Ausbildung zur Köchin von Bonn nach Bernau am Chiemsee gezogen. Dort arbeitet sie seit nunmehr drei Monaten in einem kleinen Ausflugslokal. Da sie an Wochenenden zumeist arbeiten muss, freut sie sich umso mehr, dass sie nun endlich einmal ein freies Wochenende hat und ihre alte Schulfreundin Jule aus Bonn zu Besuch kommt.

Nachdem es sich die beiden Freundinnen in einem schönen Biergarten gemütlich gemacht haben, erzählt Jule ausgiebig von ihrem anstrengenden Studium in Bonn. Dabei klagt sie über die vielen Vorlesungen und das äußerst anstrengende Lernen. Zudem seien die Hörsäle viel zu voll, die Uni – insbesondere die Bibliothek – viel zu schlecht ausgestattet. Hier müsse der Staat viel mehr machen. Vor allem beschwert sie sich aber darüber, wie schwierig es ist, mit ca. 700,00 EUR BAföG[1] und eigener Wohnung in Bonn bei wahrscheinlich künftig stark steigenden Mieten finanziell klarzukommen.

Daraufhin platzt Melissa der Kragen und sie entgegnet: *„Für 700,00 EUR netto muss ich fast drei Wochen von morgens bis abends arbeiten – und zwar ohne monatelange Semesterferien. Außerdem bekommt meine Schwester im Gegensatz zu dir kein BAföG für ihr Studium. Dann jammerst du darüber, dass der Staat mehr Geld für die Unis ausgeben soll und zu guter Letzt beklagst du dich vollkommen zu Unrecht über künftig stark steigende Mieten in Bonn. Dabei hat mir mein Papa erst kürzlich erzählt, dass er für die vermietete Wohnung in seinem Haus in Bonn die Miete nicht wie geplant um 20 % erhöhen durfte, weil der Staat das verbietet. Tja und deshalb kann er jetzt nur meine Schwester im Studium und nicht noch mich finanziell unterstützen.“*

Kompetenzorientierte Arbeitsaufträge:

1. Recherchieren Sie, ob in Deutschland – so wie von Melissa behauptet – nicht jeder Student BAföG erhält!

   Beurteilen Sie anschließend diesen Eingriff des Staates in die Förderung von Ausbildung!
2. Jule fordert eine bessere Ausstattung der Universität. Beurteilen Sie, um welche Form des Markteingriffes es sich bei dieser Forderung handelt!
3. Erläutern Sie, warum Melissas Vater die Miete nicht beliebig erhöhen darf und beurteilen Sie diese Form des Markteingriffes!

1 **BAföG** ist die Abkürzung für „Bundesausbildungsförderungsgesetz“. Mit dem BAföG stellt der Staat Mittel für eine Ausbildung zur Verfügung, soweit weder die Eltern/Ehepartner/Partner noch die/der Studierende selbst für den Lebensunterhalt und die Ausbildungskosten aufkommen können. BAföG-Zahlungen werden grundsätzlich zu 50 Prozent als Zuschuss und zu 50 Prozent als unverzinsliches Darlehen gewährt.

3.1 Marktkonforme Staatseingriffe

Der **Marktpreis** kann nicht **„sozial"**, nicht **„gerecht"** sein. Er ist eine **objektive** Größe. Deswegen greift in der sozialen Marktwirtschaft der Staat indirekt oder direkt in das Marktgeschehen ein. Auf diese Weise werden Nachfrager und/oder Anbieter geschützt.

Staatseingriffe, die den **Preismechanismus nicht außer Kraft setzen,** bezeichnet man als **marktkonform** (systemkonform).[1]

Marktkonforme Eingriffe liegen vor, wenn der Staat die **Nachfrage** und/oder das **Angebot erhöht** oder **senkt,** die Preisbildung aber dem Markt überlässt. Man spricht daher auch von **indirekter Marktlenkung.**

3.1.1 Erhöhung der Nachfrage

Der Staat kann selbst als **Nachfrager** auftreten, wenn er z. B. eine unterbeschäftigte Wirtschaft aus der Depression[2] herausführen möchte. Zahlreiche Möglichkeiten sind gegeben: Erteilung zusätzlicher Forschungsaufträge, Aufträge an die Bauwirtschaft (Bau von Straßen, Krankenhäusern, Schulen, Kindergärten usw.) oder auch zusätzliche Einstellungen von Personal (Polizisten, Lehrkräfte usw.). Die Wirkung wird sein, dass die Beschäftigung zunimmt. Die Gefahr von Preis- und Lohnsteigerungen besteht (vgl. nebenstehendes Beispiel).

Beispiel:

Der Staat **erhöht** die **Nachfrage** nach Bauleistungen um 1 Mio. m³ umbauten Raums. Bei normalem Angebot und gleichbleibendem technischem Stand steigen Beschäftigung und Preise.

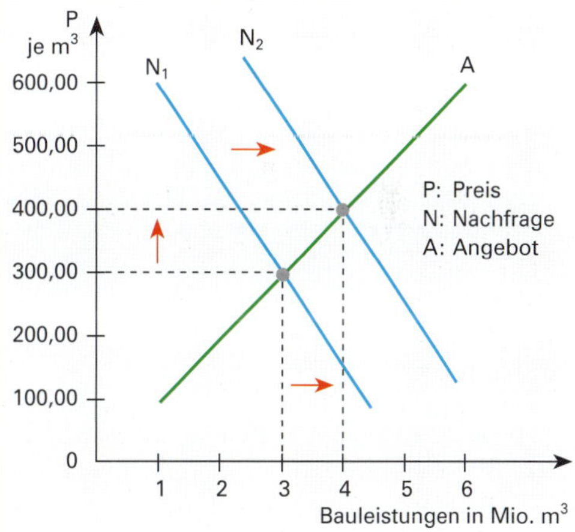

Wenn der Staat die Nachfrage erhöhen will, selbst aber **nicht** als Nachfrager auftreten möchte (z. B. weil er bestimmte Wirtschaftsgüter gar nicht braucht), kann er die möglichen Nachfrager **subventionieren.**[3] Auch hier gibt es in der Bundesrepublik Deutschland zahlreiche Beispiele: Wohngeld (Erhöhung der Nachfrage nach Neubauwohnungen), Zinssubventionen für energetische Sanierungen,[4] Steuerermäßigungen (Abschreibungsmöglichkeiten für Unternehmer), Förderung der Klein- und Mittelbetriebe (Mittelstandsförderung).

1 **Konform** sein: in Einklang stehen mit etwas; marktkonforme Maßnahmen sind also solche, die mit der Idee der Marktwirtschaft in Einklang stehen.

2 **Depression:** wörtl. Niedergeschlagenheit; hier: eine Wirtschaft, die strukturell unterbeschäftigt ist, z. B. Arbeitslosigkeit aufweist.

3 **Subvention:** Zuschuss (von staatlichen Geldern).

4 **Energetische Sanierung:** Modernisierung eines Gebäudes zur Verringerung des Energieverbrauchs.

3.1.2 Senkung der Nachfrage

Will der Staat die Nachfrage (und damit die Preisentwicklung) dämpfen, kann er die Staatsnachfrage einschränken, indem er geplante Staatsaufträge streicht oder aufschiebt. Auch **Steuererhöhungen** wirken in die gleiche Richtung, weil in der Regel weniger gekauft wird, wenn die Nettoeinkommen sinken (vgl. nebenstehendes Beispiel).

Weitere Möglichkeiten zur Verringerung der Nachfrage sind die Streichung von Subventionen und Transferzahlungen (Wohngeld, Kindergeld, Arbeitslosengeld II usw.).

Beispiel:

Der Staat **verringert** seine **Nachfrage** nach Bauleistungen um 1 Mio. m³ umbauten Raums. Bei normalem Angebot gehen Preise und Beschäftigung zurück.

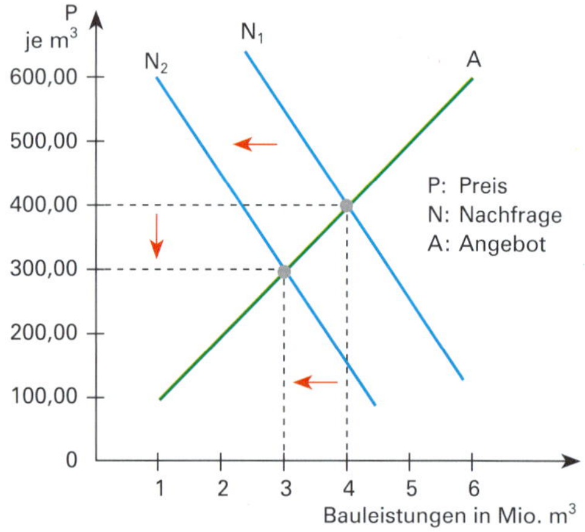

3.1.3 Erhöhung des Angebots

Beispiel:

Das Angebot an Elektroautos nimmt um 10 000 Stück zu, weil der Ausbau der Produktionskapazität vom Staat subventioniert wird. Die Versorgung der Bevölkerung nimmt bei sinkenden Preisen zu.

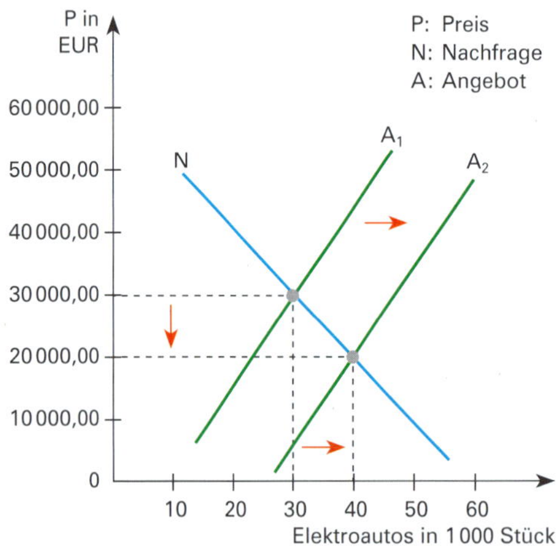

In seltenen Fällen hat der Staat die Möglichkeit, das Angebot unmittelbar zu erhöhen, dann nämlich, wenn er selbst Eigentümer wirtschaftlicher Betriebe ist. Hierher gehören z. B. erhöhte Leistungen öffentlicher Verkehrsbetriebe, staatlicher Forschungsanstalten oder städtischer Wohnungsbaugesellschaften. Der indirekten Einflussnahme auf das Angebot kommt jedoch größere Bedeutung zu. Beispiele sind: **Zollsenkungen,** um das Angebot ausländischer Waren auf dem Inlandsmarkt zu erhöhen, oder **Subventionen** an die Produzenten, damit diese in die Lage versetzt werden, Kostensteigerungen aufzufangen, d. h. zum gleichen Preis mehr anzubieten.

3.1.4 Senkung des Angebots

Die Verringerung des staatlichen Angebots an Sachgütern und Dienstleistungen ist nur bei Staatsbetrieben möglich (z. B. Schließung von staatlichen Krankenhäusern, Stilllegung von Bahn- und Busverbindungen, Beratungsstellen und Forschungsanstalten). Mittelbare Maßnahmen sind häufiger. Beispiele sind: **Zollerhöhungen,** um das Güterangebot im Inland zu verringern, **Streichung von Subventionen** an Produzenten oder **Erhöhung von Kostensteuern** (z. B. Gewerbesteuer, Verbrauchsteuern, vgl. nebenstehendes Beispiel).

Beispiel:

Der Staat erhöht die Sektsteuer um 1,00 GE. Der Absatz nimmt bei steigenden Preisen ab.

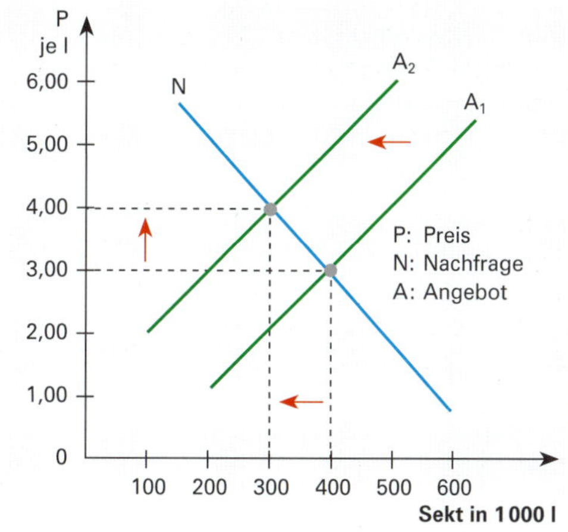

Die genannten Maßnahmen stellen lediglich Beispiele für marktkonforme Maßnahmen in der sozialen Marktwirtschaft dar. In den Arbeitsmarkt wird z. B. indirekt eingegriffen, wenn der Staat die Schulpflicht verlängert und/oder das Rentenalter herabsetzt (Verknappung des Arbeitsangebots). Die Vergabe von Forschungsaufträgen durch den Staat erhöht langfristig die Produktivität. Die **Sonderbesteuerung umweltschädlicher Produkte** und die **Steuerbegünstigung umweltfreundlicher Erzeugnisse** verändern das Angebot. Gemeinsam ist allen marktkonformen Maßnahmen, dass sie die Wirtschaftssubjekte nicht zu bestimmten Verhalten zwingen, sondern lediglich **Anreize** geben.

3.2 Marktkonträre Staatseingriffe

Der Preismechanismus wird dann außer Kraft gesetzt, wenn der Staat entweder die Produktions- bzw. Verbrauchsmengen durch Gesetz festlegt oder den Preis unmittelbar vorschreibt. Derartige Eingriffe **widersprechen** dem **Wesen einer Marktwirtschaft.**

Staatseingriffe, die den **Preismechanimus außer Kraft setzen,** bezeichnet man als **marktkonträr**[1] (systeminkonform).

!

1 **Konträr:** entgegengesetzt.

3.2.1 Festsetzung von Produktions- und Verbrauchsmengen

(1) Festsetzung von Produktionsmengen[1]

Die staatliche Festsetzung von Produktionsmengen kann den Zweck haben, die **Mindestversorgung der Bevölkerung** zu sichern. Hierbei geht es der Regierung darum, die bisherigen Produktionsmengen möglichst zu erhalten oder zu erhöhen. Die Produzenten werden unter Strafandrohung gezwungen, ihre Produktionsmengen den entsprechenden staatlichen Behörden zu melden und an diese bzw. an die gesetzlich vorgeschriebenen Stellen abzuliefern.

Die staatliche Mengenpolitik kann auch zum Ziel haben, die **Produktionsmengen zu verringern.** Der Zweck ist, das Preisniveau zu erhöhen. Es sollen die Produzenten vor Überproduktion und damit vor einem Preisverfall geschützt werden.

(2) Festsetzung von Verbrauchsmengen[1]

Setzt der Staat die Verbrauchsmengen fest, will er eine gleichmäßige Versorgung der Wiederverwender und/oder der Letztverbraucher sichern. Die Festsetzung von Verbrauchsmengen ist – wie die Festsetzung von Produktionsmengen auch – vor allem in **Kriegswirtschaften** zu finden.

3.2.2 Staatliche Preisfestsetzung

Die vom Staat vorgeschriebenen Preise können **Höchstpreise, Mindestpreise** oder **Festpreise** sein.

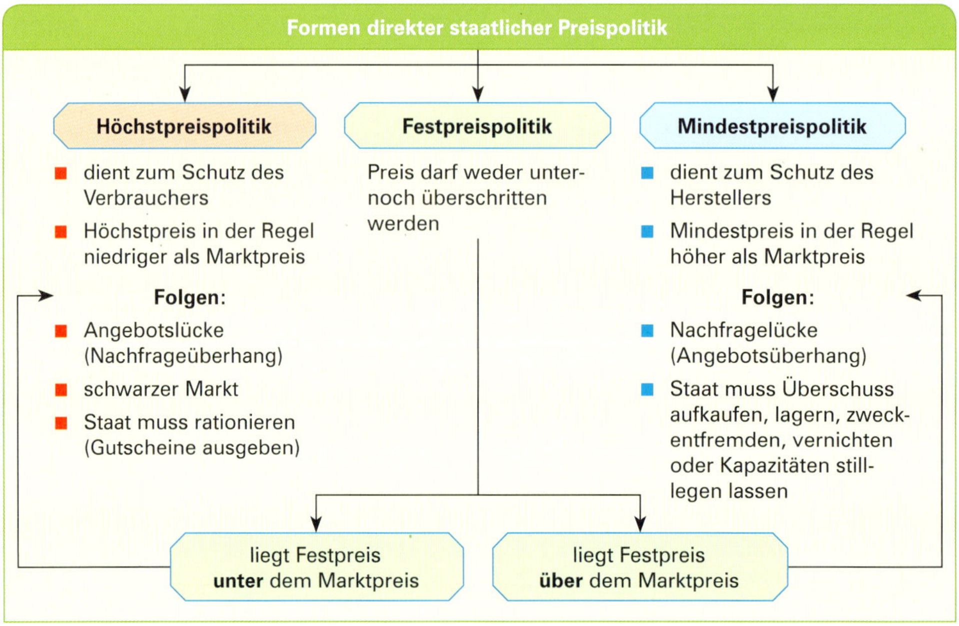

1 Die Festsetzung von Produktions- und Verbrauchsmengen bezeichnet man als **Kontingentierung**.

(1) Höchstpreise

Sollen die **Nachfrager** bessergestellt werden, kann der Staat sogenannte Höchstpreise anordnen.

> Der Höchstpreis liegt **unter** dem Gleichgewichtspreis. Er soll die zum Gleichgewicht drängenden Marktkräfte aufhalten und somit einen **höheren** Preis **verhindern.**

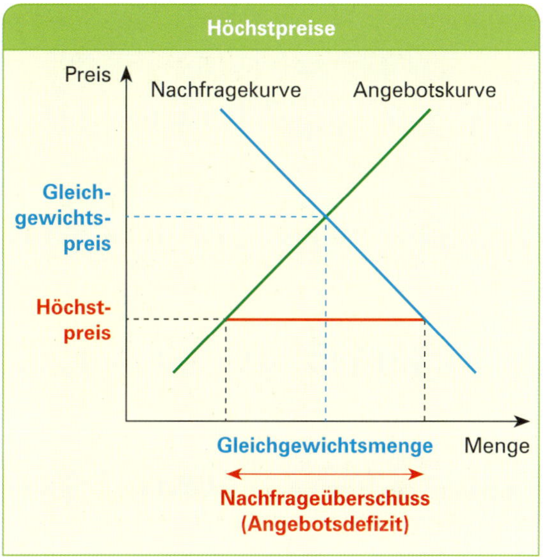

Der Höchstpreis wird besonders in Kriegs- bzw. Krisengebieten für lebensnotwendige Güter angeordnet. Zudem wird er hierzulande für den Wohnungsmarkt diskutiert.

Wie allerdings aus der nebenstehenden Grafik ersichtlich, führt der Höchstpreis regelmäßig zu einem **Nachfrageüberschuss,** sodass viele Nachfrager leer ausgehen.

Dies zwingt den Staat zu einer Reihe weiterer Maßnahmen zur Beeinflussung der Güterverteilung, wie beispielsweise die Einführung eines **administrativen Zuteilungssystems** (z. B. durch Bezugsscheine, Wartelisten). Des Weiteren muss der Staat versuchen, die aus der Unterversorgung der Nachfrager typischerweise resultierende Gefahr des **Schwarzmarkthandels** einzudämmen.

Bei dem **Schwarzmarkt** handelt es sich um einen **ungesetzlichen** Markt, der dann entstehen kann, wenn die vorhandene Nachfrage nach Gütern auf legalen Märkten durch **Rationierungen oder staatlich festgelegte Höchstpreise** nicht befriedigt wird (z. B. Benzinrationierung, Rationierung von Wohnraum). Bei Höchstpreisen sind viele Käufer aufgrund des entstandenen Nachfrageüberhangs bereit, solche Waren und Erzeugnisse zu einem **höheren** Preis als dem staatlich festgesetzten Preis zu kaufen.

(2) Mindestpreise

Mit der Einführung von Mindestpreisen sollen hingegen die **Anbieter** bessergestellt werden.

> Der Mindestpreis liegt **über** dem Gleichgewichtspreis und soll die zum Gleichgewicht drängenden Marktkräfte blockieren, um so einen **niedrigeren** Marktpreis zu verhindern.

Eingesetzt wird der Mindestpreis vorzugsweise dort, wo sich für ganze **Branchen** – beispielsweise durch Nachfragerückgang bedingt – **Absatzschwierigkeiten** ergeben und mit einem **gravierenden Preisverfall** zu rechnen ist (z. B. Landwirtschaft). Des Weiteren kommt er in vielen Ländern auf dem **Arbeitsmarkt** in Form des **Mindestlohnes** zur Anwendung.

Wie aus der Grafik ersichtlich, führt der Mindestpreis regelmäßig zu einem Angebotsüberschuss, da viele Anbieter aufgrund der durch die über dem Gleichgewichtspreis liegenden Preise angeregt werden, mehr zu produzieren.

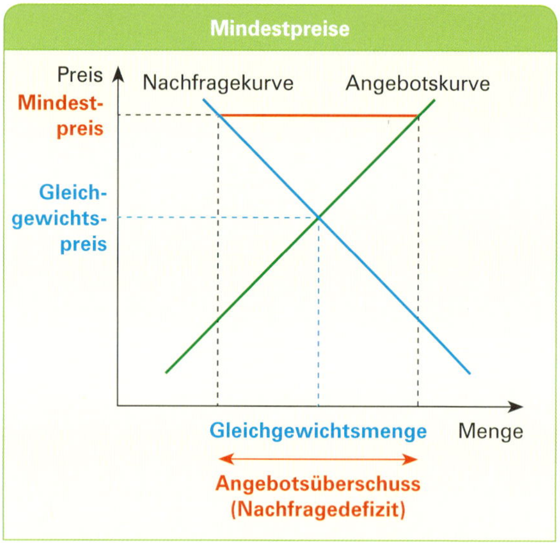

Auch bei den Mindestpreisen ist der Staat zu einer Reihe weiterer Maßnahmen zur Verringerung der überschüssigen Güterproduktion gezwungen. So kann er beispielsweise bei lagerfähigen Gütern den **Angebotsüberschuss aufkaufen und einlagern.** Hierdurch entstehen allerdings **Güterberge** (z.B. Milchberg, Butterberg), die zudem wegen der Lagerung weitere Kosten verursachen. Des Weiteren könnte der Staat aufgekaufte **Angebotsüberschüsse** – insbesondere von verderblicher Ware – **vernichten** oder die **Überproduktion durch Prämien** (z.B. Stilllegungs- oder Abschlachtprämien) bzw. die Einführung von **Mengenkontingenten** im Sinne einer maximalen Abgabemenge pro Anbieter **drosseln.** Bei der letztgenannten Maßnahme besteht allerdings die Gefahr, dass sich ein **grauer Markt** bildet, auf dem die Mehr- bzw. Überschussproduktion angeboten wird. So könnten illegale Marktanbieter auftreten, die bereit wären, das zu Mindestpreisen und Mengenkontingenten gehandelte Produkt zu einem verbotenen **niedrigeren** Preis abzugeben (z.B. der Verkauf von Milch ab Hof unterhalb des üblichen Handelspreises).

(3) Festpreise

Festpreise können über oder unter dem Preis liegen, der sich bei freier Preisentwicklung ergeben würde. Liegt der **Festpreis über dem Gleichgewichtspreis,** wirkt er wie ein **Mindestpreis; liegt er darunter,** wirkt er wie ein **Höchstpreis.**

Kompetenztraining

20 1. Beschreiben Sie, in welchem Fall marktkonforme Staatseingriffe auf einem Gütermarkt vorliegen!

2. Nennen Sie mindestens drei Möglichkeiten, wie der Staat auf einem Gütermarkt systemkonform eingreifen kann! Beschreiben Sie die Wirkungsrichtung dieser Eingriffe!

3. In nebenstehender Abbildung wird der Markt für Getreide dargestellt. Der Preis P_0 darf nicht unterschritten, wohl aber überschritten werden.

   Aufgaben:

   3.1 Begründen Sie, ob es sich um eine marktkonforme oder marktkonträre Maßnahme des Staates handelt!

   3.2 Erläutern Sie, welcher Art der Preis P_0 ist!

   3.3 Erklären Sie, welche Marktsituation vorliegt und welche Konsequenzen sich langfristig ergeben!

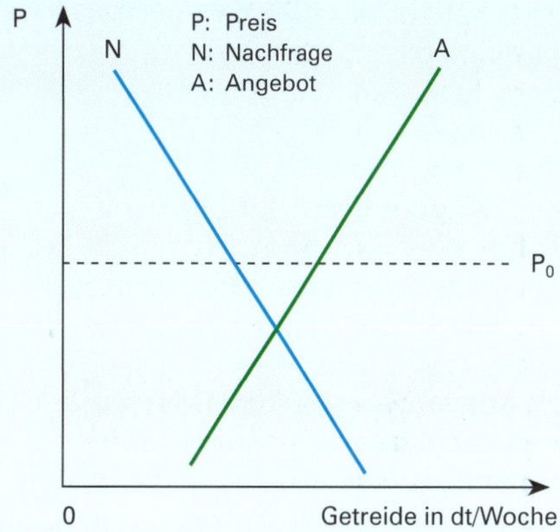

4. In nebenstehender Abbildung wird der Markt für Sozialwohnungen dargestellt. Der Mietsatz P_0 darf nicht überschritten, wohl aber unterschritten werden.

   Aufgaben:

   4.1 Begründen Sie, ob es sich um eine marktkonforme oder marktkonträre Maßnahme des Staates handelt!

   4.2 Erklären Sie, welcher Art der Preis P_0 ist!

   4.3 Begründen Sie, welche Marktsituation vorliegt und welche Konsequenzen sich langfristig ergeben!

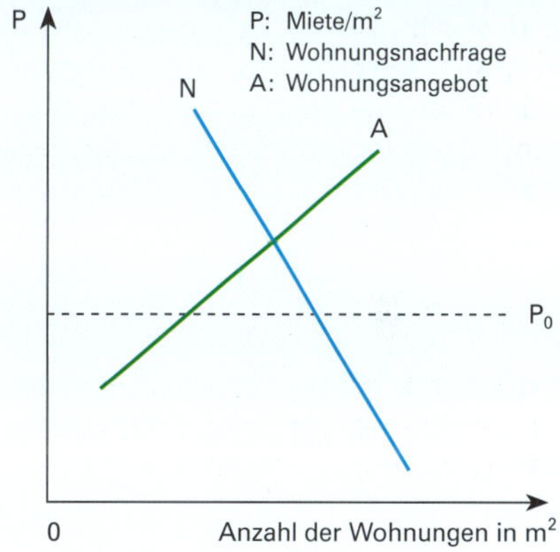

5. Entscheiden Sie in den nachfolgenden Fällen, ob sich die Aussagen

   ① nur auf Mindestpreise,

   ② nur auf Höchstpreise,

   ③ sowohl auf Mindest- als auf Höchstpreise,

   ④ weder auf Mindest- noch auf Höchspreise

   beziehen!

(Falls Ihnen das Buch nur leihweise überlassen wurde, schreiben Sie die Lösungsnummer bitte in Ihre Unterlagen!)

5.1	Die Preise werden staatlich fixiert.	
5.2	Es entsteht ein Angebotsüberhang.	
5.3	Es handelt sich um einen marktinkonformen Eingriff des Staates.	
5.4	Der Marktmechanismus wird außer Kraft gesetzt.	
5.5	Der Preis liegt unterhalb des Gleichgewichtspreises.	
5.6	Die Festlegung dieses Preises soll verhindern, dass sich ein niedrigerer Gleichgewichtspreis bildet.	
5.7	Die Festsetzung dieses Preises geschieht im Interesse des Staates.	
5.8	Bei dieser Form der Preisfixierung wird seitens des Staates der sich ohnehin durch den Preismechamismus einstellende Gleichgewichtspreis nur vorweggenommen.	
5.9	Der Staat muss weitere Eingriffe zur Mengenregulierung vornehmen.	

6. Wir unterstellen einen Markt mit einem Nachfrageverlauf (N) und einem Angebotsverlauf (A) wie nachfolgend dargestellt. Angenommen wird, dass der Staat zum Schutz der Anbieter einen Mindestpreis (p_M) festlegt und den Produzenten dazu noch die Annahme der gesamten Angebotsmenge garantiert.

   Bestimmen Sie die staatlichen Kosten für diese Abnahmegarantie, indem Sie aus den folgenden Lösungen die entsprechende Fläche für diese Kosten auswählen! ☐

   ① Es handelt sich um die Flächen 1 und 6.
   ② Es handelt sich um die Flächen 6 und 7.
   ③ Es handelt sich um die Flächen 5 und 7.
   ④ Es handelt sich um die Flächen 2, 3, 4 und 5.
   ⑤ Es handelt sich um die Flächen 2, 3, 4, 5 und 7.
   ⑥ Es handelt sich um die Flächen 1 bis 7.
   ⑦ Keine der angegebenen Lösungen ist richtig.

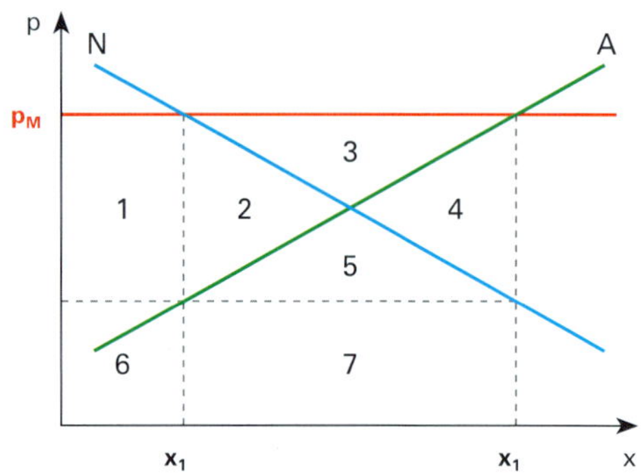

7. **Vernetzungsdiagramm**

   Angenommen, der Staat führt zum Schutz der Landwirte für bestimmte Agrarprodukte einen Mindestpreis ein. Stellen Sie auf der Basis nachfolgender Vorlage eines Vernetzungsdiagramms acht mögliche Ursache-Wirkungs-Beziehungen dar, indem Sie die einzelnen Felder mit Pfeilen verbinden! Versehen Sie die Pfeile mit einem Plus- oder Minuszeichen, wobei gilt:

   – **Pluszeichen:** gleichgerichtete (verstärkende) Wirkung. Es gilt: je mehr (höher) – desto mehr (höher); je weniger (niedriger) – desto weniger (niedriger).

- **Minuszeichen:** entgegengesetzte (abschwächende) Wirkung. Es gilt: je mehr (höher) – desto weniger (niedriger) bzw. je weniger (niedriger) – desto mehr (höher).

DOWNLOAD

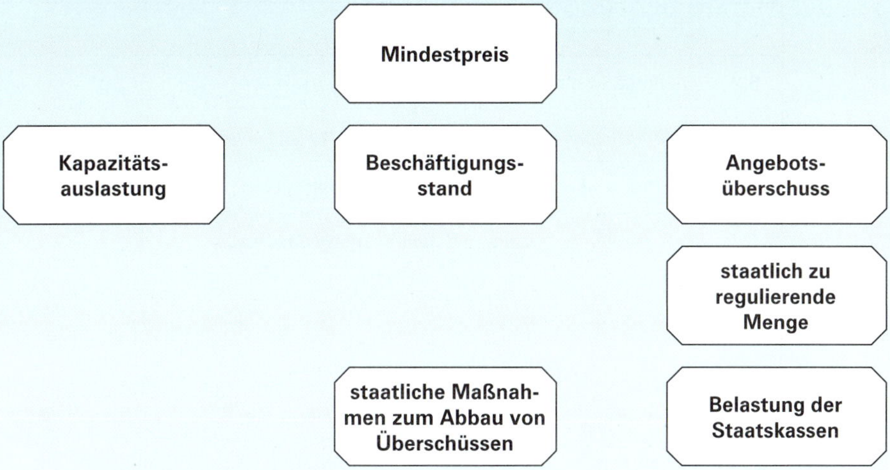

8. Auf dem europäischen Markt herrscht für ein bestimmtes Agrarprodukt nebenstehende Angebots- und Nachfragesituation.

   Die EU-Kommission setzt einen Mindestpreis fest, der pro Tonne um 300,00 EUR vom Gleichgewichtspreis entfernt ist.

   Aufgaben:

   8.1 Erläutern Sie das Motiv, das die EU-Kommission zu dieser Intervention veranlasst haben könnte!

   8.2 Berechnen Sie, wie hoch der von der EU-Kommission festgesetzte Mindestpreis pro Tonne ist!

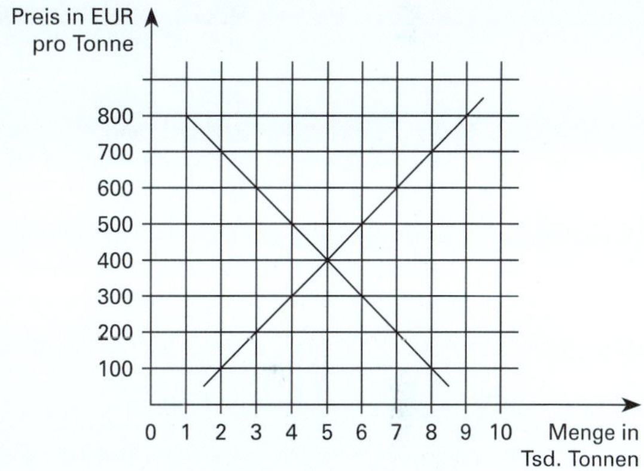

   8.3 Ermitteln Sie den Aufwand der Europäischen Union, wenn diese die gesamte jährliche Angebotsmenge zum garantierten Mindestpreis aufkauft!

   8.4 Berechnen Sie, wie hoch der Verlust der EU pro Jahr ist, wenn diese die auf dem europäischen Markt zum Gleichgewichtspreis absetzbare Menge zu eben diesem Preis verkauft und die dann noch vorhandenen Überschüsse auf dem Weltmarkt für 200,00 EUR pro Tonne absetzt!

   8.5 Angenommen, der Europäischen Union gelänge es, durch die Einführung entsprechender Produktionskontingente den jährlichen Angebotsüberschuss des betrachteten Agrarproduktes um 2000 Tonnen abzusenken. Ermitteln Sie die unter den Annahmen der Aufgabenstellungen 8.2 bis 8.4 hieraus resultierende jährliche Ersparnis!

   8.6 In Abwandlung der Aufgabenstellung 8.5 soll nunmehr davon ausgegangen werden, dass die EU-Kommission plant, die Reduzierung der Angebotsmenge um 2000 Tonnen jährlich durch die Einführung einer sogenannten Flächenstilllegungsprämie zu erreichen. Langjährigen Studien zufolge liegt der Ernteertrag pro Hektar bei durchschnittlich 0,5 Tonnen im Jahr. Berechnen Sie, wie hoch eine solche zur Produktionsreduzierung geplante Einmalzahlung pro Hektar an die Produzenten maximal ausfallen dürfte, wenn diese durch die Ersparnisse der ersten 15 Folgejahre gegenfinanziert werden sollte!

4 Notwendigkeit der Wettbewerbspolitik für das Funktionieren der Märkte begründen

Situation: Bekämpfung des Wettbewerbs schon vor über 400 Jahren

Lesen Sie zunächst den nachfolgenden Artikel!

Die verordnete Solidarität

Wettbewerb war selbst unter Zunftmitgliedern verboten – Verstöße dagegen wurden sogar mit dem Tod bestraft

Am 29. September 1615 zogen die Kölner Handwerker aus, ihren Lebensunterhalt zu verteidigen. Mit Äxten, Pickeln und Pferdewagen setzten Zimmerleute, Dachdecker und Maurer über den Rhein und marschierten unter dem Schutz von 500 Soldaten gegen die Festung Mülheim. Sie rissen die Festungsmauern ein, zerstörten Häuser und Gewerbebetriebe. In der zum Herzogtum Berg gehörenden „Freiheit" Mülheim hatte sich in den vergangenen Jahrzehnten eine für die stadtkölnischen Zunfthandwerker ruinöse Konkurrenz entwickelt.

All jene Protestanten und aufstrebenden Manufakturbetreiber, denen im katholischen Köln das Produzieren verboten war, wurden in Mülheim kostenlos in den Bürgerstand aufgenommen. Sie statteten ihre Betriebe mit modernen mechanischen Hilfsmitteln aus, deren Gebrauch den Zunftmeistern verboten war, und sie stellten zur Arbeit ein, wer arbeiten wollte und konnte – ohne Rücksicht auf Gesellenbrief und Zunftfähigkeit. Die dynamischen Mülheimer Unternehmer erdrückten das zünftige Handwerk auf der anderen Rheinseite. Sie nahmen ihm die Märkte und kauften ihm die Rohstoffe vor der Nase weg. Der Feldzug von 1615 hat den Siegeszug des freien Gewerbes allerdings nicht aufhalten können. [. . .]

Quelle: DIE ZEIT vom 05. 12. 1997.

Quelle: Gästeamt Wangen im Allgäu.

Kompetenzorientierte Arbeitsaufträge:

1. Nennen Sie Gründe, die die Kölner Handwerker dazu bewegt haben, gegen die Festung Mülheim zu ziehen! Gehen Sie dabei insbesondere auf die im Text genannten Ursachen ein!
2. Erläutern Sie, warum es im Rahmen der sozialen Marktwirtschaft eine wichtige Aufgabe des Staates ist, den Rahmen für einen funktionierenden Wettbewerb zu schaffen und zu erhalten.
3. Vielfach muss das Bundeskartellamt namhafte Unternehmen mit Strafen belegen, weil sie gegen geltendes Wettbewerbsrecht verstoßen, indem sie versuchen, den Wettbewerb auszuschalten. Recherchieren Sie hierzu aktuelle Fälle und präsentieren Sie die Ergebnisse Ihrer Recherche Ihren Mitschülern!

4.1 Ziele der Wettbewerbspolitik

Wettbewerb ist die Grundlage der sozialen Marktwirtschaft. Ohne Wettbewerb kann der Preis seine für die Steuerung des Wirtschaftsprozesses unerlässlichen Funktionen nicht erfüllen.

Da die Unternehmen, vor allem bei wirtschaftlichen Schwierigkeiten, bestrebt sind, den freien Wettbewerb auszuschalten, indem sie

- wettbewerbsbeschränkende Vereinbarungen **(Kartelle)** treffen,
- **Unternehmenszusammenschlüsse (Fusionen)** bilden und
- ihre **marktbeherrschende Stellung missbräuchlich ausnutzen,** um Konkurrenten aus dem Markt zu drängen (z. B. durch Liefer- und Bezugssperren),

muss der Staat den Wettbewerb durch eine **aktive Wettbewerbspolitik** sichern.

Das **zentrale Ziel** der Wettbewerbspolitik ist, ein **wettbewerbliches Verhalten** der Anbieter auf den Märkten **sicherzustellen.**

Rechtliche Grundlage der Wettbewerbspolitik in der Bundesrepublik Deutschland ist das **„Gesetz gegen Wettbewerbsbeschränkungen"** [GWB]. Durch dieses Gesetz überwacht bzw. verbietet der Staat Unternehmenszusammenschlüsse. Zudem kontrolliert er die Preisgestaltung marktbeherrschender Unternehmen.

In Deutschland wacht als unabhängige Wettbewerbsbehörde das **Bundeskartellamt** über die Einhaltung des Wettbewerbs.

Sitz des Bundeskartellamts in Bonn

4.2 Begriffe Kooperation und Konzentration

In einer Marktwirtschaft stehen die Unternehmen in einem mehr oder weniger **harten Wettbewerb um die Käufer ihrer Leistungen** (Sachgüter wie z. B. Waren und Dienstleistungen). Um den **Konkurrenzdruck** zu **mildern,** arbeiten sie häufig mit anderen Unternehmen zusammen (sie kooperieren mit anderen Unternehmen).

Dabei kann sich die **Zusammenarbeit (die Kooperation)** auf den verschiedensten Gebieten vollziehen, beispielsweise

- im **Einkauf** (z. B. gemeinsame Beschaffung),
- in der **Produktion** (z. B. Schaffung gemeinsamer Normen) oder
- im **Absatz** (z. B. Gemeinschaftswerbung).

- **Kooperation** ist **jede** Zusammenarbeit zwischen Unternehmen.
- **Unternehmenszusammenschlüsse** können zur Machtzusammenballung („Monopolisierung") führen. Man spricht in diesem Fall von **Konzentration.**[1]

1 **Konzentration:** Zusammenfassung; hier: Zusammenballung wirtschaftlicher Macht bei einem oder wenigen Unternehmen bzw. staatlichen Betrieben.

4.3 Ziele der Kooperation und Konzentration

Oberziel von Kooperation und Konzentration ist die **Sicherung der Lebensfähigkeit** (Existenz) der beteiligten Unternehmen durch **Gewinnerhöhung** oder **Verlustminderung.** Die Verfolgung dieser Ziele ist in allen Unternehmensbereichen (Beschaffung, Fertigung, Absatz, Finanzierung, Personalwirtschaft) möglich, sodass sich zahlreiche **Unterziele** ergeben.

Im Einzelnen können sich folgende **Unterziele** ergeben:

- **Sicherung der Rohstoffversorgung,** z.B. durch gemeinsame Beschaffungsmarktforschung und gemeinsame Erschließung von Rohstoffvorkommen;
- **angestrebte Kostensenkungen,** z.B. durch zwischenbetrieblichen Erfahrungsaustausch, gemeinsame Forschung und Produktentwicklung, gemeinsame Rationalisierungsmaßnahmen und Abstimmung der Produktprogramme;
- **Sicherung der Absatzmärkte,** z.B. durch gemeinsame Absatzwerbung, gemeinsame Verkaufsniederlassungen und gemeinsame Preispolitik zur Abwehr von Großunternehmen, gemeinsame Markenartikel und Gütezeichen;
- **Ausschaltung oder Beschränkung des Wettbewerbs,** z.B. durch Mengen- und Preisabsprachen;
- **gemeinsame Finanzierung großer Aufträge,** zu denen ein einzelnes Unternehmen nicht in der Lage ist;
- **Erhöhung der wirtschaftlichen Macht,** z.B. Ausschaltung der Konkurrenz durch den Aufkauf kleinerer (schwächerer) Unternehmen.

4.4 Arten von Unternehmenszusammenschlüssen nach Wirtschaftsstufen

Die Arten der zwischenbetrieblichen Zusammenarbeit sind sehr zahlreich. Nach den **beteiligten Wirtschaftsstufen** können wir folgende Zusammenschlüsse unterscheiden:

Arten	Erläuterungen	Beispiele
Horizontaler Zusammenschluss	Bei diesem Zusammenschluss arbeiten Unternehmen der gleichen Wirtschaftsstufe, die gleiche, gleichartige oder gegenseitig austauschbare Güter (Substitutionsgüter) herstellen und verkaufen, zusammen.	■ Mehrere Brauereien schließen sich zusammen, um gemeinsam Werbung zu betreiben. ■ Mehrere Hersteller von Haushaltsgeräten stimmen ihr Produktprogramm aufeinander ab.
Vertikaler Zusammenschluss	Bei diesem Zusammenschluss erfolgt die zwischenbetriebliche Zusammenarbeit zwischen Unternehmen, die verschiedenen Wirtschaftsstufen angehören.	■ Zusammenschluss von Forstwirtschaft, Sägerei, Möbelfabrik und Möbelgeschäft. ■ Zusammenschluss von Getreideanbauern, Getreidemühle, Brotfabrik, Verkaufsläden.
Diagonaler Zusammenschluss	Diagonal ist ein Zusammenschluss dann, wenn an ihm Unternehmen unterschiedlichster Branchen beteiligt sind.	■ Eine Chemiefabrik und eine Maschinenfabrik kooperieren. ■ Eine Brauerei, eine Textilfabrik und eine Konservenfabrik schließen sich zusammen.

Horizontale und vertikale Unternehmenszusammenschlüsse werden auch als **organische Zusammenschlüsse** bezeichnet, weil sie aus einer inneren Ordnung herauswachsen. Dies bedeutet, dass zwischen den zusammengeschlossenen Unternehmen ein innerer Zusammenhang besteht. **Diagonale Zusammenschlüsse** nennt man auch **anorganische, laterale**[1] oder **heterogene Zusammenschlüsse,** weil zwischen den Beteiligten keine (natürliche) Beziehung besteht.

4.5 Formen der Kooperation durch Unternehmenszusammenschlüsse

Die Unternehmenszusammenschlüsse können danach gegliedert werden, inwieweit die kooperierenden Unternehmen auf ihre **rechtliche und wirtschaftliche Selbstständigkeit** verzichten. Zu unterscheiden sind:

- Kooperierende Unternehmen, die ihre **rechtliche und ihre wirtschaftliche Selbstständigkeit außerhalb der Vertragsabsprachen behalten.** Hierzu gehören z. B. die **Kartelle.**
- Kooperierende Unternehmen, bei denen ein oder mehrere Partner ihre **wirtschaftliche Selbstständigkeit verlieren**. Zu ihnen gehören z. B. die **Konzerne.**
- Kooperierende Unternehmen, die ihre **rechtliche und ihre wirtschaftliche Selbstständigkeit aufgeben.** Zu ihnen gehören die **Trusts.**

4.5.1 Kartell

(1) Begriff Kartell

Das **Kartell** ist ein **vertraglicher Zusammenschluss** von Unternehmen eines Wirtschaftszweigs, die **rechtlich selbstständig** bleiben, aber einen Teil ihrer **wirtschaftlichen Selbstständigkeit** aufgeben.

Die Unternehmen eines Kartells sind durch **Verträge** miteinander verknüpft, wobei sie ihre rechtliche und ihre wirtschaftliche Selbstständigkeit **außerhalb der Vertragsabsprachen** nicht aufgeben.

(2) Kartellarten

Kartellabsprachen können sich auf zahlreiche betriebliche Aufgabenbereiche (Funktionen) beziehen. Die nachfolgende Tabelle gibt einen Überblick über wichtige Kartellvereinbarungen im Handel.

Bezeichnung	Inhalt der Kartellvereinbarung
Rationalisierungs-kartelle	Rationalisierungskartelle sollen zu einer **Kostensenkung** und damit zur **Steigerung der Leistungsfähigkeit** (Produktivität) der Kartellmitglieder beitragen.

1 **Lateral**: seitlich, von der Seite.

Bezeichnung	Inhalt der Kartellvereinbarung
Preiskartell	■ Hier vereinbaren mehrere oder alle Unternehmen einer Branche, ihre Absatzpreise auf einen **bestimmten Preis** festzulegen (Kartellpreis) oder zumindest die vereinbarten Preisober- und/oder -untergrenzen einzuhalten. Der Preiswettbewerb (die Preiskonkurrenz) zwischen den Kartellmitgliedern wird somit aufgehoben. ■ Das Kartell ist so in der Lage, auf dem Markt einen **höheren Preis durchzusetzen,** als dies bei freier Konkurrenz möglich wäre. Man kann daher davon ausgehen, dass Kartellpreise in der Regel höher als die Preise bei freier Konkurrenz sind.
Mengenkartelle	Bei dieser Kartellart wird die Gesamtnachfragemenge auf die Mitglieder aufgeteilt. Wir unterscheiden zwei Arten:
■ **Quotenkartell**	■ Jedem Unternehmer wird eine **bestimmte Warenmenge** zugeteilt. Über die Angebotsmenge soll damit Einfluss auf den Preis genommen werden.
■ **Gebietskartell**	■ Jedem Kartellunternehmen wird ein **abgegrenztes Absatzgebiet** zugeteilt. Ihm wird untersagt, Kunden außerhalb seines ihm zugeteilten Marktes zu beliefern. Dadurch wird der Wettbewerb erheblich beschränkt.
Konditionenkartelle	■ Inhalt der Kartellvereinbarungen ist die Festlegung **einheitlicher Lieferungs- und Zahlungsbedingungen** (z. B. einheitliche Skonti und Zahlungsfristen, gemeinsame Gewährleistungsbedingungen, einheitliche Verpackungskosten, einheitlicher Erfüllungsort). ■ Durch die Konditionenkartelle wird ein **indirekter Einfluss auf die Preisbildung** ausgeübt, da die kartellierten Konditionen im weiteren Sinne zu den Preisbestandteilen gerechnet werden müssen. Konditionenkartelle legen vor allem Kosten von Nebenleistungen (z. B. Fracht- und Verpackungskosten) fest.
Syndikate	Ein Syndikat ist ein Kartell, bei dem die Kartellmitglieder ihre Erzeugnisse über eine **gemeinsame Vertriebsgesellschaft**[1] verkaufen müssen.

4.5.2 Konzern

Ein Konzern ist ein Zusammenschluss von Unternehmen, die **rechtlich selbstständig** sind, ihre **wirtschaftliche Selbstständigkeit** aber **aufgeben,** indem sie sich einer **einheitlichen Leitung** unterstellen.

Bindung durch Kapitalbeteiligung

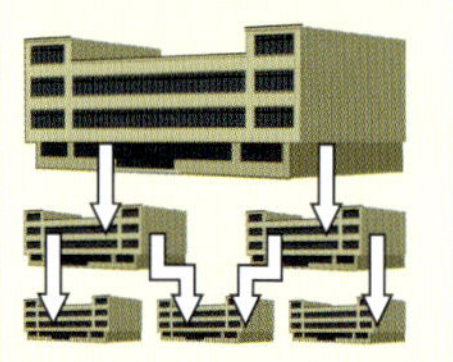

Der Konzern ist dadurch geprägt, dass die beteiligten Unternehmen mit dem herrschenden Unternehmen (der Muttergesellschaft) **kapitalmäßig verbunden** sind. Die abhängigen Unternehmen sind unter der **einheitlichen Leitung des herrschenden** Unternehmens zusammengefasst.

1 Statt Vertriebsgesellschaft wird auch der Begriff **Verkaufssyndikat** verwendet.

4.5.3 Trust

Im Gegensatz zum Konzern, bei dem die beteiligten Unternehmen ihre rechtliche Selbstständigkeit behalten, ist der Trust ein Zusammenschluss mehrerer Unternehmen, die ihre **rechtliche und wirtschaftliche Selbstständigkeit aufgeben.** Dadurch entsteht **ein** Unternehmen.

Ein **Trust** ist ein Unternehmenszusammenschluss, bei dem sich die verschmelzenden Unternehmen zu einem **Großunternehmen** vereinigen.

Trusts entstehen durch **Verschmelzung (Fusion).** Dabei gibt es zwei Möglichkeiten:

Fusion durch Aufnahme	Sie liegt vor, wenn das Vermögen des übertragenden Unternehmens auf die übernehmende Gesellschaft transferiert[1] wird. Praktisch bedeutet das, dass ein schwächeres Unternehmen durch ein stärkeres Unternehmen aufgekauft wird. Die Firma des übertragenden Unternehmens wird gelöscht.
Fusion durch Neubildung	Bei dieser Art der Trustentstehung wird eine neue Gesellschaft gegründet, auf die die Vermögen der sich vereinigenden Unternehmen übertragen werden. Die Firmen aller übertragenden Unternehmen erlöschen.

4.6 Folgen der Unternehmenskonzentration

Marktbeherrschende Unternehmen sind aus folgenden Gründen **nicht** mit den Prinzipien einer sozialen Marktwirtschaft vereinbar:

Gründe	Erläuterungen
Preisbildung	■ Die freie Preisbildung auf dem Markt ist nicht mehr gewährleistet. Die marktbeherrschenden Unternehmen **„diktieren"** den Preis. ■ Die marktbeherrschenden Unternehmen halten die Waren **künstlich knapp,** was zu **höheren** Preisen führt.
Produktionsbedingungen	■ Der Druck auf die Unternehmen, **qualitativ bessere** und **billigere** Erzeugnisse zu produzieren, entfällt. ■ Zu teuer produzierende Betriebe werden **nicht** vom Markt gedrängt, da die Preise an deren zu hohen Kosten ausgerichtet werden. ■ Produktionsfaktoren werden verschwendet und es kommt zu zusätzlichen (vermeidbaren) **Umweltbelastungen.**
Gesellschaftliche Entwicklung	■ Die Produktionseinschränkungen führen zu einer **schlechteren Versorgung** der Konsumenten und zu einer Einschränkung der Konsumfreiheit. ■ Durch die teureren Waren kommt es zu einer Umverteilung der Einkommen vom Verbraucher zu den Unternehmen. Die Unternehmen erzielen **höhere Gewinne** auf Kosten der Konsumenten.

1 **Transferieren:** übertragen.

4.7 Sicherung des Wettbewerbs durch staatliche Wettbewerbspolitik

- Das **Kartellrecht** schafft die Voraussetzungen für einen **funktionierenden** Wettbewerb zwischen den Unternehmen. Insbesondere will es der **Entstehung** von **zu viel Marktmacht** eines Unternehmens **vorbeugen.**
- In Deutschland finden sich die kartellrechtlichen Regelungen vor allem im **Gesetz gegen Wettbewerbsbeschränkungen [GWB].**

4.7.1 Kartellkontrolle

(1) Grundsätzliches Kartellverbot

Alle Vereinbarungen und Maßnahmen, die den Wettbewerb einschränken, sind verboten [§ 1 GWB]. Hierzu zählen insbesondere

- **alle Kartellverträge.** Verboten sind insbesondere die **Preisabsprachen der Preiskartelle,** die **Mengenabsprachen** der **Quotenkartelle** und die **räumlichen Aufteilungen** der **Absatzgebiete** durch die **Gebietskartelle.**
- die **Preisbindung.** Hier wird durch eine Vereinbarung zwischen Verkäufer (z.B. Hersteller) und Käufer (z.B. Einzelhändler) verhindert, dass letzterer seine Verkaufspreise selbst festsetzen kann.

  Beispiel:

  Die Stuttgarter Möbelwerke GmbH verpflichten die Käufer ihrer Möbel (Einzelhändler), diese Möbel an die Letztverbraucher (Konsumenten) nur zu bestimmten (festen) Preisen zu verkaufen. Diese Preisbindung ist verboten.

  Das **Preisbindungsverbot gilt nicht** für die Preisbindung bei Büchern, Zeitschriften und Zeitungen. Außerdem gibt es Ausnahmen von der Preisbindung für die Landwirtschaft sowie für die Kredit- und Versicherungswirtschaft.
- **aufeinander abgestimmte Verhaltensweisen** von Unternehmen zur **Verhinderung** oder **Verfälschung** des Wettbewerbs.

(2) Ausnahmen

Vom Kartellverbot des § 1 GWG sind freigestellt:

- Wettbewerbsbeschränkende Vereinbarungen zwischen den Unternehmen, die zu einer **angemessenen Beteiligung der Verbraucher an dem entstehenden Gewinn**[1] (durch eine bessere Warenerzeugung oder Warenverteilung) oder zu einer **Förderung des technischen oder wirtschaftlichen Fortschritts beitragen.**
- Vereinbarungen zwischen den miteinander im Wettbewerb stehenden Unternehmen, durch die wirtschaftliche Vorgänge (z.B. der Beschaffung, Produktion, des Absatzes) in Form zwischenbetrieblicher Zusammenarbeit **rationalisiert** werden (z.B. zur Einsparung von Kosten). Diese Ausnahmen gelten vor allem für kleinere und mittlere Unternehmen, die dadurch ihre Wettbewerbsfähigkeit verbessern wollen **(Mittelstandskartell).**

---

1 Unter „Gewinn" ist hier nicht der in der Gewinn- und Verlustrechnung ausgewiesene Reingewinn zu verstehen, sondern der Vorteil der Unternehmen (z.B. Verbesserung der Produktqualität, Exportvorteile), den sie durch die Vereinbarungen, Beschlüsse und/oder abgestimmte Verhaltensweisen erlangen.

Beispiel:

Mehrere kleinere Hersteller von Wärmepumpen vereinbaren eine gemeinsame Forschung und Werbung für ihre Erzeugnisse. Zur Einsparung von Beschaffungskosten vereinbaren mehrere kleinere und mittelgroße Baumärkte, Stahl und Eisen gemeinsam über einen zentralen Gemeinschaftseinkauf zu beschaffen.

4.7.2 Missbrauchsaufsicht

Über bestehende marktbeherrschende Unternehmen besteht eine Missbrauchsaufsicht durch das Bundeskartellamt.

Eine **missbräuchliche** Ausnutzung einer **marktbeherrschenden** Stellung durch ein oder mehrere Unternehmen ist **verboten**.

(1) Formen des Missbrauchs

Ein **Missbrauch** liegt z. B. dann vor, wenn ein marktbeherrschendes Unternehmen

- die Wettbewerbsmöglichkeiten anderer Unternehmen erheblich ohne sachlich gerechtfertigten Grund beeinträchtigt,
- Entgelte oder sonstige Geschäftsbedingungen fordert, die sich bei einem wirksamen Wettbewerb mit hoher Wahrscheinlichkeit nicht ergeben würden, oder
- sich weigert, einem anderen Unternehmen gegen ein angemessenes Entgelt Zugang zu den eigenen Netzen oder anderen Infrastruktureinrichtungen zu gewähren.[1]

(2) Begriff der Marktbeherrschung

- **Marktbeherrschend** ist **ein** Unternehmen, wenn es auf seinem Markt ohne Wettbewerber ist oder keinem wesentlichen Wettbewerb ausgesetzt ist **oder** im Verhältnis zu seinen Wettbewerbern eine überragende Marktstellung hat.
- **Marktbeherrschend** sind z. B. **zwei oder mehr** Unternehmen, wenn kein wesentlicher Wettbewerb besteht.

Vermutet wird eine Marktbeherrschung, wenn ein Unternehmen einen **Marktanteil** von **mindestens 40 %** hat. Eine **Gesamtheit** von Unternehmen gilt als marktbeherrschend, wenn **drei oder weniger Unternehmen** zusammen einen Marktanteil von **mindestens 50 %** oder **fünf oder weniger Unternehmen** zusammen einen Marktanteil von **mindestens zwei Dritteln** erreichen. Diese Vermutung gilt nicht, wenn die Unternehmen z. B. nachweisen, dass sie im Verhältnis zu den übrigen Wettbewerbern **keine überragende** Marktstellung haben.

1 Zweck dieser gesetzlichen Regelung ist z. B., den Wettbewerb auf früheren monopolistischen Märkten dadurch zu fördern, dass bedeutende Netze bzw. Infrastrukturen wie z. B. Leitungsnetze für Strom und Nachrichten, Flughäfen und Medien grundsätzlich von allen Wettbewerbern genutzt werden können.

4.7.3 Fusionskontrolle (Zusammenschlusskontrolle)

(1) Zusammenschlüsse

Unternehmenszusammenschlüsse liegen z. B. in folgenden Fällen vor:

- Erwerb des gesamten oder eines wesentlichen Teils des Vermögens eines anderen Unternehmens;
- Erwerb der unmittelbaren oder mittelbaren Kontrolle über andere Unternehmen durch Rechte, Verträge oder andere Mittel;
- Erwerb von Anteilen an einem anderen Unternehmen, wenn diese Anteile allein oder zusammen mit sonstigen, dem Unternehmen bereits gehörenden Anteilen a) 50 % oder b) 25 % des Kapitals oder der Stimmrechte des anderen Unternehmens erreichen.

(2) Anmelde- und Anzeigepflicht

Alle Unternehmenszusammenschlüsse sind **vor ihrem Vollzug** beim Bundeskartellamt **anzumelden**. Sie unterliegen bis zur Freigabe durch das Bundeskartellamt dem **Vollzugsverbot**. Die zur Anmeldung verpflichteten einzelnen Unternehmen müssen in ihrer Anmeldung dem Bundeskartellamt die **Form des Zusammenschlusses mitteilen.**

(3) Geltungsbereich der Zusammenschlusskontrolle

Die Vorschriften des GWB über die Zusammenschlusskontrolle gelten, wenn im letzten Geschäftsjahr vor dem Zusammenschluss die beteiligten Unternehmen **insgesamt weltweit** Umsatzerlöse von **mehr als 500 Millionen EUR** und mindestens ein beteiligtes Unternehmen im **Inland** Umsatzerlöse von **mehr als 25 Millionen EUR** erzielt haben.

(4) Verfahren der Zusammenschlusskontrolle

Die Untersagung von Unternehmenszusammenschlüssen ist grundsätzlich nur innerhalb einer Frist von **4 Monaten** seit Eingang der vollständigen Fusionsanmeldung möglich.

(5) Ministererlaubnis

Auf Antrag kann der **Bundesminister für Wirtschaft und Energie** die Erlaubnis zu einem vom Bundeskartellamt untersagten Zusammenschluss erteilen, wenn dieser von gesamtwirtschaftlichem Vorteil ist oder durch ein **überragendes Interesse der Allgemeinheit** gerechtfertigt ist. Die Erlaubnis darf nur erteilt werden, wenn der Zusammenschluss die marktwirtschaftliche Ordnung nicht gefährdet.

Kompetenztraining

21

1. Erklären Sie die Begriffe Kooperation und Konzentration!
2. Nennen Sie Ziele, die die Unternehmen durch Kooperation und Konzentration verfolgen!
3. Erklären Sie an einem Beispiel den Unterschied zwischen rechtlicher und wirtschaftlicher Selbstständigkeit!
4. Erklären Sie den Unterschied zwischen Konzern und Kartell!
5. Erklären Sie folgende Kartellarten:
   5.1 Preiskartell,
   5.2 Rationalisierungskartell und
   5.3 Syndikat!
6. Erklären Sie den Begriff Fusion!
7. Begründen Sie die Bedeutung der Fusionskontrolle in einer sozialen Marktwirtschaft!
8. Die Lebensmittelwerke AG schließt sich mit der Handelskette Gut & Fein GmbH zusammen.

   Aufgaben:

   8.1 Nennen Sie zwei Gründe, die für diesen Entschluss maßgebend gewesen sein könnten!
   8.2 Nennen Sie den Begriff für diese Art von Zusammenschluss!
   8.3 Nennen Sie zwei Vorteile und zwei Nachteile, die dieser Zusammenschluss für den Verbraucher mit sich bringen kann!
   8.4 Das Bundeskartellamt in Bonn verweigert den Zusammenschluss. Führen Sie an, auf welches Gesetz sich die Ablehnung gründet!
9. Erklären Sie jeweils zwei (mögliche) gesamtwirtschaftliche Vorteile und Nachteile (negative Auswirkungen) von Unternehmenszusammenschlüssen! Beurteilen Sie, ob Ihrer Ansicht nach die Vor- oder Nachteile überwiegen! Begründen Sie Ihre Meinung!
10. Erläutern Sie, warum der Staat in der sozialen Marktwirtschaft dazu aufgerufen ist, Wettbewerbspolitik zu betreiben, und welche Ziele der Staat damit verfolgt!
11. **Mindmap**

    Erstellen Sie zur Wiederholung (und zur Vorbereitung auf eine eventuelle Klausur) ein Mindmap zum Thema „Preisbildung auf Märkten"!

3 Die wirtschaftspolitischen Ziele des Stabilitätsgesetzes sowie die qualitativen Ziele charakterisieren und Zielbeziehungen analysieren

Situation: Vier Freundinnen unterhalten sich über Parteiziele

Sibel, Jennifer, Sarah und Meike – allesamt Schülerinnen an einer kaufmännischen Berufsfachschule – sind seit vielen Jahren eine typische Mädchenclique, die viel Zeit miteinander verbringt. Alle vier sind in den letzten acht Monaten volljährig geworden und dürfen nun erstmals bei der in Kürze stattfindenden Bundestagswahl wählen. Als sogenannte Erstwählerinnen wollen sie auf jeden Fall an der Wahl teilnehmen und außerdem nicht irgendeiner Partei ihre Stimme geben, nur weil deren Kandidat oder Kandidatin sympathisch wirkt. Vielmehr haben sie sich fest vorgenommen, sich in den Parteiprogrammen genauer darüber zu informieren, wofür die einzelnen Parteien wirklich stehen und welche Ziele sie konkret verfolgen.

An einem Wochenende treffen sich die vier Freundinnen mal wieder in ihrem Lieblingscafé, um den Tag in gemütlicher Runde langsam ausklingen zu lassen. Im Laufe der schon länger andauernden Unterhaltung werden auch die in Kürze anstehenden Wahlen zum Gesprächsthema. Dabei tauschen sich die vier Freundinnen darüber aus, was ihnen bei den Parteien besonders gefällt.

Jennifer:
„Mir gefällt bei der Partei besonders, dass sie sich für höhere Zinsen und einen stabilen Euro einsetzen will."

Sarah:
„An der Partei begeistert mich, wie durch mehr Klimaschutz die Zukunft unseres Planeten in den Mittelpunkt gestellt wird."

Meike:
„Die Partei fordert eine Politik für mehr Wirtschaftswachstum und somit auch mehr Ausbildungs- und Arbeitsplätze."

Sibel:
„In einem Parteiprogramm wird besonderer Wert auf die Bekämpfung der Arbeitslosigkeit und mehr soziale Gerechtigkeit gelegt."

Kompetenzorientierte Arbeitsaufträge:

1. In der Situation wird erkennbar, dass zumindest zwei der angesprochenen Parteiziele miteinander in Konflikt stehen. Erklären Sie, um welche Ziele es sich handelt, und beschreiben Sie anschließend anhand eines eigenständig gewählten Beispiels diesen Zielkonflikt!
2. Erläutern Sie, was man unter „sozialer Gerechtigkeit" versteht! Überprüfen Sie dabei auch kritisch die Frage, inwiefern tatsächlich alle Parteien das Gleiche meinen, wenn sie von mehr sozialer Gerechtigkeit sprechen!
3. Nennen Sie die vier Ziele nach dem Stabilitätsgesetz und erläutern Sie jeweils deren politisch akzeptierten Zielerreichungsgrad!
4. **Maßnahmenplan**
   Zeichnen Sie das „magische Sechseck der Wirtschaftspolitik" und entwickeln Sie für jedes einzelne Ziel des „magischen Sechsecks" jeweils zwei mögliche wirtschaftspolitische Maßnahmen, die zu einem höheren Zielerreichungsgrad beitragen könnten! Erstellen Sie hierzu eine Übersicht in Form eines Maßnahmenplans!

1 Begriff Wirtschaftspolitik

Die Wirtschaftspolitik versucht Antworten auf die Fragen zu finden:

- **Welche** Ziele sind realisierbar und
- **wie** lassen sich die festgelegten Ziele erreichen?

Am Anfang der Wirtschaftspolitik steht ein **Ziel,** das realisiert werden soll. Die **Festlegung** solcher Ziele und Normen, also dessen, was sein sollte, lässt sich **wissenschaftlich** allgemeingültig **nicht** vornehmen.

Da man folglich über die Ziele der Wirtschaftspolitik **unterschiedlicher Meinung** sein kann, sollte deren Festlegung bzw. Formulierung letztlich über politisch legitimierte Organe im Sinne eines gesamtgesellschaftlichen Konsenses[1] erfolgen. Die anzustrebenden Ziele sind im Wesentlichen politisch durch die **Träger der Wirtschaftspolitik,** etwa durch das Parlament, zu bestimmen.

Unter **Wirtschaftspolitik** versteht man die Beeinflussung der Wirtschaft durch **politische Maßnahmen,** mit denen der **Staat regelnd** und **gestaltend** in die Wirtschaft eingreift.

Wirtschaftspolitik umfasst alle Maßnahmen staatlicher Instanzen

- zur Gestaltung der Wirtschaftsordnung (**Ordnungspolitik**).

Beispiele:

Wettbewerbsordnung, Gewerbeordnung, Eigentumsordnung.

- zur Beeinflussung der Struktur **(Strukturpolitik)**.

Beispiele:

Steuererleichterungen und Subventionen zur Modernisierung bzw. Anpassung einzelner Industrien oder Branchen, finanzielle Förderung von Forschung, Verbesserung der Infrastruktur.

- zum Ablauf des arbeitsteiligen Wirtschaftsprozesses **(Prozesspolitik)**.

Beispiele:

Arbeitsmarktpolitik, Konjunkturpolitik (Fiskalpolitik) und Geldpolitik.

Die Wirtschaftspolitik kann sich auf die gesamte Volkswirtschaft **(allgemeine Wirtschaftspolitik)** oder auf Teilbereiche **(spezielle Wirtschaftspolitik)** erstrecken.

---

1 **Konsens:** Zustimmung, Einwilligung, Übereinstimmungen der Meinungen.

2 Wirtschaftspolitische Ziele und ihre Zielbeziehungen

2.1 Ziele des Stabilitätsgesetzes sowie deren Messgrößen und Zielerreichungsgrade

2.1.1 Überblick

- **Politik** ist **zielgerichtetes** Handeln. Der Staat muss sich also Ziele setzen, nach denen er seine Wirtschaftspolitik ausrichtet.
- Das **Grundgesetz** mit seinen Forderungen nach **größtmöglicher Freiheit** und **sozialer Gerechtigkeit** setzt hierzu nur „Eckpfeiler".

Nach § 1 des Gesetzes zur Förderung der Stabilität und des Wachstums der Wirtschaft vom 8. Juni 1967 **(„Stabilitätsgesetz")** haben Bund und Länder bei ihren wirtschafts- und finanzpolitischen Maßnahmen die Erfordernisse des gesamtwirtschaftlichen Gleichgewichts zu beachten.

Gesamtwirtschaftliches Gleichgewicht liegt vor, wenn **alle** Produktionsfaktoren **vollbeschäftigt** sind und sich **alle** Märkte (z. B. Arbeits-, Kredit-, Gütermärkte) **ausgleichen.**

Aus diesem **Oberziel** leitet das Stabilitätsgesetz **vier Unterziele (magisches Viereck)** ab:

- Stabilität des Preisniveaus,
- hoher Beschäftigungsstand,
- außenwirtschaftliches Gleichgewicht und
- stetiges und angemessenes Wirtschaftswachstum.

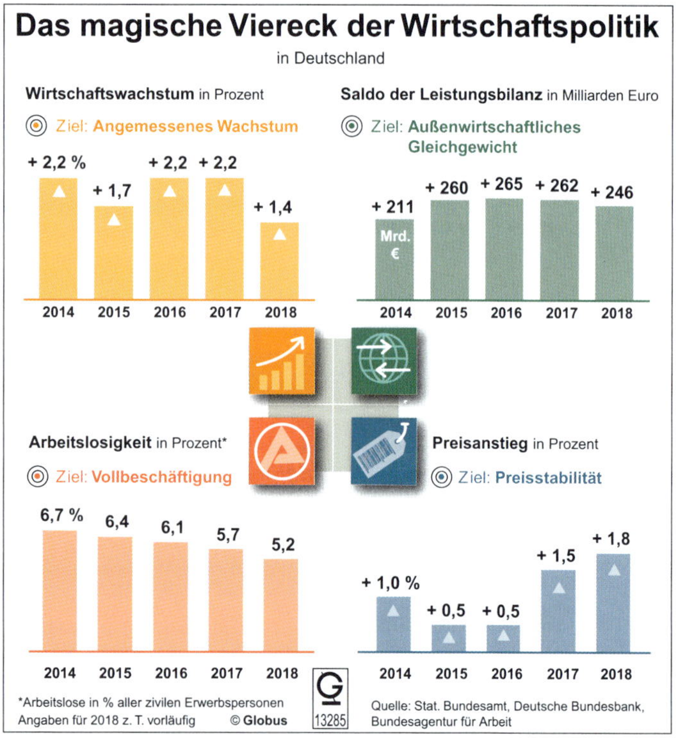

Die vier genannten Ziele sind **quantitative Ziele,** weil sie sich in Zahlen erfassen lassen. Zwei weitere wichtige, nicht ausdrücklich im Stabilitätsgesetz erwähnte **qualitative Ziele** sind:

- sozial verträgliche Einkommens- und Vermögensverteilung und
- Erhaltung der natürlichen Lebensgrundlagen (Umweltschutz).

Werden die **quantitativen** und **qualitativen** Ziele gleichzeitig verfolgt, so spricht man von einem **magischen Sechseck.**

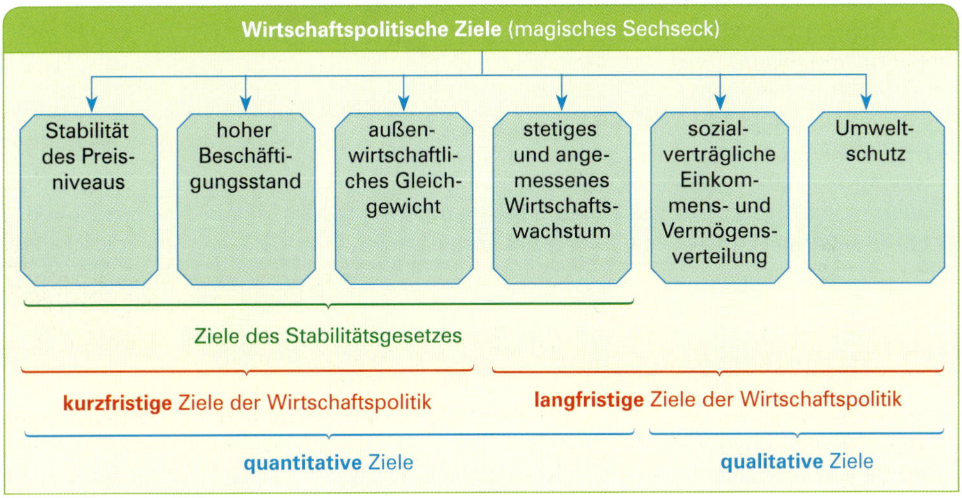

2.1.2 Hoher Beschäftigungsstand[1]

Die **Beschäftigung** zeigt den Grad der **Kapazitätsausnutzung** einer Volkswirtschaft an.

Die Beschäftigungslage in einer Volkswirtschaft beurteilt man meist an den Arbeitslosenzahlen und den offenen Stellen.

Vollbeschäftigung	Sie ist gegeben, wenn die **Arbeitslosenquote** (Anteil der Arbeitslosen an den beschäftigten Erwerbspersonen) **nicht mehr als rund 2 %** beträgt.
Überbeschäftigung	Sie liegt vor, wenn die Zahl der offenen Stellen erheblich über der Zahl der Arbeitslosen liegt.
Unterbeschäftigung	Sie ist gegeben, wenn die Arbeitslosenquote höher als rund 2 % ist und die Zahl der offenen Stellen niedriger als die Arbeitslosenzahl ist.

1 Vgl. hierzu Kompetenzbereich 5.

Eine einheitliche Berechnungsformel für die **Arbeitslosenquote** gibt es nicht. Die **Bundesagentur für Arbeit** verwendet in Anlehnung an die Berechnung der EU-Arbeitslosenquote folgende Berechnungsmethode:

$$\text{ALQ} = \frac{\text{Arbeitslosenzahl} \cdot 100}{\text{Anzahl der Erwerbspersonen}}$$

Unter **Erwerbspersonen** sind die **selbstständigen** und die **unselbstständigen** Erwerbspersonen **zuzüglich der Arbeitslosen** zu verstehen. Demnach besteht die Zahl der **abhängigen** Erwerbspersonen aus den abhängig Beschäftigten **und** den Arbeitslosen.

Unter-, Über- und Vollbeschäftigung

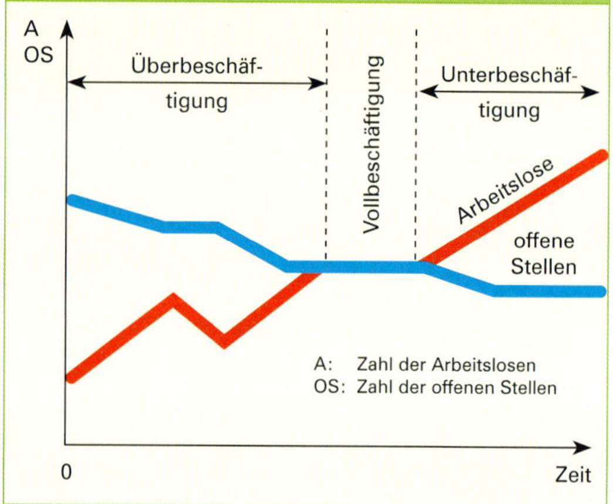

Eine der wichtigsten Aufgaben der Wirtschaftspolitik ist die Sicherung eines **hohen Beschäftigungsstands.**

2.1.3 Stabilität des Preisniveaus[1]

Eine (absolute) **Stabilität des Preisniveaus** (Geldwertstabilität) liegt vor, wenn sich das **Preisniveau** überhaupt nicht verändert.

Auch bei absoluter Preisstabilität können sich die Preise der einzelnen Güter verändern. Bedingung ist jedoch, dass Preissteigerungen einzelner Wirtschaftsgüter durch die Preissenkungen anderer Wirtschaftsgüter ausgeglichen werden.

Die Wirtschaftspolitik konnte oder wollte bisher nur in seltenen Fällen eine absolute Preisstabilität erreichen. Aus diesem Grund wird heute eine relative Preisstabilität gefordert. Nach der **Definition der Europäischen Zentralbank (EZB)** ist Preisstabilität gegeben, wenn die Preissteigerungsrate im **Durchschnitt** mehrerer Jahre **unter 2 %** liegt.

Inflationsraten,[2] die über der genannten Zielvorstellung liegen, bringen erhebliche Nachteile mit sich. Die Sparer werden dann geschädigt, wenn die Inflationsraten (Preissteigerungsraten) höher als die Sparzinsen sind.

Als Folge kann sich der Sparer für seine Ersparnisse wegen der Preissteigerungen immer **weniger** kaufen. Sein Geld verliert an **Kaufkraft.**

Hingegen werden die Schuldner und die Besitzer von Realvermögen (z. B. von Grundstücken, Gold, Betriebsvermögen und Anteilsrechten wie z. B. Aktien) bevorzugt. Steigt das inländische Preisniveau schneller als das ausländische, wird der Export beeinträchtigt, sodass die Arbeitsplätze in Gefahr geraten.

1 **Preisniveau:** gewogener Durchschnitt aller Güterpreise. Vgl. Kompetenzbereich 6.

2 **Inflationsraten:** Preissteigerungsraten (prozentuale durchschnittliche Preissteigerungen in Bezug auf das Vorjahr). Unter Inflation (lat. Aufblähung) versteht man eine lang anhaltende Steigerung des Preisniveaus.

2.1.4 Außenwirtschaftliches Gleichgewicht[1]

Ein **außenwirtschaftliches Gleichgewicht** liegt vor, wenn die **Zahlungsbilanz** mittelfristig ausgeglichen ist.

Die Zahlungsbilanz ist die **Gegenüberstellung** aller in Geld messbaren **Transaktionen** (Bewegungen, Übertragungen) **zwischen In- und Ausland.** Sind die Zahlungsströme ins Inland größer als die Zahlungsströme ins Ausland, spricht man von Zahlungsbilanzüberschuss. Sind die Zahlungsströme vom Inland ins Ausland größer als die Zahlungsströme vom Ausland ins Inland, handelt es sich um ein Zahlungsbilanzdefizit. Im ersten Fall liegt eine **aktive Zahlungsbilanz,** im zweiten eine **passive Zahlungsbilanz** vor.

<table>
<tr>
<td>Exportüberschüsse

</td>
<td>
<ul>
<li>Exportüberschüsse führen zu Devisenüberschüssen,[2] weil die Exporteure die eingenommenen Devisen in der Regel bei den Banken in Binnenwährung umtauschen.</li>
<li>Der Geldumlauf in der Binnenwirtschaft steigt. Bei bestehender Vollbeschäftigung steigt das Preisniveau („importierte Inflation“).[3]</li>
</ul>
</td>
</tr>
<tr>
<td>Importüberschüsse

</td>
<td>
<ul>
<li>Die Importeure zahlen die Importe entweder in Binnen- oder in Fremdwährung. Wird in Binnenwährung gezahlt, tauschen die im Devisenausland ansässigen Exporteure ihre Erlöse in ihre eigene Währung um. Wird in Fremdwährung gezahlt, müssen die Importeure die benötigten Devisen im eigenen Währungsgebiet kaufen.</li>
<li>In beiden Fällen schrumpft der Devisenvorrat der Binnenwirtschaft: Die Zahlungsbilanz wird passiv. Die abnehmende Geldmenge bremst zwar den Preisauftrieb, gefährdet aber die Arbeitsplätze.</li>
</ul>
</td>
</tr>
</table>

2.1.5 Stetiges und angemessenes Wirtschaftswachstum[4]

(1) Begriff Wirtschaftswachstum

Ein **stetiges Wirtschaftswachstum** liegt vor, wenn das Wachstum des **realen** Bruttoinlandsprodukts keine oder nur geringe Konjunkturschwankungen[5] aufweist.

Das Wirtschaftswachstum ist in allen Wirtschaftsordnungen ein wesentliches Ziel der Wirtschaftspolitik, denn nur dann, wenn die Produktion wirtschaftlicher Güter schneller als die Bevölkerung wächst, kann der **materielle Lebensstandard** pro Kopf der Bevölkerung **erhöht** werden. Wirtschaftliches Wachstum ist

1 Vgl. hierzu Kompetenzbereich 7.

2 **Devisen:** Zahlungsmittel (z. B. Schecks und Überweisungen) in Fremdwährung.

3 Weil bei Exportüberschüssen der Geldumlauf im eigenen Währungsgebiet steigt und dort zugleich das Güterangebot sinkt, spricht man auch vom **doppelt inflationären Effekt** der **Exportüberschüsse.**

4 Vgl. hierzu Kompetenzbereich 4.

5 **Konjunktur:** Schwankungen der wirtschaftlichen Aktivitäten, vor allem der Beschäftigung.

umso wichtiger, je geringer der Entwicklungsstand und damit der Lebensstandard einer Volkswirtschaft ist.

Schwieriger ist der Begriff des **angemessenen Wirtschaftswachstums** zu bestimmen, denn was unter „angemessen“ zu verstehen ist, kann nur politisch entschieden werden. Derzeit würde ein jährliches Wirtschaftswachstum von **3 %** im Bundesdurchschnitt als großer wirtschaftspolitischer Erfolg gewertet werden.

(2) Bedingungen des quantitativen Wirtschaftswachstums

Das Wachstum der Wirtschaft – gemessen an der Höhe des **realen Bruttoinlandsprodukts** – ist vor allem auf folgende Faktoren zurückzuführen:

- ausreichend zur Verfügung stehende Rohstoff- und Energiequellen (Ressourcen);
- hohe Sparrate, die hohe Investitionen ermöglicht;
- gute Ausbildung der arbeitenden Bevölkerung („Know-how“);
- ausgebaute Infrastruktur;
- optimistische Zukunftserwartungen der Wirtschaftssubjekte;
- sicherer (steigender) Absatz mit angemessenen Unternehmensgewinnen.

(3) Grenzen des Wirtschaftswachstums

Die Bedingungen des Wirtschaftswachstums machen zugleich seine möglichen Grenzen sichtbar: Die **Rohstoff- und Energievorräte** der Erde sind begrenzt, die **Bevölkerungszahl** der hoch industrialisierten Länder stagniert oder schrumpft und die **Umweltbelastung** durch Schadstoffe nimmt zu. Hinzu kommt, dass in den industriellen „Wohlstandsgesellschaften“ die materiellen Grundbedürfnisse weitgehend befriedigt sind.

2.1.6 Mögliche Zielkonflikte[1] (magisches Viereck)

Die Forderung, dass die Wirtschaftspolitik gleichzeitig einen hohen Beschäftigungsstand, Preisstabilität (Geldwertstabilität), außenwirtschaftliches Gleichgewicht sowie stetiges und angemessenes Wirtschaftswachstum anzustreben habe, ist leicht zu erheben, aber schwierig zu erfüllen. Je nach Ausgangslage besteht Zielharmonie[2] oder ein Zielkonflikt.

- Von **Zielharmonie** spricht man, wenn bestimmte wirtschaftspolitische Maßnahmen der Erreichung mehrerer Ziele dienlich sind.
- Ein **Zielkonflikt** liegt vor, wenn die Ergreifung einer bestimmten Maßnahme die Wirtschaft zwar einem Ziel näher bringt, sie dafür aber von anderen Zielen entfernt.
- **Zielindifferenz**[3] ist gegeben, wenn durch die Verfolgung eines wirtschaftspolitischen Ziels die Verfolgung anderer wirtschaftspolitischer Ziele weder gefährdet noch gefördert wird.

1 **Konflikt** (lat.): Zusammenstoß, Widerstreit, Zwiespalt.

2 **Harmonie** (griech.-lat.): Überreinstimmung, Einklang.

3 **Indifferenz** (lat.): „Keinen Unterschied haben“; indifferent: unbestimmt, unentschieden, gleichgültig, teilnahmslos.

Es ist ersichtlich, dass in der Regel die gleichzeitige Verfolgung der genannten Ziele nicht möglich ist. Man spricht daher vom **„magischen Viereck“.** Nur ein Magier, also ein Zauberer, könnte gleichzeitig Vollbeschäftigung, Preisstabilität, außenwirtschaftliches Gleichgewicht sowie stetiges und angemessenes Wirtschaftswachstum erreichen.

Magisches Viereck der Wirtschaftspolitik

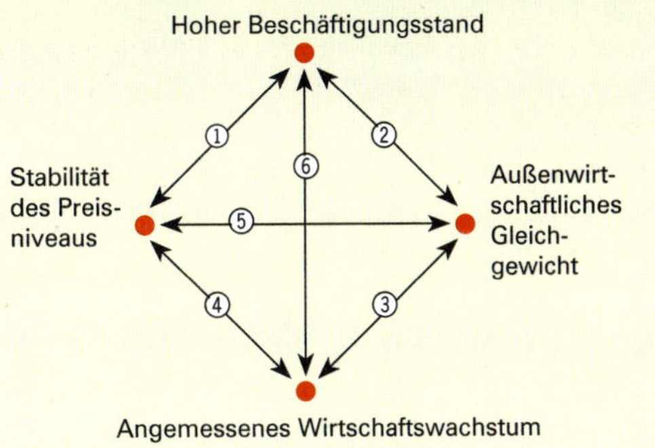

(Die Pfeile bedeuten mögliche Zielkonflikte)

Beispiel für eine mögliche Konfliktsituation:

Ist eine Wirtschaft **unterbeschäftigt,** liegt in der Regel folgende Situation vor: Die Zahl der Arbeitslosen übersteigt die Anzahl der offenen Stellen; der Preisauftrieb ist gedämpft, sofern die Gewerkschaften trotz Unterbeschäftigung keine überhöhten Lohnforderungen durchsetzen. Die Investitionsneigung der Unternehmen ist gering, weil der entsprechende Absatz fehlt. Die Steuereinnahmen des Staates reichen nicht aus, um die Staatsausgaben zu finanzieren. Angenommen nun, die Wirtschaft soll mithilfe von Exportförderungsmaßnahmen (z. B. Exportsubventionen, Abwertung) belebt werden. War die Zahlungsbilanz bisher ausgeglichen, kann somit das Ziel des außenwirtschaftlichen Gleichgewichts *nicht* angestrebt werden. Das Ziel der Preisstabilität hingegen ist in dieser Situation nicht gefährdet, weil die unterbeschäftigte Wirtschaft zunächst zu konstanten Preisen anbieten kann.

2.2 Sozial verträgliche Einkommens- und Vermögensverteilung[1]

Das wirtschafts- und sozialpolitische Ziel einer sozial verträglichen Einkommens- und Vermögensverteilung läuft darauf hinaus, die Einkommen und Vermögen in Zukunft **gleichmäßiger** unter die großen sozialen Gruppen der Arbeitnehmer einerseits und der Selbstständigen („Unternehmer“) einschließlich der sonstigen Vermögensbesitzer andererseits zu verteilen. Bezüglich der Einkommenspolitik des Staates bedeutet das, die **Lohnquote** (Anteil der Arbeitnehmer am Gesamteinkommen) zu erhöhen.

Die Verfolgung des Ziels einer sozial verträglichen Einkommensverteilung ist für die Regierung der Bundesrepublik Deutschland deswegen schwierig, weil **Tarifautonomie** besteht, d. h., weil die Sozialpartner (Tarifpartner) das Recht haben, die Arbeitsentgelte selbstständig und **ohne staatliche Einmischung** zu vereinbaren. Dennoch verbleiben dem Staat eine Reihe von **wirtschafts- und sozialpolitischen Maßnahmen** vor allem vermögenspolitischer Art. Hierzu gehören die

- Einführung eines **gesetzlichen Mindestlohns,**
- der **Kombilohn** (bei niedrigen Löhnen stockt der Staat den Lohn auf) und
- **Sparförderungsmaßnahmen.**

1 Vgl. hierzu Kompetenzbereich 8.

Wie viel Geld steht einer Haushaltsgemeinschaft in Deutschland, die aus mindestens einer Person besteht, monatlich zur Verfügung? Nach einer Auswertung des GfK GeoMarketings kamen im Jahr 2018 22,9 Prozent aller Haushalte – und damit die meisten – mit Lohn bzw. Gehalt, Rente, Mieteinnahmen u. Ä. zusammen auf 2600 bis unter 4000 EUR netto. 22,0 Prozent der Haushalte verfügten monatlich über 4000 bis 7499 EUR. Der Anteil der Topverdiener mit einem Einkommen von 7500 EUR und mehr lag bei 4,4 Prozent. Mit weniger als 1100 EUR mussten dagegen 12,4 Prozent der Haushalte auskommen.

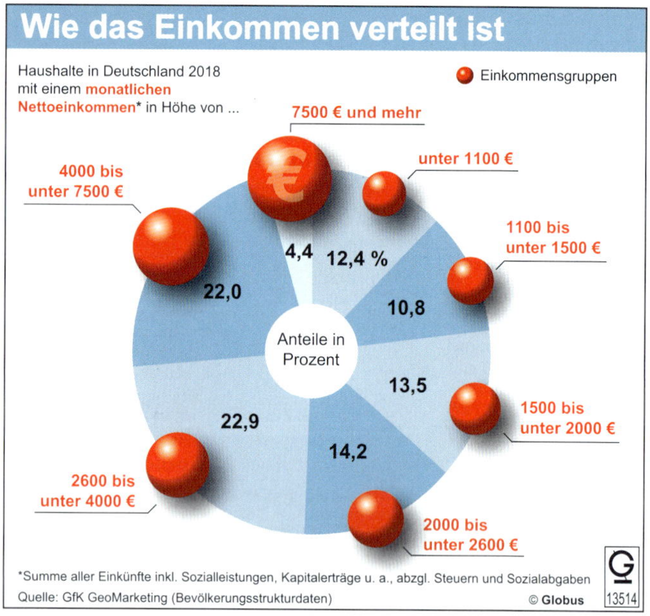

Hinzu kommt die **Steuerpolitik,** mit deren Hilfe die **Einkommen umverteilt** werden: Hohe Einkommen werden überproportional hoch, niedrigere Einkommen nur gering oder überhaupt nicht direkt besteuert **(Steuerprogression).**

2.3 Erhaltung der natürlichen Lebensgrundlagen[1]

Das wirtschafts- und sozialpolitische Ziel, die Umwelt lebenswert zu erhalten und/oder zu verbessern, ist ein **qualitatives Ziel.**

Wird in den Zielkatalog einer **sozialen Marktwirtschaft** das Ziel des Umweltschutzes aufgenommen, müssen – ebenso wie dies zur Erreichung sozialer Ziele erforderlich ist – **staatliche Eingriffe** erfolgen, die die Marktbedingungen so verändern, dass **Nachfrage** und **Angebot** in der gewünschten Weise gelenkt werden. **Marktkonforme**[2] **Maßnahmen** müssen hierbei die Regel, **marktkonträre**[3] **Maßnahmen** die Ausnahme bilden.

1 Vgl. hierzu Kompetenzbereich 9.

2 **Konform** sein: In Einklang stehen mit etwas; marktkonforme Maßnahmen sind also solche, die mit der Idee der Marktwirtschaft in Einklang stehen.

3 **Konträr**: entgegengesetzt.

Art der Maßnahme	Erläuterungen	Beispiele
Marktkonforme Maßnahmen Ziel: **Anreize** zu umweltschonendem Verhalten geben, **ohne den Preismechanismus** des Marktes **außer Kraft zu setzen.**	Hier versucht der Staat umweltschädliche Maßnahmen und Produkte mithilfe von Steuern, Abgaben und Zöllen (**„Ökosteuern“,** CO_2-Steuer) so stark zu belasten, dass in absehbarer Zeit sowohl Nachfrage als auch Angebot reagieren werden. Umgekehrt sollen alle als umweltschonend erkannten Maßnahmen und Produkte so stark entlastet (erforderlichenfalls auch subventioniert) werden, sodass sich Nachfrage und Produktion in die gewünschte Richtung bewegen.	■ Mögliche Einführung von „Öko-Produktsteuern“, z. B. für Batterien, tropisches Holz, Waschmittel und Streusalz. ■ Erhebung von Müllvermeidungssteuern für Einwegflaschen, Getränkedosen, Kunststoffbehälter und -flaschen, Aluminiumfolien und für Werbezwecke verwendetes Papier. ■ Rücknahmeverpflichtung für umweltbelastende Produkte, nachdem ihre Nutzungsdauer abgelaufen ist (z. B. Kühlschränke, Autos, Batterien).
Marktkonträre Maßnahmen Ziel: Zu umweltschonendem Verhalten **zwingen, indem der Preismechanismus** des Marktes **aufgehoben wird.**	Marktkonträre Maßnahmen sind **Verbote**[1] und die Vorgabe von **Grenzwerten.** Das Problem der Vorgabe von Grenzwerten ist, dass sie auch noch unterboten werden können, die Wirtschaftssubjekte aber nicht einsehen, dass sie die Kosten für eine weitere Verringerung von Schadstoffen tragen sollen, wenn dies nicht gesetzlich vorgeschrieben ist.	■ Umweltschädliche Produkte, auf die vollständig verzichtet werden kann, müssen verboten werden (z. B. umweltschädliche Treibgase in Sprühdosen, Glühbirnen, Trinkhalme und Einwegbesteck aus Plastik). ■ Einzelschadstoffe, die mit technischen Mitteln auf einen bestimmten Stand reduziert werden können, sind mithilfe von Grenzwerten zu verringern (z. B. Schadstoffe in Autoabgasen).

2.4 Wechselwirkungen wirtschaftspolitischer Maßnahmen

Beispiel:

Angenommen, die Regierung eines Landes setzt die Einkommensteuersätze herauf, um die Staatseinnahmen zu erhöhen. Die Rechnung dieses Ursache-Wirkungsdenkens („höhere Steuersätze bringen dem Staat mehr Geld“) geht nicht auf: Die Steuereinnahmen steigen nicht. Sie nehmen sogar ab, weil die Konsumenten weniger Geld zur Verfügung haben, sodass die Konsumausgaben sinken. Die Beschäftigung im Handel in der Konsumgüterindustrie geht zurück. Letztere wiederum stellt ihre Investitionsvorhaben zurück, sodass die Kapazitätsauslastung in der Investitionsgüterindustrie sinkt. Die Steuererhöhung hat das Gegenteil dessen bewirkt, was sie eigentlich wollte.

Das Beispiel zeigt, dass die Wirkungen wirtschaftspolitischer Maßnahmen meistens nicht richtig beurteilt werden können, wenn einfache „lineare“ Denkmuster zugrunde gelegt werden. Das Denken in „Wenn-dann-Beziehungen“ (Ursache-Wirkungsbeziehungen) führt deswegen zu ungenauen, manchmal sogar falschen Ergebnissen, weil neben den **unmit-**

1 Dies gilt jedoch **nicht** für den Fall, dass **alternative Möglichkeiten** (z. B. Technologien) zur Verfügung stehen.

telbaren (direkten) Beziehungen eines Systems[1] auch die **mittelbaren (indirekten)** Beziehungen, die außerdem **zeitverzögert** eintreten können, berücksichtigt werden müssen. Außerdem sind **Rückkopplungen,** d.h. in diesem Falle also Rückwirkungen bestimmter staatlicher Maßnahmen, zu berücksichtigen.

Darüber hinaus können sich staatliche Eingriffe auf die gesamte Wirtschaft (das In- und Ausland) auswirken. Beispiele sind die Auswirkungen von Zollerhöhungen oder -senkungen auf den Außenhandel und die Beschäftigung, von Umweltschutzmaßnahmen auf die Investitionstätigkeit inländischer und ausländischer Investoren oder der Zulassung oder Nichtzulassung von genmanipulierten[2] Futter- und Nahrungsmitteln auf die in- und ausländische Landwirtschaft und die Gesundheit der Bevölkerung.

Kompetenztraining

22

1. Nennen und beschreiben Sie den Zielkatalog des „magischen Vierecks“!
2. Erläutern Sie, warum diese Zielkombinationen (Aufgabe 1) als „magisch“ bezeichnet werden!
3. Nennen Sie die Anzahl der möglichen Konfliktfelder, die es bei der gleichzeitigen Verfolgung von z.B. fünf oder sieben wirtschaftspolitischen Zielen gibt!
4. Die im Kapitel 2 genannten wirtschaftspolitischen Ziele sind Oberziele. Wählen Sie drei dieser Ziele aus und stellen Sie dar, welche Zwischen- und Unterziele sich aus diesen Oberzielen ableiten lassen!
5. Bearbeiten Sie folgende Aufgaben:
   - 5.1 Das Oberziel der Wirtschaftspolitik von Deutschland ist nach § 1 StabG das „gesamtwirtschaftliche Gleichgewicht“. Erläutern Sie, was hierunter zu verstehen ist!
   - 5.2 Nennen Sie die quantitativen Ziele des § 1 StabG!
   - 5.3 Erläutern Sie, warum die Vollbeschäftigung ein wichtiges Ziel der Wirtschaftspolitik ist!
   - 5.4 Erläutern Sie, unter welchen Bedingungen Vollbeschäftigung vorliegt!
   - 5.5 Erklären Sie das wirtschaftspolitische Ziel „Preisniveaustabilität“!
   - 5.6 Begründen Sie, warum der Staat für außenwirtschaftliches Gleichgewicht sorgen sollte!
   - 5.7 Erläutern Sie, welche möglichen Zielkonflikte zwischen den Zielen „hoher Beschäftigungsstand“, „Stabilität des Preisniveaus“ und „außenwirtschaftliches Gleichgewicht“ bestehen können!
   - 5.8 Erklären Sie, was unter stetigem Wirtschaftswachstum zu verstehen ist!
   - 5.9 Nennen Sie neben dem Ziel des stetigen Wirtschaftswachstums noch weitere langfristige Ziele der Wirtschaftspolitik!

1 **System** (griech.): ein aus zahlreichen Elementen (Einzelteilen) zusammengesetztes Ganzes, bei dem jedes einzelne Element mit jedem anderen mittelbar oder unmittelbar zusammenhängt. Ein einfaches Beispiel für ein System ist das Mobile. Gleichgültig, welches Einzelteil auch angestoßen wird, es werden sich – oft auf nicht vorhersehbare Weise – alle anderen Elemente bewegen und mit einer gewissen Zeitverzögerung auch auf die Bewegung des ursprünglich angestoßenen Teils Einfluss nehmen.

2 **Gen** (griech.): Erbfaktor. Genmanipulation: künstliche Veränderung der Erbfaktoren.

5.10 Erläutern Sie, welche Zielkonflikte sich zwischen dem Ziel des stetigen Wirtschaftswachstums einerseits und den kurzfristigen Zielen der Stabilität des Preisniveaus, des hohen Beschäftigungsstands und des außenwirtschaftlichen Gleichgewichts andererseits ergeben können!

5.11 Die möglichen Zielkonflikte erfordern, dass der Staat wirtschaftspolitische Kompromisse schließen muss. Erläutern Sie diese Aussage!

5.12 Erläutern Sie, warum in Deutschland trotz Wirtschaftswachstum das Ziel eines möglichst hohen Beschäftigungsstands seit Jahren unerreichbar scheint!

6. Ökosteuern und -abgaben, Verbote und die Vorgabe von Grenzwerten sollen zu einem umweltverträglichen Wirtschaften beitragen.

Beispiele:

a) Erhebung einer Abwasserabgabe, die mit zunehmendem Reinheitsgrad der Abwässer sinkt.

b) Abschaffung der Kraftfahrzeugsteuer und Erhöhung der Mineralölsteuer.

c) Verbot umweltschädlicher Produkte (z. B. umweltschädlicher Treibgase in Sprühdosen).

d) Begrenzung der zulässigen Rußzahlen bei Ölfeuerungsanlagen.

e) Fahrverbot für Kraftfahrzeuge mit Dieselmotoren in Innenstädten.

f) Stromsteuer auf Strom aus Verbrennungskraftwerken.

g) Vorgabe von Abgasgrenzwerten (z. B. für Kraftwerke, Autos).

h) Subventionen zur Gewinnung von Erdwärme.

i) Steuererleichterung für Elektrofahrzeuge.

j) Herstellungsverbot asbesthaltiger Werkstoffe.

k) Einführung des Dosenpfands.

l) Importverbot für genmanipulierte Lebensmittel.

Aufgaben:

6.1 Begründen Sie, welche der genannten Maßnahmen als marktkonform und welche als marktkonträr zu bezeichnen sind!

6.2 Angebot und Nachfrage nach einem umweltschädlichen Gut A verhalten sich normal. Das Gut A wird mit einer Ökosteuer belegt. Stellen Sie mithilfe der Angebots- und Nachfragekurve dar, wie sich Preis und Absatzmenge des Gutes A verändern!

6.3 Erklären Sie, wie sich die Ökosteuer auf das Produkt A auf die Nachfrage nach dem Substitutionsgut (Ersatzgut) B auswirken könnte!

6.4 Bilden Sie zwei eigene Beispiele für den unter 6.3 beschriebenen Substitutionseffekt!

7. Beschreiben Sie, welche Zusammenhänge die nachfolgenden Abbildungen ausdrücken!

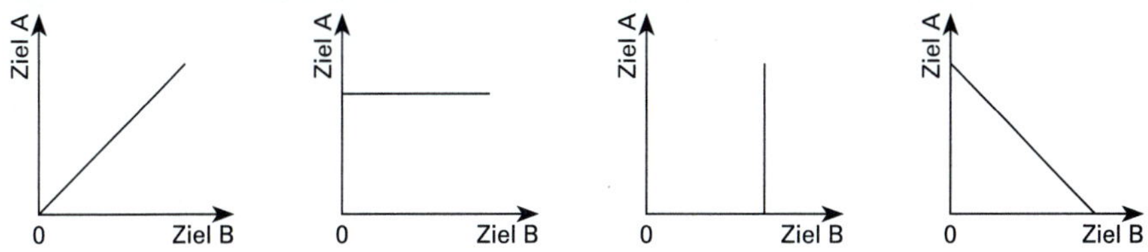

8. Betrachten Sie die nebenstehende Karikatur!

   Aufgaben:

   8.1 Arbeiten Sie die in der Karikatur angesprochenen wirtschaftspolitischen Ziele heraus.

   8.2 Begründen Sie, in welcher Beziehung die Ziele zueinander stehen.

9. **Vernetzungsdiagramm**

   Unterstellen wir, dass die führenden Wirtschaftsforschungsinstitute der Bundesrepublik Deutschland für die nächsten Jahre – sowohl national als auch weltweit – eine sehr positive Konjunkturentwicklung prognostizieren und erste Anzeichen in diese Richtung bereits zum jetzigen Zeitpunkt deutlich erkennbar sind.

   Die nachfolgende Vorlage eines Vernetzungsdiagramms zeigt neun mögliche Ursache-Wirkungs-Beziehungen! Versehen Sie die Pfeile mit einem Plus- oder Minuszeichen, wobei gilt:

   – **Pluszeichen:** gleichgerichtete (verstärkende) Wirkung. Es gilt: je mehr (höher) – desto mehr (höher); je weniger (niedriger) – desto weniger (niedriger).

   – **Minuszeichen:** entgegengesetzte (abschwächende) Wirkung. Es gilt: je mehr (höher) – desto weniger (niedriger) bzw. je weniger (niedriger) – desto mehr (höher).

DOWNLOAD

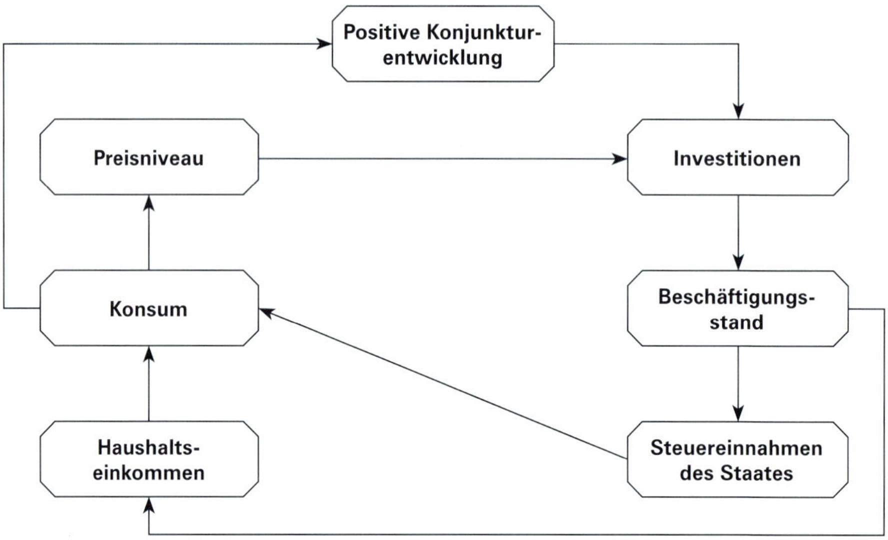

4 Das Wirtschaftswachstum als volkswirtschaftliche Grösse beurteilen und durch konjunkturpolitische Massnahmen beeinflussen

1 Bruttoinlandsprodukt definieren und zu seiner Funktion als Wohlstandsindikator Stellung nehmen

Situation: Wachstum und Wohlstand in der digitalen Welt messen

Lesen Sie zunächst den folgenden Zeitungskommentar:

Wachstum in der digitalisierten Welt

Angenommen, man hat dreimal im Jahr Pech im Straßenverkehr. Hier eine Kollision mit einer Straßenlaterne, kleiner Rempler beim Einparken, daheim fahren zwei Kinder mit ihrem Fahrrad ins Auto. Die Werkstatt freut sich: Jedes Mal dürfen teure Lack- und Karrosseriearbeiten ausgeführt werden. Die Rechnungen erreichen eine Höhe von mehreren Tausend Euro – und sie steigern das Bruttoinlandsprodukt. Denn darunter versteht man die in Werten ausgedrückte Summe der in einer Volkswirtschaft produzierten Waren und Dienstleistungen von einer Periode zur nächsten. Das Auto sieht am Ende des Jahres zwar genauso aus wie zuvor, „gewachsen" ist die Wirtschaft dennoch.

In der Zeit, in der das Auto in der Werkstatt steht, kann man im Internet viele produktive Dinge erledigen: mit dem Sohn für ein Englischreferat recherchieren, die Steuererklärung über das Internet abgeben, Anfahrtswege für die nächsten Dienstreisen vorbereiten. Dafür muss man kein Geld ausgeben, von den Kosten für den Computer und den reinen Internetzugang einmal abgesehen. Zur Steigerung des Bruttoinlandsprodukts hätten diese Tätigkeiten selbst nichts beigetragen. Früher hingegen wären hierfür im Zweifel Steuerberater, Nachhilfelehrer oder Sekretärinnen bezahlt worden. Tatsächlich lässt sich also argumentieren, dass der technische Fortschritt an dieser Stelle sogar negative Auswirkungen auf das Wachstum hat. Hier passt etwas nicht mehr zusammen. Die Methoden, Wachstum zu messen, die Art und Weise, wie das Bruttoinlandsprodukt (BIP) errechnet wird, bilden das reale Wirtschaftsgeschehen in Zeiten der Digitalisierung nicht mehr korrekt ab. [. . .]

So wie sich die Welt verändert, sollte auch die Art und Weise geändert werden, wie Fortschritt gemessen und bewertet wird. Schon als das Konzept zur Messung des BIP in den späten dreißiger Jahren des vergangenen Jahrhunderts von Simon Kuznets entwickelt worden sei, habe dieser darauf hingewiesen, dass man mit dem ermittelten Wert nicht beurteilen könne, wie gut es den Menschen gehe, sondern nur, wie hoch die Preise der gekauften und verkauften Dinge gewesen seien. [. . .]

Quelle: FAZ, Kommentar von Carsten Knop, 6. Februar 2016.

Kompetenzorientierte Arbeitsaufträge:

1. Notieren Sie sich zunächst die Begriffe in dem vorangestellten Text, die Ihnen unverständlich erscheinen und recherchieren Sie diese anschließend im Internet!
2. Nennen Sie allgemeine Bestimmungsfaktoren für den Wohlstand eines Landes!
3. Versuchen Sie Ursachen dafür zu finden, warum im Falle von Wirtschaftswachstum in Deutschland nicht alle Einwohner gleichermaßen davon profitieren! Gehen Sie dabei insbesondere auf mögliche Ursachen für diese Ungleichverteilung ein!
4. Erläutern Sie anhand von drei Beispielen, inwiefern Wirtschaftswachstum hierzulande auch negative Auswirkungen für die Bevölkerung haben kann!

1.1 Begriffe Wirtschaftswachstum und Bruttoinlandsprodukt

(1) Begriff Wirtschaftswachstum

Das **Wirtschaftswachstum** drückt die Zunahme der produzierten Menge an Gütern und Dienstleistungen einer Volkswirtschaft innerhalb einer bestimmten Periode (z. B. in einem Jahr) aus.

Wenn die Menge der zur Verfügung stehenden Güter und Dienstleistungen zunimmt, so bedeutet Wirtschaftswachstum zugleich eine **Steigerung des Wohlstandes** einer Volkswirtschaft.

Erhöht bzw. **verringert** sich die **Menge an Gütern und Dienstleistungen** innerhalb einer Periode im Vergleich zur Vorperiode, spricht man von **positivem** bzw. **negativem Wirtschaftswachstum.** Verändert sich die Menge an Gütern und Dienstleistungen nicht, bedeutet dies **„Nullwachstum"**.

(2) Begriff Bruttoinlandsprodukt

Die wirtschaftliche Leistung einer Volkswirtschaft und deren Veränderung (Wirtschaftswachstum) wird von Statistischen Ämtern gemessen und als **Bruttoinlandsprodukt (BIP)** ausgewiesen.

Das **Bruttoinlandsprodukt (BIP)** ist der **Wert aller Waren und Dienstleistungen,** die in einem **bestimmten Zeitraum** (meist ein Jahr) im **Inland** produziert werden.

1.2 Entstehung, Verwendung und Verteilung des Bruttoinlandsprodukts

Das Bruttoinlandsprodukt kann Antworten auf folgende drei Fragen geben:

- **Entstehungsrechnung:** **Wo** ist das Bruttoinlandsprodukt **entstanden?**
- **Verwendungsrechnung:** **Wie** wird das Bruttoinlandsprodukt **verwendet?**
- **Verteilungsrechnung:** **Wie** werden die bei der Entstehung des Bruttoinlandsprodukts erzielten Einkommen **verteilt?**

Vielfach wirkt es für Außenstehende verwunderlich, dass alle **drei Berechnungsarten** zu dem stets **gleichen Ergebnis** führen, jedoch ganz unterschiedliche Fragestellungen beantworten. Nachfolgendes Beispiel soll dabei helfen, dieses Phänomen zu verstehen.

Beispiel:

Angenommen, in dem kleinen Inselstaat Lummerland sei das einzige dort hergestellte Produkt Reis. Es gibt keine Produktions- und Importabgaben und keine Abschreibungen. Unterstellen wir weiter, dass im Jahr 01 insgesamt 1 000 kg Reis produziert wurden, wobei 700 kg durch den Anbau von Reis auf Feldern geerntet und 300 kg industriell – quasi im Reagenzglas – produziert wurden. Von dem produzierten Reis hat man 100 kg ins benachbarte Kartoffelland exportiert, 150 kg hat der Staat für seine Bediensteten aufgekauft und zubereitet und 180 kg wurden von dem einzigen Unternehmen in Lummerland einbehalten und in deren Kantine verarbeitet bzw. eingelagert. Die restlichen 570 kg Reis haben die privaten Haushalte aufgekauft. Aus der Statistik lässt sich ablesen, dass die Produktionsmenge den zwei Arbeiterfamilien und der einen Unternehmerfamilie im Verhältnis 600 kg zu 400 kg zugeflossen sind. Führt man nunmehr die drei Berechnungen durch, ergibt sich stets das gleiche Ergebnis:

Entstehungsrechnung (Wo ist der Reis entstanden?)	**Verwendungsrechnung** (Wie wurde der Reis verwendet?)	**Verteilungsrechnung** (Wie wurde der Reis verteilt?)
700 kg Land- und Forstwirtschaft	100 kg Export (Außenbeitrag)	600 kg Arbeitnehmerhaushalte
300 kg produzierendes Gewerbe	150 kg staatlicher Konsum	400 kg Unternehmerhaushalte
1 000 kg Bruttoinlandsprodukt	180 kg Bruttoinvestitionen	1 000 kg Bruttoinlandsprodukt
	570 kg privater Konsum	
	1 000 kg Bruttoinlandsprodukt	

(1) Entstehungsrechnung

Die Entstehungsrechnung gibt darüber Auskunft, in welchem Umfang die einzelnen **Wirtschaftsbereiche** in einer Periode **zum Bruttoinlandsprodukt** beigetragen haben.

Beispiel:

Die wirtschaftliche Leistung des Wirtschaftsbereichs „Handel, Gastgewerbe und Verkehr" betrug im Jahr 2019 502,0 Mrd. EUR (16,2 %) bei einer Bruttowertschöpfung von 3 091,9 Mrd. EUR.

Entstehung des Bruttoinlandsprodukts in der Bundesrepublik Deutschland 2019 (in Mrd. EUR) (Auszug)	
Land- und Forstwirtschaft, Fischerei	27,3
Produzierendes Gewerbe ohne Baugewerbe	749,5
Baugewerbe	171,7
Handel, Gastgewerbe und Verkehr	502,0
Finanzierung, Vermietung und Unternehmensdienstleister	1 641,4
Die Bruttowertschöpfung[1] 2019 beträgt	3 091,9

Quelle: Statistisches Bundesamt (Hrsg.): VGR 2019, Wiesbaden 2020.

(2) Verwendungsrechnung

Die Verwendungsrechnung gibt darüber Auskunft, **wofür die Güter verwendet** wurden. Es wird untersucht, ob die Waren und Dienstleistungen z. B. als Konsumausgaben, als Investitionen in Unternehmen oder im Außenbeitrag (Export – Import) Verwendung gefunden haben.

Beispiel:

Ein Pkw kann in einem privaten Haushalt genutzt werden, er könnte in Form einer Investition in einem Unternehmen zum Einsatz kommen oder er kann in das Ausland exportiert werden.

1 Die Bruttowertschöpfung ist der Gesamtwert der im Produktionsprozess erzeugten Güter und Dienstleistungen abzüglich des Wertes der Vorleistungen. Es handelt sich um einen Baustein des Bruttoinlandsprodukts.

Berechnung des Anteils der produzierten Güter nach ihrer Verwendung:

Beispiel:

Die privaten Konsumausgaben betrugen im Jahr 2019 1 793,9 Mrd. EUR bei einem Bruttoinlandsprodukt von 3 436,0 Mrd. EUR.

Aufgabe:

Berechnen Sie den Anteil des Bruttoinlandsprodukts, der für private Konsumausgaben verwendet wurde!

Verwendung des Bruttoinlandsprodukts in der Bundesrepublik Deutschland 2019 (in Mrd. EUR) (Auszug)

Private Konsumausgaben	1 793,9
Konsumausgaben des Staates	698,8
Bruttoinvestitionen	735,5
Außenbeitrag (Exporte minus Importe)	207,8
Das Bruttoinlandsprodukt 2019 beträgt	3 436,0

Quelle: Statistisches Bundesamt (Hrsg.): VGR 2019, Wiesbaden 2020.

Lösung:

3 436,0 Mrd. EUR sind 100 %
1 793,9 Mrd. EUR sind x %

$$x = 100 \cdot \frac{1\,793{,}9}{3\,436{,}0} = \underline{\underline{52{,}2\,\%}}$$

Ergebnis:

Vom Bruttoinlandsprodukt wurden im Jahr 2019 für private Konsumausgaben 52,2 % verwendet.

Die **Verwendungsrechnung** zeigt, wofür die Güter des Bruttoinlandsprodukts verwendet werden.

(3) Verteilungsrechnung

Begriffe

Hier wird für eine Periode Auskunft darüber gegeben, **wie sich die erzielten Einkommen** auf das **Arbeitnehmerentgelt** (Lohn, Gehalt) und das **Unternehmer- und Vermögenseinkommen** (z. B. Zinsen, Gewinne, Dividende, Miet- und Pachterträge) aufteilen. Addiert man die beiden Einkommensgruppen, so erhält man das **Volkseinkommen.**

Arbeitnehmerentgelt (Inland) + Unternehmens- und Vermögenseinkommen = Volkseinkommen

Berechnung der Lohn- und Gewinnquote

Der **prozentuale Anteil** des **Arbeitnehmerentgelts** am Volkseinkommen wird als **Lohnquote** bezeichnet. Sie stellt jedoch die materielle Einkommenslage der Arbeitnehmer schlechter dar als sie ist, weil in Deutschland rund die Hälfte **aller Vermögenseinkommen** den Arbeitnehmern zufließen.

Die Berechnung der **Lohnquote** erfolgt nach folgender Formel:

$$\text{Lohnquote} = \frac{\text{Arbeitnehmerentgelt} \cdot 100}{\text{Volkseinkommen}}$$

Verteilung des Volkseinkommens in der Bundesrepublik Deutschland 2019 (in Mrd. EUR) (Auszug)

Arbeitnehmerentgelt (Inländer)	1 851,3
+ Unternehmens- und Vermögenseinkommen	710,3
= Volkseinkommen	2 561,6
…	
Das Bruttoinlandsprodukt 2019 beträgt	3 436,0

Quelle: Statistisches Bundesamt, Bruttoinlandsprodukt 2019 für Deutschland, Begleitmaterial zur Pressekonferenz, Frankfurt a. M. 2020.

Für das Jahr 2019 ergibt sich folgende Lohnquote:

$$\text{Lohnquote} = \frac{1\,851{,}3 \cdot 100}{2\,561{,}6} = \underline{\underline{72{,}3\,\%}}$$

Den prozentualen Anteil der **Unternehmens- und Vermögenseinkommen** am Volkseinkommen bezeichnet man als **Gewinnquote.**

$$\textbf{Gewinnquote} = \frac{\textbf{Unternehmens- und Vermögenseinkommen} \cdot \textbf{100}}{\textbf{Volkseinkommen}}$$

Für das Jahr 2019 ergibt sich folgende Gewinnquote:

$$\text{Gewinnquote} = \frac{710{,}3 \cdot 100}{2\,561{,}6} = \underline{\underline{27{,}7\,\%}}$$

Die **Verteilungsrechnung** zeigt die Aufteilung des Volkseinkommens auf die beiden Einkommensarten Arbeitnehmerentgelt sowie Unternehmens- und Vermögenseinkommen.

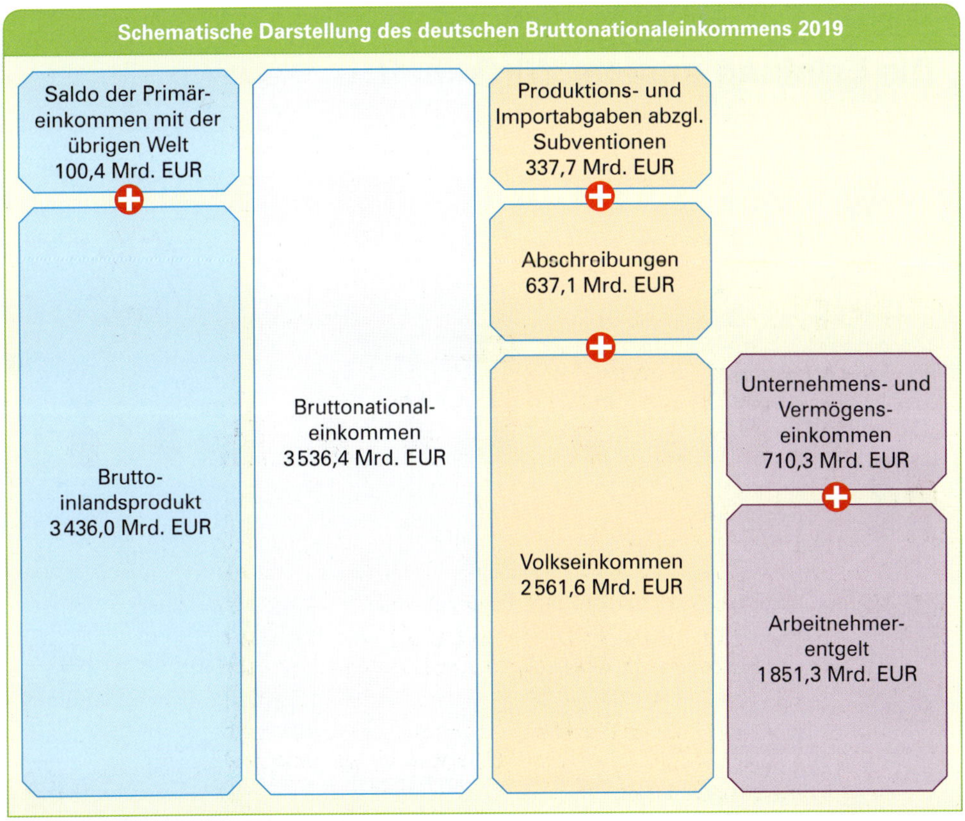

Quelle: Statistisches Bundesamt, Bruttoinlandsprodukt 2019 für Deutschland, Begleitmaterial zur Pressekonferenz, Frankfurt a. M. 2020.

1.3 Reales und nominales Bruttoinlandsprodukt

Ein steigendes Bruttoinlandsprodukt bedeutet noch nicht, dass die Volkswirtschaft tatsächlich im angezeigten Umfang mehr produziert hat. Das Wachstum kann vielmehr ganz oder teilweise auf **gestiegene Preise** zurückzuführen sein. Das zu jeweiligen (im Betrachtungsjahr aktuellen) Preisen bewertete Bruttoinlandsprodukt bezeichnet man als **nominales Bruttoinlandsprodukt**. Zur Ermittlung des nominalen Bruttoinlandsproduktes werden die produzierten Güter und Dienstleistungen eines Jahres mit den tatsächlich gezahlten Preisen multipliziert und die Einzelergebnisse dann addiert.

Beispiel:

In einer Volkswirtschaft werden im Jahr 01 von einem Sportwagenhersteller 20 exklusive Fahrzeuge hergestellt und zu einem Preis von 1 Mio. EUR pro Stück verkauft. Im Jahr 02 werden vom gleichen Modell 15 Wagen hergestellt und zu einem Preis von 2 Mio. EUR pro Stück verkauft. Obwohl 5 Autos weniger hergestellt wurden, hat sich das nominale Bruttoinlandsprodukt – einzig wegen der gestiegenen Preise – um 10 Mio. EUR erhöht.

Will man die **tatsächliche** Mehrleistung einer Volkswirtschaft im Vergleich zum Vorjahr ermitteln, muss man das **reale** (preisbereinigte) **Bruttoinlandsprodukt** berechnen. Dies geschieht im Kern dadurch, dass man aus dem nominalen Bruttoinlandsprodukt die **Preissteigerungen herausrechnet.**

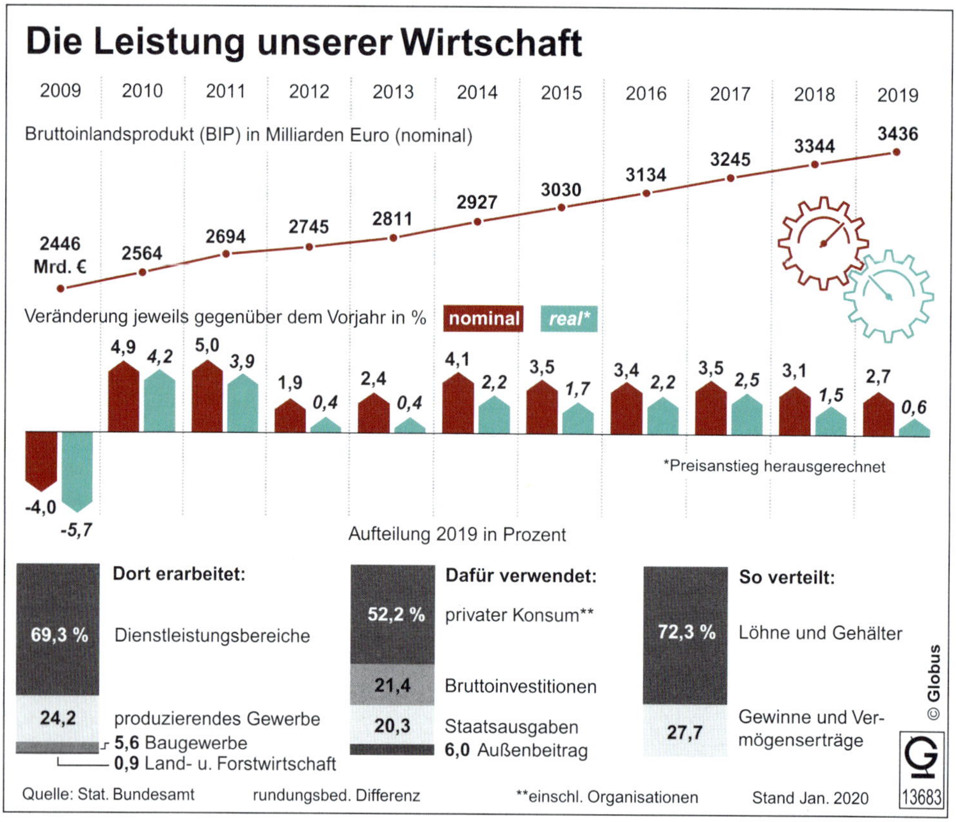

1.4 Kritik am Bruttoinlandsprodukt als Wohlstandsindikator[1]

Kritikpunkte	Erläuterungen und Beispiele
Das Bruttoinlandsprodukt wird **teilweise zu hoch** angesetzt.	Teile der **sozialen Kosten,** die nicht berücksichtigt werden sollten, werden in das Bruttoinlandsprodukt eingerechnet, z. B. Behandlungskosten von Unfallopfern und Berufskrankheiten, Reparaturen an Maschinen, Neuanschaffungen von Maschinen und Fahrzeugen, die aufgrund von Unfällen erforderlich werden. 
Das Bruttoinlandsprodukt wird **teilweise zu niedrig** angesetzt.	■ Vorgänge der **Schattenwirtschaft** werden nur als Schätzgröße berücksichtigt, z. B. Schwarzarbeit, Beschäftigung illegaler Einwanderer, Lieferung von Waren und Dienstleistungen ohne Rechnung. ■ **Soziale Leistungen** werden nicht hinzugerechnet, z. B. die Kindererziehung, die Ausbildungsleistung der Unternehmen, die Arbeitsleistungen im privaten Haushalt. ■ **Eigenleistungen** und **ehrenamtliche Leistungen** werden nicht hinzugerechnet, z. B. selbstgebackene Pizza, selbst renoviertes Zimmer, Jugendtrainer in einer unteren Amateurliga, Einsätze der freiwilligen Feuerwehr. 
Das Bruttoinlandsprodukt erfasst nur **zahlenmäßig erfassbare (quantitative)** Größen.	Nicht erfasst werden **qualitative** Größen, z. B. Lebensqualität, Qualität der medizinischen Versorgung, Qualität des Arbeitslebens. 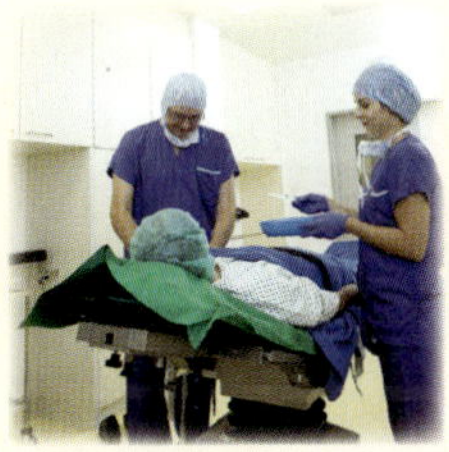

Das **Bruttoinlandsprodukt** ist ein Wohlstandsmaßstab, der nur die **zahlenmäßig erfassbaren Größen** berücksichtigt.

1 **Indikator:** Merkmal.

1.5 Alternative Wohlstandsindikatoren

Das durch Mehr- oder Wenigerrechnung bereinigte Bruttonationaleinkommen bzw. Bruttoinlandsprodukt bleibt nach wie vor ein **eindimensionaler Wohlstandsmaßstab,** da lediglich quantitativ (zahlenmäßig) erfassbare Größen berücksichtigt werden können.

Qualitative Dimensionen, die sogenannte **Lebensqualität** (Gesamtheit aller Lebensumstände in einer Gesellschaft), werden nicht berücksichtigt. Die Lebensqualität kann nur mithilfe **sozialer** oder **ökologischer Indikatoren** beschrieben werden, die sich meist einer Bewertung in Geld entziehen. Soziale und ökologische Indikatoren sind qualitative Größen, die wesentliche Tatbestände der Gesellschaft wiedergeben.

Beispiele:

- Die Qualität der medizinischen Versorgung lässt sich z. B. ablesen an der Geburtensterblichkeit, der Müttersterblichkeit, der Zahl der Krankenbetten oder an den Wartezeiten zwischen dem Auftreten einer Krankheit und der Aufnahme in ein Krankenhaus.
- Die Qualität des Arbeitslebens spiegelt sich z. B. in den Arbeitslosenzahlen, in der Zahl der offenen Stellen oder in der Zahl der Arbeitsunfälle und Berufskrankheiten wider.

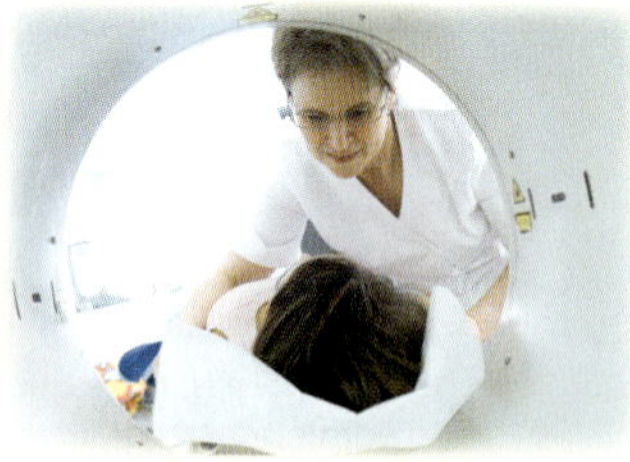

Zu den Indikatoren, die soziale und ökologische Aspekte berücksichtigen, zählen z. B. der Wohlstandsmaßstab Net Economic Welfare (NEW) oder der Human Development Index (HDI).

Kompetenztraining

23 1. 1.1 Erklären Sie den Begriff Bruttoinlandsprodukt!

1.2 Beschreiben Sie, worauf das Bruttoinlandsprodukt Antworten gibt!

1.3 Berechnen Sie den Anteil des Wirtschaftsbereichs „Land- und Forstwirtschaft, Fischerei" an der Bruttowertschöpfung 2019 (siehe S. 191)! Erläutern Sie diese Messzahl!

1.4 Berechnen Sie, welchen Verwendungsanteil die Konsumausgaben des Staates am Bruttoinlandsprodukt 2019 (siehe S. 191) haben! Erläutern Sie diese Messzahl!

2. Erklären Sie den Begriff Volkseinkommen!

3. Erläutern Sie den Begriff Gewinnquote!

4. Beurteilen Sie, ob eine sinkende Lohnquote zwangsläufig zu einer Verschlechterung des Lebensstandards der abhängig Beschäftigten führen muss!

5. Notieren Sie, welche Leistungen **nicht** in die Berechnung des Bruttoinlandsprodukts eingehen!

5.1 Ein Gartenbaubetrieb schneidet vor einem Altenwohnheim gegen Entgelt den Rasen.

5.2 Ein Schüler backt einen Kuchen.

5.3 Ein Arzt untersucht bei einem Hausbesuch einen Kranken.

5.4 Ein Nachbar hilft beim Setzen eines neuen Zaunes.

5.5 Der städtische Straßendienst reinigt die Bürgersteige.

5.6 Die Bürger einer Gemeinde reinigen wöchentlich einmal den Bürgersteig selbst.

5.7 Die Verkehrswacht erteilt kostenlosen Verkehrsunterricht für Schulanfänger.

24

1. Nennen Sie neben dem Bruttoinlandsprodukt zwei nichtökonomische Größen für die Beurteilung des Wohlstandes eines Landes!
2. Formulieren Sie drei Kritikpunkte, die an der herkömmlichen Berechnung der Messzahlen der gesamtwirtschaftlichen Leistung geübt werden!
3. Beschreiben Sie, was die Größe „Bruttoinlandsprodukt" über den Wohlstand der Bevölkerung eines Landes aussagen kann!
4. An der gängigen Berechnung der Messgrößen der gesamtwirtschaftlichen Leistung wird häufig Kritik geübt.

   Aufgaben:

   4.1 Nennen und erläutern Sie drei Kritikpunkte!

   4.2 Recherchieren Sie in diesem Zusammenhang die Begriffe soziale Kosten und soziale Leistungen!

   4.3 Bilden Sie je ein eigenes Beispiel für soziale Kosten und soziale Leistungen!
5. Erläutern Sie kurz, worüber die Entstehungsrechnung und die Verwendungsrechnung des Bruttoinlandsprodukts Auskunft geben!
6. Die Entstehung des Bruttoinlandsprodukts in einer Volkswirtschaft ist für einige Jahre aus der folgenden Tabelle zu entnehmen.

Position	Jahr 1	Jahr 2	Jahr 3	Jahr 4	Jahr 5
Land- und Forstwirtschaft	40,38	42,31	45,46	45,10	46,23
Produzierendes Gewerbe ohne Baugewerbe	826,07	835,52	825,97	853,31	897,76
Baugewerbe	226,52	222,42	213,32	207,66	197,69
Handel, Gastgewerbe und Verkehr	584,21	586,41	582,08	596,62	615,84
Finanzierung, Vermietung und Unternehmensdienstleister	862,54	907,21	954,98	997,30	1031,77
Öffentliche und private Dienstleister	704,48	720,63	730,13	728,83	732,77
Bruttoinlandsprodukt	3244,20	3314,50	3351,94	3428,82	3522,06

   6.1 Ermitteln Sie den Unternehmensbereich, der am meisten, und den Unternehmensbereich, der am wenigsten zum Bruttoinlandsprodukt dieser Volkswirtschaft beiträgt!

   6.2 Bestimmen Sie den Bereich, der seinen relativen Anteil am Inlandsprodukt seit dem Jahr 1 stetig vergrößert hat!

2 Konjunkturverlauf beschreiben und Maßnahmen zur Beeinflussung der Konjunktur darstellen

Situation: Jennifer und Nils sorgen sich um Ausbildungsplätze

Jennifer und Nils besuchen zurzeit die Berufsfachschule. Vor Unterrichtsbeginn treffen sich beide zufällig in der Cafeteria der Schule. Nach einem kurzen Gespräch kommen sie auf den gestrigen Unterrichtstag zu sprechen. Nils ist immer noch stocksauer auf einen Lehrer, der nach einer Auseinandersetzung mit der Klasse wegen des – aus seiner Sicht mal wieder unerträglichen – Lärmpegels auf die wenig erfreulichen Aussichten der Schüler hingewiesen hat. Konkret führte der Lehrer an, dass mit Blick auf die Konjunkturprognosen die Anzahl der Übernahmen von Auszubildenden zukünftig wohl stark zurückgehen würde. Die meisten hier in der Klasse würden bei den bisher gezeigten Leistungen wohl eher Stammkunden bei der Agentur für Arbeit.

In diesem Moment setzt sich ihr Mitschüler Arne zu Jennifer und Nils an den Tisch. Er grinst über das ganze Gesicht und deutet an, dass die Äußerungen ihres Lehrers von gestern alles nur hohles Gequatsche seien. Vor allem die Sache mit den besagten Konjunkturprognosen wäre nichts als heiße Luft. Da müsse man nur mal ein wenig im Internet stöbern und schon hätte man in der Beziehung Klarheit. Um seine Äußerung zu untermauern, legt Arne demonstrativ ein Papier mit folgendem Text auf den Tisch:

Das zarte Pflänzchen Konjunktur

Kaum ein Wort beflügelt die Fantasie von Wirtschaftstreibenden und Politikern mehr als **„Konjunktur"**. Gebannt starren sie auf die prognostizierten Vorzeichen des Auf- und Abschwungs der Welle der wirtschaftlichen Entwicklung. Die Stimmung hellt sich auf, wenn es nach oben geht, oder verfinstert sich, wenn die Gegenrichtung eingeschlagen wird. Es ist ein permanentes Auf und Ab der Gefühle, die in der Ökonomie über Investitionen, Stellenabbau oder Aufbruch in neue Märkte entscheiden. [. . .]

Dabei ist die Sache längst nicht so klar, wie es den Anschein hat, nur weil alle Welt davon redet. Unbestritten ist, dass es **Konjunkturzyklen** gibt. Aber wie lange dauern sie? Und wann ist welche Stufe erreicht? [. . .]

Konjunkturforschungsinstitute wurden gegründet, die, staatlich finanziert, den Blick in die Glaskugel der Zukunft der Volkswirtschaften werfen. Dabei bedient man sich aus dem Vergleich von Daten aus der Vergangenheit über die Zinsentwicklung und daraus resultierenden Investitionen bzw. dem Zusammenhang von Steuern und dem privaten Konsum. Daraus werden **Konjunkturindikatoren** abgeleitet. [. . .]

Am Ende steht das erwartete Bruttoinlandsprodukt (BIP). Und das ist meistens falsch, wie einschlägige Untersuchungen über die Treffsicherheit von Konjunkturprognosen feststellen. [. . .]

Quelle: www.wianet.at (Autor: Oliver Pohl), Zugriff vom 16. 11. 2012 (Auszüge).

Kompetenzorientierte Arbeitsaufträge:

1. Erklären Sie die hervorgehobenen Begriffe!
2. Beschreiben Sie einen idealtypischen Konjunkturzyklus und unterscheiden Sie dabei die Konjunkturphasen!
3. Erläutern Sie, was konkret aus den Konjunkturindikatoren abgeleitet werden kann und welchen Stellenwert sie für Unternehmen wie für die Politik haben!

2.1 Einen idealtypischen Konjunkturverlauf beschreiben und Konjunkturindikatoren zur Prognose der wirtschaftlichen Entwicklung erläutern

2.1.1 Begriff Konjunktur und der idealtypische Konjunkturverlauf

- Die **Konjunktur** gibt Auskunft über die **wirtschaftliche Lage** eines Landes.
- Die wirtschaftliche Lage eines Landes verläuft in Wellenbewegungen, die als **Konjunkturschwankungen** bezeichnet werden.

Die nachfolgende Grafik stellt einen **idealtypischen**[1] **Konjunkturzyklus**[2] dar:

Idealtypischer Konjunkturzyklus

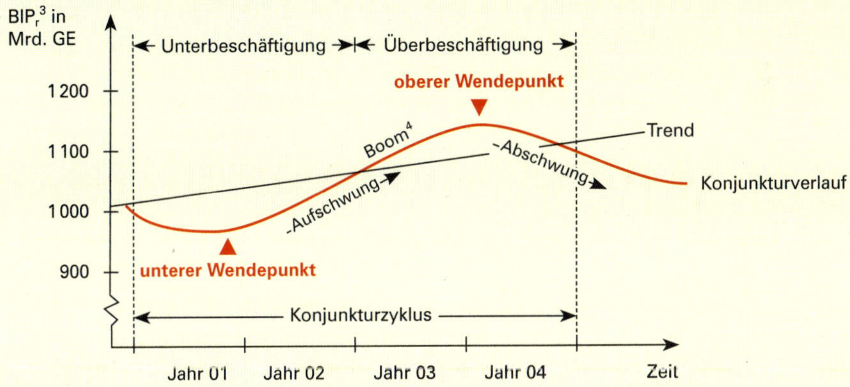

Erläuterungen:

Überblick über die Konjunkturphasen					
Konjunktur-phasen	**Produktion**	**Arbeits-losigkeit**	**Lohn-entwicklung**	**Zinsen**	**Preis-entwicklung**
unterer Wendepunkt (Talsohle)	auf niedrigem Niveau	hoch	mäßige Lohn-erhöhungen	niedrig	geringere Preis-steigerungsraten
Aufschwung	steigend	noch hoch	mäßige Lohn-erhöhungen	noch niedrig	geringere Preis-steigerungsraten

1 **Idealtypisch** (griech.-lat.): ein nur in der Vorstellung vorkommendes Modell bestimmter sich ähnelnder oder sich wiederholender Ereignisse oder Merkmale. So gab es z. B. bei den verschiedenen Konjunkturzyklen der Bundesrepublik Deutschland stets Aufschwünge, Hochkonjunkturen, Abschwünge (Rezessionen) und Tiefpunkte (untere Wendepunkte), die sich jedoch im Hinblick auf ihre Verläufe (Stärke, Dauer) unterschieden.

2 **Zyklus** (lat.): regelmäßig wiederkehrende Erscheinung, regelmäßige Folge. Zyklisch: regelmäßig wiederkehrend.

3 **BIP$_r$**: reales Bruttoinlandsprodukt.

4 **Boom** (engl.): kräftiger Aufschwung.

Überblick über die Konjunkturphasen					
Konjunkturphasen	**Produktion**	**Arbeitslosigkeit**	**Lohnentwicklung**	**Zinsen**	**Preisentwicklung**
Boom (Hochkonjunktur, Überkonjunktur, Überbeschäftigung)	bei Konsumgütern noch steigend; bei Investitionsgütern stagnierend[1] oder sinkend	sinkend	kräftige Lohnerhöhungen	steigend	hohe Preissteigerungsraten
oberer Wendepunkt (Konjunkturgipfel)	bei Konsumgütern stagnierend; bei Investitionsgütern sinkend	gleichbleibend	kräftige Lohnerhöhungen	hoch	hohe Preissteigerungsraten
Abschwung (Rezession, Niedergang)[2]	sinkend	steigend	mäßige Lohnerhöhungen	langsam sinkend	abnehmende Preissteigerungsraten

Den **tatsächlichen Konjunkturverlauf in Deutschland** zeigt die nachfolgende Grafik:

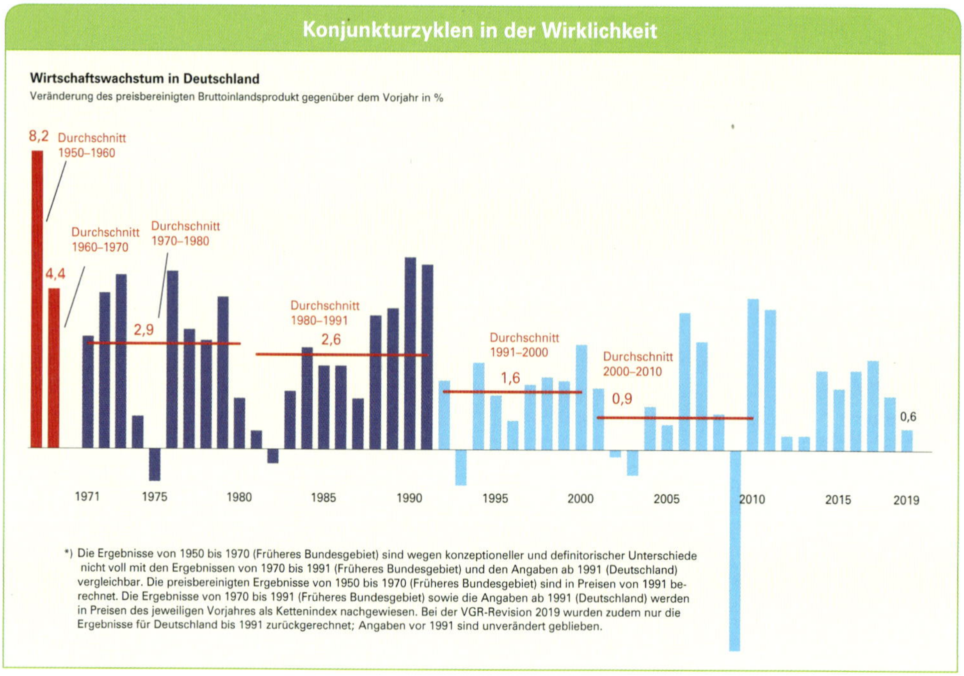

Quelle: Statistisches Bundesamt, Bruttoinlandsprodukt 2019 für Deutschland, Begleitmaterial zur Pressekonferenz, Wiesbaden 2020.

1 **Stagnierend:** stocken, sich stauen; Stagnation: Stillstand.

2 Ein lang anhaltender wirtschaftlicher Tiefstand wird als **Depression** (wörtl. Niedergeschlagenheit, traurige Stimmung) bezeichnet. Die Depression ist keine konjunkturelle Erscheinung, sondern Ausdruck einer tief greifenden strukturellen **Krise**.

Erläuterungen:

- Die vorangestellte Grafik zeigt, dass die wirtschaftliche Entwicklung in Deutschland durch zyklische Schwankungen gekennzeichnet ist, deren Abfolge und Stärke sich an der von Preiseinflüssen bereinigten Veränderung des Bruttoinlandsprodukts ablesen lässt.
- Langfristig folgte die Wirtschaftsentwicklung in Deutschland einem **aufsteigenden Trend**: Durch alle Zyklen hindurch setzte sich das reale Wachstum der Wirtschaftsleistung fort. Allerdings wurden die Wachstumswellen immer flacher, die wirtschaftliche Dynamik[1] immer schwächer. Auch gab es von Mal zu Mal tiefere Konjunktureinbrüche am Ende eines Zyklus.

2.1.2 Konjunkturindikatoren zur Prognose der wirtschaftlichen Entwicklung

Konjunkturindikatoren[2] sind **Daten,** die den Konjunkturverlauf **messen** und/oder Voraussagen (Prognosen)[3] für künftige Entwicklungen zulassen.

!

Nachfolgend werden wichtige Konjunkturindikatoren genannt und deren Auswirkungen auf die konjunkturellen Phasen beschrieben.

Konjunkturindikatoren (Beispiele)	**Mögliche Auswirkungen auf die Konjunktur**
Entwicklung der Arbeitslosenquote[4] und offenen Stellen	■ Eine **steigende Arbeitslosenquote** und **sinkende offene Stellen** zeigen an, dass die Wirtschaft unterbeschäftigt ist. Die Unternehmen werden sich bei den **Investitionen zurückhalten,** weil sie eine stagnierende oder gar zurückgehende Konsumgüternachfrage erwarten. ■ Die umgekehrte Reaktion tritt ein, wenn die Bundesagentur für Arbeit eine **steigende Zahl offener Stellen** meldet bzw. wenn die **Arbeitslosenquote zurückgeht.**
Kapazitätsauslastung und Auftragsbestände	■ **Steigende Auftragsbestände** kündigen einen **Konjunkturaufschwung** an. Die Auslastung der Kapazität folgt der Entwicklung der Auftragsbestände. ■ **Rückläufige Auftragsbestände** kündigen einen **Konjunkturabschwung** an.
Bruttoinlandsprodukt	■ Das Bruttoinlandsprodukt informiert über die aktuelle Entwicklung der Gesamtleistung einer Volkswirtschaft. Ist das **Bruttoinlandsprodukt** gegenüber der Vorperiode **gestiegen (gefallen),** zeigt dies eine **Konjunkturbelebung** (einen **Konjunkturrückgang**) an. ■ Schwankungen und Trends des Bruttoinlandsprodukts geben gute Hinweise auf den Verlauf der Konjunktur.

1 **Dynamik:** Triebkraft.

2 **Indikator:** Anzeiger.

3 **Prognose:** Voraussage, Vorausschau.

4 Eine einheitliche Berechnungsformel für die **Arbeitslosenquote (ALQ)** gibt es nicht. Die Bundesagentur für Arbeit verwendet in Anlehnung an die Berechnung der EU-Arbeitslosenquote nebenstehende Berechnungsmethode.

$$ALQ = \frac{\text{Arbeitslosenzahl} \cdot 100}{\text{Anzahl der Erwerbspersonen}}$$

Zu den **Erwerbspersonen** zählen in der amtlichen Statistik alle Erwerbstätigen, d. h. alle Arbeitnehmer in einem Arbeitsverhältnis, die Selbstständigen und die Angehörigen der freien Berufe, sowie die Erwerbslosen, d. h. die Arbeitslosen, die einen Arbeitsplatz suchen, unabhängig davon, ob sie bei der Agentur für Arbeit gemeldet sind oder nicht.

Konjunkturindikatoren (Beispiele)	**Mögliche Auswirkungen auf die Konjunktur**
Geschäftsklimaindex[1]	■ Er wird durch die **monatliche Befragung** von Unternehmen nach der **Einschätzung ihrer Geschäftslage** sowie ihren **Erwartungen für die nächsten Monate** ermittelt. Die Ergebnisse der Befragung ermöglichen eine Voraussage über die zu erwartende konjunkturelle Entwicklung in Deutschland. ■ Ein **steigender Geschäftsklimaindex** lässt eine **Wirtschaftsbelebung,** ein **fallender Geschäftsklimaindex** eine **rückläufige Entwicklung** erwarten.

Die Indikatoren lassen sich auch hinsichtlich der zeitlichen Erkennbarkeit der jeweiligen Konjunkturphase unterscheiden.

Indikator	**Erläuterungen**	**Beispiele**
Frühindikatoren	Sie sollen anzeigen, wie sich die Konjunktur in den **kommenden Monaten** entwickeln wird.	■ Entwicklung der Aktienmärkte ■ Auftragseingänge der verarbeitenden Industrie ■ Baugenehmigungen im Hochbau ■ Investitionsabsichten ■ Geschäftsklimaindex ■ Konsumklimaindex
Präsenzindikatoren	Sie beschreiben den **augenblicklichen** Stand der Konjunktur.	■ Kapazitätsauslastung ■ aktuelle Konsumdaten ■ Bruttoinlandsprodukt ■ Kurzarbeit ■ Lagerbestände ■ Zinsen
Spätindikatoren	Sie hinken dem eigentlichen Konjunkturverlauf **hinterher.**	■ Steuereinnahmen des Staates ■ Insolvenzen ■ Arbeitslosenquote ■ Preisindizes ■ Zinsniveauentwicklung

2.2 Maßnahmen zur Beeinflussung der Konjunktur darstellen

2.2.1 Begriff Konjunkturpolitik

Konjunkturschwankungen erklären sich dadurch, dass die gesamtwirtschaftliche Nachfrage im Vergleich zum gesamtwirtschaftlichen Angebot mal zu gering (Talsohle) und mal zu hoch (Boom) ist. Die konjunkturpolitischen Maßnahmen sollen dem **entgegenwirken** und die zyklischen Schwankungen möglichst beseitigen. Dazu können sowohl **nachfrageorientierte** als auch **angebotsorientierte Maßnahmen** ergriffen werden.

1 **Index,** hier: Messwert für eine wirtschaftliche Veränderung.

Konjunkturpolitik umfasst die Summe **wirtschaftspolitischer Maßnahmen,** die darauf ausgerichtet sind, die **Konjunktur zu glätten** und ein möglichst gleichmäßiges, **positives Wirtschaftswachstum** zu erreichen.

2.2.2 Nachfrageorientierte Konjunkturpolitik (Fiskalismus)

Die **nachfrageorientierte Konjunkturpolitik** beruht auf der Annahme, dass allein der **Staat** die Konjunktur positiv beeinflussen kann.

- Bei einem **Abschwung** soll der Staat die **Ausgaben erhöhen** (mehr Nachfrage schaffen), um damit die Wirtschaft anzukurbeln.
- Bei einer **Überhitzung der Konjunktur** soll der Staat die **Ausgaben senken** (weniger Nachfrage schaffen), um damit die Konjunktur zu dämpfen.

Die nachfrageorientierte Konjunkturpolitik verlangt, dass der Staat bei konjunkturellen Schwankungen dem **Konjunkturverlauf entgegengerichtet** handelt. Diese sogenannte **„antizyklische Fiskalpolitik“**[1] ist die konsequente Anwendung des von John Maynard Keynes[2] verbreiteten Gedankenguts. Nach Keynes und seinen Anhängern ist die **Einnahmen- und Ausgabenpolitik** der Regierung (d.h. die Politik des Fiskus = Fiskalpolitik) das **Hauptmittel,** mit dem man erfolgreich lenkend in den Konjunkturverlauf eingreifen kann **(Fiskalismus).**

Die **Fiskalpolitik** umfasst alle **finanzpolitischen** Maßnahmen des Staates, die zur **Stabilisierung der Konjunktur und des Wachstums** beitragen.

2.2.2.1 Maßnahmen zur Beeinflussung der Konjunktur

Die Fiskalpolitik kann die Nachfrager in zweierlei Hinsicht beeinflussen:

- **direkt** über die **Erhöhung oder Senkung der Staatsnachfrage** für Waren und Dienstleistungen.
- **indirekt,** indem auf die private Nachfrage durch **Steueränderungen** eingewirkt wird.

Die **Maßnahmen** zielen in erster Linie darauf ab, dass die **Investitionen** wieder **steigen.**

1 Unter **„Fiskus“** versteht man heute den Staat schlechthin, insoweit er es mit den Staatseinnahmen (vor allem Steuern), den Staatsausgaben oder dem Staatsvermögen zu tun hat („Einheit von Fiskus und Staat“). Das Wort „Fiskus“ kommt aus dem Lateinischen und bedeutet Korb, Geldkorb, Kasse. Fiskalpolitik ist somit Wirtschaftspolitik mit Geldmitteln aus der „Staatskasse“.
Antizyklisch: einen bestehenden Konjunkturzustand entgegenwirkend.

2 **John Maynard Keynes,** britischer Volkswirtschaftler (1883–1946), legte in seinem Hauptwerk „Die allgemeine Theorie der Beschäftigung, des Zinses und des Geldes“ die Grundlagen der Fiskalpolitik.

Investitionswille ist nur vorhanden, wenn **Gewinnaussichten** bestehen. Voraussetzung hierzu ist **politische Stabilität** nach innen und außen. Eine **maßvolle Steuerpolitik** und – falls Investitionsrückgänge drohen – die Einräumung von Vergünstigungen (z. B. direkte Subventionen, Sonderabschreibungen) beeinflussen ebenfalls die Investitionsbereitschaft der Wirtschaft positiv.

Die **Bedeutung der Investitionen** für das wirtschaftliche Wachstum ist deswegen so groß, weil zusätzliche Investitionen

- **zusätzliches Einkommen** schaffen (Einkommenseffekt) und
- die **Kapazität** der Volkswirtschaft **erweitert** wird (Kapazitätseffekt).

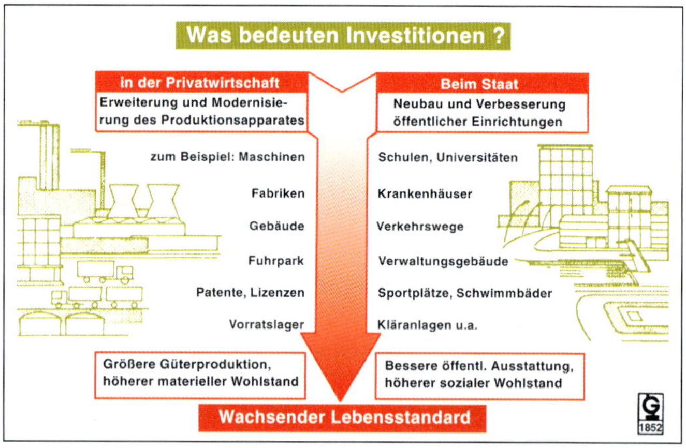

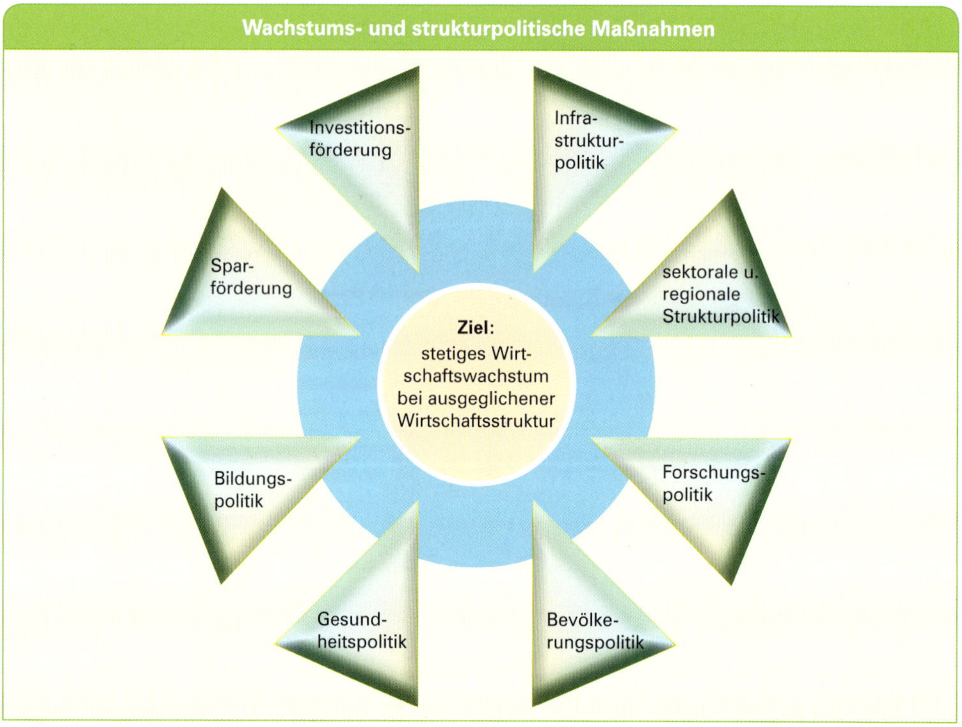

2.2.2.2 Erhöhung oder Senkung der Staatseinnahmen (Staatsnachfrage)

Die Staatsausgaben zur direkten Beeinflussung der Nachfrage sind so zu verändern, dass sie dem **Konjunkturverlauf entgegengerichtet** sind. Welche Maßnahmen in Abhängigkeit der konjunkturellen Lage zu ergreifen sind, zeigt die nachfolgende Übersicht:

	Private Nachfrage	Staatliche Nachfrage
Konjunktureller Aufschwung		**Kürzung von Staatsausgaben** (z. B. Einstellungs- und Beförderungsstopp im öffentlichen Dienst, Verringerung der Staatsausgaben für öffentliche Investitionen). Die nachfragewirksame Geldmenge wird geringer, der Preisauftrieb wird gedämpft. 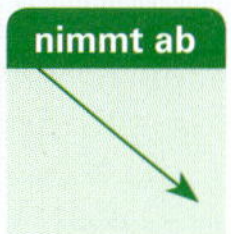 Der Staat erwartet, dass aufgrund dieser Maßnahme die **Nachfrage nach Konsum- und Investitionsgütern sinkt.**
Konjunktureller Abschwung	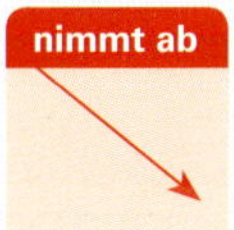	**Ausweitung von Staatsausgaben.** Die nachgefragte Geldmenge wird höher, der Preisauftrieb verstärkt sich.  Der Staat erwartet, dass aufgrund dieser Maßnahmen die **Nachfrage nach Konsum- und Investitionsgütern steigt** und so die Arbeitslosigkeit abgebaut wird. **Beispiele:** ■ Auflegen eines öffentlichen Ausgabenprogramms. Fragt der Staat z. B. mehr Bauleistungen nach, erhöht sich die Beschäftigung in der Bauindustrie. Diese wiederum kann mehr Baumaterialien, mehr Maschinen, mehr Kraftfahrzeuge und mehr Arbeitskräfte nachfragen (Multiplikatorwirkung zusätzlicher Staatsausgaben). ■ Einführung einer Abwrackprämie z. B. für Autos; Subventionen an die Landwirtschaft. ■ Senkung der Einkommensteuer zur Erhöhung der Konsumausgaben. ■ Gewährung von Zuschüssen für die energetische Sanierung von Immobilien. ■ Zahlung von Prämien für die Anschaffung eines Elektroautos.

2.2.2.3 Erhöhung oder Senkung der Einkommensteuer

Bei der Veränderung der Steuern zur Beeinflussung des privaten Konsums und der privaten Investitionen stehen dem Staat grundsätzlich zwei Möglichkeiten zur Verfügung: Erhöhung der Einkommensteuer oder Senkung der Einkommensteuer.

	Private Nachfrage	Änderung der Steuern durch den Staat
Konjunktureller Aufschwung		**Erhöhung der Einkommen- und Körperschaftsteuer**[1] **Ziel: Drosselung** des privaten Konsums und der privaten Investitionen. Die nachfragewirksame Geldmenge wird geringer, der Preisauftrieb wird gedämpft.
Konjunktureller Abschwung		**Senkung der Einkommen- und Körperschaftsteuer** **Ziel: Belebung** des privaten Konsums und der privaten Investitionen. Die nachfragewirksame Geldmenge wird höher, der Preisauftrieb verstärkt sich.

Inwiefern die vorgestellten Maßnahmen tatsächlich zur Drosselung bzw. Belebung des privaten Konsums und der privaten Investitionen führen, ist von vielen Faktoren abhängig. So ist durchaus vorstellbar, dass die durch **Steuersenkungen** geschaffene Ausweitung des verfügbaren Einkommens zu großen Teilen **nicht** für **Konsumzwecke** verwendet, sondern angespart wird.

Nachfrageorientierte Konjunkturpolitik im Überblick

Konjunkturindikatoren
- Arbeitslosenquote
- Anzahl der offenen Stellen
- Auftragseingänge
- Höhe des BIP

Konjunktur
(wirtschaftliche Lage eines Landes)

Nachfrageorientierte Konjunkturpolitik
(Maßnahmen zur Beeinflussung der Konjunktur)

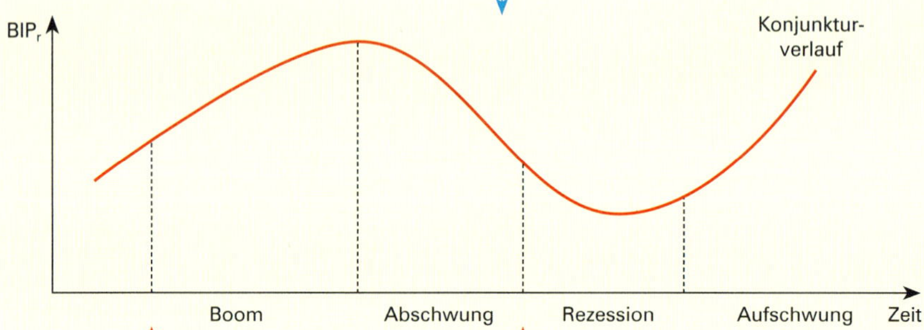

- Kürzung der Staatsnachfrage
- Erhöhung der Einkommensteuer

- Erhöhung der Staatsausgaben
- Senkung der Einkommensteuer

antizyklische Fiskalpolitik
(Maßnahmen sind dem Konjunkturverlauf entgegengesetzt)

1 Die **Körperschaftsteuer** ist die Einkommensteuer der Kapitalgesellschaften (z. B. der GmbH).

2.2.2.4 Grenzen der nachfrageorientierten Wirtschaftspolitik

Eine wirkungsvolle staatliche Konjunkturpolitik setzt auch die Bewältigung einer Reihe von **Abstimmungsproblemen** voraus.

Beispiele für Abstimmungsprobleme:

- Bund, Länder und – wenn möglich – die Gemeinden müssen „am gleichen Strang" ziehen, d. h. die der jeweiligen konjunkturellen Situation entsprechenden Maßnahmen ergreifen.
- **Zeitliche** Abstimmungsprobleme müssen gelöst werden: Konjunkturförderungs- bzw. -dämpfungsmaßnahmen dürfen nicht zu spät erfolgen. Häufig ist es in der Praxis jedoch so, dass von der Beschlussfassung bis zur Verwirklichung geraume Zeit verstreicht, sodass konjunkturfördernde Maßnahmen erst dann wirksam werden, wenn man sie eigentlich nicht mehr bräuchte oder konjunkturdämpfende Maßnahmen erst dann greifen, wenn sich die Konjunktur bereits im Abschwung befindet.

Die Möglichkeiten der staatlichen Konjunkturförderung sind von der **Ausgabenseite** her **begrenzt.** Werden in Zeiten der Hochkonjunktur bestehende Schulden nicht ausreichend abgebaut, nehmen die Staatsschulden von Konjunkturrückgang zu Konjunkturrückgang zu. Die staatliche Konjunkturpolitik besteht dann nur noch aus einem immer umfangreicher werdenden **Deficit-Spending.** Der **wachsende Schuldendienst** (Zins- und Tilgungszahlungen) verkleinert dann zunehmend die finanzielle Manövriermasse,[1] die zur Konjunkturförderung eingesetzt werden könnte.

Antizyklische Finanzpolitik im Modell (Idealfall)

BIP_r: reales Bruttoinlandsprodukt;
A: Staatsausgaben;
E: Staatseinnahmen
------- (gedachte) Linie eines ausgeglichenen Staatshaushalts

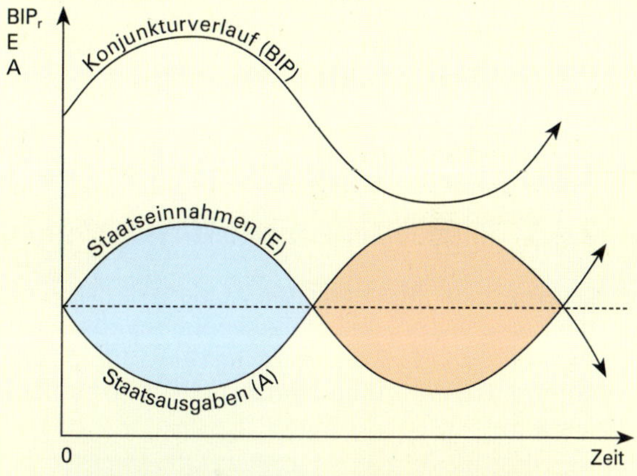

Bildung von Konjunkturausgleichsrücklagen; Schuldentilgung; Haushaltsüberschuss.	Auflösung von Konjunkturausgleichsrücklagen; Kreditaufnahmen; Haushaltsdefizit.

1 **Manövrieren** (frz.): geschickt zu Werke gehen; finanzielle Manövriermasse sind Geldmittel, die der Staat frei je nach Bedarf einsetzen kann.

Anfang des Jahres 2020 zeigte die **„Schuldenuhr"** des Bundes knapp 2 Billionen EUR an – je Einwohner ca. 23000,00 EUR. Die Schulden müssen zurückgezahlt werden, und bis dahin fallen Jahr für Jahr Milliarden Euro Zinsen an. Dieses Geld fehlt an anderer Stelle des Bundeshaushalts, beispielsweise für Bildung und Investitionen. Je Erwerbstätigen gerechnet hat der Bund über 45000,00 EUR Schulden. Und weil die heute Erwachsenen den **Schuldenberg** aller Voraussicht nach nicht abtragen werden, bleibt er als Hypothek für die **nächste Generation.**

Quelle: www.steuerzahler.de vom 08.01.2020.

2.2.2.5 Kritik am Fiskalismus

Am Fiskalismus wird aus mehreren Gründen Kritik geübt:

- Konjunktursteuerungsmaßnahmen der Regierungen erfolgen in aller Regel zu spät. Wird im **Aufschwung** gebremst, tritt die dämpfende Wirkung erst ein, wenn der Abschwung bereits im Gang ist. Die Konjunkturdämpfungsmaßnahmen verschärfen somit noch die Rezession. Wird im **Abschwung** die Konjunktur gefördert, treten die anregenden Wirkungen erst dann ein, wenn der Aufschwung bereits eingesetzt hat. Die Konjunkturförderungsmaßnahmen verstärken somit den Boom und die Inflation.
- Für die Regierungen ist es leichter, die öffentlichen Ausgaben zu erhöhen, als sie einzuschränken. Die Folge ist, dass die im Abschwung entstandene **Staatsverschuldung** nicht mehr oder nicht in vollem Umfang abgebaut wird. Auf diese Weise steigt nicht nur die Staatsverschuldung von Konjunkturzyklus zu Konjunkturzyklus, sondern auch die Zinslast.
- Die erforderlichen Kreditaufnahmen durch die verschuldeten öffentlichen Haushalte erhöhen die Gesamtkreditnachfrage und damit das **Zinsniveau.** Die Investitionsneigung der Unternehmen nimmt ab, die Arbeitslosigkeit nimmt zu.

Die fiskalistische Theorie beeinflusste nach 1949 stark die Inhalte des „Stabilitätsgesetzes".

2.2.3 Angebotsorientierte Wirtschaftspolitik (Monetarismus)[1]

Die These der **Monetaristen** ist, dass die Arbeitslosigkeit durch den Staat (genauer: durch die Regierungen) selbst verschuldet wird. Der **Staat** muss sich deshalb bei Eingriffen in den Wirtschaftsablauf **zurückhalten,** für bessere wirtschaftliche **Rahmenbedingungen** sorgen und den Abbau der Arbeitslosigkeit den Selbstheilungskräften des Marktes überlassen.

Die **monetaristische Theorie** geht davon aus, dass eine **enge Beziehung** zwischen der Beschäftigung (der Entwicklung des realen Bruttoinlandsprodukts) einerseits und der Geldmenge andererseits besteht:

- **Steigt** die **Geldmenge,** wird über die zusätzlich finanzierte Nachfrage die Wirtschaft angekurbelt; das **Bruttoinlandsprodukt steigt,** die Arbeitslosigkeit nimmt längerfristig ab.
- Wird das **Geldmengenwachstum gestoppt,** kann die mögliche zusätzliche Nachfrage nicht finanziert werden; die **Güterproduktion** stagniert oder **geht zurück.** Die Arbeitslosigkeit nimmt zu.

1 Hauptvertreter des Monetarismus ist der amerikanische Nobelpreisträger **Milton Friedmann.**

Aus diesen beiden Thesen folgt, dass eine **Verstetigung des Geldmengenwachstums** auch zu einer **Verstetigung des Wirtschaftswachstums** führen muss. Die führende Rolle in der Wirtschaftspolitik muss also die **Zentralbank** eines Landes bzw. eines Währungsgebiets haben.

2.2.3.1 Maßnahmen zur Beeinflussung der Konjunktur

Die Geldpolitik der Notenbank wird ergänzt durch eine **angebotsorientierte Wirtschaftspolitik** der Regierung: Um die Beschäftigung zu erhöhen, müssen die **Kosten der Unternehmen** (der Anbieter) **gesenkt** werden. Die Löhne und die Lohnnebenkosten (vor allem Sozialversicherungsbeiträge) dürfen **nicht** im selben Maße wie die Produktivität steigen.

Einzelmaßnahmen bzw. -forderungen sind z. B.:

- **Senkung der Kostensteuern** und **Verbesserung der Abschreibungsmöglichkeiten.**[1]
- **Verminderung der Staatsausgaben,** um den Staat zurückzudrängen und den privaten Wirtschaftssubjekten sowie den Marktkräften wieder mehr Spielraum zu verschaffen.
- **Deregulierung** (z. B. im Bereich des Arbeits-, Sozial-, Wettbewerbs- und Umweltrechts).
- **Beseitigung von Investitionshemmnissen** (hierzu zählen u. a. hohe Gewinnbesteuerung; Barrieren bei der Einführung neuer, wachstumsträchtiger Technologien; bürokratische Hemmnisse).
- **Privatisierung** staatlicher Unternehmen und Öffnung staatlicher Monopole zur Förderung des Wettbewerbs.
- **Stärkung des Subsidiaritätsprinzips** und Abbau des Versorgungsstaates.

2.2.3.2 Wirkungen der angebotsorientierten Wirtschaftspolitik

Die **Wirkungen der angebotsorientierten Wirtschaftspolitik** lassen sich mithilfe der gesamtwirtschaftlichen Angebotskurve und der gesamtwirtschaftlichen Nachfragekurve darstellen:

1. Es wird unterstellt, dass sich das gesamtwirtschaftliche Angebot **normal** verhält. **Kostensenkungen** führen zu **steigender Beschäftigung** und (falls die Nachfrage unverändert bleibt) zu **sinkendem Preisniveau.**

   So einfach wie das Modell ist die Wirklichkeit nicht. Häufig werden die Anbieter aufgrund von Kostensenkungen ihre **Preise** nicht **senken,** sondern ihre **Gewinne erhöhen.** Ob dies zu einer Steigerung der Investitionsgüternachfrage führt, hängt von den Zukunftserwartungen der Anbieter ab.

Normales Angebot

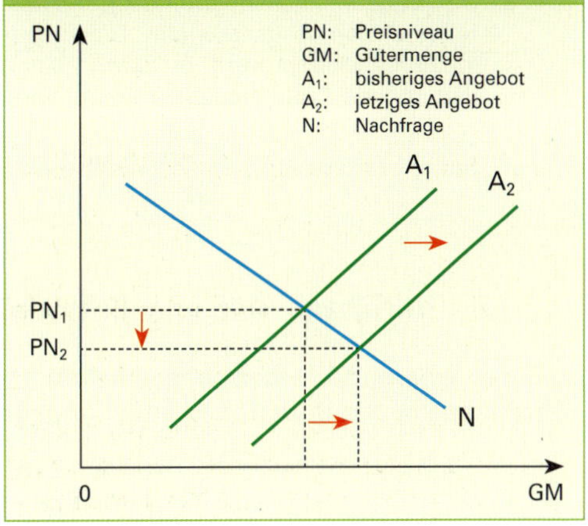

1 Diese Forderung geht auf den amerikanischen Wirtschaftswissenschaftler **Arthur B. Laffer** zurück, der die These vertritt, dass es zwei unterschiedlich hohe Steuersätze gibt, bei denen das gleich hohe Steueraufkommen erzielt wird. Wird eine bestimmte Steuersatzhöhe überschritten, geht sogar das Steueraufkommen zurück, weil die Leistungsbereitschaft der Steuerpflichtigen abnimmt, Steuerflucht (z. B. durch Kapitalflucht) einsetzt und Schwarzarbeit zu einer blühenden „Schattenwirtschaft" führt. Steuersenkungen sind angebracht.

2. Es wird unterstellt, dass sich das gesamtwirtschaftliche Angebot **anomal** aufgrund des Gesetzes der Massenproduktion verhält. **Kostensenkungen** führen ebenfalls zu **steigender Beschäftigung** und zu **sinkendem Preisniveau,** und zwar auch dann, wenn die Nachfrage steigen sollte.

   Auch in diesem Modell ist unterstellt, dass die Anbieter die Kostensenkungen an die Nachfrager weitergeben. Tun sie das nicht, ist das Ergebnis das gleiche wie im obigen Fall 1: Eine wirtschaftliche Belebung erfolgt nur, wenn die gestiegenen Gewinne für zusätzliche Investitionen verwendet werden, die gesamtwirtschaftliche Güternachfrage also zunimmt.

Anomales Angebot

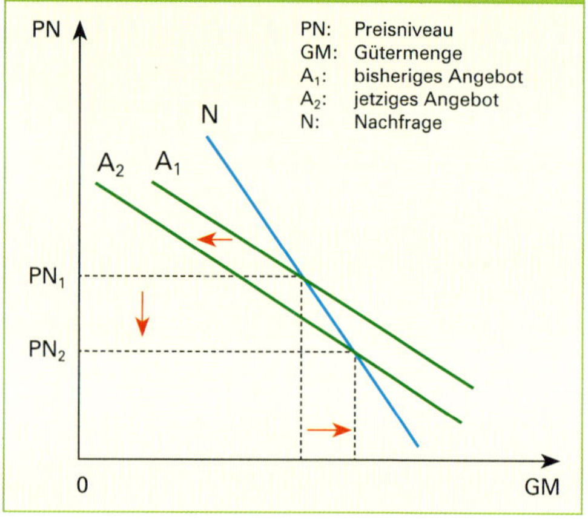

2.2.3.3 Kritik am Monetarismus

An der monetaristischen Theorie sowie an der angebotsorientierten Wirtschaftspolitik wird z. B. aus folgenden Gründen Kritik geübt:

- Der Monetarismus in Verbindung mit der angebotsorientierten Wirtschaftspolitik bevorzuge – so wird gesagt – **einseitig** die **Anbieter.** Die monetaristische Wirtschaftspolitik sei daher unsozial.
- Der Monetarismus geht davon aus, dass eine **Vermehrung der Geldmenge** in jedem Fall das **Wirtschaftswachstum** (das Angebot) fördert. Dies muss jedoch nicht der Fall sein. Schlägt sich die Geldmengenerhöhung nicht in einem erhöhten Angebot nieder (z. B. weil die Unternehmen **nicht** in ausreichendem Maße **Zusatzinvestitionen** vornehmen wollen oder können), führt die Geldmengenvermehrung lediglich zur **Inflation.**
- Der Monetarismus in Verbindung mit der angebotsorientierten Wirtschaftspolitik zeigt erst auf mittlere Sicht Auswirkungen. Die Begrenzung des Geldmengenwachstums zum Zweck der Inflationsbekämpfung führt dazu, dass unrentable Unternehmen ausscheiden müssen und dadurch die **Arbeitslosigkeit** erhöht wird.

  Dies aber führt zu Protesten politischer Parteien und Gewerkschaften, denen sich die Regierungen aufgrund der kurzen Wahlperioden (i. d. R. 4 Jahre) nicht entziehen können.

2.2.4 Nachfrage- und angebotsorientierte Wirtschaftspolitik im Vergleich

Einen Überblick zu den wesentlichen Unterschieden zwischen dem Konzept der Nachfragepolitik und dem Konzept der Angebotspolitik zeigt die folgende Übersicht.

Wirtschaftspolitische Konzepte

Nachfragepolitik: Keynesianische Nachfragesteuerung		Angebotspolitik: Angebotsorientierung mit Geldmengensteuerung
kurzfristige Beseitigung von Gleichgewichtsstörungen (= Symptombekämpfung)	**Ziele**	mittel- bis längerfristige Beseitigung gleichgewichtsstörender Auslösefaktoren (= Ursachenbekämpfung)
Stärkung der gesamtwirtschaftlichen Nachfrage durch Konsumsteigerung	**Ansatzpunkte**	• Stärkung des gesamtwirtschaftlichen Angebots durch Verbesserung der Produktionsbedingungen • Verstetigung des gesamtwirtschaftlichen Spielraums durch Geldmengensteuerung
• Stärkung der Massenkaufkraft durch Lohnerhöhung und/oder höhere staatliche Zuschüsse für bzw. geringere Abgaben der Privathaushalte • Erhöhung des Staatskonsums durch öffentliche Ausgabenprogramme • Ausweitung des öffentlichen Sektors • stärkere Regulierung • Schaffung verbrauchsfördernder Rahmenbedingungen	**Maßnahmen**	• Erhöhung der Unternehmensrentabilität durch Kostendämpfung (Lohnmäßigung und/oder Verringerung der Unternehmensteuerbelastung) Verringerung des effizienzschwachen Staatskonsums • Ausweitung des privaten Sektors • Investitionsförderung • Deregulierung • Abbau von Subventionen • Schaffung leistungsanreizender, innovationsfördernder Rahmenbedingungen

Quelle: Bundesverband deutscher Banken,
Achim Pollert, u. a.: Das Lexikon der Wirtschaft, Bonn 2004, S. 158

Quelle: Informationen zur politischen Bildung, H. 294, S. 44.

Kompetenztraining

25

1. „Der Bundesregierung ist es nicht gelungen, die Konjunktur in den Griff zu bekommen!" Diese und ähnliche Schlagzeilen können Sie in den Tageszeitungen lesen oder in den Nachrichten hören.
   1.1 Erläutern Sie den Begriff Konjunktur!
   1.2 Wegen der Sommerferien sinkt das Bruttoinlandsprodukt um 3 % gegenüber dem gleichen Zeitraum des Vormonats. Erklären Sie, ob daraus auf einen verschlechterten Konjunkturverlauf zu schließen ist!
   1.3 Zeichnen Sie ein Schaubild mit einem idealtypischen Konjunkturverlauf!
   1.4 Zeichnen Sie in dieses Schaubild ein:
   Ⓐ = oberer Wendepunkt
   Ⓑ = unterer Wendepunkt
   Ⓒ = zweiter oberer Wendepunkt
   Ⓓ = Beginn des Booms
   Ⓔ = Beginn einer Depression
   Ⓕ = Beginn einer Rezession!

2. Notieren Sie aufgrund der nachfolgenden Sachdarstellungen, in welcher Phase des Konjunkturzyklus sich die Volkswirtschaft befindet! Tragen Sie eine
   ① für Aufschwung,
   ② für Hochkonjunktur,
   ③ für Rezession und
   ④ für Depression ein!
   Sollte keine eindeutige Zuordnung möglich sein, tragen Sie eine ⑨ ein!

2.1	Das Zinsniveau ist im Vergleich zu den letzten Jahren auf einem Tiefststand.	
2.2	Die Investitionsneigung der Unternehmen nimmt spürbar zu.	
2.3	Die Arbeitslosigkeit nähert sich einem Höchststand, die Investitionstätigkeit der Unternehmen ist extrem gering.	
2.4	Bei den Tarifverhandlungen sind die Gewerkschaften in diesem Jahr eindeutig in der stärkeren Verhandlungsposition.	
2.5	Im Vergleich zu der jüngeren Vergangenheit geht die Kapazitätsauslastung zurück.	
2.6	Die hohe Zahl der Arbeitslosen geht langsam zurück.	
2.7	Die Preise für Güter und Dienstleistungen steigen deutlich.	
2.8	Die Kreditinstitute stellen auch in diesem Jahr wieder viele Ausbildungsplätze zur Verfügung.	
2.9	Die Kreditinstitute klagen über die geringen Zuwächse im Kreditgeschäft für Firmenkunden sowie über das steigende Volumen von Kreditausfällen in diesem Bereich.	
2.10	Das Konjunkturbarometer zeigt eine optimistische Stimmung bei den Unternehmen an, die im Wesentlichen auf dem spürbaren Anstieg der Nachfrage basiert.	

3. 3.1 Beschreiben Sie die Bedeutung von Konjunkturindikatoren! Unterscheiden Sie in diesem Zusammenhang Früh-, Präsenz- und Spätindikatoren und nennen Sie jeweils drei Beispiele!
   3.2 Erklären Sie, inwiefern die Entwicklung der Arbeitslosenquote als Konjunkturindikator genutzt werden kann!

4. Arbeiten Sie aus nebenstehender Abbildung heraus, welche Möglichkeit staatlicher Konjunkturpolitik veranschaulicht wird!

   Begründen Sie Ihre Feststellung!

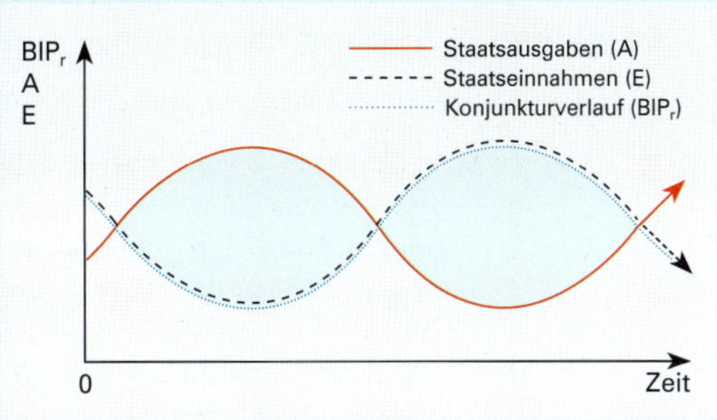

5. Der Versuch des Staates (der Regierung), durch Steuer- und Ausgabenpolitik den Konjunkturverlauf zu beeinflussen, wird als Fiskalpolitik bezeichnet. Die Fiskalpolitik sollte „antizyklisch" sein.

   Aufgabe:

   Begründen Sie die Forderung nach einer antizyklischen Fiskalpolitik!

6. Erklären Sie, wie sich eine Senkung bzw. Erhöhung der Einkommensteuer auf Ihre eigene Lebenssituation auswirkt!

7. Angenommen, die Regierung senkt im Rahmen ihrer antizyklischen Finanzpolitik die Staatsausgaben. Die Staatseinnahmen sollen unverändert bleiben.

   Aufgabe:

   Entscheiden Sie, wie sich die Ausgabenkürzung auf Beschäftigung und Preisniveau auswirkt! Begründen Sie Ihre Aussage!

8. **Maßnahmenkatalog**

   Durch die örtlichen Industrie- und Handelskammern sowie lokalen Verbände werden regionale Konjunkturdaten und Konjunkturerwartungen ermittelt und veröffentlicht.

   Recherchieren Sie zunächst, welche Institutionen in Ihrer Region derartige Konjunkturdaten erheben und veröffentlichen. Informieren Sie sich anschließend bei diesen Stellen über die aktuellsten Datensätze und stellen Sie diese für eine Präsentation vor Ihrer Klasse zusammen!

   Entwickeln Sie anschließend gemeinschaftlich auf der Basis dieser Daten qualifizierte Empfehlungen für wichtige wirtschaftspolitische Maßnahmen in Ihrer Region!

26 1. Betrachten Sie zunächst die beiden folgenden Konjunkturindikatoren:

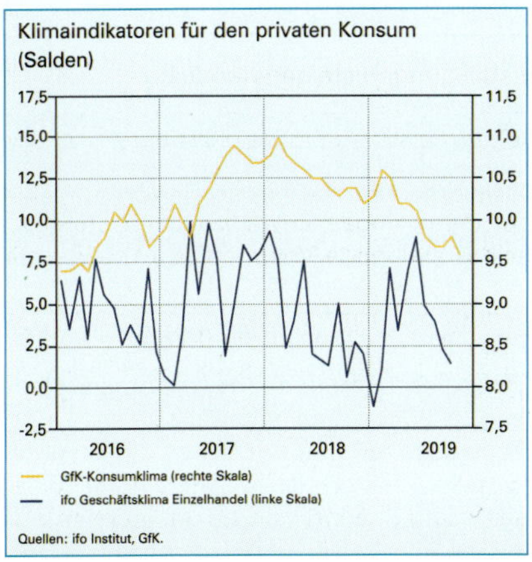

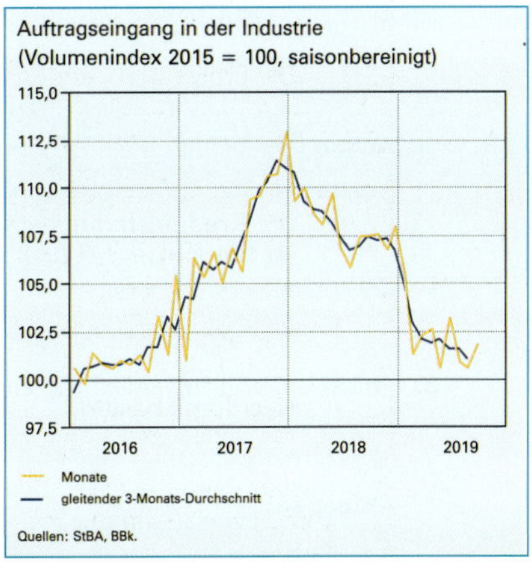

Quelle: Monatsbericht des BMWi, Dezember 2019, S. 41 und S. 43.

Aufgabe:

Entscheiden Sie, ob es sich bei den dargestellten Konjunkturindikatoren um Frühindikatoren, Präsenzindikatoren oder um Spätindikatoren handelt!

2. In den folgenden Situationen sind mithilfe wichtiger Konjunkturindikatoren bestimmte konjunkturelle Situationen beschrieben.

   2.1 „Der Preisindex für die Lebenshaltung ist im vergangenen Halbjahr gesunken. Das reale Bruttoinlandsprodukt nahm um 0,5 % ab. Zugleich stieg die Arbeitslosenquote von 9,5 auf 9,8 % an. Die Kreditinstitute waren flüssig, das Zinsniveau war demzufolge niedriger als zuletzt. [...]"

   2.2 „Aufgrund zunehmender Exportüberschüsse stieg im vergangenen Halbjahr das reale Bruttoinlandsprodukt um 2 %, während sich die Zahl der Arbeitslosen kaum veränderte. Die Löhne und Gehälter stiegen leicht an. Die Preissteigerungsraten hielten sich in Grenzen (+1,8 %). Die Zinsen sind nach wie vor vergleichsweise niedrig. [...]"

   2.3 „Die Europäische Zentralbank erhöhte den Leitzinssatz von 3 auf 3,5 %. Die Inflationsrate hat die 3 %-Grenze überschritten. Das Arbeitnehmerentgelt nahm brutto um 8 %, die Gewinne um 5 % zu. Die Zinssätze für Kredite sind deutlich gestiegen. [...]"

   Aufgabe:

   Ordnen Sie diese Situationen den entsprechenden Konjunkturphasen zu!

3. Angenommen, die Regierung senkt im Rahmen ihrer antizyklischen Finanzpolitik die Staatsausgaben. Die Staatseinnahmen sollen unverändert bleiben.

   Aufgaben:

   3.1 Begründen Sie, wie sich die Ausgabenkürzung auf Beschäftigung und Preisniveau auswirkt, wenn unterstellt wird, dass sich das gesamtwirtschaftliche Angebot normal verhält!

   3.2 Beschreiben Sie, wie sich die Ausgabenkürzung auf Beschäftigung und Preisniveau auswirkt, wenn unterstellt wird, dass sich das gesamtwirtschaftliche Angebot anomal verhält! Begründen Sie Ihre Aussage!

   3.3 Nennen Sie Gründe, die für die Annahme sprechen, dass sich das gesamtwirtschaftliche Angebot normal verhält, und welche für ein anomales gesamtwirtschaftliches Angebot!

4. In einem Industrieland herrscht hohe Arbeitslosigkeit. Die Regierung möchte das Wirtschaftswachstum anregen und die Arbeitslosigkeit verringern. Sie beschließt daher, die Ausgaben für Bildung, Forschung und Entwicklung erheblich aufzustocken. Um die zusätzlichen Ausgaben zu finanzieren, erhöht sie die Umsatzsteuer um 18,75 %. Der bisherige Umsatzsteuersatz betrug 16 %.

   Aufgaben:

   4.1 Prüfen Sie, ob die genannten Maßnahmen der Regierung zielkonform sind!

   4.2 Berechnen Sie, um wie viel Prozentpunkte der Umsatzsteuersatz erhöht wurde!

   4.3 **Leserbrief**

   Formulieren Sie aus Ihrer Sicht einen Leserbrief zu dieser geplanten Maßnahme!

5. Im Land A wurde seit Jahren eine Defizitpolitik betrieben, d. h., die Staatsschulden stiegen von Haushaltsperiode zu Haushaltsperiode. Inzwischen befindet sich das Land in finanziellen Schwierigkeiten, sodass es weitere Kredite nur noch zu hohen Zinsen erhalten kann.

   Aufgaben:

   5.1 Erläutern Sie, warum es für die Regierung schwierig ist, die Staatsverschuldung wieder abzubauen!

5.2 Erläutern Sie, gegen welche finanzwirtschaftliche Grundregel, die sich auch im deutschen Stabilitätsgesetz findet, das Land A verstoßen hat!

5.3 Die Regierung beschließt, zunächst einmal das Staatsdefizit von 10 % auf 6 % abzubauen.

5.3.1 Erklären Sie die Begriffe Defizit und Staatsverschuldung!

5.3.2 Erläutern Sie, wie sich die Senkung des Defizits auf den Schuldenstand des Landes auswirkt!

5.4 Die Regierung beschließt ein drastisches Sparprogramm, das z. B. Lohnkürzungen im öffentlichen Dienst, Rentenkürzungen, Erhöhung des Rentenalters, Steuererhöhungen und die Verschiebung staatlicher Investitionsvorhaben umfasst. Stellen Sie dar, welche Folgen das Sparprogramm auf die Konjunktur hat! Begründen Sie Ihre Antwort!

5.5 Eine Tageszeitung schreibt: „Die Regierung des Landes A befindet sich in einem Dilemma: Entweder verfolgt sie ihre Sparpolitik weiter und das Land steht vor Streiks, Protestaktionen und vor einer schweren Rezession. Oder sie nimmt weiterhin teure Kredite auf, um die alten Schulden zu bezahlen." Beschreiben Sie, in welchem wirtschaftspolitischen Zielkonflikt sich das Land A befindet! Begründen Sie Ihre Aussage!

5.6 Das Land B hat hingegen einen ausgeglichenen Staatshaushalt. Während der vergangenen Hochkonjunktur hat es eine Konjunkturausgleichsrücklage angelegt.

5.6.1 Nennen Sie drei mögliche Maßnahmen, wie die Konjunktur „angekurbelt" werden kann!

5.6.2 Prüfen und begründen Sie, mit welchem weiteren wirtschaftspolitischen Ziel Zielharmonie besteht!

6. Stellen Sie jeweils anhand eines Schaubilds dar, wie der Staat und die Zentralbank zusammenwirken müssten, wenn DOWNLOAD

6.1 die Konjunktur gefördert bzw.

6.2 die Konjunktur gebremst werden soll!

7. Entscheiden Sie, welche der nachstehenden wirtschafts- und geldpolitischen Maßnahmen primär „angebotsorientiert" (ao) und welche vorwiegend „nachfrageorientiert" (no) sind:

7.1	Ausrichtung des Geldmengenwachstums am langfristigen realen Wirtschaftswachstum, um die Inflationsraten zurückzuführen.	
7.2	Senkung der Steuerlastquote (prozentualer Anteil der Steuern am Einkommen der Wirtschaftssubjekte), besonders der Investoren.	
7.3	Staatliches Beschäftigungsprogramm, um die Arbeitslosigkeit zu bekämpfen.	
7.4	Abbau administrativer Hemmnisse (z. B. Vorschriften im Baubereich, Ladenschlusszeiten, Kündigungsvorschriften).	
7.5	Kürzung von Subventionen.	
7.6	Tilgung von Staatsschulden, um das Zinsniveau nicht in die Höhe zu treiben.	
7.7	Senkung der Einkommen- und Körperschaftsteuer.	

7.8	Staatliche Unterstützung bei Existenzgründungen.	
7.9	Erhöhung der Umsatzsteuer.	
7.10	Aufstockung der staatlichen Mittel für Bildung und Forschung.	

8. **Kausalkette**

Skizzieren Sie mögliche Auswirkungen einer Steuersenkung auf die Einnahmen der Sozialversicherung! Nutzen Sie hierzu nachfolgendes Schema! Tragen Sie in die Felder folgende Begriffe ein:

- Konjunktur,
- Einkommen,
- Arbeitslosigkeit,
- Konsum und
- Einnahmen der Sozialversicherung!

Verwenden Sie außerdem jeweils einen der folgenden Pfeile:

↓ sinkt,

↑ steigt,

→ bleibt unverändert!

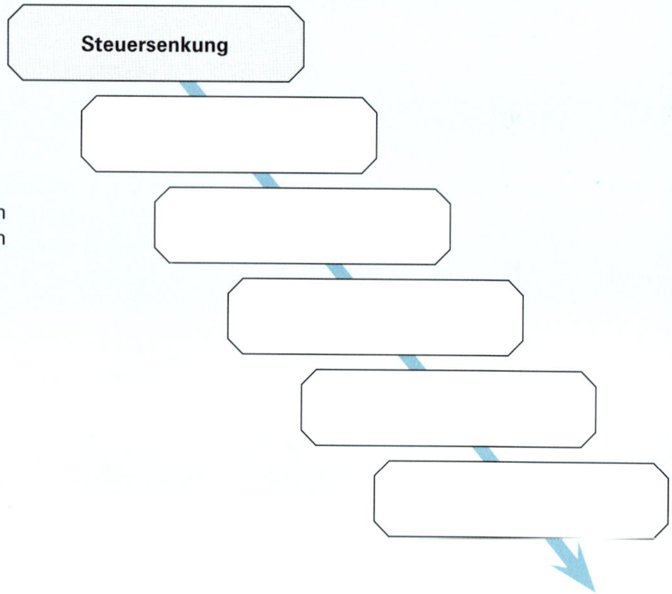

5 Vollbeschäftigung durch Bekämpfung der Arbeitslosigkeit mittels Beschäftigungs- und Bildungspolitik anstreben

1 Unterschiedliche Ursachen der Arbeitslosigkeit beschreiben

Situation: Depressionsgefahr durch Arbeitslosigkeit

Zur einführenden Auseinandersetzung mit dem Thema Arbeitslosigkeit lesen Sie zunächst nachfolgenden Artikel:

Arbeitslosigkeit erhöht die Depressionsgefahr

Arbeitslosigkeit: Ein großer Einschnitt ins Leben

Nicht für alle dieser Menschen ist die Arbeitslosigkeit gleich schlimm. Die staatliche Unterstützung ist unterschiedlich und es gibt Menschen, die die Zuversicht nicht verlieren, die in der Arbeitslosigkeit auch die Chance für einen Neuanfang sehen. Für ganz viele Betroffene ist sie aber ein großer Einschnitt. Oft sind psychische Erkrankungen wie eine Depression die Folge.

Arbeitslose häufiger von einer Depression betroffen

Die Arbeit ist also ein Hauptpfeiler des menschlichen Daseins. Und entsprechend dramatisch können die Folgen sein, wenn dieser Pfeiler wegbricht, oft von einem Tag auf den anderen. So haben Studien ergeben, dass Arbeitslose häufiger von psychischen Krankheiten wie einer Depression betroffen sind als Erwerbstätige. [...]

Arbeit als Mittelpunkt des Lebens

Ein Grund für die Probleme, die Arbeitslosigkeit mit sich bringt, ist in unserer Einstellung zur Arbeit zu suchen. Arbeit muss heute nicht Pflicht sein und einzig dem Broterwerb dienen. Sie kann mit Leidenschaft erfüllt werden, sie kann Spaß und Freude machen. Sie kann spannend und herausfordernd sein. Arbeitszeitmodelle ermöglichen heute mehr Flexibilität. Und Unternehmen sind heute sehr oft auch ein Teil des sozialen Lebens der Beschäftigten. [...]

Wenn das soziale Umfeld wegbricht

Auch die Anforderung, dass Betroffene für eine neue Stelle bereit sein sollten, ihren Wohnort zu wechseln, wirkt sich negativ auf die psychische Gesundheit aus. Vor allem, wenn man eine Familie hat, ist das ein großes Problem. Bei jedem Umzug verliert man sein soziales Umfeld und muss sich ein neues aufbauen. Dabei ist ein gutes soziales Netz wichtig für Arbeitslose. Es kann ihnen helfen, eine neue Arbeit zu finden.

Ablehnung schwächt das Selbstwertgefühl

Der psychischen Gesundheit ebenfalls nicht förderlich ist die Anforderung, möglichst viele Bewerbungen in einem definierten Zeitraum zu verschicken. Werden die Vorgaben nicht eingehalten, droht eine Leistungskürzung. Viele erfolglose Bewerbungen gefährden die psychologische Gesundheit. Jede Ablehnung oder Absage gilt als Misserfolg und schwächt das Selbstwertgefühl. [...]

Textquelle (angelehnt): Myhandicap.de, Text: Patrick Gunti – 04/2012.

Kompetenzorientierte Arbeitsaufträge:

1. Beschreiben Sie die Gefahr der Arbeitslosigkeit, die im Mittelpunkt des vorangestellten Artikels steht!
2. Erläutern Sie den Stellenwert der Arbeit in unserer modernen Gesellschaft! Gehen Sie anschließend auch darauf ein, welchen Stellenwert Arbeit in Ihrem künftigen Leben einnehmen soll!
3. Führen Sie an, welche Kriterien eine Arbeitsstelle nach Ihren Vorstellungen erfüllen müsste, damit Sie Ihren künftigen Beruf über viele Jahre hinweg mit Spaß und Freude ausüben könnten!
4. Analysieren Sie für sich persönlich, wie sich die Ausübung eines Berufes, mit dem Sie nicht glücklich wären, auf Ihr persönliches Leben auswirken würde!
5. Erläutern Sie drei Entstehungsarten der Arbeitslosigkeit!

1.1 Begriffsklärungen

(1) Begriff Arbeitslosigkeit

Als **arbeitslos** gilt, wer trotz **Arbeitsfähigkeit** und **Arbeitswilligkeit** nicht in einem Beschäftigungsverhältnis steht.

Die Bundesagentur für Arbeit rechnet zu den **Arbeitslosen** alle Personen, die das **15.**, aber noch nicht das **65. Lebensjahr**[1] vollendet haben, die beschäftigungslos sind oder nur eine kurzzeitige Beschäftigung (zur Zeit weniger als 15 Stunden je Woche) ausüben und ein versicherungspflichtiges, mindestens 15 Wochenstunden umfassendes Beschäftigungsverhältnis suchen. Als arbeitslos gilt außerdem nur, wer sich **persönlich** bei der Bundesagentur für Arbeit oder einem Jobcenter arbeitslos **gemeldet** hat, der Arbeitsvermittlung zur Verfügung steht und nicht arbeitsunfähig erkrankt ist.

Arbeitslosigkeit ist **nicht** gleichbedeutend mit dem Begriff **„Unterbeschäftigung"**. Misst man nämlich die Beschäftigung an der Ausnutzung der in einer Volkswirtschaft zur Verfügung stehenden Produktionsmittel, so ist eine Wirtschaft unterbeschäftigt, wenn Kapazitäten brachliegen. Eine Wirtschaft kann dann vollbeschäftigt sein, obwohl es Arbeitslose gibt, ganz einfach deshalb, weil im Verhältnis zu den gegebenen Arbeitsplätzen zu viel Arbeitskräfte vorhanden sind. Umgekehrt ist es möglich, dass eine Wirtschaft alle Arbeitskräfte beschäftigt und außerdem noch offene Stellen besitzt. In diesem Fall sind die sachlichen Produktionsfaktoren unterbeschäftigt. Die vollständige Ausnutzung ist nur durch die Einstellung ausländischer Arbeitskräfte möglich.

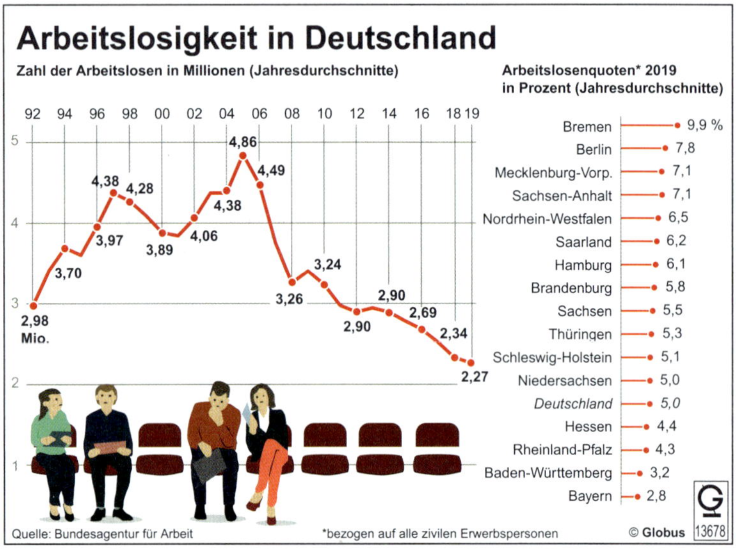

Im Allgemeinen misst man die Beschäftigungslage in einer Volkswirtschaft an der **Zahl der Arbeitslosen und** den **offenen Stellen.**

1 In dem Gesetz zur Anpassung der Regelaltersgrenze an die demografische Entwicklung und zur Stärkung der Finanzierung der gesetzlichen Rentenversicherung wurde eine sukzessive Anhebung der Regelaltersgrenze von 65 auf 67 Jahre beschlossen. Beginnend im Jahr **2012** wird die Altersgrenze zunächst sukzessive um **einen** Monat pro Geburtsjahrgang und dann ab **2024** sukzessive um **zwei** Monate pro Geburtsjahrgang bis zur Regelaltersgrenze von 67 Jahren angehoben. Für alle ab 1964 Geborenen gilt die Regelaltersgrenze von 67 Jahren.

Die Datenaufbereitungsverfahren und Veröffentlichungen der Statistik sind auf die feste Altersgrenze von 65 Jahren ausgelegt und werden – wo nötig – an die oben beschriebene flexible Altersgrenze angepasst. In allen betroffenen Statistiken werden Personen bis zur neuen flexiblen Regelaltersgrenze erfasst. Anpassungen sind insbesondere für die Arbeitslosenstatistik notwendig.

(2) Erwerbsquote

Die **Erwerbsquote** zeigt den prozentualen **Anteil** der Erwerbspersonen an der **Gesamtbevölkerung.**

Eine steigende (sinkende) Erwerbsquote ist ein möglicher Hinweis auf eine zunehmende (abnehmende) Beschäftigung. Sie sagt jedoch nicht unbedingt etwas über eine abnehmende (zunehmende) Arbeitslosigkeit aus.

Ein anderer Maßstab, die Beschäftigungslage einer Wirtschaft zu messen, ist der Begriff des **Volkseinkommens.**[1] Eine Erhöhung des Volkseinkommens bedeutet dann eine Verbesserung der Beschäftigungslage, während die Verminderung des Volkseinkommens auf eine Verschlechterung hinweist.

(3) „Verdeckte" Arbeitslosigkeit

Neben der registrierten Arbeitslosigkeit gibt es auch noch eine **nicht registrierte Arbeitslosigkeit.** Hierbei handelt es sich um das Arbeitskräftepotenzial, das aus unterschiedlichen Gründen **nicht** in der **Arbeitslosenstatistik erfasst wird** (Kurzarbeiter, Vorruheständler, Personen in Umschulungen oder in „Ein-Euro-Jobs" etc.).

1.2 Ursachen und Entstehungsarten der Arbeitslosigkeit

Im Folgenden werden die Formen der Arbeitslosigkeit nach ihren **Ursachen** und nach ihrer **Dauer** unterschieden.

1.2.1 Friktionelle[2] Arbeitslosigkeit

Durch **Wechsel des Arbeitsplatzes,** Umstrukturierungen in den Unternehmen und durch die oft zeitaufwendige Suche nach einer angemessenen Beschäftigung bleibt auch in Zeiten der Vollbeschäftigung eine niedrige Arbeitslosenquote erhalten. Die Tatsache, dass Leute eine Arbeit aufgegeben und eine andere noch nicht aufgenommen haben, führt sozusagen zu „Reibungsverlusten" auf dem Arbeitsmarkt.

1.2.2 Nachfrageschwankungen

Kurz- und mittelfristige Nachfrageschwankungen können die Zahl der Arbeitslosen erhöhen oder verringern. **Kurzfristige** Nachfrageschwankungen sind i. d. R. **saisonal,**[3] **mittelfristige** i. d. R. **konjunkturell** bedingt. Man unterscheidet deshalb auch zwischen saisonaler (saisoneller) und konjunktureller Arbeitslosigkeit.

---

1 Vgl. hierzu Kompetenzbereich 4, Kapitel 1.2.

2 **Friktio** (lat.): Reibung.

3 **Saison** (frz.): Hauptbetriebszeit.

Saisonale Arbeitslosigkeit	Als saisonale Arbeitslosigkeit werden die durch den Wechsel der **Jahreszeiten** hervorgerufenen Beschäftigungsrückgänge bezeichnet. Wirtschaftszweige, die unter saisonaler Arbeitslosigkeit leiden, sind z. B. das Baugewerbe, die Landwirtschaft oder das Hotel- und Gaststättengewerbe. Um die wahre Entwicklung auf dem Arbeitsmarkt beurteilen zu können, müssen die Arbeitslosenzahlen um die saisonal bedingten Einflüsse bereinigt werden.
Konjunkturelle Arbeitslosigkeit	Die konjunkturelle Arbeitslosigkeit wird durch die Beschäftigungsschwankungen im Verlauf eines **Konjunkturzyklus** verursacht. Sie ist, soweit sie auf „normale" konjunkturelle Ausschläge zurückzuführen ist, wirtschaftspolitisch verhältnismäßig unproblematisch, weil sie im Laufe eines Konjunkturaufschwungs mehr oder weniger „automatisch" abgebaut wird.

1.2.3 Angebotsbedingte Arbeitslosigkeit

Die angebotsbedingte Arbeitslosigkeit hat **viele Ursachen,** von denen hier nur einige genannt werden können. Letztlich handelt es sich um Einflussfaktoren, die unmittelbar oder mittelbar die **Kosten der Unternehmen** negativ beeinflussen.

(1) Lohnkostenbedingte Arbeitslosigkeit

Die Löhne und Gehälter sowie die Lohnzusatzkosten sind auf vielen Teilmärkten des Arbeitsmarkts (z. B. für gering qualifizierte Arbeit) so **hoch,** dass sie von Unternehmen und Behörden nicht mehr bezahlt werden können **(lohnkostenbedingte Arbeitslosigkeit).**

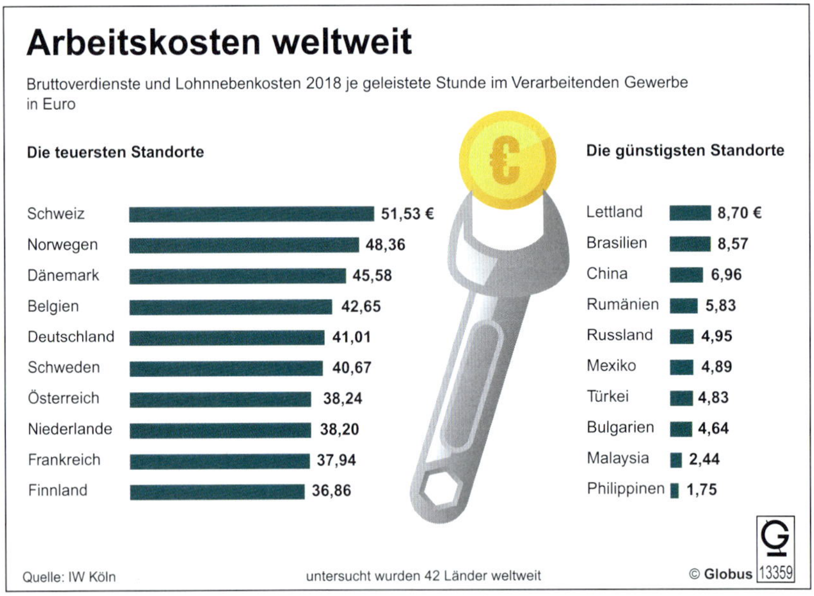

Andererseits wird einfache Arbeit von manchen Arbeitsuchenden nicht angenommen, weil sie als nicht lohnend und als unattraktiv angesehen wird **(„freiwillige Arbeitslosigkeit").**

Die lohnkostenbedingte Arbeitslosigkeit ist umso größer, je **höher** der **Mindestlohn** über dem **Marktlohn** liegt. (Der Marktlohn ist der Lohn, der sich auf einem freien Arbeitsmarkt bilden würde.)

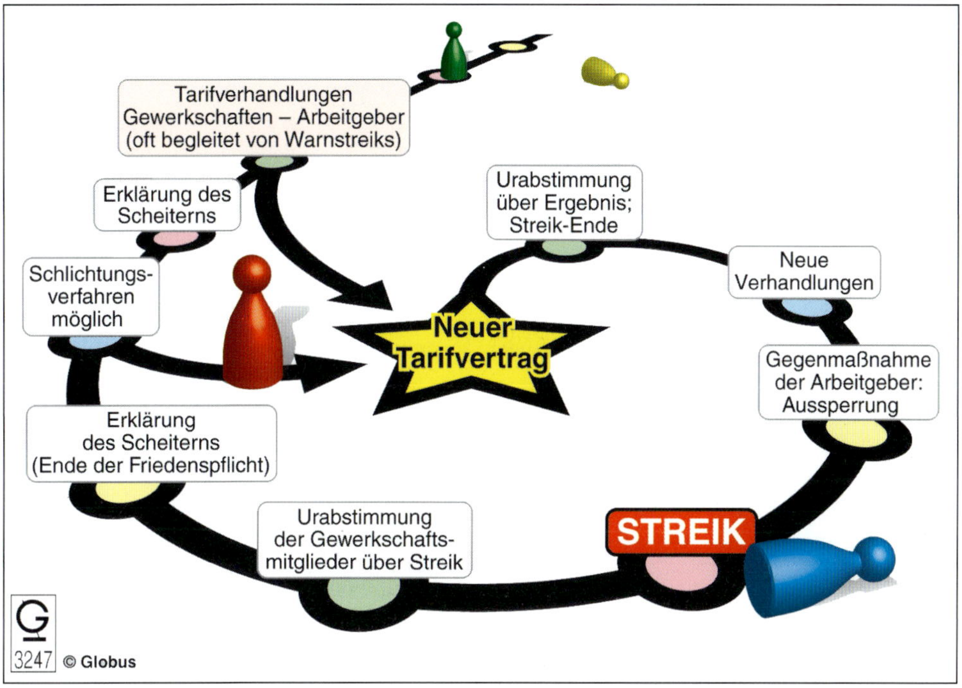

Der **gesetzliche Mindestlohn** wurde in **Deutschland** im Jahr 2015 eingeführt. Er beträgt **aktuell** (2020) **9,35 EUR** pro Stunde und wird durch eine **Mindestlohn-Kommission** in **regelmäßigen** Abständen neu **festgelegt**.

(2) Weitere Ursachen der angebotsbedingten Arbeitslosigkeit

Gesetzliche und administrative Hemmnisse	Staatliche Regulierungen wie z.B. strenge **Kündigungsvorschriften** halten zahlreiche Unternehmen von Neueinstellungen ab. Die **bürokratische Regelungsdichte** ist vor allem in Deutschland so hoch, dass viele unternehmerische Vorhaben nur langsam oder gar nicht und deshalb in einem fremden Land mit weniger Bürokratie durchgeführt werden.
Mangelnde Risikobereitschaft	Die Schaffung neuer **zukunftsträchtiger** Arbeitsplätze wird beeinträchtigt, weil große Teile der Gesellschaft zu Recht oder zu Unrecht Angst vor den Auswirkungen der technologischen Entwicklung haben. So wird z.B. der Bau von Straßen, Brücken, Industrieparks, Hochgeschwindigkeitszügen, Fabriken und Flugplätzen aus politischen und/oder aus Umweltschutzgründen behindert, verhindert oder verzögert.

Wirtschaftspolitische Entscheidungen

- **Staatsverschuldung**

Die Schuldenpolitik vieler Staaten führt und führte zu einer so hohen Belastung der Staatshaushalte mit **Zins- und Tilgungszahlungen,** dass für beschäftigungsfördernde Staatsausgaben keine Mittel mehr übrig bleiben. Im Gegenteil: Um den Staatshaushalt auszugleichen, müssen die Staatsausgaben weiter gesenkt und die Abgaben weiter erhöht werden.

- **Schlanker Staat**

Die staatlichen Sparmaßnahmen beeinflussen nicht nur die Gesamtnachfrage negativ, sondern unmittelbar auch die Beschäftigung. Die Beschäftigtenzahl in Deutschland ist bei Bund, Ländern und Gemeinden in den letzten Jahren sukzessive zurückgegangen.

Unzureichende Ausbildung

Der Mangel an qualifizierten Mitarbeitern ist ein Hinderungsgrund für Neueinstellungen. Knapp die Hälfte aller Langzeitarbeitslosen in Deutschland haben **keine abgeschlossene Berufsausbildung.** Die Arbeitsplätze für **einfache Arbeiten** wurden (und werden) vor allem in der Industrie weitgehend **wegrationalisiert.** Anders ausgedrückt: Der **Produktivitätsfortschritt** kostete (und kostet) vor allem weniger anspruchsvolle Arbeitsplätze.

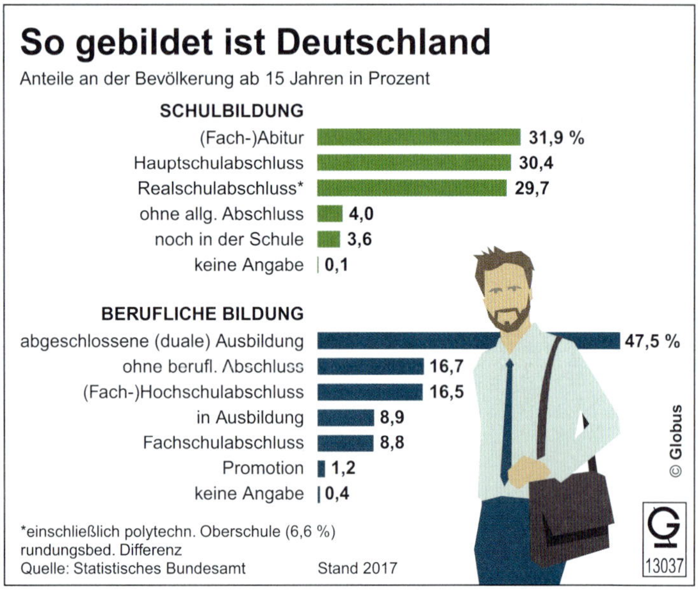

Berufliche und räumliche Immobilität

Im Grenzfall kann es sein, dass in einer Periode das gesamte Arbeitsangebot der gesamten Arbeitsnachfrage entspricht und dennoch Arbeitslosigkeit besteht. Dies kann darauf zurückzuführen sein, dass in einer Region die Arbeitsnachfrage das Arbeitsangebot übersteigt, während in einer anderen die umgekehrte Situation vorliegt.

Das Beschäftigungsproblem muss auch unter dem Blickwinkel der **qualitativen (beruflichen) Mobilität** gesehen werden, denn es gibt im Grunde ebenso viele Arbeitsmärkte, wie es Berufe gibt. Klaffen qualitative Arbeitsnachfrage und qualitatives Arbeitsangebot auseinander, ist „der" Arbeitsmarkt im Ungleichgewicht.

Schattenwirtschaft

Zur Schattenwirtschaft (Untergrundwirtschaft, Hidden Economy) rechnen alle wirtschaftlichen Betätigungen, für die legal oder illegal keine Steuern entrichtet und keine Sozialversicherungsabgaben abgeführt werden. Die Bereiche der Schattenwirtschaft werden statistisch nur als **Schätzgröße** erfasst (z. B. Hausarbeit, Lieferungen und Leistungen durch Gewerbetreibende ohne Rechnung).

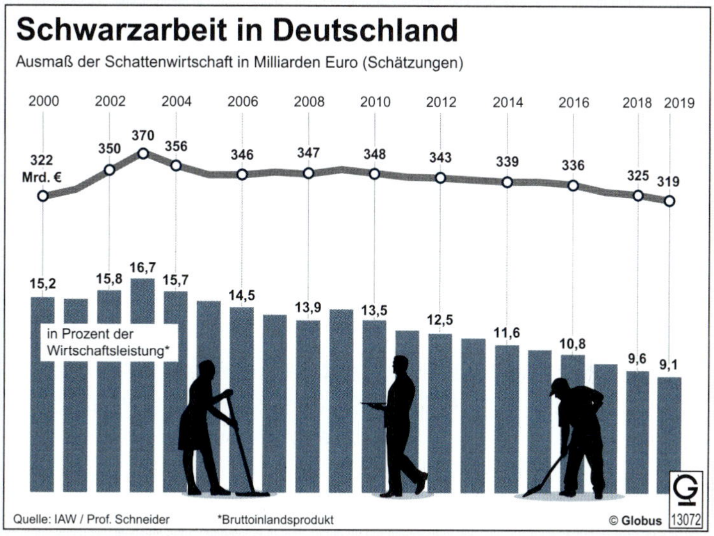

Beispiele:

- Zum **legalen** Bereich der Schattenwirtschaft gehören die Tätigkeiten der Hobbygärtner, die Selbstversorgung, die Nachbarschaftshilfe sowie die ehrenamtlichen Tätigkeiten in Hilfsorganisationen und nicht wirtschaftlichen Vereinen.
- **Illegale** Bereiche der Schattenwirtschaft sind Schwarzarbeit, die illegale Beschäftigung von Arbeitnehmern oder kriminelle Aktivitäten wie z. B. Drogen-, Waffen- oder Menschenhandel.

Die **Schwarzarbeit** ist nicht zuletzt die **Folge** einer von der Bevölkerung als **zu hoch** empfundenen **Belastung** mit direkten Steuern (Einkommen- bzw. Lohnsteuer, Kirchensteuer, Solidaritätszuschlag) und Sozialversicherungsabgaben. Sie ist aber zugleich auch eine **Ursache** steigender Arbeitslosigkeit, weil sie an die Stelle der legalen Arbeit tritt. In der Folge sinken die Staatseinnahmen aus direkten Steuern und die Einnahmen der Sozialversicherungsträger. Der Staat muss die Steuersätze anheben (meist werden die indirekten Steuern wie z. B. Umsatzsteuer und/oder Mineralölsteuer erhöht), um die Einnahmeausfälle auszugleichen. Ein **sich selbst verstärkender Prozess** ist in Gang gesetzt: Die steigenden Abgaben erhöhen den Anreiz zur Schwarzarbeit, sodass diese weiter zunimmt.

1.2.4 Strukturelle Arbeitslosigkeit

Die auf den wirtschaftlichen und technischen Wandel zurückzuführende Arbeitslosigkeit bezeichnet man als **strukturelle Arbeitslosigkeit.** Betroffen sind vor allem die Beschäftigten solcher Branchen (Wirtschaftszweige), die

- an wirtschaftlicher Bedeutung verlieren,
- die neue und arbeitssparende Techniken einführen und
- die langfristige Anpassungsschwierigkeiten erleiden.

Die strukturelle Arbeitslosigkeit ist im Gegensatz zur saisonalen oder konjunkturellen Arbeitslosigkeit **langfristiger** Natur und wird auch im wirtschaftlichen Aufschwung überhaupt nicht oder nur geringfügig abgebaut **(Sockelarbeitslosigkeit).** Der Arbeitsmarkt befindet sich dauerhaft im **Ungleichgewicht.** Das Arbeitsangebot ist größer als die Arbeitsnachfrage. Die strukturelle Arbeitslosigkeit wird deswegen auch als **Mismatch-Arbeitslosigkeit**[1] bezeichnet.

Beispiel:

Der Strukturwandel im Banken- und Sparkassensektor hat zu massiven Veränderungen innerhalb dieser Branche geführt. So ist u.a. die Zahl der Bank- und Sparkassenfilialen in Deutschland seit dem Jahr 1995 von ca. 68000 auf unter 27000 gesunken.

Der Strukturwandel im Bankensektor hat vielfältige Ursachen und begann in den 90er-Jahren mit der Automatisierung des Zahlungsverkehrs, der flächendeckenden Einführung von Geldautomaten und des Onlinebanking. Der zunehmende und intensive Wettbewerb, das anhaltende Niedrigzinsumfeld und die verschärfte Regulierung im Bankensektor setzen die Erträge der Kreditinstitute massiv unter Druck. Dies führte vor allem bei Volksbanken und Sparkassen zu einer bis heute andauernden Fusionswelle, bei der die Kosteneinsparungen durch entsprechenden Personalabbau vorangetrieben wurden.

Hinzu kommt der fortschreitende digitale Strukturwandel, der neue Wettbewerber auf den Plan bringt und außerdem zu verändertem Kundenverhalten führt. Onlineakteure aus dem In- und Ausland offerieren dank digitaler Technologien viele Finanzdienstleistungen und anspruchsvollere Finanzprodukte wie Immobilienfinanzierungen und Vermögensanlage durch von künstlicher Intelligenz gemanagte Fonds schneller, kostengünstiger und für Verbraucher bequemer und rund um die Uhr verfügbar.

2 Individuelle und volkswirtschaftliche Folgen der Arbeitslosigkeit beurteilen

2.1 Psychologische Auswirkungen der Arbeitslosigkeit auf die Arbeitslosen

Normalerweise ist eine Entlassung einer Arbeitskraft eine **Einzelentlassung.** Sie wird von den entlassenen Personen als mit- oder gar selbstverschuldet erlebt, „weil – im Vergleich zu jenen, die nicht entlassen werden – Leistungsfähigkeit, Qualifikation usw. scheinbar nicht ausreichen.“[2] Die der Entlassung folgende Arbeitslosigkeit geht häufig mit einer Stigmatisierung[3] einher: Die Arbeitslosen werden von vornherein als weniger qualifiziert ein-

1 **Mismatch-Arbeitslosigkeit** (engl. mis...: falsch; match: Gleiches, Ebenbürtiges). Ein deutsches Wort für Mismatch-Arbeitslosigkeit gibt es nicht. Ein englisches Wörterbuch liefert folgende Erklärung: Mismatch: a failure to correspond or match a discrepancy: a huge mismatch between supply and demand.

2 Osterland, M.: Einzelentlassung und Massenentlassung als kollektive Erfahrung, in: Dressel, W. u.a. (Hrsg.): Lebenslauf, Arbeitsmarkt und Sozialpolitik, Nürnberg 1990, S. 139f., zitiert in Kontrovers, Arbeitsmarktpolitik, a.a.O., S. 54.

3 **Stigmatisierung** (gr.): Brandmarkung, Kennzeichnung.

geschätzt. Bei der Suche nach einem neuen Arbeitsplatz müssen sie begründen, warum sie entlassen worden sind. „Dauert die Arbeitslosigkeit länger, setzt außerdem eine zunehmende Isolierung ein. Neben mangelnder Leistungsfähigkeit und unzureichender Qualifikation unterstellt man ihnen nun auch noch Missbrauch der Sozialleistungen, Arbeitsunwilligkeit und dergleichen mehr."[1]

Die menschliche Erfahrung mit der Arbeitslosigkeit[2]

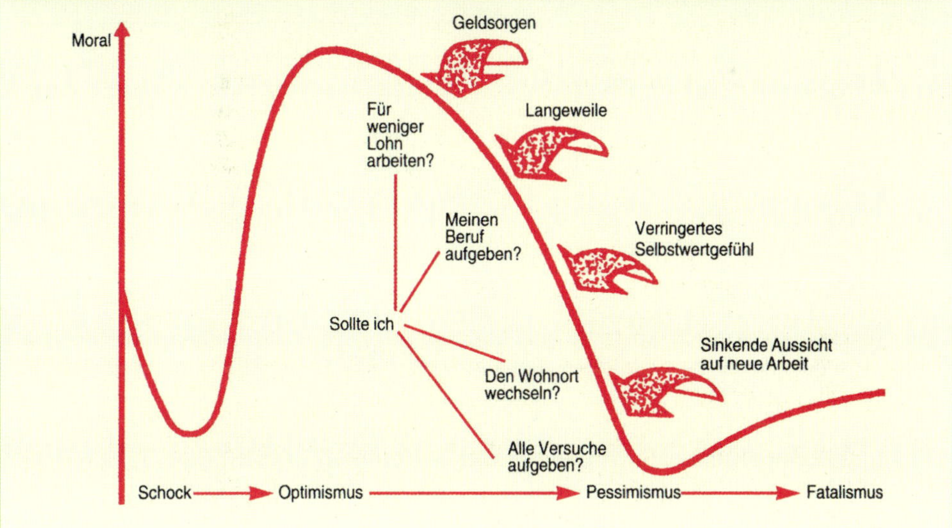

2.2 Finanzielle Folgen der Arbeitslosigkeit

Bei den finanziellen Folgen der Arbeitslosigkeit lassen sich grundsätzlich zwei Kategorien unterscheiden:

Finanzielle Folgen für den Einzelnen	Für den Arbeitslosen selbst ergeben sich zunächst finanzielle Folgen. So **verringert** sich durch die Arbeitslosigkeit sein verfügbares Einkommen. Gleichzeitig erhöht sich sein **Rentenanspruch** nicht in dem Maße, wie dies bei Fortbestehen des Beschäftigungsverhältnisses der Fall wäre.
Finanzielle Folgen für die Gesamtheit	Zunächst bedeutet Arbeitslosigkeit eine erhebliche **Belastung des Staatshaushaltes** (fehlende Einnahmen aus der Lohn- und Einkommensteuer) und **der Sozialsysteme** in zweierlei Hinsicht. So erhöhen sich durch die zu leistenden Transferzahlungen in Form von Arbeitslosengeld I oder Arbeitslosengeld II nicht nur die Ausgaben der Arbeitslosenversicherung bzw des Bundes, vielmehr sinkt gleichzeitig auch das **Beitragsaufkommen der Sozialversicherung.** Die aus sinkenden Beitragseinnahmen bei gleichzeitig steigenden Ausgaben entstehende Finanzierungslücke bei den Sozialsystemen kann häufig nur durch einen höheren **Zuschuss** aus dem Bundeshaushalt geschlossen werden.

1 Osterland, M., a. a. O., S. 54.

2 Quelle: Bundesanstalt für Arbeit (Hrsg.): Überlegungen II zu einer vorausschauenden Arbeitsmarktpolitik, 1978, S. 209.

	Durch das Absinken des verfügbaren Einkommens bei den Arbeitslosen **verringert** sich auch die **Inlandsnachfrage.** Dies wiederum kann eine weitere Arbeitskräftefreisetzung zur Folge haben; zudem **sinkt** das **Steueraufkommen.** Schließlich stehen vielen Beziehern von Arbeitslosengeld II aufgrund des geringen Einkommens weitere staatliche Hilfen zu (z. B. Wohngeld, Kinderzuschlag für bedürftige Familien), die die öffentlichen Kassen zusätzlich belasten.

Die finanziellen Folgen der Arbeitslosigkeit werden jedoch durch Entgeltersatzleistungen der Arbeitslosenversicherung (z. B. Arbeitslosengeld, Kurzarbeitergeld, Insolvenzgeld) abgefedert.[1]

3 Ziel und Träger der Arbeitsmarktpolitik

Die **Arbeitsmarktpolitik** umfasst alle Maßnahmen, die dazu dienen, die strukturelle Arbeitslosigkeit zu beseitigen, neue Arbeitsplätze zu schaffen und vorhandene Arbeitsplätze zu sichern.

Neben der **Bundesagentur für Arbeit** mit Sitz in Nürnberg ist die Bekämpfung des Problems der Arbeitslosigkeit aber unter anderem auch Aufgabe der **Regierung,** der **Arbeitgeber,** der **Arbeitnehmer** und der **Tarifparteien** (Arbeitgeberverbände und Gewerkschaften).

Diesen Beteiligten steht eine Vielzahl möglicher Maßnahmen zur Verfügung, die teilweise bereits umgesetzt sind oder aber diskutiert werden.

Beteiligte	(mögliche) Maßnahmen
Regierung	■ Senkung der Lohnnebenkosten ■ staatliche Beschäftigungsprogramme ■ Förderung von Existenzgründungen (z. B. durch einen Gründungszuschuss) ■ Investitionsförderprogramme ■ Zahlung zeitlich befristeter Lohnzuschüsse für die Neueinstellung von Langzeitarbeitslosen („Kombilohn") ■ Sonderprogramme zur Bekämpfung von Jugendarbeitslosigkeit ■ Änderung gesetzlicher Regelungen (z. B. Regelungen zum Kündigungsschutz oder zur Entgeltfortzahlung im Krankheitsfalle, Änderung der Rentengesetzgebung: Senkung/Erhöhung des Renteneintrittsalters, Vorruhestands- oder Altersteilzeitregelungen) ■ Erhöhung von Bildungs- und Forschungsinvestitionen ■ staatliche Konjunkturprogramme zur Belebung der Nachfrage

1 Vgl. Kompetenzbereich 8, Kapitel 3.2.4.1.

Beteiligte	(mögliche) Maßnahmen
Arbeitgeber	■ Ausweitung der Teilzeitarbeitsmöglichkeiten ■ Neueinstellungen durch Überstundenabbau ■ Durchführung bisher zurückgestellter Investitionen
Arbeitnehmer	■ berufliche Weiterbildung ■ Erhöhung der regionalen Mobilität ■ Bereitschaft zur Annahme einer Beschäftigung mit geringeren Qualifikationsanforderungen und/oder niedrigerer Bezahlung als vorher
Tarifpartner	■ Arbeitszeitverlängerung bei gleichem Lohn ■ moderate Lohnerhöhungen ■ Öffnung von Tarifverträgen

4 Maßnahmen und Wirkungen von beschäftigungspolitischen Maßnahmen

4.1 Kurzfristig wirksame Instrumente (Beispiele)

Kurzfristige **Maßnahmen des Staates** zur Bekämpfung der Arbeitslosigkeit sind z. B. die **Erhöhung der Staatsausgaben** und die **Senkung der Staatseinnahmen**.

Eine weitere Möglichkeit sind **staatliche Beschäftigungsprogramme**. Hierbei handelt es sich um einmalige Ausgaben für solche Wirtschaftszweige, von denen starke nachfragewirksame Impulse[1] auf die Gesamtwirtschaft ausgehen. Eine solche „Schlüsselindustrie" ist z. B. die Bauwirtschaft. Die Wirkung solcher zusätzlichen „Konjunkturspritzen" ist jedoch zweifelhaft. Kritiker meinen, dass sie allenfalls ein Strohfeuer auslösen. Sie sind sogar von Nachteil, wenn der Staat verschuldet ist.

Die staatliche Wirtschaftspolitik kann durch die **Geld- und Währungspolitik der Zentralbank** unterstützt werden, indem diese z. B. die **Zinssätze senkt.**

Die Beschäftigungspolitik wird durch die **Arbeitsmarktpolitik** der Bundesagentur für Arbeit (BA) ergänzt. Dabei wird zwischen **passiver** und **aktiver Arbeitsmarktpolitik**

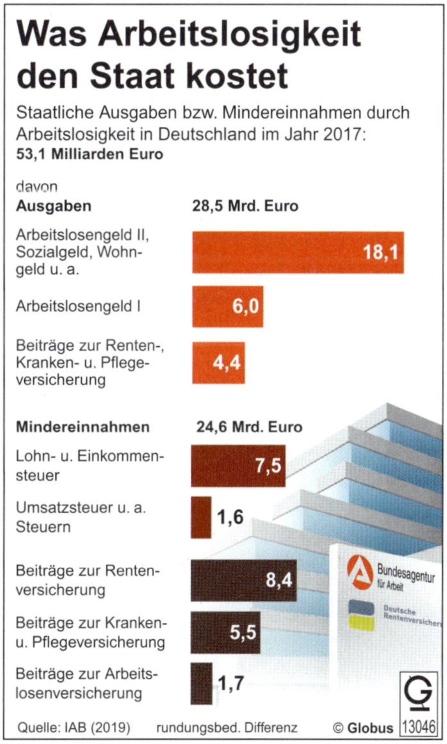

1 **Impuls** (lat.): Anstoß, Anreiz.

unterschieden. Erstere hat die Aufgabe, die negativen **materiellen** Folgen der von der Arbeitslosigkeit betroffenen Personen und ihren Familien zu mildern (z. B. durch die Zahlung von Arbeitslosengeld).

Die **aktive Arbeitsmarktpolitik** versucht, durch gezielte Maßnahmen das **Entstehen** von Arbeitslosigkeit zu **verhindern** (z. B. durch die Zahlung von Kurzarbeitergeld) oder die **bestehende** Arbeitslosigkeit zu **verringern** (z. B. durch Förderung der beruflichen Fortbildung, Umschulungsmaßnahmen, Zahlung eines Gründungszuschusses für arbeitslose Arbeitnehmer, die ihre Arbeitslosigkeit durch Aufnahme einer selbstständigen Tätigkeit beenden wollen).

4.2 Langfristig wirksame Instrumente (Beispiele)

(1) Senkung der Lohnnebenkosten (Lohnzusatzkosten)

Der Staat kann dazu beitragen, die Arbeitskosten zu senken, indem er dafür sorgt, dass die **gesetzlichen Lohnnebenkosten** (z. B. die Sozialversicherungsbeiträge der Arbeitgeber) gesenkt werden.

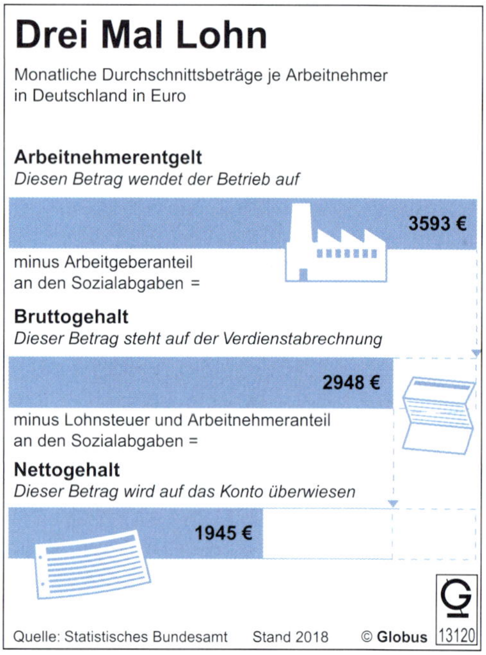

(2) Kombilöhne[1] an Arbeitnehmer

Liegen die Marktlöhne **unter dem Niveau der sozialen Grundsicherung,** können an die Arbeitgeber **Lohnkostenzuschüsse** aus den staatlichen Kassen bezahlt werden. Man erwartet aufgrund der sinkenden Lohnkosten eine Zunahme der Nachfrage nach Arbeitskräften.

Eine weitere Form des Kombilohns ist die unmittelbare **Aufstockung von Niedriglöhnen** mit Mitteln aus öffentlichen Kassen: Wenn das Einkommen von Erwerbstätigen nicht ausreicht, ihren Grundbedarf zu decken, haben sie Anspruch auf Arbeitslosengeld II bis zur Höhe der Grundsicherung.[2]

(3) Förderung öffentlicher Beschäftigung

Mit der Förderung öffentlicher Beschäftigung finanziert die Allgemeinheit (durch den Staat) die Einstellung von Arbeitskräften, die ohne diese Hilfe keinen Arbeitsplatz erhalten können. Dazu gehören z. B. die Arbeitsgelegenheiten mit Mehraufwandsentschädigung und Arbeitsverhältnisse, die durch Zuschüsse zum Arbeitsentgelt gefördert werden.

1 **Kombilöhne**: Abkürzung von Kombinationslohn. Kombination (lat.): Zusammenstellung.

2 Die betroffenen Personen werden als „Aufstocker" bezeichnet.

Arbeitsgelegenheiten mit Mehraufwandsentschädigung [§ 16d SGB II]	**Erwerbsfähige Leistungsberechtigte** können zur Erhaltung oder Wiedererlangung ihrer Beschäftigungsfähigkeit, in **Arbeitsgelegenheiten zugewiesen** werden, wenn die darin verrichteten Arbeiten zusätzlich sind, im öffentlichen Interesse liegen und wettbewerbsneutral sind. Arbeiten sind **zusätzlich,** wenn sie ohne Förderung nicht durchgeführt würden. Arbeiten liegen im **öffentlichen Interesse,** wenn das Arbeitsergebnis der Allgemeinheit dient. Arbeiten sind **wettbewerbsneutral,** wenn durch sie eine Beeinträchtigung der Wirtschaft infolge der Förderung nicht zu befürchten ist. Den erwerbsfähigen Leistungsberechtigten ist zuzüglich zum Arbeitslosengeld II eine **angemessene Entschädigung für Mehraufwendungen** zu zahlen.
Arbeitsverhältnisse durch Zuschüsse zum Arbeitsentgelt [§ 16e SGB II]	**Arbeitgeber** können für die Beschäftigung von zugewiesenen erwerbsfähigen Leistungsberechtigten **durch Zuschüsse zum Arbeitsentgelt gefördert** werden, wenn zwischen dem Arbeitgeber und der erwerbsfähigen leistungsberechtigten Person ein **Arbeitsverhältnis begründet** wird. Der Zuschuss richtet sich nach der Leistungsfähigkeit des erwerbsfähigen Leistungsberechtigten und beträgt **bis zu 75 % des berücksichtigungsfähigen Arbeitsentgelts.**

(4) Investitionen in Bildung zur Vermeidung von Arbeitslosigkeit

Wie Studien mittlerweile belegen, besteht bei Personen mit **geringer Qualifikation** ein wesentlich **höheres Risiko,** arbeitslos zu werden, als bei Personen mit weiterführender Ausbildung. Bei **Jugendlichen** ist das Risiko der Arbeitslosigkeit aufgrund **mangelnder Bildung** sogar um ein Vielfaches **höher,** als bei Erwachsenen. So verwundert es nicht, dass der Bildungspolitik im Zusammenhang mit der Bekämpfung der Arbeitslosigkeit eine besondere Rolle zufällt.

! **Bildungskosten** sind keine Kosten, sondern letztlich eine **Investition** in die Zukunft, die sich für den Einzelnen, für die Unternehmen, für den Staat und die Sozialkassen rechnet.

Wenn Deutschland seine **Investitionen** in Bildung nicht entsprechend **erhöht,** wird es schwierig, die **künftigen Herausforderungen** erfolgreich zu bewältigen. Aufgrund des demografischen Wandels verfügt eine alternde und demografisch schrumpfende Gesellschaft wie die deutsche künftig über immer weniger Erwerbstätige, die zugleich aber immer mehr Menschen versorgen muss.

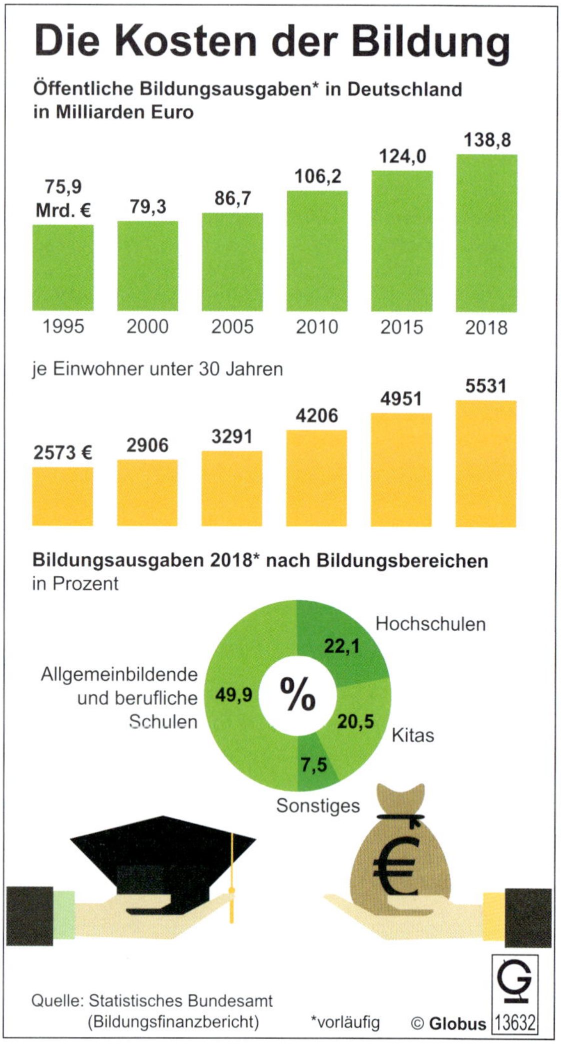

Diesem Dilemma wird man nur dann entkommen, wenn es der Politik gelingt, alle Erwerbsfähigen durch möglichst hohe Qualifikationen zu höherer Wertschöpfung zu befähigen. Zudem müssen bildungspolitische Weichenstellungen vorgenommen werden, die für einen breiten Nachschub an Hochqualifizierten – weit über das heutige Niveau hinaus – sorgen. Andernfalls wird man international **nicht wettbewerbsfähig** sein und weder Innovationen hervorbringen noch jenes Wachstum erzielen, das Deutschland zur Finanzierung seiner bisherigen staatlichen Leistungen braucht.

Bildung ist vergleichbar mit einem schweren Tanker, der sich nicht von heute auf morgen in eine andere Richtung manövrieren lässt: Was heute investiert wird, zahlt sich erst Jahre später für die Gesellschaft aus. Nur wenn **arbeitsmarkt- und bildungspolitische Maßnahmen** besser ineinander greifen, wird man das zur Schließung der Lücke benötigte Potenzial an Fachkräften gewinnen und damit zugleich die bildungspolitischen Weichenstellungen vornehmen, die das Bildungswesen zukunftsfähiger machen.

5 Aktuelle Entwicklungen auf dem Arbeitsmarkt: Der digitale Wandel

Der digitale Wandel ist in vollem Gange. Die technologischen Entwicklungen sind rasant und verändern die Art, wie wir uns informieren, wie wir kommunizieren, wie wir konsumieren – kurz: wie wir leben.

Durch die **Digitalisierung** werden Maschinen in der Lage sein, viele **menschliche Aufgaben** zu **übernehmen** – jedoch zu **geringeren Kosten.**

Treiber sind eine Vielzahl von **innovativen Technologien** in unterschiedlichen Bereichen wie Datenverarbeitung, Internet, Sensorik, Robotik, 3-D-Druck, additive Fertigung etc., die in ihrer Kombination zu einer **weitergehenden Automatisierung** von Fertigungsprozessen und einer Verschiebung von Tätigkeiten führen. Die sogenannte **vierte industrielle Revolution** bringt eine große Vielfalt an Neuerungen. Intelligente Roboter, **innovative Fertigungsmethoden** und **neue Job-Profile** sind das Markenzeichen dieser einschneidenden Entwicklung. Die zunehmend **vernetzte, digitale Produktion** eröffnet neue Möglichkeiten und riesige Chancen für die deutsche Wirtschaft.

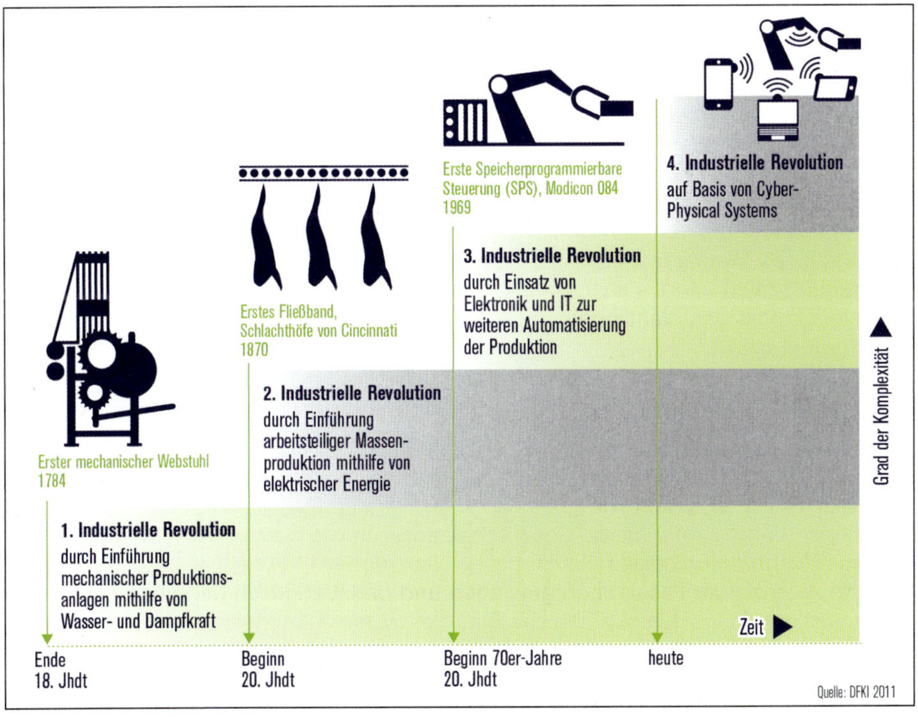

Quelle: https://www.bmbf.de/files/Umsetzungsempfehlungen_Industrie4_0.pdf, S. 17 [Zugriff am 15.10.2019].

So erobert eine neue Generation der **Roboter** die Fabrikhallen: Intelligente Maschinen, die Hand in Hand mit dem Menschen arbeiten und stetig dazulernen. Neue **intelligente Produktionstechniken** erobern die Fabrikhallen, wie beispielsweise der 3-D-Druck, der neue Produkte mit neuen Eigenschaften ermöglicht und somit den Kreislauf von Konzeption, Prototypentwicklung und Produktion beschleunigt. Bei der weltweit größten Industrieschau, der Hannover Messe, stehen diese Entwicklungen seit mehreren Jahren im Mittelpunkt des Interesses.

In der Frage, ob Roboter und Maschinen bald dem Menschen die Arbeit wegnehmen, sind sich viele Experten in der Verneinung dieser Frage einig. Allerdings werden sich die **Berufsbilder** und Anforderungen an die Mitarbeiter von Morgen sehr stark **verändern.**

Diese tiefgreifenden Veränderungen in der Struktur zu gestalten, ist die zukünftige **Schlüsselaufgabe der Arbeitsmarktpolitik.** Zur Gestaltung des digitalen Wandels hat die **Bundesregierung** im Jahr 2018 die **Umsetzungsstrategie „Digitalisierung gestalten"** verabschiedet. Ziel dieser Strategie ist es, die **Lebensqualität** für die Menschen in Deutschland zu **steigern** und die **wirtschaftlichen und ökologischen Potenziale** der Digitalisierung zur **Sicherung des gesellschaftlichen Zusammenhalts** zu entfalten.

Die Schwerpunkte des Bundesministeriums für Wirtschaft und Energie

Als führende Wirtschaftsnation mit vitalem industriellen Kern und einem hervorragend aufgestellten Mittelstand hat Deutschland beste strukturelle Voraussetzungen für eine digitale Wirtschaftswelt. Die klassische Innovations- und Wirtschaftsstärke liegt darin begründet, dass Deutschland bisher häufig in der Lage war, disruptive Veränderungen frühzeitig zu erkennen, sie anzunehmen und ihre Chancen in Ideen und Wohlstand zu übersetzen. In diesem Sinne hat das Bundesministerium für Wirtschaft und Energie (BMWi) bei der Erarbeitung der Umsetzungsstrategie besonderen Wert darauf gelegt, dass digitale Innovationen und die künftige Wettbewerbsfähigkeit Deutschlands einen Schwerpunkt bilden.

Digitale Innovationen – insbesondere im Bereich Künstlicher Intelligenz – sollen ermöglicht werden mit der Maßgabe, unseren Wohlstand zu sichern und unsere Grundwerte in Deutschland und in Europa zu erhalten. Deutschland hat den Willen, die Fähigkeit und die Instrumente zur Innovation. Gleichzeitig wollen wir aber auch konkrete Produkte und praktische Lösungen fördern. Ziel ist, aus hervorragender technologischer Forschung auch hervorragende technologische Produkte „Made in Germany" und „Made in Europe" auf den Markt zu bringen.

Um den deutschen Mittelstand fit für die digitale Zukunft zu machen, hat das BMWi insbesondere Maßnahmen zur Unterstützung des Mittelstandes sowie junger und innovativer Unternehmen in die Umsetzungsstrategie eingebracht. Dazu gehören etwa die Fortführung und der Ausbau der Mittelstand 4.0-Kompetenzzentren, die Einführung eines neuen Förderprogramms „Investitionszuschuss Digitalisierung im Mittelstand" oder eine Reihe von Maßnahmen zur Verbesserung des Start-up-Ökosystems. [...]

Digitalkabinett und Digitalrat

Die Digitalpolitik der Bundesregierung – und damit auch die Umsetzungsstrategie – wird in dieser Legislaturperiode durch den Kabinettausschuss Digitalisierung (kurz: Digitalkabinett) gesteuert. Seine Mitglieder sind die Bundeskanzlerin, alle Bundesministerinnen und -minister sowie die Staatsministerinnen für Digitalisierung sowie für Kultur und Medien.

Ebenfalls neu in dieser Legislaturperiode ist die Einsetzung des Digitalrates. Aufgabe des Digitalrates ist es, einen engen Austausch zwischen Politik und nationalen sowie internationalen Experten zu ermöglichen. Er berät die Bundesregierung bei der Gestaltung des digitalen Wandels in Gesellschaft, Arbeitswelt, Wirtschaft und Verwaltung. Er kann auch Impulse zur Fortentwicklung und Umsetzung der Digitalstrategie geben. [...]

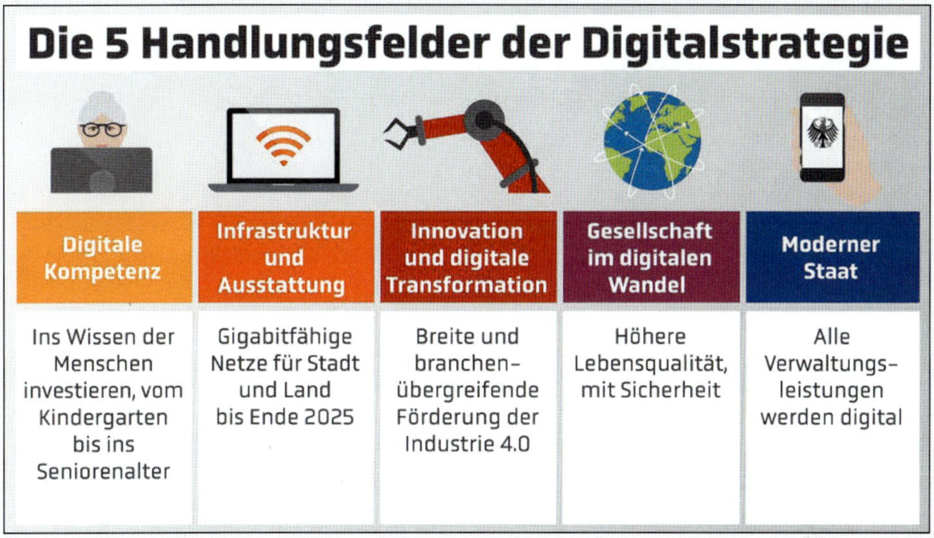

Quelle: Bundesministerium für Wirtschaft und Energie, Schlaglichter der Wirtschaftspolitik, Monatsbericht Dezember 2018, S. 9f.

Kompetenztraining

27 1. Als Gründe der Arbeitslosigkeit werden
- konjunkturelle,
- strukturelle,
- friktionelle und
- saisonale

Ursachen unterschieden.

Aufgaben:

1.1 Erläutern Sie, was unter diesen Ursachen zu verstehen ist!

1.2 Nennen Sie zu jeder dieser Ursachen ein aktuelles Beispiel!

1.3 Beurteilen Sie, welche dieser Ursachen am leichtesten zu beseitigen ist!

1.4 Inga war als Angestellte beschäftigt. Sie hat eine neue Arbeitsstelle gefunden. Bis zum Antritt der neuen Stelle will sie vier Monate „feiern". Sie trifft mit dem bisherigen Arbeitgeber eine Übereinkunft, dass sie von diesem entlassen wird, um Arbeitslosengeld beanspruchen zu können.

Nennen Sie die hier vorliegende Art von Arbeitslosigkeit und beurteilen Sie Ingas Handeln!

1.5 Als eine Ursache der Diskrepanz von Arbeitskräfteangebot und Arbeitskräftenachfrage wird die fehlende oder unzureichende Mobilität der Arbeitnehmer angesehen.

Erläutern Sie, was die geringe bzw. fehlende Mobilität der Arbeitnehmer in Deutschland verursacht haben kann!

2. Erläutern Sie, warum die Sockelarbeitslosigkeit von Konjunkturzyklus zu Konjunkturzyklus zunimmt!

3. Zeichnen Sie eine normale Arbeitsangebotskurve und eine normale Arbeitsnachfragekurve nach dem Preisbildungsmodell des vollkommenen Polypols und beantworten Sie folgende Fragen:

   Aufgaben:

   3.1 Erläutern Sie, wie sich eine normale Arbeitsangebotskurve, wie eine normale Arbeitsnachfragekurve erklären lässt!

   3.2 Erläutern Sie schriftlich und anhand einer Grafik, welche Folgen sich ergeben, wenn der Mindestlohn

   3.2.1 unter dem Gleichgewichtslohn (Marktpreis der Arbeit) und

   3.2.2 über dem Gleichgewichtslohn liegt!

   3.3 Stellen Sie grafisch dar, wie sich eine Verkürzung der Arbeitszeit (z. B. der Wochenarbeitszeit) auf den Marktlohn auswirkt!

4. 4.1 Recherchieren Sie, welche Personengruppen in der Arbeitslosenstatistik nicht registriert werden!

   4.2 Erläutern Sie, welche Konsequenzen sich daraus ergeben!

5. Beschreiben Sie die Folgen der Arbeitslosigkeit für die Volkswirtschaft als Ganzes!

28

1. **Pro- und Kontra-Diskussion**

   Wie die nebenstehende Abbildung verdeutlicht, gibt es in 22 der 28 EU-Staaten einen gesetzlichen – also vom Staat festgesetzten – Mindestlohn. Er reicht von Bulgarien mit 1,57 EUR pro Stunde bis zu Luxemburg mit 11,55 EUR Stundenlohn.

   Diskutieren Sie mögliche Gründe, die für bzw. gegen einen allgemeinen, für alle Arbeitsverhältnisse gültigen, durch Gesetz verordneten Mindestlohnes sprechen!

   Ziehen Sie abschließend ein persönliches Fazit!

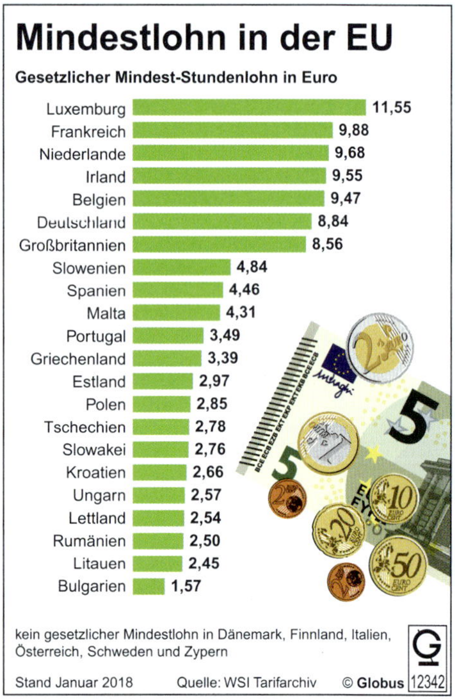

2. Über die aktuelle Situation am Arbeitsmarkt wird die Bevölkerung in der Bundesrepublik Deutschland jeden Monat nachrichtlich informiert.

   Erläutern Sie, welche Angaben in den Veröffentlichungen zur Arbeitslosenstatistik von der Bundesagentur für Arbeit in Nürnberg jeden Monat gemeldet werden!

3. Die Bundesagentur für Arbeit veröffentlicht nachfolgende Daten der Arbeitsmarktstatistik:

	1. Jahr	2. Jahr	3. Jahr
Erwerbspersonen in Tsd.	39587	39704	39645
Arbeitnehmer in Tsd.	32251	31883	31937
Arbeitslose in Tsd.	3498	3907	3710
Offene Stellen in Tsd.	327	337	422

Aufgaben:

3.1 Ermitteln Sie die Arbeitslosenquoten auf der Basis der Erwerbspersonen für das 2. und 3. Jahr!

3.2 Ermitteln Sie, um wie viel Prozentpunkte die Arbeitslosenquote vom 3. Jahr gegenüber dem 1. Jahr gestiegen ist!

3.3 Begründen Sie, warum sich trotz der gestiegenen Zahl der Arbeitslosen die Anzahl der offenen Stellen erhöht hat und diese nicht durch Neueinstellungen von Arbeitslosen besetzt werden konnten!

4. 4.1 Beschreiben Sie die nebenstehende Karikatur!

4.2 Erklären Sie, welcher Zielkonflikt in der Karikatur dargestellt wird!

5. Beurteilen Sie aufgrund der nachfolgenden Sachdarstellungen, welche Form der Arbeitslosigkeit vorliegt und tragen Sie die entsprechende Ziffer in das Lösungsfeld ein:

① freiwillige Arbeitslosigkeit,

② friktionelle Arbeitslosigkeit,

③ saisonale Arbeitslosigkeit,

④ konjunkturelle Arbeitslosigkeit,

⑤ „Mismatch"- Arbeitslosigkeit,

⑥ strukturelle Arbeitslosigkeit,

⑦ institutionelle Arbeitslosigkeit!

Sollte keine eindeutige Zuordnung möglich sein, tragen Sie eine ⑨ ein!

5.1	Aufgrund der schlechten Wirtschaftslage werden in vielen Urlaubsgebieten Deutschlands Hotelmitarbeiter entlassen.	
5.2	Im Berufsfeld der Informationstechnologie sind trotz der hohen Arbeitslosigkeit in Deutschland nach wie vor viele Stellen unbesetzt.	
5.3	Durch Kürzungen bei dem Arbeitslosengeld II soll diese Form der Arbeitslosigkeit bekämpft werden.	
5.4	Viele Eisdielenbesitzer in Deutschland entlassen zum Winter hin ihre Angestellten.	

5.5	Gegen den geplanten Abbau der Kohlesubventionen wird seitens der Gewerkschaften mit dem Hinweis auf einen weiteren Anstieg der Arbeitslosigkeit protestiert.	
5.6	Durch die Schließung eines Unternehmens, das sich auf die Herstellung von Schreibmaschinen spezialisiert hatte, fallen 150 Arbeitsplätze weg.	
5.7	Durch die Verschärfung von Kündigungsschutzgesetzen stellen Unternehmen ihre geplanten Neueinstellungen vorerst zurück.	
5.8	Die mittels Streik erkämpften deutlichen Lohnerhöhungen veranlassen die Arbeitgeber zum Abbau von Arbeitsplätzen.	
5.9	Trotz ausreichender Anzahl von Lehrstellen steigt die Quote der Jugendlichen ohne Ausbildungsplatz.	

6. **Maßnahmenplan**

Eine kleine Gruppe aus der Klasse sollte in Form eines Referates die wichtigsten Informationen über den Arbeitsmarkt in Ihrer Region vorbereiten! Im Fokus der Präsentation sollte neben den üblichen Arbeitsmarktdaten (Anzahl der Arbeitslosen, Arbeitslosenquote, Entwicklung des Arbeitsmarktes in den vergangenen Jahren/Monaten) vor allem stehen, welcher Personenkreis und welche Berufsgruppen besonders von der Arbeitslosigkeit in Ihrer Region betroffen sind. Hilfreich bei der Vorbereitung wären nicht nur Informationsunterlagen der örtlichen Agentur für Arbeit, auch andere Institutionen (z. B. IHK, Gewerkschaften, Verbände) könnten Ihre Arbeit unterstützen.

Diskutieren Sie im Anschluss an die Präsentation als Klassengemeinschaft darüber, welche Maßnahmen konkret dazu beitragen könnten, die Arbeitslosigkeit in Ihrer Region zu verringern!

Tragen Sie die Maßnahmen in Form eines Maßnahmenplanes zusammen! Nutzen Sie dabei folgende Übersicht als Vorlage!

DOWNLOAD

Maßnahmenplan zur Bekämpfung der Arbeitslosigkeit in unserer Region			
Ausgangslage			
■ Anzahl der Arbeitslosen:			
■ Arbeitslosenquote in der Region:			
■ Anzahl der offenen Stellen in der Region:			
■ Weitere wichtige Arbeitsmarktdaten der Region:			
Maßnahmen	**Erhoffte Wirkungen**	**Mögliche Probleme**	**Träger der Aktivität**
■ ■ ■			

7. Die nachfolgende Tabelle listet eine Auswahl an Berufen mit dem höchsten bzw. niedrigsten Automatisierungsrisiko auf. (Dabei bezeichnet 0 das geringste Automatisierungsrisiko, 1 dagegen das höchstes Risiko.)

Höchstes Automatisierungsrisiko	
Wahrscheinlichkeit	Beruf
0,99	Telefonverkäufer
0,99	Steuerberater
0,98	Versicherungssachverständiger, Kfz-Schäden
0,98	Schiedsrichter und andere Sportoffzielle
0,98	Anwaltsgehilfen
0,97	Servicekräfte in Restaurant, Bar und Café
0,97	Immobilienmakler
0,97	Zeitarbeiter im Agrarsektor
0,96	Sekretäre und Verwaltungsassistenten, außer in den Bereichen Recht, Medizin und Führungsebene von Unternehmen
0,94	Kuriere und Boten

Geringstes Automatisierungsrisiko	
Wahrscheinlichkeit	Beruf
0,0031	Sozialarbeiter im Bereich psychische Gesundheit und Substanzmissbrauch
0,0040	Choreographen
0,0042	Mediziner
0,0043	Psychologen
0,0055	Personalmanager
0,0065	Computer-Systemanalytiker
0,0077	Anthropologen und Archäologen
0,0100	Schiffs- und Schiffbauingenieure
0,0130	Vertriebsleiter
0,0150	Leitende Angestellte

Quelle: Klaus Schwab, Die Vierte Industrielle Revolution, München, 2016, S. 61 (Auszug).

7.1 Geben Sie an, welche persönlichen Entscheidungen und Schlussfolgerungen sich für Sie daraus ergeben!

7.2 **Pro- und Kontra-Diskussion**

Die Diskussion um ein bedingungsloses Grundeinkommen, d. h. ein Einkommen, das eine politische Gemeinschaft bedingungslos jedem ihrer Mitglieder gewährt, dringt mehr und mehr in das Bewusstsein der Gesellschaft. Erstellen Sie zu diesem Thema eine Gegenüberstellung mit Pro- und Kontra-Argumenten und entscheiden Sie begründet, ob Sie ein bedingungsloses Grundeinkommen einführen würden oder nicht!

7.3 **Leserbrief**

Formulieren Sie für beide Standpunkte einen Leserbrief!

6 Preisniveaustabilität messen und dieses Ziel durch den Einsatz geldpolitischer Instrumente erreichen

1 Relevanz des Geldes und stabiler Preise für das Funktionieren einer Volkswirtschaft verstehen

Situation: Steigende Preise bereiten Jana zunehmend große Geldsorgen

Lisa erwartet den Besuch ihrer besten Freundin Jana, die eine Ausbildung zur Friseurin absolviert. Im Vorfeld des Besuchs hat Jana bereits angedeutet, dass sie dringend mit Lisa über ein Problem sprechen müsse.

Nachdem es sich die beiden Freundinnen bei einer Tasse Latte Macchiato gemütlich gemacht haben, erzählt Jana, was sie so bedrückt. Seit sie vor einem Jahr die Ausbildung zur Friseurin begonnen hat, ist sie zu Hause ausgezogen und wohnt nun in einer Ein-Zimmer-Wohnung zur Miete. Mit der Ausbildungsvergütung, dem Trinkgeld der Kunden sowie dem Kindergeld, das ihre Eltern ihr auszahlen, war der Schritt in die „eigenen vier Wände“ damals möglich, was Jana seit dieser Zeit auch sehr genießt.

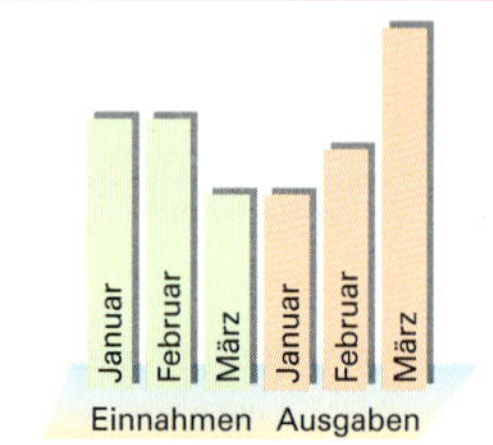

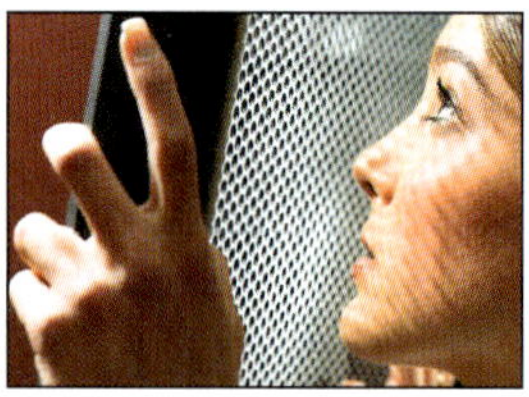

Doch in den letzten Monaten wächst ihr die finanzielle Belastung mehr und mehr über den Kopf. Jana führt dies vor allem auf die enormen Preissteigerungen beim Strom, Gas, Sprit für ihren Roller und bei den sonstigen Nebenkosten des Lebensunterhalts zurück. Nunmehr habe auch noch ihr Vermieter angekündigt, dass er die Kaltmiete ab nächsten Monat um 20,00 EUR anheben wird. Jana bestreitet auch nicht, dass sie in den letzten Monaten nicht immer so genau auf ihre Ausgaben beim Shoppen oder Ausgehen geachtet hat. Auch das neue Smartphone und der in diesem Zusammenhang abgeschlossene teurere Vertrag habe sicher mit dazu beigetragen, dass ihr Girokonto mehr und mehr ins Soll geraten sei. Die finanzielle Schieflage hat sich zudem dadurch verschärft, dass bei den meisten Kunden das „Geld nicht mehr so locker sitzt“, ihre Einnahmen aus Trinkgeldern somit deutlich zurückgegangen sind.

Abschließend betont Jana, dass sie sich immer größere Sorgen um ihre Zukunft macht. Als Friseurin ist das monatliche Einkommen auch nach der Ausbildung relativ gering und ihr stellt sich zunehmend die Frage, wie sie sich mit einem solchen Gehalt dauerhaft eine Wohnung oder gar ein Auto leisten kann, zumal in ihren Augen ja alles immer teurer wird. Jana geht in ihren Überlegungen sogar so weit, dass sie sich fragt, ob man das Geld nicht ganz einfach abschaffen sollte, zumal man ja in der früheren Menschheitsgeschichte wohl auch ohne Geld ausgekommen sei und damit doch auch ohne derlei Geldsorgen.

Kompetenzorientierte Arbeitsaufträge:

1. Arbeiten Sie aus der Situation die Gründe für die zunehmende Verschuldung von Jana heraus!
2. Erläutern Sie mögliche Entstehungsgründe, die zu der Entwicklung von Geld geführt haben könnten!
3. Zählen Sie mögliche Funktionen auf, die Geld erfüllen muss!
4. Erklären Sie, was man unter der „Geldillusion“ versteht!
5. Beschreiben Sie das Verfahren, wie man die Veränderungen des Preisniveaus hierzulande misst! Nehmen Sie anschließend kritisch zu diesem Messverfahren Stellung!

1.1 Entstehung, Arten und Funktionen des Geldes

1.1.1 Geschichtliche Entwicklung des Geldes und der Geldarten

Ist von „Geld" die Rede, so meint man zunächst zu wissen, was das ist. Soll man aber den Begriff Geld **definieren,** so stößt man auf Schwierigkeiten. Nicht anders ergeht es den Wissenschaftlern, die immer wieder aufs Neue daran gehen, das Wesen des Geldes zu deuten. Begriff und Aufgabe des Geldes kann man nur verstehen, wenn man sich über seine **Entstehungsgründe** Gedanken macht.

Umgang mit Geld

[. . .] Wie wir mit Geld umgehen, hat Folgen: Erfolg, Zufriedenheit, vielleicht sogar Glück – obschon Geld allein ja nicht glücklich machen soll – kann der erlangen, der Geld souverän einsetzt. Wer dazu nicht in der Lage ist, wird zum Opfer seiner Lebensumstände, seines Verhaltens, mitunter auch seiner Anhäufung von Finanzmitteln. [. . .]

Zu Beginn des 20. Jahrhunderts war Sparsamkeit eine Pflicht, Verschuldung tabu. Entsprechende Einstellungen und ein entsprechendes Verhalten sind bis heute in der älteren Generation weit verbreitet. In den jüngeren Kohorten haben sie sich indes relativiert. Verschuldung und Ratenkäufe sind weit verbreitet und gelten nicht mehr als anstößig.

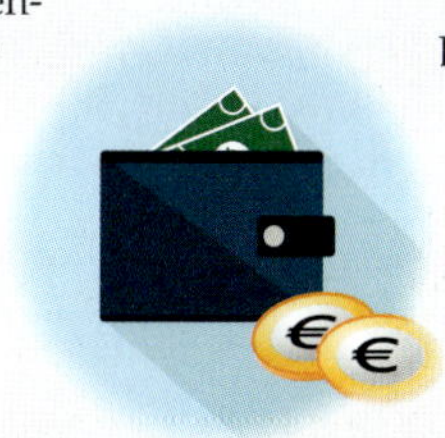

[. . .] Untersuchungen belegen, dass ältere Menschen im Vergleich zu jüngeren weniger gern Schulden machen, zufriedener mit der eigenen finanziellen Lage und mit dem erreichten Besitzstand sind, weniger Risikolust verspüren, sparsamer mit Geld umgehen, ihren Finanzhaushalt disziplinierter führen und Geld strenger kontrollieren, ehrlicher in Geldgeschäften sind, mit Geld positivere Assoziationen verbinden.

[. . .] Jugendlichen wird heute oft nachgesagt, sie gäben sehr viel Geld für unvernünftige Dinge aus (insbesondere für das Telefonieren, für Computerspiele etc.), sie könnten nicht mit Geld umgehen und gerieten daher oft in Schulden. [. . .]

[. . .] Der richtige Umgang mit Geld ist auch von Normen geprägt, etwa Normen, wie über Geld zu sprechen (oder nicht zu sprechen) ist. Zahlreiche Sprichworte wie „Über Geld spricht man nicht, man hat es", sind ein Hinweis darauf, dass das Thema Geld in Deutschland weitgehend tabuisiert ist. Jeder empirische Sozialforscher weiß, dass Fragen zum persönlichen Einkommen von großen Bevölkerungsteilen nicht beantwortet werden, vor allem dann, wenn die genaue Einkommenshöhe genannt werden soll. [. . .]

Die Tabuisierung hat Folgen: [. . .] Wer nicht mit Geld umgehen kann, fällt der Missachtung vieler Mitmenschen anheim, wird möglicherweise gar als lebensuntüchtig bezeichnet. Dessen ungeachtet ist souveränes Umgehen mit Geld kein Thema. Selbstzweifel und Unsicherheiten müssen die betroffenen Menschen in der Regel mit sich selbst austragen. Lernen, mit Geld umzugehen und Geldkompetenz werden so nicht gefördert.

Geld gilt in großen Bevölkerungsteilen als schwierige Materie. Das schreckt ab, sich damit zu befassen. Dass viele dieser Menschen sich in Beruf und Freizeit mit mindestens ebenso schwierigen Sachverhalten befassen, widerspricht dem nicht. Geld gilt weithin als abstrakte, lebensferne Angelegenheit. Populär: Geld ist nicht „sexy".

Quelle: Stefan Hradil, „Wie gehen die Deutschen mit Geld um?", in: APuZ 26/2009. S. 33ff.

(1) Tauschlose Wirtschaft

In früheren Zeiten, als die Menschen noch in sogenannten „geschlossenen Hauswirtschaften" lebten, gab es **keinen** oder nur geringen **Gütertausch.** Die geschlossene Hauswirtschaft war daher Produktions- und Verbrauchsstätte zugleich. In der Regel war daher ein **Tauschmittel** („Geld") **nicht erforderlich.**

(2) Naturaltauschwirtschaft

In reiner Form wird es diese tauschlose Wirtschaft jedoch nicht gegeben haben. Die einzelnen Großfamilien konnten sich sicher manche Dinge nicht oder nicht in ausreichendem Maß selbst beschaffen (z. B. Rohstoffe wie Salz, Metall, Bernstein). Andere Güter wird man in Mengen hergestellt haben, die den eigenen Bedarf überstiegen. Es war also möglich,

Ware gegen Ware

zu tauschen. Dieser **unmittelbare** (direkte) Tausch war jedoch umständlich und zeitraubend.

(3) Warengeldwirtschaft

Der größte Nachteil der Naturaltauschwirtschaft war, dass es kein Gut gab, das **allgemein** als Tauschmittel anerkannt wurde. Es war daher ein großer Fortschritt in der wirtschaftlich-gesellschaftlichen Entwicklung, als sich die Menschen in bestimmten Regionen auf ein **einziges Tauschgut** einigten.

Ein von allen Tauschpartnern anerkanntes **Zwischentauschgut** bezeichnet man als **Geld.**

Die Warengeldwirtschaft ist die **erste Stufe** der **Geldwirtschaft.** An die Stelle des unmittelbaren Tauschs tritt der **mittelbare** (indirekte) Tausch:

Ware gegen Geld – Geld gegen Ware

Als allgemeines Tauschmittel (Geld) fanden anfänglich Waren mit verhältnismäßig **langer Lebensdauer** Verwendung, die notfalls zugleich der unmittelbaren Bedürfnisbefriedigung dienen konnten (Warengeld als **Nutzgeld**).

Solches Nutzgeld waren beispielsweise Vieh (heutige Bezeichnungen für Geldeinheiten wie pecus, pecunia = Vieh lassen darauf schließen),[1] Pfeilspitzen oder Spieße (z. B. Obolus[2] = Bratspieß oder Drachme[3] = eine Handvoll Spieße).

1 Auch heute noch wird das aus dem Lateinischen stammende Wort „pekuniär" im Sinne von geldlich verwendet.

2 Wenn jemand „seinen Obolus" (gr.) entrichtet, hat er einen kleinen Beitrag bezahlt. Ein Obolus war im alten Griechenland eine kleine Silber-, später Kupfermünze.

3 Die Drachme war eine griechische Münze.

Warengeld kam gleichermaßen als **Schmuckgeld** vor (z.B. Muscheln, Perlen und Edelmetalle). Besonders die Edelmetalle (Gold, Silber, Kupfer) hatten gegenüber den übrigen Waren Vorteile: Sie waren verhältnismäßig leicht transportierbar und teilbar.

Rechts und links chinesische, in der Mitte ein russischer Teeziegel

Schmuckgeld aus dem Sudan
Quelle: Archiv Dr. Runge, Hamburg

Zu dem geldgeschichtlich wohl interessantesten Tauschmittel zählt das nebenstehend abgebildete **Steingeld** von einer Inselgruppe aus Mikronesien, einem Gebiet im westlichen Pazifik.

Quelle: Geldmuseum in Frankfurt am Main

(4) Wägegeldwirtschaft

Die Verwendung des **Metalls** (Barren, Stäbe) als allgemeines Tauschmittel war zwar ein Fortschritt, brachte jedoch beim Zahlungsvorgang einige Mühe mit sich. Die Metallstücke mussten abgeschlagen, auf ihren Feinheitsgehalt geprüft und gewogen werden. (Die Bezeichnung Rubel[1] deutet darauf hin: Rubel = abgeschlagenes Stück.)

(5) Münzgeldwirtschaft

Es waren im 7. Jh. v. Chr. die **Lyder,**[2] die die Münze erfanden. Die von den Metallstäben oder -barren abgeschlagenen **Scheiben** wurden mit einer **Prägung** versehen, mit der der **König** den **Feingehalt** und das **Gewicht** garantierte. Manche Münznamen erinnern an diese Entwicklungsstufe des Geldes, z.B. Gulden[3] (= gülden, aus Gold), Sou[4] (lat. Solidus, d.h. aus solidem Gold) oder Pfund[5] bzw. Livre[6] (= Angabe des Gewichts des Metalls).

1 Der Rubel ist die Währungseinheit Russlands und einiger Nachfolgestaaten der früheren Sowjetunion.

2 Das Reich der Lyder befand sich im 6. und 7. Jahrhundert v. Chr. an der Westküste Kleinasiens. Der letzte Lyderkönig hieß Krösus. Die Lyder waren ein Handelsvolk. Ihr Gold fanden sie im goldführenden Fluss Paktolos.

3 Der Gulden (abgekürzt hfl) war bis zur Einführung des Euro die Währungseinheit der Niederlande.

4 Der Sou ist das französische 5-Centimes-Stück. (1 französischer Franc = 100 Centimes.)

5 Das englische Pfund (£) ist die Währungseinheit Großbritanniens.

6 Livre (frz.): Pfund (alte Währungseinheit Frankreichs).

Silbertetradrachme von Athen (um 460 v. Chr.)
Vorderseite: Kopf der Göttin Athene
Rückseite: Eule

Griechische Münze mit dem Kopf des Poliorketes von Makedonien (306 – 283 v. Chr.)

Solidus aus Gold mit dem Kopf Konstantins des Großen (um 280 – 337 n. Chr.)

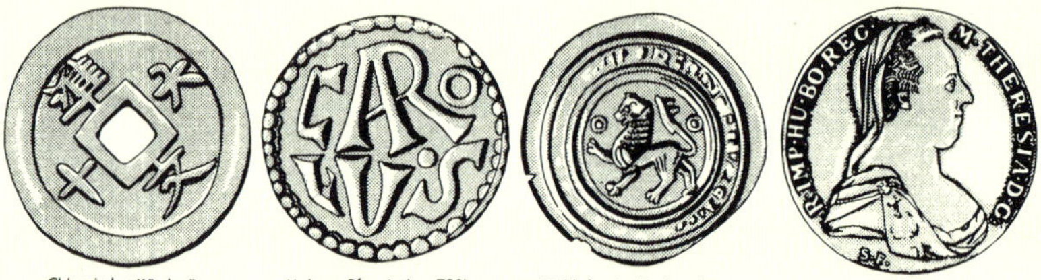

Chinesische Käschmünze (500 v. Chr. – 1912)

Mainzer Pfennig (um 780) – Die Buchstaben CAROLUS sind das Signet Karls des Großen (742 – 814)

Hohlpfennig (Brakteat) Heinrichs des Löwen (1129 – 1195) 2. Hälfte des 12. Jahrhunderts

Maria-Theresientaler – Zahlungsmittel bis in die Gegenwart (z. B. in Afrika)

Münzen, deren Metallwert dem aufgeprägten Wert (= Nennwert, Nominalwert) entsprachen, heißen **Kurantmünzen.** Damit auch Güter geringeren Wertes mit Geld bezahlt werden konnten, gab es sogenannte **Scheidemünzen,** deren Nennwert **über** dem Metallwert lag. Beim heute gültigen Münzgeld liegt der Nennwert regelmäßig über dem Metallwert (unterwertig ausgeprägte Münzen).

(6) Papiergeldwirtschaft

Weil den Kaufleuten des Mittelalters die Aufbewahrung des Geldes in ihren Häusern zu unsicher war, entstanden Kaufmannsbanken, die **Edelmetallbeträge** gegen **Quittung** („Noten") in Verwahrung nahmen. Bald gewöhnte man sich daran, diese Scheine selbst zu übertragen und nicht das bare Geld. Im Prinzip war damit das **Papiergeld** (die Banknote) entstanden.

(7) Giralgeldwirtschaft

Seit mehr als 100 Jahren gewinnt das **Giralgeld** zunehmend an Bedeutung. Es existiert nur auf den **Girokonten** der Kreditinstitute.

- Unter **Giralgeld (Buchgeld)** versteht man **Guthaben bei Banken,** über die der Bankkunde **täglich** verfügen kann. Sie stehen der Bank also nur „auf Sicht" zur Verfügung, daher auch die Bezeichnung **„Sichteinlagen".**
- Obwohl Giralgeld **kein gesetzliches Zahlungsmittel** ist, wird es normalerweise allgemein als Zahlungsmittel akzeptiert. Giralgeld kann **jederzeit** in **Bargeld** umgewandelt werden.

(8) Elektronisches Geld

Eine Weiterentwicklung stellt das „elektronische Geld" (E-Geld) dar. Hierzu zählen z. B. Guthaben auf einer Geldkarte.

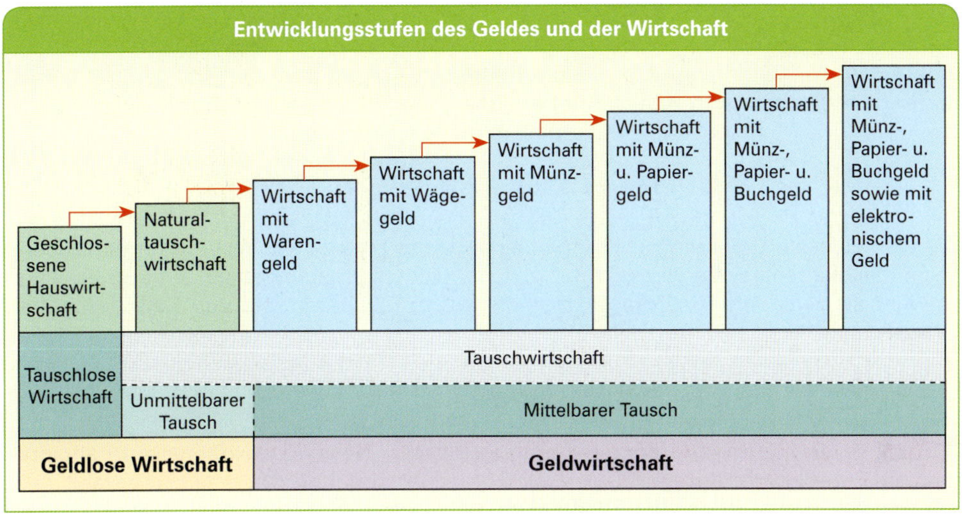

1.1.2 Geldmengenbegriffe der Europäischen Zentralbank

Die Europäische Zentralbank (EZB) unterscheidet folgende Geldarten:

(1) Bargeld

Hierunter fallen Münzen und Banknoten.

Münzen	Die in Deutschland umlaufenden Euro-Münzen sind durchweg **Scheidemünzen,** weil ihr Materialwert niedriger als ihr Nennwert ist (unterwertig ausgeprägte Münzen). Die deutschen Euro-Münzen werden im Auftrag der Bundesregierung von den staatlichen Prägeanstalten geprägt und von der Deutschen Bundesbank in Umlauf gebracht.[1]
Banknoten	Das alleinige Recht zur Ausgabe von Banknoten besitzt die Europäische Zentralbank.

1 Im Gegensatz zu den Euro-Banknoten besitzen die **Euro-Münzen** eine Seite mit **nationalen Motiven** (z. B. die deutschen Euro-Münzen das Brandenburger Tor oder den Bundesadler).

(2) Täglich fällige Einlagen (Sichteinlagen)

Die Summe aus **Bargeldumlauf** und **täglich fälligen Einlagen** bezeichnet die EZB mit dem Symbol M1. Die Geldmenge M1[1] ist das am engsten gefasste monetäre Aggregat.[2]

M1 = Bargeldumlauf + täglich fällige Einlagen

Indem man zur Geldmenge M1 die **kurzfristigen Einlagen,** d.h. die Einlagen mit vereinbarter Laufzeit von bis zu zwei Jahren und die Einlagen mit vereinbarter Kündigungsfrist von bis zu drei Monaten hinzuzählt, erhält man die Geldmenge M2.

M2 = M1 + kurzfristige Einlagen

Die weit gefasste Geldmenge M3 ergibt sich, indem man zu M2 bestimmte **marktfähige Verbindlichkeiten des Bankensektors**[3] (z.B. Schuldverschreibungen mit einer Laufzeit von weniger als zwei Jahren, Geldmarktpapiere wie z.B. Bankakzepte und Repogeschäfte)[4] hinzurechnet.

M3 = M2 + sonstige marktfähige Verbindlichkeiten des Bankensektors

1.1.3 Währung und Währungsarten

Der Begriff Währung bedeutet „Gewährleistung". Gewährleistet (garantiert) werden soll der Wert des Geldes eines Staates.

Die **gesetzliche Regelung** des **Geldwesens** eines Staates oder einer Wirtschafts- und Währungsunion bezeichnet man als **Währung.**

Je nach dem **Stoff,** aus dem eine Währung besteht bzw. an den die umlaufende Geldmenge gebunden ist, spricht man von **gebundener** oder von **freier (manipulierter[5]) Währung**.

Gebundene Währungen	Sie sind an ein Währungsmetall gebunden (z.B. Gold oder Silber).
Freie Währungen	Hier ist die Bindung an einen Stoff (z.B. Gold) aufgehoben. Es handelt sich also um eine **reine Papierwährung.** Die Geldmengenvermehrung bzw. -verminderung ist durch die Notenbank frei manipulierbar. Eine freie Währung wird deshalb auch als manipulierte Währung bezeichnet.

1 **M** von money (engl.): Geld.

2 **Aggregieren** (lat.): zusammenfassen, zusammenzählen. **Aggregat:** Zusammenfassung. **Monetär** (lat.): geldlich, geldmäßig, in Geld ausgedrückt.

3 Der Fachausdruck für Bankensektor heißt Sektor der Monetären Finanzinstitute (MFI-Sektor). Er umfasst vor allem die nationalen Zentralbanken, die EZB, Kreditinstitute und andere Finanzinstitute.

4 Die Kreditinstitute können sich beim ESZB (Europäisches System der Zentralbanken) finanzielle Mittel beschaffen, indem sie beleihungsfähige Wertpapiere an das ESZB für eine bestimmte Zeit verkaufen. Diese Geschäfte bezeichnet man als Pensions- oder Repogeschäfte. **Repo** ist die Abkürzung für Repurchase (engl. Rückkauf). Das „o" am Ende hat sich wegen der Aussprache durchgesetzt. Vgl. Kapitel 3.5.2.1.

5 **Manipulieren:** handhaben, verändern.

1.1.4 Funktionen (Aufgaben) des Geldes

(1) Grundfunktionen des Geldes

Geld ist alles, was die Funktionen des Geldes erfüllt. Die wesentlichen Funktionen des Geldes sind in der nachstehenden Abbildung wiedergegeben:

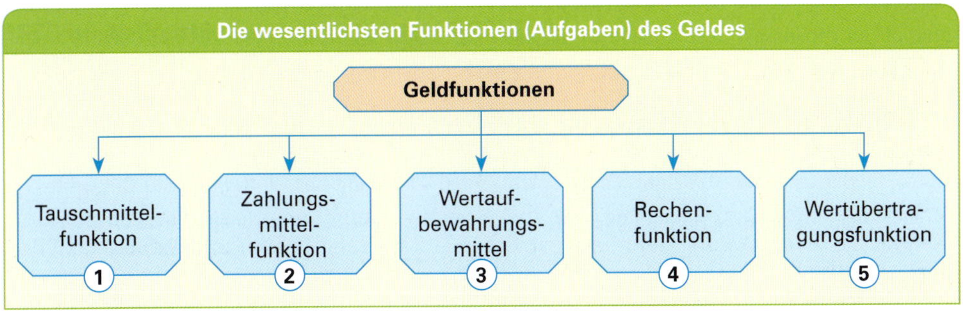

(1) **Geld ist allgemeines Tauschmittel.** Als allgemein anerkanntes Tauschmittel ermöglicht es, den *indirekten* Tausch vorzunehmen, also Güter zu kaufen und zu verkaufen.

(2) **Geld ist Zahlungsmittel.** Auch andere Vorgänge als Tauschgeschäfte können mit Geld bewerkstelligt werden. So kann man mit Geld einen Kredit gewähren, Schulden tilgen, Steuern zahlen oder einen Strafzettel begleichen.

(3) **Geld ist Wertaufbewahrungsmittel.** Geld muss man nicht sofort ausgeben, sondern man kann es „aufbewahren", also sparen. Diese Funktion hat das Geld natürlich nur dann, wenn sein Wert nicht durch Inflation aufgezehrt wird.

(4) **Geld als Recheneinheit.** Das Geld ist der Maßstab (der Wertmesser) für die verschiedenartigsten Güter. Mithilfe der in Geld ausgedrückten Preise können diese addiert werden. Nur so ist es beispielsweise möglich, Bilanzen und Gewinn- und Verlustrechnungen zu erstellen, die Wirtschaftlichkeit und Rentabilität eines Betriebs zu errechnen.

(5) **Geld ist Wertübertragungsmittel.** Das Geld macht es möglich, Vermögenswerte zu übertragen, ohne dass körperliche Gegenstände übereignet werden müssen. So kann man Geld verschenken oder vererben.

(2) Gesetzliches Zahlungsmittel

Das Geld kann seine Funktionen (Aufgaben) nur wahrnehmen, wenn die Wirtschaftssubjekte **Vertrauen** in das Geld besitzen. Gestützt wird dieses Vertrauen durch die gesetzliche Bestimmung, dass jeder Schuldner, der mit **Banknoten** zahlt, dies mit befreiender Wirkung tut, und dass jeder Gläubiger das Notengeld in Zahlung nehmen muss. In den modernen Volkswirtschaften ist das Geld also gesetzliches Zahlungsmittel.

In den Ländern des Euroraums sind die **Euro-Banknoten** gesetzliches Zahlungsmittel. Obwohl die **Euro-Münzen** von den nationalen Regierungen geprägt und von den nationalen Zentralbanken in Umlauf gebracht werden, sind auch sie in allen Euroländern gesetzliches Zahlungsmittel. Allerdings ist außer den ausgebenden Behörden niemand verpflichtet, mehr als **fünfzig Münzen** im Gesamtbetrag von **100,00 EUR** bei einer einzelnen Zahlung anzunehmen. Man sagt deswegen auch, dass Münzen „**beschränkt** gesetzliche Zahlungsmittel" sind.

Kompetenztraining

29

1. Berichten Sie kurz über die geschichtliche Entwicklung des Geldes und der Geldarten!
2. Unterscheiden Sie die Begriffe Bargeld und Giralgeld!
3. Erklären Sie die Geldmengenaggregate M1, M2 und M3!
4. Definieren Sie den Begriff Währung!
5. Erklären Sie, was unter einer manipulierten Währung zu verstehen ist!
6. Günter Schmölders[1] sagte einmal sinngemäß: „Geld ist, was gilt, wo es gilt und so viel wie es gilt." Interpretieren Sie diesen Ausspruch!
7. Sehen Sie sich die Abbildungen verschiedener Münzen auf der S. 242 an! Versuchen Sie zu erklären, woher die Redewendung „Eulen nach Athen tragen" kommt!

30 Die einzelnen Geldfunktionen können nicht isoliert betrachtet werden. Jede Geldtransaktion erfüllt mehrere oder gar alle Aufgaben des Geldes zugleich.

Aufgabe:

Kreuzen Sie an, welche der nachfolgend genannten Geldfunktionen in den unten stehenden Beispielen jeweils erfüllt werden!

① Tauschmittelfunktion
② Zahlungsmittelfunktion
③ Wertaufbewahrungsfunktion
④ Rechenfunktion
⑤ Wertübertragungsfunktion

DOWNLOAD

Beispiele	Funktionen				
	①	②	③	④	⑤
Barkauf eines Taschenrechners in einem Kaufhaus.					
Ulf nimmt einen Bankkredit in Anspruch und hebt diesen in bar ab.					
Die Witwe Bolte steckt monatlich 10,00 EUR in ihr Sparschwein.					
Der Malermeister Maier erstellt einen Kostenvoranschlag.					
Onkel Otto schenkt seinem Neffen 100,00 EUR zum Geburtstag.					

1 Günter Schmölders, geb. 1903, bedeutender Finanzwirtschaftler und Volkswirt, schrieb u.a. über Psychologie des Geldes (1966), Geldpolitik (2. Aufl. 1968) und Finanzpsychologie (2. Aufl. 1970).

1.2 Geldschöpfungsmöglichkeiten von der Europäischen Zentralbank und den Geschäftsbanken analysieren

1.2.1 Geldschöpfung und -vernichtung

In den heutigen Volkswirtschaften ist nur die **Zentralbank,** in der Europäischen Wirtschafts- und Währungsunion (WWU)[1] nur die Europäische Zentralbank (EZB),[2] ermächtigt, **Banknoten in Umlauf** zu bringen, also Notengeld zu **schöpfen.**

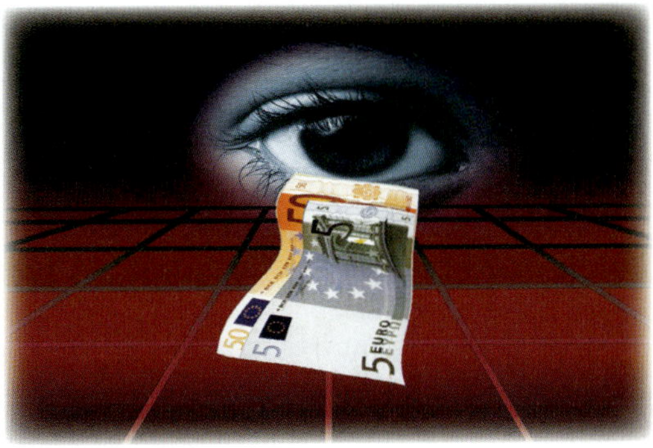

Die im Auftrag der Regierungen geprägten und von den nationalen Zentralbanken in Umlauf gesetzten **Münzen** stellen wertmäßig nur einen **geringen Bruchteil** des gesamten **Geldumlaufs** dar.

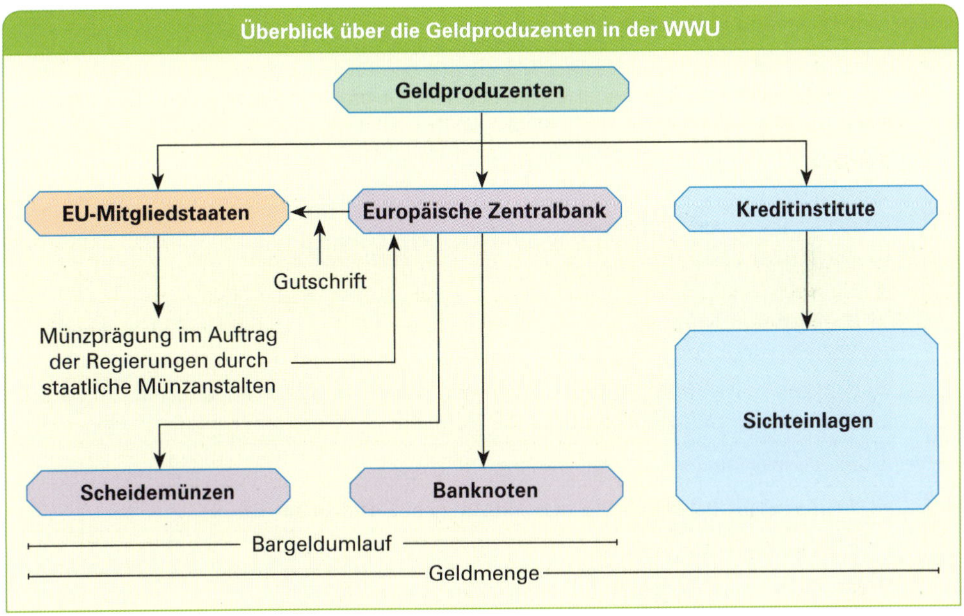

Überblick über die Geldproduzenten in der WWU

1 Zur WWU siehe Kapitel 3.1.

2 Zur EZB siehe Kapitel 3.2.

1.2.2 Mechanismen der Geldschöpfung

Im Rahmen der Geldschöpfung lassen sich **in Abhängigkeit von dem Geldproduzenten** und der **Art** der durchgeführten Geldproduktion verschiedene **Formen** unterscheiden:

- **Münzgeldschöpfung** der **Bundesregierung,**
- **Geldschöpfung** durch die **EZB** und die Deutsche Bundesbank,
- **Geldschöpfung** durch **Kreditinstitute.**

1.2.2.1 Münzgeldschöpfung der Bundesregierung

Das **alleinige** Recht zur Prägung von Münzen (**Münzregal**) liegt beim **Bund.**

Die in der Bundesrepublik Deutschland umlaufenden **Euro-Münzen** sind allesamt **Scheidemünzen,** da ihr **Materialwert niedriger** ist als ihr **Nennwert.**

Die von den **Münzprägeanstalten** im Auftrag der Bundesregierung hergestellten Münzen kommen dadurch in Umlauf, dass die Bundesregierung diese Münzen **zum Nennwert** an die Deutsche Bundesbank verkauft. Der beim Verkauf der Münzen aus der **Differenz** zwischen den **Produktionskosten** und dem **Nennwert** anfallende **Münzgewinn** steht der **Bundesregierung** zu.

- Die von der Bundesbank aufgekauften Münzen werden als Vermögenswerte in der Bilanz des Europäischen Systems der Zentralbanken (ESZB) **aktiviert,**
- wohingegen die aus dem Verkauf der Münzen entstandenen **Verbindlichkeiten** gegenüber der Bundesregierung auf der **Passivseite** der Bilanz ausgewiesen werden.

Durch den aus dem Münzverkauf resultierenden Anstieg der Forderungen eines Mitgliedes des Nicht-MFI-Sektors (Staat) gegenüber einem Mitglied des MFI-Sektors kommt es zu einer **Ausweitung der Geldmenge.**

- Der **Verkauf von Münzgeld** durch die Bundesregierung an die **Deutsche Bundesbank** ist also eine Form der **Geldproduktion.**
- Der **Umfang der Münzausgabe** und somit indirekt auch der Geldschöpfung bedarf allerdings der **Genehmigung durch die EZB.**

1.2.2.2 Geldschöpfung durch die EZB und die Deutsche Bundesbank

Hauptaufgabe der EZB ist die Sicherung der Preisniveaustabilität. Allerdings kann die EZB nicht **direkt** in die Preisbildung auf den Märkten eingreifen.

Beispiel:

Steigen die Preise für Kraftstoff sehr stark, kommt es zwangsläufig zu einem Anstieg der Inflation. Die EZB kann jedoch die Tankstellen nicht dazu zwingen, die Preise wieder zu senken, um das Ziel der Preisniveaustabilität zu erreichen.

Die EZB kann im Rahmen der Geldpolitik nur **indirekt** in die Preisbildung auf Märkten eingreifen, indem sie die den Gütern und Dienstleistungen entgegenstehende **Geldmenge** steuert.

Im Zentrum der Geldpolitik der EZB steht die Steuerung der **nachfragewirksamen** Geldmenge zur Kontrolle des Preisniveauanstiegs (Inflationsbekämpfung) – hier genauer die Steuerung der Zentralbankgeldmenge.

Kauft die EZB **Wertpapiere** oder **Devisen** an bzw. räumt diese den Kreditinstituten **Kredite** ein (**Aktivseite** der EZB-Bilanz), so bezahlt die **Notenbank** mit selbst geschaffenem Geld **(Passivseite).** Dies entspricht einer Erhöhung der Sichtguthaben der Kreditinstitute bei der EZB. Diese „Monetisierung" von Aktiva (Aktivgeschäft der Zentralbank) entspricht einer **Verlängerung** der Notenbankbilanz. Die Geldmenge ist somit **gestiegen.**

Man spricht in diesem Zusammenhang von der Schaffung von **Zentralbankgeld:**

= Bargeldbestand der Nichtbanken + Guthaben der Geschäftsbanken bei der Notenbank.[1]

Die Geschäftsbanken können nun z. B. durch **Barverfügungen** über ihre Sichteinlagen bei der Zentralbank den **Umlauf der Banknoten** erhöhen. Dieser Vorgang ist unerheblich für die Betrachtung der Geldmenge im monetären System, es handelt sich lediglich um einen **Passivtausch.**

Die Deutsche Bundesbank hat das **alleinige** Recht, Banknoten auszugeben, wobei der **Ausgabeumfang** durch die EZB genehmigt werden muss.

Die **Banknoten** in den **Tresorräumen** der Bundesbank in Frankfurt sind so lange nur „bedrucktes Papier", bis sie z. B. durch die **Bargeldabhebungen** der Banken bei den Hauptverwaltungen und Filialen der Deutschen Bundesbank in Umlauf gebracht werden.

Hinweis:

Erst **nachdem** die Ausgabe der Banknoten erfolgt ist, werden sie in der Bilanz des Eurosystems unter der Position 1 „Banknotenumlauf" **passiviert.**

1 Der Kassenbestand der Geschäftsbanken ist ebenfalls Zentralbankgeld, wird aber aus Vereinfachungsgründen hier nicht näher betrachtet – die Nachfragewirksamkeit ist nur bedingt gegeben.

Die Deutsche Bundesbank übernimmt nicht nur die Aufgabe, Fälschungen aus dem Verkehr zu ziehen; sie ersetzt auch **beschädigte Banknoten.** Für stark beschädigte Geldscheine muss die Deutsche Bundesbank dem Inhaber Ersatz leisten. Voraussetzung ist, dass der Inhaber entweder Teile der Banknote vorlegt, die insgesamt **größer** sind als die **Hälfte, oder** dass er nachweisen kann, dass der Rest der Note, von der er nur die Hälfte oder einen noch kleineren Teil vorlegen kann, vernichtet ist.

1.2.2.3 Geldschöpfung durch Kreditinstitute

(1) Grundlegendes

Für den weiteren Prozess der Geldschöpfung ist der Begriff der Geldmenge zu erweitern. Wie bereits oben dargestellt, sind dabei die unterschiedlichen **Geldmengenaggregate** zu beachten. Zentraler Gesichtspunkt ist in diesem Zusammenhang die **Nachfragewirksamkeit** der jeweiligen Geldmenge (M1–M3).

Die **Notenbank** kann nur **unmittelbar** die **Zentralbankgeldmenge** steuern und nur **indirekt** die **nachfragewirksame** Geldmenge beeinflussen („Politik des langen Hebels").

War die bisherige Darstellung im Prozess der Geldschöpfung nur auf die Notenbank beschränkt, so tritt nun ein weiterer wichtiger Akteur im Rahmen des **Geldangebotsprozesses** hinzu – der **Geschäftsbankensektor** (MFIs).

Der **Nichtbankensektor** (Privatleute, Unternehmen, Staat) verkörpert gleichsam die Gegenseite – die **Geldnachfrage** (Nicht-MFIs).

Kontrollgröße der EZB bezüglich der Geldmengensteigerung (Preisniveaustabilität) ist das Geldmengenaggregat **M3.** Die Veränderung dieser Größe wird im Folgenden anhand des **Teilaggregats** M1 betrachtet.

Vereinfacht beschrieben umfasst die **Geldmenge M1** den Bargeldbestand und die Sichteinlagen der innerhalb der Eurozone ansässigen Nichtbanken bei Banken der Eurozone.[1]

- Eine **Zunahme** der **Sichtguthaben der Nichtbanken** bei Banken führt zu einer **Erweiterung der Geldmenge M1.**
- Man spricht in diesem Zusammenhang auch von der **Giralgeldschöpfung** (Buchgeldschöpfung) im **engeren** Sinne.

(2) Aktive Schaffung von Geschäftsbankengeld

- **Aktive Geldschöpfung** liegt vor, wenn **Aktiva des Nichtbankensektors** durch Kreditinstitute „monetisiert" werden.
- Aktive Geldschöpfung führt zu einer **Erhöhung** der Geldmenge.

1 Problem: Bargeld in Form von Euro wird von türkischen Gastarbeitern bei türkischen Banken im Heimatland angelegt: Der Bargeldbestand ist als Zentralbankgeld bei der EZB erfasst und in der Notenbankbilanz enthalten, dieser wird aber erst nachfragewirksam, wenn das Bargeld in die Eurozone zurückfließt.

Dieser Vorgang entspricht weitgehend dem Prozess der Schöpfung von Zentralbankgeld.

Beispiele	Erläuterung zur aktiven Geldschöpfung
■ Die Rheinbank AG erhöht im Firmenkundenbereich die Kontokorrentlinie der Blechwerke AG um 50 000,00 EUR. Die neue Kreditlinie wird voll in Anspruch genommen.	In beiden Fällen **erhöhen** sich die **Sichteinlagen** der Kunden bei ihrer Bank um 50 000,00 EUR, über die per Scheck, Lastschrift oder Überweisung verfügt werden könnte. Die **Geldmenge** hat sich folglich insgesamt um 100 000,00 EUR **erhöht.** In beiden Fällen erfolgte die Schaffung des Geschäftsbankengeldes durch eine **Ausdehnung** des **Aktivgeschäftes** der betroffenen Banken.
■ Die Volksbank Südwestfalen e. G. kauft von einem Privatmann Schuldverschreibungen der Wittgensteiner Eisenwerke AG mit einer Laufzeit von 5 Jahren im Werte von 50 000,00 EUR an.	

Die **Rückzahlung eines Kredites** oder der **Kauf eines Wertpapiers** durch eine **Nichtbank** von einem Kreditinstitut führt dagegen zu einer **Vernichtung** von Geschäftsbankengeld.

(3) Der Prozess der multiplen Geldschöpfung

Für Kreditinstitute besteht noch eine weitere zusätzliche Möglichkeit Giralgeld zu schöpfen. Dies kann deshalb geschehen, weil die Kunden der Kreditinstitute erfahrungsgemäß **nur über einen Teil** ihrer Einlagen **bar verfügen,** sodass ein Großteil dieser Einlagen nicht als Kassenreserve gehalten werden muss.

Die einzelnen Kreditinstitute können vielmehr davon ausgehen, dass ihre Zahlungsbereitschaft auch dann noch ausreichend gewährleistet ist, wenn sie diese **Liquiditätsüberschüsse** – auch Überschussreserve genannt – an andere Kunden ausleihen. Dabei soll zunächst unterstellt werden, dass der zur Liquiditätssicherung nicht benötigte Teil als **Buchkredit** gewährt wird, über den die Kreditnehmer **bargeldlos** verfügen.

Beispiel:

Bezahlt der Kreditnehmer mit den ihm zur Verfügung gestellten Mitteln per Überweisung eine Rechnung, so führt dieser Zahlungseingang bei dem Kreditinstitut des Zahlungsempfängers zu einer neuen Einlage, die ihrerseits wiederum unter Berücksichtigung einer bestimmten Liquiditätsreserve zur Schaffung von neuem Giralgeld verwendet werden kann.

Die **Liquiditätsreserve** eines Kreditinstituts setzt sich zusammen aus der **Mindestreserve,** dem **Bargeldbestand** sowie den **Guthaben** bei der Deutschen Bundesbank.

!

Beispiel:

Ein Kunde zahlt 100,00 EUR bar auf sein laufendes Konto bei einem Kreditinstitut ein. Es sei angenommen, dass die Kreditinstitute eine Liquiditätsreserve von 20 % (einschließlich Mindestreserve) bereithalten müssen. Die Überschussreserve beträgt somit 80 %.

Weiterhin sei unterstellt, dass genügend Kreditnachfrage herrscht und dass die Kreditnehmer nur bargeldlos über die ihnen gewährten Kredite verfügen.

Wenn jeder Kreditnehmer den ihm eingeräumten Kredit zur Bezahlung von Rechnungen bei seinen Gläubigern verwendet, die ihre Konten bei anderen Kreditinstituten unterhalten, ergibt sich folgendes Bild:

Kredit-institut	Sichteinlage	Erhöhung der Reservehaltung	Überschussreserve = Neue Kreditgewährung
A	100,00 EUR	20,00 EUR	80,00 EUR
B	80,00 EUR	16,00 EUR	64,00 EUR
C	64,00 EUR	12,80 EUR	51,20 EUR
D	51,20 EUR	10,24 EUR	40,96 EUR
⋮	⋮	⋮	⋮
Summen	500,00 EUR	100,00 EUR	400,00 EUR

Wenn sich dieser Vorgang der Kreditgewährung unendlich oft wiederholt, dann könnten 400,00 EUR zusätzliches Giralgeld geschaffen werden. Der Bestand an Buchgeld wäre in unserem Beispiel 500,00 EUR, d. h. fünfmal größer als zu Beginn des Geldschöpfungsvorgangs.

Die **zusätzlich mögliche Giralgeldschöpfung** des Bankensystems lässt sich auch nach der Formel errechnen:

$$dM = dZ \cdot \frac{1}{1 - q}$$

Erläuterungen:

dM = zusätzliche Giralgeldschöpfung bzw. Giralgeldvernichtung bei negativer Veränderung der Überschussreserve

dZ = Überschussreserve

$$q = \frac{\text{Überschussreserve}}{\text{Bareinlage}}$$

Beispiel:

Für das obige Beispiel wird die zusätzlich mögliche Giralgeldschöpfung wie folgt berechnet:

$$dM = 80 \cdot \frac{1}{1 - \frac{80}{100}} = 80 \cdot \frac{1}{1 - \frac{4}{5}} = 80 \cdot 5 = 400{,}00 \text{ EUR}$$

Der Nenner des Bruches (1 – q) zeigt den Liquiditätsreservesatz an (20 % = 1 – $^4/_5$), sodass

der Kreditschöpfungsmultiplikator $\frac{1}{R}$

gleichzusetzen ist mit dem **Kehrwert des Liquiditätsreservesatzes.**

Die **maximale Kreditschöpfungsmöglichkeit** lässt sich demzufolge auch wie folgt berechnen:

$$dM = dZ \cdot \frac{1}{R} \qquad dM = \frac{dZ}{R}$$

Beispiel:

Für das vorangesellte Beispiel ergibt sich: $dM = \frac{80}{0{,}2}$ $\quad dM = 400{,}00\ \text{EUR}$

Allgemein gilt:

- **Erhöht** sich der **Reservesatz,** so **verringert** sich der **Kreditschöpfungsspielraum** der Kreditinstitute.
- **Verringert** sich der **Reservesatz,** so **erhöht** sich der **Kreditschöpfungsspielraum.**

Kompetenztraining

31

1. Beschreiben Sie die Münzgeldschöpfung der Bundesregierung!
2. Erläutern Sie den rechtlichen Hintergrund zur Ausgabe von Banknoten!
3. Begründen Sie, warum das bloße Drucken von Banknoten noch keine Geldschöpfung darstellt!
4. Nennen Sie die Annahmen, welche bei aktiver Giralgeldschöpfung der Kreditinstitute gemacht werden!
5. Ein Kunde zahlt bei seiner Bank 2 000,00 EUR auf sein Girokonto ein. Die Liquiditätsreserve betrage 40 %.

   Aufgaben:

   5.1 Tragen Sie die Kreditschöpfungsmöglichkeit der ersten fünf Kreditinstitute in das nachfolgende Schema ein!

   5.2 Errechnen Sie die Summe der zusätzlich möglichen Kreditschöpfung des Bankensystems!

DOWNLOAD

Kredit-institut	Sichteinlage	Erhöhung der Reservehaltung	Überschussreserve = neue Kreditgewährung
A B C D E ⋮			
Summen			

6. Die Überschussreserve eines Kreditinstituts wird durch Barabhebung eines Kunden um 5 000,00 EUR vermindert. Berechnen Sie, wie sich dadurch der Kreditgewährungsspielraum des Bankensystems verändert, wenn eine Reserve von 50 % gehalten wird!

1.3 Messung von Preisniveaustabilität erläutern sowie Inflation und Deflation als Abweichung beurteilen

1.3.1 Begriff Stabilität des Preisniveaus

Die **Preisniveaustabilität** zählt zu den **vier zentralen Zielen** staatlicher **Wirtschaftspolitik** in der Bundesrepublik Deutschland.

Preisniveaustabilität bedeutet, dass **im Durchschnitt** die Preise in einer Volkswirtschaft und somit die **Kaufkraft** des Geldes **gleichbleiben** sollen.

Eine Geldwertverschlechterung (Inflation) bzw. Geldwertverbesserung (Deflation) wäre dann vermieden, wenn die Einzelpreise aller Produkte **konstant** bleiben. Da allerdings eine **marktwirtschaftlich ausgerichtete** Volkswirtschaft gerade davon lebt, dass sich Preise im Zeitablauf **verändern,** und zwar sowohl nach **oben,** wenn die Güter „knapp" werden, als auch nach **unten,** wenn die Unternehmen zur Verbesserung ihrer Wettbewerbsposition die Preise senken, kann es bei der Forderung nach Preisniveaustabilität daher nur um eine **Stabilität eines durchschnittlichen Preisniveaus** gehen. Schließlich können Preissteigerungen bei einigen Gütern durch Preissenkungen bei anderen Gütern ausgeglichen werden.

Nach wie vor herrscht in der wirtschaftswissenschaftlichen Diskussion Einigkeit darüber, dass das gesamtwirtschaftliche Ziel der Preisniveaustabilität auch dann erreicht ist, wenn ein **gewisser Anstieg** der Preise zu verzeichnen ist. Die Meinungen darüber, wie hoch ein solcher Preisanstieg sein darf, gehen allerdings auseinander.

Mit Blick auf die Verantwortlichkeit für die Erreichung dieses Ziels soll im weiteren Verlauf dem **Zielverständnis der Europäischen Zentralbank (EZB)** gefolgt werden.

Nach der **EZB** ist Preisstabilität gegeben, wenn die **Preissteigerungsrate** im **Durchschnitt** mehrerer Jahre **nahe** oder knapp **unter 2 %** liegt.

Diese **Definition** macht sehr deutlich, dass eine **Deflation** in keiner Weise mit dem Ziel Preisniveaustabilität vereinbar ist.

1.3.2 Preisindex für die Lebenshaltung ermitteln

(1) Begriff Verbraucherpreisindex[1]

Der **Verbraucherpreisindex** misst die **durchschnittliche Preisentwicklung** aller Waren und Dienstleistungen, die **private Haushalte** für **Konsumzwecke** kaufen.

---

1 **Indizes:** Mz. von Index; ein Index ist wörtlich ein „Anzeiger". Der Preisindex zeigt also Preisveränderungen an. Wichtige Preisindizes sind z. B.: Index der Einkaufspreise landwirtschaftlicher Betriebsmittel, Index der Grundstoffpreise, Index der Großhandelsverkaufspreise und der Index der Einzelhandelspreise.
Quelle: https://www.destatis.de/DE/ZahlenFakten/GesamtwirtschaftUmwe...

Bei der Berechnung des Verbraucherpreisindexes geht man von einem **Warenkorb** aus, der sämtliche von privaten Haushalten gekaufte Waren und Dienstleistungen widerspiegelt.

Derzeit umfasst der Warenkorb ca. **600 Sachgüter und Dienstleistungen**. Der Warenkorb wird laufend aktualisiert, damit immer diejenigen Güter in die Preisbeobachtung eingehen, welche von den privaten Haushalten aktuell gekauft werden.

Beispiele für den Warenkorb:

- Nahrungsmittel,
- Bekleidung,
- Kraftfahrzeuge,
- Mieten,
- Haarschnitt,
- Reparaturen,
- Getränke,
- Strom,
- Gas,
- Wasser,
- Möbel,
- Haushaltsgeräte,
- Medikamente.

Der Verbraucherpreisindex wird vom **Statistischen Bundesamt** in Wiesbaden erstellt.

Der **Verbraucherpreisindex** ist der **wichtigste Maßstab zur Beurteilung der Geldwertentwicklung** in Deutschland.

!

(2) Ermittlung des Verbraucherpreisindexes

Ausgangspunkt für die Ermittlung des Verbraucherpreisindexes ist der Warenkorb. Da nicht alle Güter das gleiche Gewicht im Warenkorb besitzen, erstellt das Statistische Bundesamt ein **„Wägungsschema“**.

Die Inflationsrate zeigt an, wie die Preise für Waren und Dienstleistungen, die ein typischer Haushalt in Deutschland kauft, im Zeitablauf steigen.

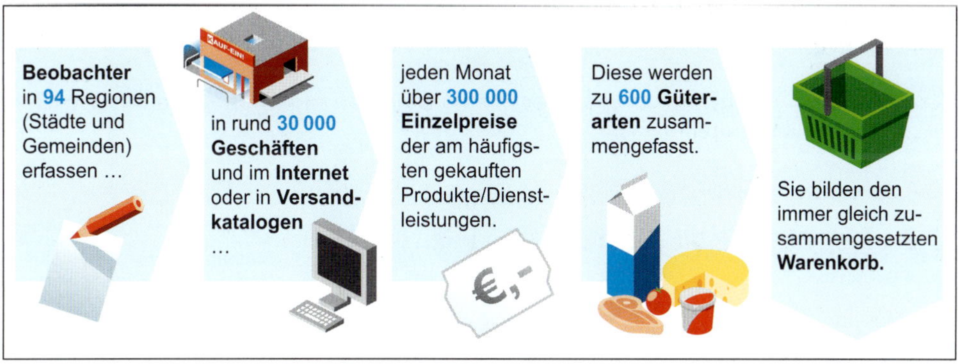

Das Wägungsschema legt die Anteile (in Prozent) fest, welche die einzelnen Waren und Dienstleistungen an einem Warenkorb (100 %) haben.

Beispiel:

Werden die Nahrungsmittel mit 10 % im Wägungsschema gewichtet, so besagt dies, dass von den Gesamtausgaben der privaten Haushalte 10 % auf den Kauf von Nahrungsmitteln entfallen.

Beispiel:

Um den Vorgang der Preisindexermittlung deutlich zu machen, wird ein sehr vereinfachtes Wägungsschema zugrunde gelegt (5 statt 600 Positionen):

Warenkorb	Wägungsschema Jahr 00		Preise			
			01		02	
1. Nahrungsmittel	615,00 GE	41 %	615,00 GE		615,00 GE	
2. Kleidung	600,00 GE	40 %	600,00 GE		660,00 GE	
3. Wohnung	150,00 GE	10 %	200,00 GE		200,00 GE	
4. Brennstoffe	60,00 GE	4 %	60,00 GE		60,00 GE	
5. Dienstleistungen	75,00 GE	5 %	75,00 GE		75,00 GE	
Gesamtausgaben	1 500,00 GE	100 %	1 550,00 GE	103,3 %	1 610,00 GE	107,3 %

Erläuterungen: Berechnung des Verbraucherpreisindexes im Jahr 01

Das Basisjahr 00 wird mit 100 Punkten angesetzt. Die angenommene Verteuerung der Wohnungsausgaben um 50,00 GE im Jahr 01 (= 33 $^1/_3$ %) bewirkt bei Konstanz aller anderen Preise eine Erhöhung der Lebenshaltungskosten um 3,3 auf 103,3 Punkte.

1 500,00 GE (00) ≙ 100 Punkte
1 550,00 GE (01) ≙ x Punkte

$$x = \frac{100 \cdot 1550}{1500} = \underline{\underline{103{,}3 \text{ Punkte}}}$$

Insgesamt gilt, dass Preissteigerungen bei bestimmten Waren und Dienstleistungen sich auf den Verbraucherpreisindex umso stärker auswirken, je größer ihr prozentualer Anteil (ihr „Gewicht") an den Gesamtausgaben eines durchschnittlichen Haushalts ist.

Das Wägungsschema für den Verbraucherpreisindex wird nur **alle fünf Jahre aktualisiert.**[1]

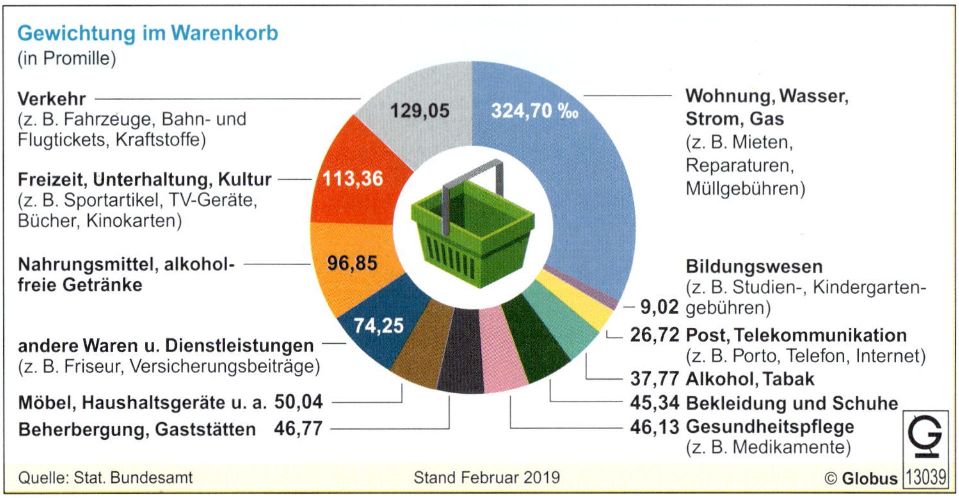

1 Die letzte Umstellung des Wägungsschemas auf neuere Verbrauchsverhältnisse erfolgte im Januar 2019. Basisjahr ist das Jahr 2015. Die Verbraucherpreisindizes werden rückwirkend ab Januar 2015 berechnet.

1.4 Zusammenhang zwischen Inflationsrate, Kaufkraft und Reallohn beschreiben

(1) Beziehungen zwischen Änderung des Preisniveaus und der Kaufkraft des Geldes

Die Preise einzelner Güter ändern sich ständig und damit auch die Kaufkraft des Geldes.

Die **Kaufkraft des Geldes** ist die Gütermenge, die mit einer Geldeinheit erworben werden kann.

Zur Messung der Kaufkraft wird der **Verbraucherpreisindex** herangezogen.

- **Sinkt der Verbraucherpreisindex,** hat sich die **Kaufkraft des Geldes erhöht.** Für **eine Geldeinheit** können **mehr Güter** als zu einem früheren Zeitpunkt gekauft werden.
- **Steigt der Verbraucherpreisindex,** hat sich die **Kaufkraft des Geldes verringert.** Für **eine Geldeinheit** können **weniger Güter** als zu einem früheren Zeitpunkt gekauft werden.

- **Geldwert und Preisniveau** (ausgedrückt durch den Verbraucherpreisindex) verhalten sich **umgekehrt.**
- **Steigt das Preisniveau** (der Verbraucherpreisindex), **sinkt die Kaufkraft des Geldes** und umgekehrt.

(2) Begriffe Inflation und Inflationsrate

Wenn die Kaufkraft bei gleich hohem Einkommen sinkt, wird von Geldentwertung (Inflation)[1] gesprochen.

- **Inflation** ist ein ständiger allgemeiner **Anstieg der Preise,** der zu einer **Minderung der Kaufkraft des Geldes** führt.
- Maßstab zur **Messung der Inflationsrate** ist der **Verbraucherpreisindex.**

Ist der Wertverlust zu groß, nimmt das **Vertrauen** in die entsprechende Währung ab und ihr Wert sinkt weiter. Die Folge ist die „Flucht" in

- **Sachwerte** (z.B. Häuser, Wohnungen, Aktien),
- eine **Ersatzwährung** (z.B. Gold),
- den **Tauschhandel.**

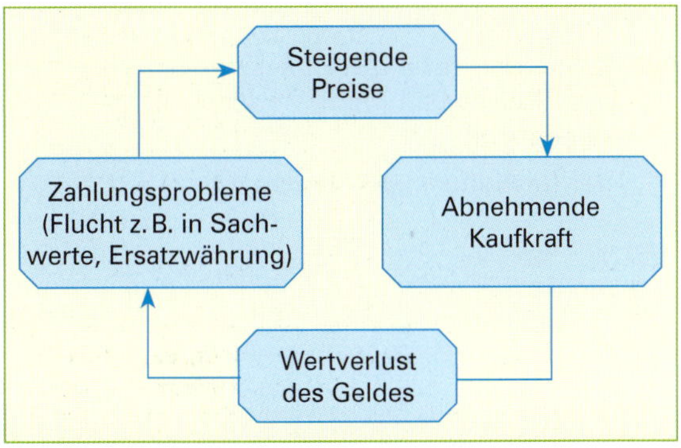

1 **Inflation:** wörtlich „das Sichaufblähen"; Geldentwertung durch Erhöhung des Preisniveaus.

(3) Nominallohn, Reallohn und Geldillusion

Was der Arbeitnehmer am Monatsende **ausbezahlt erhält (Nettolohn),** nennt man **Nominallohn.**[1] Setzt man den Nominallohn ins Verhältnis zum Preisniveau, erhält man den **Reallohn.**[2] Er gibt die Gütermenge an, die mit dem betreffendem Nominallohn gekauft werden kann.

Der **Reallohn** berücksichtigt die **Kaufkraft des Einkommens**.

Im Allgemeinen neigt man dazu, den Wert des Geldes nominal zu bewerten. Dies ist besonders verheerend in Zeiten hoher Inflation, wo der nominale Wert des Geldes immer schneller abweicht von dem realen Wert.

Unter **Geldillusion** versteht man die **Unfähigkeit** des Einzelnen, zwischen dem **nominalen** und dem **realen** Wert des Geldes zu unterscheiden.

Dies führt dazu, dass man beispielsweise heutige Rentenansprüche oder Geldvermögen für die Zukunft in seiner Vorstellung viel zu hoch bewertet.

Beispiele:

- Eine 22-jährige Kundin schließt bei einer Bank bzw. Sparkasse einen Vertrag für die private Altersvorsorge ab, aus dem ihr ab dem 67. Lebensjahr voraussichtlich 500,00 EUR Rente monatlich zufließen werden. Unterstellt man eine Inflationsrate von 2 % für den Zeitraum von 45 Jahren, so berechnet sich die Kaufkraft dieser Rente wie folgt: $500 : 1{,}02^{45} = 205{,}10$ EUR. Der Kundin bleibt also eine Kaufkraft von weniger als der Hälfte des Nominalbetrages.

- Berücksichtigt man noch die Versteuerung dieser Rente mit einem Steuersatz von z. B. nur 20 %, so bleiben ihr netto 400,00 EUR und die Kaufkraft dieser Rente fällt noch geringer aus, und zwar: $400 : 1{,}02^{45} = 164{,}08$ EUR. Somit stehen ihr weniger als ein Drittel des Nominalwertes der Rente zur Verfügung.

Der **Nominallohn** sagt nichts darüber aus, wie viel sich ein Arbeitnehmer dafür kaufen kann.

- Steigt der Nominallohn schneller als das Preisniveau, nimmt der Lebensstandard zu.

  Der **Reallohn** ist **gestiegen.**

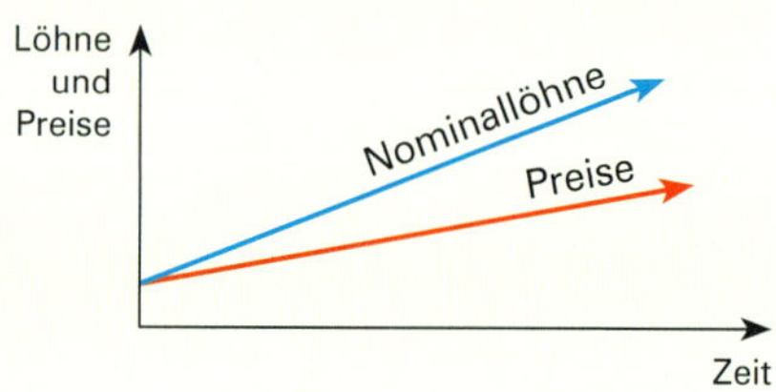

1 **„Nominal"** kommt von „nominell", d. h. dem Namen nach, dem Nennwert nach.

2 **Real**: wirklich.

- Steigt der Nominallohn schneller als das Preisniveau, nimmt der Lebensstandard zu.
  Der **Reallohn** ist **gestiegen.**

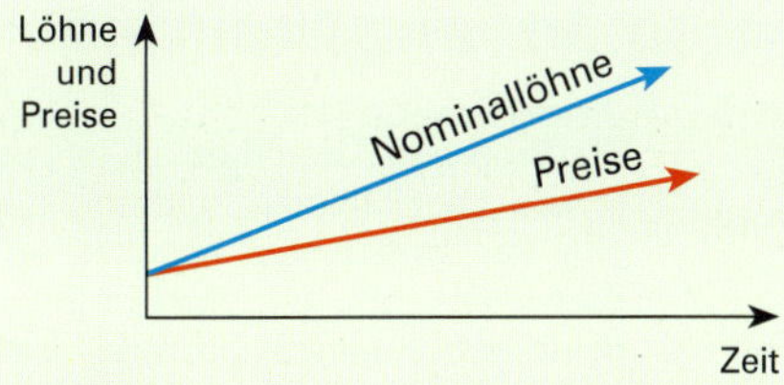

- Steigen die Nominallöhne genauso stark wie die Preise, bleibt der Lebensstandard gleich.
  Der **Reallohn** ist **konstant geblieben.**

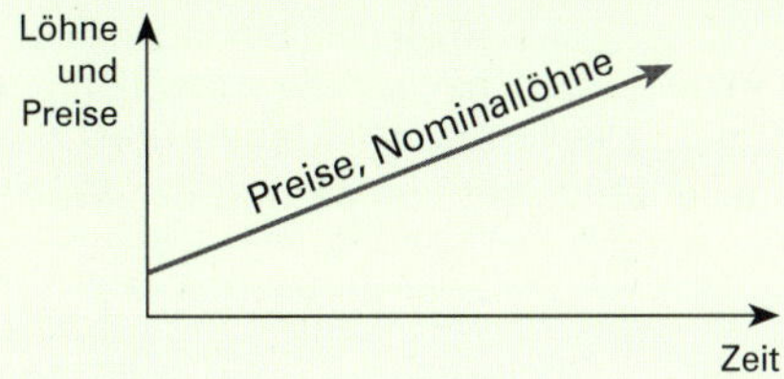

Wie sich diese Größen in den letzten 28 Jahren in der Bundesrepublik Deutschland entwickelt haben, verdeutlicht nachfolgende Grafik.

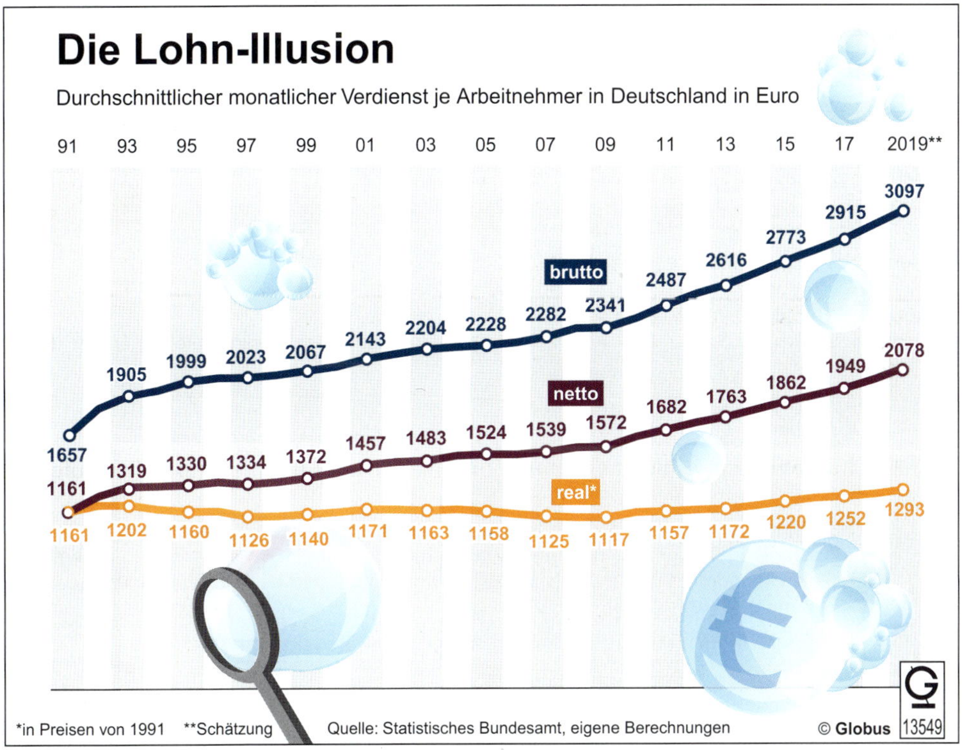

Kompetenztraining

32 1. Der Professor Theo Rettisch lehrt Volkswirtschaftslehre und ist immer bemüht, die wissenschaftlichen Theorien auch praktisch umzusetzen. Seine Tochter Leonie, die zurzeit noch eine Fachoberschule besucht, ist ebenfalls an ökonomischen Fragen sehr interessiert. Damit die jährlichen Verhandlungen zwischen Vater und Tochter bezüglich der Taschengelderhöhung etwas problemloser verlaufen, haben beide Folgendes vereinbart:

Leonie erhält eine Erhöhung ihres Taschengeldes in der Höhe der gestiegenen Preise der Güter und Dienstleistungen in ihrem „Warenkorb", d. h. der Güter und Dienstleistungen, die sie monatlich konsumiert. Sie erhält diese Erhöhung jedoch nicht automatisch, sondern sie muss jedes Jahr „berichten", um wie viel Prozent ihre Ausgaben gestiegen sind. Dabei bedient sie sich folgenden Schemas:

DOWNLOAD

„Warenkorb" von Leonie	Preis je Einheit im Basisjahr P_0	Menge im Basisjahr Q_0	Wert im Basisjahr $P_0 \cdot Q_0$	Preis je Einheit im Berichtsjahr 1 P_1	Wert im Berichtsjahr 1 $P_1 \cdot Q_0$	Preis je Einheit im Berichtsjahr 2 P_2	Wert im Berichtsjahr 2 $P_2 \cdot Q_0$
Zeitschriften	7,50	2		8,00		8,20	
Schokolade	1,00	20		1,10		1,20	
Handy	1,50	30		1,40		1,60	
Kosmetik	1,00	30		1,10		1,20	
Kino	6,00	2		6,00		6,50	
Wert des „Warenkorbs"							

Verbraucherpreisindex	100		
Preissteigerung/ Taschengelderhöhung	–		

Quelle: In Anlehnung an Geld & Geldpolitik, Deutsche Bundesbank, Frankfurt am Main 2006.

Formel zur Berechnung des Verbraucherpreisindexes:

$$\frac{\sum P_n \cdot Q_0}{\sum P_0 \cdot Q_0} \cdot 100$$

n = jeweiliges Berichtsjahr

Aufgaben:

1.1 Ermitteln Sie den Wert des „Warenkorbs" von Leonie und somit die Höhe des Taschengeldes im Basisjahr!

1.2 Angenommen, die Mengen in Leonies „Warenkorb" verändern sich nicht, d. h., dass Leonie in den beiden Berichtsjahren die gleiche Menge der Güter und Dienstleistungen konsumiert wie im Basisjahr. Ermitteln Sie den Wert des „Warenkorbs" für Leonies Berichtsjahre 1 und 2!

1.3 Ermitteln Sie den Verbraucherpreisindex für das Berichtsjahr 1!

1.4 Berechnen Sie die Preissteigerung bzw. Taschengelderhöhung für das Berichtsjahr 1 gegenüber dem Basisjahr!

1.5 Ermitteln Sie den Verbraucherpreisindex für das Berichtsjahr 2!

1.6 Berechnen Sie die Preissteigerung bzw. Taschengelderhöhung für das Berichtsjahr 2 gegenüber dem Berichtsjahr 1!

1.7 Berechnen Sie die Veränderung der Kaufkraft für das Berichtsjahr 2 gegenüber dem Berichtsjahr 1!

2. Erklären Sie die Begriffe Kaufkraft des Geldes und Preisniveau!

3. Stellen Sie dar, in welchem Verhältnis Preisniveau und Kaufkraft zueinander stehen!

4. Unterscheiden Sie die Begriffe Real- und Nominallohn!

5. Nennen Sie die Bedingungen, unter denen die Reallöhne steigen, gleich bleiben oder sinken!

6. Nehmen wir der Einfachheit halber an, dass ein repräsentativer Warenkorb für Jugendliche 50 Softdrinks und zwei Jeans umfasst. Im Jahr 01 beträgt der Preis eines Softdrinks 1,00 EUR und der Preis einer Jeans 80,00 EUR. Im Jahr 02 steigt der Preis für Softdrinks auf 1,20 EUR und der Preis einer Jeans auf 85,00 EUR.

   Ermitteln Sie, um wie viel der Preis dieses Warenkorbs gestiegen ist! Berechnen Sie die absolute und relative Preissteigerung!

7. Angenommen, der Preis eines Gutes steigt von 20,00 EUR im Jahr 01 auf 22,50 EUR im Jahr 02.

   Aufgaben:

   7.1 Berechnen Sie den Preisindex der Lebenshaltung für den Fall, dass zur Messung des Verbraucherpreisindexes nur dieses Gut herangezogen wird!

   7.2 Ermitteln Sie aus den obigen Zahlen die Höhe des Kaufkraftverlustes!

   7.3 Angenommen, die Preise steigen im Jahr 03 nochmals um 8,5 %. Berechnen Sie, um wie viel Prozent sich die Kaufkraft insgesamt in den Jahren 02 und 03 gegenüber dem Basisjahr verringert hat!

   7.4 Erläutern Sie kurz zwei Möglichkeiten zur Einflussnahme des Staates auf die Entwicklung der Preissteigerungsrate!

   7.5 Stellen Sie kurz den Zusammenhang zwischen Deflation und Arbeitslosigkeit in einer Wirkungskette dar!

8. **Kartenabfrage**

   Überlegen Sie, welche Güter und Dienstleistungen bei einer neuerlichen Umstellung des Warenkorbes Berücksichtigung finden müssten, wenn die neuesten Veränderungen miteinbezogen würden! Clustern Sie die von Ihnen gesammelten Ideen nach den zwölf Klassen der Güter und Dienstleistungen!

9. Innerhalb eines Jahres veränderte sich das frei verfügbare Einkommen eines Bankkaufmanns von 1 600,00 EUR auf 1 680,00 EUR; seine Sparquote hingegen sank im gleichen Zeitraum von 12,0 % auf 11,8 %. Gleichzeitig stieg der Verbraucherpreisindex im Vergleich zum Vorjahr von 105,0 auf 107,0.

   Entscheiden Sie, welche der nachfolgenden Auskünfte richtig ist!

   ① Im Beobachtungszeitraum ist die Kaufkraft des verfügbaren Einkommens um 3,0 % gestiegen. ☐

   ② Die Reallohnerhöhung beträgt 5,0 %.

   ③ Die Konsumausgaben dieses Haushalts sind real gesunken.

   ④ Die Kaufkraft des Geldes hat im Beobachtungszeitraum um 1,87 % abgenommen.

   ⑤ Eine Entwertung des Geldvermögens hat im Beobachtungszeitraum nicht stattgefunden.

2 Inflation und Deflation als Gefahr für die Preisniveaustabilität beurteilen

Situation: „Schreckgespenst Inflation"

Lesen Sie zunächst folgenden Auszug aus einem Zeitungsartikel:

Schreckgespenst Inflation:
In 16 Jahren ist Ihr Geld nur noch halb so viel wert

Läuft eigentlich super, oder? Die Wirtschaft wächst, immer mehr Leute haben einen Job. Wir sind ein reiches Land! Und alle werden immer reicher. Doch die Inflation frisst unser Geld und wenn es so weiter geht, ist es bald nur noch die Hälfte wert. [...]

Ohne Zinsen wird Ihr Geld immer weniger wert

Der Grund: Weil es keine Zinsen mehr gibt, wird Ihr Geld faktisch weniger wert. Aber warum schmilzt unser Vermögen überhaupt? [...]

Brummende Wirtschaft klingt auf Anhieb super, aber für Sparer kann es schnell teuer werden. „Wachstum hat natürlich einen Zwillingsbruder. Und der heißt Inflation", warnt Heller. „Was für eine absurde Situation. Noch letztes Jahr hatte EZB-Chef Mario Draghi[1] die Deflation beschworen. Das hat natürlich einen Grund: Damit wollte er nur rechtfertigen, noch mehr Geld zu drucken." Und wo soll das enden? Die Geschichte ist schnell erzählt. „Zu viel Geld endet immer mit Inflation. Und genau so ist es wieder gekommen. In Amerika ist die Inflation sogar schon auf 2,5 % gesprungen", sagt Heller. [...]

Und es wird immer schlimmer

Die EZB druckt Geld wie verrückt und hat Anfang April einen neuen Negativrekord aufgestellt: Ihre Bilanzsumme stieg über die Marke von vier Billionen Euro. So hoch wie nie! Doch nicht nur das Niveau nimmt Horror-Dimensionen an, sondern auch das Tempo der Expansion. [...]

Eine kleine Rechnung:

Wer heute 100 000,00 EUR auf dem Konto liegen hat, dem blieben nach 16 Jahren nur noch 50 000,00 EUR übrig! Mehr Enteignung geht kaum. „Die Inflationskurve schießt senkrecht nach oben", warnt Sinn. Und es scheint keinen Ausweg zu geben. [...]

Quelle: FOCUS-Money-Online vom 06.05.2017.

Kompetenzorientierte Arbeitsaufträge:

1. Erläutern Sie, was man unter einer Inflation bzw. einer Deflation versteht! Gehen Sie dabei auch auf die unterschiedlichen Arten von Inflation und Deflation ein!
2. Nennen und beurteilen Sie die Auswirkungen von Inflation, die in obigem Zeitungsartikel aufgeführt werden!
3. **Zeitungsartikel**

   Erläutern Sie, welche Auswirkungen eine mögliche Inflation des Euro ganz konkret auf Ihren Familienhaushalt hat! Gehen Sie dabei insbesondere auf mögliche Einflüsse der Inflation auf die persönliche Verwendung Ihrer finanziellen Mittel ein! Verfassen Sie hieraus anschließend einen Zeitungsartikel für eine Schülerzeitung!
4. Beurteilen Sie die Auswirkungen einer Deflation für eine Volkswirtschaft!

1 Mario Draghi war EZB-Präsident in der Zeit vom 01.11.2011 bis 28.10.2019.

2.1 Inflation

2.1.1 Begriff der Inflation

Unter **Inflation** versteht man ein **anhaltendes Steigen** des Preisniveaus.

Steigen hin und wieder die Preise einzelner Güter bzw. Gütergruppen, so liegt noch keine Inflation vor.

Es ist **für eine Marktwirtschaft charakteristisch,** dass sich die Preise der einzelnen Güter im Zeitablauf in Abhängigkeit von ihrem **Knappheitsgrad** ändern.

Beispiele:

① Fällt die Spargelernte in Deutschland eher schlecht aus, so ist deutscher Spargel ein knappes Gut und der Preis dürfte entsprechend hoch sein.

Ist hingegen im Folgejahr die Spargelernte besonders gut ausgefallen, so ist genügend Spargel auf dem Markt verfügbar und der Preis für deutschen Spargel dürfte – im Vergleich zum Vorjahr – entsprechend niedrig ausfallen.

② Steigt die Nachfrage nach Neuwagen einer bestimmten Marke, ohne dass die Produktionskapazitäten zeitnah angepasst werden können, sind diese Fahrzeuge knapp. Somit dürften die Preise für diese Neuwagen tendenziell eher steigen.

Hat der Hersteller hingegen Überkapazitäten aufgebaut, sodass die produzierte Menge größer ist, als die nachgefragte Menge, dürfte das Preisniveau für diese Neuwagen eher sinken, zumindest sind höhere Preisnachlässe bei Neuwagenbestellungen vorstellbar.

Eine Einschränkung dieser Flexibilität dahingehend, dass **überwiegend Preiserhöhungen** auftreten, wohingegen Preissenkungen (äußerst) selten zu verzeichnen sind, führt zu einem **Absinken der Kaufkraft** des Geldes und somit zu einer **Geldentwertung.**

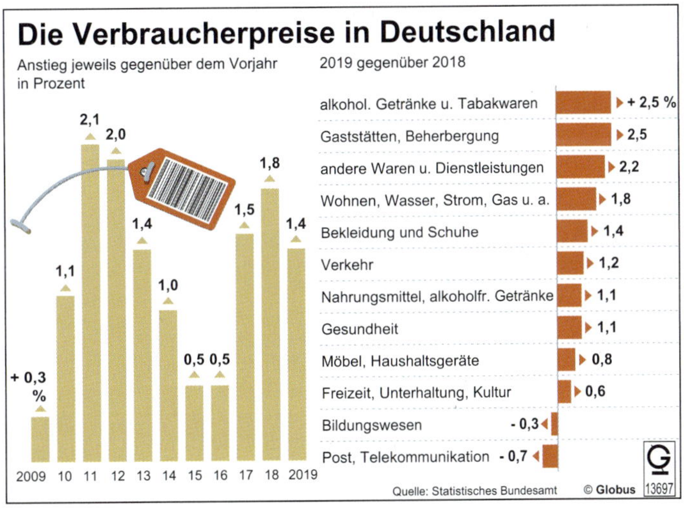

Im Jahr 2019 mussten die Menschen in Deutschland durchschnittlich 1,4 % mehr Geld für Waren und Dienstleistungen bezahlen als im Jahr 2018. Die Jahresteuerungsrate fiel damit geringer aus als im Jahr 2018 (plus 1,8 %). Im Bezug auf die verschiedenen Waren und Dienstleistungen zeichnen sich allerdings Unterschiede ab. Den höchsten Preisanstieg weist das Statistische Bundesamt mit plus 2,5 % für Tabakwaren und alkoholische Getränke aus. Dahingegen sanken die Preise von Post und Telekommunikation um 0,7 % im Vergleich von 2019 zu 2018. Auch der Preisanstieg für Energie sank von plus 4,6 % im Jahr 2018 auf plus 1,4 % im Jahr 2019. Diese geringe Zunahme lässt sich in erster Linie auf günstigere Mineralölprodukte zurückführen. Lebensmittelpreise verteuerten sich moderat um 1,4 %. Deutlich teurer wurden sowohl Gemüse als auch Fleisch (plus 6,3 bzw. plus 3,1 %), während Speiseöle und Speisefette günstiger wurden (minus 6,0 %).

2.1.2 Arten der Inflation

Die Inflation als Störung der Stabilität des Preisniveaus lässt sich – je nach zugrunde gelegtem Kriterium – in **verschiedene Arten** einteilen.

Kriterien	Erläuterungen
Erkennbarkeit der Geldentwertung	■ **Offene Inflation**: Bei einer offenen Inflation sind die Preissteigerungen für jedermann erkennbar. ■ **Versteckte Inflation**: Durch staatlichen Preisstopp wird der Preissteigerungsprozess „zurückgestaut" und die Geldentwertung statistisch nicht erfasst.
Geschwindigkeit der Geldentwertung	■ **Schleichende Inflation**: Steigt das Preisniveau in **geringem** Umfang (z. B. um bzw. leicht über 2 % jährlich), so liegt eine schleichende Inflation vor. ■ **Trabende Inflation**: Fällt die Erhöhung des Preisniveaus „mäßig" aus (ca. 3–5 %), spricht man von einer trabenden Inflation. ■ **Galoppierende Inflation**: Diese Art der Inflation ist durch hohe Preissteigerungsraten (mehr als 6 %) gekennzeichnet. Liegt die Preissteigerungsrate über 50 %, handelt es sich um eine **Hyperinflation.**
Subjektive Wahrnehmung	■ **Offizielle Inflation**: Hierunter versteht man die Inflationsarten, die von den statistischen Ämtern (z. B. dem Statistischen Bundesamt oder von Eurostat) ermittelt und veröffentlicht werden. ■ **Gefühlte Inflation**: Mit diesem Begriff wird zum Ausdruck gebracht, dass die Verbraucher in bestimmten Situationen die Preissteigerungen als viel stärker empfinden als die amtlichen Statistiken ausweisen. Dies liegt vor allen Dingen daran, dass zahlreiche Waren und Dienstleistungen, die im täglichen Leben gekauft werden (müssen), in den offiziellen „Warenkörben" nur eine geringe Bedeutung (Gewichtung) haben.

Beispiel: Gefühlte Inflation

Unterstellen wir, dass sich in dem Warenkorb sowohl eine Waschmaschine (Kaufpreis 1 050,00 EUR) als auch eine Tafel Schokolade befinden (Kaufpreis 1,00 EUR). Gehen wir weiterhin davon aus, dass die Waschmaschine ca. zehn Jahre hält, ein Kauf also nur alle zehn Jahre stattfindet. Verteilt man den Kaufpreis auf die zehn Jahre, so ergibt sich ein Kaufpreis für das Produkt Waschmaschine von 105,00 EUR pro Jahr. Dies entspricht pro Woche einem Betrag von ca. 2,00 EUR und somit etwa dem Gegenwert von zwei Tafeln Schokolade, die – so sei unterstellt – auch tatsächlich zweimal wöchentlich im Einkaufswagen landet. Auch wenn die Kaufabstände zwischen den beiden Produkten weit auseinanderfallen, so ist der Wert von beiden Gütern auf die Woche gerechnet gleich hoch.

Annahme: Der Preis für Schokolade steigt um 10 %, der Preis für eine Waschmaschine hingegen sinkt um 10 % und alle anderen Preise der im Warenkorb vertretenen Güter und Dienstleistungen bleiben unverändert. Insgesamt hat sich das Preisniveau also nicht verändert. Aus Verbrauchersicht hingegen liegt nachweislich „gefühlt" eine Inflation vor.

Begründung: Die Preiserhöhung der Schokolade wird von den Verbrauchern eher wahrgenommen, da dieses Produkt in sehr kurzen Zeitabständen immer wieder gekauft und somit die Preiserhöhung bewusst wahrgenommen wird. Die Preissenkung der Waschmaschine hingegen ist den Verbrauchern ob der langen Zeiträume zwischen dem Kauf zweier Waschmaschinen in der Regel nicht präsent. Dies führt letztlich dazu, dass die Verbraucher wegen der Preiserhöhung von Schokolade wieder einmal das Gefühl haben, dass „alles" teurer, aber nichts billiger wird. So geht die Tatsache, dass diese Preiserhöhung für Schokolade durch den Preisrückgang für Waschmaschinen wettgemacht wird, unter. Als Folge ist die „gefühlte" Inflation höher als die tatsächliche Inflation.

2.1.3 Ursachen der Inflation

Die ersten **Impulse** bei einer Inflation können entweder von der **Nachfrage-** oder der **Angebotsseite** ausgehen.

Ursachen der Inflation

nachfrageinduzierte Inflation

- Konsuminflation
- Staatsinflation
- Investitionsinflation
- importierte Inflation

angebotsinduzierte Inflation

- Kosteninflation
- Gewinninflation
- Steuerinflation

(1) Nachfrageinduzierte Inflation

Bei der **nachfrageinduzierten Inflation** wird die Preissteigerung durch eine **überhöhte** Nachfrage im Verhältnis zum Güterangebot ausgelöst.

Den durch die Nachfrageausweitung (Rechtsverschiebung der Nachfragekurve von N_1 nach N_2) im Verhältnis zum Güterangebot entstehenden Nachfrageüberhang bezeichnet man als **inflatorische Lücke**.

Inflatorische Lücke

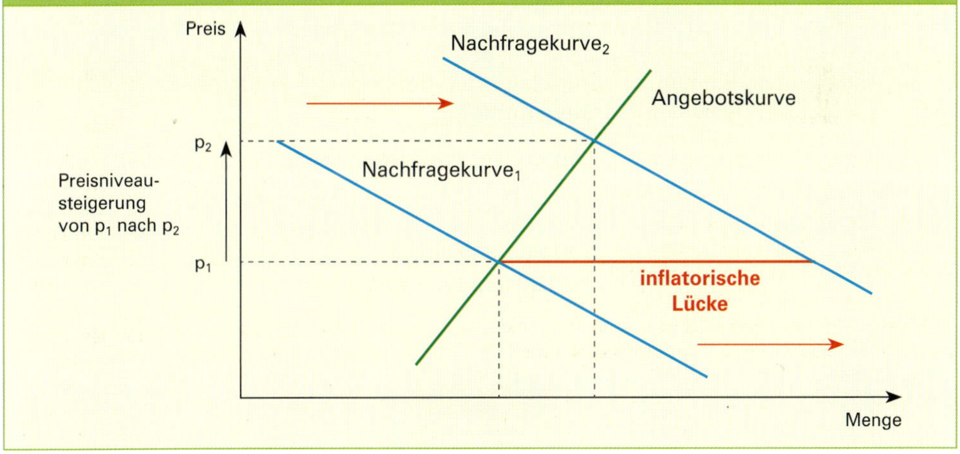

Erläuterungen:

Der Nachfrageüberhang kann bei nicht ausgelasteten Kapazitäten erst **zeitlich verzögert** ausgeglichen bzw. bei Vollbeschäftigung der volkswirtschaftlichen Produktionsfaktoren real nicht befriedigt werden. Es kommt zu einer „inflatorischen Lücke". Somit erfolgt ein Ausgleich über eine Preisniveauerhöhung von p_1 nach p_2. Eine derartige Konstellation führt somit zu steigenden Preisen.

Die Ausweitung der Nachfrage ist nur möglich, wenn sich **die „nachfragewirksame" Geldmenge erhöht.** Dies kann bei einer Nachfragesteigerung von Haushalten **(Konsuminflation)** beispielsweise durch eine höhere Kreditaufnahme oder eine Verschiebung in der Einkommensverwendung zulasten des Sparens und zugunsten des Konsums geschehen. Außer von den Haushalten kann der **Nachfrageschub** allerdings auch vom **Staat (Staatsinflation)**, den **Unternehmen (Investitionsinflation)** oder dem **Ausland** ausgehen. Übersteigen also die Exporte eines Landes dessen Importe, so spricht man von einer **importierten Inflation.**

Wie stark die Erhöhung des Preisniveaus im Einzelfall ausfällt, ist vor allem abhängig von der **Stärke** der Nachfrageausweitung und von dem **Auslastungsgrad** der volkswirtschaftlichen Kapazitäten.

Je **größer** der **Nachfrageschub** und je stärker die Auslastung der Kapazität, umso **höher** die **Preisniveausteigerung.**

(2) Angebotsinduzierte Inflation

Bei der angebotsinduzierten Inflation wird die Preissteigerung durch eine **über dem Produktivitätszuwachs hinausgehende Erhöhung der Kosten** bzw. aufgrund von Marktmacht durchgesetzte **überhöhte Gewinne** ausgelöst.

Bei dieser Form der Inflation gehen die ersten Impulse **statt von der Nachfrage- von der Angebotsseite** aus. Die Anbieter gleichen über die Preiserhöhungen entweder vorangegangene Kostensteigerungen aus **(Kosteninflation)** oder versuchen – entsprechende Marktmacht vorausgesetzt – mittels der Preissteigerung eine Verbesserung der Gewinnsituation durchzusetzen **(Gewinninflation).**

Sind die Erhöhungen des Marktpreises auf den Anstieg indirekter Steuern (z.B. Mineralölsteuer, Tabaksteuer, Biersteuer) zurückzuführen, bezeichnet man den hieraus resultierenden Anstieg des Preisniveaus als **Steuerinflation.**

Wie geschickt Unternehmen dabei vorgehen, **Preiserhöhungen** durch „Mogelpackungen" zu **verstecken,** verdeutlicht nachfolgender Artikel.

Mogelpackungen:

Tricks mit Luft und doppeltem Boden

Doppelte Böden, riesige Kartonagen oder viel Luft in der Verpackung – um größere Füllmengen vorzutäuschen, greifen Hersteller tief in die Trickkiste.

Ob bei Tee oder Keksen, ob bei Knäckebrot oder Schokoladensticks – Lebensmittel-Verpackungen, die durch schiere Größe mehr versprechen als sie geöffnet halten, finden sich vielerorts. In Folge dieser Trickserеien beschweren sich Verbraucher immer wieder, und auch die Stiftung Warentest hat keine Schwierigkeiten, jeden Monat neue „Mogelpackungen" vorzustellen. Und es fallen keineswegs nur Verpackungen von Lebensmitteln ärgerlich auf. Ob Kosmetika, Nahrungsergänzungsmittel, Haushaltsreiniger, Waschpulver oder Spiele: Unternehmen zeigen sich beständig immens kreativ, mit den Umhüllungen ihrer Produkte zu flunkern.

Mogelpackungen bei Lebensmitteln

Um mehr Inhalt vorzugaukeln, umgeben Lebensmittelhersteller ihre Produkte oftmals mit unverhältnismäßig viel Luft, operieren mit doppelten Böden, großen Deckeln, dicken Wandungen oder schlicht überdimensionierten Umkartons. Laut Eichgesetz sind solche Täuschungsmanöver verboten. Problem für Verbraucher jedoch: Im Gesetz fehlen konkrete Bestimmungen, ab wann eine Mogelpackung vorliegt. Lediglich eine interne Leitlinie gibt vor, dass nicht mehr als 30 Prozent Luft in der Packung sein sollten. Zwar untersagt auch das Lebensmittelrecht eine Irreführung in Bezug auf die enthaltene Menge, doch bei Reklamationen muss immer der Einzelfall beurteilt werden.

Quelle: https://www.verbraucherzentrale.de/mogelpackung-1 [Zugriff: 16. 10. 2019].

2.1.4 Folgen der Inflation

Die Folgen lang anhaltender Preissteigerungen führen im Allgemeinen zu **Wachstums- und Wohlstandsverlusten**.

<table>
<tr><th>Folgen</th><th>Erläuterungen</th></tr>
<tr><td>Fehlallokation der Produktionsfaktoren</td><td>Die sich ändernden Preise können nicht mehr als präzise Knappheitsmesser fungieren, wodurch sich die Lenkung der volkswirtschaftlichen Güterproduktion verschlechtert.</td></tr>
<tr><td>Einkommensverluste</td><td>Während sich die Preise der Güter fortlaufend erhöhen, bleiben die Arbeitseinkommen und Transferzahlungen (z. B. Rente, Arbeitslosengeld, Wohngeld, BAföG) über einen längeren Zeitraum konstant. Dies führt zu einem Kaufkraftverlust bei den Beziehern derartiger Geldleistungen, da sie sich aufgrund der Preissteigerungen immer geringere Gütermengen kaufen können.

</td></tr>
<tr><td>Zinsverluste</td><td>Die Empfänger von Zinserträgen werden benachteiligt, da die Zinszahlungen zunehmend durch die Inflation entwertet werden. Korrigiert man den Nominalzins um die Höhe der Inflationsrate, erhält man den Realzins, der im Fall einer über dem fest vereinbarten Nominalzins liegenden Inflationsrate sogar negativ ausfallen kann, wodurch die Wertaufbewahrungsfunktion des Geldes erheblich beeinträchtigt wird.

Beispiel:
Die 18-jährige Henrike legt zu Beginn des Jahres 2 000,00 EUR auf einem Sparkonto mit einem Zinssatz von 2,0 % an. Am Jahresende möchte sie sich dann von diesem Geld nebst Zinsen einige seit längerem gehegte Wünsche erfüllen. Im Dezember desselben Jahres hört sie in den Nachrichten zufällig, dass sich die Inflationsrate in diesem Jahr auf einem Niveau von durchschnittlich 2,5 % eingependelt hat, d. h., die Güter und</td></tr>
</table>

Folgen	Erläuterungen
	Dienstleistungen sind im Durchschnitt um ca. 2,5 % im Vergleich zum Vorjahr teurer geworden. Zwar wurde Henrikes Sparguthaben in diesem Zeitraum von der Bank mit „nominal" 2,0 % verzinst; gleichzeitig jedoch hat der Wert ihres Geldes durch die Inflation um 2,5 % abgenommen. Insgesamt betrachtet haben sich ihre Ersparnisse also „real" mit –0,5 % verzinst. Allgemein lässt sich sagen, dass sich Henrike wahrscheinlich besser gestanden hätte, ihr Geld zu Beginn des Jahres auszugeben, da sie zu diesem Zeitpunkt wahrscheinlich für 2 000,00 EUR mehr Güter hätte kaufen können als gegen Ende des Jahres für die nebst Zinsen nunmehr vorhandenen 2 040,00 EUR.
Vermögensverluste	Durch die Inflation verliert Geldvermögen immer mehr an Wert. Dies führt häufig zu einer **„Flucht in die Sachwerte"**, d. h., die Wirtschaftssubjekte sind bestrebt, „schlechtes" Vermögen (Geldvermögen) in „gutes" Vermögen (Sachvermögen) umzutauschen.

Zu den dramatischen Folgen einer Inflation äußerte vor vielen Jahrzehnten schon Thomas Mann – einer von Deutschlands berühmtesten Schriftstellern – wie folgt:

„Eine echte Inflation ist die schlimmste der Revolutionen. [. . .] Denn die Enteignung und Neuverteilung des Besitzes, welche eine Inflation im Gefolge hat, geschieht ohne jedes System und ohne jede Gerechtigkeit. Da gilt nichts mehr als ein zynisches ‚Rette sich wer kann!' Aber bloß die Allermächtigsten und neben ihnen die Findigsten und Frechsten, [. . .], können sich retten. Es verliert die Masse derer, die der hergebrachten Ordnung vertraute; [. . .]. Ein solches Erlebnis ist Gift für die Moral einer Nation. Es geht ein gerader Weg von dem Wahnsinn der deutschen Inflation zum Wahnsinn des Dritten Reiches."

Quelle: Thomas Mann: Über mich selbst. Autobiographische Schriften [Erstveröffentlichung 1942]. Frankfurt am Main, S. 370.

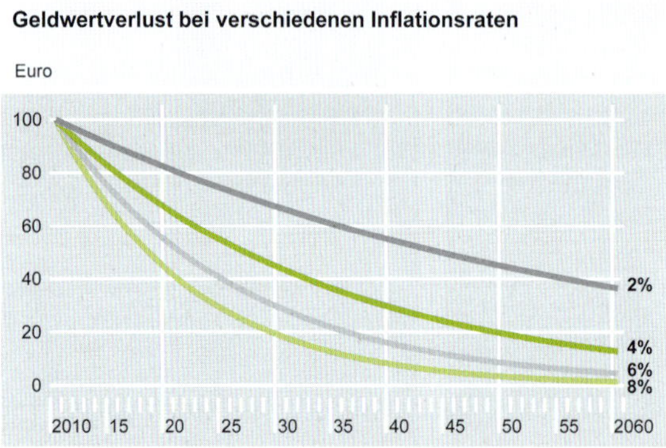

Quelle: Deutsche Bundesbank, Geld und Geldpolitik (Frühjahr 2017), S. 153.

Neben den Verlierern gibt es somit auch **Gewinner der Inflation.** Hierzu zählen in erster Linie **Sachvermögensbesitzer,** deren Position sich aufgrund der „Flucht in die Sachwerte" verbessert. Hiermit unmittelbar verbunden sind sogenannte **Umverteilungseffekte,** von denen in erster Linie Selbstständige und Unternehmen profitieren.

Zu den Nutznießern der Inflation zählen des Weiteren auch **Schuldner.** Sie profitieren von der Inflation, da nach dem Prinzip „Euro ist gleich Euro" die Schulden mit „schlechterem" Geld zurückgezahlt werden können. Zum Zeitpunkt der Rückzahlung haben diese Euros im Vergleich zum Zeitpunkt der Kreditvergabe an **Kaufkraft verloren,** der **reale Wert** des Geldes ist somit gesunken. Wurde jedoch ein variabler Zins vereinbart, müssen sie mit Zinserhöhungen rechnen, über die der Gläubiger die Geldentwertung auszugleichen versucht.

2.2 Deflation

2.2.1 Begriff der Deflation

Unter **Deflation** versteht man ein **anhaltendes Sinken** des Preisniveaus über mehrere Jahre hinweg, verbunden mit zunehmender Unterbeschäftigung.

Die Deflation darf nicht mit der sogenannten **Disinflation** (auch Desinflation genannt) verwechselt werden. Disinflation liegt vor, wenn die Inflationsraten (Preissteigerungsraten) über mehrere Perioden (z. B. Jahre) hinweg sinken.

2.2.2 Arten der Deflation

Deflationen können in **zwei Haupttypen** unterschieden werden:

Deflation im traditionellen Sinne	Die Deflation ist der **Gegensatz zur Inflation.** Voraussetzung für diese Deflationsart ist, dass die Preise (Güterpreise, Arbeitsentgelte, Zinssätze) auf den Güter-, Arbeits- und Kapitalmärkten auch „nach unten" flexibel (beweglich) sind, sodass bei zurückgehender Nachfrage oder bei überhängendem Angebot die Preise sinken **können.**
Deflation im modernen Sinne (heutige Deflation)	Hauptmerkmal dieses Deflationstyps ist ein **ständiges Sinken der Beschäftigung.** Nachfragerückgänge bzw. Angebotsüberhänge bewirken auf den Märkten keine wesentlichen Preisrückgänge, weil sogenannte **institutionelle Starrheiten** bestehen. Zu den institutionellen Starrheiten zählen z. B. ■ tariflich oder gesetzlich festgelegte Mindestlöhne, ■ einkommensunabhängige Steuern (z. B. Grundsteuer, Kraftfahrzeugsteuer), ■ langfristig vereinbarte Miet- und Pachtzinsen, langfristige Lieferverträge mit Festpreisen, ■ national oder supranational festgelegte Mindestpreise (z. B. für landwirtschaftliche Produkte).

2.2.3 Ursachen der Deflation

Die deflatorische Lücke kann durch verschiedene Faktoren ausgelöst werden.

Ursachen	Erläuterungen
Rückgang der Binnennachfrage	Bei den inländischen Wirtschaftssubjekten geht die **Kaufbereitschaft** bzw. die **Investitionsneigung** spürbar **zurück.** Ein Grund für dieses Verhalten von Haushalten, Unternehmen und Staat könnten pessimistische **Zukunftserwartungen** sein, die dazu führen, dass sie sich beim Konsum bzw. bei Investitionen zurückhalten.

Ursachen	Erläuterungen
Rückgang der Auslandsnachfrage	Ein Absinken der Auslandsnachfrage könnte beispielsweise ursächlich auf dortige Wachstumsverlangsamungen zurückzuführen sein.
Erhöhung des Güterangebots	Der im Vergleich zur gesamtwirtschaftlichen kaufkräftigen Nachfrage bestehende Überhang des Güterangebots kann dadurch entstehen, dass verstärkt Güter aus dem Ausland im Inland zu niedrigeren Preisen angeboten werden. Insbesondere Konjunkturkrisen im Ausland – wie in den letzten Jahren in Asien zu beobachten – tragen verstärkt dazu bei, dass Länder dieser Region den Weltmarkt mit Billigprodukten überschwemmen.
Überkapazitäten	In vielen Bereichen (z. B. Automobil- und Computerindustrie) wurden in der jüngeren Vergangenheit die Kapazitäten weltweit stark ausgeweitet. Dies hat dazu geführt, dass in diesen Sektoren das Angebot schneller wächst als die Nachfrage. Diese Nachfragelücke sorgt für eine Verschärfung des Wettbewerbs der Anbieter untereinander, die ihrerseits versuchen, die bestehende Nachfragelücke durch Preissenkungen zu schließen.

2.2.4 Folgen der Deflation

Die Auswirkungen einer Deflation können für eine Volkswirtschaft verheerend sein, insbesondere wenn sie zu einer **Deflationsspirale** führen.

Über einen längeren Zeitraum andauernde Preisrückgänge führen bei den Unternehmen zu **sinkenden Gewinnen.** Können die Anbieter diesen Preisverfall nicht durch entsprechende Kostensenkungen auffangen, geraten sie alsbald in die Verlustzone und werden über kurz oder lang vom Markt verdrängt. Als Folge dieser Entwicklung **steigt die Arbeitslosigkeit,** der Konsum und die Investitionen gehen zurück, sodass die **Nachfragelücke** weiter **zunimmt.**

Dieser Effekt wird zudem verstärkt, wenn aufgrund des Kostendrucks der Unternehmen die Löhne weiter sinken. Zwar bleiben in diesem Fall die Arbeitsplätze (zunächst) erhalten, das **Kaufkraftniveau sinkt** jedoch weiter. Um Konsumanreize zu schaffen, müssten die Anbieter ihre Preise allerdings nochmals senken, was einen weiteren Anstieg der Deflation zur Folge hat.

Auch das Vermögen bleibt von der Deflation nicht verschont. So **sinken** wegen der zurückgehenden Unternehmensgewinne beispielsweise die **Aktienkurse.** Auch das sonstige **Sachvermögen** verliert aufgrund des anhaltenden **Preisverfalls** zusehends an Wert. Die **Verlierer** der Deflation sind somit die **Eigentümer** von **Sachvermögen.**

Nutznießer der Deflation sind die Besitzer von **Geldvermögen** und die Gläubiger, da sich der Realwert ihrer Geldforderungen erhöht.

Kompetenztraining

33 1. 1.1 Erklären Sie den Begriff der Inflation!

1.2 Nennen Sie zwei Ursachen der Inflation und bilden Sie hierzu jeweils ein Beispiel!

1.3 Nennen Sie jeweils einen Inflationsgewinner und einen Inflationsverlierer und begründen Sie Ihre Entscheidung!

1.4 Stellen Sie dar, wie sich eine Inflation auf die Einkommens- und Vermögensverteilung auswirkt!

2. 2.1 Erklären Sie den Begriff Deflation!

2.2 Beschreiben Sie die Auswirkungen einer Deflation!

2.3 Nennen Sie jeweils einen Deflationsgewinner und einen Deflationsverlierer und begründen Sie Ihre Entscheidung!

2.4 Nennen Sie zwei Möglichkeiten, wie der Einzelne auf einen sinkenden Geldwert reagieren kann!

3. Bestimmen Sie, ob bei folgenden Situationen die Inflation nachfragebedingte oder angebotsbedingte Ursachen hat! Gehen Sie davon aus, dass die Zentralbank zusätzlich benötigtes Geld zur Verfügung stellt!

Situationen	Ursachen der Inflation
3.1 Der Staat erhöht die Ausgaben. Er finanziert diese bei gleichbleibenden Steuereinnahmen durch Kreditaufnahme bei der Zentralbank.	
3.2 Die Gewerkschaften setzen Lohnerhöhungen über den Produktivitätszuwachs hinaus durch. Die Unternehmen überwälzen die Mehrkosten auf ihre Kunden.	
3.3 Die Öl exportierenden Länder schließen sich zu einem Kartell zusammen und erhöhen ihre Rohölabgabepreise um 25 %.	
3.4 Die Exporte steigen stärker als die Importe.	
3.5 Inländische Unternehmen treffen in erheblichem Umfang Preisabsprachen mit dem Ziel erhöhter Gewinne.	

4. Erläutern Sie, welche Auswirkungen eine Inflation in der Regel auf folgende Gruppen hat!

4.1 Lohn- und Gehaltsempfänger,
4.2 Sparer,
4.3 Rentner und Pensionäre,
4.4 Unternehmer,
4.5 Eigentümer von Grundstücken,
4.6 Schuldner.

5. Angenommen, in einer im Gleichgewicht befindlichen Volkswirtschaft würde der Staat mit einer ausgeprägten Ausgabeneinschränkung beginnen.

Aufgaben:

5.1 Beschreiben Sie, welche Auswirkungen auf das Preisniveau zu erwarten wären, falls alle anderen Nachfrager ihre Ausgaben nicht verändern würden!

5.2 Erläutern Sie, welche Folgen sich für die Unternehmen ergäben!

5.3 Begründen Sie, welche Konsequenzen für die Arbeitnehmer zu erwarten wären!

6. **Brainstorming und Interpretation**

Betrachten Sie die beiden nachfolgenden Abbildungen! Beschreiben Sie jeweils entsprechende spontane Einfälle oder erläutern Sie mit den beiden Karikaturen in Verbindung stehendes Fachwissen. Tragen Sie diese Anmerkungen anschließend im Plenum vor und vervollständigen Sie Ihre Aufzeichnungen durch ergänzende Äußerungen Ihrer Mitschüler! Erstellen Sie anschließend eine umfassende Interpretation!

Schlangenbeschwörer

Kampfhunde

Quelle: UNSER GELD, Pädagogische Handreichung 2003/2004, Deutsche Bundesbank 2003.

7. Beurteilen Sie die Auswirkungen der nachfolgenden Situationsbeschreibungen auf die Preisniveaustabilität! Tragen Sie eine der folgenden Ziffern ein:

① für inflatorische Auswirkungen,

② für deflatorische Auswirkungen,

③ wenn weder eine inflatorische noch eine deflatorische Wirkung auftritt!

Sollte keine eindeutige Zuordnung möglich sein, tragen Sie eine ⑨ ein!

7.1	Aufgrund pessimistischer Zukunftserwartungen erhöhen die privaten Haushalte ihre Sparquote deutlich.	
7.2	Der zunehmende Wettbewerb im Bereich der Kommunikation und Information zwingt die Anbieter zu deutlichen Preiszugeständnissen.	
7.3	Um die Konjunktur anzukurbeln, verdoppelt der Staat seine Ausgaben im laufenden Kalenderjahr.	
7.4	Aufgrund ihrer Marktmacht versuchen viele Unternehmen, die Gewinnspanne bei gleichbleibender Kostenstruktur auszuweiten.	
7.5	Aufgrund optimistischer Einschätzungen investieren die Unternehmen mehr, als gesamtwirtschaftlich gespart wird.	
7.6	Die Tarifabschlüsse des vergangenen Jahres entsprechen dem Produktivitätsfortschritt.	
7.7	Es kommt zu einer Vermögensentwertung in der Bundesrepublik Deutschland.	
7.8	Aufgrund der über alle Branchen hinweg schlechten Gewinnsituation vieler Unternehmen fallen die Aktienkurse.	
7.9	Die Exporte übersteigen die Importe und führen zu einem Nachfrageboom bei ausgelasteten Kapazitäten.	

8. **Vernetzungsdiagramm**

Stellen Sie auf Basis nachfolgender Vorlage eines Vernetzungsdiagramms mögliche Ursache-Wirkungs-Beziehungen dar, indem Sie die einzelnen Felder an den Pfeilen mit einem Plus- oder Minuszeichen versehen.

- **Pluszeichen:** gleichgerichtete (verstärkende) Wirkung. Es gilt: je mehr (höher) – desto mehr (höher); je weniger (niedriger) – desto weniger (niedriger).
- **Minuszeichen:** entgegengesetzte (abschwächende) Wirkung. Es gilt: je mehr (höher) – desto weniger (niedriger) bzw. je weniger (niedriger) – desto mehr (höher).

DOWNLOAD

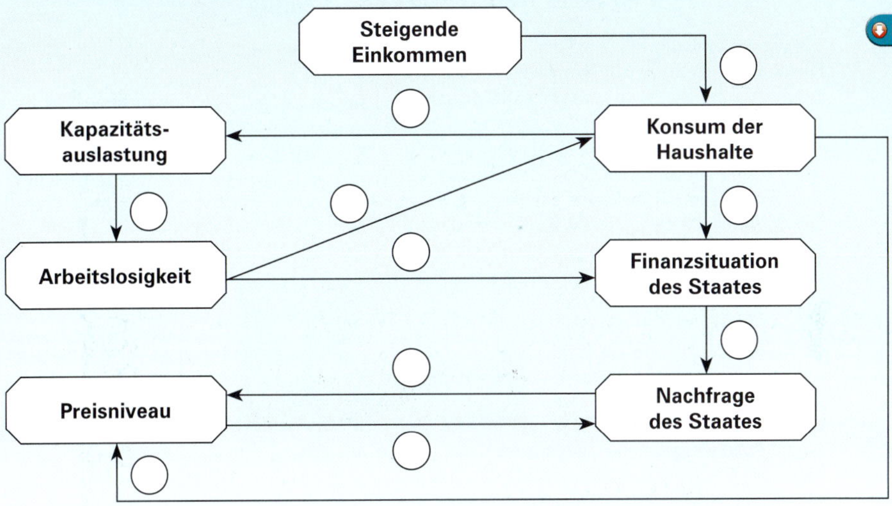

9. Entscheiden Sie in den nachfolgenden Fällen, ob die folgenden Wirkungen

① nur auf die Inflation,

② nur auf die Deflation,

③ sowohl auf die Inflation als auch auf die Deflation,

④ weder auf die Inflation noch auf die Deflation

zutreffen!

Tragen Sie eine ⑨ ein, wenn keine Zuordnung möglich ist!

9.1	Diese Form der Geldwertveränderung wird nach der Definition der EZB grundsätzlich nicht angestrebt.	
9.2	Es kommt zu einer Entwertung von Vermögen.	
9.3	Die Schuldner werden bessergestellt, die Gläubiger hingegen schlechter.	
9.4	Die Kaufkraft des Geldes verändert sich.	
9.5	Die privaten Haushalte erhöhen ihre Sparquote, höherwertige Anschaffungen werden in der Erwartung weiterer Preissenkungen zurückgestellt.	
9.6	Die Form der Geldentwertung kennt keine Verlierer.	
9.7	Es kommt zu einer Flucht in die Sachwerte.	
9.8	Mit dieser Form der Veränderung des Geldwertes sind Umverteilungseffekte verbunden.	

3 Aufbau und Aufgaben des Europäischen Systems der Zentralbanken erläutern

Situation: Szenario „Helikoptergeld der EZB"

Lesen Sie nachfolgenden Artikel:

Operation Hubschrauber

Finanzen Ökonomen fordern, Geld an die Bürger zu verteilen, um eine Deflation zu verhindern. Eine Verzweiflungstat – oder die lang ersehnte Lösung?

Es scheint ein verrücktes Gedankenspiel zu sein: Eines Morgens findet jeder Bürger der Eurozone einen Scheck im Briefkasten. Über 500,00 oder sogar 3 000,00 EUR, einfach so, ein Geschenk. Der Absender: die Europäische Zentralbank (EZB).

Das Szenario ist weniger absurd, als es klingt. Tatsächlich gibt es neuerdings viele ernst zu nehmende Wissenschaftler und Finanzexperten, die genau das fordern: EZB-Chef Mario Draghi soll einfach mehr Geld drucken und es direkt den Bürgern aushändigen.

Die Logik dahinter: Die Empfänger sollen mit dem Geld einkaufen gehen und so der lahmenden Wirtschaft helfen. Dann müssten die Unternehmen ihre Produktion hochfahren, Menschen einstellen, das Wachstum würde anspringen – und auch die Preise würden endlich wieder steigen, schon wegen der höheren Nachfrage.

Die Inflation liegt nur noch knapp über der Nullmarke. Das Horrorszenario einer Deflation wie zu Zeiten der Großen Depression in den Vereinigten Staaten hängt über der Eurozone. Die EZB, deren oberste Aufgabe es ist, den Euro stabil zu halten, hat die Kontrolle verloren.

In dieser verzweifelten Situation entdecken immer mehr Ökonomen und Finanzprofis das Konzept des „Helikopter-Geldes" – das wirken soll, als würden aus einem Hubschrauber Banknoten übers Land gestreut. Die Idee, mit der schon Nobelpreisträger Milton Friedman liebäugelte, sorgt für hitzige Debatten unter Notenbankern und Wissenschaftlern. [...]

Sylvian Broyer, Europa-Chefvolkswirt der französischen Investmentbank Natixis, findet deshalb: „Es wäre doch viel sinnvoller, das Geld, das die EZB zur Deflationsbekämpfung einsetzen will, direkt an die Bürger verteilen." Ausgaben von einer Billion Euro hat Draghi für seine Notprogramme kalkuliert, das würde reichen, um jedem Bürger 3 000,00 EUR zu schicken.

Daniel Stelter, Gründer des Thinktanks „Beyond the Obvious" und früherer Unternehmensberater bei Boston Consulting, fordert sogar 5 000,00 oder 10 000,00 EUR pro Kopf: „Es muss massiv sein, wenn es etwas bewirken soll", sagt er. Die genannten Summen freilich seien nur Schätzungen, sagt Stelter offen. Denn keine Notenbank hat das unglaubliche Experiment bislang gewagt.

Textquelle: Der Spiegel Nr. 41 vom 08. 10. 2012; Bildquelle: www.ecb.europa.eu (Europäische Zentralbank).

Kompetenzorientierte Arbeitsaufträge:

1. Markieren Sie zunächst die Begriffe, deren Verständnis Ihnen Probleme bereitet. Recherchieren Sie – eventuell unter Zuhilfenahme des Internets – anschließend die Bedeutung dieser Begriffe!
2. Beschreiben Sie, welche Wirkungen man sich von dieser Form der Deflationsbekämpfung verspricht!
3. Erläutern Sie, was die EZB unter Preisniveaustabilität versteht!
4. Erklären Sie die EZB als Institution und beschreiben Sie kurz deren Funktionen! Grenzen Sie dabei auch die Begriffe EZB und ESZB voneinander ab!

3.1 Europäische Wirtschafts- und Währungsunion (EWU)

Die Schaffung der Wirtschafts- und Währungsunion (WWU)[1] wurde 1991 von den Staats- und Regierungschefs der EU-Länder in **Maastricht** beschlossen. Der Maastricht-Vertrag trat 1992 in Kraft.

Die Teilnehmer hätten nach dem Maastricht-Vertrag folgenden Kriterien (auch **„Maastricht-Kriterien“** oder **„Konvergenzkriterien“**[2] genannt) genügen sollen:

- Preisanstieg **höchstens 1,5 Prozentpunkte** über dem Preisanstieg der drei stabilsten Länderwährungen.
- Haushaltsdefizit **höchstens 3 %** der Wirtschaftsleistung.
- Staatsverschuldung **nicht höher als 60 %** der Wirtschaftsleistung.
- Langfristiger Zinssatz **höchstens 2 Prozentpunkte** über dem durchschnittlichen Zinssatz der drei preisstabilsten Länder.

Am 1. Januar 2002 wurden die **Banknoten und Münzen der Euro-Währung** eingeführt. Damit verloren die nationalen Noten und Münzen in den WWU-Ländern ihre Gültigkeit.[3]

Das Gebiet der EU-Länder, die den Euro als Währung eingeführt haben, bezeichnet man als **Eurozone.** Die Eurozone umfasst darüber hinaus auch drei Staaten mit sogenannten Währungsvereinbarungen mit den EU-Mitgliedern. Hierzu zählen: Monaco, San Marino und der Vatikan. **Zusätzlich** wird der Euro in folgenden Ländern als **gültiges Zahlungsmittel** akzeptiert, obwohl dort formal eine andere Währung gilt: Andorra, Kosovo und Montenegro.

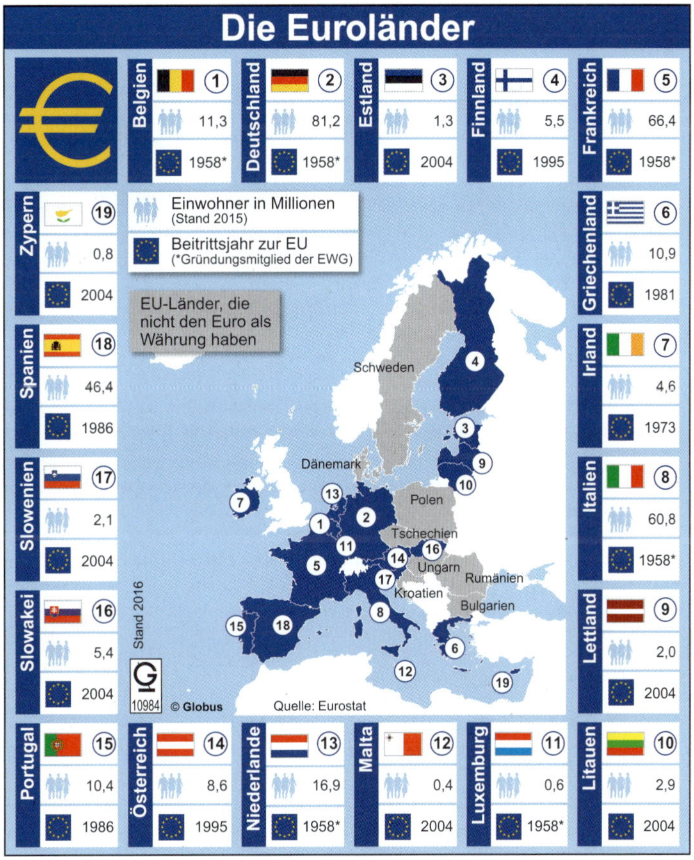

1 **WWU**: Wirtschafts- und Währungsunion; WWU-Länder: Mitgliedsländer des Euro-Währungsraums („Eurolands“). Die Europäische Währungsunion wird auch mit EWWU oder EWU abgekürzt.

2 **Konvergenz**: Annäherung.

3 Auch über diesen Zeitpunkt hinaus tauschen die Hauptverwaltungen der Deutschen Bundesbank die DM-Banknoten und -Münzen in Euro um.

3.2 Europäische Zentralbank (EZB)

Verantwortlich für die Geldpolitik (Steuerung der Geldmenge und der Zinssätze) in den Mitgliedstaaten der Europäischen **W**irtschafts- und **W**ährungs**u**nion **(WWU)** ist die **E**uropäische **Z**entral**b**ank **(EZB).** Die Organe der EZB sind das Direktorium, der EZB-Rat und der Erweiterte EZB-Rat.

Direktorium	Das Direktorium (siehe nachstehendes Bild) besteht aus dem Präsidenten, dem Vizepräsidenten und vier weiteren Mitgliedern. Dem Direktorium obliegt die Geschäftsführung, d. h., ■ es führt die vom EZB-Rat beschlossene Geldpolitik aus, ■ verwaltet die Währungsreserven der Mitgliedstaaten, ■ führt Devisengeschäfte[1] (Geschäfte in Fremdwährung) durch und ■ sorgt für funktionierende Zahlungssysteme.  Quelle: EZB (ecb.europa.eu)
EZB-Rat	Der Europäische Zentralbankrat (EZB-Rat) setzt sich aus dem **Direktorium** und den Präsidenten der **nationalen Notenbanken** der WWU-Mitgliedstaaten zusammen. Der EZB-Rat trifft mit **einfacher Stimmenmehrheit** die geldpolitischen Entscheidungen und erlässt Weisungen und Leitlinien für die Zentralbanken der Teilnehmer.
Erweiterter EZB-Rat	Dem Erweiterten EZB-Rat gehören der **EZB-Rat** und die **Zentralbank-Präsidenten** der Staaten der Europäischen Union (EU) an, die (noch) nicht Mitglieder der WWU sind.

Damit die EZB ihre Aufgaben erfüllen kann, ist sie mit einer **dreifach gesicherten Unabhängigkeit** (Autonomie) ausgestattet:

1. Sie ist **institutionell unabhängig.** Weder die EZB noch eine nationale Zentralbank noch ein Mitglied ihrer Beschlussorgane darf Weisungen von EU-Organen oder von den Regierungen der Mitgliedstaaten einholen oder entgegennehmen.
2. Sie ist **personell unabhängig.** Der Präsident und die übrigen geschäftsführenden Direktoren der EZB werden von den Regierungen, vertreten durch die Staats- bzw. Regierungschefs der Mitgliedstaaten, für i. d. R. acht Jahre gewählt.
3. Sie ist **operativ unabhängig.** Die EZB entscheidet autonom über ihre geldpolitischen Maßnahmen.

1 **Devisen** (lat., frz.): Zahlungsmittel in Fremdwährung.

3.3 Europäisches System der Zentralbanken (ESZB)

(1) Begriffe ESZB und Eurosystem

Das **E**uropäische **S**ystem der **Z**entral**b**anken **(ESZB)** besteht aus der **Europäischen Zentralbank** und den **nationalen Zentralbanken der Mitgliedstaaten der Europäischen Union** – unabhängig davon, ob sie den Euro eingeführt haben oder nicht. Vorrangiges Ziel des ESZB ist die **Preisniveaustabilität** [Art. 105 EGV].

Das **Eurosystem** setzt sich aus der EZB und den EU-Ländern zusammen, die bereits den Euro eingeführt haben.

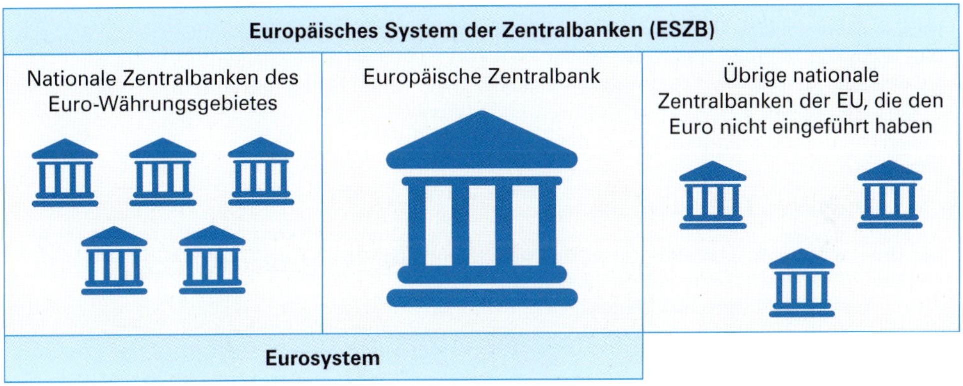

Öffentliche Haushalte dürfen vom **ESZB nicht finanziert** werden. Das ESZB **unterstützt** die **allgemeine Wirtschaftspolitik** der Mitgliedsländer, soweit dies **ohne Beeinträchtigung der Preisniveaustabilität möglich** ist.

Um ihr oberstes Ziel der Preisniveaustabilität zu erreichen, stehen der EZB verschiedene **Strategien** zur Verfügung.

(2) Quantitätsgleichung (Fishersche Gleichung)

Die Strategie der Geldmengensteuerung knüpft an die sogenannte **Quantitätstheorie** an, wonach die Notenbank die Geldmenge genau in dem Maße ausweitet, wie sich das Produktionspotenzial und der Trend der Umlaufgeschwindigkeit entwickeln, wobei noch ein **Zuschlag für** die mit dem Ziel der Preisstabilität **zu vereinbarende Inflationsrate** vorgenommen wird. Die Basis für diese Theorie bildet die sogenannte **Quantitätsgleichung (Fishersche Gleichung)**. Danach entspricht das Produkt aus Geldmenge (M) und Umlaufgeschwindigkeit (V) dem Produkt aus Preisniveau (P) und realem Sozialprodukt (Y).

Quantitätsgleichung: $M \cdot V = P \cdot Y$ bzw. $G \cdot U = H \cdot P$

Die **Umlaufgeschwindigkeit** gibt an, wie oft die Geldmenge in einer Periode umgeschlagen wird.

Beispiel:

In einer Volkswirtschaft besteht die Geldmenge aus 200 Geldeinheiten. Diese werden innerhalb eines Jahres 1,5-mal ausgegeben. Das reale Sozialprodukt besteht aus 100 Gütereinheiten, die vollständig verkauft werden. Wie viel Umsatz wäre möglich?

Bei dieser Umlaufgeschwindigkeit von 1,5 wären in dieser Periode Umsätze in Höhe von 200 · 1,5 = 300 Geldeinheiten möglich. Die Anbieter könnten eine Gütereinheit für 3,00 Geldeinheiten verkaufen.

Nehmen wir an, in der nächsten Periode werde die Produktionsmenge um 5 % erhöht. Die Geldmenge und die Umlaufgeschwindigkeit sollen unverändert bleiben.

Zu welchem Preis wäre eine Gütereinheit jetzt absetzbar?

$$300 : 105 = 2{,}8571 \text{ Geldeinheiten}$$

Die Unternehmer müssten Preisabschläge hinnehmen. Das Preisniveau würde sinken. Es käme zu einem deflatorischen Prozess.

Will man das Preisniveau stabil halten, so hätten entweder die Geldmenge oder die Umlaufgeschwindigkeit erhöht werden müssen. Bei konstanter Umlaufgeschwindigkeit und konstantem Preisniveau ergäbe sich für die Geldmenge folgende Veränderung:

$$M = \frac{105 \cdot 3{,}00}{1{,}5}$$

$$M = 210 \text{ Geldeinheiten}$$

Die Geldmenge müsste in diesem Fall von 200 auf 210 Geldeinheiten oder um 5 % erhöht werden. Dann bliebe das bisherige Preisniveau erhalten:

$$210 \cdot 1{,}5 = 105 \cdot 3{,}00$$
$$315 = 315$$

Eine Gütereinheit könnte weiterhin zum Preis von 3,00 Geldeinheiten verkauft werden.

(3) Zwei-Säulen-Strategie[1]

Um mögliche Gefahren für die Preisstabilität rechtzeitig feststellen zu können, untersucht der EZB-Rat regelmäßig die wirtschaftliche Lage von zwei Seiten her. An erster Stelle steht eine breit angelegte **wirtschaftliche Analyse** zur Ermittlung der kurz- und mittelfristigen Risiken für die Preisstabilität. Die sich daraus ergebenden Inflationsanzeichen werden in einem zweiten Schritt anhand der **monetären Analyse** aus mittel- und langfristiger Perspektive ermittelt. Ein wichtiger Bestandteil dieser Analyse ist die Bewertung der Geldmengenentwicklung.[2] Richtschnur zur län-

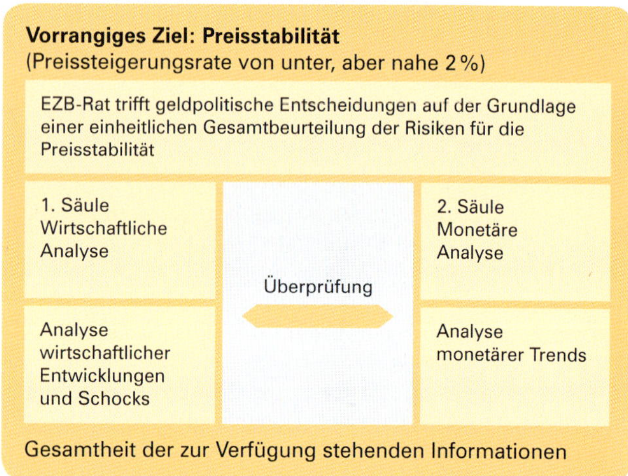

Quelle: Deutsche Bundesbank (Hrsg.): Geld und Geldpolitik, Frankfurt a. M. 2014.

1 **Strategie** (gr.-lat.): genauer Plan des eigenen Vorgehens, um ein militärisches, politisches, wirtschaftliches oder ein anderes Ziel zu erreichen, indem man diejenigen Faktoren, die in die eigene Aktion hineinspielen könnten, von vornherein einzukalkulieren versucht. Wenn von strategischen Zielen die Rede ist, sind meistens langfristig zu erreichende Ziele gemeint.

2 Zum Begriff Geldmenge siehe Kapitel 1.1.2.

gerfristigen Beurteilung des Geldmengenwachstums ist der sogenannte Referenzwert.[1] Er wird in Prozent der Geldmenge M3 ausgedrückt.[2]

Beispiel:

Erwartet die EZB ein jährliches reales Wirtschaftswachstum von 3% und eine jährliche Preissteigerungsrate (Inflationsrate) von 1,5%, legt der EZB-Rat einen Referenzwert von 4,5% für das jährliche Wachstum der Geldmenge M3 fest.

3.4 Deutsche Bundesbank

Die währungspolitischen Entscheidungen des EZB-Rats werden in der Bundesrepublik Deutschland durch die Deutsche Bundesbank verwirklicht.

- Die **Deutsche Bundesbank** ist wie die übrigen nationalen Zentralbanken der EU **integraler Bestandteil**[3] **des ESZB.** Sie wirkt an der **Erfüllung seiner Aufgaben** mit dem vorrangigen Ziel mit, die Preisniveaustabilität zu gewährleisten.
- Sie **verwaltet** die **Währungsreserven der Bundesrepublik Deutschland,** sorgt für die **bankmäßige Abwicklung des Zahlungsverkehrs** im Inland und mit dem Ausland und trägt zur **Stabilität der Zahlungs- und Verrechnungssysteme** bei [§ 3 BBankG].

Kompetenztraining

34 1. Die Unabhängigkeit der EZB ist eine wesentliche Grundlage für die Erfüllung ihrer Aufgaben.

Aufgaben:

1.1 Erläutern Sie kurz, warum die Unabhängigkeit der EZB eine wichtige Voraussetzung für die erfolgreiche Arbeit der Notenbank ist!

1.2 Erläutern Sie, warum der Ankauf von Staatsanleihen kriselnder Euro-Staaten die Unabhängigkeit der EZB beeinträchtigen könnte!

2. Beschreiben Sie kurz die Aufgaben des Eurosystems!

3. Erläutern Sie, inwiefern der Erweiterte Rat der EZB eine Brückenfunktion erfüllt!

4. **Referat**

   Untersuchen Sie, welche EU-Staaten bis dato noch nicht den Euro als offizielle Währung eingeführt haben. Gehen Sie in Ihrem Referat insbesondere auf die unterschiedlichen Ursachen ein, welche für die Nichteinführung des Euro genannt werden.

5. **Vorbereitung einer Exkursion**

   Bereiten Sie einen Besuch des Geldmuseums der Deutschen Bundesbank vor!

---

1 **Referenz** (frz. référence, engl. reference): Empfehlung, Referenzwert: empfohlener Wert.

2 Zur Geldmenge M3 siehe Kapitel 1.1.2.

3 **Integraler Bestandteil**: vollständig eingegliederter Bestandteil.

3.5 Geldpolitische Instrumente der Europäischen Zentralbank

Mithilfe der Geldpolitik kann die Europäische Zentralbank nicht nur die **Entwicklung des Preisniveaus,** sondern auch die **Konjunktur** beeinflussen.

Im Folgenden werden die wichtigsten Mittel, die als geldpolitische Instrumente bezeichnet werden, dargestellt.

3.5.1 Mindestreservepolitik

Mindestreserven sind Geldbeträge, die die Kreditinstitute gegen eine geringe Verzinsung oder auch unverzinslich bei der **Europäischen Zentralbank** einzahlen **müssen.**[1]

Zum Verständnis des Zusammenhangs genügt es, wenn wir die Mindestreserven für Sichteinlagen betrachten. Dabei ist es wichtig zu wissen, dass die Kreditinstitute zwar kein Bargeld (Münz- und Notengeld), wohl aber Giralgeld schaffen (schöpfen) können, weil sie **mehr** Geld ausleihen können als sie Einlagen besitzen. Der Grund: Es ist kaum zu erwarten, dass **alle** Bankkunden **gleichzeitig** ihr Geld abheben wollen. Es genügt vielmehr, wenn die Banken eine verhältnismäßig geringe Bargeldsumme zur Auszahlung bereithalten.

Beispiel:

Angenommen, ein Bankkunde zahlt auf sein Girokonto 10 000,00 EUR ein. Der Mindestreservesatz der EZB beträgt 1 %. Ferner pflegt die Bank 20 % der Sichteinlagen als Barreserve (Kassenreserve für Auszahlungszwecke) zu halten. Die Bank – nennen wir sie Bank A – kann nunmehr 7 900,00 EUR ausleihen, falls sich ein Kreditnachfrager findet.

Erhöht die EZB den Mindestreservesatz auf beispielsweise 2 %, muss die Bank A bei einer Einlage von 10 000,00 EUR eine Barreserve von 2 000,00 EUR und eine Mindestreserve von 200,00 EUR halten, sodass sich ihre Giralgeldschöpfungsmöglichkeit auf 7 800,00 EUR vermindert.

Aus dem Beispiel folgt:

- Je **höher** die Mindestreservesätze, desto **geringer** sind die Geldschöpfungsmöglichkeiten der Kreditinstitute.
- Je **niedriger** die Mindestreservesätze, desto **höher** sind die Geldschöpfungsmöglichkeiten der Kreditinstitute.

---

1 Zurzeit beträgt der Mindestreservesatz für täglich fällige Einlagen mit vereinbarter Laufzeit und Kündigungsfrist von bis zu zwei Jahren, Schuldverschreibungen und Geldmarktpapiere 1 %, für Verbindlichkeiten mit vereinbarter Laufzeit und Kündigungsfrist von über zwei Jahren, Repogeschäfte und Schuldverschreibungen 0 %.

Somit lässt sich Folgendes festhalten:

Mindestreservesätze	
Erhöhung: Ist die Wirtschaft vollbeschäftigt und besteht Inflationsgefahr, erhöht die EZB die Mindestreservesätze. Die Kreditinstitute können **weniger** Giralgeld anbieten. Kaufwünsche der Wirtschaftssubjekte können nur in geringerem Umfang erfüllt werden. Die Nachfrage nach Sachgütern und Dienstleistungen wird gebremst, die Inflationsgefahr verringert.	**Senkung**: Ist die Wirtschaft unterbeschäftigt und herrscht Preisstabilität, senkt die EZB die Mindestreservesätze. Die Kreditinstitute können mehr Giralgeld anbieten. Kaufwünsche der Wirtschaftssubjekte können erfüllt werden. Die Nachfrage nach Gütern wird gefördert. Die EZB hofft, dass die Wirtschaft angekurbelt wird.

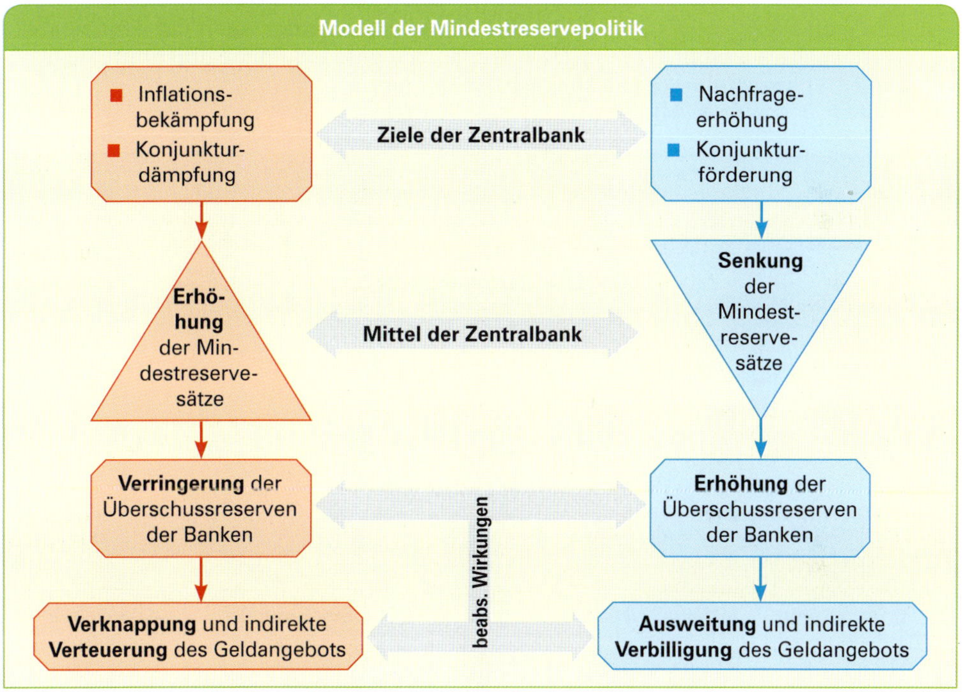

3.5.2 Offenmarktpolitik

Offenmarktgeschäfte werden eingesetzt, um **Zinssätze** und **Liquidität** (die Geldmenge) am Markt zu steuern und um Signale zu setzen.

3.5.2.1 Instrumente der Offenmarktpolitik

Es stehen z.B. folgende Arten von Instrumenten zur Durchführung von Offenmarktgeschäften zur Verfügung:

- definitive Käufe bzw. Verkäufe von Wertpapieren,
- befristete Transaktionen.

(1) Definitive Käufe und Verkäufe von Wertpapieren

Der definitive[1] Kauf oder Verkauf von Wertpapieren ist ein mögliches Instrument einer Zentralbank zur Beeinflussung der Geldmenge und des Zinsniveaus. Sie finden unregelmäßig, d.h. bei Bedarf statt.

- **Verkauf von Wertpapieren.** Ist die Wirtschaft vollbeschäftigt und besteht **Inflationsgefahr,** verkauft die Zentralbank Wertpapiere am offenen Markt. Kreditinstitute **kaufen** diese verzinslichen Wertpapiere, sodass sie **weniger** Geld für **Kreditgewährung** zur Verfügung haben. Dem Kreditmarkt wird **Liquidität entzogen.** Zusätzliche Nachfrage kann nicht finanziert werden. Es ist zu erwarten, dass die inflationäre Entwicklung gebremst wird.
- **Kauf von Wertpapieren.** Ist die Wirtschaft unterbeschäftigt, kauft die Zentralbank Wertpapiere am offenen Markt. Dem Kreditmarkt wird **Liquidität zugeführt.** Zusätzliche Kreditnachfrage kann also finanziert werden.

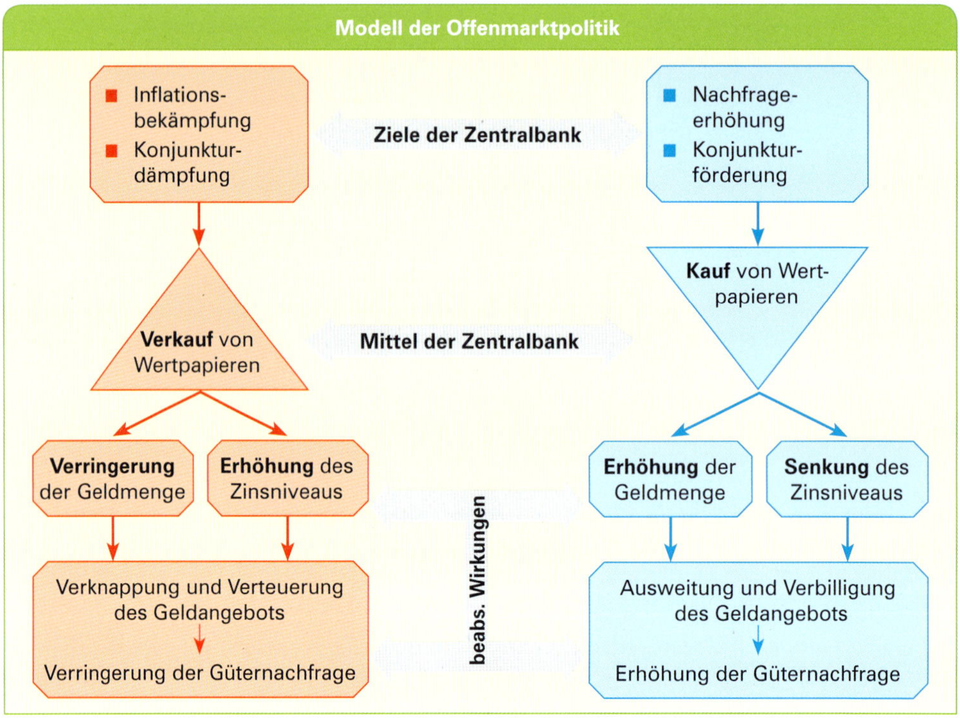

1 **Definitiv** (lat.): wörtl. bestimmt. Hier: Ein endgültiger Kauf ohne Nebenbedingungen wie z.B. Rücknahmevereinbarungen.

(2) Befristete Transaktionen

Pensionsgeschäfte sind **Offenmarktgeschäfte auf Zeit** (daher der Begriff „befristete Transaktionen"), weil den Kreditinstituten nur für eine im Voraus feststehende Zeit Zentralbankgeld (Sichtguthaben oder Bargeld) zur Verfügung gestellt wird.

Von Pensionsgeschäften spricht man deshalb, weil das Eurosystem Wertpapiere mit der Maßgabe kauft, dass die Kreditinstitute die Papiere nach Ablauf einer bestimmten Zeit (z. B. nach 28 Tagen) wieder zurückkaufen. Die Papiere werden von den Kreditinstituten beim Eurosystem sozusagen „in Pension" gegeben. Die Pensionsgeschäfte unterscheiden sich also von den definitiven Käufen durch die **Rücknahmevereinbarung** zwischen dem Kreditnehmer und dem Eurosystem. Sie werden deswegen auch als **Repogeschäfte** bezeichnet.

Praktisch vollzieht sich ein Pensionsgeschäft wie folgt:

Die Kreditinstitute verkaufen Wertpapiere an das Eurosystem. Die Verzinsung besteht darin, dass das Eurosystem den Rückkaufbetrag höher festlegt als den Ankaufbetrag.

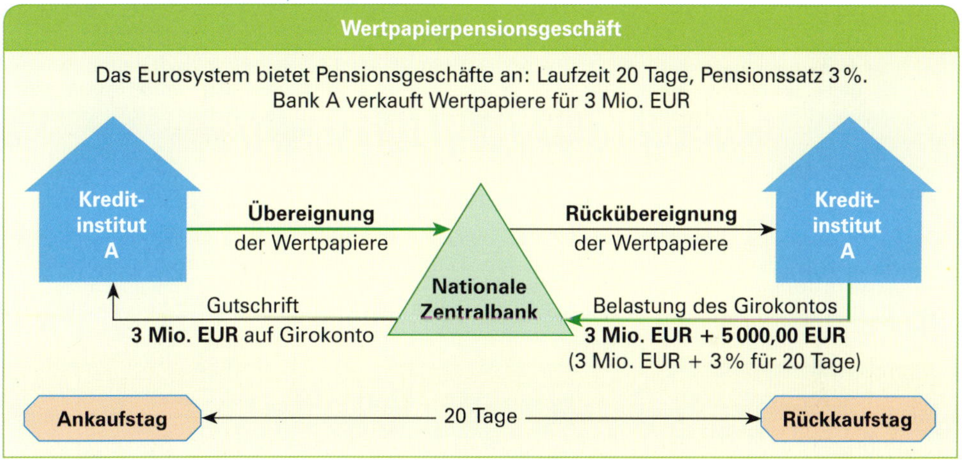

Die Kreditvergabe erfolgt im Wege sogenannter **Standardtender.**[1] Das Eurosystem kann Standardtender entweder als **Mengen- oder Zinstender** ausschreiben, wobei der Zinstender in Abhängigkeit von den Zuteilungsmodalitäten als **holländisches oder amerikanisches Zuteilungsverfahren** ausgestaltet sein kann.

Durch das Herauf- bzw. Heruntersetzen des **Mindestbietungssatzes** (Pensionssatzes) wird das gesamte Zinsniveau beeinflusst.

Beispiel:

Steigt der Zins für kurzfristige Kredite von 6 % auf 8 % und verharrt der Zinssatz für langfristige Kredite noch auf beispielsweise 7 %, so werden kurzfristige Kredite durch langfristige ersetzt, d. h., langfristige Kredite werden so lange nachgefragt, bis auch auf den Kapitalmärkten die Zinssätze steigen.

1 Das Wort **Tender** hängt mit dem englischen Wort „to tend" (Kurzform von „to attend") und dem lateinischen Wort attendere (vgl. franz. attendre) zusammen. Es bedeutet so viel wie aufpassen, Sorge tragen für etwas, auf etwas achten.

Standardtender im Überblilck

Mengentender

Bei dem Mengentender wird der **Zinssatz** von der EZB **im Voraus festgelegt.** Die teilnehmenden **Geschäftspartner** bieten den Betrag, den sie zu diesem Festsatz übernehmen möchten.

Nach Vorliegen der Angebote teilt die EZB den Geschäftspartnern dann denjenigen Betrag zu, der ihren liquiditätspolitischen Vorstellungen entspricht. Übersteigt die Summe der Einzelgebote der Kreditinstitute die Vorstellungen der EZB, erfolgt eine gleichmäßige Quotierung aller Angebote.

Während das Eurosystem **bis Juni 2000** beim Hauptrefinanzierungsgeschäft **stets den Mengentender** einsetzte, benutzte es **bis 2008 den Zinstender.** Der Grund für den Wechsel lag darin, dass die Banken beim Mengentender so **hohe Gebote** abgaben, dass der Anteil der bedienten Gebote (Repartierungsquote) schließlich **unter ein Prozent** sank.

In der Zeit der Finanzkrise hat der EZB-Rat allerdings beschlossen, so lange wie nötig die Hauptrefinanzierungsgeschäfte wieder als Mengentender, jedoch mit **vollständiger** Zuteilung abzuwickeln, um dem Bankensektor so die benötigte Liquidität zuzuführen.

Beispiel:

Die EZB möchte dem Markt insgesamt 10 Mrd. EUR Liquidität zur Verfügung stellen.

Zinsvorgabe: 2,50 %

Gebote:

Geschäftspartner A:	4,0 Mrd. EUR
Geschäftspartner B:	7,0 Mrd. EUR
Geschäftspartner C:	2,0 Mrd. EUR
Geschäftspartner D:	4,0 Mrd. EUR
Geschäftspartner E:	3,0 Mrd. EUR
Gesamt:	**20,0 Mrd. EUR**

Quotierung: 50 %

Geschäftspartner A:	2,0 Mrd. EUR
Geschäftspartner B:	3,5 Mrd. EUR
Geschäftspartner C:	1,0 Mrd. EUR
Geschäftspartner D:	2,0 Mrd. EUR
Geschäftspartner E:	1,5 Mrd. EUR
Gesamt:	**10,0 Mrd. EUR**

Zinstender

Bei dem Zinstender bieten die Geschäftspartner des Eurosystems **sowohl** den von ihnen gewünschten **Betrag** als auch den **Zinssatz,** zu dem sie das Geschäft abzuschließen bereit sind. Wenn die Geschäftspartner **zu niedrige Zinsen** bieten, laufen sie Gefahr, bei der **Zuteilung leer auszugehen.** Umgekehrt haben sie bei **hohen Zinsgeboten** die Chance, **volle Zuteilung** des gewünschten Betrages zu erhalten. Die EZB setzt **intern** allerdings einen **Gesamtkreditbetrag** als Höchstgrenze fest. Gebote zu dem gerade noch zum Zuge gekommenen Zinssatz (marginaler Zinssatz) werden auch hier – falls erforderlich – quotiert.

Als **marginaler Zinssatz** wird der Satz bezeichnet, zu dem der Markt geräumt wird. Es handelt sich immer um den **letzten** Zins, zu dem noch **zugeteilt** wurde (hier: 3,50 %).

Holländisches Verfahren

Die **Zuteilung** bei diesem Verfahren erfolgt zu einem **Einheitszinssatz.**

Dieser Zuteilungssatz ist der niedrigste akzeptierte Bietungssatz, für alle zum Zuge kommenden Gebote.

Beispiel:

Die EZB gibt einen Mindestbietungssatz von 3,00 % bekannt. Der Gesamtkreditbetrag wird **intern** auf 15 Mrd. EUR festgelegt.

Gebote:

Geschäftspartner A:	4,0 Mrd. EUR zu 4,00 %
Geschäftspartner B:	6,0 Mrd. EUR zu 3,75 %
Geschäftspartner C:	3,0 Mrd. EUR zu 3,60 %
Geschäftspartner D:	2,0 Mrd. EUR zu 3,50 %
Geschäftspartner E:	2,0 Mrd. EUR zu 3,50 %
Geschäftspartner F:	3,0 Mrd. EUR zu 3,20 %
Gesamt:	**20,0 Mrd. EUR**

Zuteilung erfolgt einheitlich zu 3,50 %:

Geschäftspartner A:	4,0 Mrd. EUR
Geschäftspartner B:	6,0 Mrd. EUR
Geschäftspartner C:	3,0 Mrd. EUR
Geschäftspartner D:	1,0 Mrd. EUR
Geschäftspartner E:	1,0 Mrd. EUR
Gesamt:	**15,0 Mrd. EUR**

Bei den Geschäftspartnern D und E erfolgt eine Quotierung mit 50 %.

Amerikanisches Verfahren

Bei diesem Zuteilungsverfahren entspricht der **Zuteilungszinssatz** dem **individuellen Bietungssatz** des jeweiligen Geschäftspartners.

Vor allem die **Hauptrefinanzierungsgeschäfte** werden nach dem **amerikanischen** Zinstenderverfahren durchgeführt.

Beispiel:

Die EZB gibt einen Mindestbietungssatz von 3,00 % bekannt. Der Gesamtkreditbetrag wird **intern** auf 15 Mrd. EUR festgelegt.

Gebote:

Geschäftspartner A:	4,0 Mrd. EUR zu 4,00 %
Geschäftspartner B:	6,0 Mrd. EUR zu 3,75 %
Geschäftspartner C:	3,0 Mrd. EUR zu 3,60 %
Geschäftspartner D:	2,0 Mrd. EUR zu 3,50 %
Geschäftspartner E:	2,0 Mrd. EUR zu 3,50 %
Geschäftspartner F:	3,0 Mrd. EUR zu 3,20 %
Gesamt:	**20,0 Mrd. EUR**

Zuteilung erfolgt nach den individuellen Geboten:

Geschäftspartner A:	4,0 Mrd. EUR zu 4,00 %
Geschäftspartner B:	6,0 Mrd. EUR zu 3,75 %
Geschäftspartner C:	3,0 Mrd. EUR zu 3,60 %
Geschäftspartner D:	1,0 Mrd. EUR zu 3,50 %
Geschäftspartner E:	1,0 Mrd. EUR zu 3,50 %
Gesamt:	**15,0 Mrd. EUR**

Bei den Geschäftspartnern D und E erfolgt eine Quotierung mit 50 %.

3.5.2.2 Kategorien der Offenmarktpolitik

(1) Hauptrefinanzierungsinstrument

Die Hauptrefinanzierungsoperationen sind liquiditätszuführende Transaktionen, die **regelmäßig jede Woche** durchgeführt werden. Sie haben i.d.R. eine **Laufzeit von einer Woche.** Danach müssen die Kredite zurückgezahlt werden.

Der von der EZB festgelegte Zinssatz für die Hauptrefinanzierung **(Refi-Satz)** ist der entscheidende Leitzins in der WWU. Von **Leitzins** spricht man deshalb, weil sich nach ihm alle übrigen Zinssätze richten.

(2) Längerfristige Refinanzierungsgeschäfte

Bei den längerfristigen Refinanzierungsgeschäften handelt es sich um **regelmäßige** Refinanzierungsgeschäfte mit **dreimonatiger** Laufzeit.

Längerfristige Refinanzierungsgeschäfte werden regelmäßig **monatlich** von den **nationalen** Zentralbanken durchgeführt.

3.5.3 Ständige Fazilitäten[1]

Ständige Fazilitäten umfassen

- **Kreditbereitstellungen** des Eurosystems, die von den Kreditinstituten jederzeit bei Bedarf in Anspruch genommen werden können **(Spitzenrefinanzierungsfazilität),** und
- die Bereitschaft des Eurosystems, **Einlagen** der Kreditinstitute entgegenzunehmen **(Einlagenfazilität).**

(1) Spitzenrefinanzierungsfazilität

Die Spitzenrefinanzierungsfazilität dient der **Abdeckung** von am Tagesende bestehenden (i.d.R. durch den Zahlungsverkehr entstandenen) **Sollsalden** der Kreditinstitute. Die Kreditgewährung erfolgt **„über Nacht"** gegen refinanzierungsfähige Sicherheiten (z.B. Wertpapiere, Wechsel). Der Zinssatz wird von der EZB festgelegt und bildet die **Obergrenze des Tagesgeldzinssatzes.**[2]

(2) Einlagenfazilität

Die Einlagenfazilität ist gewissermaßen das Gegenteil der Spitzenrefinanzierungsfazilität, denn hier ermöglicht das Eurosystem den Kreditinstituten, **Übernachtliquidität** (in der Regel durch den Zahlungsverkehr entstandene Habensalden) bei den nationalen Zentral-

1 **Fazilität** (lat.): Möglichkeit. Fazilität (eigentlich „Kreditfazilität") bedeutet die Möglichkeit, einen Kredit aufnehmen zu können. Einlagenfazilität ist die Möglichkeit, Geld bei einer Zentralbank anlegen zu können.

2 Zinssatz, der für täglich fälliges Geld zu zahlen ist.

banken anzulegen. Die Einlagen werden zu einem im Voraus festgelegten Zinssatz verzinst, der im Allgemeinen die **Untergrenze des Tagesgeldzinssatzes** bildet.

Die Spanne zwischen der Zinssatz-Obergrenze für Übernacht-Kredite und der Zinssatz-Untergrenze für Übernacht-Einlagen wird als **Zinsband,** als **Zinskorridor** oder als **Zinskorsett** bezeichnet.

3.5.4 Zusammenfassender Überblick der Geldpolitik der EZB

Quelle: In Anlehnung an: www.ecb.int

3.6 Stellenwert des Euro im weltwirtschaftlichen Kontext

3.6.1 Grundlegendes

Mit Einführung des Euro hat sich diese Währung – neben dem US-Dollar – zu der wohl **wichtigsten** Währung weltweit entwickelt. Dies wird auch dadurch deutlich, dass viele Industrieländer weltweit den Euro als Währungsreserve halten, da sie den Euro als **sicher** einstufen. Allerdings ist der Euro in den letzten Jahren vor allem durch die **hohe Verschuldung** einiger Euroländer und daraus resultierender Entscheidungen der Europäischen Zentralbank (EZB) international sehr stark unter Druck geraten.

3.6.2 Die Eurokrise

Der Euro ist in der jüngeren Vergangenheit wegen der **Verschuldungskrise** einiger Mitgliedstaaten, die ihren Zahlungsverpflichtungen zur Bedienung der aufgenommenen Kredite ohne Unterstützung Dritter nicht mehr nachkommen konnten, stark unter Druck geraten.

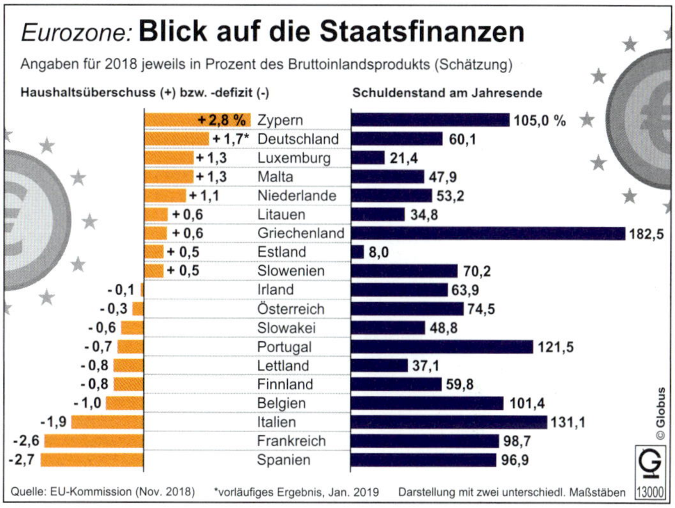

Spanien war im Jahr 2018 der größte Defizit-Sünder in der Eurozone. Das Loch in der Staatskasse betrug nach Berechnungen der europäischen Statistikbehörde Eurostat 2,7 % der spanischen Wirtschaftsleistung (des Bruttoinlandsprodukts). Frankreich folgt an zweiter Stelle mit einem Defizit von 2,6 %. Damit liegen beide Länder aber noch im „grünen Bereich", denn der Vertrag von Maastricht erlaubt ein Defizit bis zu drei Prozent der Wirtschaftsleistung. Griechenland, das in den vergangenen Jahren oft sehr große Defizite aufwies, wird 2018 voraussichtlich mit einem Überschuss von 0,6 % abschließen. Allerdings hält Griechenland bei der Staatsverschuldung weiterhin den Negativrekord: Ende 2018 summierten sich Griechenlands Schulden auf über 180 % der jährlichen Wirtschaftsleistung. Angestrebt sind laut Maastrichter Vertrag jedoch nur maximal 60 %.

Ausgangspunkt war die **Immobilienkrise (Subprime-Krise)** in den Vereinigten Staaten, die schließlich im Jahr 2008 zum Zusammenbruch der amerikanischen Großbank Lehman Brothers führte. Dadurch kamen weltweit zahlreiche große Banken und Versicherungen in Zahlungsschwierigkeiten und mussten von den Staaten durch Fremd- und Eigenkapitalspritzen gerettet werden. Die **Finanzkrise** führte zu einer **Wirtschaftskrise,** diese wiederum zu einer **Staatsschulden-** und der hieraus folgenden **Eurokrise,** die in der Europäischen Wirtschafts- und Währungsunion einige Schwachstellen offenlegte.

Schwachstellen der Wirtschafts- und Währungsunion waren bzw. sind insbesondere:

- eine **übermäßige Verschuldung** einiger Mitgliedstaaten der Eurozone,
- eine **unzureichende wirtschaftspolitische Koordination und Überwachung** zum Erkennen von Ungleichgewichten,
- **unzureichende Regeln** für Finanzprodukte und
- ein **fehlender Mechanismus,** der die Stabilität der Euroländer wahrt und einem Mitgliedstaat Schutz und Nothilfe anbieten kann.

Als Auslöser dieser Staatsschuldenkrise im Euroraum gilt **Griechenland,** welches nach einer neuen Regierungsbildung das tatsächliche Ausmaß seiner bisher **verschleierten** Haushaltsdefizite und seines Schuldenstandes offenlegte und dann die EU und den Internationalen Währungsfonds (IWF) um Hilfe bat, um seine **Staatsinsolvenz** abzuwenden. Nach Griechenland gestaltete es sich aber auch für Irland und Portugal sowie in vergleichsweise geringerem Maße für Italien und Spanien zunehmend schwieriger, ihre Staatsverschuldung am Kapitalmarkt zu refinanzieren.

Kompetenztraining

35 1. 1.1 Erläutern Sie die Begriffe Mindestreservesatz und Mindestreservepolitik!

1.2 Beurteilen Sie die Wirkungen steigender bzw. sinkender Mindestreservesätze!

1.3 Begründen Sie, in welchen wirtschaftlichen Gesamtsituationen die EZB die Mindestreservesätze

1.3.1 erhöhen und

1.3.2 senken wird!

1.4 Angenommen, die EZB erhöht die Zins- und Mindestreservesätze. Die Unternehmen gehen deshalb dazu über, Anleihen zu emittieren, um sich Kredite zu beschaffen. Erläutern Sie, wie die EZB diese Maßnahmen der Wirtschaft durchkreuzen kann!

2. Angenommen, eine Zentralbank möchte 12 Mrd. GE zuteilen. Es bieten die Bankengruppen A 4,5 Mrd. GE, B 4,2 Mrd. GE, C 5,1 Mrd. GE, D 2,7 Mrd. GE und E 1,5 Mrd. GE.

Es wird ein Tenderverfahren angewandt.

2.1 Angenommen, es wird der Mengentender eingesetzt. Ermitteln Sie, wie viel Kredit jede Bankengruppe erhält!

DOWNLOAD

2.2 Angenommen, es wird das holländische Tenderverfahren eingesetzt. Die Bankengruppen bieten folgende Zinssätze: Bankengruppe A 3,80 %, Bankengruppe B 3,75 %, Bankengruppe C 3,70 %, Bankengruppe D 3,65 % und Bankengruppe E 3,60 %.

Stellen Sie fest, welche Bankengruppen zum Zuge kommen und wie hoch der jeweilige Zuteilungsbetrag ist!

2.3 Erläutern Sie, worin sich das holländische Tenderverfahren vom amerikanischen unterscheidet!

2.4 Führen Sie an, wie der Oberbegriff über die in den Aufgaben 2.2 und 2.3 genannten Tenderverfahren lautet!

3. Nennen Sie die Maßnahmen, die die EZB in folgenden Fällen ergreifen sollte! Begründen Sie Ihre Antworten und gehen Sie auf mögliche Zielkonflikte ein!

3.1 Die Wirtschaft befindet sich im Zustand der Unterbeschäftigung (Arbeitslosigkeit). Die Inflationsrate ist gering.

3.2 Die Wirtschaft befindet sich im Zustand der Überbeschäftigung mit hohen Preissteigerungsraten.

3.3 Die Importe übersteigen die Exporte. Die Inflationsrate ist hoch. Die Wirtschaft ist unterbeschäftigt.

3.4 In den USA sind die Zinssätze niedrig, in der WWU im Verhältnis dazu hoch. Die Inflationsrate in der WWU ist nach Ansicht der EZB zu hoch.

4. Die EZB beschließt, dem Markt Liquidität in Höhe von 200 Mio. EUR über eine befristete Transaktion in Form eines Mengentenders zuzuführen. Die Zinsvorgabe beträgt 2,5 %. Daraufhin gehen bei der EZB folgende Gebote ein:

Geschäftspartner A:	136 Mio. EUR	Geschäftspartner D:	140 Mio. EUR
Geschäftspartner B:	120 Mio. EUR	Geschäftspartner E:	180 Mio. EUR
Geschäftspartner C:	160 Mio. EUR	Geschäftspartner F:	64 Mio. EUR

Aufgabe:

Ermitteln Sie die Zuteilungsbeträge für die einzelnen Geschäftspartner!

5. Die EZB beschließt, dem Markt Liquidität in Form eines Zinstenders zur Verfügung zu stellen. Als Mindestbietungssatz gibt sie 3,10 % bekannt.

Folgende Gebote in Mio. EUR gehen ein:

DOWNLOAD

Zinssatz	A-Bank	B-Bank	C-Bank	Gebote insgesamt
3,20				
3,18			10	10
3,17		80	20	100
3,15		100	40	140
3,14	50	120	50	220
3,12	60	150	70	280
3.11	80	200	100	380
Insgesamt	**190**	**650**	**290**	**1130**

Die EZB beschließt, ein Volumen von 610 Mio. EUR zuzuteilen.

Aufgaben:

5.1 Führen Sie die Zuteilung nach dem holländischen Verfahren durch!

5.2 Nehmen Sie die Zuteilung nach dem amerikanischen Verfahren vor!

5.3 Ermitteln Sie für die Zuteilung nach dem amerikanischen Verfahren

5.3.1 den marginalen Zinssatz!

5.3.2 den gewichteten Durchschnittszinssatz (auf drei Nachkommastellen runden)!

6. Lesen Sie zunächst nachfolgende Geschichte!

Es war einmal ein höchst ehrenwerter und seriöser englischer Gentleman, der seinen Sommerurlaub regelmäßig auf einer netten kleinen Insel im Ägäischen Meer verbrachte. Er war dort Stammgast und seine Kreditwürdigkeit war bei den Inselbewohnern über jeden Zweifel erhaben. Die Inselbewohner hatten keinerlei Einwände dagegen, dass er alles per Scheck bezahlte. Man hatte ja aufgrund der langjährigen Erfahrung die Gewissheit, dass diese Schecks stets gedeckt waren. Der Engländer war auf der Insel schließlich allen so wohlbekannt und genoss ein so großes Vertrauen,

dass die Inselbewohner sich sogar untereinander mit diesen Schecks bezahlten. Wenn zum Beispiel der Restaurantbesitzer einen Teil seiner Zahlungen an den Lebensmittelhändler mit einem Scheck, den er für ein Essen erhalten hatte, leisten wollte, war das dem Lebensmittelhändler nur recht. Er konnte dann mit dem Scheck seine Benzinrechnung begleichen, und auf diese Art und Weise zirkulierten die Schecks des Engländers auf der ganzen Insel. Das ging dann sogar so weit, dass sie nie die Londoner Bank des Engländers zur Einlösung erreichten.

Quelle: Maurice Levi, Ökonomie ohne Rätsel, Birkhäuser Verlag, Basel 1982.

Aufgabe:

Erläutern Sie, wer denn nun eigentlich die Ferien des Engländers bezahlt hat!

7. Ermitteln Sie mithilfe der Quantitätsgleichung anhand nachfolgender Daten die Veränderung des Preisniveaus in Prozent:

	Jahr 01	Jahr 02
Geldmenge in Geldeinheiten (GE)	250 GE	260 GE
Umlaufgeschwindigkeit	16	18
Handelsvolumen	4000	3744

8. In dem kleinen Land „Nirwo" versorgen sich die Menschen selbst. Das einzige dort gehandelte Gut ist Reis. Im Jahr 00 wurden 600000 dt Reis angeboten und verkauft. Die Umlaufgeschwindigkeit des Geldes in diesem Land ist konstant 2, weil die Menschen nur zum Zeitpunkt der Frühjahrs- und zum Zeitpunkt der Herbsternte auf Vorrat kaufen. Als Geld dienen Kupfermünzen mit dem Nennwert 1. Das Kupfer wird in den nahe liegenden Bergen gefördert und unmittelbar darauf zu Münzen verarbeitet, sodass die Geldmenge je nach Umfang der Funde ständig zunimmt. Für eine gewisse Geldwertstabilität sorgt allerdings der Brauch, dass man den Toten einen Teil ihres Barvermögens ins Grab legt und nie wieder zutage fördert. Im Jahre 00 waren 450000 Münzen im Umlauf. Die nachfragewirksame Geldmenge betrug also 900000 Geldeinheiten, weil die 450000 Münzen zweimal zum Kauf von je 300000 dt Reis ausgegeben wurden.

Im Jahr 01 wurden wiederum 600000 dt Reis gehandelt. Es wurden aber zusätzlich 50000 Münzen geprägt, von denen allerdings 5000 Münzen den zwischenzeitlich Verstorbenen als Grabbeigabe dienten.

Aufgaben:

8.1 Berechnen Sie mittels der Fisherschen Verkehrsgleichung das Preisniveau für eine dt Reis im Jahr 00 sowie im Jahr 01!

8.2 Ermitteln Sie die Inflationsrate des Landes „Nirwo" im Jahr 01 gegenüber dem Jahr 00!

9. **Vernetzungsdiagramm**

Im Jahr 2016 senkte die EZB den Leitzins auf ein historisches Tief. Als Begründung wurde u.a. angeführt, dass die Zinssenkung zur Abschwächung einer drohenden Rezession diene. Die EZB wollte eine bessere Versorgung des Bankensystems mit Liquidität in Form zinsgünstiger Kredite sicherstellen.

Vervollständigen Sie vor diesem Hintergrund nachfolgend beabsichtigte Ursache-Wirkungs-Zusammenhänge, indem Sie

- die Wirkungsrichtung „Je mehr – desto mehr" bzw. „Je weniger – desto weniger" an der jeweiligen Pfeilspitze mit einem (+) kennzeichnen und
- die Wirkungsrichtung „Je mehr – desto weniger" bzw. „Je weniger – desto mehr" an der jeweiligen Pfeilspitze mit einem (−) kennzeichnen!

Begründen Sie die Wirkungszusammenhänge der Größen Produktion, Preisniveau und Beschäftigung!

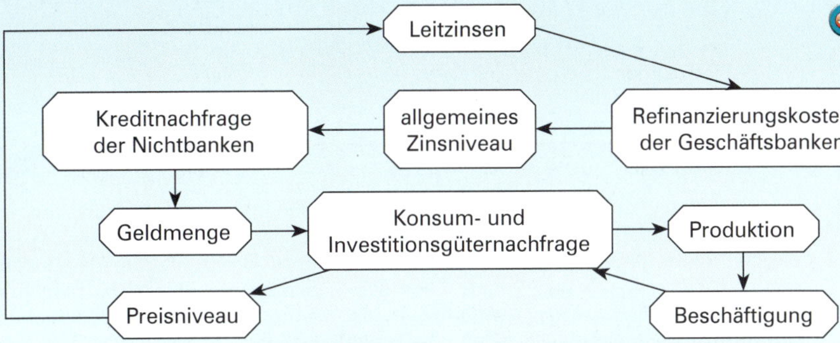

10. Angenommen, eine Zentralbank wirft einen bestimmten Geldbetrag von einem Hubschrauber ab (sogenanntes „helicopter money“, d.h., jeder bekommt den gleichen Geldbetrag) und erhöht damit die in Umlauf befindliche Geldmenge in der Volkswirtschaft.

Erläutern Sie, was die Konsequenzen auf kurze Sicht und was die langfristigen Auswirkungen wären!

11. Die führenden Wirtschaftsforschungsinstitute in Europa weisen in ihren neuesten Gutachten zur Einschätzung der zukünftigen wirtschaftlichen Entwicklung auf die Gefahr einer Überhitzung der Konjunkturentwicklung hin. Die Europäische Zentralbank (EZB) beabsichtigt, dieser Entwicklung entgegenzuwirken, zumal es aktuell keine Anzeichen für eine Inflation gibt.

Prüfen Sie, in welcher Zeile die Kombination geldpolitischer Maßnahmen der EZB aufgeführt ist, die mit Blick auf die zukünftige Entwicklung sinnvoll erscheint! Tragen Sie eine ⑨ ein, wenn keine der aufgeführten Kombinationen sinnvoll erscheint!

Zinssätze	**Mindestreservesätze**	**Wertpapiere im Rahmen der Offenmarktgeschäfte**
① erhöhen	erhöhen	kaufen
② erhöhen	senken	kaufen
③ erhöhen	erhöhen	verkaufen
④ senken	erhöhen	verkaufen
⑤ senken	senken	kaufen

7 Im Rahmen des außenwirtschaftlichen Gleichgewichts die internationalen Verflechtungen analysieren und beurteilen

Situation: Workshop am „Tag der Ausbildung"

An Ihrer Schule für Wirtschaft und Verwaltung findet zur Berufsorientierung ein „Tag der Ausbildung" statt. Sie haben sich für einen Workshop entschieden, in dem einige Unternehmen aus Ihrer Region den Ausbildungsberuf des Industriekaufmanns vorstellen. Im Fokus der Ausführungen steht dabei insbesondere die Exportabhängigkeit der örtlichen Industriebetriebe. So erfahren Sie, dass nicht nur der wesentliche Anteil der zu verarbeitenden Rohstoffe aus dem Ausland importiert wird, sondern mittlerweile auch mehr als 40 % aller Industrieprodukte ins Ausland exportiert werden. Die Vertreter der Industriebetriebe weisen darauf hin, dass in Ihrer Region fast jeder zweite Arbeitsplatz direkt oder indirekt vom Exporterfolg der örtlichen Industrie abhängig ist. Anders formuliert: Sollte der Export dieser Industriegüter einbrechen, würde sich das nicht nur auf die deutsche Zahlungsbilanz negativ auswirken, sondern auch auf den regionalen Arbeitsmarkt.

Unabhängig von der Branche, erklären die Referenten, ist es für sie als Arbeitgeber wichtig, dass ihre künftigen Mitarbeiter vor dem geschilderten Hintergrund gute englische Sprachkenntnisse mitbringen sollten. Ferner gehöre das sichere Kalkulieren mit unterschiedlichen Währungen wie selbstverständlich zum Anforderungsprofil potenzieller Bewerber. Doch gerade was diese beiden Kompetenzfelder anbelangt, müsse man leider in der jüngeren Vergangenheit immer wieder feststellen, dass dort erheblicher Aufholbedarf in der Ausbildung zum Vorschein kommt. Dies sei sowohl für die Ausbildungsbetriebe als auch für die Auszubildenden ziemlich frustrierend.

Vertreter Ausbildungsbetrieb:

„Frau Hansen, wie Sie sich sicher erinnern, haben wir unsere Bank beauftragt, zulasten unseres Euro-Kontos an unseren Lieferer in Ohio den fälligen Betrag in Höhe von 49 750,00 USD zu überweisen. Der Kurs (EUR/USD) betrug 1,2850 Geld – 1,2970 Brief. Nun hat die Bank unser Konto mit 38 715,95 EUR belastet. Überprüfen Sie doch bitte schnell mal, ob das der richtige Betrag ist!"

Frau Hansen:

„Ähm, ja, sehr gern, überhaupt gar kein Problem …"

Kompetenzorientierte Arbeitsaufträge:

Im Anschluss an den Workshop werden die besprochenen Themen auch im Unterricht vertieft.

1. Es wurde deutlich, dass in vielen Industriebetrieben der Außenhandel eine besonders wichtige Rolle spielt. Diskutieren Sie mögliche Chancen und Risiken des internationalen Handels und ziehen Sie abschließend ein persönliches Fazit!
2. Im Workshop wurde darauf hingewiesen, dass das Kalkulieren mit unterschiedlichen Währungen eine wichtige Kompetenz darstellt. Unterstützen Sie Frau Hansen bei der Überprüfung der Abrechnung (siehe Situationsdialog)!
3. Beschreiben Sie, inwiefern unterschiedliche Wechselkurse von Währungen für den Import bzw. Export von Bedeutung sind!
4. Erläutern Sie die Chancen und Risiken, die sich aus Wechselkursschwankungen ergeben!
5. Fertigen Sie eine schematische Übersicht zur Zahlungsbilanz an!
6. **Übersichtsmatrix**

   Erstellen Sie eine Übersichtsmatrix zu den Folgen von Zahlungsbilanzungleichgewichten!

1 Wichtige Ursachen des internationalen Güterhandels und der Globalisierung analysieren

1.1 Gründe für die internationale Arbeitsteilung

Länder mit Außenhandel (gegenseitigem Warenaustausch) betreiben **internationale Arbeitsteilung.** Wichtige **Außenhandelsmotive** sind:

- Güter, die eine Volkswirtschaft **nicht oder nicht in ausreichendem Maß** selbst produzieren kann, werden eingeführt (importiert), in der Bundesrepublik Deutschland z.B. Südfrüchte, Mineralstoffe. Die Gegenleistung besteht in der Ausfuhr (im Export) von Halb- und Fertigerzeugnissen, die die Handelspartner nicht selbst oder nicht in der gewünschten Qualität herstellen können (oder wollen).
- Güter, die eine Volkswirtschaft nur mit **höheren Kosten** als andere Volkswirtschaften herstellen kann, werden **importiert.** Die auf diese Weise eingesparten Produktionsfaktoren können zur Herstellung **anderer** Güter eingesetzt werden, die möglicherweise **kostengünstiger** als im Ausland produziert werden können.
- Nicht nur bei absoluten, sondern auch bei **relativen (komparativen[1]) Kostenvorteilen[2]** kann die internationale Arbeitsteilung für die beteiligten Länder von Vorteil sein.

Grundsätzlich ist der **Handel zwischen zwei Ländern** immer **vorteilhaft,** wenn bei beiden Handelspartnern **unterschiedliche Produktionskostenstrukturen** existieren.[3]

Nach der **Theorie der komparativen Kostenvorteile** sind internationaler Handel und internationale Arbeitsteilung selbst für solche Länder von Vorteil, die **alle** Güter nur zu **höheren** Kosten erzeugen können als das Ausland. Sie müssen sich nur auf die Produktion jener Güter spezialisieren, die sie vergleichsweise (komparativ) am günstigsten herstellen können.

1.2 Risiken der internationalen Arbeitsteilung

(1) Import- und Exportabhängigkeit vom Außenhandel

Aus der Sicht von **Deutschland** sowie der Mitgliedsländer der **Europäischen Union (EU)** umfasst der Außenhandel den gewerbsmäßigen Güteraustausch (Sachgüter, Dienstleistungen, Rechte) mit **Drittländern** (Länder, die nicht der EU angehören) sowie den Transithandel.

1 **Komparativ** (lat.): vergleichsweise, relativierend.

2 Vgl. hierzu Kompetenzbereich 1, Kapitel 5.4.

3 Den Nutzenentgang durch einen Verzicht auf eine Alternativanlage bezeichnet man als **Opportunitätskosten.**

Beispiel 1: Importabhängigkeit

Deutschland ist ein rohstoffarmes Land und deshalb auf die Einfuhr zahlreicher Rohstoffe angewiesen (z. B. Erdöl, Erdgas, Metalle). Auch werden Nahrungsmittel importiert, die in Deutschland nicht, nicht in ausreichender Menge und/oder nicht in der gewünschten Qualität produziert werden können (z. B. Kaffee, Kakao). Wichtige Importgüter sind auch Halb- und Fertigwaren, die in den Lieferländern kostengünstiger erzeugt werden können (z. B. Maschinenteile und Unterhaltungselektronik).

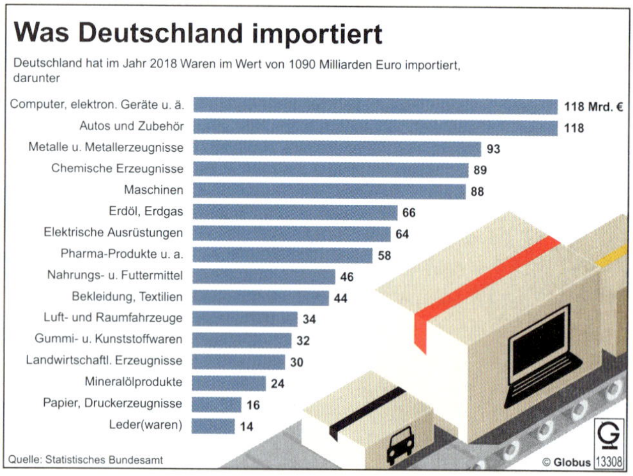

Deutschland ist offen für Waren aus aller Welt – insbesondere für solche, die im Lande kaum oder gar nicht vorhanden sind, oder solche, die in anderen Ländern preiswerter hergestellt werden können. Insgesamt importierte die Bundesrepublik im Jahr 2018 Produkte im Wert von 1 090 Mrd. EUR. An erster Stelle standen nach Erhebungen des Statistischen Bundesamtes Geräte aus dem Bereich Datenverarbeitung und Bürotechnik mit 118 Mrd. EUR. An zweiter Stelle kamen Autos und Autoteile mit ebenfalls gerundet 118 Mrd. EUR. Die Rohstoffe Erdöl und Erdgas liegen mit einem Einfuhrwert von 66 Mrd. EUR nur noch an sechster Stelle der Importe. Insgesamt war Deutschland im vergangenen Jahr drittgrößter Kunde auf dem Weltmarkt. Noch größer war die Nachfrage nach Importgütern nur in den USA und in China.

Beispiel 2: Exportabhängigkeit

Die Beschäftigung (und damit der Lebensstandard) in der Bundesrepublik Deutschland hängt zu rund einem Drittel von der Ausfuhr ab.

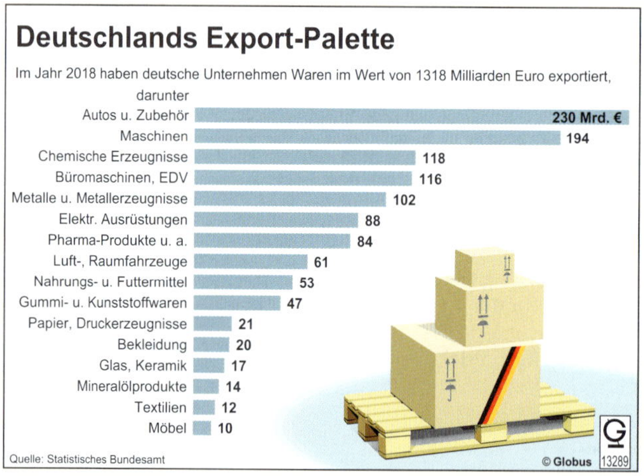

Autos, Maschinen und Chemikalien waren auch im Jahr 2018 Deutschlands Exportschlager, zusammen machten sie 41 % aller Ausfuhren aus. Der Anteil von Autos und Zubehör an allen Exporten des letzten Jahres betrug gut 17 %, Maschinen folgten mit 15 % und auf Platz drei kamen chemische Erzeugnisse mit 9 %. Insgesamt erreichten die Exportgüter „Made in Germany“ einen Wert von 1 318 Mrd. EUR. Deutschlands wichtigste Kunden sind die USA, Frankreich und China; sie importierten 2018 Waren im Wert von 113, 105 und 93 Mrd. EUR aus Deutschland.

(2) Weitere Probleme der Abhängigkeit vom Außenhandel

Import- und Exportabhängigkeit können zu **wirtschaftlicher** und **politischer Abhängigkeit** eines Landes bzw. eines Währungsgebiets führen.

- Die wirtschaftliche Abhängigkeit zeigt sich z. B. in der **konjunkturellen Verbundenheit** der am Welthandel beteiligten Staaten. Konjunkturelle Einbrüche bei den führenden Industrieländern bewirken aufgrund des Nachfragerückgangs zwangsläufig Beschäftigungsrückgänge bei den Handelspartnern.
- Ebenso wie die Konjunkturrückgänge können auch **Inflationen importiert** werden.
- Weiterhin zeigt die Geschichte der **Entwicklungsländer,** dass die einseitige, durch die ehemaligen Kolonialmächte geförderte **Spezialisierung** auf die Förderung von Rohstoffen und die Erzeugung von Agrarprodukten **(„Plantagenwirtschaft")** ein den Industrieländern vergleichbares **Wachstum verhindert.**
- Eng mit der wirtschaftlichen Abhängigkeit ist die **politische Abhängigkeit** verflochten. So sind z. B. Länder, die auf Rohstoffzufuhren angewiesen sind, wirtschaftlich und politisch erpressbar. Die Rohstoff exportierenden Länder können beispielsweise versuchen, durch Preis- und/oder Mengendiktate politische Entscheidungen in den Abnehmerländern zu beeinflussen.

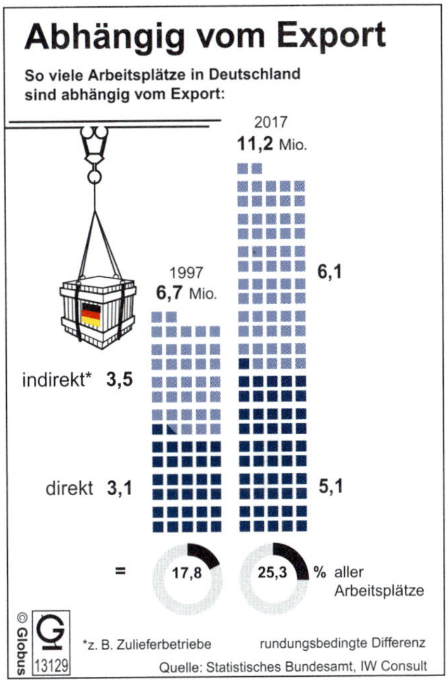

- Die Globalisierung bringt zwar **Kostenvorteile,** hat aber den Nachteil, dass aufgrund der Verlagerung von Produktionsstätten ins Ausland **Arbeitsplätze verloren** gehen können.

Der sogenannte **Arbeitsplatzexport** kann z. B. folgende Gründe haben:

- Die **soziale und politische Stabilität** des Auslands wird höher eingeschätzt als die inländische.
- Die **Umweltvorschriften** (Umweltstandards)[1] sind im Ausland weniger streng als im Inland.
- Das Ausland fördert Gewerbeansiedlungen durch **Steuererleichterungen** und/oder **Subventionen.** Das Problem ist, dass der Staat den Unternehmen, die mit der Auslagerung von Produktionsstätten drohen, seinerseits **Steuererleichterungen** gewährt und/oder **Subventionen** zahlt.
- Im Ausland ist die **„Regulierungsdichte"**[2] (z. B. Bauvorschriften, Zulassungsverfahren, Behördenwege) geringer als im Inland.
- Die **Arbeitskosten** sind im Ausland **niedriger** als im Inland. Für die Konkurrenzfähigkeit ist allerdings nicht allein die absolute Höhe der Arbeitskosten maßgebend. Vielmehr muss die **Arbeitsproduktivität** berücksichtigt werden. Diese drückt aus, welche Gütermenge eine Arbeitskraft je Zeiteinheit (z. B. je Arbeitsstunde) erzeugt.

---

1 **Standard** (engl.): Maßstab, Norm, Absprachenniveau.

2 **Regulierung** (lat.): Regeln aufstellen, Regeln erlassen (z. B. durch Gesetze, Rechtsverordnungen, Verwaltungsvorschriften, Gemeindesatzungen, Gerichtsurteile).

Beispiel:

Im Land A betragen die Arbeitskosten im Durchschnitt 15,00 EUR, im Land B hingegen 18,00 EUR je Arbeitsstunde (h). Unter sonst gleichen Bedingungen erzeugt das Land A 400 Mio. t, das Land B 500 Mio. t eines Gutes. Es ergibt sich folgende Vergleichsrechnung:

Länder	Arbeitskräfte	Arbeitskosten insgesamt in EUR	Erzeugte Waren	Preis je t in EUR	Erzeugter Warenkorb in EUR	Arbeitsstunden je Arbeitskraft je Jahr	Arbeitsstunden insgesamt
A	20 Mio.	600 Mrd.	400 Mio. t	2000	800 Mrd.	2000	40 Mrd.
B	20 Mio.	720 Mrd.	500 Mio. t	2000	1000 Mrd.	2000	40 Mrd.

Länder	Arbeitskosten je Stunde	Arbeitsproduktivität (mengenmäßig)	Arbeitsproduktivität (wertmäßig)	Arbeitskostenanteil je t und in % vom Verkaufspreis
A	15,00 EUR	$\frac{400 \text{ Mio. t}}{40 \text{ Mrd. h}} = 0{,}01 \text{ t/h}$	$\frac{800 \text{ Mrd. EUR}}{40 \text{ Mrd. h}} = 20 \text{ EUR/h}$	1500 EUR = 75 %
B	18,00 EUR	$\frac{500 \text{ Mio. t}}{40 \text{ Mrd. h}} = 0{,}0125 \text{ t/h}$	$\frac{1000 \text{ Mrd. EUR}}{40 \text{ Mrd. h}} = 25 \text{ EUR/h}$	1440 EUR = 72 %

Folgerung: Das Land B hat einen Wettbewerbsvorteil, obwohl seine absoluten Arbeitskosten (18,00 EUR je Arbeitsstunde) höher sind als die des Landes A. Der Grund: Die Arbeitsproduktivität des Landes B ist höher als die des Landes A.

Kompetenztraining

36

1. Erläutern Sie, welche Bedeutung der Außenhandel für den Lebensstandard einer Volkswirtschaft wie Deutschland hat! Begründen Sie Ihre Antwort!

2. Erklären Sie kurz die Struktur des Außenhandels von Deutschland! Begründen Sie seine Zusammensetzung!

3. Erläutern Sie, warum z. B. ein Rückgang des Exports im Maschinenbau auch in anderen Wirtschaftszweigen zu Produktionsrückgängen führen könnte!

4. Die Bundesrepublik Deutschland ist derzeit auf Platz drei der größten Exporteure der Welt. Im öffentlichen Bewusstsein wird dabei jedoch zumeist übersehen, dass Deutschland auch eine sehr starke Importnation ist (siehe nebenstehende Abbildung).

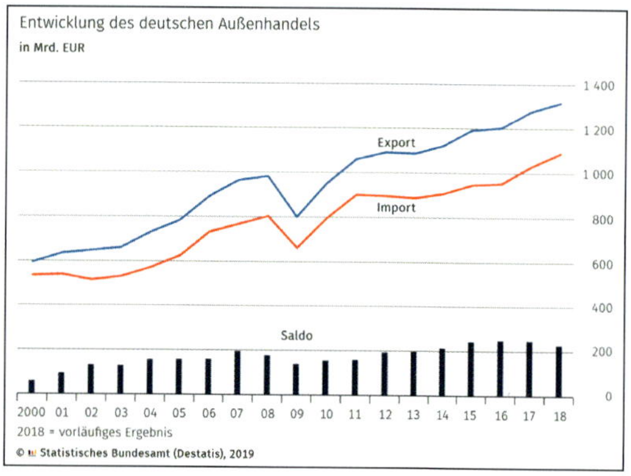

Aufgaben:

4.1 Recherchieren Sie wichtige Einfuhrgüter Deutschlands und aus welchen Ländern die Importwaren in erster Linie kommen! Nutzen Sie als Informationsquelle z. B. die Internetseite des Statistischen Bundesamtes (www.destatis.de)!

4.2 Erläutern Sie mögliche Gründe für den hohen Import der Bundesrepublik Deutschland!

2 Funktionsweise von Devisenmärkten analysieren sowie die Auswirkungen von Wechselkursänderungen auf Haushalte und Unternehmen ableiten

2.1 Außenwert des Geldes

Nahezu alle Länder der Erde unterhalten außenwirtschaftliche Beziehungen, von denen die wichtigsten der **Export** (die Ausfuhr) und der **Import** (die Einfuhr) von wirtschaftlichen Gütern (Sachgütern, Dienstleistungen und Rechten) sind.

Der **Wechselkurs** ist das **Austauschverhältnis** zwischen **zwei Währungen.** Er drückt den **Außenwert** des Geldes aus. Ist eine **Fremdwährung „teuer"**, ist der **Außenwert** des eigenen Geldes **gering.** Ist eine **Fremdwährung „billig"**, ist der **Außenwert** des eigenen Geldes **groß.**

Dies stellen Sie z. B. dann fest, wenn Sie eine Auslandsreise planen. So kann es sein, dass der „Preis" (der Kurs) für Schweizer Franken schon wieder gestiegen ist. Andererseits lesen Sie in der Zeitung, dass der US-Dollar im Wert abnahm. Es ergeben sich somit zwei Grundfragen:

- 1. Warum schwanken die Wechselkurse (Umtauschkurse der Währungen) ständig?
- 2. Welche Auswirkungen haben Kursschwankungen für die Wirtschaft, für die Arbeitsplätze, für uns selbst?

- Der **Binnenwert des Geldes** stellt sich in seinem Austauschverhältnis zu anderen Wirtschaftsgütern, also im **Preis** bzw. im **Preisniveau** dar.
- Der **Außenwert des Geldes** ist hingegen das Austauschverhältnis zwischen zwei **Währungen,** also der **Wechselkurs.**

Beispiel:

Die 18-jährige Jana, Absolventin der Berufsfachschule, plant im nächsten Jahr nach der Abschlussprüfung mit ihrer besten Freundin Lisa eine zweiwöchige Reise nach New York. Beide freuen sich nicht nur auf die vielen Sehenswürdigkeiten dieser Stadt, sondern vor allem auch auf die geplanten Shoppingtouren in der Mode-Metropole. Hierfür hat Jana bereits fleißig gespart und mit dem Geld ihrer Eltern und Großeltern für einen erfolgreichen Schulabschluss stehen ihr voraussichtlich 1 000,00 EUR zur Verfügung.

Wie viel sich Jana allerdings hierfür in New York tatsächlich leisten kann, ist neben den Preisen vor Ort auch abhängig von dem Austauschverhältnis zwischen dem Euro und dem US-Dollar (USD) im nächsten Jahr.

Unterstellen wir folgende unterschiedliche Wechselkurse:

1. 1 EUR = 1,150 USD
2. 1 EUR = 1,575 USD.

Im ersten Fall würde Jana im nächsten Jahr bei einem Umtausch ihrer 1 000,00 EUR also 1 150,00 USD erhalten; im zweiten Fall hingegen deutlich mehr, nämlich 1 575,00 USD.

Für Jana wäre also im kommenden Jahr der Wechselkurs in Höhe von 1,575 USD sehr vorteilhaft. Bei diesem Austauschverhältnis würde Jana wesentlich mehr USD für ihre Ersparnisse bekommen und könnte sich wesentlich mehr in New York leisten.

2.2 Bestimmungsfaktoren der Wechselkurse

2.2.1 Devisenangebot (Nachfrage nach Binnenwährung)

Die Exporteure erhalten für den Verkauf ihrer Güter Fremdwährung, d. h. Devisen. Dabei wird zwischen **Sorten** (Münzen und Banknoten einer Fremdwährung) und **Devisen i. e. S.** (Zahlungsmittel wie z. B. über Fremdwährungen lautende Schecks oder Zahlungseingänge per Überweisung) unterschieden. Im weiteren Sinne versteht man unter Devisen auch die Münzen und Noten einer Fremdwährung. Wir verwenden im Folgenden den **Devisenbegriff i. w. S.**

Je **größer der wertmäßige Export** in das Devisenausland ist, desto **größer** ist folglich das **Devisenangebot**. Dem **Devisenangebot** entspricht die **Nachfrage nach Binnenwährung.**

Beispiel:

Ein deutscher Automobilhersteller liefert Pkws im Wert von 250 Mio. USD in die USA. Den Erlös muss er in Euro umtauschen, um seinen Verpflichtungen (z. B.

Lohn- und Steuerzahlungen in Deutschland) nachkommen zu können. Er fragt also Binnenwährung (EUR) gegen Devisen (USD) nach.

Ein wichtiger **Bestimmungsgrund** des **Devisenangebots** bzw. der **Nachfrage nach Binnenwährung** ist der **Export.**

Mancher fragt sich nun, ob das oben Gesagte auch dann gilt, wenn die Exporteure in Binnenwährung (die deutschen Exporteure also in Euro) fakturieren (fakturieren heißt „in Rechnung stellen"). Die Antwort heißt „Ja", denn die in Fremdwährungsgebieten ansässigen Importeure besitzen im Normalfall keine Euro, sondern ihre eigene Währung (z. B. Schweizer Franken). Sie müssen also dann Euro nachfragen (Schweizer Franken anbieten), um die in Euro fakturierten Rechnungen zu begleichen.

2.2.2 Devisennachfrage (Angebot von Binnenwährung)

Je **größer der wertmäßige Import** ist, desto **größer** ist die **Devisennachfrage.** Der **Devisennachfrage** entspricht das Angebot von **Binnenwährung.**

Ein wichtiger **Bestimmungsgrund** der **Devisennachfrage** bzw. des **Angebots von Binnenwährung** ist der **Import.**

Das Gleiche gilt, wenn ein in einem Fremdwährungsgebiet ansässiger Lieferer (z. B. ein Schweizer Hersteller) seine Lieferungen in Euro fakturiert. Dann **bietet** er in seinem Land Euro gegen Schweizer Franken **an,** d. h., er **fragt** Schweizer Franken **nach.**

2.2.3 Kursbildung

Bei **Sorten** (ausländisches Bargeld) und **Devisen** (Forderungsrechte in Fremdwährung) erfolgt eine **Mengennotierung,** bei der der Kurs angibt, **wie viel Einheiten einer Fremdwährung** (z. B. USD) man für **eine** Einheit der **Binnenwährung** (z. B. Euro) erhält bzw. bezahlen muss (x Fremdwährungseinheiten = 1 EUR).

Beispiel:

Der Kurs für Schweizer Franken wird mit 1,20 angegeben. Das bedeutet, dass 1,20 Schweizer Franken einem Euro entsprechen.

Devisen & Sorten

Nicht €-Länder 15.10./1 Euro =	Sorten Ankauf/Verkauf	Devisen Geld/Brief
Australischer Dollar	1,53/1,74	1,6197/1,6397
Dänische Kronen	7,13/7,88	7,4499/7,4899
Britisches Pfund	0,83/0,90	0,8687/0,8727
Hongkong-Dollar	7,32/10,12	8,5845/8,6846
Japanische Yen	113,73/127,84	118,95/119,43
Kanadischer Dollar	1,39/1,55	1,4504/1,4624
Norwegische Kronen	9,69/10,71	10,046/10,094
Polnischer Zloty	3,84/4,93	4,2715/4,3195
Schwedische Kronen	10,39/11,55	10,802/10,850
Schweizer Franken	1,06/1,14	1,096/1,1007
Südafrikanischer Rand	14,53/18,52	16,232/16,472
Thailändischer Baht	26,18/39,34	32,930/33,930
Türkische Lira	6,20/6,89	6,4312/6,5312
Ungarischer Forint	279,77/409,92	329,90/335,10
US-Dollar	1,04/1,17	1,0976/1,1036

Quelle: Schaumburger Nachrichten vom 17. 10. 2019, S. 6 (Auszug).

- Die Kreditinstitute nehmen den Kauf bzw. den Verkauf von Devisen und Noten **nicht kostenlos** vor. Die Hereinnahme von **Devisen** erfolgt zum sogenannten **Geldkurs,** der Verkauf zum höheren **Briefkurs.**
- Die Hereinnahme von **Noten** wird zum **Ankaufskurs,** der Verkauf zum höheren **Verkaufskurs** vorgenommen.

Die Differenz zwischen den höheren Brief- bzw. Verkaufskursen und den niedrigeren Geld- bzw. Ankaufskursen dient den Kreditinstituten der **Kostendeckung** und Gewinnerzielung.

Wie beim Gütermarkt gehen wir von einer normalen Nachfrage nach Binnenwährung (Devisenangebot) und von einem normalen Angebot von Binnenwährung (Devisennachfrage) aus.

- Mit **steigendem** Kurs **sinkt** die **Nachfrage** nach **Binnenwährung** (steigt das Devisenangebot).
- Mit **sinkendem** Kurs **steigt** die **Nachfrage** nach **Binnenwährung** (sinkt das Devisenangebot).
- Mit **steigendem** Kurs **steigt** das **Angebot** von **Binnenwährung** (sinkt die Devisennachfrage).
- Mit **sinkendem** Kurs **sinkt** das **Angebot** von **Binnenwährung** (steigt die Devisennachfrage).

Die Gründe sind u. a. folgende:

- **Steigt der Kurs,** wird die Binnenwährung für die Handelspartner teurer (z. B. 1,30 USD für 1,00 EUR, jetzt 1,35 USD für 1,00 EUR). Die Folge ist, dass der **Export abnimmt** und weniger Devisen erlöst werden. Die Nachfrage nach Binnenwährung sinkt, weil weniger Devisen erlöst werden.
- **Sinkt der Kurs,** wird die Binnenwährung für die Handelspartner billiger. Der **Export nimmt zu.** Die Nachfrage nach Binnenwährung steigt, weil mehr Devisen erlöst werden.

- **Steigt der Kurs,** bedeutet das für die Importeure (und letztlich auch für die Verbraucher), dass die Fremdwährung billiger wird (bisher 1,30 USD für 1,00 EUR, jetzt 1,35 USD für 1,00 EUR). Die Folge ist, dass jetzt **mehr importiert** wird. Die Nachfrage nach Devisen steigt, d. h., es wird mehr Inlandswährung angeboten.
- **Sinkt der Kurs,** wird die Fremdwährung für die Importeure (und letztlich auch für die Verbraucher) teurer. Der **Import nimmt ab.** Die Nachfrage nach Devisen sinkt, d. h., es wird weniger Inlandswährung angeboten.

2.2.4 Gleichgewichtskurs

Der **Gleichgewichtskurs** ist der Kurs, der Devisenangebot (Nachfrage nach Binnenwährung) und Devisennachfrage (Angebot von Binnenwährung) zum Ausgleich bringt.

Beim Gleichgewichtskurs kommen auf dem Devisenmarkt alle **Anbieter** zum Zuge, die **mindestens** zu diesem Kurs Binnenwährung verkaufen wollen, und alle **Nachfrager,** die **höchstens** zu diesem Kurs Binnenwährung zu kaufen bereit sind. (Anbieter von Binnenwährung = Nachfrager nach Devisen; Nachfrager nach Binnenwährung = Anbieter von Devisen.)

Wie auf jedem Markt verschieben sich Währungsangebot und Währungsnachfrage ständig. Diese Verschiebungen haben vielerlei Gründe.

Gleichgewichtskurs

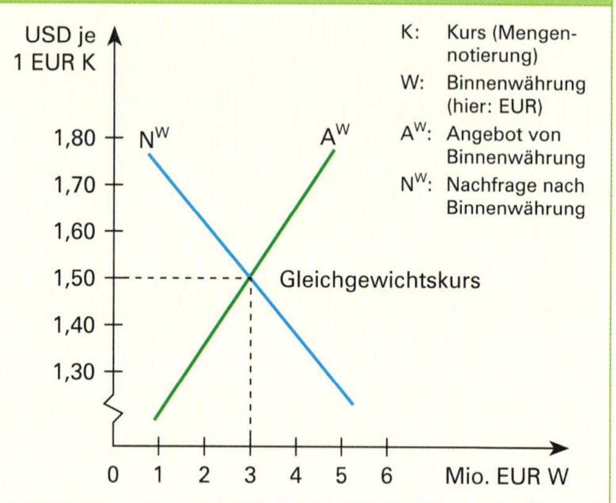

Beispielhaft seien genannt:

- **Unterschiedliche Inflationsraten in den einzelnen Währungsgebieten.** In Währungsgebieten mit hohen Inflationsraten verschlechtern sich i. d. R. die Exportchancen, sodass sich die Nachfragekurve nach Binnenwährung „nach links" verschiebt.
- **Spekulative Gründe.** Internationale Geldanleger (z. B. Kreditinstitute, Investmentfonds) rechnen damit, dass der Kurs einer Währung sinkt. Die Nachfrage nach dieser Währung, d. h. das Angebot von Binnenwährung, nimmt zu. Die Angebotskurve verschiebt sich nach „rechts".

Beispiel:

Ein Geldanleger rechnet damit, dass der Kurs des USD sinkt. Angenommen, er kauft 100 000,00 USD zum Kurs von 1,10 je 1,00 EUR. Dann muss der Anleger 90 909,09 EUR bezahlen. Sinkt der Kurs des USD auf 1,00 je 1,00 EUR, erhält der Geldanleger für seine USD 100 000,00 EUR.

2.3 Verschiedene Wechselkurssysteme

Das **Wechselkurssystem** bestimmt, **wie** sich das **Austauschverhältnis der Währungen** untereinander – also der Wechselkurs – bildet.

Grundsätzlich lassen sich **drei Wechselkurssysteme** unterscheiden:

- das System **freier** Wechselkurse,
- das System **relativ fester** Wechselkurse sowie
- das System **fester** Wechselkurse.

2.3.1 System der freien (flexiblen) Wechselkurse

Bei dem **System der freien (flexiblen) Wechselkurse** bilden sich die Wechselkurse durch Angebot und Nachfrage frei am Markt **(„Floating“).**

Änderungen von Devisenangebot und Nachfrage werden z. B. hervorgerufen durch:

- Ex- und Importgeschäfte von Waren und Dienstleistungen (inklusive Auslandsreiseverkehr),
- grenzüberschreitende Kapitalanlagen und Investitionen,
- Devisenspekulationen oder
- unentgeltliche Übertragungen.

Wie sich der Wechselkurs durch Verschiebungen von Devisenangebot und -nachfrage ändert, soll anhand der nachfolgenden Beispiele verdeutlicht werden.

(1) Zunahme der Devisennachfrage

Beispiel:

Angenommen, die Nachfrage nach Euro steigt durch einen den Import **übersteigenden** Export von Gütern aus Deutschland in die USA (**aktive** Außenhandelsbilanz). Als Folge dieser Situation fragen die amerikanischen Importeure verstärkt Euro nach, um die auf **Euro** lautenden Rechnungen begleichen zu können (vorausgesetzt die Exporteure sind in der starken Position, die Rechnung zum Ausschluss von Währungsrisiken in Euro zu fakturieren).

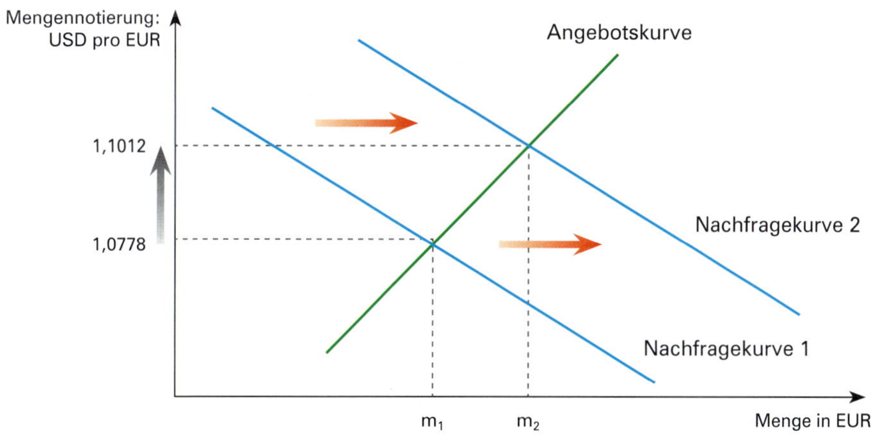

Erläuterungen:

- Wie aus der Abbildung ersichtlich, führt die **Zunahme der Devisennachfrage** nach Euro und die damit verbundene **Rechtsverschiebung** der **Nachfragekurve** (von N_1 nach N_2) zu einem **Kursanstieg** des Euro (der Währung des **exportierenden** Landes) im Vergleich zum USD.
- Der **Wert des Euro** ist im Vergleich zum Wert des US-Dollar **angestiegen.** Erhielt man vor der Ausweitung der Nachfrage nach Euro noch 1,0778 USD, so hat sich durch die Nachfrageverschiebung das Austauschverhältnis zugunsten des Euro auf 1,1012 USD **erhöht.** Die **ausländischen Importeure** müssen also für die gleiche Gütermenge **mehr Dollar** ausgeben, wodurch sich der Import für sie verteuert.

- Der Prozess der **Erhöhung des Preises der einheimischen Währung** (hier: EUR) gegenüber ausländischen Währungseinheiten (hier: USD) wird als **Aufwertung** bezeichnet.
- Die **Aufwertung der inländischen Währung** gegenüber der ausländischen Währung **bedeutet** gleichzeitig eine **Abwertung der ausländischen Währung** gegenüber der inländischen Währung.

Die wichtigsten **Folgen der Aufwertung**:

Für das „aufwertende“ Land („Euroland“)	Für das „abwertende“ Land (USA)
■ **Verteuerung** der **Exportgüter** und damit Rückgang des Exports. ■ **Verbilligung** der **Importgüter** und somit Importanstieg.	■ **Verteuerung** der **Importgüter** und damit Rückgang des Imports. ■ **Verbilligung** der **Exportgüter** und somit Exportanstieg.
Beispiel: Ein deutscher Importeur kauft eine Maschine in den USA zum Preis von 500 000,00 USD. Vor der **Euro-Aufwertung** musste er hierfür 500 000 USD : 1,0778 USD/EUR = 463 907,96 EUR zahlen; nach der Euro-Aufwertung kostet ihn die gleiche Maschine nur noch 500 000 USD : 1,1012 USD/EUR = 454 050,13 EUR.	**Beispiel:** Ein amerikanischer Importeur kauft eine Maschine aus Deutschland zum Preis von 250 000,00 EUR. Vor der **US-Dollar-Abwertung** musste er hierfür 250 000,00 EUR · 1,0778 USD/EUR = 269 450,00 USD zahlen; nach der US-Dollar-Abwertung kostet ihn die gleiche Maschine 250 000,00 EUR · 1,1012 USD/EUR = 275 300,00 USD.
Konsequenzen: Export geht zurück, Import steigt, Tendenz zum Gleichgewicht zwischen Ex- und Import (Außenhandelsbilanzüberschuss sinkt).	**Konsequenzen:** Import geht zurück, Export steigt, Tendenz zum Gleichgewicht zwischen Ex- und Import (Außenhandelsbilanzdefizit sinkt).

(2) Zunahme des Devisenangebots

Beispiel:

Im **umgekehrten Fall,** wenn also deutsche Unternehmen mehr Güter aus den USA importieren als in die USA exportieren, der Import den Export also **übersteigt** (**passive** Außenhandelsbilanz), bieten die inländischen Unternehmen als Folge dieser Entwicklung in großem Maße Euro an, um US-Dollar zur Begleichung der in Dollar fakturierten Rechnungen zu erwerben.

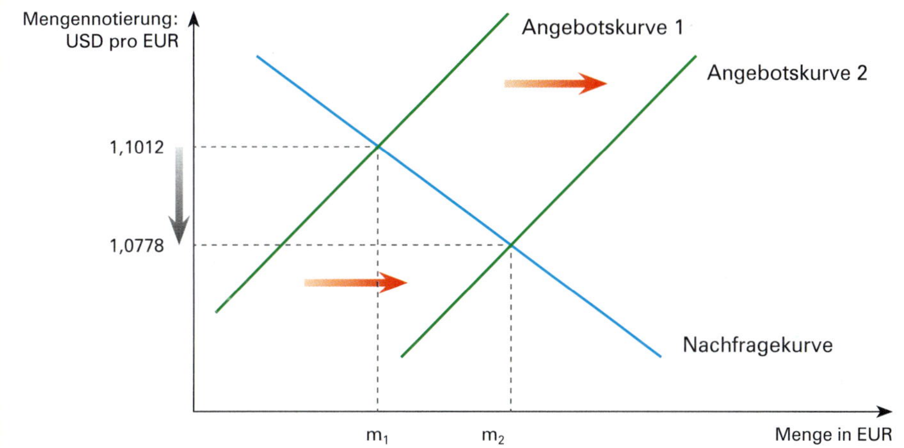

Erläuterungen:

- Wie aus der Abbildung ersichtlich, führt diese **Zunahme des Angebots** an Euro zu einer **Rechtsverschiebung** der **Angebotskurve** (von A_1 nach A_2) und somit zu einem **Kursrückgang** des Euro (der Währung des importierenden Landes) im Vergleich zum US-Dollar.
- Der **Wert des Euro** ist im Vergleich zum US-Dollar **gefallen.** Erhielt man vor der Ausweitung der Angebots an Euro noch 1,1012 USD, so hat sich durch die Angebotsverschiebung das Austauschverhältnis zulasten des Euro auf 1,0778 USD **verschlechtert.** Die **inländischen Importeure** müssen also für die gleiche Gütermenge mehr Euro ausgeben, wodurch sich der Import für sie verteuert.

- Der Prozess der **Herabsetzung des Preises der einheimischen Währung** (hier: Euro) gegenüber ausländischen Währungseinheiten (hier: US-Dollar) wird auch als **Abwertung** bezeichnet.
- Die **Abwertung der inländischen Währung** gegenüber der ausländischen Währung **bedeutet** gleichzeitig eine **Aufwertung der ausländischen Währung** gegenüber der inländischen Währung.

Die wichtigsten **Folgen der Abwertung**:

Für das „abwertende“ Land („Euroland“)	Für das „aufwertende“ Land (USA)
■ **Verbilligung** der **Exportgüter** und damit Anstieg des Exports. ■ **Verteuerung** der **Importgüter** und somit Importrückgang.	■ **Verbilligung** der **Importgüter** und damit Anstieg des Imports. ■ **Verteuerung** der **Exportgüter** und somit Exportrückgang.
Beispiel: Ein deutscher Importeur kauft eine Maschine in den USA zum Preis von 500 000,00 USD. Vor der **Euro-Abwertung** musste er hierfür 500 000 USD : 1,1012 USD/EUR = 454 050,13 EUR zahlen; nach der Euro-Abwertung kostet ihn die gleiche Maschine 500 000 USD : 1,0778 USD/EUR = 463 907,96 EUR.	**Beispiel:** Ein amerikanischer Importeur kauft eine Maschine aus Deutschland zum Preis von 250 000,00 EUR. Vor der **US-Dollar-Aufwertung** musste er hierfür 250 000 EUR · 1,1012 USD/EUR = 275 300,00 USD zahlen; nach der US-Dollar-Aufwertung kostet ihn die gleiche Maschine nur noch 250 000 EUR · 1,0778 USD/EUR = 269 450,00 USD.
Konsequenzen: Export steigt, Import geht zurück, Tendenz zum Gleichgewicht zwischen Ex- und Import (Außenhandelsbilanzdefizit sinkt).	**Konsequenzen:** Export geht zurück, Import steigt, Tendenz zum Gleichgewicht zwischen Ex- und Import (Außenhandelsbilanzüberschuss sinkt).

(3) Bedeutung des Systems flexibler Wechselkurse

Welche Folgen die Aufwertung bzw. Abwertung von Währungen auf die **Verbraucherpreise** haben, verdeutlicht nachfolgende Abbildung.

Folgen von Wechselkursveränderungen auf die Verbraucherpreise
(Schematische und stark vereinfachte Darstellung)

	↑ Aufwertung	↓ Abwertung
Importe:	↓ günstiger	↑ teurer
Exporte:	↑ teurer	↓ günstiger
Güternachfrage im Inland: (Annahme gleichbleibendes Angebot)	↓ sinkt	↑ steigt
Preise (Preisniveau)	↓ sinken	↑ steigen

Quelle: Deutsche Bundesbank, Geld und Geldpolitik, Frankfurt 2010.

2.3.2 System relativ fester (stabiler) Wechselkurse

(1) Begriff und Wirkungsweise

Das **System relativ**[1] **fester Wechselkurse** lässt bestimmte **Schwankungsbreiten** der Kurse zu.

Wenn im Folgenden von festen (gebundenen) Wechselkursen die Rede ist, sind **immer die relativ festen** Wechselkurse gemeint. Das Wesen der relativ festen Wechselkurse besteht darin, dass die Regierungen sogenannte **Paritäten** (Leitkurse) miteinander vereinbaren, wobei die Kurse nach oben und unten mit einem bestimmten Prozentsatz (z. B. je 2,5 %) vom Leitkurs abweichen dürfen. Die zugelassene Schwankungsbreite (z. B. 5 %) wird als **Bandbreite** oder auch als **„Zielzone"** bezeichnet.

Beispiel:

Angenommen, zwischen dem Land A und dem Land B wurde eine **Parität (Leitkurs)** von 2 : 1 vereinbart. Dies bedeutet, dass man für 2 GE der Währung A 1 GE der Währung B erhält. Bei einer Bandbreite von 2,5 % darf der Kurs dann höchstens auf 2,05 steigen und nicht weniger als auf 1,95 sinken.

Würde der Kurs aufgrund gestiegener Nachfrage nach Währung B oder aufgrund gesunkenen Angebots von Währung B *über* 2,05 steigen, müsste die Zentralbank des Landes B eingreifen (intervenieren), indem sie Devisen von Land A kauft (Devisen von Land B verkauft), um den Kurs zu senken. Die obere Grenze der Bandbreite heißt deswegen **oberer Interventionspunkt.**

Droht hingegen der Kurs *unter* 1,95 zu fallen, weil die Nachfrage nach Devisen von Land B abgenommen oder das Angebot von Devisen von Land B zugenommen hat, muss die Zentralbank des Landes B eingreifen (intervenieren), d. h. Devisen von Land B aus ihren Devisenvorräten verkaufen (Devisen von Land B kaufen), um den Kurs zu heben. Die untere Grenze der Bandbreite wird deshalb als **unterer Interventionspunkt** bezeichnet.

Mögliche Kursentwicklung aus der Sicht des Landes B bei relativ festen Wechselkursen („Währungsschlange")

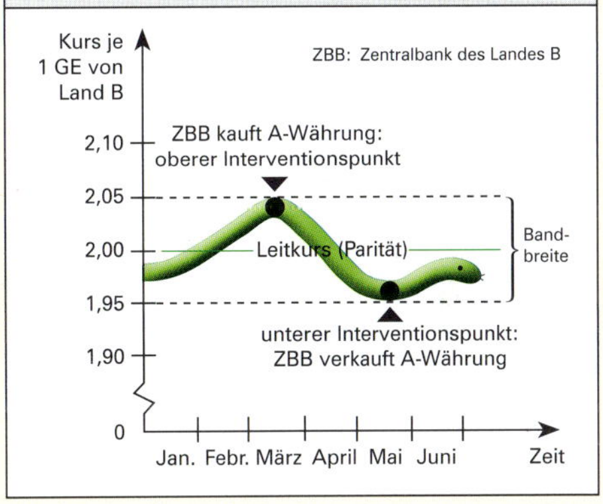

(2) Bedeutung des Systems relativ fester Wechselkurse

Der Vorteil fester Devisenkurse ist, dass der Wirtschaft **sichere Kalkulationsgrundlagen** geboten werden. Die Gefahr eines plötzlichen Kursverfalls oder eines unerwarteten Kursanstiegs ist weitgehend gebannt.

Die Nachteile dürfen jedoch nicht übersehen werden. So kann z. B. eine Zentralbank nur so lange Devisen verkaufen, um den Kurs nicht unter den unteren Interventionspunkt fallen zu lassen, wie sie über Devisen verfügt. Sind ihre **Devisenvorräte erschöpft,** muss

1 **Relativ:** verhältnismäßig.

der Leitkurs (die Parität) **herabgesetzt,** d.h. die eigene Währung **abgewertet** werden. Die neue Parität muss mindestens so hoch sein wie der Kurs, der sich bei freien Wechselkursen ergeben würde. Währungen, die laufend abgewertet werden müssen, heißen **weiche Währungen.**[1]

(3) Wechselkursmechanismus II (WKM II)

Der **W**echsel**k**urs**m**echanismus II (WKM II) ist die **Fortsetzung des WKM I** zwischen der WWU und den Mitgliedsländern der Europäischen Union, die noch nicht der WWU angehören wollen bzw. aufgenommen werden können. **„Ankerwährung"**[2] ist der **Euro.**

Wichtige Regelungen für den WKM II sind:[3]

- Die **Teilnahme** ist **freiwillig.**
- Die **Leitkurse** der Outs[4] werden auf den Euro **festgelegt.**
- Derzeit nimmt mit **Dänemark** nur ein Land am WKM II teil. **Kroatien** hat für 2020 einen Antrag auf Teilnahme gestellt.
- Sind **Interventionen** an den Interventionspunkten erforderlich, sollen diese grundsätzlich **automatisch und unbegrenzt** erfolgen. Die Interventionen dienen der Verteidigung der Wechselkurse.
- Die EZB kann **Interventionen aussetzen,** wenn diese das Hauptziel der EZB, nämlich die **Geldwertstabilität, gefährden können.**

2.3.3 System absolut fester Wechselkurse

Bei dem **System absolut fester Wechselkurse** erfolgt die Verrechnung von Lieferungen und Leistungen über von den **Regierungen** festgelegten Verrechnungseinheiten.

Da der Wechselkurs **nicht** den **Marktverhältnissen entspricht,** sind die ausländischen Exporteure zumeist **nicht bereit,** Güter und Dienstleistungen gegen diese Währung zu **verkaufen.** Dieser Umstand zwingt die Länder mit festen Wechselkursen dazu, die knappen Devisen zu bewirtschaften **(Devisenbewirtschaftung).** Die für den Import in Ländern mit derartigem Wechselkurssystem (z.B. in einigen Staaten Schwarzafrikas) benötigten Devisen werden meist auf Antrag zugeteilt.

1 **Weiche Währungen:** schwache Währungen. Der Begriff „weiche Währung" wurde seit 1973 auch auf floatende Währungen übertragen, nämlich auf Währungen, deren Außenwert laufend sinkt.

2 **Ankerwährung:** Währung, zu der Fremdwährungen in einem absolut oder relativ festen Umtauschverhältnis stehen, mit der sie also mehr oder weniger fest „verankert" sind.

3 Stand: Seit 1. Januar 2020.

4 **Outs** (engl.): Außenstehende.

2.3.4 Zusammenfassender Überblick über internationale Währungsordnungen

Überblick über mögliche internationale Wechselkurssysteme (Währungsordnungen)

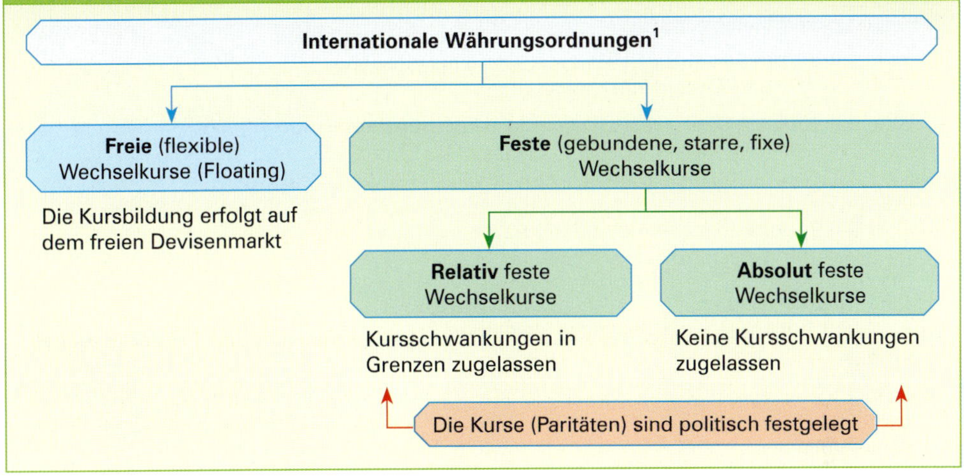

Kompetenztraining

37 1. Definieren Sie kurz die Begriffe absolut feste und relativ feste Wechselkurse!

2. Die nebenstehende Abbildung zeigt die Situation auf einem Devisenmarkt bei relativ festen Wechselkursen.

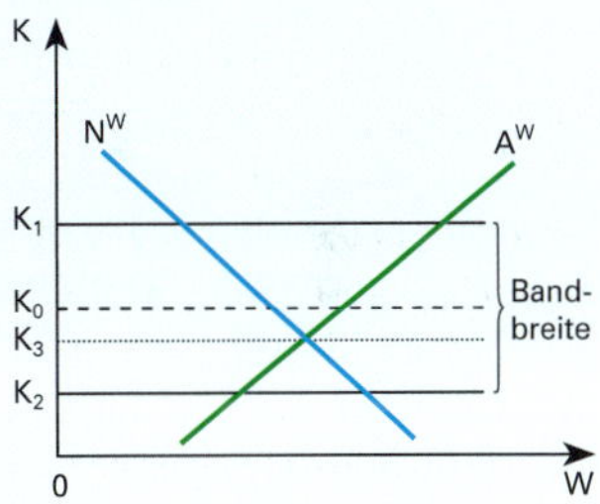

Aufgaben:

2.1 Entscheiden Sie, wie die Kurse K_0, K_1, K_2 und K_3 bezeichnet werden!

2.2 Definieren Sie die unter 2.1 genannten Begriffe!

2.3 Prüfen Sie, ob die Zentralbank eingreifen muss! Begründen Sie Ihre Antwort!

Die Abkürzungen bedeuten:
K: Kurs (Mengennotierung); A^W: Angebot von Binnenwährung;
N^W: Nachfrage nach Binnenwährung; W: Binnenwährung.

3. Die nebenstehende Abbildung zeigt die Situation auf einem Devisenmarkt bei relativ festen Wechselkursen.

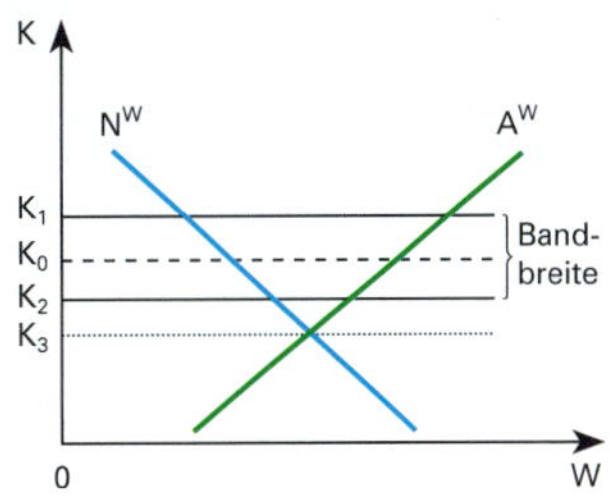

Aufgaben:

3.1 Entscheiden Sie, wie die Kurse K_0, K_1, K_2 und K_3 bezeichnet werden!

3.2 Prüfen Sie, ob die Zentralbank eingreifen muss! Begründen Sie Ihre Entscheidung!

3.3 Erläutern Sie, welche Folgen sich langfristig für die Binnenwirtschaft ergeben!

1 **Währungsordnungen** (Wechselkurssysteme) werden auch als Wechselkursregime bezeichnet. Regime (frz.) bedeutet in diesem Zusammenhang „herrschende Ordnung“.

4. Die nebenstehende Abbildung zeigt die Situation auf einem Devisenmarkt bei relativ festen Wechselkursen.

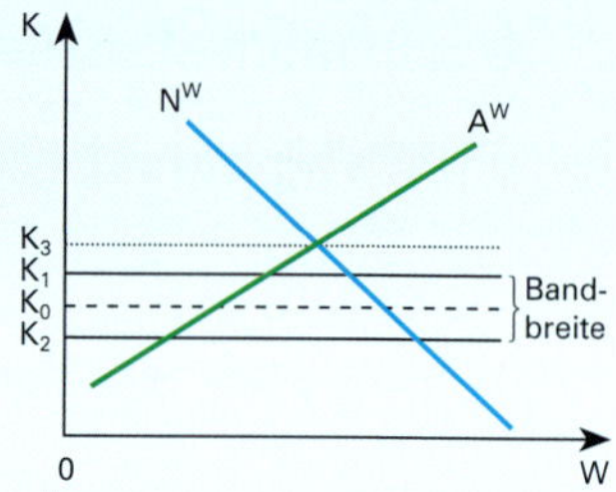

Aufgaben:

4.1 Entscheiden Sie, wie die Kurse K_0, K_1, K_2 und K_3 bezeichnet werden!

4.2 Prüfen Sie, ob die Zentralbank eingreifen muss! Begründen Sie Ihre Entscheidung!

4.3 Erläutern Sie, welche Folgen sich langfristig für die Binnenwirtschaft ergeben!

5. Angenommen, der Kurs der norwegischen Krone sinkt von 9,00 auf 8,50 NOK je 1,00 EUR. Ein Spekulant kauft für 250 000,00 EUR norwegische Kronen zum Kurs von 9,00 EUR und verkauft diese zum Kurs von 8,50.

Aufgabe:

Berechnen Sie das Spekulationsergebnis!

6. Überprüfen Sie, ob Sie sich in der Vielfalt der Kursangaben zurechtfinden! (Bankgebühren bleiben außer Betracht.)

Aufgaben:

6.1 Ein in Deutschland ansässiger Importeur möchte eine Eingangsrechnung über 98 000,00 USD bezahlen. Der Geldkurs des USD beträgt 1,02, der Briefkurs 1,03 (Mengennotierung). Berechnen Sie, mit wie viel Euro ihn seine Bank belastet!

6.2 Eine deutsche Maschinenfabrik liefert Maschinen für 240 000,00 USD in die USA. Berechnen Sie, welchen Betrag in Euro die Bank der Maschinenfabrik gutschreibt, wenn der Geldkurs des Dollars 1,015 und der Briefkurs 1,022 betragen (Mengennotierung)!

6.3 Die Maschinenfabrik verkauft auch Maschinen in die Schweiz. Dem Schweizer Importeur wurde eine Maschine mit 235 000,00 EUR in Rechnung gestellt. Er bezahlte mit 347 800,00 CHF. Der Geldkurs beträgt 1,48 und der Briefkurs 1,50 (Mengennotierung). Prüfen Sie nach, ob die Überweisung in Ordnung ist!

6.4 Ein deutsches Importunternehmen kauft in Großbritannien Herrenanzüge zum Preis von 278 000,00 GBP. Der britische Exporteur wünscht Zahlung durch Banküberweisung in englischen Pfund (GBP). Berechnen Sie, mit wie viel Euro die Bank das deutsche Importunternehmen belastet! Das englische Pfund notiert mit 0,6025 (Geld) bzw. 0,6065 (Brief).

6.5 Frau Erika Winterhalder will in der Schweiz Urlaub machen und sich in Deutschland mit dem nötigen Bargeld versehen. (Größere Beträge will sie mit ihrer Kreditkarte bezahlen.) Am Bankschalter liest sie „CHF Verkauf 61,00 CHF, Ankauf 63,20 CHF." Ermitteln Sie, wie viel Schweizer Franken sie für 250,00 EUR erhält!

6.6 Von ihrer Schweizreise bringt Frau Winterhalder noch 120,00 CHF zurück nach Deutschland. Inzwischen hat sich der Kurs verändert. Am Bankschalter steht zu lesen: „CHF Verkauf 60,50 CHF, Ankauf 62,70 CHF". Berechnen Sie, wie viel Euro Frau Winterhalder für die 120,00 CHF erhält!

Bankübliche Abkürzungen für Devisen	
AUD	Australische Dollar
CAD	Kanadische Dollar
CHF	Schweizer Franken
DKK	Dänische Krone
EUR (€)	Euro
GBP (£)	Englisches Pfund
JPY	Japanische Yen
NOK	Norwegische Krone
TRL	Türkische Lira
USD ($)	US-Dollar

7. 7.1 Erklären Sie den Begriff „Floating"!

   7.2 Nennen Sie drei Gründe für einen im Verhältnis zum USD steigenden Euro!

   7.3 Flexible Wechselkurse führen bei Ungleichgewichten von Export und Import mittelfristig zu einem Gleichgewicht dieser beiden Größen. Nehmen Sie an, der Export von Deutschland in die USA (Fakturierung in Euro) sei größer als der Import (Fakturierung in USD). Erläutern Sie die mittelfristige Wirkung bei flexiblen Wechselkursen aus dem Blickwinkel Deutschlands auf

   7.3.1 Euronachfrage,
   7.3.2 Dollarangebot,
   7.3.3 Eurokurs,
   7.3.4 Dollarkurs,
   7.3.5 Exporte und
   7.3.6 Importe!

   7.4 Erläutern Sie kurz ein Argument für und gegen das System flexibler Wechselkurse!

   7.5 Angenommen, auf dem Devisenmarkt steigt der Wechselkurs für 1,00 EUR von 1,3100 USD auf 1,5585 USD. Ein in Deutschland gefertigter Sportwagen kostet in der Bundesrepublik Deutschland 59 900,00 EUR. Berechnen Sie, zu welchem USD-Preis dieser Pkw vor und nach der Wechselkursänderung in den USA angeboten werden kann, wenn sich die Gewinnspanne des Anbieters nicht ändern soll! Transportkosten, Zölle etc. bleiben bei der Betrachtung außen vor.

8. **Kausalkette**

   In der folgenden Grafik werden die Beziehungen zwischen Preisniveau, Import und Export bei flexiblen Wechselkursen dargestellt. Skizzieren Sie die voraussichtliche Wirkung mittels Pfeilen. Benutzen Sie hierzu Pfeile, die anzeigen: steigt, sinkt oder bleibt unverändert!

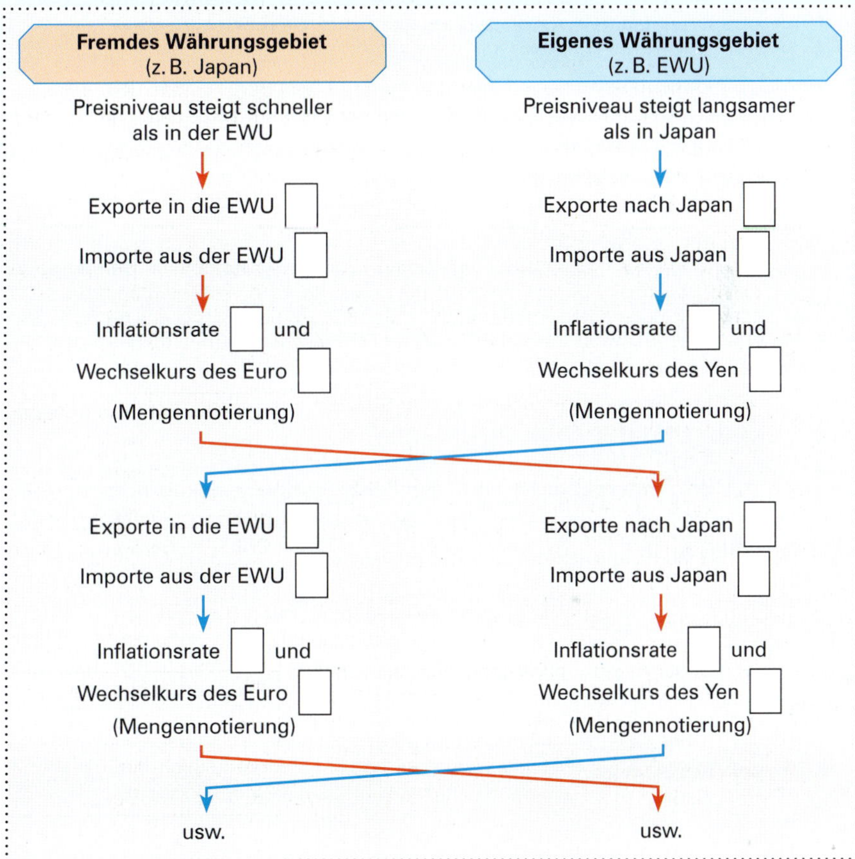

3 Instrumente der Außenhandelspolitik im Hinblick auf ihre Zielwirksamkeit beurteilen

3.1 Begriff der Zahlungsbilanz

Die **Zahlungsbilanz** eines Landes ist eine **systematische Zusammenfassung** aller ökonomischen Transaktionen zwischen Inländern und Ausländern während eines bestimmten Zeitraumes, in der Regel eines Jahres.

Zu den **Inländern** zählen alle Wirtschaftseinheiten mit ständigem Wohnsitz oder Aufenthalt im Inland.

Da in der Zahlungsbilanz **keine Bestände,** sondern nur **Stromgrößen** (Veränderungen) erfasst werden, lässt sich grundsätzlich nicht die Höhe der einzelnen Bestände (im Sinne einer Bestandsbilanz), sondern nur die **Veränderungen** innerhalb einer abgeschlossenen Periode **(Bewegungsbilanz)** erkennen.

Wesentliche **Aufgabe der Zahlungsbilanz** ist die Bereitstellung der Datenbasis für

- die **Geld- und Währungspolitik** und die übrige Wirtschaftspolitik sowie
- wesentliche Bestandteile der **Volkswirtschaftlichen Gesamtrechnungen.**

In der Regel kann es sich kein Land **auf Dauer** leisten, dass sich die inländischen Wirtschaftseinheiten zunehmend gegenüber dem Ausland **verschulden.** Um also die Vorteile der internationalen Arbeitsteilung zu nutzen, müssen sich die Außenwirtschaftsbeziehungen **langfristig** etwa **gleichgewichtig** entwickeln.

Der **Saldo der Leistungsbilanz** gilt allgemein als **Maßstab** für das **außenwirtschaftliche Gleichgewicht.** Das **Ziel** gilt theoretisch als **erreicht,** wenn der **Saldo** gleich **null** ist.

3.2 Gliederung der Zahlungsbilanz

Je nach **Art der Transaktionen** wird die **Zahlungsbilanz der Bundesrepublik Deutschland** in verschiedene **Teilbilanzen,** die nach **wirtschaftlichen Gesichtspunkten** gebildet werden, untergliedert.

Zum **Inland** zählt das Wirtschaftsgebiet der Bundesrepublik Deutschland. Zum **Ausland** zählen alle anderen Länder.

Wichtige Teilbilanzen sind die **Leistungsbilanz, Vermögensübertragungen** und die **Kapitalbilanz.**

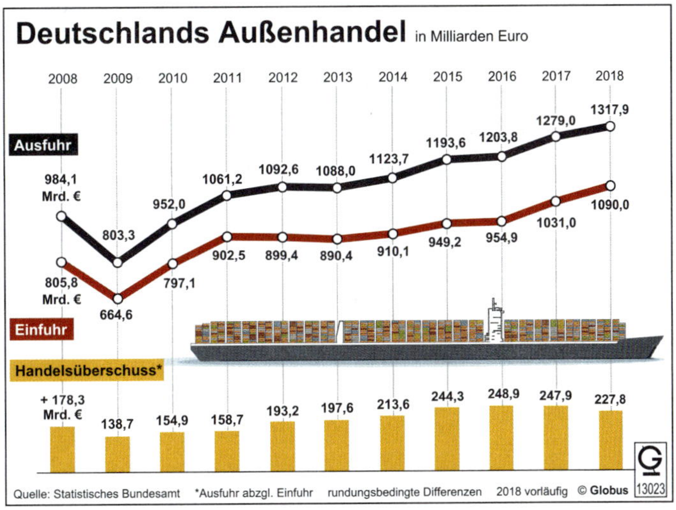

Deutschlands Außenhandel hat 2018 neue Rekordmarken erreicht: Mit Ausfuhren im Wert von 1 317,9 Mrd. EUR lagen die deutschen Exporte um 3,0 % über dem Vorjahresergebnis. Die Importe stiegen um 5,7 % auf 1 090 Mrd. EUR. Im Ergebnis erreichte der Überschuss im Außenhandel einen Wert von 227,8 Mrd. EUR. Im Jahr zuvor betrug der Überschuss 247,9 Mrd. EUR. Besonders positiv im Vergleich zum Vorjahr entwickelte sich der Export in die Partnerländer der Eurozone, dort gab es ein Plus von 4,5 %. Bei den Importen gab es mit 6,9 % ebenfalls das größte Plus mit der Eurozone. – Die hohen deutschen Handelsüberschüsse werden allerdings nicht nur positiv gesehen. Denn ihnen stehen logischerweise Defizite anderer Länder gegenüber, die von Deutschland mehr Waren kaufen, als sie selbst nach Deutschland liefern.

Teilbilanzen	Erläuterungen
I. Leistungsbilanz	Die Leistungsbilanz erfasst die Übertragungen mit dem Ausland, die Einfluss auf Einkommen und Verbrauch haben. Die Leistungsbilanz umfasst:

- den **Außenhandel** (Warenausfuhr und -einfuhr), einschließlich der **Ergänzungen zum Warenverkehr** sowie den Transithandel. Übersteigen die Exporte die Importe, spricht man von einer **aktiven Handelsbilanz.** Sind hingegen die Importe größer als die Exporte, liegt eine **passive Handelsbilanz** vor.

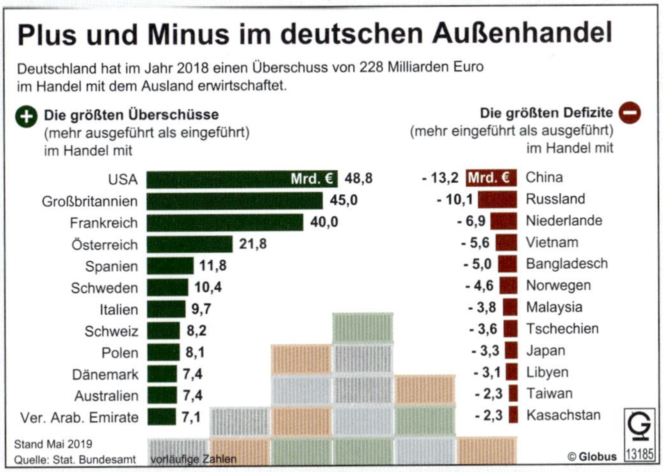

- die **Dienstleistungen,** also die Export- und Importwerte verschiedenartiger immaterieller Güter. Hierzu zählen der touristische Reiseverkehr (Ausgaben von Inländern im Ausland stellen Dienstleistungsimporte dar, wohingegen Ausgaben von Ausländern im Inland zu den Dienst-

Teilbilanzen	Erläuterungen
	leistungsexporten zählen), Transporte, Lohnfertigungsentgelt und Reparaturen, Telekommunikation, die Finanzdienstleistungen, Patente und Lizenzen sowie Regierungsleistungen. Die Dienstleistungsbilanz ist **aktiv,** wenn die Exporte die Importe übersteigen; im umgekehrten Fall handelt es sich um eine passive Dienstleistungsbilanz. Die traditionell **passive** Dienstleistungsbilanz der Bundesrepublik Deutschland ist in erster Linie auf den negativen Saldo im Reiseverkehr zurückzuführen. Der **Saldo** aus **Außenhandel** einschließlich der Ergänzungen zum Warenhandel und **Dienstleistungen** wird als **Außenbeitrag** (zum BIP) bezeichnet. ■ die **Primäreinkommen:** Hierbei handelt es sich hauptsächlich um die Erfassung der Einkommen aus unselbstständiger Arbeit und der Kapitalerträge sowie Produktions- und Importabgaben, Subventionen und Pacht- bzw. Mieteinkommen, die Inländern aus dem Ausland bzw. die Ausländern aus dem Inland zufließen. ■ die laufenden Übertragungen – auch als **Sekundäreinkommen** bezeichnet – sind Geld- und Sachleistungen, denen keine unmittelbaren Gegenleistungen gegenüberstehen. Hierunter fallen beispielsweise Beiträge an internationale Organisationen, private Renten- und Unterstützungszahlungen an Ausländer, staatliche Entwicklungshilfe, Überweisungen der Gastarbeiter an ihre Familien im Ausland.
II. Vermögensänderungsbilanz	Erfasst werden u. a. Vermögensübertragungen, die als **„einmalig"** betrachtet werden können (z. B. Schuldenerlasse, Erbschaften, Schenkungen, Erbschaft- und Schenkungsteuer, Vermögensmitnahmen von Aus- bzw. Einwanderern). Hier wird auch der Kauf/Verkauf von **immateriellen nicht produzierten** Vermögensgütern erfasst, wie z. B. Patente, aktivierter Firmenwert (Goodwill) beim Kauf eines Unternehmens.
III. Kapitalbilanz	Die **Kapitalbilanz einschließlich der Veränderungen der Währungsreserven der Bundesbank** enthält alle Transaktionen,[1] bei denen sich grenzüberschreitende Finanzdispositionen (z. B. Guthaben, Wertpapiere oder Beteiligungen) verändern. ■ **Deutsche Kapitalanlagen im Ausland** (Kapitalausfuhr) führen zu **Forderungen** an das Ausland. ■ **Kapitalanlagen von Ausländern im Inland** (Kapitaleinfuhr) führen zu **Verbindlichkeiten** des Inlandes gegenüber dem Ausland.
IV. Saldo der statistisch nicht aufgliederbaren Transaktionen	Dieser **Restposten** ist erforderlich, um die Zahlungsbilanz statistisch auszugleichen. Hier werden also Beträge aufgenommen, die **statistisch nicht erfasst** werden können, wie etwa sogenannte „Koffergeschäfte", Transaktionen mit Bargeld, Überweisungen unterhalb der Meldegrenze. Des Weiteren werden über diese Bilanz **statistische Ermittlungsfehler** ausgeglichen.

1 **Trans** (lat.): über; **agere** (lat.): führen, Übertragungen.

3.3 Zahlungsbilanzungleichgewichte

3.3.1 Ursachen für Zahlungsbilanzungleichgewichte

Wie bereits erwähnt, ist eine Zahlungsbilanz wegen des Prinzips der doppelten Buchführung **formal immer ausgeglichen,** sodass man sich bei der Beurteilung des Zielerreichungsgrades auf die Analyse verschiedener Teilbilanzen stützt.

Generell erscheint es wirtschaftspolitisch sinnvoll, sich **nicht einseitig** an nur einer Teilbilanz zu orientieren, sondern den außenwirtschaftlichen Informationsgehalt der Zahlungsbilanz durch „kombinierte" Analysen mehrerer Aspekte zu erhöhen.

Um durch **wirtschaftspolitische Maßnahmen** die Umsetzung des Ziels des außenwirtschaftlichen Gleichgewichts innerhalb der Teilbilanzen anzustreben, muss man zunächst die **Gründe** für ein solches **Ungleichgewicht** analysieren.

!

Zu den wichtigsten **Ursachen für Störungen** des **Zahlungsbilanzgleichgewichtes** zählen:

- **Strukturunterschiede** bei der Ausstattung mit **Produktionsfaktoren** (z. B. Boden: Importabhängigkeit rohstoffarmer Länder, Kapital: Unterschiede bei der **Produktionstechnologie,** Arbeit: Unterschiede in Bezug auf berufliches Wissen und Können).
- Unterschiede im **Preisniveau** zwischen In- und Ausland führen in aller Regel zu einem Importüberschuss und somit zu einem Zahlungsbilanzdefizit (wenn das Preisniveau im Ausland niedriger ist als im Inland) bzw. zu einem Exportüberschuss und somit zu einem Zahlungsbilanzüberschuss (wenn das Preisniveau im Ausland höher ist als im Inland).
- Unterschiede beim **Zinsniveau** zwischen In- und Ausland führen zu entsprechenden Kapitalwanderungsbewegungen: Ein im Vergleich zum Ausland höheres Zinsniveau im Inland zieht ausländisches Kapital an, wohingegen ein im Vergleich zum Ausland niedrigeres Zinsniveau im Inland dazu beiträgt, dass inländisches Kapital verstärkt ins Ausland fließt.
- **Politische Entscheidungen** z. B. Ex- oder Importverbote, Handelsbeschränkungen für die Ein- oder Ausfuhr von Waren oder Dienstleistungen, steuerpolitische Maßnahmen (z. B. Umsatzsteuerbefreiung von Exporten), unentgeltliche Leistungen an das Ausland (z. B. Entwicklungshilfe).

3.3.2 Folgen von Zahlungsbilanzungleichgewichten

Ungleichgewichte – beispielsweise bei der Leistungsbilanz – bleiben **dauerhaft** betrachtet nicht ohne Folgen für eine Volkswirtschaft.

Die Folgen, die sich aus Zahlungsbilanzungleichgewichten ergeben können, zeigt nachfolgende Übersicht:

Zahlungsbilanzüberschuss	Zahlungsbilanzdefizit
■ **Inländischer Geldumlauf steigt** wegen der Devisenankäufe durch die Zentralbank (Währungsreserven der Zentralbank steigen an). ■ **Zinsniveau** im Inland **fällt** (bedingt durch steigende Geldmenge).	■ **Inländischer Geldumlauf verringert** sich aufgrund der für den Import erforderlichen Devisenverkäufe der Zentralbank an die Wirtschaftssubjekte (Währungsreserven der Zentralbank nehmen ab).

Zahlungsbilanzüberschuss	Zahlungsbilanzdefizit
▪ **Beschäftigung nimmt zu,** was allerdings eine starke Abhängigkeit der inländischen Beschäftigung vom Ausland zur Folge hat. ▪ Bei Vollbeschäftigung kommt es zu **Preissteigerungen** („importierte Inflation“). ▪ **Anstieg außenpolitischen Drucks,** wenn die Exporte aus konjunkturellen Gründen bei den ausländischen Handelspartnern unerwünscht sind.	▪ **Zinsniveau** im Inland **steigt** (bedingt durch sinkende Geldmenge). ▪ Ein durch hohe Importe bedingtes Zahlungsbilanzdefizit führt zu einem **Rückgang** der **Beschäftigung.** ▪ Rückgang der Preissteigerungsraten; dies führt zu **deflatorischen** Tendenzen auf vollkommenen Märkten. ▪ Zunehmende **Verschuldung** gegenüber dem Ausland.

3.3.3 Maßnahmen zur Beeinflussung des Außenhandels

Wegen der negativen Folgen von Zahlungsbilanzungleichgewichten auf die anderen gesamtwirtschaftlichen Ziele, kommt den wirtschaftspolitischen Maßnahmen zur Behebung dieser Ungleichgewichte große Bedeutung zu.

Dabei lassen sich grundsätzlich zwei Kategorien von Maßnahmen unterscheiden:

- **währungspolitische** Maßnahmen (in Abhängigkeit vom System der Wechselkurse),
- **sonstige** Maßnahmen.

(1) Währungspolitische Maßnahmen

Zahlungsbilanzüberschüsse bzw. -defizite führen aufgrund eines erhöhten Devisenangebots bzw. einer erhöhten Devisennachfrage zu Wechselkursschwankungen.

Bei **flexiblen** Wechselkursen kann es theoretisch aufgrund der Kursschwankungen zu einem **automatischen Ausgleich** der Zahlungsbilanz kommen. So führt beispielsweise bei einem Zahlungsbilanzüberschuss (Zahlungsbilanzdefizit) das damit einhergehende steigende (sinkende) Devisenangebot tendenziell zu einem sinkenden (steigenden) Devisenkurs. Hierdurch verteuern (verbilligen) sich die Exporte, wohingegen die Importe billiger (teurer) werden. Als Folge dieses **„Wechselkursmechanismus“** tendiert die Zahlungsbilanz zum Ausgleich, da durch die „Aufwertung“ der inländischen Währung die Exporte (Importe) nunmehr zurückgehen, wohingegen die Importe (Exporte) zunehmen.

(2) Sonstige wirtschaftspolitische Maßnahmen

Zahlungsbilanzüberschuss	Zahlungsbilanzdefizit
Bei einem Zahlungsbilanzüberschuss besteht die Aufgabe der Wirtschaftspolitik darin, die **Exporte** zu **drosseln** und gleichzeitig die **Importe** zu **erhöhen.** 1. **Expansive** Wirtschaftspolitik (Erhöhung der inländischen Nachfrage): Einleitung **nachfragesteigernder Maßnahmen** im Inland zur Senkung des Exportes bzw. Steigerung des Importes.	Bei einem Zahlungsbilanzdefizit besteht die Aufgabe der Wirtschaftspolitik darin, die **Exporte** zu **erhöhen** und gleichzeitig die **Importe** zu **drosseln.** 1. **Kontraktive** Wirtschaftspolitik (Dämpfung der inländischen Nachfrage): Exportchancen steigen bzw. Importe gehen zurück, wenn das **inländische Preisniveau sinkt.**

Zahlungsbilanzüberschuss	Zahlungsbilanzdefizit
2. **Preispolitische Maßnahmen** durch Zoll- oder Subventionspolitik zur Behebung eventuell bestehender Unterschiede im Preisniveau zwischen In- und Ausland: ■ **Zollpolitik:** Grundsätzlich stehen zwei Möglichkeiten zur Verfügung: – Senkung der Importzölle zur Verbilligung der Importe, – Anhebung der Exportzölle zur Verteuerung der Exportwaren. ■ **Subventionspolitik:** Zur Drosselung des Exports könnten beispielsweise bisher gezahlte „Exportsubventionen" abgebaut oder eingestellt werden.	2. **Preispolitische Maßnahmen** durch Zoll- oder Subventionspolitik zur Behebung eventuell bestehender Unterschiede im Preisniveau zwischen In- und Ausland: ■ **Zollpolitik:** Zur Beseitigung des Handelsbilanzdefizits bieten sich an: – Anhebung der Importzölle zur Verteuerung der Importwaren, – Senkung bzw. Abschaffung eventuell vorhandener Exportzölle. ■ **Subventionspolitik:** z.B. Zahlung einer Exportsubvention zur Belebung des Exports (Möglichkeit subventionierter Dumpingpreise).
3. **Mengenpolitische Maßnahmen:** ■ Festlegung von **Exportkontingenten** zur mengen- oder wertmäßigen Begrenzung des Exports; ■ **Exportverbote:** Sie übertreffen die Kontingentierung hinsichtlich ihrer Wirkung und unterbinden den Handel völlig.	3. **Mengenpolitische Maßnahmen:** ■ Festlegung von **Importkontingenten** zur mengen- oder wertmäßigen Begrenzung des Imports; ■ **Importverbote,** z.B. Boykott ausländischer Erzeugnisse oder als Folge eines Handelsembargos.
4. **Sonstige administrative** Maßnahmen: z.B. ■ staatliche Bevorzugung ausländischer Produkte zur Belebung der Importtätigkeit; ■ Einstellung staatlicher Ausfuhrgarantien und -bürgschaften: Durch diese Maßnahme erhöhen sich die Risiken für Exporteure, was zu einem Exportrückgang führen kann.	4. **Sonstige administrative** Maßnahmen: z.B. ■ Festlegung von technischen Normen, Gesundheits-, Umweltschutz- oder Sicherheitsstandards zur „Diskriminierung" ausländischer Produkte; ■ staatliche Bevorzugung inländischer Produkte zur Drosselung des Imports; ■ staatliche Ausfuhrgarantien und -bürgschaften zur Reduzierung der Risiken für Exporteure.

Sollte ein **Zahlungsbilanzdefizit** ursächlich auf **Strukturunterschiede** bei der Ausstattung mit Produktionsfaktoren zurückzuführen sein, könnte dieses Ungleichgewicht durch eine **gezielte staatliche Förderung** zum Abbau dieser Strukturunterschiede auf lange Sicht behoben werden. Hierzu zählen beispielsweise die staatliche Förderung qualifizierter Aus- und Weiterbildungsmaßnahmen für den Produktionsfaktor Arbeit oder staatliche Maßnahmen zur Förderung des technischen Fortschritts beim Realkapital.

Kompetenztraining

38 1. Nennen und beschreiben Sie die Teilbilanzen, aus denen sich die Leistungsbilanz zusammensetzt!

2. Erläutern Sie, welches die Teilbilanzen der Zahlungsbilanz sind!

3. Die Zahlungsbilanz eines Landes weist folgende Werte aus (in Mrd. GE):

Position	Jahr 1	Jahr 2
Handelsbilanz – Export – Import	 650 635	 780 685
Dienstleistungen – Export – Import	 90 165	 100 160
Primäreinkommen – Einnahmen – Ausgaben	 115 120	 123 118
Sekundäreinkommen – Leistungen vom Ausland – Leistungen an das Ausland	 32 45	 36 58
Vermögensänderungsbilanz	–2	1
Saldo der Kapitalbilanz	74	–9

3.1 Berechnen Sie den Außenbeitrag zum Bruttoinlandsprodukt für das Jahr 2!

3.2 Ermitteln Sie den Saldo der Leistungsbilanz für das Jahr 2!

3.3 Entscheiden Sie, welche Erklärung auf den Negativsaldo der Sekundäreinkommen zutrifft!

① Kapitalanlagen von Ausländern im Inland. ☐
② Mehrausgaben von Inländern für Reisen ins Ausland.
③ Zinszahlungen an das Ausland für Kapitalanlagen im Inland.
④ Hohe Mitgliedsbeiträge an internationale Organisationen.
⑤ Es wandern viele Inländer mit ihrem Vermögen ins Ausland aus.

3.4 Prüfen Sie, welche Erklärung für den Negativsaldo der Kapitalbilanz im Jahr 2 zutreffen könnte!

① Die Zinsen im Inland sind höher als die Zinsen im Ausland. ☐
② Der Euro wird an den Devisenmärkten stark nachgefragt, der Kurs steigt seit Monaten kontinuierlich.
③ Die Steuern auf Zinsen im Inland werden gesenkt.
④ Die Eurokrise spitzt sich weiter zu, die Ratingagenturen stufen die Euroländer weiter ab.
⑤ Die Zinsen im Ausland sind niedriger als die Zinsen im Inland.

4. Ungleichgewichte der Zahlungsbilanz – beispielsweise der Leistungsbilanz – bleiben dauerhaft betrachtet nicht ohne Folgen für eine Volkswirtschaft. Ordnen Sie den nachfolgenden Sachverhalten zu, ob diese tendenziell zu einer

   ① Verringerung eines bereits bestehenden Leistungsbilanzüberschusses oder
   ② Erhöhung eines bereits bestehenden Leistungsbilanzüberschusses führen.

   Tragen Sie eine ⑨ ein, wenn der Vorgang keine Auswirkungen auf die Leistungsbilanz hat!

4.1	Eine Schulklasse fliegt mit Lufthansa nach London.	
4.2	Deutsche Kinobetreiber überweisen Lizenzgebühren für Hollywoodfilme.	
4.3	Die Bundesrepublik überweist ihren Mitgliedsbeitrag an die Europäische Union.	
4.4	Eine deutsche Großbank überweist Zinsen an ausländische institutionelle Großanleger.	
4.5	Der deutsche Staat weitet seine Exportsubventionen aus.	
4.6	Der Euro wird im Verhältnis zum US-Dollar stark abgewertet.	
4.7	Ein großer russischer Gaskonzern liefert eine Million Kubikmeter Gas an einen deutschen Energieversorger.	
4.8	Wichtige Handelspartner Deutschlands führen hohe Schutzzölle ein.	
4.9	Eine deutsche Versicherungsgesellschaft kauft in großem Umfang dänische Staatsanleihen.	
4.10	Die Inflationsrate in der Bundesrepublik Deutschland ist erheblich niedriger als im Rest der Welt.	

5. Entscheiden Sie, welche der nachfolgenden Maßnahmen zur Beseitigung eines Zahlungsbilanzdefizits geeignet ist. Ist keine Maßnahme geeignet, so tragen Sie bitte eine ⑨ ein! ☐

   ① Die deutsche Regierung beschließt, durch eine expansive Wirtschaftspolitik die Inlandsnachfrage zu beleben.

   ② Exportsubventionen werden aufgrund der desolaten Haushaltslage ersatzlos gestrichen.

   ③ Die Bestimmungen für die Einfuhr von Lebensmitteln werden gelockert.

   ④ Der Staat fragt im Gegensatz zu bisherigen Gewohnheiten verstärkt Rüstungsgüter inländischer Produzenten nach.

   ⑤ Der Staat verhängt ein Exportembargo gegen einen afrikanischen Staat.

6. Prüfen Sie, welche der nachfolgenden Maßnahmen zur Beseitigung eines Zahlungsbilanzüberschusses geeignet ist. Ist keine Maßnahme geeignet, so tragen Sie bitte eine ⑨ ein! ☐

   ① Senkung der Importzölle.

   ② Zahlung von Exportsubventionen, um inländische Unternehmen vor zunehmenden Dumpingpreisen am Weltmarkt zu schützen.

③ Die inländische Zentralbank erhöht die Zinsen, daraufhin geht die Inlandsnachfrage spürbar zurück.

④ Zur Aufbesserung der Staatsfinanzen werden die Importzölle angehoben.

⑤ Der Staat erhöht die Umsatzsteuer.

7. Die Leistungsbilanz einer Volkswirtschaft hat sich im Jahr 2 gegenüber dem Jahr 1 wie nebenstehend entwickelt (Angaben in Mio. EUR):

Leistungsbilanz	Jahr 1	Jahr 2
1. Warenhandel	+ 110318	+ 123762
2. Dienstleistungen	– 56928	– 61796
3. Primäreinkommen	– 3022	– 16123
5. Sekundäreinkommen	– 52801	– 53250

Aufgaben:

7.1 Ermitteln Sie die Salden der Leistungsbilanz für die beiden Jahre!

7.2 Beurteilen Sie die Änderungen in der Leistungsbilanz des Jahres 2 gegenüber dem Jahr 1!

7.3 Erläutern Sie Möglichkeiten, wie Leistungsbilanzdefizite finanziert werden können!

8. Beurteilen Sie, welche der nachstehenden Transaktionen mit dem Ausland Auswirkungen auf die

① Außenhandelsbilanz,
② Dienstleistungsbilanz,
③ Primäreinkommen,
④ Sekundäreinkommen,
⑤ Vermögensänderungsbilanz oder
⑥ Kapitalbilanz haben!

Tragen Sie eine ⑨ ein, wenn eine Zuordnung nicht möglich ist!

8.1	Deutsche Urlauber übernachten im Schwarzwald.	
8.2	Deutsche Auswanderer nehmen ihr Vermögen mit nach Kanada.	
8.3	Ein türkischer Gastarbeiter verschenkt einen Teil seines Vermögens an eine türkische Stiftung zum Erhalt einer bedeutsamen Moschee in Istanbul.	
8.4	Deutsche Urlauber mieten einen Pkw in den USA.	
8.5	Deutsche Unternehmen kaufen für ihre Produktion Rohstoffe im Ausland.	
8.6	Ein für sechs Wochen in Usbekistan arbeitender Inländer erhält eine Gehaltszahlung von seinem dortigen Arbeitgeber.	
8.7	Deutsche Automobilhersteller exportieren für ca. 250 Mio. EUR Pkw nach Südafrika.	
8.8	Die Bundesregierung überweist den vereinbarten Beitrag an die NATO.	
8.9	Rückzahlung eines im Ausland aufgenommenen Kredits durch die Bundesregierung.	
8.10	Die Bundesrepublik Deutschland verzichtet im Rahmen der Entwicklungshilfe auf die Rückzahlung eines diesem Land gewährten Kredits.	

9. **Vernetzungsdiagramm**

Gehen Sie davon aus, dass die Exporte aus dem Euro- in den Dollarraum sehr stark ansteigen. Stellen Sie auf der Basis nachfolgender Vorlage eines Vernetzungsdiagramms mögliche Ursache-Wirkungs-Beziehungen dar, indem Sie die einzelnen Felder an den Pfeilen mit einem Plus- oder Minuszeichen versehen.

- **Pluszeichen**: gleichgerichtete (verstärkende) Wirkung. Es gilt: je mehr (höher) – desto mehr (höher); je weniger (niedriger) – desto weniger (niedriger).
- **Minuszeichen**: entgegengesetzte (abschwächende) Wirkung. Es gilt: je mehr (höher) – desto weniger (niedriger) bzw. je weniger (niedriger) – desto mehr (höher).

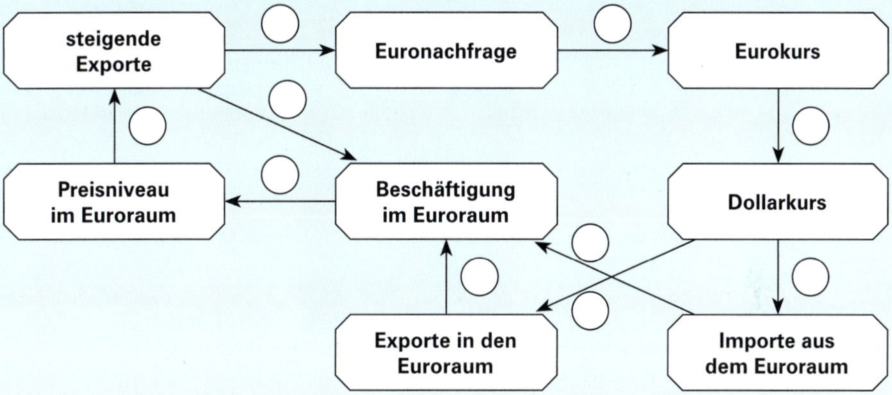

DOWNLOAD

4 Die Europäische Union als eine tragende Säule außenwirtschaftlicher Beziehungen der Bundesrepublik Deutschland verstehen

Situation: Was die EU mit dem Lebensalltag junger Menschen zu tun hat

Annika, Xenia und Simon besuchen eine berufliche Schule für Wirtschaft und Verwaltung. Im Unterricht geht es gerade um die Europäische Union.

Zum Glück ist gerade Pause und Annika verlässt genervt den Klassenraum. *„Boah, was ist das denn wieder für ein langweiliges Thema. Was haben wir schon mit der EU zu tun?"*

Simon kann sie verstehen und antwortet: *„Du hast recht, was geht uns das schon an, außer dass wir den Euro haben und im Urlaub in Italien kein Geld mehr umtauschen müssen."*

In diesem Moment stößt ihre Freundin Xenia dazu, die die letzten Gesprächsbrocken mitbekommen hat: *„Also ich war in den letzten Ferien in Spanien und da ist mir aufgefallen, dass ich mit meinem Smartphone im Internet surfen konnte, ohne dass das extra was gekostet hat. – Meint ihr, das hat auch was mit der EU zu tun?"*

Um noch mehr darüber zu erfahren, was die EU mit unserem Lebensalltag zu tun hat, lesen Sie zunächst einmal folgenden Text!

Europa im Alltag

[...] Europa, genauer gesagt: die Europäische Union, [...] bestimmt unser Leben in vielen Bereichen.

Das geht schon beim Geld los: Der Euro ist eine Gemeinschaftswährung, die zwar noch nicht alle Staaten übernommen haben, aber doch mehr als die Hälfte. Beim Urlaub in Italien, Spanien oder auf Malta können wir mit unserem gemeinsamen Geld bezahlen. Auch in der ganzen Welt wird der Euro als starke Weltwährung gerne genommen.

Auch ist Reisen in der EU leichter geworden. Vor noch gar nicht allzu langer Zeit gab es Passkontrollen und Staus an der Grenze, und der Zoll hat genau geguckt, was wir aus Italien oder Spanien mitgebracht haben.

Das Fliegen ist viel billiger geworden; auch das hat mit der EU zu tun, die die nationalen Monopole aufgehoben hat. Das heißt, es gibt nicht mehr eine nationale Fluggesellschaft pro Land, die alleine die Routen befliegen und hohe Preise kassieren darf, sondern jede Fluggesellschaft innerhalb der EU kann hinfliegen, wohin sie will. So kann man heute von Deutschland nach Frankreich einen Flug mit einer irischen Fluggesellschaft buchen – zum Beispiel.

Dass Fliegen in der EU sicher ist, hat auch wiederum damit zu tun, dass die Europäische Union für alle Mitgliedstaaten gemeinsame Sicherheitsstandards festgelegt hat und Schrottmaschinen nicht in unseren Luftraum lässt. [...]

Auch die Polizeibehörden der EU arbeiten eng zusammen, und eine eigene Institution, Europol, koordiniert die Daten. Das sind keine Supercops, die mit gezogener Pistole durch Europa rasen, sondern nationale Polizeibeamte, die Informationen über Kriminelle und Kriminalität zusammentragen und den Polizeibehörden in der ganzen EU zur Verfügung stellen. Dabei geht es immer um schwere Kriminalität, um Menschenhändler und Drogenschmuggler, Geldfälscher und Sexualverbrecher, Autoschieber und Internetbetrüger. Um Falschparker kümmert sich Europol nicht.

Umweltverschmutzung macht nicht an Grenzschildern halt. Europäischer Umweltschutz garantiert durch gemeinsame Standards, dass sich nicht ein Land in der EU gegenüber den anderen wirtschaftliche Vorteile verschaffen kann, indem es keine Umweltauflagen erfüllt und dadurch billigere Waren produzieren kann. Die Pflicht zur Fairness im europäischen Binnenmarkt sichert auch Arbeitsplätze bei uns, weil sie unlautere Konkurrenz verhindert.

Viele Menschen lehnen genmanipulierte Lebensmittel ab. Aber wie soll man sehen, ob die Cornflakes aus genverändertem Mais hergestellt sind? Die EU hat allen Lebensmittelherstellern die Kennzeichnung zur Pflicht gemacht. Wo Genmanipulation drin ist, muss es auch drauf stehen.

Die Beispiele zeigen: Europa – das sind wir alle. Und: Europa betrifft uns alle.

Quelle: Bundeszentrale für politische Bildung, Europa. Das Wissensmagazin für Jugendliche, S. 9.

Kompetenzorientierte Arbeitsaufträge:

1. Markieren Sie zunächst die Begriffe, deren Verständnis Ihnen Probleme bereitet. Recherchieren Sie – eventuell unter Zuhilfenahme des Internets – anschließend die Bedeutung dieser Begriffe!
2. Nennen und erläutern Sie die in dem Artikel aufgeführten Bereiche, auf die sich die Regelungen der Europäischen Union im Lebensalltag auswirken!
3. In der nachfolgenden Umfrage (Was hat die EU mit unserem Leben zu tun?) wird deutlich, wie sich das Thema EU ganz konkret auf das Leben auswirkt. Lesen Sie sich die einzelnen Aspekte durch und kreuzen Sie dann Ihre ganz persönliche Sichtweise bzw. Betroffenheit an! Werten Sie anschließend das Ergebnis Ihrer Einschätzung in Form eines kurzen Fazits aus und diskutieren Sie die Ergebnisse im Klassenverband!

DOWNLOAD

Was hat die EU mit unserem Leben zu tun?

Unser Leben	Was hat die EU damit zu tun?	Das halte ich für … sehr wichtig	wichtig	unwichtig
Deutschland ist „Exportmeister“, d. h., es exportiert mehr als jedes andere europäische Land. Weltweit ist Deutschland die Nummer zwei. Dadurch werden bei uns viele Arbeitsplätze gesichert.	63 Prozent der deutschen Exporte gehen in die anderen EU-Staaten, ohne durch Zollschranken behindert zu werden: ein Ergebnis des gemeinsamen Binnenmarkts.	☐	☐	☐
Telefonieren ist in den letzten Jahren deutlich billiger geworden.	Die EU hat den Telekommunikationsmarkt liberalisiert, d. h., die nationalen Monopole wurden aufgebrochen und Konkurrenz zugelassen. Wo die Konkurrenz nicht ausreichend funktioniert, greift die EU direkt ein. So sind Auslandstelefonate mit dem Handy auf Betreiben des Europäischen Parlaments und der EU-Kommission billiger geworden.	☐	☐	☐

Was hat die EU mit unserem Leben zu tun?

Unser Leben	Was hat die EU damit zu tun?	Das halte ich für ... sehr wichtig	wichtig	unwichtig
Fliegen ist in den letzten Jahren sehr viel preisgünstiger geworden, sodass sich jetzt auch Jugendliche und Familien mit Kindern Flüge eher leisten können.	Die EU hat auch hier die nationalen Monopole abgeschafft und Konkurrenz zugelassen. Jetzt kann man auch von Deutschland aus mit einer britischen Airline nach Spanien fliegen. Außerdem wurden die Rechte der Passagiere gestärkt. Wer wegen Überbuchung stehen bleibt oder wegen großer Verspätung seinen Termin verpasst, wird entschädigt.	☐	☐	☐
Die **Gewährleistungszeit** für Konsumgüter wie z. B. elektronische Geräte beträgt jetzt zwei Jahre. Also: Wenn das Handy nach einem Jahr kaputtgeht, wird es kostenlos repariert oder ausgetauscht.	Durch EU-Regelungen wurden einheitliche Fristen geschaffen. In Deutschland betrug die Garantiezeit vorher in der Regel nur ein halbes Jahr. Außerdem: Die Garantie gilt europaweit. Es ist also egal, ob der Kunde den Gegenstand in Deutschland, in Frankreich oder in Litauen gekauft hat.	☐	☐	☐
Umweltverschmutzung kennt keine Grenzen. Atmen müssen wir alle. Daher ist die Reinheit der Luft von besonderer Bedeutung. In den letzten Jahren ist unsere Atemluft besser geworden.	Die EU hat europaweit verbindliche Standards für die Qualität der Atemluft eingeführt, die die Mitgliedstaaten durch konkrete Maßnahmen umsetzen müssen.	☐	☐	☐
Wasser ist zum Waschen da. Aber nicht nur: Vor allem trinken wir es auch. Da ist die Qualität entscheidend. Wer in der EU lebt, kann den Wasserhahn bedenkenlos aufdrehen und sein Glas darunterhalten.	Seit zehn Jahren gibt es EU-Standards für Trinkwasser, an die sich alle Mitgliedstaaten halten müssen.	☐	☐	☐
Reisen in Europa ist heute sehr einfach. Zwischen den meisten europäischen Staaten gibt es keine Grenzkontrollen mehr.	Die EU hat durch das Schengener Übereinkommen die Grenzkontrollen zwischen den Staaten überflüssig gemacht. Das Reisen vom Nordkap bis nach Sizilien ohne eine einzige Grenzkontrolle, das ist die EU in der Praxis. Nur Irland bildet eine Ausnahme. Auch Bulgarien, Rumänien und Zypern gehören dem Verbund noch nicht an.	☐	☐	☐
Deutsche können in vielen Staaten Europas genauso arbeiten wie zu Hause. Jede(r) kann sich überlegen, **wo es ihm oder ihr am besten gefällt oder wo er/sie Arbeit findet.**	Die EU hat innerhalb ihres Binnenmarktes die Freizügigkeit geschaffen. Arbeiten in Brüssel, Rom oder Warschau ist für einen Berliner genauso möglich wie eine Tätigkeit in München oder Köln.	☐	☐	☐

Quelle: Bundeszentrale für politische Bildung, Europa. Das Wissensmagazin für Jugendliche, S. 6f.

4.1 Der Stellenwert der EU für den Außenhandel der Bundesrepublik Deutschland

Der **Außenhandel Deutschlands** mit den Mitgliedsländern der Europäischen Union wird als **Intrahandel**[1] bezeichnet. Die Käufe (Einfuhren, Importe) aus den EU-Ländern heißen **innergemeinschaftlicher Erwerb,** die Verkäufe (Ausfuhren, Exporte) **innergemeinschaftliche Lieferungen.**

Der gewerbsmäßige Güteraustausch mit Drittländern (mit Ländern, die nicht der Europäischen Union angehören) wird **Extrahandel**[2] genannt.

Ausfuhr	Die **Beschäftigung** (und damit der **Lebensstandard**) in der Bundesrepublik Deutschland hängt zu **mehr als einem Drittel** von der Ausfuhr ab, denn mit dem Ausland tätigt die deutsche Industrie rund 40 % ihrer Geschäfte.
Einfuhr	Die Bundesrepublik Deutschland ist ein **rohstoffarmes Land.** Sie ist deshalb auf die Einfuhr zahlreicher Rohstoffe angewiesen (z. B. Kernenergie, Erdöl, Erdgas, Baumwolle, Eisenerz, Rohphosphate).

Der internationale Handel wird durch „offene Grenzen" gefördert. Der **Wegfall von „Handelsschranken"** wie Zölle, mengenmäßige Export- und Importbeschränkungen (Kontingentierungen) **sowie technischen Hemmnissen** (z. B. unterschiedliche technische Normen, Prüfverfahren, Sicherheitsvorschriften) kommt allen Handelspartnern zugute, wie das Beispiel der EU zeigt.

Die deutsche Wirtschaft ist eng mit der Wirtschaft der europäischen Partner verknüpft. Deutschland hat im Jahr 2018 Waren im Wert von 1090 Milliarden Euro importiert. Weit über die Hälfte (57,2 Prozent) stammten aus der EU, gut 37 Prozent aus den 18 Partnerländern, in denen der Euro das Zahlungsmittel ist. Ebenso gewichtig sind die EU bzw. die Eurozone auf der Kundenseite. Deutschland lieferte im selben Zeitraum 59 Prozent seiner Ausfuhren in die EU: 37,4 Prozent gingen in die Eurozone, knapp 22 Prozent der Waren wurden an die übrigen EU-Länder geliefert. Im Jahr 1993, als der EU-Binnenmarkt eingeführt wurde, lag der Anteil der Waren, die in die heutigen EU-Länder geliefert wurden, bei 55 Prozent.

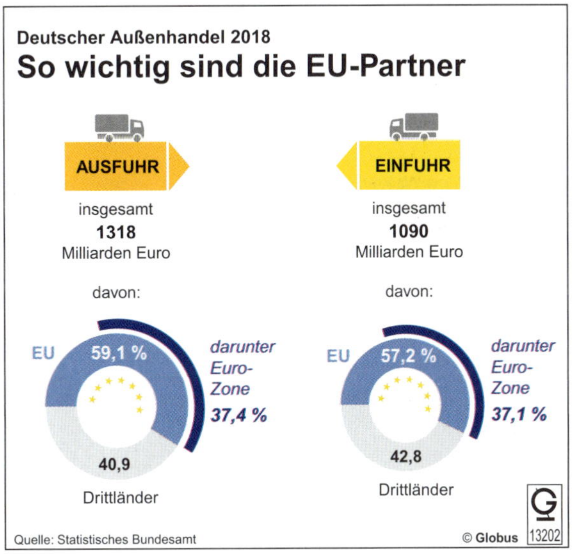

1 **Intra** (lat.): innerhalb; **Intrahandel:** Handel innerhalb der Europäischen Union.

2 **Extra** (lat.): außerhalb; **Extrahandel:** Handel mit Ländern außerhalb der Europäischen Union.

4.2 Mitgliedstaaten und wichtige Organe der Europäischen Union (EU)

Die europäische Union ist ein Staatenbund (siehe Schaubild auf Folgeseite).

Der Ausgangspunkt für die europäische Integration hatte wirtschaftliche Gründe, als 1951 die Binnenzölle für Kohle und Stahl abgeschafft wurden. Wirtschaftliche Gründe sind es auch, die sich als Motor des Einigungsprozesses erwiesen haben. Es soll ein großer einheitlicher Markt ohne wirtschaftliche Beschränkungen geschaffen werden, der Wirtschaftswachstum und Wohlstand bringt und gleichzeitig die Basis sein soll, um im Wettbewerb mit anderen Regionen der Weltwirtschaft (USA, Asien) konkurrieren zu können.

Ziel der Integrationsbestrebungen ist, dass neben dem wirtschaftlichen Bereich auch alle sonstigen Bereiche wie z. B. Außen-, Verteidigungs- oder Umweltpolitik gemeinsam gestaltet und vereinheitlicht werden. Entstehen soll der Zusammenschluss der europäischen Staaten zu einer **politischen Union.**

Die wichtigsten EU-Institutionen im Überblick

Europäisches Parlament
„Stimme der Bürger“

- einzige direkt gewählte EU-Institution
- repräsentiert rund 446 Mio. EU-Bürger
- Gesetzgebungsrecht in fast allen Politikbereichen, erlässt zusammen mit dem Rat der Europäischen Union EU-Rechtsvorschriften
- Haushaltsbefugnisse, entscheidet zusammen mit Rat der Europäischen Union über den EU-Haushalt, Haushaltskontrollausschuss
- parlamentarische Kontrolle

Europäische Kommission
„Hüterin“ der Verträge

- pro Mitgliedsland ein Kommissar, der im Interesse der gesamten EU, nicht im nationalen Interesse handelt
- Initiativrecht für neue Gesetze
- überwacht Einhaltung und Umsetzung von EU-Verträgen
- führt Verhandlungen mit internationalen Organisationen
- schließt Abkommen mit Drittstaaten
- Verwaltung, Ausführung des EU-Haushalts

Rat der Europäischen Union
„Ministerrat“

- zusammengesetzt aus Ministern der Mitgliedsländer
- tagt in zehn verschiedenen Ratsformationen (z.B. Rat der Innenminister, der Justizminister)
- Gesetzgebungsrecht, zusammen mit Europäischem Parlament
- Haushaltsbefugnisse, zusammen mit Europäischem Parlament

Europäischer Rat
Die „Chefs“

- besteht aus den Staats- und Regierungschefs der EU
- seine Treffen sind als „EU-Gipfel“ bekannt
- Impulsgeber, entscheidet über Eckpunkte der europäischen Politik
- keine Gesetzgebungskompetenz

Quelle: Europäisches Parlament © Globus 12801

Nachfolgendes Schaubild gibt einen Überblick über die Mitgliedstaaten der Europäischen Union.

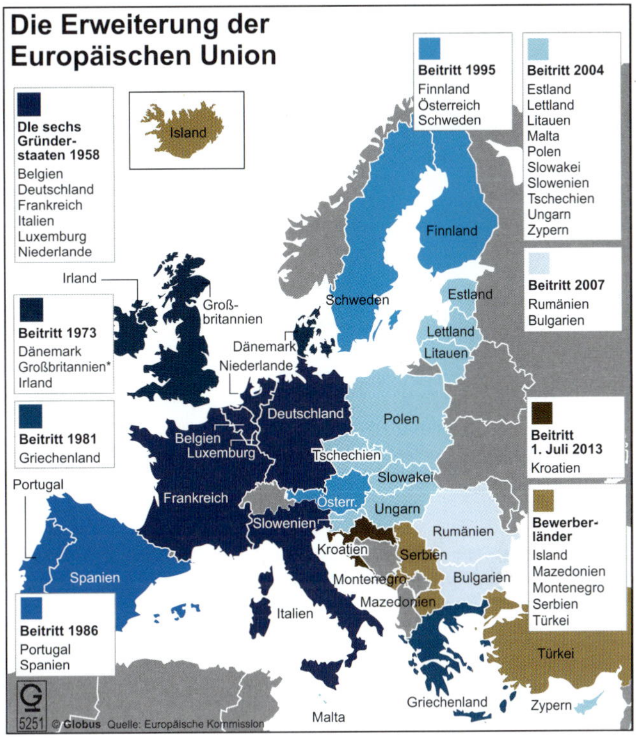

* Großbritannien ist zum 31.01.2020 aus der EU ausgetreten.

4.3 Freiheiten im Binnenmarkt

Der **Vertrag über die Arbeitsweise der Europäischen Union** (AEUV) sieht **vier Grundfreiheiten** vor:

Warenverkehrs-freiheit	 Der freie Warenaustausch innerhalb der Staaten der EU wird im Rahmen der Warenverkehrsfreiheit gewährleistet. Ziel ist es, über die Öffnung der nationalen Märkte (Abschaffung der Zölle und mengenmäßigen Beschränkungen bei der Ein- und Ausfuhr von Waren sowie aller sonstigen Maßnahmen gleicher Wirkung zwischen den Mitgliedstaaten) das Produktangebot auf allen Märkten zu verbessern und zu erweitern sowie knappe Güter zu verbilligen.
Personen-verkehrsfreiheit	 Im Rahmen der Personenverkehrsfreiheit genießen alle EU-Bürger das Recht, sich in jedem Land der EU aufzuhalten, einen Beruf auszuüben und dort zu verbleiben. So haben Arbeitnehmer und Selbstständige das Recht, in jedem Mitgliedsland zu leben und zu arbeiten. Kein Unionsbürger darf aufgrund seiner Staatsangehörigkeit benachteiligt werden (Diskriminierungsverbot).

Dienstleistungsverkehrsfreiheit	Dienstleistungsfreiheit bedeutet, dass Dienstleistungen über die Grenzen hinweg in jedem anderen Land angeboten werden können (z. B. Versicherungsabschlüsse, Beratungstätigkeiten, Pflegeleistungen, Telekommunikationsgeschäfte, Geschäfte auf dem Energiemarkt). 
Kapitalverkehrsfreiheit	Die Kapitalflüsse zwischen den Mitgliedstaaten unterliegen keinerlei Einschränkungen. Durch die Europäische Wirtschafts- und Währungsunion wurde der Geld-, Kapital- und Zahlungsverkehr in der EU vollständig liberalisiert[1] sowie die Fiskal- und Geldpolitik verstärkt koordiniert.

4.4 Auswirkungen (Folgen) des Binnenmarktes

Die Schaffung des gemeinsamen Binnenmarktes ohne nationale Grenzen hat **wirtschaftlich** insbesondere folgende Auswirkungen:

- Der freie Austausch von Gütern und Dienstleistungen steigert den **Wohlstand** aller Menschen innerhalb der Europäischen Union durch eine bessere **Arbeitsteilung** und eine **höhere Produktvielfalt.** Der Freihandel mit **innovativen** Gütern fördert auch die schnelle **Verbreitung** von moderner Technologie.
- Der im Vergleich zu einem abgeschotteten nationalen Markt stärkere **Wettbewerbsdruck** führt zu einem **größeren Angebot** von Gütern und Dienstleistungen mit einem guten Preis-Leistungs-Verhältnis. Dieser Wettbewerbsdruck trägt mit dazu bei, dass die Unternehmen der Mitgliedstaaten auch auf den Weltmärkten erfolgreich sein können.
- Der Binnenmarkt kann das **Wirtschaftswachstum** steigern und damit den Arbeitnehmerinnen und Arbeitnehmern höhere Beschäftigungschancen und bessere Einkommensperspektiven ermöglichen. Unterentwickelten Regionen und Staaten bietet sich die Chance verbesserter Exportmöglichkeiten, und sie können in der wirtschaftlichen Entwicklung zu den wohlhabenderen Gebieten aufschließen.
- Durch all diese Effekte kann der europäische Wirtschaftsraum **besser** mit den anderen großen Wirtschaftsblöcken dieser Welt – wie Asien und Nordamerika – **konkurrieren.**

Dadurch, dass im Binnenmarkt alle Mitgliedstaaten wirtschaftlich untereinander verflochten und damit voneinander abhängig sind, wird aus **politischer Sicht** die Rechtsstaatlichkeit in den einzelnen Ländern erhöht, die Völkerverständigung gefördert und die Aussicht auf Erhalt des Friedens gestärkt.

! Eine **enge wirtschaftliche Verflechtung** von Ländern schafft durch die entstehende wechselseitige Abhängigkeit **politische Stabilität** und sichert so den **Frieden.**

4.5 Maßnahmen zur Sicherung des Binnenmarktes

Die Grundfreiheiten des Binnenmarktes werden ergänzt durch **weitere wichtige Bestimmungen,** die unter anderem den Wettbewerb zum Wohle der Verbraucherinnen und Verbraucher sichern und Diskriminierungen von Unternehmen aufgrund ihrer nationalen Herkunft unterbinden sollen. Hierzu zählen im Einzelnen die **Wettbewerbskontrolle,** das **Subventionsverbot,** die **öffentliche Auftragsvergabe** sowie die **Wirtschafts- und Währungsunion.**

1 **Liberalisieren:** von Einschränkungen freimachen.

Wettbewerbs-kontrolle	Die Verwirklichung des Binnenmarktes erfordert eine Bindung aller Beteiligten an **gleiche Regeln für den Wettbewerb.** So sind Kartelle und Preisabsprachen zwischen Unternehmen untersagt und ziehen hohe Geldstrafen nach sich. Fusionen werden nicht genehmigt, wenn durch den Zusammenschluss eine **marktbeherrschende** Stellung im Binnenmarkt droht. Zudem wurden in der Vergangenheit wichtige frühere **staatliche Monopole** durch diese Binnenmarktprinzipien **aufgelöst,** wie z.B. die Monopole der deutschen Bundespost oder Bundesbahn.
Subventionsverbot	Staatliche Beihilfen, die den Wettbewerb verzerren, sind generell verboten. Über Ausnahmen entscheidet die Europäische Kommission.
Öffentliche Auftragsvergabe	Bei der Vergabe öffentlicher Aufträge sollen auch Unternehmen anderer EU-Staaten eine faire Chance auf den Zuschlag haben. Aus diesem Grunde besteht ab bestimmten Schwellenwerten des Auftragsvolumens die **Pflicht zur europaweiten Ausschreibung öffentlicher Aufträge.**
Wirtschafts- und Währungsunion	Die **europäische Gemeinschaftswährung beseitigt Hindernisse** durch verschiedene nationale Währungen, die zuvor das grenzüberschreitende Wirtschaften im Binnenmarkt belastet hatten. Mit dem Euro ist zumindest in den Teilnehmerländern ein hohes Maß an **Preistransparenz** eingekehrt.

Kompetenztraining

39

1. Erläutern Sie den Hauptunterschied zwischen der EU und anderen internationalen Organisationen!
2. Benennen Sie, über welche Organe die EU verfügt!
3. Erläutern Sie, warum ein gemeinsamer Binnenmarkt ohne einheitliche Wettbewerbspolitik wenig sinnvoll erscheint!
4. Im Zusammenhang mit der Staatsschuldenkrise in einigen Mitgliedstaaten des Euroraums wird in der öffentlichen Diskussion u.a. die Forderung erhoben, Deutschland solle seine „Funktion als Zahlmeister Europas" aufgeben. Allein gehe es Deutschland dann besser.

   Das folgende Schaubild gibt eine langfristige Projektion der Entwicklung der Volkswirtschaften der wichtigsten Handelsnationen bis 2050 wieder. Für Deutschland allein wird für das Jahr 2050 ein Bruttoinlandsprodukt von 5 Billionen US-Dollar prognostiziert.

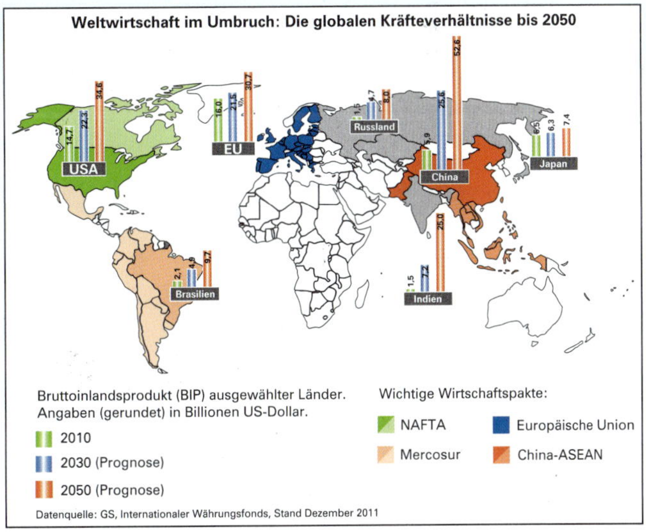

Quelle: In Anlehnung an Deutsche Bank, Perspektiven 02/2012, S. 5.

Aufgaben:

4.1 Beurteilen Sie die voraussichtliche Entwicklung der EU in der Weltwirtschaft!

4.2 **Zeitungsartikel**

Diskutieren Sie, welche Rolle Deutschland voraussichtlich langfristig im internationalen Wettbewerb spielen könnte, wenn es nicht mehr Mitglied der EU wäre! Verfassen Sie zu den möglichen Folgen einen Zeitungsartikel für eine Schülerzeitung!

5. Vergleicht man die Politik der Europäischen Union mit einem Baum (siehe nachfolgende Abbildung), so hängen an den einzelnen Politikfeldern (Ästen) viele einzelne Politikbereiche (Blätter).

Nebenstehend sind einige Politikbereiche genannt, in denen die Mitgliedstaaten im Rahmen der EU zusammenarbeiten.

Aufgabe:

Ordnen Sie die verschiedenen Politikbereiche so zu, dass sie jeweils am richtigen Ast hängen!

Tragen Sie zur Lösung die Ziffern der einzelnen Politikbereiche in die entsprechenden Felder ein!

1	Reisefreiheit (Schengen)
2	gemeinsame Umweltstandards
3	gemeinsame Währung
4	erneuerbare Energien
5	gemeinsame Außenpolitik
6	gemeinsame Sicherheits- und Verteidigungspolitik
7	gemeinsame Asylpolitik
8	Entwicklung des ländlichen Raums
9	Binnenmarkt
10	Klimaschutz
11	Lebensmittelkennzeichnung
12	verbindliche Lebensmittelstandards
13	Senkung der Mobiltelefon-Auslandstarife
14	gemeinsame Kriminalitätsbekämpfung
15	Strukturpolitik zur Unterstützung der Regionen
16	verbindliche Sozialmindeststandards
17	Zusammenarbeit in Zivil- und Strafrechtsverfahren

DOWNLOAD

Quelle: In Anlehnung an: Bundeszentrale für politische Bildung, Europa. Das Wissensmagazin für Jugendliche, S. 29.

6. 6.1 Erläutern Sie die vier wichtigsten Grundfreiheiten des europäischen Binnenmarktes. Gehen Sie anschließend auch auf wichtige Bestimmungen ein, die den Wettbewerb zum Wohle der Verbraucherinnen und Verbraucher sichern sowie Diskriminierungen von Unternehmen aufgrund ihrer nationalen Herkunft unterbinden sollen!

   6.2 Skizzieren Sie die wichtigsten Argumente für einen gemeinsamen europäischen Binnenmarkt!

   6.3 Dem Dienstleistungssektor kommt mit einem Anteil von rund 72 % an allen Beschäftigten in der EU inzwischen eine überragende wachstums- und beschäftigungspolitische Rolle zu. Vor diesem Hintergrund hat die Europäische Kommission im Jahr 2004 den Entwurf einer Richtlinie zur weiteren Liberalisierung des grenzüberschreitenden Dienstleistungsgeschäfts im Binnenmarkt vorgelegt. Mit der Richtlinie sollen die immer noch weit verbreiteten bürokratischen Hürden für den Binnenmarkt im Bereich der Dienstleistungen verringert werden und auf diese Weise ein Beitrag für mehr Wettbewerb, Beschäftigung und Wachstum erbracht werden. Der Verabschiedung der Dienstleistungsrichtlinie gingen heftige politische Auseinandersetzungen voraus.

   Erläutern Sie mögliche Vor- und Nachteile einer solchen Dienstleistungsrichtlinie!

7. Der EU-Binnenmarkt ist der größte gemeinsame Markt der Welt. Lesen Sie nachfolgend einige Beispiele zu den Freiheiten des europäischen Binnenmarktes und was diese konkret für Sie bedeuten! Prüfen Sie jeweils, auf welchen Bereich das Beispiel zutrifft und kreisen Sie den entsprechenden Buchstaben ein! Die markierten Buchstaben ergeben von oben nach unten gelesen das Lösungswort.

DOWNLOAD

	Freier Personenverkehr	Freier Warenverkehr	Freier Dienstleistungsverkehr	Freier Kapitalverkehr
Ich kann in Dänemark ein Auto kaufen und es zollfrei mitbringen.	E	F	A	V
Ich kann innerhalb der EU fahren, wohin ich will.	R	U	L	E
Ich kann mein Geld in einer französischen Bank deponieren.	B	R	R	E
Ich kann in Spanien studieren.	I	A	O	S
Meine Eltern können unser Badezimmer von einem polnischen Fliesenleger renovieren lassen.	P	A	H	T
Meine Eltern können mir Geld an meinen Studienort in Estland schicken.	R	A	G	E
Ich kann mir im Internet Waren aus Schweden bestellen.	E	I	O	E
Ich kann als Architekt in Deutschland wohnen und in Belgien Häuser bauen lassen.	R	R	T	S

Quelle: In Anlehnung an Bundeszentrale für politische Bildung, Europa. Das Wissensmagazin für Jugendliche, S. 26.

8. **Zeitungsartikel**

   Verfassen Sie einen Artikel für eine Schülerzeitung, in dem Sie zusammenfassend die Bedeutung der Europäischen Union für den Lebensalltag junger Menschen darstellen!

5 Globalisierung und aktuelle Problemfelder der weltwirtschaftlichen Entwicklung beurteilen

Situation: Schüler streiten über Konsumverhalten und Globalisierung

Katharina, Christine, Marvin und Thorsten sind seit über einem Jahr Schüler an einer beruflichen Schule für Wirtschaft und haben sich seither öfter am Wochenende getroffen, um gemeinsam etwas zu unternehmen. An einem Freitag in der zweiten Pause stehen alle vier auf dem Schulhof zusammen und überlegen, dass es mal wieder an der Zeit sei, sich für einen Abend zu verabreden. Marvin schlägt vor, am Samstag ins Kino zu gehen. Während Christine und Thorsten den Vorschlag für eine gute Idee halten, winkt Katharina ab und sagt,

dass sie leider schon etwas anderes für diesen Abend geplant habe und an einem Treffen von Globalisierungsgegnern teilnehmen möchte.

Christine scheint daraufhin ziemlich genervt und wirft Katharina vor, sich in letzter Zeit total merkwürdig zu verhalten. Erst habe sie ihr Smartphone eines weltweit führenden Herstellers verkauft, weil sie nicht länger ein Gerät benutzen möchte, zu dessen Herstellung angeblich Menschen in anderen Ländern ausgebeutet und die Umwelt dort verschmutzt würden. Dann hätte sie sich neulich in der Pizzeria total aufgeregt, nur weil Marvin sich eine Thunfischpizza bestellt hatte. Kurze Zeit später beim Shoppen in der Stadt, wäre sie nur durch ständiges Rumzicken aufgefallen, obwohl sie doch selbst jahrelang in diesen Läden ihre Klamotten gekauft hätte. Aber nein, unser „Gutmensch“ Katharina geht ja jetzt in „Dritte-Welt-Läden“ und trägt Baumwollklamotten aus angeblich fairem und nachhaltigem Anbau, provoziert Christine weiter.

Katharina fühlt sich angegriffen, reagiert aber erstaunlich sachlich. Sie sagt, dass sie die ganze Aufregung und diese Vorwürfe durchaus verstehen könne und ihren Freunden wohl eine Erklärung schuldig sei. Nach intensiver Beschäftigung mit den Folgen der Globalisierung habe sie für sich beschlossen, ihr persönliches Konsumverhalten möglichst konsequent zu verändern, um die Welt vielleicht doch ein ganz klein wenig besser zu machen.

Jetzt mischt sich Thorsten in das Gespräch ein und sagt, dass er es ziemlich beeindruckend findet, dass Katharina für sich eine solch konsequente Verhaltensänderung an den Tag legt.

Kompetenzorientierte Arbeitsaufträge:

1. Nennen Sie zunächst zehn Güter Ihres täglichen Bedarfs, die importiert sind! Im Anschluss daran notieren Sie zehn Güter, von denen Sie mit absoluter Gewissheit sagen können, dass diese nicht importiert werden, auch nicht die Rohstoffe zu deren Fertigung! Erläutern Sie, welche der beiden Aufgaben für Sie einfacher zu lösen war!
2. Nennen Sie zehn Importgüter, auf die Sie trotz negativer Auswirkungen auf Mensch und Umwelt keineswegs bereit wären zu verzichten!
3. Setzen Sie sich exemplarisch mit den Effekten der Globalisierung im Spannungsfeld von Ökonomie, Ökologie und Ethik auseinander! Erläutern Sie drei dieser Effekte!
4. **Maßnahmenplan**
   Die Globalisierung bringt viele Herausforderungen mit sich, die es zukünftig zu lösen gilt. Sammeln Sie zunächst im Klassenverband derartige Herausforderungen und entwickeln Sie anschließend modellhaft mögliche Maßnahmen zur aktiven Bewältigung dieser realen Herausforderungen!

5.1 Entwicklung der Globalisierung

Globalisierung im wirtschaftlichen Sinne bedeutet die zunehmende **erdweite Verflechtung von Volkswirtschaften.**

Bis 1990 sprach man in diesem Zusammenhang noch von der **Internationalisierung** der Märkte. Erst danach setzte sich der viel umfassendere Begriff „Globalisierung“[1] durch.

Die Globalisierung ist keine „Erfindung der Neuzeit“, sondern ein über viele Jahrhunderte **andauernder Prozess.** Allenfalls die Geschwindigkeit, in der dieser Prozess abläuft, hat sich stark verändert, sodass es nicht verwundert, wenn aktuell der Begriff der **„Turbo-Globalisierung“** verwandt wird.

Jedes Jahr veröffentlicht die Eidgenössische Technische Hochschule Zürich, kurz ETH Zürich, den Globalisierungsindex. Dieser misst die wirtschaftliche, politische und soziale Dimension der Globalisierung. Der Index beobachtet über einen langen Zeitraum – 1970 wurde der Index zum ersten Mal veröffentlicht – die Veränderung in der Globalisierung einzelner Länder. Anhand von 42 Indikatoren haben die Forscher den Stand der Globalisierung von 187 Ländern gemessen, wobei die Skala von Null (gering globalisiert) bis 100 (sehr stark globalisiert) reicht. Zu den Indikatoren zählen beispielsweise die Höhe der Direktinvestitionen im Ausland, die Touristenströme und die Zahl internationaler Organisationen, denen ein Land angehört. Das am stärksten globalisierte Land der Welt ist weiterhin die Niederlande, gefolgt von der Schweiz und Schweden. Die großen Volkswirtschaften sind aufgrund ihrer Marktgröße stärker nach innen gewandt und deshalb eher weiter hinten im Index platziert. Die USA, die größte Volkswirtschaft der Welt, belegt Platz 32, China liegt auf Platz 72, Japan auf Platz 44 und Deutschland ist auf Platz 8.

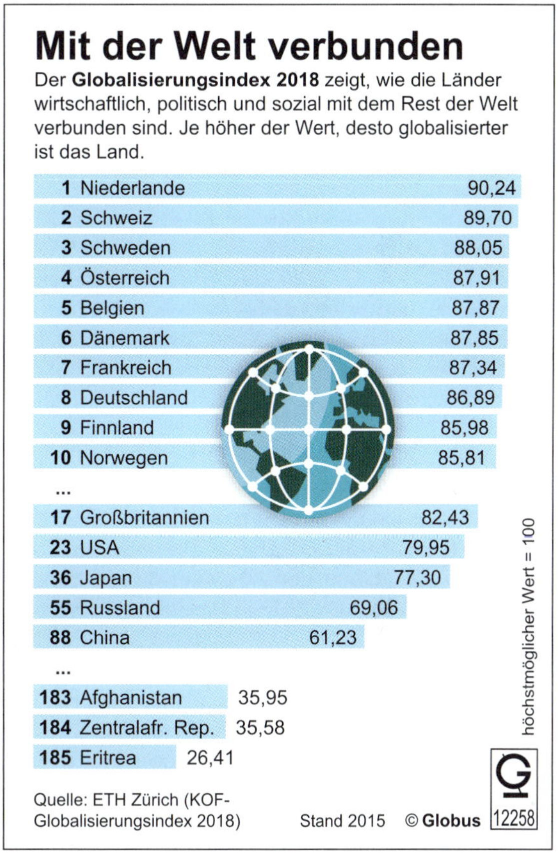

5.2 Bedeutung der Globalisierung

Die zunehmend **liberalisierte** und **digitalisierte** Weltwirtschaft mit ihren **offenen nationalen Märkten** erlaubt **Handelsverflechtungen der Volkswirtschaften** in einem bisher nicht gekannten Ausmaß.

1 Vgl. zu diesem Kapitel auch: Informationen zur politischen Bildung Nr. 280, 3. Quartal 2003 (Themenheft Globalisierung).

Wie stark die **Verflechtungen des internationalen Handels** mittlerweile sind, veranschaulicht nachfolgende Übersicht.

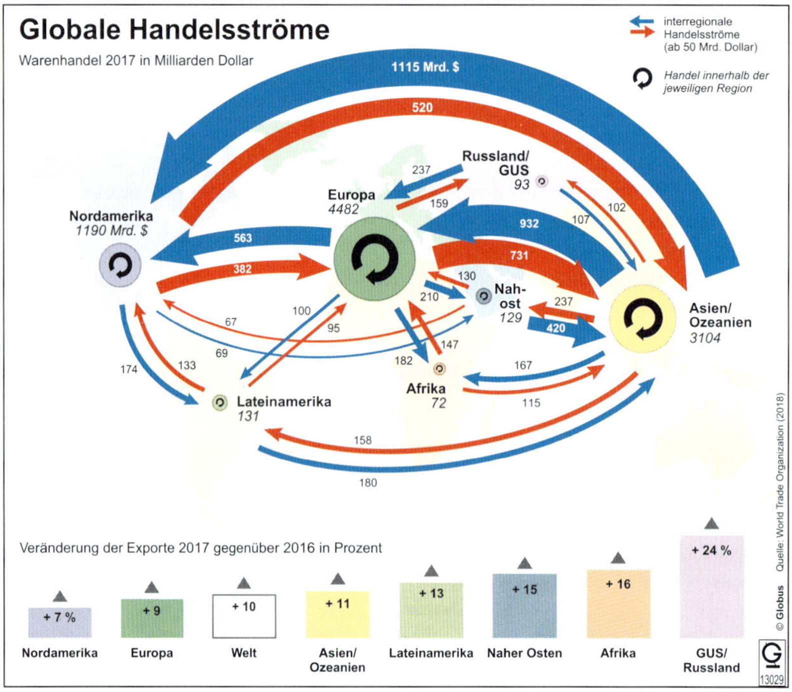

Der Welthandel wird von den **reichen Industrieländern dominiert** – allein die Europäische Union hat einen Anteil von mehr als einem Drittel. Die Handelsströme zwischen den großen Regionen der Erde spiegeln dies wider. Aus Asien kommen die Waren vor allem aus China, Japan und den sogenannten „Tigerstaaten". Afrikanische und südamerikanische Länder haben zusammen nur einen geringen Anteil an den Weltexporten.

Die ärmeren Länder kämpfen deshalb seit Jahren für größere Exportchancen. Nach wie vor gibt es noch zu **viele Handelshemmnisse** für Entwicklungs- und Schwellenländer.

Die Öffnung der Grenzen veranlasst die Unternehmen, die sich ergebenden **Standortvorteile** in den verschiedenen Ländern der Erde durch Handelsbeziehungen, Informationsaustausch, Unternehmenszusammenschlüsse und sonstige Aktivitäten aller Art zunutze zu machen.

Beispiel:

Ein Automobilkonzern, der Forschungs- und Entwicklungsstandorte in Deutschland, den USA und Japan besitzt, kann die Entwicklungszeit für einen neuen Motor auf ein Drittel verkürzen, da aufgrund der Zeitverschiebung ohne Schichtarbeit

rund um die Uhr geforscht und getestet werden kann. Bevor der deutsche Kollege Feierabend macht, stellt er sein Arbeitsergebnis seinem amerikanischen Kollegen via Internet zur Verfügung, dieser wiederum dem japanischen Kollegen usw.

5.3 Beschleuniger der Globalisierung

Bei der Globalisierung handelt es sich um einen **Prozess,** der auf mehreren, unterschiedlich starken **Triebkräften** beruht, die diesen Entwicklungsverlauf **beschleunigten.**

(1) Wohlstandsgewinne

Eine der wohl wichtigsten Antriebsfedern der Globalisierung ist das **wirtschaftliche Interesse** der beteiligten Volkswirtschaften. Bereits im 19. Jahrhundert entwickelte sich die theoretische Einsicht und sehr bald auch praktische Erfahrung, dass Staaten, die sich wirtschaftlich nicht abschotten, sondern in einen offenen Austausch mit anderen Volkswirtschaften treten, davon profitieren und **Wohlstandsgewinne** für ihre Bürgerinnen und Bürger erzielen.

(2) Liberalisierung

Begünstigt wurde die zunehmende internationale Verflechtung durch staatliche Entscheidungen. So konnten vor allem wirtschaftlich starke Staaten sukzessive durchsetzen, dass **Schutzwälle** um Volkswirtschaften schrittweise abgetragen wurden und werden **(außenwirtschaftliche Liberalisierung).** Bei vielen Produkten haben nationale **Zölle** und mengenmäßige **Importbeschränkungen** ihre Schutzfunktion für die jeweils heimische Produktion längst eingebüßt. War die Konkurrenz eines Unternehmens anfangs vorwiegend innerhalb staatlicher Grenzen zu suchen, so ist sie nun überall auf der Welt anzutreffen.

(3) Grenzüberschreitender Kapitalverkehr

Der Fluss des Geldes ist von nahezu allen staatlichen Fesseln befreit worden, sodass in der heutigen Zeit vom **internationalen Kapitalmarkt** gesprochen werden kann. Kapital findet sich überall dort ein, wo es entweder als Investition in ein Unternehmen oder auf den Finanzmärkten anderer Staaten eine gute **Rendite** verspricht. Eine Folge ist, dass über 90 % der Gelder, die täglich um die Welt zirkulieren, nichts mehr mit der Bezahlung von Gütern und Dienstleistungen zu tun hat. Vielmehr ist Geld selbst zur Ware geworden. Dabei fließen mitunter riesige Geldströme in Länder, in denen sie vorübergehend einen hohen Gewinn versprechen, um bei wechselnder Lage ebenso schnell wieder abgezogen zu werden – ungeachtet der **finanzpolitischen Zerrüttungen**, die dann entstehen können.

(4) „Digitale Revolution"

Nachdrücklich beschleunigt wurde der Prozess der Marktöffnung für Waren, Dienstleistungen und Geld durch die **„digitale Revolution".**

Diese Entwicklungen ermöglichten, die Welt mit einem dichten **Kommunikationsnetz** zu überspannen, das nahezu jeden Punkt dieser Erde in oft nur **Bruchteilen von Sekunden** erreichbar werden lässt. Die schnelle Übertragung der Daten über das Internet schafft neben der entstehenden Konkurrenz nicht nur einen großen **Weltfinanzmarkt** mit gegenseitiger Abhängigkeit. Vielmehr entsteht dadurch auch die Notwendigkeit einer stabilen Datenübertragungsinfrastruktur und ständiger Innovationen in diesem Bereich.

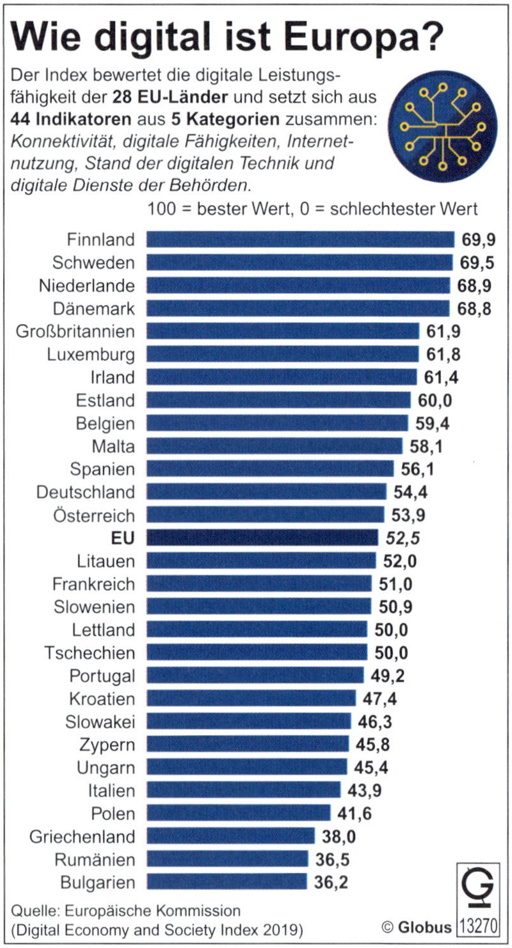

Für Unternehmen eröffnet das digitale Zeitalter neue Chancen. Ein Unternehmen kann sich durch die weltweite Vernetzung **neue Zielgruppen** erschließen, die Unternehmenskommunikation intensivieren, den Bekanntheitsgrad seiner Marke und das Image verstärken und in einem kontinuierlichen Dialog mit seiner Zielgruppe bleiben. Die **Welt** als großer **Markt- und Handelsplatz** ohne unnötige Beschränkungen und Schranken ist insofern für die Industriestaaten und ihre Produkte wichtig, als dass sie jene über die eigenen und benachbarten Grenzen hinweg verkaufen bzw. produzieren lassen können. Da Entwicklungsländer oftmals über eine große Bevölkerungszahl verfügen, macht alleine schon die Masse an potenziellen Kunden einen großen Anreiz für die Industrienationen aus, ihre Ware dort zu platzieren und alle notwendigen Maßnahmen zu treffen, einen weltweiten und reibungslosen Warenaustausch zu ermöglichen.

(5) Verbesserte Verkehrstechnologie

Aber nicht nur Straßen und Routen für Daten bilden ein wichtige Grundlage eines funktionierenden grenzüberschreitenden Handels, sondern auch der **Ausbau der Verkehrsinfrastruktur** für den Gütertransport ist ein zentraler Punkt, um globalisierten Handel und ein Zusammenwachsen über die Kontinente hinweg überhaupt erst für alle Beteiligten zu ermöglichen.

Als weitere Beschleuniger der Globalisierung gelten **sinkende Transportkosten** und die zunehmende **Vereinheitlichung technischer Normen.**

Eine ganz besondere Rolle kommt in diesem Zusammenhang der **Containerschifffahrt** zu. Während der Verkehr gewerblicher Güter **innerhalb** eines Landes in erster Linie noch über die **Straße** und im geringeren Maße über die **Schiene** erfolgt, verläuft der **internationale** Verkehr in erster Linie über die Wasserstraßen mittels **Containerschiffen.** Ohne den Container wäre unsere heutige globalisierte Welt nicht denkbar, denn weit über **90 %** des Welthandels laufen derzeit über Wasserstraßen, wobei sich das Handelsvolumen seit dem Jahr 1960 um den Faktor 20 vergrößert hat. Zu verdanken ist dies in erster Linie der **erhöhten Transportkapazität** der Containerschiffe, was dazu führt, dass der Containertransport per Schiff unschlagbar **kostengünstig** ist. Niedrige Stücktransportkosten gerade bei Massenware machen das Transportmodell noch attraktiver.

5.4 Problemfeld Arbeitsmarkt: Auswirkungen der Globalisierung auf den Arbeitsmarkt

Globalisierung ist zwar in erster Linie ein ökonomisches Phänomen, ihre Auswirkungen gehen jedoch weit darüber hinaus.[1] Viele Menschen in den Industriestaaten sehen sie als eine **Gefährdung** ihrer **sozialen Sicherheit** und ihrer **Zukunftschancen** an. Der Abbau zwischenstaatlicher Hindernisse erleichtert es besonders großen, kapitalkräftigen Unternehmen, die ihre Produktionskosten verringern wollen, sich in Ländern mit **niedrigeren Lohnkosten, minimalen umweltpolitischen Auflagen** sowie **schwachen sozialen Sicherungssystemen** niederzulassen. Für einfache Tätigkeiten wird in manchen Ländern so wenig bezahlt, dass die dort hergestellten Produkte ungeachtet der Transportkosten immer noch billiger sind als solche, die in Deutschland fabriziert wurden.

Dieser sogenannte **Arbeitsplatzexport** kann z. B. folgende Gründe haben:

- Die **soziale und politische Stabilität** des Auslands wird höher eingeschätzt als die inländische.
- Die **Umweltvorschriften (Umweltstandards)** sind im Ausland weniger streng als im Inland.
- Das Ausland fördert Gewerbeansiedlungen durch **Steuererleichterungen** und/oder **Subventionen.** Das Problem ist, dass der Staat den Unternehmen, die mit der Auslagerung von Produktionsstätten drohen, seinerseits Steuererleichterungen gewährt und/oder Subventionen zahlt. Die Folge ist, dass die Steuereinnahmen sinken.
- Im Ausland ist die **„Regulierungsdichte"** (z. B. Bauvorschriften, Zulassungsverfahren, Behördenwege) geringer als im Inland.
- Die **Arbeitskosten** sind im Ausland niedriger als im Inland.

1 Vgl. hierzu und im Folgenden Informationen zur politischen Bildung (Heft 280).

5.5 Problemfeld Umwelt: Notwendigkeit internationaler Vereinbarungen zur Bewältigung der weltweiten Umweltproblematik

Gerade in Zeiten zunehmender Globalisierung hat **internationale Umweltpolitik** einen hohen Stellenwert. Denn viele **Umweltprobleme überschreiten Staatsgrenzen** und können nur in internationaler Zusammenarbeit bewältigt werden.

Internationale Umweltpolitik umfasst eine Vielzahl von Themen:

- Klimaschutz,
- nachhaltige Energiepolitik,
- Erhalt der biologischen Vielfalt,
- Schutz von Wäldern, Meeren und Böden,
- Kampf gegen Wüstenbildung,
- eine nachhaltige Abfallwirtschaft und
- der Schutz vor gefährlichen Stoffen.

Bei fast allen Themen sind **übergreifende Strategien** nötig. Sie führen dazu, dass auch andere Politikbereiche, wie etwa Zusammenarbeit mit Entwicklungsländern, den Umweltschutz berücksichtigen.

Zu den wohl größten globalen Herausforderungen des 21. Jahrhunderts zählt der **internationale Klimaschutz.** Die Notwendigkeit zeigt sich u. a. daran, dass die **globale Durchschnittstemperatur** auf der Erdoberfläche aufgrund der zunehmenden Konzentration von **Kohlendioxid** (CO_2) und anderen **Treibhausgasen** in der Atmosphäre kontinuierlich ansteigt, mit bereits heute nachweisbaren Folgen.

Die Auswertung von Wetterdaten zeigt, dass jedes der letzten drei Jahrzehnte an der Erdoberfläche wärmer war als alle vorangehenden seit 1850. Ein ungebremster Ausstoß der Treibhausgase könnte das Klimasystem derart verändern, wie dies in den vergangenen 100 000 Jahren nicht vorgekommen ist. Vermehrte **Extremwetterereignisse, veränderte Niederschläge,** ein **steigender Meeresspiegel,** die **Versauerung der Ozeane** und Schnee und Eis wären die Folge.

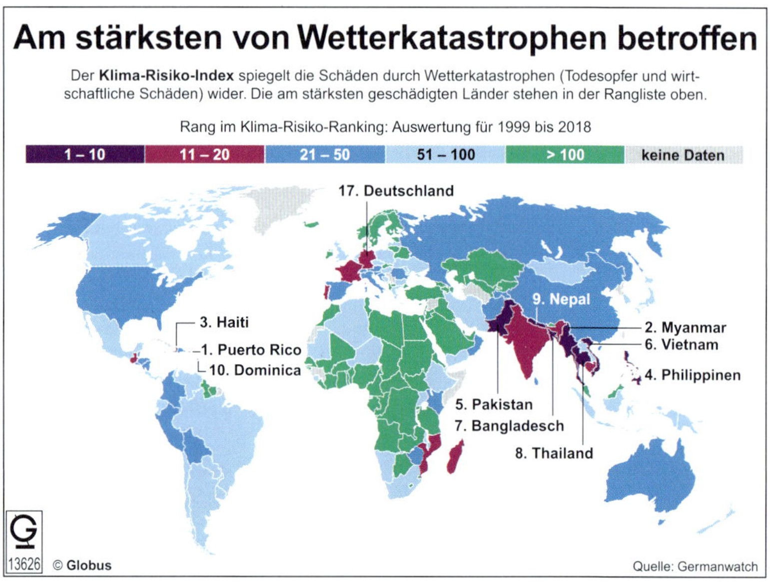

Betrachtet man die Jahre 1999 bis 2018, sind Puerto Rico, Myanmar und Haiti am stärksten von Stürmen, Überflutungen und Dürren betroffen gewesen, heißt es in dem Ländervergleich der Entwicklungsorganisation Germanwatch. Die weltweite Erderwärmung lässt Extremwetter-Ereignisse wie Trockenphasen und Stürme häufiger und stärker werden. In den vergangenen 20 Jahren hätten insgesamt mehr als 12 000 solcher Ereignisse knapp einer halben Million Menschen das Leben gekostet und kaufkraftbereinigt rund 3,5 Billionen US-Dollar Schäden verursacht. Dabei richten diese Ereignisse tendenziell mehr Schaden in Entwicklungsländern an, weil mehr Menschen dabei sterben, während in Industrieländern die finanziellen Verluste größer seien. Der Index vergleicht die durch Extremwetter verursachten Todeszahlen und Sachschäden nach Kaufkraftparitäten, und zwar sowohl die absoluten Zahlen als auch im Verhältnis zur Einwohnerzahl und zum Bruttoinlandsprodukt. Er basiert auf einer Datenbank des Rückversicherers Munich Re und Daten des Internationalen Währungsfonds (IWF).

Deutschland geht national mit seiner **Energiewende** voran und hat sich ehrgeizige Emissionsreduktionsziele gesetzt: Die klimaschädlichen Emissionen sollen bis zum Jahr 2050 deutlich sinken. Umgesetzt werden soll dies durch das langfristig angelegte Energiekonzept.

Die neue Erzeugungslandschaft mit Strom aus wachsenden Anteilen von erneuerbaren Energien schafft jedoch gleichzeitig **neue Herausforderungen** für das **Netz.** So muss der Strom teilweise über weite Strecken von den Stromerzeugern zu den Verbraucherinnen und Verbrauchern gelangen. Schließlich wird der erneuerbare Strom aus Windenergie vorrangig im Norden und Osten sowie auf See erzeugt, wo der Wind besonders stark weht. Die größten Stromverbraucher – allen voran große Industriebetriebe – befinden sich aber im Süden und Westen Deutschlands. Damit die Stromversorgung also für alle **sicher** und **bezahlbar** bleibt, müssen in den kommenden Jahren mehrere tausend Kilometer neue **Stromtrassen** gebaut werden. Nur so kann künftig Strom aus erneuerbaren Energien tatsächlich in jede Steckdose in Deutschland gelangen, denn das Stromnetz ist schließlich das Rückgrat einer gelungenen Energiewende.

Die besondere Verantwortung Deutschlands basiert nicht zuletzt auf dem Umstand, dass unser Land weltweit zu den größten **Rohstoffkonsumenten** zählt und dabei in hohem Maße von Importen abhängig ist. **Versorgungssicherheit,** der **Schutz der natürlichen Ressourcen,** eine **sparsame Nutzung** sowie die **Wiederverwertung** sind daher von hoher Bedeutung für die Wirtschaft hierzulande.

5.6 Problemfeld Ungleichheit: Notwendigkeit internationaler Vereinbarungen zum Abbau von sozialen Ungleichheiten

Eines der größten Probleme der Globalisierung ist die **wachsende Ungleichheit,** wobei die nicht allein eine **moralische** Frage ist, sondern auch eine **wirtschaftliche.** Wenn normale Bürger nicht über genügend Einkommen verfügen, um die von Unternehmen hergestellten Produkte zu kaufen, wie sollen diese Unternehmen dann wachsen?

Diese Einsicht stimmt mit den Erkenntnissen des Internationalen Währungsfonds (IWF) überein, wonach Länder mit geringerer sozialer Ungleichheit ökonomisch besser dastehen.

Zwar hat die Globalisierung einerseits dazu geführt, dass die Unterschiede **zwischen** einzelnen Ländern sinken. So haben etwa in den letzten Jahren Staaten wie Korea, Indien, Indonesien, China oder die Türkei zu den alten Industrieländern spürbar aufgeholt. Als Folge entsteht in Asien, aber auch in Teilen Lateinamerikas eine **neue Mittelschicht,** der

Anteil der Armen ist in diesen Ländern drastisch gesunken. Allerdings gibt es global betrachtet immer noch sehr viele Regionen, die gänzlich von diesem wachsenden Wohlstand abgeschnitten sind, was zu erheblich **ungleichen Lebensbedingungen** führt.

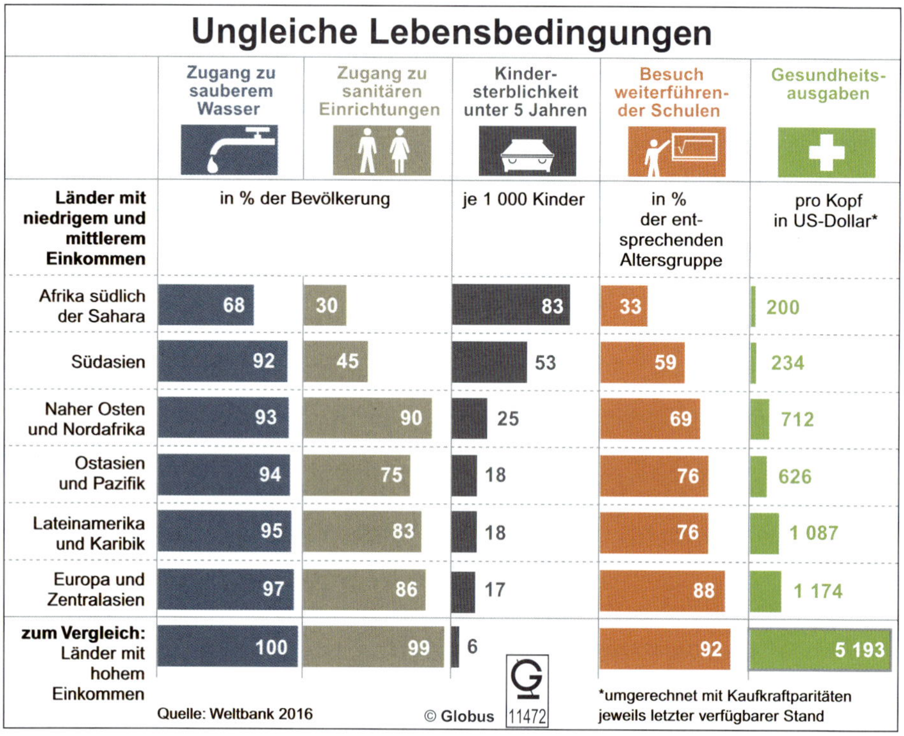

Andererseits hat sich aber gleichzeitig in den Ländern selbst die Kluft zwischen Reichen und Armen weit geöffnet.

Beispiel:

So stehen etwa in Indien die Wohnungen der neuen Vermögenden oft direkt neben den Slums der Zurückgebliebenen, die Wanderarbeiter in China haben nichts vom neuen Luxus in Schanghai oder Peking. In den Vereinigten Staaten entfernt sich eine Schicht von Superreichen immer weiter von einer Mittelschicht, die ihre wirtschaftliche Grundlage verliert. In New York kaufen Milliardäre aus der ganzen Welt Luxuswohnungen zu obszönen Preisen, während Wohnen für Normalbürger unbezahlbar wird.

Dieser zunehmende Reichtum in vielen Ländern dieser Welt steht in einem krassen Missverhältnis zu der Tatsache, dass weltweit noch immer Millionen Menschen an Hunger leiden.

Nicht zuletzt dieser Umstand führt zu **steigenden Wanderungs- und Migrationsbewegungen.**

Immer mehr Menschen verlassen ihre Heimat und verlegen ihren Lebensmittelpunkt an einen anderen Ort. Manche tun es freiwillig, viele Andere fliehen vor Gewalt, Unterdrückung, Krieg oder Hungersnöten aus ihren Ländern. Im Jahr 2017 lebten 258 Mio. Menschen als Migranten fern ihrer Heimat. Damit waren es 2017 insgesamt 85 Mio. Menschen bzw. 49 % mehr als im Jahr 2000. Das geht aus dem internationalen Migrationsreport 2017 der Vereinten Nationen hervor, der alle zwei Jahre erscheint. Allein Asien und Europa beherbergen fast zwei Drittel der internationalen Migranten weltweit. 80 Mio. Menschen haben in asiatischen Ländern eine neue Heimat gefunden, 78 Mio. in Europa. Die größte Wanderungsbewegung zwischen den Regionen gab es von Lateinamerika in Richtung Norden: 26,4 Mio. Menschen wanderten aus Süd- und Mittelamerika in die USA oder nach Kanada aus. Die größte Binnenwanderung zählten die Statistiker in Asien. Mehr als 63 Mio. Asiaten suchten sich innerhalb Asiens eine neue Heimat.

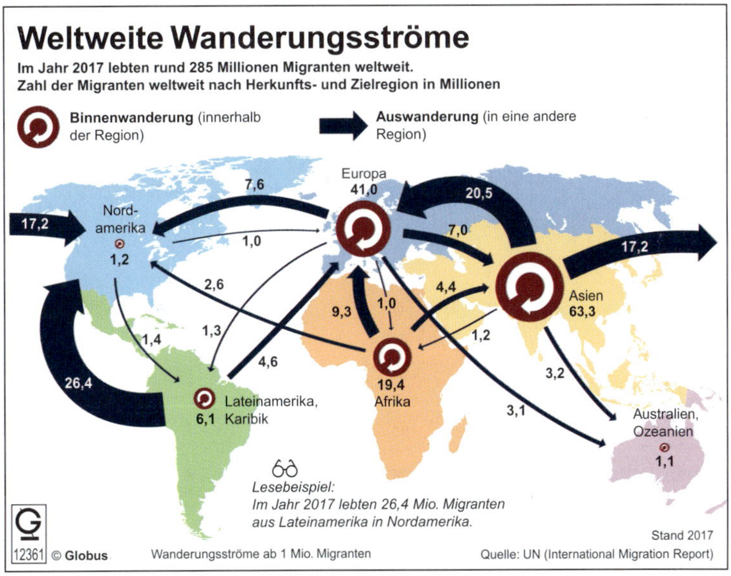

5.7 Chancen und Risiken der Globalisierung

Kaum ein Thema wird hinsichtlich seiner Auswirkungen kontroverser diskutiert: Im Zeitalter der Globalisierung und der zusammenwachsenden Märkte eröffnen sich einerseits große Chancen; andererseits müssen aber auch die Risiken ernst genommen werden.

Chancen	Risiken
■ Nutzung der Kostenvorteile anderer Volkswirtschaften. ■ Günstige Einkaufspreise durch weltweite Konkurrenz der Anbieter. ■ Risikostreuung durch weltweites Engagement der multinationalen Konzerne („Global Players"). ■ Verbesserung des Lebensstandards in den Entwicklungsländern durch Know-how-Transfer. ■ Verringerung der Kriegsgefahr wegen der gestiegenen wirtschaftlichen Abhängigkeiten. ■ Steigende Toleranz gegenüber anderen Kulturen und Mentalitäten durch den intensiven Austausch von Waren und Dienstleistungen.	■ Vergrößerung der Umweltprobleme durch eine verstärkte Wirtschaftstätigkeit und höheren Konsum. ■ Gefahr einer ruinösen Konkurrenz zwischen den einzelnen Volkswirtschaften. ■ Menschen können mit der Geschwindigkeit des Strukturwandels nicht mithalten. ■ Gefahr zunehmender Arbeitslosigkeit in Hochlohnländern. ■ Sinkende Sozialstandards in den bisherigen Industrieländern durch den zunehmenden Kostendruck. ■ Fremde Kultureinflüsse können zu Identitätsängsten führen (Gefahr des Terrorismus). ■ Weltweit operierende Konzerne untergraben die Macht der Nationalstaaten.

Gerade diese Nachteile der Globalisierung sind der Nährboden von **globalisierungskritischen** Gruppen und Bewegungen, die sich seit den neunziger Jahren des vorangegangenen Jahrhunderts auf internationalen Konferenzen mit globaler Thematik zunehmend Gehör verschaffen.

Beispiel:

Eines der prominentesten Beispiele für globalisierungskritische Gruppen ist die Organisation **Attac** (frz.: Association pour une taxation des transactions financières pour l'aide aux citoyens – Vereinigung zur Besteuerung von Finanztransaktionen im Interesse der Bürgerinnen und Bürger).

Kompetenztraining

40 1. **Stellungnahme**

Trotz zunehmender Globalisierung versuchen Staatengemeinschaften oder Staaten durch protektionistische Maßnahmen sich gegenüber anderen Ländern abzuschotten. Lesen Sie hierzu nachfolgenden Zeitungsartikel!

... Sardinen und Welse

nach Christian Davis

Die Entwicklungsländer werden oft mit fadenscheinigen Argumenten daran gehindert, ihre Erzeugnisse auf den Märkten der Industrieländer zu verkaufen. Ein Beispiel hierfür liefert ein Streit zwischen Peru und der Europäischen Union. Dem südamerikanischen Land wurde von der EU untersagt, Sardinen in der EU als Sardinen zu verkaufen: Die Etikettierung solle sich unterscheiden. Nur in europäischen Gewässern gefangene Sardinen seien die echten. Die aus Peru sollten „Pilchards" genannt werden, was Peru ablehnte, weil diese Bezeichnung kein Verbraucher kennen würde. Die Etikettierung sollte Fischer aus der EU schützen.

Gegen diese Handelsbeschränkung wehrte sich Peru und verklagte die EU. Unterstützt wurde Peru vom „Beratungszentrum für WTO Recht", das subventionierten Rechtsbeistand lieferte. Peru hat diesen Prozess gewonnen und darf seit 2003 seine Fischereierzeugnisse als „pazifische Sardinen" in der EU verkaufen.

Anders erging es Vietnam, das erfolgreich Welse (catfish) in die USA exportierte und ebenfalls aufgefordert wurde, die Fische anders zu bezeichnen. Die Widerstände gegen die vietnamesischen Importe waren zum Teil bizarr. Die Vereinigung amerikanischer Welsfischer warnte, die vietnamesischen Fische stammten aus „Dritte-Welt-Gewässern". Der Kongress-Abgeordnete Marion Barry riet vom Verzehr ab, da die Fische durch das Entlaubungsgift „Agent Orange", von den USA im Vietnamkrieg flächendeckend angewendet, belastet sein könnten.

Die New York Times spottete am 5. September 2002, dieses Mal sei Vietnam in den USA einmarschiert, und zwar mit Welsen. Die vietnamesische Regierung willigte schließlich ein, die Fische zunächst als „Mekong Catfish", später als „basa" und „trah" zu vermarkten.

Allein damit war das Problem noch nicht gelöst. Trotz der gewünschten Etikettierung gingen die Importe in die USA nicht zurück. Daraufhin wurde Vietnam mit einem Anti-Dumping-Verfahren konfrontiert. Dort kann aber nur gegen gleichartige Waren („like-products") vorgegangen werden, eine Hürde, die das US-Handelsministerium umging, indem es nur noch von „bestimmten gefrorenen Fischfilets" aus Vietnam sprach. Die Südostasiaten sicherten sich in diesem Verfahren die Unterstützung einer teuren amerikanischen Anwaltskanzlei, verloren aber dennoch. Das Verfahren, vollständig außerhalb der WTO, endete in einer Niederlage für Vietnam.

Quelle: Informationen zur politischen Bildung, Internationale Finanz- und Wirtschaftsbeziehungen, Nr 334/2017.

Nehmen Sie zu derartigen Maßnahmen wohlhabender Staaten gegenüber relativ armen Ländern kritisch Stellung!

2. Die Baumwolle wird in Kasachstan oder Indien geerntet und anschließend in die Türkei versandt.

In der Türkei wird die Baumwolle zu Garn gesponnen.

In Taiwan wird die Baumwolle mit chemischer Indigofarbe aus Deutschland gefärbt.

Aus dem gefärbten Garn werden in Polen die Stoffe gewebt.

Innenfutter und die kleinen Schildchen mit den Wasch- und Bügelhinweisen kommen aus Frankreich, Knöpfe und Nieten aus Italien.

Alle „Zutaten" werden auf die Philippinen geflogen und dort zusammengenäht.

In Griechenland erfolgt die Endverarbeitung mit Birusstein.

Die Jeans werden in Deutschland verkauft, getragen und schließlich in der Altkleidersammlung einer karitativen Organisation gegeben.

Quelle: www.globalisierung-online.de.

Aufgaben:

2.1 Ermitteln Sie, wie viele km für die Herstellung einer Jeans wohl zurückgelegt werden!

2.2 Diskutieren Sie in der Klasse über den Sinn dieser globalen Arbeitsteilung!

3. Die Wirtschaftsbeziehungen zwischen den Industrieländern und der sogenannten Dritten Welt werden nicht selten wie folgt beschrieben: „Der Reichtum der Industrienationen resultiert im Wesentlichen aus dem Handel dieser Länder mit den Volkswirtschaften der Dritten Welt."

Aufgaben:

3.1 Nehmen Sie zu dieser Behauptung in Bezug auf Deutschland kritisch Stellung!

3.2 Des Weiteren wird behauptet, dass Entwicklungshilfezahlungen einseitige Geschenke der Geber- an die Empfängerländer seien. Erläutern Sie anhand von vier Beispielen, dass derartige Zahlungen durchaus auch für die Geberländer positive Auswirkungen haben können!

4. **Projektvorschlag**

Zur Vertiefung des Themas Globalisierung, insbesondere zu den globalen Herausforderungen bzw. zur Entwicklung von Maßnahmen zur aktiven Gestaltung der realen Herausforderungen, könnte das nachfolgende Workshopangebot der Bundeszentrale für politische Bildung in Anspruch genommen werden.

Globalisierung lernen! Hier geht es zu unseren Workshopangeboten und Methodenbausteinen zum Thema „Ein neues Haus für die Globalisierung – Perspektiven für die Weltinnenpolitik von morgen".

bpb: Bundeszentrale für politische Bildung

URL: http://www.bpb.de/veranstaltungen/netzwerke/teamglobal/67086/wir-kommen-zu-euch

Pfad: Veranstaltungen | Netzwerke | teamGLOBAL | Über uns | Wir kommen zu Euch!

Quelle: Bundeszentrale für politische Bildung.

5. Lesen Sie nachfolgenden Textauszug aus dem Entwicklungsbericht der Bundesregierung!

Wir leben in einer dynamischen und spannenden Phase der Weltgeschichte. [...] Täglich wächst die Weltbevölkerung um 230 000 Menschen, 80 Millionen im Jahr. Die Gewichte verschieben sich, Europa stagniert, Asien wächst und die Bevölkerung Afrikas wird sich bis zum Jahr 2050 verdoppeln.

Wer in Deutschland 1950 geboren wurde, erlebte, wie sich die Weltbevölkerung verdreifachte, der CO_2-Ausstoß sich verfünffachte und der weltweite Handel um mehr als das Zweihundertfache anwuchs.

[...]

Wir müssen Entwicklungspolitik deshalb in ganz neuen Dimensionen denken. Nachhaltige Entwicklung ist Aufgabe aller Politikfelder – von der Wirtschafts- und Handelspolitik über die Umwelt- und Agrarpolitik bis zur Außen- und Sicherheitspolitik. Wir können die großen Herausforderungen nur durch ein neues Miteinander in der Weltgemeinschaft lösen. In New York hat sich die Staatengemeinschaft 2015 mit der Agenda 2030 auf neue Nachhaltigkeitsziele geeinigt und damit einen „Weltzukunftsvertrag" vereinbart. In Paris ist der Durchbruch zu einem zukunftsweisenden Klimaabkommen gelungen. [...] Notwendig ist jetzt die entschlossene Umsetzung dieser Vorgaben. Wir sind nämlich heute auch die erste Generation, der es möglich ist, eine Welt ohne Hunger zu schaffen. Eine Welt, die Arm und Reich zusammenführt und nicht weiter spaltet.

In Deutschland ist der Entwicklungspolitik ein neuer Stellenwert zugewachsen. Zusammen mit vielen Engagierten in der Zivilgesellschaft und unseren weiteren Partnern in der deutschen und internationalen Entwicklungspolitik konnten große Erfolge erzielt werden. Die Zahl der Menschen, die unter Armut und Hunger leiden, konnte in den vergangenen 15 Jahren um mehr als die Hälfte gesenkt werden. Circa 90 Prozent aller Kinder in Entwicklungsländern gehen heute zur Schule. Krankheiten wie HIV, Tuberkulose und Malaria konnten wirksam bekämpft werden. Polio ist nahezu besiegt.

Doch diesen Errungenschaften stehen auch heute noch enorme Herausforderungen gegenüber:

- 800 Mio. Menschen leiden an Hunger und Mangelernährung,
- 700 Mio. Menschen leben weiterhin in extremer Armut,
- der Klimawandel, Umweltzerstörung und Artenschwund schreiten weiter voran,
- die Zahl der Todesopfer durch Kriege und Konflikte war 2014 die höchste seit 20 Jahren,
- noch nie waren so viele Menschen weltweit auf der Flucht.

Deutschland stellt sich diesen globalen Herausforderungen. [. . .]

Quelle: Entwicklungspolitik als Zukunfts- und Friedenspolitik, 15. Entwicklungspolitischer Bericht der Bundesregierung, März 2017.

Aufgaben:

5.1 Markieren Sie zunächst die Begriffe, deren Verständnis Ihnen Probleme bereitet. Recherchieren Sie – eventuell unter Zuhilfenahme des Internets – anschließend die Bedeutung dieser Begriffe!

5.2 Recherchieren Sie, was man unter Entwicklungspolitik versteht!

5.3 Eine positive wirtschaftliche Entwicklung gilt als Motor dafür, dass sich auch die wirtschaftliche Situation der Bevölkerung in den Entwicklungsländern verbessert. Beurteilen Sie, welche Entwicklungen in der jüngeren Vergangenheit wohl am ehesten in diesem Bereich zu einer Verbesserung beigetragen haben könnten!

5.4 **Maßnahmenplan**
Nennen Sie vier konkrete Maßnahmen, die Sie als Bürger und Konsument bewirken können, um eine Verbesserung der wirtschaftlichen Situation in Entwicklungsländern herbeizuführen! Stellen Sie die Maßnahmen anschließend in Form eines Maßnahmenplans dar!

5.5 Experten schätzen, dass im Jahr 2050 ca. 10 Mrd. Menschen auf der Erde leben werden. Erläutern Sie, warum in Zukunft vor allem die Industriestaaten aufgefordert sind, nachhaltige Produktions- und Wohlstandsmuster zu entwickeln!

5.6 Als eine der weltweit führenden Exportnationen für hochwertige Fertigerzeugnisse und Importnation von Rohstoffen kommt unserem Land in Bezug auf eine nachhaltige Entwicklungspolitik eine besondere Verantwortung zu. Informieren Sie sich anhand aktueller Daten über den Außenhandel der Bundesrepublik Deutschland. Recherchieren Sie in diesem Zusammenhang vor allem, welche Folgen diese ökonomischen Aktivitäten für die Entwicklungs- und Schwellenländer mit sich bringen und bereiten Sie ein Kurzreferat vor!

5.7 **Projektvorschlag**
Alle zwei Jahre findet der Schulwettbewerb des Bundespräsidenten zu dem Thema „Alle für eine Welt – Eine Welt für alle" statt.

Sammeln Sie mittels Brainstorming mögliche Ideen für ein Projekt Ihrer Schule! Diskutieren Sie auf der Basis Ihrer Vorschläge anschließend, ob Ihre Schule gerade mit Blick auf die von Ihnen gewonnenen kreativen Ideen an dem Wettbewerb teilnehmen möchte! Um dieses arbeits- und zeitintensive Projekt umzusetzen, sollten möglichst mehrere Klassen eingebunden werden!

Selbstverständlich können Sie sich schon im Vorfeld Gedanken darüber machen, wie Sie ein mögliches Preisgeld einsetzen möchten, da dies Ihr Projekt eventuell sogar mit unterstützt.

Hinweis: Die Unterlagen zu diesem Wettbewerb, insbesondere die Teilnahmebedingungen kann man sich als Broschüre zusenden lassen oder über das Internet herunterladen (www.eineweltfueralle.de)!

8 Maßnahmen zur sozialverträglichen Einkommens- und Vermögensverteilung analysieren und beurteilen

Situation: Gute Freunde unterhalten sich über soziale Probleme

Jan, Max und Philipp, allesamt noch Schüler bzw. Auszubildende, sind ziemlich beste Freunde. Sie treffen sich seit vielen Jahren sehr regelmäßig, zumeist am Wochenende, um etwas gemeinsam zu unternehmen.

So auch an diesem Wochenende, an dem sich die drei Freunde verabredet haben, um zunächst gemeinsam eine Pizzeria aufzusuchen und anschließend noch etwas Trinken zu gehen. Kurz nachdem sie die Bestellung aufgegeben haben, sagt Philipp, dass er sich solche Abende wohl künftig nicht mehr allzu oft leisten kann. Seit Freitag habe sein Vater seinen Arbeitsplatz verloren, ihm wurde gekündigt. Sein Vater habe gestern bereits angedeutet, dass er noch gar nicht absehen könne, wie es finanziell weitergehen soll, ob er überhaupt Arbeitslosengeld erhalte und wenn ja, wie viel dies genau sei.

Jan kann die Nöte von Philipp nur allzu gut verstehen. Auch in seiner Familie gibt es zurzeit ziemliche Sorgen. Seine Oma, die bei ihnen im Haus wohnt, ist vor zwei Wochen im Badezimmer ausgerutscht und hat sich dabei den Oberschenkelhals gebrochen. Seit dieser Zeit sitzt sie im Rollstuhl und kann nicht mehr laufen. Auch haben die Ärzte im Rahmen weitergehender Untersuchungen festgestellt, dass sie unter einer Demenz im fortgeschrittenen Stadium leidet. Erste Erkundigungen bei einem örtlichen Pflegeheim haben ergeben, dass die monatlichen Kosten für einen Heimplatz die Rente der Oma bei Weitem übersteigen würden. Nunmehr hätten seine Eltern bei der Krankenversicherung einen Termin, um abzuklären, ob und wenn ja, in welchem Umfang hier mit Zuschüssen gerechnet werden könne oder ob sie die Kostendifferenz ganz allein tragen müssten.

Schließlich kann auch Max von ähnlichen Problemen berichten. Seine Mutter leidet seit längerer Zeit unter einer seltenen Krankheit und muss sich infolgedessen in besonderer Weise ernähren. Diese Form der Ernährung sei ziemlich kostenintensiv und die Krankenkasse habe noch nicht abschließend erklärt, ob und in welchem Umfang sie sich an den Kosten beteiligen werde. Erschwerend kommt hinzu, dass sich die finanzielle Situation seiner Mutter zugespitzt hat, seit die Ärzte sie aufgrund dieser Erkrankung vor einigen Wochen nach dem Verlust ihres Arbeitsplatzes für erwerbsunfähig erklärt hätten und sie nunmehr auf den endgültigen Rentenbescheid wartet.

Am Ende des Gesprächs sagt Philipp: „Erschreckend ist für mich, wie viele Familien anscheinend derartige Probleme haben. Dabei dachte ich immer, dass wir in einem Sozialstaat leben."

Kompetenzorientierte Arbeitsaufträge:

1. Notieren Sie, welche Bereiche bzw. welche Leistungen der Sozialpolitik in der vorliegenden Situation angesprochen werden!
2. Erläutern Sie, wozu Sozialpolitik erforderlich ist und welche Ziele sie verfolgen sollte!
3. Formulieren Sie, wie in Ihren Augen eine gerechte Einkommens- und Vermögensverteilung konkret aussehen sollte!
4. Analysieren Sie, wie sich die demografische Entwicklung hierzulande auf die soziale Sicherheit auswirken wird. Gehen Sie dabei auch darauf ein, welche Konsequenzen sich zukünftig für Sie hieraus ergeben könnten und zeigen Sie Möglichkeiten auf, wie sich negative Auswirkungen des demografischen Wandels auffangen ließen!
5. **Arbeitsvorschlag mit regionalem Bezug:**

   Stellen Sie in Kleingruppen ein soziales Projekt aus Ihrer Region vor (z. B. eine örtliche Obdachlosenhilfe, eine regional aktive Jugendhilfe, eine örtliche Tafel). Gehen Sie dabei insbesondere darauf ein, welcher Kreis von sozial benachteiligten Menschen durch dieses Projekt unterstützt wird und welche Hilfen im Einzelnen geleistet werden.

   Präsentieren Sie Ihre Ergebnisse in der Klasse. Diskutieren Sie im Anschluss darüber, welches Projekt Sie als Klasse – eventuell unter Einbindung Ihrer Schule – ganz konkret unterstützen könnten!

Quelle: Bundesverband Deutsche Tafel e. V., Foto: Wolfgang Borrs.

1 Verschiedene Leitbilder in Bezug auf eine gerechte Einkommens- und Vermögensverteilung analysieren

1.1 Leitbilder und Zielsetzung

Sobald **Staat** und **Verbände** in den **Verteilungsprozess eingreifen,** müssen sie bestimmte **Verteilungsprinzipien** verfolgen, sich also eine Vorstellung darüber machen, wie es um das endgültige Verteilungsergebnis bestellt sein soll.

Es ist einleuchtend, dass die Anschauungen darüber, wie eine **„gerechte" Einkommens- und Vermögensverteilung** aussehen soll, sehr unterschiedlich sind. Sie hängen von der Interessenlage der jeweiligen Regierung bzw. der Verbände sowie von der vorherrschenden Weltanschauung (z. B. Individualismus, christliche Soziallehre oder Kollektivismus) ab.

Im Wesentlichen lassen sich folgende **Verteilungsprinzipien** unterscheiden:

Gleichheitsprinzip („Verteilungs-gerechtigkeit")	■ Dieses Prinzip **(„Jedem das Gleiche!")** wird damit begründet, dass alle Menschen gleich seien. Deshalb hätten sie auch Anspruch auf den gleichen Anteil am Volkseinkommen. In Deutschland wird das Gleichheitsprinzip zwar nicht in seiner extremen Ausbildung verfochten; wohl aber ist es ein Ziel der Regierung und der Gewerkschaften, eine **sozialverträgliche (gleichmäßigere, „gerechtere") Einkommensverteilung** herbeizuführen. ■ Das Prinzip der Einkommensnivellierung[1] hat den **Vorteil,** dass Unzufriedenheit, Neid und Missgunst abgebaut werden. ■ Der **Nachteil** ist, dass für den Einzelnen kein Leistungsanreiz besteht, sodass das Volkseinkommen niedriger ist, als es bei Anstrengung aller Kräfte sein könnte.
Bedarfsprinzip („Bedarfs-gerechtigkeit")	■ Das Bedarfsprinzip verlangt, die Einkommen nach einem von bestimmten Institutionen (z. B. Regierung, Parlament, Behörden) festzustellenden Maßstab zu verteilen **(„Jedem nach seinen Bedürfnissen!")**. Eine bedarfsgerechte Verteilung liegt z. B. vor, wenn die Einkommen nach Familienstand, Berufstätigkeit oder Kinderzahl differenziert (abgestuft) werden. ■ Der **Vorteil** des Bedarfsprinzips ist, dass auch soziale Gesichtspunkte bei der Einkommensverteilung berücksichtigt werden können. ■ Der **Nachteil** ist, dass **niemand** – auch keine Partei und keine Behörde – in der Lage ist, den tatsächlichen Bedarf der Mitglieder einer Gesellschaft festzustellen. Der Bedarf ist vielmehr eine subjektive Größe.
Leistungsprinzip („Leistungs-gerechtigkeit")	■ Nach dem Leistungsprinzip soll jeder nach seinem Beitrag zum Volkseinkommen entlohnt werden **(„Jedem nach seiner Leistung!")**. Das Leistungsprinzip verlangt, dass für gleiche Leistung auch der gleiche Lohn bezahlt wird. Es setzt voraus, dass für alle die gleichen Startbedingungen gegeben sind **(„Chancengleichheit")**. Ein Mindereinkommen ist nach dieser Auffassung auf mangelnde Leistung zurückzuführen. ■ Der **Vorteil** des Leistungsprinzips ist, dass ein Anreiz zur Mehrarbeit und zum persönlichen Einsatz besteht. ■ Der **Nachteil** ist, dass das Leistungsprinzip unsozial sein kann, selbst wenn die Chancengleichheit gegeben wäre. Es berücksichtigt z. B. nicht, dass Minderleistung auch **unverschuldet** sein kann (z. B. Arbeitsunfall, Krankheit). Außerdem berücksichtigt das Leistungsprinzip die Personen nicht, die nicht oder noch nicht (Alte und Jugendliche) im Produktionsprozess stehen.

Die **Frage nach der gerechten Einkommensverteilung** ist also nicht objektiv beantwortbar. Die Antwort hängt vielmehr von der **Einstellung des Einzelnen** oder der **jeweiligen Interessengruppen** (Gewerkschaften, Regierungen, Parteien, Arbeitgebern usw.) ab.

---

1 **Nivellierung**: gleichmachen, einebnen; (von Niveau [franz.]: waagerechte Fläche auf einer bestimmten Höhenlage).

Wenn also das wirtschaftspolitische Ziel einer „gerechten“ Einkommens- und Vermögensverteilung inhaltlich **nicht verbindlich festgelegt** werden kann, so besteht doch heute weitgehend Einigkeit darüber, dass die personalen Einkommensunterschiede, wie sie sich als Ergebnis des Marktprozesses bilden, durch Umverteilung verringert werden sollen. Das **Ziel der Verteilungspolitik** besteht demzufolge primär darin, zu einer **gleichmäßigeren Verteilung** von Einkommen und Vermögen innerhalb einer Gesellschaft beizutragen.

Welches Verständnis bezüglich der **sozialen Gerechtigkeit** innerhalb der Bevölkerung aktuell vorherrscht, verdeutlicht das abgebildete Umfrageergebnis.

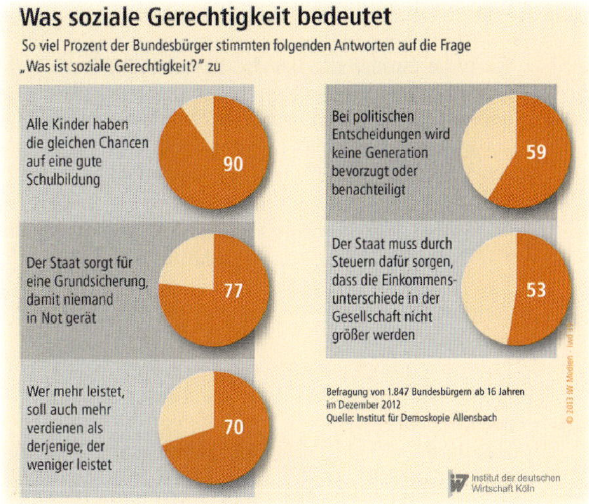

Quelle: iw-dienst Nr. 39, 26. September 2013.

1.2 Träger der Umverteilungspolitik

Träger der Umverteilungspolitik sind der **Staat** und die **Sozialpartner** (Gewerkschaften und Arbeitgeberverbände).

Quelle: https://www.bundestag.de/parlament/plenum [Zugriff am 23.10.2019].

Die Verfolgung des Ziels einer sozial verträglichen Einkommensverteilung ist für die Regierung der Bundesrepublik Deutschland deswegen schwierig, weil Tarifautonomie besteht, d.h., weil die Sozialpartner (Tarifpartner) das Recht haben, die Arbeitsentgelte selbstständig und ohne staatliche Einmischung zu vereinbaren. Dennoch verbleiben dem Staat eine Reihe von **wirtschafts- und sozialpolitischen Maßnahmen** vor allem vermögenspolitischer Art. Hierzu gehören u.a. die **Sparförderungsmaßnahmen.** Hinzu kommt die **Steuerpolitik,** mit deren Hilfe die Einkommen umverteilt werden: Hohe Einkommen werden überproportional hoch, niedrigere Einkommen nur gering oder überhaupt nicht direkt besteuert **(Steuerprogression).**

Dass die mit der staatlichen Umverteilung über Steuern angestrebte **soziale Gerechtigkeit** je nach Betroffenheit des Einzelnen als mehr oder weniger gerecht empfunden wird und somit rein subjektiver Natur ist, verdeutlicht nachfolgende Geschichte.

Eine Steuerfabel

Es waren einmal 10 Männer, die jeden Tag miteinander zum Essen gingen und die Rechnung für alle zusammen betrug jeden Tag genau 100,00 Euro. Die Gäste zahlten ihre Rechnung wie wir unsere Steuern und das sah ungefähr so aus:

Vier Gäste (die Ärmsten) zahlten nichts. Der Fünfte zahlte 1,00 Euro. Der Sechste 3,00 Euro. Der Siebte 7,00 Euro. Der Achte 12,00 Euro. Der Neunte 18,00 Euro. Der Zehnte (der Reichste) zahlte 59,00 Euro.

Das ging eine ganze Zeitlang gut. Jeden Tag kamen sie zum Essen und alle waren zufrieden. – Bis der Wirt Unruhe in das Arrangement brachte, indem er vorschlug, den Preis für das Essen um 20,00 Euro zu reduzieren. „Weil Sie alle so gute Gäste sind!" Wie nett von ihm. Jetzt kostete das Essen für die 10 nur noch 80,00 Euro, aber die Gruppe wollte unbedingt beibehalten, so zu bezahlen, wie wir besteuert werden. Dabei änderte sich für die ersten vier nichts, sie aßen weiterhin kostenlos. Wie sah es aber mit den restlichen sechs aus? Wie konnten sie die 20,00 Euro Ersparnis so aufteilen, dass jeder etwas davon hatte? Die sechs stellten schnell fest, dass 20,00 Euro geteilt durch sechs Zahler 3,33 Euro ergibt. Aber wenn sie das von den einzelnen Teilen abziehen würden, bekämen der fünfte und der sechste Gast noch Geld dafür, dass sie überhaupt zum Essen gehen. Also schlug der Wirt den Gästen vor, dass jeder ungefähr prozentual so viel weniger zahlen sollte wie er insgesamt beisteuere. Er setzte sich also hin und begann das für seine Gäste auszurechnen. Heraus kam Folgendes:

Der fünfte Gast, ebenso wie die ersten vier, zahlte ab sofort nichts mehr (100 % Ersparnis). Der Sechste zahlte 2,00 Euro statt 3,00 Euro (33 % Ersparnis). Der Siebte zahlte 5,00 statt 7,00 Euro (28 % Ersparnis). Der Achte zahlte 9,00 statt 12,00 Euro (25 % Ersparnis). Der Neunte zahlte 14,00 statt 18,00 Euro (22 % Ersparnis). Und der Zehnte (der Reichste) zahlte 50,00 statt 59,00 Euro (15 % Ersparnis).

Jeder der sechs kam günstiger weg als vorher und die ersten vier aßen immer noch kostenlos. Aber als sie vor der Wirtschaft noch mal nachrechneten, war das alles doch nicht so ideal wie sie dachten. „Ich hab' nur 1,00 Euro von den 20,00 Euro bekommen!", sagte der sechste Gast und zeigt auf den zehnten Gast, den Reichen. „Aber er kriegt 9 Euro!" „Stimmt!" rief der Fünfte. „Ich hab' nur 1,00 Euro gespart und er spart neunmal so viel wie ich." „Wie wahr!" rief der Siebte. „Warum kriegt er 9,00 Euro zurück und ich nur 2,00? Alles kriegen mal wieder die Reichen!" „Moment mal," riefen da die ersten vier aus einem Munde. „Wir haben überhaupt nichts bekommen. Das System beutet die Ärmsten aus!" Und wie aus heiterem Himmel gingen die neun gemeinsam auf den Zehnten los und verprügelten ihn.

Am nächsten Abend tauchte der zehnte Gast nicht zum Essen auf. Also setzten die übrigen 9 sich zusammen und aßen ohne ihn. Aber als es an der Zeit war, die Rechnung zu bezahlen, stellten sie etwas Außerordentliches fest: Alle zusammen hatten nicht genügend Geld, um auch nur die Hälfte der Rechnung bezahlen zu können! Und wenn sie nicht verhungert sind, wundern sie sich noch heute.

Quelle: Autor unbekannt.

2 Die Verteilung des Einkommens und Vermögens in Deutschland im Hinblick auf die Verwirklichung der Prinzipien der sozialen Marktwirtschaft bewerten

2.1 Primärverteilung[1] des Volkseinkommens

Rein wirtschaftlich gesehen ist der **Lohn als wichtigste Einkommensart** zwar der „Preis für menschliche Arbeit". Dennoch ist er mehr: Er versetzt den Einzelnen nämlich in die Lage, menschenwürdig zu leben, sofern die Lohnhöhe ausreichend ist. Daher verwundert es nicht, dass immer wieder nach dem „gerechten" Lohn gefragt wird.

Enthält sich der Staat jeder Einflussnahme auf die Verteilung der Einkommen oder erhebt er allenfalls **indirekte**[2] Steuern, ergibt sich die **Primärverteilung** des Volkseinkommens.

Bei der Primärverteilung des Volkseinkommens unterscheidet man die **funktionelle** und die **personelle** Einkommensverteilung.

2.1.1 Funktionelle Einkommensverteilung[3]

Die funktionelle Einkommensverteilung gibt Antwort auf die Frage, welchen Produktionsfaktoren die Anteile am Volkseinkommen zugeflossen sind.

Einkommensarten nach funktionellen Gesichtspunkten	
Arbeitseinkommen (Arbeitnehmerentgelt)	Sie sind die Einkommen der Unselbstständigen (Arbeiter, Angestellte, Beamte, Richter, Soldaten) aus ihrer Arbeitstätigkeit.
Bodeneinkommen	Wie jedes knappe Gut hat der Boden seinen Preis, und zwar in Form eines Pachtzinses, eines Kaufpreises oder eines Nutzungsgewinns wie z. B. in der Landwirtschaft. Das Bodeneinkommen wird in der Volkswirtschaftslehre als **Bodenrente** oder **Grundrente** bezeichnet.
Kapitaleinkommen	Das Entgelt für die Überlassung von Kapital ist der **Zins.**
Unternehmenseinkommen	Das Unternehmenseinkommen enthält mehrere Einkommensbestandteile, nämlich den **Unternehmerlohn,** die **Kapitalverzinsung** und die **Risikoprämie.** ■ Der **Unternehmerlohn** ist die kalkulierte Vergütung für die routinemäßige Arbeitsleistung des Unternehmers in seinem Betrieb.

1 **Primär** (lat.): zuerst, erstrangig; „Primärverteilung" deshalb, weil sich diese Verteilung vor staatlicher Einflussnahme ergibt.

2 **Indirekte Steuern** sind Steuern, die beim Kauf von Waren im Kaufpreis enthalten sind. Der Käufer, der die Steuer letztlich tragen soll (Steuerträger), zahlt sie mit, der Verkäufer überweist als Steuerschuldner und Steuerzahler den Steueranteil an das Finanzamt. Beispiele sind die Umsatzsteuer bei jedem Produkt, die Mineralölsteuer bei Benzin, die Tabaksteuer bei Zigaretten.

Direkte Steuern hingegen sind direkt vom Steuerpflichtigen oder über Dritte (dies ist z. B. bei der Lohnsteuer der Fall, der Arbeitgeber schuldet die Steuer) zu zahlen. Zu den wichtigsten direkten Steuern gehören die Einkommensteuer (einschließlich Lohnsteuer), die Kapitalertragsteuer und die Körperschaftsteuer.

3 **Funktionelle Einkommensverteilung** deshalb, weil das Volkseinkommen entsprechend den Aufgaben (Funktionen) der einzelnen Produktionsfaktoren verteilt wird.

Einkommensarten nach funktionellen Gesichtspunkten	
	■ Die **Kapitalverzinsung** ist das kalkulierte Entgelt für das investierte Kapital. ■ Die **Risikoprämie** stellt das Entgelt für das Wagnis dar, das der Unternehmer mit der Gründung seines Betriebs und dem Einsatz seiner finanziellen Mittel eingegangen ist. Ein eventuell noch verbleibender Rest ist der **eigentliche Unternehmergewinn** (auch: Residualeinkommen, Resteinkommen).

Man könnte nun der Auffassung sein, dass eine Einkommensverteilung dann „gerecht" ist, wenn das Volkseinkommen den einzelnen **Produktionsfaktoren entsprechend ihrer Beiträge zur gesamtwirtschaftlichen Leistung** zufließt. Indessen ist es in einer **arbeitsteiligen** Gesellschaft **unmöglich,** den einzelnen Produktionsfaktoren ihren Beitrag zum Volkseinkommen zuzurechnen, ganz abgesehen davon, dass eine Einkommensverteilung nach funktionalen Gesichtspunkten die Leistungsschwachen und -unfähigen unberücksichtigt lassen würde (z. B. Kinder, in der Ausbildung Stehende, Kranke, Alte).

Das Problem der **„gerechten" Einkommensverteilung** muss **politisch** gelöst werden.

2.1.2 Personelle Einkommensverteilung mittels Lorenz-Kurve

Die Verteilung des Volkseinkommens auf verschiedene soziale Gruppen (Personengruppen) bezeichnet man als **personelle Einkommensverteilung.**

Teilt man z. B. die privaten Haushalte einer Volkswirtschaft in „Einkommensgruppen" ein, lässt sich mithilfe der **Lorenz-Kurve** die Einkommensverteilung grafisch veranschaulichen. (Lorenz war ein amerikanischer Statistiker.)

Beispiel:

Angenommen, in einer Gesellschaft mit 360 000 Haushalten ergeben sich folgende Einkommensschichten:

Anzahl der Haushalte	% der Haushalte	% kumuliert	Einkommen bis … GE	Gesamteinkommen in Mio. GE	% des Einkommens	% kumuliert
80 000	22,4	22,4	1 500	120	12,5	12,5
70 000	19,2	41,6	2 000	140	14,6	27,1
60 000	16,7	58,3	2 500	150	15,6	42,7
50 000	13,9	72,2	3 000	150	15,6	58,3
40 000	11,1	83,3	3 500	140	14,6	72,9
30 000	8,3	91,6	4 000	120	12,5	85,4
20 000	5,6	97,2	4 500	90	9,4	94,8
10 000	2,8	100,0	5 000	50	5,2	100,0
360 000	100,0	–	–	960	100,0	–

Ergibt sich bei dieser Berechnung eine **„45°-Linie"**, so bedeutet das, dass die Einkommen **völlig gleich verteilt** sind. Im vorliegenden Beispiel ist die Einkommensverteilung ungleich (z. B. entfallen auf 2,8 % der privaten Haushalte 5,2 % des Volkseinkommens und auf 8,3 % der Haushalte 12,5 % des Volkseinkommens). Je stärker der „Bauch" der Lorenz-Kurve ist, desto ungleicher ist die Einkommensverteilung.

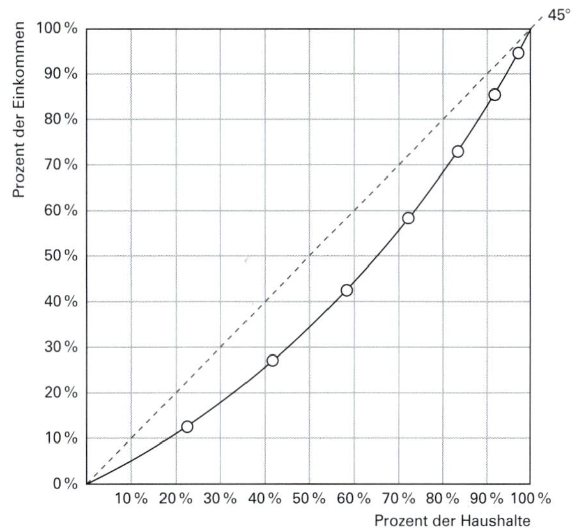

Je **stärker** die Lorenz-Kurve von der 45-Grad-Linie **abweicht,** desto **ungleicher** sind die Einkommen **verteilt.**

Ansatzpunkte zur Beeinflussung der personellen Verteilung

Faktorpreise	← Lohnpolitik, Arbeitsmarktpolitik
x Faktormengen	← Vermögenspolitik, Bildungs- und Ausbildungspolitik, Beeinflussung der Vererbung von Vermögen
= Bruttoeinkommen	**Primärverteilung**
− Abgaben	← Steuerpolitik, Finanzpolitik, Politik der sozialen Sicherung
+ Transfers	
= Nettoeinkommen	**Sekundärverteilung**
↓	← Preispolitik, Stabilitätspolitik
Nettorealeinkommen	**personelle Verteilung der realen verfügbaren Einkommen**

2.1.3 Primärverteilung des Volkseinkommens

Das Statistische Bundesamt geht bei der Ermittlung der Einkommensverteilung in Deutschland einen Mittelweg zwischen funktioneller und personeller Betrachtungsweise. Es unterscheidet zwischen dem **Arbeitnehmerentgelt** (dem Einkommen der Unselbstständigen) und dem **Unternehmens- und Vermögenseinkommen** (Boden- und Kapitaleinkommen sowie Unternehmensgewinne). Damit reduziert sich die Frage nach der Verteilung des Volkseinkommens auf das Verteilungsproblem zwischen den Produktionsfaktoren **„Arbeit"** einerseits und **„Kapital"** andererseits.

Primärverteilung des Volkseinkommens in Deutschland (ab 1992 Gesamtdeutschland)
(Zahlen in jeweiligen Werten und in Mrd. EUR)

Jahr	1960	1976	1992	2000	2008	2016	2018	2019
Arbeitnehmerentgelt	74,1	322,8	890,3	1089,2	1225,6	1594,6	1746,5	1851,3
Unternehmens- und Vermögenseinkommen	48,7	128,3	321,6	416,6	654,6	746,1	785,6	710,3
Volkseinkommen	122,8	451,1	1211,9	1505,8	1880,2	2340,7	2532,1	2561,6

Quelle: Statistisches Jahrbuch 1977, S. 500 sowie Monatsberichte der Deutschen Bundesbank, mehrere Jahrgänge.

2.1.4 Ursachen unterschiedlicher Einkommensverteilung

Gleichgültig, ob man die Einkommensverteilung unter funktionalen oder personellen Gesichtspunkten betrachtet: Sie ist im marktwirtschaftlichen System abhängig

- von der **Leistungsfähigkeit** der wirtschaftenden Personen,
- von den sozialen Gruppen, die **Eigentümer von Grund und Boden** bzw. des **Kapitals** (der Produktionsmittel) sind (den Eigentümern fließt – falls der Staat nicht eingreift – das Besitzeinkommen zu),
- vom Umfang der **Marktmacht** der einzelnen sozialen Gruppen.

2.2 Sekundärverteilung[1] des Volkseinkommens

2.2.1 Verteilungspolitik als Bestandteil der Sozialpolitik

Dem Ordnungsentwurf der **sozialen Marktwirtschaft** entspricht eine Synthese[2] von wettbewerbspolitisch zu sichernden wirtschaftlichen Freiheitsrechten einerseits und sozialer Bindung der wirtschaftlich tätigen Menschen und ihren Organisationen (den „Wirtschaftssubjekten") andererseits. Um diesen zweiten Aspekt realisieren zu können, bedarf es gestaltender Maßnahmen des Staates, die als **Sozialpolitik** bezeichnet werden.

Der **Begriff Sozialpolitik** ist unscharf und hat sich im Laufe der Geschichte **mehrfach gewandelt.** Er wird sich z. B. je nach wirtschaftlicher, technischer, politischer und demografischer[3] Entwicklung im Umfang und in der Zielrichtung weiter ändern. Das Ergebnis aller sozialpolitischen Entscheidungen und Maßnahmen bezeichnet man als **Sozialordnung.**

Für die Bundesrepublik Deutschland stellt Art. 20 I GG fest: *„Die Bundesrepublik Deutschland ist ein demokratischer und sozialer Bundesstaat."* Verwirklicht wird dieses **„Sozialstaatspostulat"**[4] des Grundgesetzes durch ein Netz sozialer Sicherungsmaßnahmen.

1 **Sekundär** (lat., franz.): in zweiter Linie, zweit...; **Sekundärverteilung**: Zweitverteilung.

2 **Synthese** (griech., lat.): Zusammenfügung einzelner Teile.

3 **Demografie** (griech.): Bevölkerungsstatistik; **demografische Entwicklung**: die durch die Statistik aufgezeigte Bevölkerungsentwicklung.

4 **Postulat** (lat.): Forderung; **Sozialstaatspostulat**: Forderung, einen Sozialstaat zu errichten bzw. zu erhalten.

Sozialpolitische Aktivitäten des Staates im Rahmen der sozialen Marktwirtschaft

Beschäftigungspolitik

- Maßnahmen zur Erreichung eines möglichst hohen Beschäftigungsstands
- Erhaltung und Schaffung von Arbeitsplätzen
- Berufs- und Arbeitsmarktberatung
- Ausbildungs- und Arbeitsvermittlung
- Förderung der beruflichen Bildung und Weiterbildung

Verteilungspolitik

Einkommens- und Vermögensumverteilung durch

- Steuerpolitik
- Vermögenspolitik
- Familienpolitik (z. B. Kindergeld)
- sonstige Sozialleistungen (Transferzahlungen wie z. B. Wohngeld, Sozialhilfe, BAföG, Altershilfe für Landwirte)
- Preispolitik

Arbeitsschutzpolitik

- Schutz der materiellen Rechte durch Arbeitsvertrags-, Berufsbildungs-, Tarifvertrags- und Mitbestimmungsrecht (Arbeitsrecht i. e. S.)
- Sozialer Arbeitsschutz (z. B. Arbeitszeitgesetz, Mutterschutzgesetz, Jugendarbeitsschutzgesetz, Kündigungsschutzgesetz)
- Schutz durch menschengerechte Gestaltung der Arbeit, technischen Arbeitsschutz und Unfallversicherung

Politik zur Absicherung von Arbeitsrisiken

- Gesetzliche Krankenversicherung
- Soziale Pflegeversicherung
- Gesetzliche Rentenversicherung
- Gesetzliche Arbeitsförderung (Arbeitslosenversicherung)
- Gesetzliche Unfallversicherung

Sonstige sozialpolitische Maßnahmen

- Umweltschutzpolitik
- Gesundheitspolitik
- Strukturpolitik
- Bevölkerungspolitik
- Bildungspolitik

2.2.2 Verteilungspolitische Maßnahmen des Staates

Bereits an anderer Stelle haben wir gesagt, dass das Marktergebnis nicht „gerecht" sein kann. Die Marktpreise der Produktionsfaktoren, also die auf sie entfallenden Einkommen, sind das Ergebnis von Angebot und Nachfrage.

> Setzt sich der Staat, wie dies in einer **sozialen Marktwirtschaft** der Fall ist, zum Ziel, die Einkommen **gleichmäßiger** zu verteilen, muss er die Einkommen der gut Verdienenden **beschneiden** und diese Mittel den sozial Schwachen **zuführen.**

Die **Umverteilung** durch den Staat (Redistribution)[1] geschieht in erster Linie mithilfe der **direkten Steuern.** Mit ihrer Hilfe werden die Einkommen **unmittelbar** besteuert. Die wichtigsten direkten Steuern sind die Körperschaftsteuer, die Einkommensteuer und die Lohnsteuer. Steuerähnlichen Charakter haben die **Sozialversicherungsabgaben** der Versicherungspflichtigen. Die Einkommen der Leistungsempfänger werden daher als **Transfereinkommen** oder auch als **Sozialeinkommen** bezeichnet.

Zu den Sozialeinkommen zählen nicht nur Arbeitslosengeld, Renten und Pensionen, sondern z. B. auch Arbeitslosengeld II, Sozialhilfe an Bedürftige, Kindergeld, Wohngeld, Ausbildungsförderung oder Elterngeld. Zu diesen **direkten Sozialleistungen** des Staates kommen noch weitere **indirekte** hinzu wie z. B. Ehegattensplitting und Kinderfreibeträge.

1 **Redistribution** (lat.): wörtl. Wiederverteilung, Neuverteilung. Hier: Umverteilung.

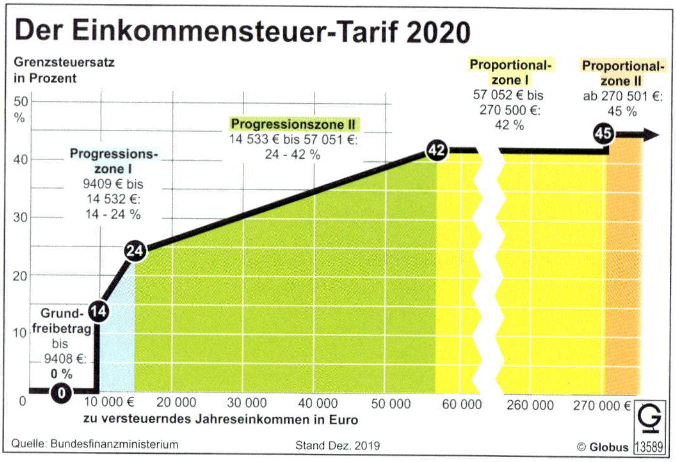

Zum Jahresbeginn 2020 wird der steuerliche Grundfreibetrag angehoben. Er steigt von 9168 EUR (2019) auf 9408 EUR. Außerdem wurde der Tarifverlauf bei der Einkommensteuer leicht verändert, um die sogenannte „Kalte Progression" im Steuersystem zu mildern. Sie führt dazu, dass wegen des steigenden Steuersatzes von einer Lohnerhöhung nur wenig übrig bleibt. Deshalb wurden die übrigen Tarifeckwerte für 2020 leicht nach rechts verschoben. Der Eingangssteuersatz von 14 % beginnt 2020 ab einem zu versteuernden Einkommen von 9409 EUR. Der Spitzensteuersatz von 42 % greift künftig bei einem zu versteuernden Einkommen von 57 052 EUR (vorher 55 961 EUR). Seit 2007 gibt es noch einen zusätzlichen höheren Spitzensteuersatz von 45 %, der zuletzt bei Einkommen ab 265 327 EUR pro Jahr angesetzt wurde („Reichensteuer"). Auch dieser Wert wird Anfang 2020 auf 270 501 EUR angehoben – bei Verheirateten gilt der doppelte Betrag. Lohn- und Einkommensteuer gehören übrigens zu den ergiebigsten Steuern in Deutschland. Zusammen brachten sie dem Fiskus im Jahr 2018 fast 269 Mrd. EUR und damit etwa ein Drittel der gesamten Steuereinnahmen.

2.2.3 Grenzen und Probleme der Umverteilungspolitik

Das Institut der deutschen Wirtschaft (iwd)[1] schreibt zum Thema **Soziale Marktwirtschaft, Wettbewerb und Leistung:**

> Wenn man bedenkt, dass über die Hälfte des Arbeitsertrags eines Durchschnitttsverdieners an den Staat geht, kann etwas nicht in Ordnung sein.
>
> Die **Sozialausgaben** erreichen ein Rekordniveau. [...] Die Folge ist, dass sich ein riesiger **Schuldenberg** aufgehäuft hat, der immer noch – zwar verlangsamt – wächst. Kommende Generationen werden ungerecht belastet. Wenn diese Entwicklung (immer höhere Transfereinkommen einerseits und immer höhere Steuern und Schulden andererseits) gebremst werden oder gar umgekehrt werden soll, müssen allein schon von dieser Seite her gesehen dem Wachstum der Sozialausgaben Grenzen gezogen werden.

Hinzu kommt die durch den in der Vergangenheit anhaltenden Geburtenrückgang gekennzeichnete **Bevölkerungsentwicklung.** Gleichzeitig nahm und nimmt die Lebenserwartung der Menschen in Deutschland zu **(„demografischer Wandel").** Das Verhältnis der Jüngeren (unter 20 Jahren) und der erwerbsfähigen Bevölkerung (20 bis unter 60 Jahren) zu den Älteren (60 Jahre und älter) verschiebt sich immer mehr in Richtung der älteren Generation. Heute zählen 25 % der Einwohner zu den „Senioren", 2050 werden es bereits 40 % sein. Das bedeutet, dass eine immer kleiner werdende Anzahl Erwerbstätiger für eine immer größere Zahl nicht erwerbstätiger Personen mit Steuern und Sozialabgaben aufkommen muss.

---

1 Vgl. Larmann, W.: Soziale Marktwirtschaft (I): Wettbewerb und Leistung, in: Wirtschaft und Unterricht, Informationen aus dem Institut der deutschen Wirtschaft Köln für Pädagogen, Nr. 9/2006.

„Außerdem sorgen **hohe Tansfers** für gravierende[1] **Fehlanreize** und die Zerstörung von Jobs, die ein Einkommen unterhalb oder nicht weit genug oberhalb des Transferanspruchs vermitteln. Aus einer falsch verstandenen Fürsorgehaltung heraus gewährt der Staat einen Grundeinkommensanspruch, der es Menschen mit einfachen Qualifikationen fast unmöglich macht, zu produktivitätsgerechten Löhnen tätig zu sein. Zu den Löhnen, zu denen sich Arbeit für sie lohnen würde, stellt sie niemand ein, und zu den Löhnen, zu denen sie beschäftigt werden könnten, lohnt sich Arbeit für sie nicht.“ [2]

Der Versuch, die steigenden Sozialausgaben durch immer höhere Steuern, Sozialabgaben oder höhere Schulden zu finanzieren, stößt ebenfalls an Grenzen.

Beispiele:

- Der Anreiz, sich Wissen anzueignen und etwas zu leisten, nimmt ab.
- Reiche Steuerzahler legen ihr Kapital im Ausland an oder ziehen überhaupt in Länder mit niedrigeren Steuersätzen.
- Unternehmen verlagern ihre Produktion nicht nur wegen niedrigerer Löhne und Sozialstandards, sondern auch wegen geringerer Steuersätze ins Ausland.

2.3 Vermögenspolitische Maßnahmen

Eine der wichtigsten Ursachen der **ungleichen Einkommensverteilung** ist die **ungleiche Vermögensverteilung.**

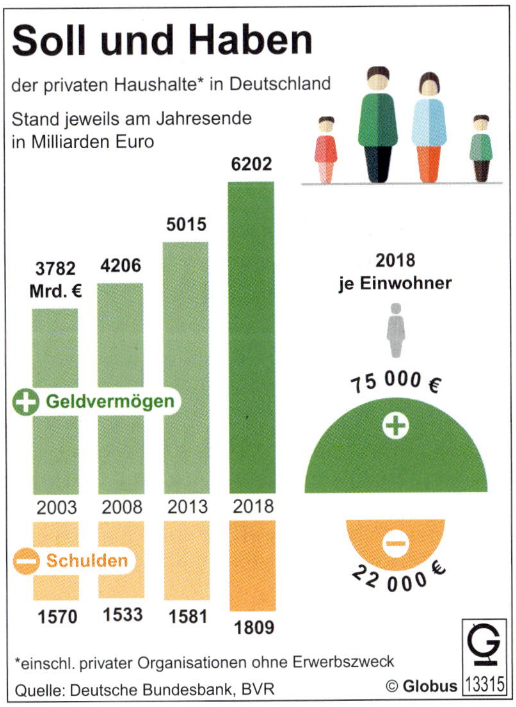

Diejenigen, denen die Produktionsfaktoren Boden und Kapital gehören, erheben natürlich auch Anspruch auf deren Ertrag. Diejenigen aber, welche **kein eigenes Vermögen** haben, sind auf den **„Verkauf“ ihrer Arbeitskraft** angewiesen, um ihren Lebensunterhalt zu verdienen. In einer Wirtschaft also, in der die Arbeitenden nicht zugleich Eigentümer der Produktionsmittel sind, ist die **Frage** nach einer **sozial verträglichen Einkommensverteilung** eng mit dem **Problem einer „gerechten“ Vermögensverteilung** verknüpft.

Damit Haushalte mit **geringem Einkommen** zukünftig **eigenes Vermögen aufbauen** und somit ihre Situation verbessern können, hat der Staat **vielfäl-**

1 **Gravierend** (lat.): schwerwiegend, gewichtig.

2 Schneider, H.: Kann den Armen nur ein starker Staat helfen? In: Badische Zeitung vom 25. Oktober 2006.

tige Möglichkeiten geschaffen, derartige Bemühungen mit entsprechenden staatlichen **Prämien** zu fördern. Hierzu zählen u. a.:

- die Vermögensbildung für Arbeitnehmer durch **vermögenswirksame Leistungen** (vgl. Kapitel 2.3.1),
- die Förderung von **Bausparen** zum Erwerb von Wohneigentum durch die Wohnungsbauprämie (vgl. Kapitel 2.3.2) oder
- **sonstige** vermögenspolitische Maßnahmen (vgl. Kapitel 2.3.3).

2.3.1 Vermögenswirksame Leistungen

Vermögenswirksame Leistungen werden in fast allen Bereichen der Wirtschaft in unterschiedlicher Höhe von den **Arbeitgebern** bezahlt. Die vermögenswirksamen Leistungen der Arbeitgeber sind **lohn- bzw. einkommensteuerpflichtig.** Voraussetzung für die Zahlung ist, dass sich der Arbeitnehmer verpflichtet, mindestens in Höhe der Leistungen des Arbeitgebers vermögenswirksam zu sparen.

Die nachfolgende Abbildung zeigt, bis zu welcher **Höhe** die Sparleistungen mit welcher **Sparzulage** gefördert werden und welche **Einkommensgrenzen** dabei nicht überschritten werden dürfen.

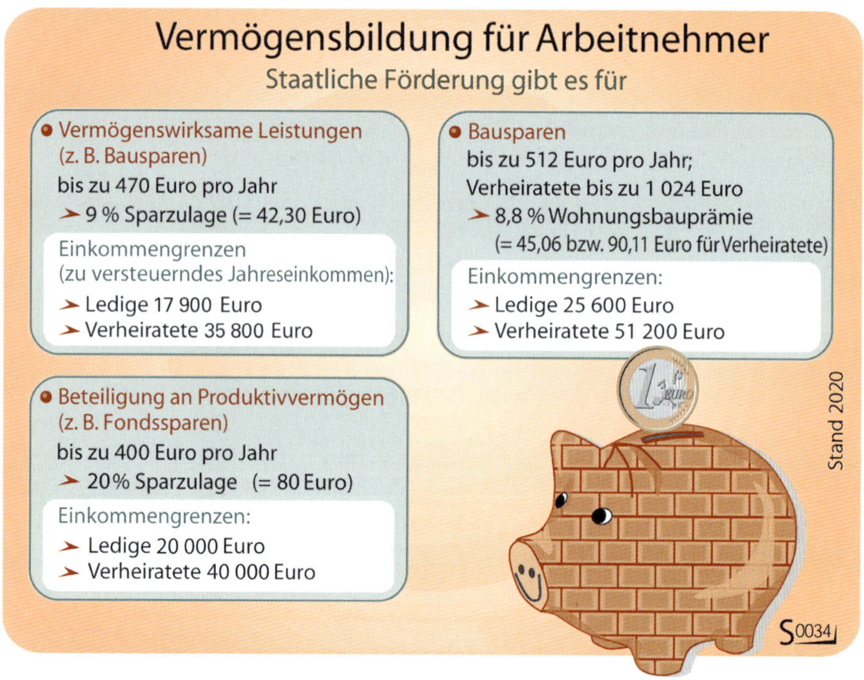

Der **Antrag** auf Gewährung der Sparzulage muss im Rahmen der Einkommensteuererklärung oder der Arbeitnehmerveranlagung gestellt werden. Sie wird erst mit Ablauf der **Sperrfrist** (i. d. R. sechs Jahre) fällig.

2.3.2 Wohnungsbauprämie

Zusätzlich zu den vermögenswirksamen Leistungen können Alleinstehende 512,00 EUR und Verheiratete 1 024,00 EUR **jährlich prämienbegünstigt** sparen, wobei allerdings nur die Anlage aufgrund eines Bausparvertrags bzw. Aufwendungen zum Bau, Ausbau oder zur Erweiterung eines Wohngebäudes oder einer Eigentumswohnung prämienbegünstigt sind. Die Prämie beträgt für prämienbegünstigte Sparleistungen 8,8 %. Vermögenswirksame Sparleistungen sind nicht prämienbegünstigt. Auf sie wird eine 9 %ige Arbeitnehmer-Sparzulage gezahlt [§§ 2, 2a, 3 I WoPG]. Besteht für die vermögenswirksamen Sparleistungen jedoch kein Anspruch auf Arbeitnehmer-Sparzulage (wegen Überschreitens der Einkommensgrenze), können sie in die prämienbegünstigten Aufwendungen zur Erlangung der Wohnungsbauprämie einbezogen werden.

Auch der Kreis der prämienbegünstigten Bausparer ist beschränkt. Das zu **versteuernde Einkommen** der Alleinstehenden darf nicht mehr als 25 600,00 EUR, das der Verheirateten (bei Zusammenveranlagung) nicht mehr als 51 200,00 EUR betragen. Maßgeblich für die Prämiengewährung ist jeweils das **Einkommen des Sparjahrs.** Die Bausparförderung gilt auch für Jugendliche ab dem **16. Lebensjahr** [§ 3 II WoPG].

2.3.3 Sonstige vermögenspolitische Maßnahmen

Mittelbar dient auch eine **progressive Gestaltung des Einkommensteuertarifs** der Vermögensbildung, weil dadurch Personen mit niedrigeren Einkommen in die Lage versetzt werden, einen Teil ihres Einkommens zu sparen, d. h. Vermögen zu bilden. Auch hohe *Freibeträge* für Einkommen aus Kapitalvermögen helfen, Eigenkapital zu bilden.

Auch im Rahmen des Wohnungsbaus hilft der Staat, durch verschiedene **Zuschüsse** (z. B. Baukindergeld in Höhe von 1 200,00 EUR pro Kind und Jahr über einen Zeitraum von 10 Jahren, bei der Anschaffung von Solaranlagen) und zinsgünstige Darlehen (z. B. CO_2-Gebäudesanierungsprogramm, Programm „Öko Plus") beim Bau bzw. Kauf und der Renovierung von Eigenheimen und Eigentumswohnungen Vermögen zu bilden.

Schließlich trägt auch die staatliche Förderung der **Riester-Verträge**[1] zur Vermögensbildung der Arbeitnehmer bei. Die Beitragszahlungen werden vom Staat in Form von Zulagen und Steuervorteilen gefördert. Wer die höchstmögliche Förderung **(175,00 EUR)** erreichen möchte, muss **4 %** des versicherungspflichtigen Bruttoeinkommens im Jahr sparen. Für jedes Kind erhält der Riester-Sparer **185,00 EUR** bzw. **300,00 EUR** für nach 2007 geborene Kinder. Allerdings muss wegen der Förderung in der Ansparphase die Rentenzahlung im Alter voll versteuert werden. Die Riester-Verträge gibt es bei Banken, Fonds-Gesellschaften und Versicherungsunternehmen.

1 Die Bezeichnung **Riester-Rente** geht auf Walter Riester zurück, der als Bundesminister für Arbeit und Sozialordnung die Förderung der freiwilligen Altersvorsorge durch eine Altersvorsorgezulage vorschlug.

Kompetenztraining

41 1. Beurteilen Sie die Entwicklung der Lohnquote in Deutschland aufgrund der Statistik in Kapitel 2.1.3!

2. Ein wichtiges Element der sozialen Marktwirtschaft ist eine sozial ausgewogene Einkommensverteilung. Mithilfe der „Einkommensumverteilung" versucht der Staat, diesem Ziel näherzukommen.

   Aufgaben:

   2.1 Erläutern Sie, auf welche Weise der Staat die Umverteilung der Einkommen vornimmt!

   2.2 Erläutern Sie kurz, warum zu hohe Transfers Fehlanreize bieten können! Nennen Sie ein Beispiel!

   2.3 Definieren Sie die Begriffe personelle und funktionale (funktionelle) Einkommensverteilung und erklären Sie die einzelnen Einkommensarten nach funktionalen Gesichtspunkten!

3. Nachstehende Zitate enthalten drei Meinungen zur Frage der „gerechten Verteilung" des Volkseinkommens:

   3.1 „Jeder soll das Gleiche verdienen. Schließlich sind die Menschen von Natur aus gleich. Überhaupt ist jede Arbeit für die Gesellschaft gleich wertvoll."

   3.2 „Die Einkommen müssen sich am Beitrag des Einzelnen zum Nationaleinkommen orientieren. Nur diese Entlohnung ist gerecht. Wer mehr und besser arbeitet, soll auch mehr verdienen."

   3.3 „Die Menschen der Industrieländer leben zu gut. Der Staat soll dafür sorgen, dass (um den Entwicklungsländern nachhaltig helfen zu können) für jeden Bürger ein bestimmter Wohnraum festgelegt wird. Der heutige Wohnungsluxus ist übertrieben. Außerdem soll der Staat für jeden Arbeitnehmer und seine Familie die Lebensmittelrationen festsetzen, wobei die Schwerarbeiter eine Sonderration beanspruchen können. Der private Autoverkehr soll zugunsten des öffentlichen Verkehrs abgeschafft werden."

   Entscheiden Sie, welche Verteilungsprinzipien angesprochen werden und diskutieren Sie mögliche Pro- und Kontrapunkte zu diesen Prinzipien!

4. Nebenstehende Grafik veranschaulicht die Einkommensteuerstruktur eines Landes. Beantworten Sie zu dieser Grafik folgende Einzelfragen!

   Aufgaben:

   4.1 Entscheiden Sie, um welches grafische Darstellungsverfahren es sich handelt und welcher Beziehungszusammenhang hier veranschaulicht wird!

   4.2 Erläutern Sie, welche Aussagen die Grafik hinsichtlich der Einkommensverteilung in dem angesprochenen Land erlaubt!

   4.3 Analysieren Sie, wie die Verteilungskurve verlaufen würde, wenn eine extrem soziale Unausgewogenheit vorläge! Fertigen Sie eine Skizze an!

   4.4 Entscheiden Sie, wie die Verteilungskurve verlaufen würde, wenn die Einkommen vollständig angeglichen wären!

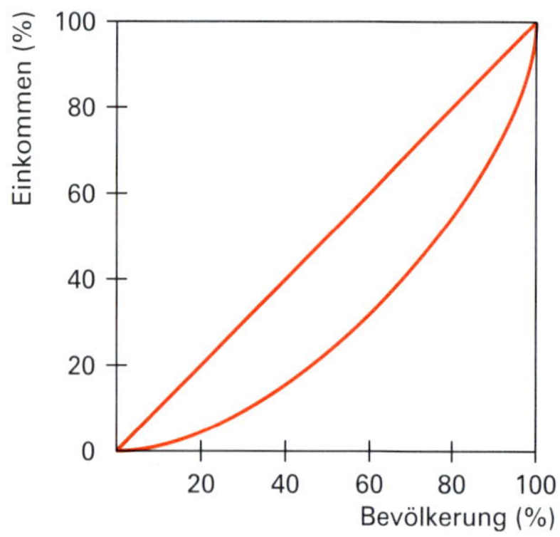

3 Aktuelle sozialpolitische Regelungen im Hinblick auf Gerechtigkeit, wirtschaftliche Effizienz und Nachhaltigkeit prüfen

3.1 Notwendigkeit sozialer Absicherung

Die **soziale Sicherung** ist eine wesentliche Lebensgrundlage der Menschen.

Die bedeutsamste Absicherung erfolgt in der Bundesrepublik Deutschland durch die gesetzliche **Sozialversicherung.**

- Die gesetzliche Sozialversicherung ist durch das **Solidaritätsprinzip** gekennzeichnet: „Einer für alle, alle für einen."
- Die Sozialversicherung ist eine **gesetzliche Versicherung,** der die Mehrheit der Bevölkerung **kraft Gesetzes** angehören muss **(Pflichtversicherung).**
- Die **meisten Leistungen** der Sozialversicherung sind **gesetzlich festgelegt**. Der Beitrag richtet sich bis zu einer **Beitragsbemessungsgrenze** an der Höhe des Einkommens aus. Versicherte mit hohen Einkommen tragen so zur Finanzierung von Leistungen für Versicherte mit niedrigen Einkommen bei.

3.2 System der Sozialversicherung

3.2.1 Überblick über die Zweige der Sozialversicherung

Zweige der gesetzlichen Sozialversicherung				
Gesetzliche Krankenversicherung Träger z. B.: ▪ Allgemeine Ortskrankenkassen ▪ Betriebskrankenkassen ▪ Innungskrankenkassen ▪ Ersatzkassen (z. B. Barmer, DAK, KKH)	**Soziale Pflegeversicherung** Träger: ▪ Pflegekassen (verwaltet von den Krankenkassen)	**Gesetzliche Rentenversicherung** Träger z. B.: ▪ Bundesträger (Deutsche Rentenversicherung Bund) ▪ Regionalträger (Deutsche Rentenversicherung mit Zusatz für jeweilige regionale Zuständigkeiten)	**Gesetzliche Arbeitsförderung** Träger: ▪ Bundesagentur für Arbeit in Nürnberg mit den Regionaldirektionen (mittlere Verwaltungsebene) und den Agenturen für Arbeit (örtliche Verwaltungsebene)	**Gesetzliche Unfallversicherung** Träger z. B.: ▪ Gewerbliche und landwirtschaftliche Berufsgenossenschaften ▪ Gemeindeunfallversicherungsverbände
Gesetzliche Krankenkassen 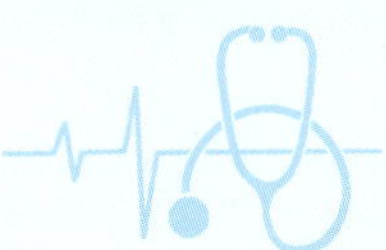	**Pflegekassen*** 	**Deutsche Rentenversicherung** 	**Bundesagentur für Arbeit** 	**Berufsgenossenschaften und Unfallversicherungsträger der öffentlichen Hand** 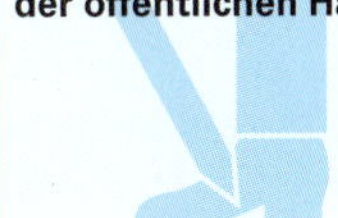
Träger der Sozialversicherung				

* Die soziale Pflegeversicherung ist eine eigenständige Säule im System der gesetzlichen Sozialversicherung, auch wenn die gesetzlichen Pflegekassen organisatorisch in die Träger der gesetzlichen Krankenversicherung eingebunden sind.

3.2.2 Gesetzliche Krankenversicherung

Die gesetzliche Krankenversicherung ist eine Versicherung zum **Schutze** des **Einzelnen** und der **Familie.** Sie tritt in erster Linie dann ein, wenn es gilt,

- die Gesundheit zu erhalten,
- wiederherzustellen oder
- den Gesundheitszustand zu verbessern.

(1) Anmeldung und Versicherungspflicht

Die **Anmeldung** der Versicherungspflichtigen bei der gesetzlichen Krankenkasse hat durch den **Arbeitgeber** grundsätzlich binnen sechs Wochen nach Arbeitsantritt zu erfolgen.

Die **Versicherungspflicht** umfasst z. B. grundsätzlich alle Arbeitnehmer, wenn sie monatlich durchschnittlich nicht mehr als **5 215,50 EUR** brutto verdienen,[1] alle Auszubildenden, die Bezieher von Renten aus der Rentenversicherung, Empfänger von Arbeitslosengeld und eine Reihe von Selbstständigen. Bestimmte Beschäftigungsgruppen, wie z. B. Beamte, sind nicht versicherungspflichtig. Sie können sich bei einer privaten Krankenversicherung versichern lassen.

Alle Bürger müssen einer (gesetzlichen oder privaten) **Krankenversicherung** angehören und dadurch einen Krankenversicherungsschutz erhalten.

Die **Familienversicherung** begründet für den Ehegatten und die Kinder eines Mitglieds der gesetzlichen Krankenversicherung unter bestimmten Bedingungen eine eigene Mitgliedschaft. Familienversicherte zahlen **keine Beiträge.** Seit 2009 erfolgt für die **beitragsfrei** in der GKV mitversicherten Kinder eine **Mitfinanzierung aus Steuermitteln.**

(2) Gesundheitsfonds

Die Krankenversicherungsbeiträge werden in einen **Gesundheitsfonds** eingezahlt, aus dem die einzelnen Krankenkassen dann pro **Versicherten** eine **Pauschale** sowie **ergänzende Zu- und Abschläge** – Risikostrukturausgleich genannt – je nach Alter, Geschlecht und Krankheit erhalten.

1 Diese **Versicherungspflichtgrenze** gilt für das Jahr 2020. Allerdings sind höherverdienende Arbeitnehmer erst dann **krankenversicherungsfrei** – und können damit selbst entscheiden, ob sie weiterhin freiwillig gesetzlich versichert bleiben oder sich privat krankenversichern wollen –, wenn sie **im vergangenen Kalenderjahr mit ihrem Arbeitsentgelt die Jahresarbeitsentgeltgrenze (JAG) überschritten** haben **und im laufenden Jahr überschreiten** werden.

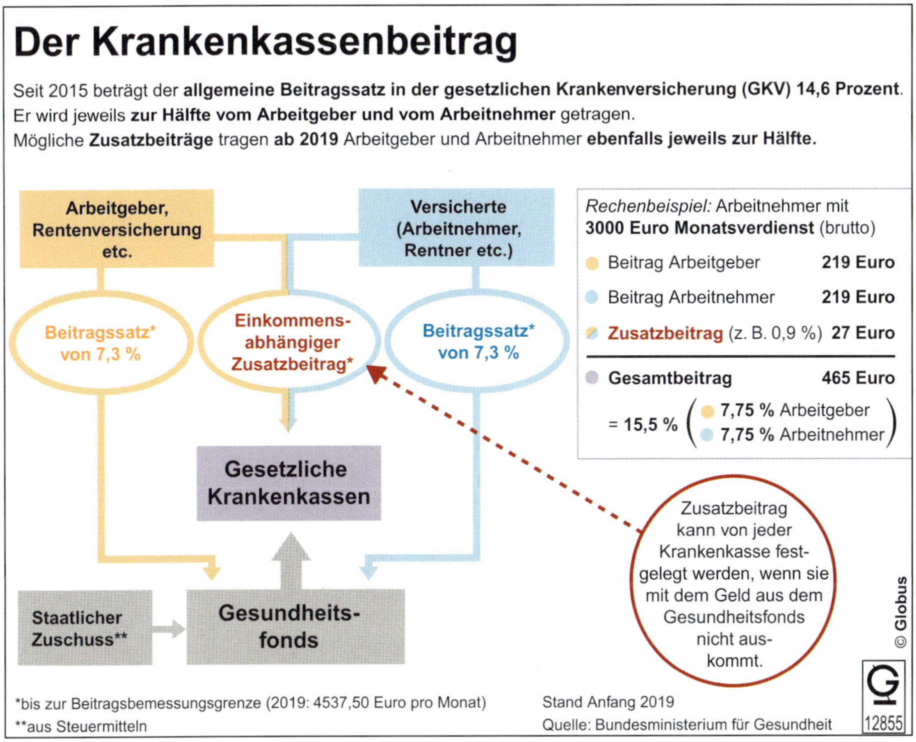

(3) Leistungen

Die Leistungen der gesetzlichen Krankenkassen sind gesetzlich vorgeschrieben **(Regelleistungen).** Über diese Mindestleistungen hinaus können die Krankenkassen in ihren Satzungen **Mehrleistungen** festlegen. Die folgende Tabelle gibt einen Überblick über die wichtigsten Leistungen der gesetzlichen Krankenversicherung:

Erbrachte Leistungen	Beispiele aus dem Leistungskatalog
Vorbeugung gegen Krankheiten	Aufklärung und Beratung über Gesundheitsgefährdungen und Vorbeugungsmaßnahmen gegen Krankheit, z. B. Verhütung von Zahnerkrankungen, Vorsorgekuren. Für das gesundheitsbewusste Verhalten der Versicherten (z. B. Teilnahme an Vorsorge- und Früherkennungsuntersuchungen, Präventionsprogrammen oder betrieblicher Gesundheitsförderung) können die Krankenkassen einen Bonus einräumen.
Früherkennung von Krankheiten	■ Krebsvorsorge für Frauen (ab dem 20. Lebensjahr) und Männer (ab dem 45. Lebensjahr) jährlich einmal. ■ Vorsorgeuntersuchungen für Kinder. ■ Gesundheits-Check-up ab dem 35. Lebensjahr zur Erkennung von Herz-, Kreislauf- und Nierenerkrankungen alle zwei Jahre. (Weitere Beispiele erfragen Sie bitte bei Ihrer Krankenkasse.)

Erbrachte Leistungen	Beispiele aus dem Leistungskatalog
Krankenbehandlung	■ Ärztliche Behandlung. ■ Zahnärztliche Behandlung. ■ Versorgung mit Arznei-, Verband-, Heil- und Hilfsmitteln. ■ Krankenhausbehandlung. ■ Häusliche Krankenpflege und Haushaltshilfe. ■ Maßnahmen zur Rehabilitation.
Krankengeld	Versicherte, die durch eine Krankheit arbeitsunfähig sind oder stationär in einem Krankenhaus oder einer Rehabilitationseinrichtung behandelt werden, haben Anspruch auf Krankengeld, das 70 % des regelmäßig erzielten Arbeitsentgelts beträgt und 90 % des Nettoarbeitsentgelts nicht übersteigen darf.
Bei Schwangerschaft und Mutterschaft	Sie umfassen z. B. die ärztliche Betreuung, Versorgung mit Arznei-, Verband- und Hilfsmitteln, Hebammenhilfe, die stationäre Entbindung, häusliche Pflege, Haushaltshilfe, Zahlung von Mutterschaftsgeld[1] sowie Zahlung von Elterngeld.[2] Die Bezieher von Mutterschaftsgeld sind beitragsfrei sozialversichert, sofern sie schon vorher dort versichert waren und keine anderen beitragspflichtigen Einnahmen haben.
Sonstige Hilfen	Hierzu gehören z. B. alle Leistungen, die im Zusammenhang mit der Empfängnisverhütung, Sterilisation, dem Schwangerschaftsabbruch und der künstlichen Befruchtung stehen.

3.2.3 Soziale Pflegeversicherung

(1) Begriff Pflegebedürftigkeit

- Als **pflegebedürftig** gelten [§ 14 SGB XI]
  - Personen, die gesundheitlich bedingte **Beeinträchtigungen von Selbstständigkeit oder von Fähigkeiten** aufweisen und deshalb der Hilfe durch andere bedürfen.
  - Personen, die **körperliche, kognitive[3] oder psychische Beeinträchtigungen** oder **gesundheitliche Belastungen** nicht selbstständig bewältigen können.
- Die Pflegebedürftigkeit muss **dauerhaft** sein, **mindestens** aber für **sechs Monate** bestehen.

1 Das **Mutterschaftsgeld** wird von der Krankenkasse bezahlt und beträgt zurzeit höchstens 13,00 EUR täglich. Beträgt nach den gesetzlichen Abzügen vom Einkommen das tägliche Arbeitsentgelt mehr als 13,00 EUR, bezahlt der Arbeitgeber diesen Unterschied als Zuschuss zum Mutterschaftsgeld.

Auch berufstätige schwangere Frauen, die nicht in einer Krankenkasse versichert sind, bekommen während der Schutzfrist Mutterschaftsgeld. Sie erhalten es vom Bundesversicherungsamt.

Während die Frau Mutterschaftsgeld bezieht, bleibt sie beitragsfrei sozialversichert (renten-, pflege-, kranken- und arbeitslosenversichert), sofern sie schon vorher dort versichert war und keine anderen beitragspflichtigen Einnahmen hat.

2 Vgl. Kapitel 3.3.

3 **Kognitiv**: die Erkenntnis betreffend.

Um die Pflegebedürftigkeit zu bestimmen, werden in den folgenden **sechs Lebensbereichen** individuelle Beeinträchtigungen und Fähigkeiten erfasst:

1. **Mobilität** (z. B. Fortbewegen innerhalb des Wohnbereichs, Treppensteigen etc.)
2. **Kognitive und kommunikative Fähigkeiten** (z. B. örtliche und zeitliche Orientierung etc.)
3. **Verhaltensweisen und psychische Problemlagen** (z. B. nächtliche Unruhe, selbstschädigendes und autoaggressives Verhalten)
4. **Selbstversorgung** (z. B. Körperpflege, Ernährung etc.)
5. **Bewältigung von und selbstständiger Umgang mit krankheits- oder therapiebedingten Anforderungen und Belastungen** (z. B. Medikation, Wundversorgung, Arztbesuche, Therapieeinhaltung)
6. **Gestaltung des Alltagslebens und sozialer Kontakte** (z. B. Gestaltung des Tagesablaufs)

(2) Pflegegrad

Pflegebedürftige erhalten je nach Schwere der Beeinträchtigung einen Pflegegrad. Dazu werden die Beeinträchtigungen in den sechs pflegerelevanten Lebensbereichen mit Punkten bewertet. Aus einer gewichteten Gesamtpunktzahl ergibt sich das Maß der Pflegebedürftigkeit, unterschieden nach **fünf Pflegegraden:**

- Pflegegrad 1: geringe Beeinträchtigung der Selbstständigkeit
- Pflegegrad 2: erhebliche Beeinträchtigung der Selbstständigkeit
- Pflegegrad 3: schwere Beeinträchtigung der Selbstständigkeit
- Pflegegrad 4: schwerste Beeinträchtigung der Selbstständigkeit
- Pflegegrad 5: schwerste Beeinträchtigung der Selbstständigkeit mit besonderen Anforderungen an die pflegerische Versorgung

(3) Versicherungspflicht

Die Versicherungspflicht in der **sozialen Pflegeversicherung** besteht für alle Mitglieder der Krankenversicherung (auch freiwillige), ihre nicht berufstätigen Ehepartner und Kinder. Privatversicherte wie z. B. Beamte müssen eine **private Pflegeversicherung** abschließen.

(4) Leistungen

Arten	Erläuterungen
Bei häuslicher Pflege: ■ **Pflegehilfe**	Pflegebedürftige haben bei häuslicher Pflege Anspruch auf körperbezogene Pflegemaßnahmen und pflegerische Betreuungsmaßnahmen sowie auf Hilfen bei der Haushaltsführung als **Sachleistung.** Die Höhe der Pflegehilfe hängt von der Pflegebedürftigkeit ab.

Arten	Erläuterungen
■ **Pflegegeld**	Pflegebedürftige, welche ihre Pflege selbst sicherstellen, können anstelle der häuslichen Pflegehilfe ein nach dem Pflegegrad gestaffeltes monatliches Pflegegeld erhalten. Nimmt der Pflegebedürftige die Sachleistungen nur teilweise in Anspruch, erhält er daneben ein anteiliges Pflegegeld.
Teilstationäre Pflege und Kurzzeitpflege: ■ **Tages- und Nachtpflege** ■ **Kurzzeitpflege**	Pflegebedürftige haben Anspruch auf teilstationäre Pflege, wenn häusliche Pflege nicht in ausreichendem Umfang möglich ist. Die Höhe der Aufwendungen für Pflege, Betreuung und medizinische Behandlung richtet sich nach dem jeweiligen Pflegegrad. Kann häusliche Pflege zeitweise nicht erbracht werden, kann für eine Übergangszeit von maximal acht Wochen im Jahr vollstationäre Pflege in Anspruch genommen werden.
Vollstationäre Pflege	Ist häusliche oder teilstationäre Pflege nicht möglich, haben Pflegebedürftige Anspruch auf vollstationäre Pflege.

3.2.4 Gesetzliche Arbeitsförderung (Arbeitslosenversicherung)

3.2.4.1 Anmeldung, Versicherungspflicht und die Leistungen an Arbeitnehmer

(1) Anmeldung und Versicherungspflicht

Die **Anmeldung** erfolgt durch den **Arbeitgeber.** Die **Versicherungspflicht** umfasst vor allem die Auszubildenden und Arbeitnehmer ohne Rücksicht auf die Höhe ihrer Einkommen.

(2) Leistungen der gesetzlichen Arbeitsförderung

■ **Berufsberatung und Arbeitsmarktberatung**

Die Agenturen für Arbeit beraten Jugendliche und Erwachsene, die am Arbeitsleben teilnehmen oder teilnehmen wollen, zum Beispiel über die Berufswahl, die berufliche Entwicklung, über Berufswechsel, über die Lage und Entwicklung des Arbeitsmarktes und der Berufe sowie über die Leistungen der Arbeitsförderung.

■ **Ausbildungs- und Arbeitsvermittlung**

Die örtliche Agentur für Arbeit bietet Ausbildungsuchenden, Arbeitsuchenden und Arbeitgebern eine grundsätzlich unentgeltliche Ausbildungs- und Arbeitsvermittlung an. Zur **ortsnahen Leistungserbringung** sollen die Leistungen der Arbeitsförderung vorrangig durch die **örtlichen Agenturen für Arbeit** erbracht werden. Als einheitliche Anlaufstelle für alle einen Arbeitsplatz oder Ausbildungsplatz suchenden Personen werden von den Agenturen für Arbeit **Jobcenter** eingerichtet. Hier werden diese Personen informiert, der Beratungs- und Betreuungsbedarf geklärt und der erste Eingliederungsschritt in die

Arbeit verbindlich vereinbart. Vor allem Langzeitarbeitslose und erwerbsfähige Sozialgeldempfänger sollen hierdurch wieder schneller eine Arbeit vermittelt bekommen.

Arbeitslose können von der Agentur für Arbeit die **Zuweisung in eine Maßnahme** zur Aktivierung und beruflichen Eingliederung verlangen, wenn sie **sechs Monate** nach Eintritt ihrer Arbeitslosigkeit noch arbeitslos sind.

Leistungen an Arbeitnehmer

Leistungen (Auswahl)	Erläuterungen
Unterstützung von Arbeitslosen	Unterstützung von Arbeitslosen und von Arbeitslosigkeit bedrohten Arbeitsuchenden sowie der Ausbildungsuchenden, z. B. durch die Übernahme von Bewerbungs- und Reisekosten.
Hilfen zur Eingliederung in den Arbeitsprozess	■ **Verbesserung der Eingliederungsaussichten** durch Trainingsmaßnahmen, indem z. B. Maßnahmekosten (Lehrgangskosten, Prüfungsgebühren, Fahrtkosten) von der Agentur für Arbeit übernommen werden. ■ **Maßnahmen der Eignungsfeststellung** und **Förderung der Aufnahme einer Beschäftigung,** z. B. durch Leistungen aus dem Vermittlungsbudget, Gründungszuschuss, Förderung der Berufsausbildung, der beruflichen Weiterbildung, berufsvorbereitende Bildungsmaßnahmen und Förderung der Teilnahme behinderter Menschen am Arbeitsleben.
Zahlung von Entgeltersatzleistungen	
■ **Arbeitslosengeld**	Arbeitnehmer haben einen Anspruch auf Arbeitslosengeld bei **Arbeitslosigkeit** oder bei **beruflicher Weiterbildung.** Der Arbeitslose hat sich **persönlich** bei der zuständigen Agentur für Arbeit arbeitslos zu melden. Wer einen Arbeitsplatz ohne wichtigen Grund aufgibt, erhält Arbeitslosengeld grundsätzlich erst nach **12 Wochen.** Überhaupt kein Arbeitslosengeld erhält, wer einen von der Agentur für Arbeit vermittelten zumutbaren Arbeitsplatz auf Dauer ablehnt.[1] Die Dauer des Anspruchs auf Arbeitslosengeld hängt von der Dauer des Versicherungsverhältnisses und dem Lebensalter der arbeitslosen Person bei der Entstehung des Anspruchs ab. Das Arbeitslosengeld beträgt zurzeit 60 % und für die Arbeitslosen, die z. B. mindestens ein Kind haben, 67 % des für den Bemessungszeitraum berechneten pauschalierten Nettoentgelts.
■ **Kurzarbeitergeld**	Kurzarbeitergeld erhalten Arbeitnehmer, wenn ein erheblicher Arbeitsausfall mit Entgeltausfall vorliegt. Das Kurzarbeitergeld wird längstens sechs Monate für den Arbeitsausfall während der Bezugsfrist gezahlt.
■ **Insolvenzgeld**	Insolvenzgeld[2] erhalten Arbeitnehmer, wenn sie z. B. bei der Eröffnung des Insolvenzverfahrens über das Vermögen des Arbeitgebers für die dem Insolvenzereignis vorausgehenden drei Monate des Arbeitsverhältnisses noch Ansprüche auf Arbeitsentgelt haben. Das Insolvenzgeld wird in Höhe des **Nettoarbeitsentgelts** geleistet.

1 Die Dauer der **Sperrzeit** wegen Arbeitsablehnung, wegen Ablehnung einer beruflichen Eingliederungsmaßnahme oder wegen Abbruchs einer beruflichen Eingliederungsmaßnahme beträgt drei oder sechs Wochen, bei unzureichenden Eigenbemühungen zur Beendigung der Arbeitslosigkeit zwei Wochen.

2 Als **Insolvenz** bezeichnet man vorübergehende Zahlungsschwierigkeiten oder die dauernde Zahlungsunfähigkeit eines Schuldners.

3.2.4.2 Grundsicherung für Arbeitsuchende

(1) Aufgabe der Grundsicherung

Die Grundsicherung soll vor allem erwerbsfähige leistungsberechtigte Personen bei der Aufnahme oder Beibehaltung einer **Erwerbsfähigkeit unterstützen** und deren **Lebensunterhalt sichern.**

(2) Berechtigte Personen

Leistungen erhalten Personen, die das 15. Lebensjahr vollendet und das 65. Lebensjahr noch nicht vollendet haben, erwerbsfähig und hilfebedürftig[1] sind und ihren gewöhnlichen Aufenthalt in Deutschland haben **(erwerbsfähige Leistungsberechtigte).**

(3) Leistungen

- **Leistungen zur Eingliederung in Arbeit**

Durch diese Leistungen soll die Eingliederung der erwerbsfähigen Leistungsberechtigten in Arbeit unterstützt werden. Hierzu soll die Agentur für Arbeit z. B. für jeden erwerbsfähigen Leistungsberechtigten einen **persönlichen Ansprechpartner** benennen und mit diesen Personen die für ihre Eingliederung erforderlichen Leistungen vereinbaren **(Eingliederungsvereinbarungen).**

1 **Hilfebedürftig** ist, wer seinen Lebensunterhalt nicht oder nicht ausreichend aus dem zu berücksichtigenden Einkommen oder Vermögen sichern kann und die erforderliche Hilfe nicht von anderen, insbesondere Angehörigen oder von Trägern anderer Sozialleistungen, erhält.

Leistungen zur Sicherung des Lebensunterhalts[1]

Leistungen	Erläuterungen
Einstiegsgeld	Ein zeitlich befristetes Einstiegsgeld (als Zuschuss zum Arbeitslosengeld II) kann arbeitslosen erwerbsfähigen Leistungsberechtigten zur Überwindung ihrer Hilfebedürftigkeit bei Aufnahme einer Erwerbstätigkeit gezahlt werden.
Arbeitslosengeld II	Als Arbeitslosengeld II werden vom Staat Leistungen zur **Sicherung des Lebensunterhalts** einschließlich der angemessenen Kosten für Unterkunft und Heizung gewährt. Zu berücksichtigende Einkommen und Vermögen mindern die Geldleistungen der Agentur für Arbeit und kommunalen Träger (z. B. Gemeinden, Kreise). Der **monatliche Regelbedarf** zur Sicherung des Lebensunterhalts (insbesondere für die Ernährung, Kleidung, Körperpflege, Hausrat, Bedarfe des täglichen Lebens, Beziehungen zur Umwelt und zur Teilnahme am kulturellen Leben) beträgt für Personen, die alleinstehend oder alleinerziehend sind, zurzeit 432,00 EUR.[2] Volljährige Partner bzw. Partnerinnen erhalten 389,00 EUR. Für Jugendliche zwischen 14 und 17, die in einer Bedarfsgemeinschaft ohne eigenen Haushalt leben, beträgt der Regelbedarf 328,00 EUR pro Monat. Jeweils zum 1. Januar eines Jahres wird der Regelbedarf der aktuellen Preis- und Lohnentwicklung entsprechend angepasst.
Leistungen für Unterkunft und Heizung	Leistungen für Unterkunft und Heizung werden in Höhe der tatsächlichen Aufwendungen erbracht, soweit diese angemessen sind.
Sozialgeld	Sozialgeld erhalten **nicht erwerbsfähige** Leistungsbedürftige ohne einen Anspruch auf Sozialhilfe, wenn in ihrer Bedarfsgemeinschaft mindestens ein erwerbsfähiger Hilfebedürftiger lebt.
Bedarfe für Bildung und Teilhabe („Bildungspaket")	Damit wird Kindern aus Familien, in denen Arbeitslosengeld II, Sozialgeld oder Sozialhilfe bezogen wird, ermöglicht, in verschiedenen Formen am kulturellen, sozialen und sportlichen Leben teilzuhaben (z. B. Teilnahme an Schulausflügen, an Mittagsverpflegung, Nachhilfeunterricht; Mitgliedsbeiträge für Sport). Für die Erbringung dieser Leistungen sind ausschließlich die Gemeinden und Städte verantwortlich.

3.2.5 Gesetzliche Unfallversicherung

(1) Versicherungspflicht

Versicherungspflicht besteht z. B. für alle Arbeitnehmer einschließlich Auszubildende, unabhängig von der Höhe ihres Einkommens, für die meisten Unternehmer (Arbeitgeber), Arbeitslose, Kinder während des Besuchs von Kindergärten, Schüler und Personen während der Rehabilitation.

1 Personen, die von keiner Sozialleistung erfasst werden, erhalten **Sozialhilfe**. Zuständig ist das Sozialamt der Stadt oder des Landkreises, wo der Hilfesuchende seinen tatsächlichen Aufenthalt hat.

2 Stand: Januar 2020.

(2) Leistungen

Die Leistungen der Unfallversicherung bestehen vor allem in der **Unfallverhütung** (die Berufsgenossenschaften erlassen Unfallverhütungsvorschriften) und in den finanziellen Leistungen bei **Unfallfolgen**.

Leistungen (Auswahl)	Erläuterungen
Unfallverhütung	Die Unfallverhütungsvorschriften verpflichten den Unternehmer (Arbeitgeber), die Arbeitsplätze so einzurichten und zu erhalten, dass die Arbeitskräfte im Rahmen des Möglichen gegen Unfälle und Berufskrankheiten geschützt sind.
Finanzielle Leistungen bei Unfallfolgen	■ **Heilbehandlung.** Hierzu gehören vor allem die Kosten für ärztliche und zahnärztliche Behandlung, Arznei- und Verbandmittel, sonstige Hilfsmittel, stationäre Behandlung in Krankenhäusern oder Spezialkliniken. ■ **Leistungen zur Teilhabe am Arbeitsleben.** Diese umfassen z. B. Leistungen zur Erhaltung und Erlangung eines Arbeitsplatzes einschließlich der Leistungen zur Förderung der Arbeitsaufnahme, zur beruflichen Anpassung, Fortbildung, Ausbildung und Umschulung. ■ **Leistungen zur Teilnahme am Leben in der Gemeinschaft und ergänzende Leistungen.** Hierzu gehören z.B. die Kraftfahrzeughilfe, Wohnungshilfe, Haushaltshilfe, Reisekosten, Beratung sowie sozialpädagogische und psychosoziale Betreuung. ■ **Rentenzahlungen.** Renten an Versicherte bei Minderung ihrer Erwerbsfähigkeit infolge eines Versicherungsfalls um mindestens 20 %, an Hinterbliebene als Witwen- und Witwerrente und als Waisenrente für Kinder von verstorbenen Versicherten. ■ **Verletztengeld.** Es wird bei einem Unfall oder einer Berufskrankheit bezahlt und hat den Zweck, einen eintretenden Einkommensausfall auszugleichen. Es wird ab der 7. Woche bezahlt, wenn der Arbeitgeber keinen Lohn mehr bezahlt. Es beträgt 80 % des Regelentgelts.

3.2.6 Gesetzliche Rentenversicherung

(1) Anmeldung und Versicherungspflicht

Die **Anmeldung** beim Rentenversicherungsträger erfolgt durch den Arbeitgeber binnen 14 Tagen vom Arbeitsantritt an über die Krankenkasse.

Die **Versicherungspflicht** umfasst vor allem alle Auszubildenden, Arbeiter und Angestellten **ohne Rücksicht auf die Höhe ihres Einkommens.** Pflichtversichert sind u. a. auch Hausgewerbetreibende, Heimarbeiter und bestimmte selbstständig Tätige. Wer aus einem Arbeitsverhältnis ausscheidet (z. B. Frauen, die sich ihrer Familie widmen möchten), kann sich freiwillig weiterversichern lassen.

(2) Leistungen

Rentenarten	Erläuterungen
Regelaltersrente	Versicherte haben Anspruch auf Altersrente, wenn sie ihre persönliche Altersgrenze (zwischen dem 65. und 67. Lebensjahr) erreicht und eine Versicherungszeit von fünf Jahren erfüllt haben. Damit die gesetzliche Rentenversicherung ihre Aufgabe – Sicherung eines angemessenen Lebensunterhalts im Alter – angesichts der sinkenden Geburtenzahlen und steigender Lebenserwartung weiterhin erfüllen kann, wird zwischen 2012 und 2029 das Rentenalter schrittweise angehoben. Für die Geburtenjahrgänge 1947 bis 1964 steigt die Altersgrenze für die Regelaltersrente stufenweise von 65 auf 67 Jahre. 2030 ist dieser Übergang zur **„Rente mit 67"** abgeschlossen.
Altersrente für langjährig Versicherte	Versicherte haben Anspruch auf Altersrente für langjährig Versicherte, wenn sie das 67. Lebensjahr vollendet und die Wartezeit von 35 Jahren erfüllt haben. Die vorzeitige Inanspruchnahme dieser Altersrente ist nach Vollendung des 63. Lebensjahres (mit einem entsprechenden Abschlag) möglich.
Altersrente für besonders langjährig Versicherte	Besonders langjährig Versicherte, die vor 1953 geboren sind und mindestens 45 Jahre in der gesetzlichen Rentenversicherung versichert waren, können bereits **mit 63 Jahren ohne Abschläge** in Rente gehen. Ab Jahrgang 1953 steigt diese Altersgrenze für die abschlagsfreie Rente wieder schrittweise an. Für alle 1964 oder später Geborenen liegt sie wieder wie bislang bei 65 Jahren.
Rente wegen teilweiser Erwerbsminderung	Bis zur Vollendung des 65. Lebensjahrs haben Versicherte einen Anspruch auf eine **Rente wegen teilweiser Erwerbsminderung.** Eine teilweise Erwerbsminderung liegt vor, wenn die Versicherten wegen ihrer Krankheit oder Behinderung auf nicht absehbare Zeit außerstande sind, unter den üblichen Bedingungen des allgemeinen Arbeitsmarktes mindestens sechs Stunden täglich erwerbstätig zu sein.
Rente wegen voller Erwerbsminderung[1]	Einen Anspruch auf eine **Rente wegen voller Erwerbsminderung** haben Versicherte bis zur Vollendung des 65. Lebensjahrs. Versicherte sind grundsätzlich voll erwerbsgemindert, wenn diese wegen ihrer Krankheit oder Behinderung auf nicht absehbare Zeit außerstande sind, unter den üblichen Bedingungen des allgemeinen Arbeitsmarktes mindestens drei Stunden täglich erwerbstätig zu sein.
Renten wegen Todes	Renten an Hinterbliebene werden als große oder kleine **Witwen- bzw. Witwerrenten,** als **Erziehungsrente** (bei Tod des geschiedenen Ehegatten, wenn ein eigenes oder ein Kind des geschiedenen Ehegatten erzogen wird) und als **Waisenrente** bezahlt.

1 Renten wegen **Erwerbsminderung** werden auf Zeit (befristet) geleistet.

(3) Dynamisierung[1] der Renten

Die Rentenhöhe ist nicht für alle Zeiten absolut festgelegt. Erhöht sich der durchschnittliche Nettoarbeitsverdienst aller Arbeitnehmer, so erhöhen sich grundsätzlich die Renten entsprechend. Die in gewissen Zeitabständen durch **Rentenanpassungsgesetze** erfolgte Anpassung der Renten an die allgemeine Lohnentwicklung ist die sogenannte **Rentendynamisierung**.

(4) Generationenvertrag[2]

Dem deutschen Rentensystem liegt der sogenannte Generationenvertrag zugrunde. Er besagt, dass die **heute Berufstätigen** durch ihre Beiträge zur Rentenversicherung die **Rente der Älteren finanzieren** – in der Erwartung, dass die kommende Generation dann später die Renten für sie aufbringt. Da derzeit die Anzahl der Kinder abnimmt, müssen in den kommenden Jahren weniger Beitragszahler mehr Rentner finanzieren.

3.2.7 Finanzierung der Sozialversicherung

(1) Sozialversicherungsbeiträge

Außer der **Unfallversicherung**, die der Arbeitgeber allein zu tragen hat, müssen Arbeitnehmer und Arbeitgeber je 50 % der Beiträge zur Kranken-, Pflege-, Renten- und Arbeitslosenversicherung zahlen. Die Beiträge für jeden Sozialversicherungszweig werden bis zur jeweiligen Beitragsbemessungsgrenze über einen festen Prozentsatz vom jeweiligen Bruttoverdienst berechnet. Über die Beitragsbemessungsgrenze hinaus werden keine Beiträge zur jeweiligen Sozialversicherung erhoben.

Derzeit gelten für die Sozialversicherung folgende monatliche **Beitragssätze** bzw. **Beitragsbemessungsgrenzen** (2020):[3]

			In den alten Bundesländern	In den neuen Bundesländern
Krankenversicherung:*	14,6 %	Beitragsbemessungsgrenze:	4687,50 EUR	4687,50 EUR
Pflegeversicherung:	3,05 %	Beitragsbemessungsgrenze:	4687,50 EUR	4687,50 EUR
Rentenversicherung:	18,6 %	Beitragsbemessungsgrenze:	6900,00 EUR	6450,00 EUR
Arbeitslosenversicherung:	2,4 %	Beitragsbemessungsgrenze:	6900,00 EUR	6450,00 EUR

* Der Beitragssatz zur Krankenversicherung in Höhe von 14,6 % ist **bundeseinheitlich**. Jede Krankenkasse kann hierauf einen **kassenindividuellen Zusatzbeitrag** erheben. Die Höhe des Zusatzbeitrags hängt insbesondere davon ab, wie wirtschaftlich eine Kasse arbeitet.

Sonderregelungen zur Finanzierung der Pflegeversicherung

Für alle kinderlosen Pflichtversicherten erhöht sich der Beitrag zur Pflegeversicherung um 0,25 % des beitragspflichtigen Einkommens. An dieser Erhöhung ist der **Arbeitgeber nicht beteiligt**. Ausgenommen von diesem Beitragszuschlag sind Personen, die das 23. Lebensjahr noch nicht vollendet haben.

1 **Dynamisch**: beweglich, sich entwickelnd.

2 Der **Generationenvertrag** ist nirgendwo schriftlich festgelegt – er ist ein allgemeines gesellschaftliches Übereinkommen.

3 Die **Beitragssätze** für die Sozialversicherung bzw. die Beitragsbemessungsgrenzen werden im Regelfall jährlich neu festgelegt. Informieren Sie sich bitte über die derzeit geltenden Beitragssätze und Bemessungsgrenzen.

(2) Staatszuschüsse

Reichen die Sozialbeiträge der beitragspflichtigen Versicherten nicht aus, so muss der Bund die nötigen Mittel aus Steuergeldern aufbringen (sog. **Bundesgarantien**).

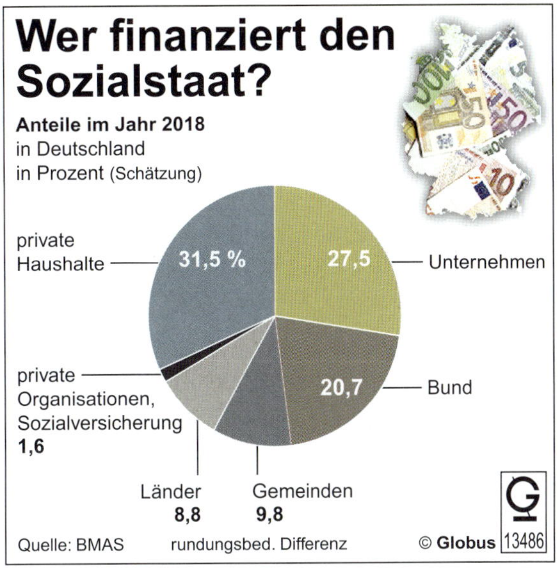

Die soziale Sicherheit in Deutschland kostete im vergangenen Jahr schätzungsweise rund eine Billion Euro. Das geht aus dem Sozialbudget hervor, das regelmäßig vom Bundesministerium für Arbeit und Soziales (BMAS) veröffentlicht wird. In dieser riesigen Summe sind sämtliche Sozialleistungen enthalten, also beispielsweise Renten und Pensionen, Krankenversicherungsleistungen und Arbeitslosengeld, Jugend- und Sozialhilfe und vieles anderes mehr. Drei große Geldgeber sorgen dafür, dass das soziale Netz nicht zerreißt: der Staat (also Bund, Länder und Gemeinden), die Unternehmen und die privaten Haushalte, darunter vor allem die Arbeitnehmerhaushalte, die Sozialversicherungsbeiträge entrichten. Bedenkt man allerdings, wie Staat und Unternehmen ihren Teil finanzieren, so sind es am Ende die Bürger, die dafür aufkommen: Die Bürger nämlich bezahlen mit Steuern und Abgaben das staatliche soziale Engagement; und als Verbraucher kaufen sie Waren und Dienstleistungen, in deren Preise die Unternehmen ihre Sozialkosten bereits einkalkuliert haben. Fazit: Am Ende sind es die Steuerzahler und Konsumenten, die – direkt und indirekt – den Sozialstaat finanzieren.

3.2.8 Sozialversicherungsausweis

Jede sozialversicherungspflichtige Person erhält einen Sozialversicherungsausweis. Bei Beginn der Beschäftigung muss sich der Arbeitgeber den Ausweis vorlegen lassen. Geschieht dies nicht, ist die Krankenkasse mittels einer Kontrollmeldung unverzüglich zu verständigen, wenn der Beschäftigte die unterlassene Vorlage nicht innerhalb von drei Tagen nachholt.

Quelle: www.deutsche-rentenversicherung.de [Zugriff: 23.10.2019].

3.3 Zusätzliche Hilfe außerhalb des Sozialhilferechts (Zusatzversorgung)

(1) Hilfen für schwangere Frauen und für Familien in Notlagen

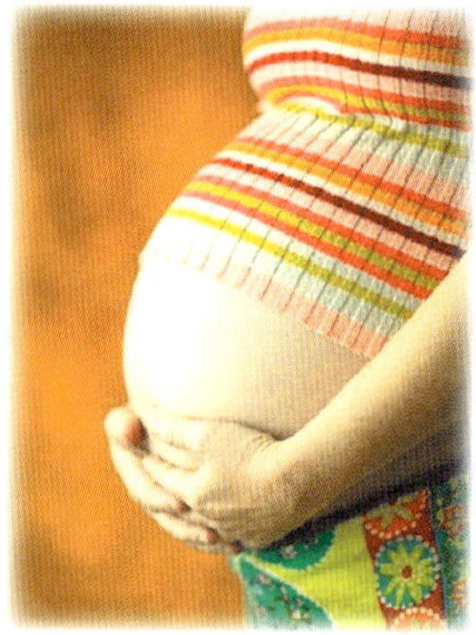

Frauen, die sich in Zusammenhang mit ihrer Schwangerschaft in einer Notlage befinden, können über die **anerkannten Beratungsstellen** Hilfe aus Mitteln der Bundesstiftung „Mutter und Kind – Schutz des ungeborenen Lebens" erhalten. Voraussetzung für die Hilfe ist: Beratung und Antragstellung während der Schwangerschaft, das Vorliegen einer Notlage, Wohnsitz in Deutschland sowie keine Möglichkeit der Hilfe durch andere Sozialleistungen. Bayern hat eine eigene Landesbehörde, die schwangeren Frauen und Familien, die in Not geraten sind, zusätzlich hilft.

(2) Kinder- und Jugendhilfe

Die Kinder- und Jugendhilfe unterstützt die Eltern in ihrem Erziehungsauftrag. Sie steht bereit, wenn **Konflikte** zwischen Eltern und Jugendlichen der Lösung bedürfen – auf freiwilliger Basis. Sie hilft Familien, wenn ein Partner ausfällt oder wenn die Eltern sich trennen. Sie will Kindern und Jugendlichen, deren Eltern auf längere Zeit ihren Aufgaben nicht nachkommen, in Pflegefamilien und Heimen Entwicklungsmöglichkeiten geben.

(3) Elternzeit und Elterngeld

Nach der Geburt ihres Kindes können Eltern gleichzeitig, jeder Elternteil anteilig oder allein bis zu drei Jahren **Elternzeit**[1] nehmen. Die Elternzeit kann auf 3 Zeitabschnitte verteilt werden. Bis zu 24 Monate der Elternzeit können ab dem 3. Geburtstag bis zum 8. Lebensjahr des Kindes in Anspruch genommen werden. Eine Zustimmung des Arbeitgebers ist nicht erforderlich.

Ab dem Zeitpunkt, von dem Elternzeit verlangt worden ist und während der Elternzeit, darf der Arbeitgeber das Arbeitsverhältnis nicht kündigen. Es gilt ein **Kündigungsschutz**.

Das (herkömmliche) **Elterngeld** beträgt 67 % des weggefallenen Nettoeinkommens, mindestens 300,00 EUR, höchstens 1 800,00 EUR mit einer Laufzeit von 12 Monaten, bei Beteiligung des Partners bzw. bei Alleinerziehenden 14 Monate oder doppelte Laufzeit mit dem halben Monatsbetrag.

Eltern, deren Kinder nach dem 1. Juli 2015 geboren wurden, haben die Wahl zwischen dem **herkömmlichen Elterngeld**, dem **Elterngeld Plus** (es kann bei Teilzeit doppelt so lang bezogen werden wie das Elterngeld, ist aber höchstens halb so hoch wie dieses) oder einer **Kombination von beiden.** Zusätzlich erhalten die Eltern als **Partnerschaftsbonus** auf Antrag vier zusätzliche Monate Elterngeld Plus, wenn beide Elternteile in dieser Zeit Teilzeit arbeiten. Die maximale Bezugsdauer des Elterngeldes beträgt 28 Monate.

1 Elterngeld und Elternzeit sind im **Bundeselterngeld- und Elternzeitgesetz [BEEG]** geregelt.

Mütter und Väter, die nicht berufstätig sind, erhalten auch Elterngeld. Für sie gibt es einen sogenannten Sockelbetrag von 300,00 EUR monatlich.

Beachte:

Das Elterngeld wird beim Arbeitslosengeld II, bei der Sozialhilfe und beim Kinderzuschlag **vollständig als Einkommen angerechnet** – dies betrifft auch den Mindestbetrag von 300,00 EUR.

(4) Kindergeld

Der Anspruch auf Kindergeld besteht ab Geburt und endet mit dem vollendeten **18.** Lebensjahr. Für ein Kind, das nach dem 18. Lebensjahr eine **Ausbildung** oder ein **Studium** beginnt, kann bis zur Vollendung des **25.** Lebensjahres Kindergeld beantragt werden. Das Kindergeld beträgt für das erste und zweite Kind 204,00 EUR, für das dritte 210,00 EUR und für jedes weitere Kind 235,00 EUR (Stand 2020).

(5) Hilfe in außergewöhnlichen Notlagen

Es gibt Menschen, bei denen besondere Lebensverhältnisse wie z. B. Obdachlosigkeit oder Haftentlassung zu sozialen Schwierigkeiten führen, zu deren Überwindung die Betroffenen aus eigener Kraft nicht in der Lage sind. Diese Menschen haben Anspruch auf die Angebote der „Hilfe zur **Überwindung besonderer sozialer Schwierigkeiten**“, die die Sozialhilfe bereitstellt.

4 Grenzen der Umverteilung im Spannungsfeld von sozialer Gerechtigkeit, Finanzierbarkeit und internationalem Wettbewerb reflektieren

Das System der sozialen Sicherung in Deutschland steht vor einem ganzen Bündel von Problemen, die wegen der vielen widerstreitenden Interessenlagen und politischen Einstellungen nur schwer zu lösen sein werden.

(1) Interdependenz politischer Maßnahmen

Es besteht eine Interdependenz (gegenseitige Abhängigkeit) von wirtschafts- und sozialpolitischen Maßnahmen. Einerseits hat jede **wirtschaftspolitische** Aktivität einen mehr oder weniger großen Einfluss auf die soziale Lage des Einzelnen und der Gruppen (z. B. Unternehmen, Verbände). Andererseits beeinflusst jede **sozialpolitische** Entscheidung den Wirtschaftsablauf.

Beispiele:

- Angenommen, der Staat erhöht die Umsatzsteuer. Die Preise steigen, sodass die privaten Haushalte real weniger kaufen können. Der materielle Lebensstandard (die „Wohlfahrt") der privaten Haushalte nimmt ab.
- Eine Regierung subventioniert einen nicht mehr konkurrenzfähigen Wirtschaftszweig, um Arbeitsplätze zu erhalten. Dadurch nimmt die Staatsverschuldung zu und/oder die Staatseinnahmen müssen erhöht werden. Die Last trägt in jedem Fall der Steuerzahler.

(2) Integrationsproblem[1] der Sozialpolitik

Die Maßnahmen und der Umfang **sozialpolitischer Aktivitäten** müssen in die gewollte Wirtschafts- und Gesellschaftsordnung so eingefügt werden, dass möglichst **wenig Widersprüche** entstehen.

Sozialordnung und Wirtschaftsordnung müssen „zusammenpassen", „konform" sein.

Beispiele:

Die Einführung von Festpreisen für Mieten und/oder Nahrungsmittel ist marktinkonform (marktkonträr). Sie mag sozialpolitisch zwar erwünscht sein (Schutz der wirtschaftlich schwächeren Verbraucher), ist aber nicht mit der marktwirtschaftlichen Lenkung kompatibel.

Wirtschafts- und sozialpolitische Maßnahmen sind oft **Kompromisse** zwischen den politischen Entscheidungsträgern. Ferner sind wirtschafts- und sozialpolitische Entscheidungen und Maßnahmen so zu gestalten, dass sie keine **Fehlanreize** bieten, also das Gegenteil dessen erreichen, was eigentlich gewollt war.

(3) Höhe der Steuern und Sozialabgaben

Die Steuern und Sozialabgaben in Deutschland sind sehr hoch. Und es besteht die Gefahr, dass sie noch weiter steigen werden, vor allem die Krankenversicherungs- und Rentenversicherungsbeiträge. Die hohen Abgaben haben in zweierlei Hinsicht **negative Auswirkungen** auf die Wirtschaft: Einmal verschlechtert sich die Position des Wirtschaftsstandorts Deutschland, weil die hohen Arbeitskosten die **Wettbewerbsfähigkeit** der deutschen Industrie beeinträchtigen. Zum anderen geht bei den Arbeitenden die **Motivation** verloren, mehr zu lernen, in legalen Arbeitsverhältnissen mehr zu arbeiten und damit mehr zu verdienen. Die Menschen weichen der hohen Belastung z.B. durch Schwarzarbeit aus.

Welchen Zeitraum eines Jahres die Bundesbürger mittlerweile im Durchschnitt nur für die Steuern und Abgaben arbeiten müssen, verdeutlicht der Bund der Steuerzahler anhand des jährlich neu berechneten **„Steuerzahlergedenktages"**.

1 **Integration** (lat.): Anpassung, Eingliederung, Herstellen eines Ganzen.

Von 1 Euro bleiben nur 46,3 Cent

Der Steuerzahlergedenktag 2019 ist am Montag, den 15. Juli. Ab 21:56 Uhr arbeiten die Bürger wieder für ihr eigenes Portemonnaie. Das gesamte Einkommen, das die Steuer- und Beitragszahler vor diesem Datum erwirtschaftet haben, wurde – rein rechnerisch – an den Staat abgeführt. Damit liegt die Einkommensbelastungsquote für einen durchschnittlichen Arbeitnehmer-Haushalt in diesem Jahr bei voraussichtlich 53,7 % [...]. Von jedem verdienten Euro bleiben also nur 46,3 Cent zur freien Verfügung. Somit sind die Deutschen im internationalen Vergleich besonders stark belastet: In 34 von 36 OECD-Staaten werden Arbeitnehmer weniger zur Kasse gebeten als bei uns.

[...]

Quelle: https://www.steuerzahler.de/aktuelles/detail/von-1-euro-bleiben-nur-463-cent/ [12.07.2019]

(4) Arbeitslosigkeit

Weitere Probleme für das Sozialsystem bringt eine hohe Arbeitslosigkeit mit sich. Zum einen steigen die Sozialausgaben und damit die Schuldenlast. Andererseits sinken die Einnahmen der Sozialversicherungsträger, die letztlich gezwungen werden, entweder ihre Leistungen zu kürzen oder die Beiträge weiter zu erhöhen.

(5) Bevölkerungsentwicklung (demografischer Wandel)

Ein großes Problem der Sozialversicherungssysteme (vor allem der gesetzlichen Krankenkassen und der gesetzlichen Rentenversicherung) ist der Geburtenrückgang und die Verlängerung der Lebenserwartung.

Die **Zunahme** der **älteren** bei gleichzeitiger **Abnahme** der **jüngeren Generation** führt dazu, dass immer **weniger** Beitragszahler eine **steigende** Anzahl von Rentnern finanzieren müssen; die Schere zwischen Einnahmen und Ausgaben der gesetzlichen **Rentenversicherung** klafft immer weiter auseinander. Diese Negativentwicklung wurde in den vergangenen Jahrzehnten auch dadurch noch verstärkt, dass der **Einstieg** in das **Berufsleben** und damit die Zahlung von Beiträgen im Durchschnitt immer **später** erfolgte. Parallel dazu schieden die Arbeitnehmer – beispielsweise durch Vorruhestandsregelungen – immer **früher** aus dem Erwerbsleben aus, wodurch nicht nur Beitragseinnahmen verloren gingen, sondern vielmehr sogar durch die vorgezogenen Rentenzahlungen die Rentenkasse zusätzlich belastet wurde.

Da die Menschen immer älter werden, hat auch die gesetzliche **Pflegeversicherung** finanzielle Probleme, die gelöst werden müssen, zumal die Pflegekosten erheblich über den Leistungen der Pflegeversicherung liegen.

Die Frage ist, ob und wie angesichts der schnellen Alterung der Gesellschaft das gesamte soziale Sicherungssystem erhalten werden kann. Bezüglich der gesetzlichen **Krankenversicherung** (GKV) sehen viele Parteien und Gewerkschaften die Lösung darin, die private Krankenversicherung (PKV) abzuschaffen und **alle Bürger** für jedes Einkommen in die GKV einzubeziehen, um die finanziellen Probleme der GKV zu lösen **(Bürger- oder Volksversicherung).** Aber damit steigen auch die Ausgaben.

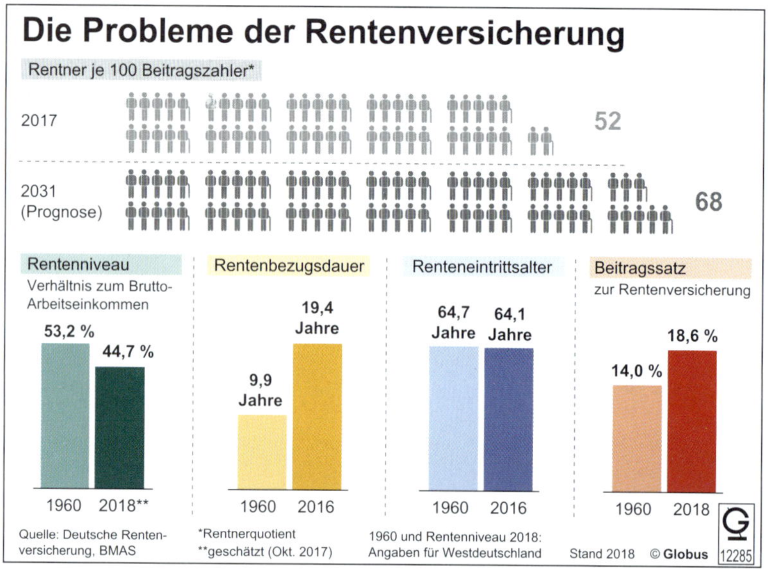

Deutschland ist eine schnell alternde Gesellschaft. Die Lebenserwartung nimmt weiter zu, die Geburtenrate ist niedrig. Der demografische Wandel führt dazu, dass immer mehr Ältere der jüngeren Generation gegenüberstehen werden. Das stellt die Sozialsysteme, insbesondere die gesetzliche Rentenversicherung, in den nächsten Jahrzehnten vor große Herausforderungen. Mit der stufenweisen Einführung der „Rente mit 67" wird das gesetzliche Renteneintrittsalter Schritt für Schritt heraufgesetzt. Wer früher in Rente gehen möchte, muss Abschläge in Kauf nehmen. Bereits in den letzten Jahren ist das tatsächliche durchschnittliche Renteneintrittsalter wieder gestiegen – in Westdeutschland von 62,6 Jahren im Jahr 2000 auf 64,2 Jahre im Jahr 2016, in Ostdeutschland von 60,8 Jahre auf 63,5 Jahre. Damit kommt es – zumindest in Westdeutschland – dem durchschnittlichen Renteneintrittsalter von vor 58 Jahren langsam wieder näher. 1960 war ein Rentner in der Bundesrepublik durchschnittlich 64,7 Jahre alt, als er sich aus dem Berufsleben verabschiedete.

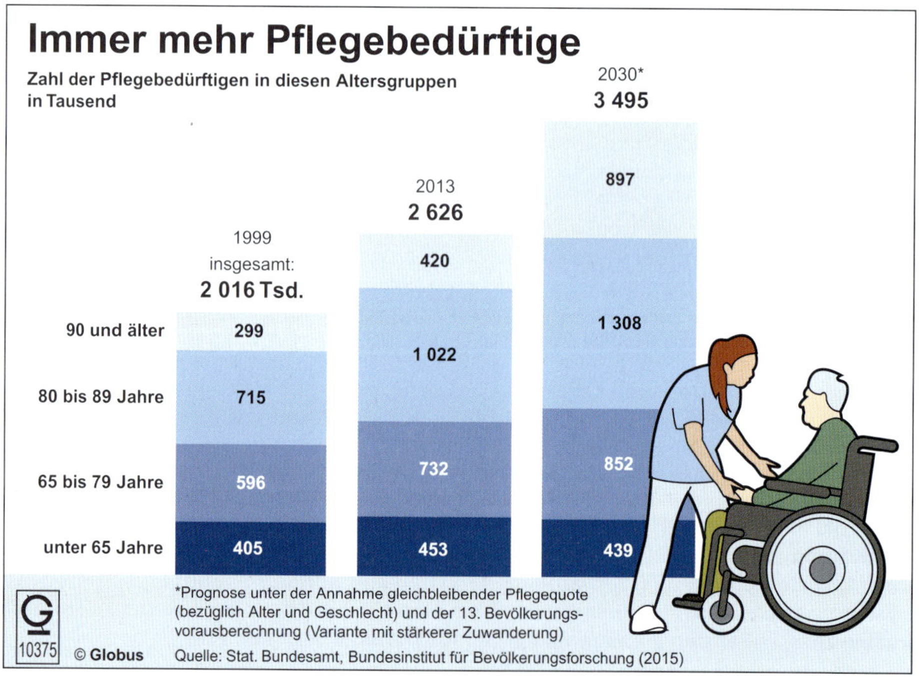

Kompetenztraining

42 1. Die soziale Sicherung ist ein weiteres grundlegendes Element der sozialen Marktwirtschaft. Der wichtigste Bereich der sozialen Sicherung ist die Sozialversicherung.

Aufgaben:

1.1 Erläutern Sie, auf welchen „Säulen" das Sozialversicherungssystem beruht! Beschreiben Sie kurz deren Aufgaben!

1.2 Die Sozialversicherung ist nicht die einzige Stütze des sozialen Sicherungssystems in Deutschland (des sogenannten „sozialen Netzes"). Beschreiben Sie drei Beispiele!

1.3 Erläutern Sie das Hauptproblem der deutschen Sozialversicherung!

2. Nennen Sie die zwei Leistungen, die die gesetzliche Arbeitsförderung erbringt!

2.1 Heilbehandlung

2.2 Arbeitslosengeld

2.3 Krankengeld

2.4 Rentenzahlung

2.5 Berufsberatung

2.6 Sozialhilfe

3. Unterscheiden Sie die Begriffe Beitragsbemessungsgrenze und Versicherungspflichtgrenze!

4. Hans Steiner ist Filialleiter und erhält ein Gehalt in Höhe von 3450,00 EUR. Er ist bei der AOK versichert. Der Beitragssatz liegt bei 14,6 % zuzüglich eines Zusatzbeitrags von 0,90 %. Herr Steiner erhält ab 01. 10. 20.. eine Gehaltserhöhung von 150,00 EUR.

Aufgabe:

Berechnen Sie, wie viel Euro Herrn Steiner jetzt monatlich mehr für die Krankenversicherung abgezogen werden!

5. Frau Schussel fällt im Büro von der Leiter, als sie vom obersten Regal einen Aktenordner herunterholen will. Sie verletzt sich so schwer, dass sie stationär behandelt werden muss.

Aufgaben:

5.1 Nennen Sie die Versicherung, die dafür zuständig ist!

5.2 Nennen Sie die Leistungen, die von dieser Versicherung zu erbringen sind!

6. Nennen Sie die Zielsetzung, die das Arbeitslosengeld II hat!

6.1 Eingliederung in den Arbeitsprozess

6.2 Hilfe bei Berufsunfähigkeit

6.3 Sicherung des Lebensunterhalts

6.4 Angebot zur Arbeitsvermittlung

7. Kalle Bloom beginnt am 1. März im Spielwarengeschäft der Johann Rupp GmbH zu arbeiten. Der Arbeitgeber versäumt es, ihn bei der Krankenkasse anzumelden. Am 16. März wird Kalle ernstlich krank.

Aufgabe:

Begründen Sie, ob Kalle Bloom Anspruch auf die Leistungen der Krankenkasse hat!

43 1. Bestimmen Sie, welcher Zweig der Sozialversicherung in den folgenden Situationen zuständig ist!

DOWNLOAD

Situation		Zweig der Sozialversicherung
1.1	Ein Auszubildender fällt im Ausbildungsbetrieb und bricht sich einen Arm.	
1.2	Durch eine nicht beruflich bedingte schwere Krankheit wird ein Arbeitnehmer völlig arbeitsunfähig.	
1.3	Nach dem Schulabschluss sucht Inge einen Ausbildungsplatz.	
1.4	Durch Rationalisierungsmaßnahmen wird ein Angestellter arbeitslos.	
1.5	Durch die Krankheit eines Arbeitnehmers werden 5 000,00 EUR Krankenhauskosten verursacht.	
1.6	Ein Bäcker bekommt Asthma. Diese Erkrankung wird auf den Umgang mit Mehl zurückgeführt.	
1.7	Nach einem Schlaganfall kann der Erkrankte nicht mehr arbeiten.	
1.8	Aufgrund technologischer Veränderungen ist ein Arbeitnehmer in seinem bisherigen Beruf nicht mehr einsetzbar. Für einen am Arbeitsmarkt gefragten Beruf fehlen ihm die notwendigen Kenntnisse.	
1.9	Hanne, 41 Jahre, war Bankkauffrau und ist jetzt nicht berufstätig. Sie pflegt ihre schwerstpflegebedürftige Mutter.	
1.10	Wolfgang, 55 Jahre, ledig, kann nach einem Schlaganfall die Hausarbeit nicht mehr selbst erledigen.	

2. Irmgard Klein, kaufmännische Angestellte, wird krank. Sie freut sich, denn jetzt – so meint sie – erhält sie sechs Wochen lang das volle Gehalt und das Krankengeld.

   Aufgabe:

   Begründen Sie, ob die Freude von Frau Klein berechtigt ist!

3. Emil Pfender ist nicht der Fleißigste. Als Verkäufer unterhält er sich lieber mit den Kollegen und Kolleginnen statt Kunden zu beraten. Als ihn sein Abteilungsleiter zurechtweist, geht Pfender wütend ins Personalbüro, kündigt fristlos und lässt sich seine Papiere geben. Am nächsten Tag beantragt er bei der Agentur für Arbeit Arbeitslosengeld.

   Aufgabe:

   Begründen Sie, ob Emil Pfender Arbeitslosengeld erhalten wird! Wenn nein, nennen Sie den Grund! Wenn ja, geben Sie den Zeitpunkt der Auszahlung an!

4. Ilse Fröhlich arbeitet als Abteilungsleiterin für den Bereich Einkauf bei der Maschinenfabrik Frost AG. Nach Geschäftsschluss geht sie in ein Kino. Auf dem Nachhauseweg fällt sie bei Glatteis hin und bricht sich ein Bein. Deshalb will sie die Leistungen der gesetzlichen Unfallversicherung in Anspruch nehmen. Diese lehnt ab. Ilse Fröhlich erhebt Widerspruch, der ebenfalls abschlägig beschieden wird. Sie möchte im Anschluss daran beim Sozialgericht klagen.

   Aufgabe:

   Prüfen Sie, ob Ilse Fröhlich Erfolg haben wird!

5. Die gesetzliche Rentenversicherung der Bundesrepublik Deutschland ist nach dem sogenannten Umlageverfahren finanziert.

Aufgaben:

5.1 Erläutern Sie, was man unter dem Umlageverfahren – auch Generationenvertrag genannt – versteht!

5.2 Die Finanzierung der deutschen Rentenversicherung ist in den letzten Jahrzehnten sukzessive in eine Krise geraten. Steigende Beitragssätze oder gar die Erschließung von Zusatzeinnahmen über die „Ökosteuer" zeugen von einer desolaten finanziellen Situation. Erläutern Sie fünf Ursachen für die finanzielle Krise des Generationenvertrages!

5.3 **Maßnahmenplan**
Beschreiben Sie fünf mögliche Maßnahmen, die zur Entspannung der finanziellen Notlage der deutschen Rentenversicherung beitragen und das System zukunftsträchtiger werden lassen könnten!

5.4 **Leserbrief**
Formulieren Sie einen Leserbrief, der sich kritisch mit dem Umlageverfahren der gesetzlichen Rentenversicherung auseinandersetzt!

6. **Vernetzungsdiagramm**

Gehen Sie davon aus, dass die Ausgaben der Sozialversicherung massiv steigen. Stellen Sie auf der Basis nachfolgender Vorlage eines Vernetzungsdiagramms mögliche Ursache-Wirkungs-Beziehungen dar, indem Sie die einzelnen Felder an den Pfeilen mit einem Plus- oder Minuszeichen versehen.

- **Pluszeichen**: gleichgerichtete (verstärkende) Wirkung. Es gilt: je mehr (höher) – desto mehr (höher); je weniger (niederiger) – desto weniger (niedriger).
- **Minuszeichen**: entgegengesetzte (abschwächende) Wirkung. Es gilt: je mehr (höher) – desto weniger (niedriger) bzw. je weniger (niedriger) – desto mehr (höher).

DOWNLOAD

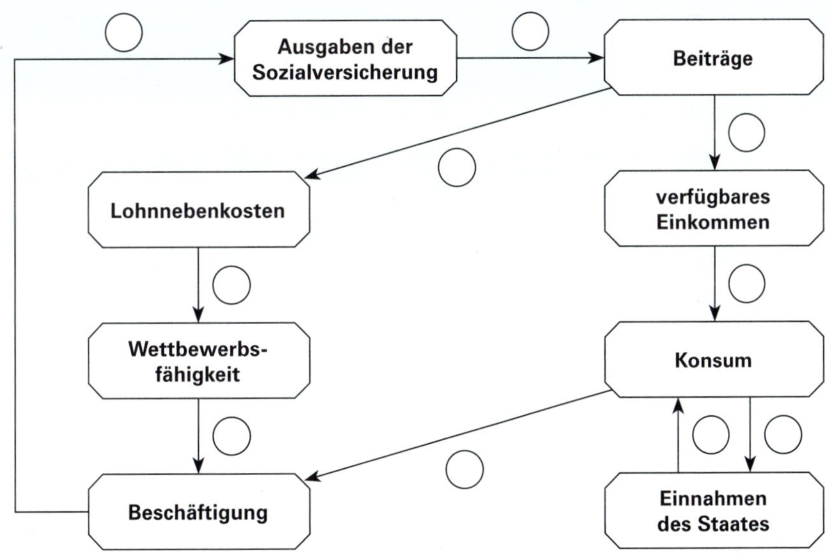

7. **Forderungskatalog**

Lesen Sie zunächst nachfolgenden Artikel!

Soziale Ungleichheit – Eine Gesellschaft rückt auseinander

Gewisse Grundformen sozialer Ungleichheit finden sich in allen Gesellschaften: Mächtige können ihren Willen gegenüber Ohnmächtigen durchsetzen, Wohlhabende leben angenehmer als Arme, Angesehene werden verehrt, Verachtete gemieden. Freilich unterscheiden sich Art und Ausmaß sozialer Ungleichheiten in verschiedenen Gesellschaften beträchtlich.

In vielen hochentwickelten Gesellschaften wachsen die sozialen Ungleichheiten: Gering Qualifizierte haben es immer schwerer, eine Erwerbstätigkeit zu finden. Die Integration vieler Zuwanderer wird schwieriger. Arbeitslosen fehlt es an Geld, Selbstachtung und Anerkennung. Immer mehr Menschen gelten als arm. Die einst tonangebenden und politisch stabilisierenden Mittelschichten schrumpfen. Die Zahl der hoch Qualifizierten und der gut Verdienenden wächst.

Soziale Ungleichheiten betreffen auf der einen Seite die alltäglichen Lebenschancen und Erfahrungen der Einzelnen. Andererseits schaffen soziale Ungleichheiten aber auch gesellschaftliche Probleme und politische Auseinandersetzungen, die über die Lebenswelt der einzelnen Menschen hinausreichen. Die gesellschaftliche und politische Bedeutung sozialer Ungleichheit lässt sich daher kaum überschätzen. Bezeichnenderweise waren es nicht zuletzt Probleme sozialer Ungleichheit, die bereits im 19. Jahrhundert dazu führten, dass die Soziologie als eigenständige Wissenschaftsdisziplin entstand.

Quelle: bpb.de/politik/grundfragen/deutsche-verhaeltnisse-eine-sozialkunde/138379/soziale-ungleichheit [Zugriff am 23.10.2019].

Entwickeln Sie auf der Basis dieses Artikels einen Forderungskatalog an Politiker, wie man in der Bundesrepublik Deutschland durch Veränderungen am Steuersystem die soziale Ungleichheit mildern könnte!

8. Lesen Sie nachfolgende Aussagen zur Sozialversicherung und ergänzen Sie die fehlenden Angaben durch Eintragung in das Feld rechts neben dem Sachverhalt!

8.1	Der einheitliche Beitragssatz zur gesetzlichen Krankenversicherung beträgt ... Prozent.	
8.2	Die gesetzliche Krankenversicherung übernimmt die Kosten für die Früherkennung von Krankheiten, so z.B. die Krebsvorsorge für Frauen ab dem ... Lebensjahr.	
8.3	Das Krankengeld der gesetzlichen Krankenkassen beträgt ... Prozent des regelmäßig erzielten Arbeitsentgelts.	
8.4	Wer einen Arbeitsplatz ohne wichtigen Grund aufgibt, erhält Arbeitslosengeld erst nach ... Wochen.	
8.5	Das Arbeitslosengeld beträgt für Arbeitslose, die mindestens 1 Kind haben ... Prozent des für den Bemessungszeitraum berechneten pauschalierten Nettoentgelts.	
8.6	Die Anmeldung beim Rentenversicherungsträger erfolgt durch den Arbeitgeber binnen ... Tagen vom Arbeitsantritt an über die Krankenkassen.	
8.7	Bei der Regelaltersrente wird das Renteneintrittsalter bis zum Jahr 2029 stufenweise auf ... Jahre angehoben.	
8.8	Die gesetzliche Unfallversicherung zahlt Renten an Versicherte bei Minderung ihrer Erwerbsfähigkeit infolge eines Versicherungsfalls um mindestens ... Prozent.	

9 Eine saubere Umwelt im Spannungsverhältnis zwischen ökonomischen und ökologischen Zielen anstreben

Situation: Ständig neue Klamotten oder nachhaltig shoppen?

Antonia und Jakob sind gute Freunde. Antonia legt sehr viel Wert auf ständig neue Klamotten. Deshalb kann sie nicht nachvollziehen, warum Jakob fast immer die gleichen Schuhe und die gleiche Jacke trägt. Er kommt doch aus einer Familie, der es finanziell ziemlich gut geht. Doch Jakob sieht das anders und erklärt:

„Meine Familie und ich beschäftigen uns schon seit einigen Jahren aus tiefster Überzeugung mit dem Thema Nachhaltigkeit. Denn wenn wir unsere Lebensqualität halten und die Verantwortung sowohl für zukünftige Generationen als auch global wahrnehmen wollen, muss unser Konsum umwelt- und sozialverträglicher und somit nachhaltiger ausfallen."

Diese Forderung wurde auch durch die Bundesregierung im „Nationalen Programm für nachhaltigen Konsum" umgesetzt, wie der nachfolgende Textauszug zeigt.

4.5 Bekleidung

Relevanz des Bereichs Bekleidung für einen nachhaltigen Konsum

Prozessstufen der Textilherstellung, die besonders starke Belastungen für die Umwelt hervorrufen, sind Anbau und Produktion der Rohfasern sowie die Textilveredlung.

Bei der Primärproduktion von Naturfasern werden Pflanzenschutz- und Düngemittel in großer Menge eingesetzt. Auch der hohe Verbrauch von Wasser (z. B. 3 600 bis 26 900 Kubikmeter Wasser pro Tonne Baumwolle) und anderen Ressourcen belastet die Umwelt. [...]

Entscheidend für die Umwelt ist auch die Menge an Textilien, die pro Person konsumiert wird. Jedes Bekleidungsstück, das gekauft wird und kurze Zeit später – schlimmstenfalls ungetragen – wieder aussortiert wird, belastet die Umwelt unnötig.

Soziale und ökologische Aspekte spielen für die Nachhaltigkeit der textilen Kette eine große Rolle. Sie beziehen sich beispielsweise auf den Pflanzenschutzmitteleinsatz beim Baumwollanbau und den damit verbundenen gesundheitlichen Risiken, die Konkurrenz um Ressourcen, vor allem beim Wasserverbrauch im Baumwollanbau, sowie die häufig prekären Arbeitsbedingungen in der Textilverarbeitung. [...]

Hemmnisse für nachhaltigere Konsumweisen im Bereich Bekleidung

Die Nachhaltigkeitsherausforderungen der textilen Kette sind bislang im Verbraucherbewusstsein wenig verankert. [...] Auch ist das Angebot an nachhaltig produzierter Bekleidung, welche sowohl ökologischen als auch sozialen Standards entspricht, gemessen am Gesamtangebot bislang gering. [...]

Bei der Entsorgung wird regelmäßig von der Altkleidersammlung und von Secondhand-Optionen Gebrauch gemacht oder sie erfolgt über den Hausmüll, allerdings weitgehend ohne Kenntnis der weiteren Verwendungs- oder Entsorgungswege. Ein Unterschied zwischen der Wiederverwendung von Kleidung und dem Textilrecycling ist kaum bewusst. [...] Ware, die in gutem Zustand ist, kann als Altkleidung weiterverwendet werden, während Kleidung, die nicht weitervermarktet werden kann, zu Putzlappen, Dämmmaterial, Recyclingfasern oder Ähnlichem weiterverarbeitet wird.

Politik für einen nachhaltigen Bekleidungskonsum

Nachhaltigkeit im Bekleidungskonsum in Deutschland bedeutet insbesondere, die absolute Konsummenge durch eine längere Nutzung von Kleidungsstücken zu verringern und zudem den Anteil von nachhaltig produzierten Textilien am gesamten Bekleidungsmarkt zu erhöhen. Beides reduziert die Ressourceninanspruchnahme, die Abfallmengen und die sozialen Probleme in diesem Sektor.

Schaffung eines Bewusstseins für nachhaltigen Bekleidungskonsum

Vor dem dargestellten Hintergrund ist es daher von besonderer Bedeutung, ein Bewusstsein für nachhaltigen Bekleidungskonsum bei Verbraucherinnen und Verbrauchern zu schaffen und die Ausweitung von nachhaltigen Produktbeziehungsweise Verhaltensalternativen zu unterstützen.

Quelle: Nationales Programm für nachhaltigen Konsum – Gesellschaftlicher Wandel durch einen nachhaltigen Lebensstil, Bundesregierung, Berlin 2017, S. 57f.

Kompetenzorientierte Arbeitsaufträge:

1. Jakobs Einstellung zur Nachhaltigkeit beim Konsum beschäftigt Antonia. Bislang hat sie sich darüber keine Gedanken gemacht.
   Definieren Sie den Begriff Nachhaltigkeit!
2. Beschreiben Sie, inwiefern Nachhaltigkeit beim Konsum bisher Ihre persönlichen Kaufentscheidungen beeinflusst hat!
3. Erläutern Sie, in welchen Lebensbereichen des Konsums Sie künftig am ehesten bereit wären, Ihre Konsumentscheidungen auch an dem Gesichtspunkt der Nachhaltigkeit zu orientieren!
4. Beurteilen Sie die Wahrscheinlichkeit, dass die Konsumenten in Deutschland in den nächsten Jahren ihr Konsumverhalten freiwillig sukzessive an der geforderten Nachhaltigkeit ausrichten! Gehen Sie hierbei auch auf die Bereiche ein, in denen für Sie eine derartige Verhaltensveränderung am ehesten vorstellbar erscheinen!

1 Spannungsfeld von Ökonomie und Ökologie

(1) Grundlegendes

Umweltzerstörung zeigt sich u.a. in Schäden, die aufgrund der **Luftverunreinigung, Wasserverunreinigung** und **Bodenverseuchung** entstehen.

Die Umweltschäden sind schwer messbar, daher auch nicht im Inlandsprodukt bzw. Nationaleinkommen enthalten. Wohl aber gehen die Reparaturkosten – soweit Umweltschäden überhaupt reparabel sind – in Messzahlen der gesamtwirtschaftlichen Leistung ein (z.B. Arztkosten, Kosten der Wiederaufforstung, Kosten der Wasseraufbereitung, Beseitigung sogenannter Altlasten).

Wie stark die Menschheit aktuell aus **ökologischer Sicht über ihre Verhältnisse lebt,** dokumentiert der **Welterschöpfungstag.** Nachfolgende Abbildung zeigt, welche Staaten bei ihrem ökonomischen Handeln hierbei besonders negativ wie positiv in Erscheinung treten.

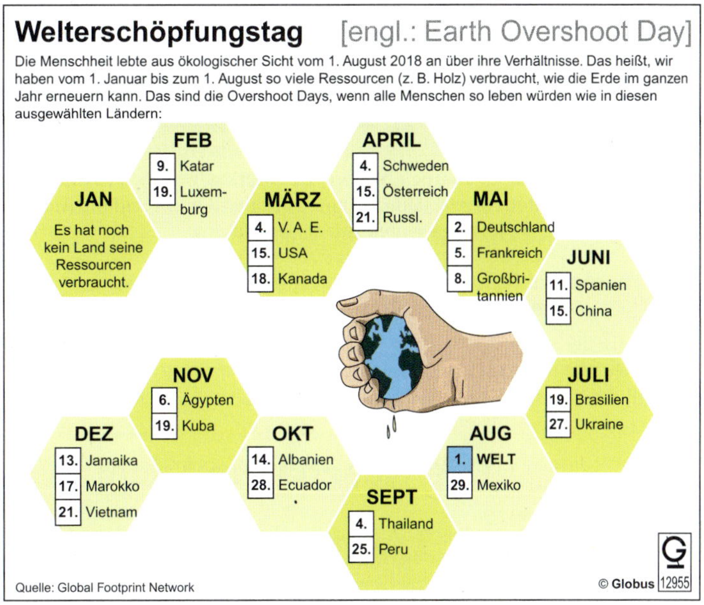

Am 1. August 2018 hat die Menschheit das Budget der Natur für das gesamte Jahr aufgebraucht. Die Forschungsorganisation Global Footprint Network veröffentlicht jedes Jahr diesen „Earth Overshoot Day". Dazu legen die Forscher eine Art Buchhaltungssystem an. Auf der einen Seite steht der Verbrauch der Menschen: Wie viel Energie verbrauchen wir, wie viel Fisch haben wir gefangen und wie viel Kohlendioxid stoßen wir aus? Auf der anderen Seite stehen die Leistungen der Natur: Wie viel Kohlendioxid können Wälder und Ozeane aufnehmen, wie schnell können sich Fischbestände erholen und wie schnell wachsen Bäume nach? Der Overshoot Day markiert den Tag, ab dem sich unsere Ökosysteme nicht mehr erholen können. Von diesem Tag an leben die Menschen sozusagen auf Pump.

In vielen Staaten besteht ein **Grundwiderspruch** zwischen der heutigen Form des Wirtschaftens (der „Ökonomie") und der Erhaltung einer lebenswerten Umwelt (der „Ökologie").[1] Andererseits schließen sich **Wirtschaftswachstum** für mehr Beschäftigung und verstärkte Anstrengungen für mehr **Umweltschutz** einander **nicht zwangsläufig** aus. Jedoch gibt es auch **keine automatische Harmonie** zwischen beiden Zielen, wie der aus der Vergangenheit überkommene hohe Schadensstand in vielen Bereichen der Umwelt zeigt. Gerade um die ökologischen Voraussetzungen für eine dauerhafte Wachstums- und Beschäftigungsdynamik zu erhalten, muss sich der Wachstumspfad **umweltverträglich** entwickeln.

Dies muss **nicht** zu Einbußen im Niveau der wirtschaftlichen Aktivitäten führen; nur eine Mischung fällt stärker zugunsten von Umweltgütern wie frischer Luft, sauberem Wasser, gesunden Böden und einem stabilen Klima aus. Gleichzeitig muss jedoch mehr Umweltschutz möglichst **kostengünstig** erbracht werden. Es bedarf deshalb im Rahmen der Umweltpolitik für einzelne Umweltziele einer sorgfältigen Prüfung, mit welchem Instrument oder mit welcher Kombination von **Instrumenten** – z. B. Ordnungsrecht, Abgaben, Steuern oder Lizenzen – das **gewünschte Ziel mit dem geringsten Aufwand** erreicht wird (Minimalprinzip).

1 Die **Ökologie** als Teilbereich der Biologie untersucht die Beziehungen zwischen den Lebewesen untereinander und ihre Wechselbeziehungen zu ihrer Umwelt. Der Lebensraum eines Lebewesens wird als Biotop bezeichnet. Alle Lebewesen eines Biotops bilden eine Biozönose. Biotop und Biozönose stellen zusammen ein Ökosystem dar.

Wenn der Begriff „Ökologie" im Zusammenhang mit dem Begriff „Ökonomie" verwendet wird, ist mit Ökologie in aller Regel der Umweltschutz, d. h. die Erhaltung einer lebenswerten und lebensfähigen Umwelt gemeint.

Die Verwirklichung wichtiger ökologischer Ziele ist oftmals im **nationalen Alleingang** – bedingt durch die an den Landesgrenzen endende Zuständigkeit – **weder möglich noch Erfolg versprechend.** Hierzu gehört z. B. der Klimaschutz.

Dabei steht außer Frage, dass die **Industrieländer** eine **besondere Verantwortung** für eine Reduzierung der weltweiten Umweltbelastungen haben, da sie für den Großteil der weltwirtschaftlichen Produktion verantwortlich sind. Würde man nämlich den Ressourcenverbrauch der Industrieländer auf die Entwicklungsländer übertragen, so würde dies zum **Kollaps der Öko-Systeme** der Welt führen.

Vor diesem Hintergrund stehen die Industrieländer in der Pflicht, ihre **ressourcenintensive** und **umweltbelastende Lebens- und Wirtschaftsweise** umzustrukturieren und mit den natürlichen Lebensgrundlagen in Einklang zu bringen. Nur eine derart **ökologische soziale Marktwirtschaft** in den Industrieländern kann gegenüber anderen Regionen der Welt ein ähnlich umweltverträgliches Wirtschaften einfordern.

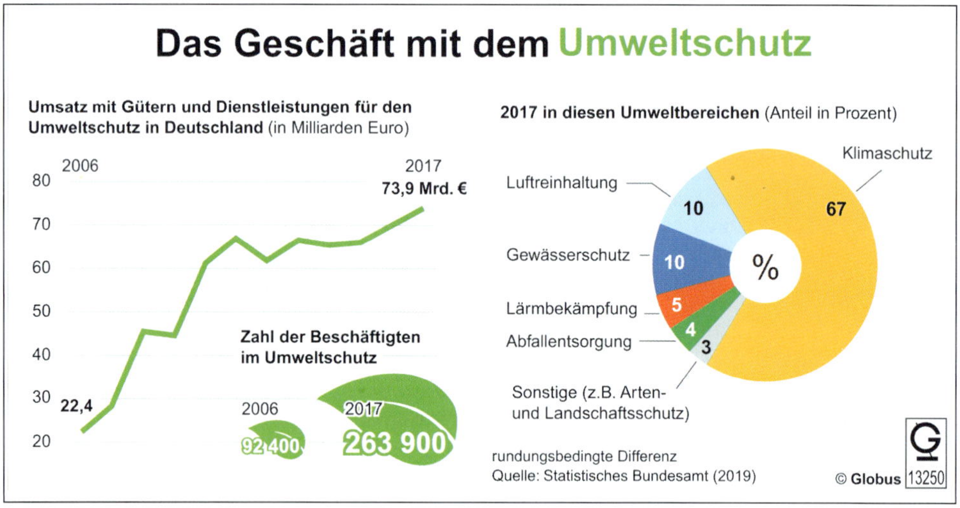

(2) Spannungsfeld zwischen knappen Ressourcen und Bevölkerungswachstum

- Unter **Ressourcen** versteht man alle **lebensbedeutenden Umweltgüter.** Ressourcen umfassen u. a. Energie, Metalle, Agrarprodukte oder Wasser.
- In Abgrenzung zu Ressourcen versteht man unter **Rohstoffen** solche Umweltgüter, die aus ihrer **natürlichen Quelle** gefördert und zur weiteren Verwendung aufbereitet oder verarbeitet wurden.

Den Menschen stehen auf unserem Planeten nur noch wenige Ressourcen **unbegrenzt** zur Verfügung, wie beispielsweise Luft, Sonnenlicht, Wind, Regen- oder Meerwasser. Diese Umweltgüter bezeichnet man als **freie Güter,** da sie in dem betreffenden Gebiet in ausreichendem Maße zur Verfügung stehen und in beliebigen Mengen konsumiert werden können. Es ist keine wirtschaftliche Betätigung notwendig, um die Bedürfnisse nach diesen Gütern zu befriedigen. Allerdings ist die unbegrenzte Verfügbarkeit einzelner Ressourcen **regional unterschiedlich** und kann sich zudem **im Zeitablauf ändern.** So ist es durchaus vorstellbar, dass in bestimmten Regionen Güter wie **saubere Luft** oder **sauberes Trinkwasser** nicht mehr unbegrenzt zur Verfügung stehen und fortan **bewirtschaftet** werden müssen.

Die meisten Ressourcen auf unserem Planeten stehen den Menschen in **nicht ausreichendem** Maße zur Verfügung. Sie sind **knapp,** da die verfügbaren Mengen nicht genügen, um die Bedürfnisse nach diesen Ressourcen zu befriedigen. Die **nachgefragte** Menge ist **größer,** als die **vorhandene** Menge. Diese Knappheit der Ressourcen steht in einem **Spannungsverhältnis** zu der wachsenden Weltbevölkerung und der damit einhergehenden steigenden Nachfrage.

Migrationsbewegungen, Klimawandel, Zerstörung der Urwälder, Überfischung der Meere und Konflikte um Rohstoffe, Land oder Wasser sind nur einige Erscheinungen, die das zunehmende **Spannungsverhältnis zwischen Bevölkerungsentwicklung und knapper werdenden Ressourcen** verdeutlichen.

Überschritt die **Weltbevölkerung** im Jahre 1804 erstmals eine Milliarde Menschen, so wächst die Anzahl der Menschen auf diesem Planeten aktuell um jährlich ca. 80 Millionen. Mittlerweile hat die Weltbevölkerung die 7-Milliarden-Marke deutlich überschritten.

Neben dem Bevölkerungswachstum ist dieser **Anstieg des Ressourcenverbrauchs** darauf zurückzuführen, dass die genutzten Produkte heute in der Regel aufwendig hergestellt und während der Herstellung weitere Rohstoffe verbraucht werden. Die sinnbildliche Darstellung der Menge an Ressourcen, die bei der Herstellung, dem Gebrauch und der Entsorgung eines Produktes oder einer Dienstleistung verbraucht werden, bezeichnet man als **„ökologischen Rucksack"** bzw. **„ökologischen Fußabdruck".**

Ökologischer Rucksack

In den meisten Produkten steckt viel mehr Material, als ihr Gewicht ahnen lässt: Beim Abbau der Rohstoffe entsteht Abraum; für den Transport und die Verarbeitung wird Energie verbraucht, für deren Erzeugung wiederum Brennstoffe verbraucht werden; bei der Herstellung entstehen Abfälle.

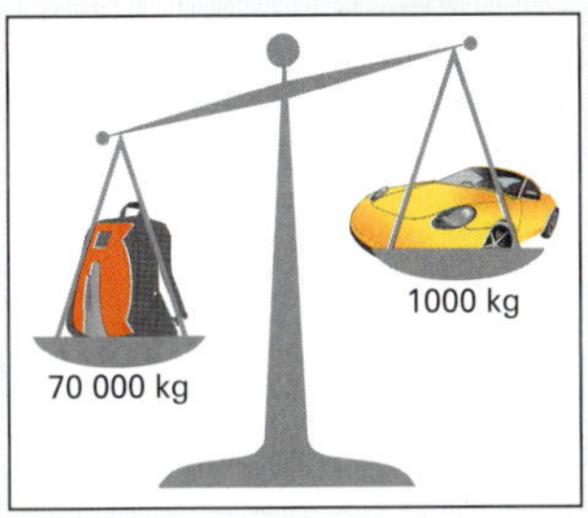

Alleine, um ein Kilo Stahl zu erzeugen, müssen der Erde im Durchschnitt acht Kilo Gestein und fossile Brennstoffe entnommen werden; für ein Kilo Kupfer 348 Kilo und für ein Kilo Aluminium 37 Kilo. Eine Weltjahresproduktion von 31,9 Millionen Tonnen Aluminium bedeutet also, dass insgesamt 1,18 Milliarden Tonnen Material bewegt werden müssen. Der gesamte Materialverbrauch abzüglich des Eigengewichts eines Produktes ist sein „ökologischer Rucksack".

Er ist oft erstaunlich schwer: Eine Armbanduhr wiegt mit ökologischem Rucksack 12,5 Kilo, eine Jeans 30 Kilo, Laufschuhe 3,5 Kilo und ein Laptop mit drei Kilo Gewicht über 300 Kilogramm. In einem Kilogramm Getreide stecken 1 000 Liter Wasser. Global finden sich etwa 7 Prozent der genutzten Ressourcen tatsächlich in Produkten wieder; 93 Prozent werden schon vorher zu Abfall. Von diesen Produkten werden etwa 80 Prozent nur einmal genutzt, dann werden auch sie zu Abfall.

Quelle: www.oekosystem-erde.de.

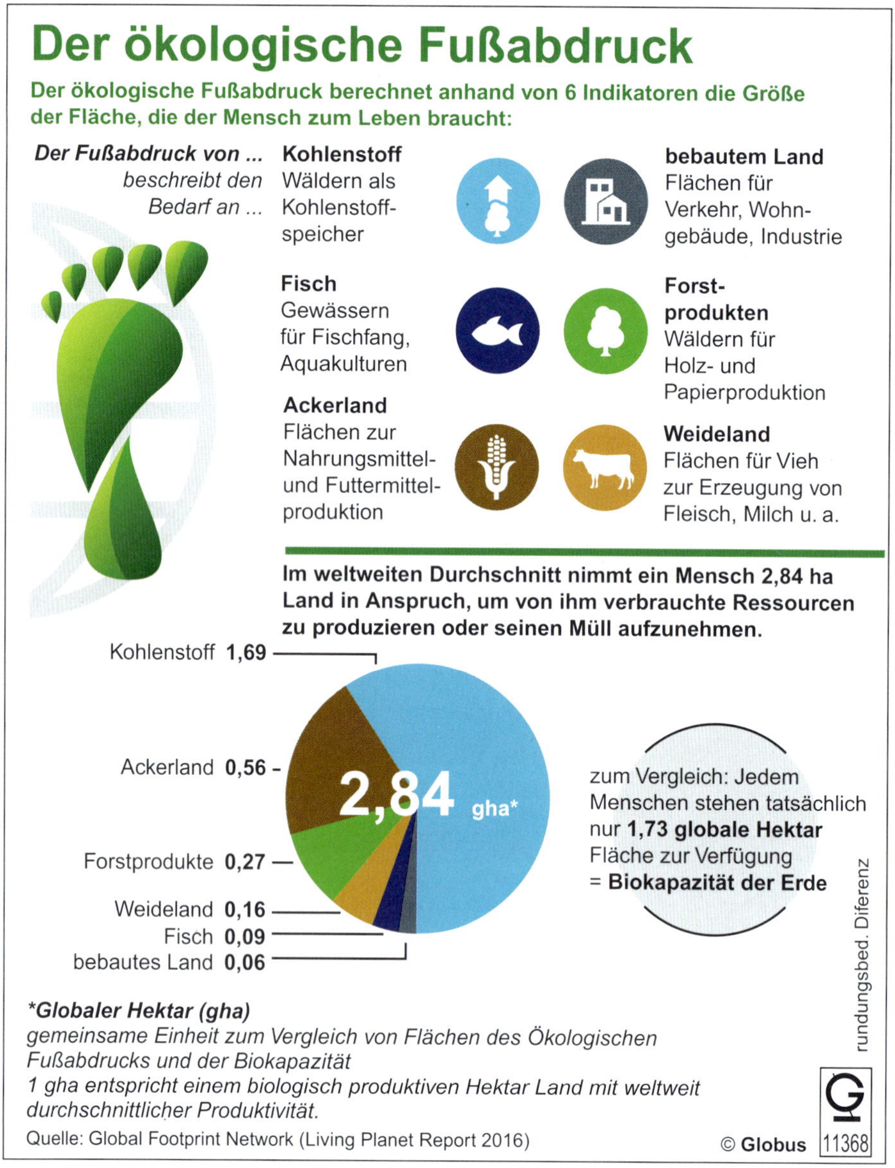

Die Menschen leben über ihre Verhältnisse. Schon seit den frühen 1970er-Jahren übersteigt die Nachfrage der Menschen nach Nahrung, Energie, Wasser und anderen Ressourcen das vorhandene Angebot. Das heißt, wir verwandeln natürliche Ressourcen viel schneller in Abfälle, als dass Abfälle wieder in Ressourcen umgewandelt werden können. Anfang der 1990er entwickelten die Wissenschaftler Mathis Wackernagel und William Rees den ökologischen Fußabdruck. Sie wollten wissen, ob die Erde noch ausreicht, um unsere Bedürfnisse zu decken. Um das Angebot der Erde mit unserem Bedarf vergleichen zu können, brauchten die Forscher ein einheitliches Maß – der globale Hektar, kurz gha, entstand. Ein globaler Hektar entspricht einem biologisch produktiven Hektar Land mit weltweit durchschnittlicher Produktivität. Nimmt man nun die gesamte Erdoberfläche von rund 51 Milliarden Hektar, zieht davon die nicht nutzbaren Flächen wie Wüsten und Eis ab und teilt die übrige Fläche auf alle Menschen auf, so steht jedem Einzelnen von uns theoretisch eine Fläche von 1,73 globalen Hektar zur Verfügung. Diese Fläche wird als Biokapazität der Erde bezeichnet. Diese Fläche kann nun verglichen werden mit der Fläche, die wir tatsächlich brauchen, um unseren Kühlschrank zu füllen, Kleidung zu kaufen und die Wohnung zu heizen. Das Ergebnis: Jeder Mensch verbraucht heute eine Fläche von 2,84 globalen Hektar. Unser sogenannter Overshoot, das ökologische Defizit, liegt bei 1,1 globalen Hektar. Der ökologische Fußabdruck ist also eine Art Kontoauszug, der derzeit deutlich im Minusbereich liegt.

2 Grundlagen der Umweltschutzpolitik

(1) Begriffe Emission und Immission

Bei der Produktion und dem Konsum von Gütern entstehen umweltbedeutsame **Emissionen,** d.h., es werden Belastungen unterschiedlicher Art (Schmutz, Lärm, Strahlen, Staub, Abgase usw.) an die sogenannten **Umweltmedien** Luft, Boden und Wasser abgegeben.

Inwieweit diese Emissionen allerdings zu **Immissionen** (negative Umwelteinwirkungen auf eine Stelle) führen und Schadenswirkungen bei Menschen, Tieren und Pflanzen hervorrufen, hängt von vielen Faktoren ab, wie beispielsweise:

- **Stärke** und **Dauer** der Emission,
- **Verteilung** der Emission (z.B. durch Wind),
- **Selbstreinigungskraft** der Natur (z.B. Zersetzung organischer Schadstoffe in Gewässern durch Bakterien).

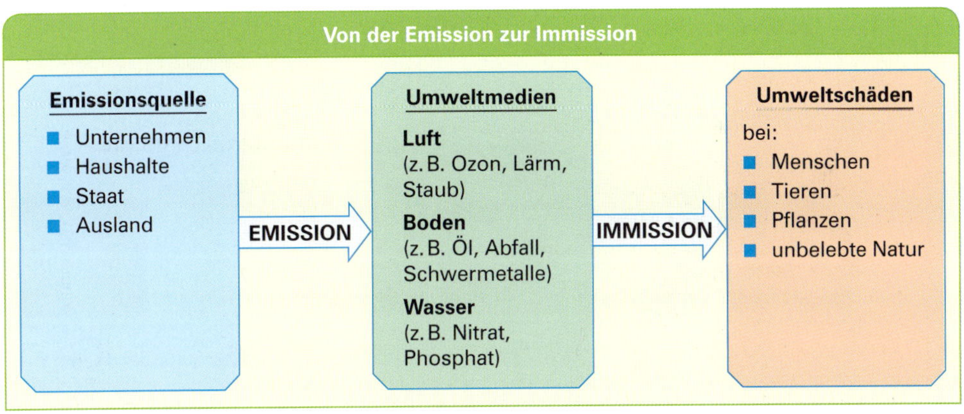

(2) Wirkung von Umweltbelastungen

Wie die Vergangenheit gezeigt hat, wurden – trotz der (teilweise) bekannten negativen Wirkungsketten von Umweltbelastungen – enorme Emissionsmengen an die Umwelt abgegeben, sodass auch mit Blick auf die nur **beschränkte Selbstreinigungskraft der Natur** die Umweltschäden (z.B. **Klimaveränderungen** aufgrund der stratosphärischen Verringerung der Ozonschicht) und die damit verbundenen Negativwirkungen auf Mensch und Natur drastisch zunahmen.

Durch welche Umwelteinflüsse die Menschen gesundheitlich beeinträchtigt werden, zeigt nachfolgende Abbildung.

Nach dem Stand der Klimaforschung gilt es als sehr wahrscheinlich, dass der anthropogene, d.h. durch den Menschen verursachte Treibhauseffekt unsere Lebenswelt ganz erheblich schädigen wird. So muss damit gerechnet werden, dass, bedingt durch die Erderwärmung, der Meeresspiegel bis zum Jahr 2100 um 10 bis 90 cm ansteigt. Dies wird die Überflutung ganzer Inselstaaten und zahlreicher Küstenregionen zur Folge haben. Durch die Veränderung der Niederschläge und Verdunstungsverhältnisse wird es wahrscheinlich zu einer zunehmenden Austrocknung der Böden sowie zu einem spürbaren Rückgang der Nahrungsmittelproduktion kommen. Davon werden vor allem Entwickungsländer betroffen sein, die ohnehin schon größte Schwierigkeiten bei der Nahrungsmittelversorgung haben. Nicht zuletzt werden mit der Klimaerwärmung auch Tropenkrankheiten in neue Regionen vordringen können.

(3) Hauptursache für die Umweltbelastung

Die **wesentliche Ursache** für die Umweltbelastung liegt darin, dass im Umweltbereich **Wettbewerbsversagen fundamentaler Art** wegen der sogenannten **externen Effekte** vorliegt.

Externe Effekte sind **direkte Einwirkungen,** die von **ökonomischen** Aktivitäten (Produktion oder Konsum) von einer Wirtschaftseinheit auf die andere ausgehen, die **nicht** über das **Preissystem** erfasst werden und auch **nicht** in die **Rechnung** des Verursachers mit eingehen.

Derartige Effekte liegen immer dann vor, wenn durch die Produktion bzw. den Konsum von Wirtschaftseinheiten anderen Wirtschaftssubjekten **Vorteile** (externe Erträge) oder **Nachteile** (externe Kosten) entstehen.

Beispiele:

Externe Erträge: Erholungsgebiet nach Anlage eines Stausees zur Energieerzeugung, durch die Produktion von Honig wird der Obstanbau begünstigt.

Externe Kosten: Durch Produktionsprozesse der chemischen Industrie wird CO_2 ausgestoßen, ein Sägewerk verursacht erhebliche Lärmemissionen.

Als Folge dieser externen Effekte stimmen die **einzel- und volkswirtschaftlichen** Ertrags- bzw. Kostenrechnungen ökonomischer Aktivitäten **nicht überein.**

- So sind bei externen Erträgen die privaten Erträge des „Verursachers" geringer als die gesamtwirtschaftlichen (sozialen Erträge),
- wohingegen bei negativen Effekten der Verursacher gesamtwirtschaftlich relevante Kosten (soziale Kosten) bewirkt, die nicht in seiner privaten Kostenrechnung erscheinen.

Aufgabe der Politik wäre es nunmehr, diese externen Effekte möglichst zu **neutralisieren** und dem **Verursacher** entsprechend **zuzuschreiben.**

Von besonderer Bedeutung sind vor allem die negativen externen Effekte, auch **externe Kosten** genannt.

Der Hauptgrund für die Nichterfassung dieser externen Kosten ist darin zu sehen, dass die Nutzung des weitgehend **„freien Gutes"** Umwelt **keinen Preis** hat und das Marktsystem somit auch nicht die Knappheit dieses Gutes signalisiert. Vor diesem Hintergrund lenken die Marktsignale die Produzenten und Konsumenten in die falsche Richtung; der **marktwirtschaftliche Selbststeuerungsmechanismus versagt.** Als Folge dieser externen Effekte werden beispielsweise **umweltbelastende** Güter mit zu **niedrigen Preisen** kalkuliert und angeboten. Würden alle Kosten für die Beseitigung der mit ihrer Produktion bzw. mit ihrem Konsum verbundenen Umweltschäden einkalkuliert, müssten diese Güter wesentlich teurer am Markt angeboten werden. Durch diese verzerrte Preisbildung tritt bei zu hoher Produktion von Umweltproblemgütern eine **Fehlsteuerung von Produktion und Verbrauch** auf, die mit entsprechenden Umweltschäden verbunden ist.

(4) Einbeziehung von externen Effekten im Rahmen der Umweltpolitik

Da die natürliche Umwelt ein lebenswichtiges, aber auch knappes Gut ist, muss sie bewirtschaftet werden, ihre „Inanspruchnahme" also über den Preis am Markt Berücksichtigung finden. Die Aufgabe des Staates im Rahmen der Umweltpolitik besteht nunmehr darin, diesen „Defekt des Selbststeuerungsmechanismus" zu korrigieren; denn solange der Staat als **„Anwalt der Umwelt"** nicht eingreift, bleiben die externen Kosten unberücksichtigt. Ziel dieser Politik ist also die **Einbeziehung (Internalisierung) der externen Effekte,** d.h., die Wirtschaftsrechnung muss **vervollständigt** werden, mit der Folge, dass die Marktsteuerung wieder funktioniert.

Beispiel:

Durch das Reisen mit Flugzeug (vor allem Kohlendioxid, Stickoxide, Ruß, Kohlenmonoxid) oder einem Kreuzfahrtschiff (insbesondere Kohlendioxid, Schwefeldioxid, Stickoxide und Feinstaub) wird die Umwelt sehr stark belastet.

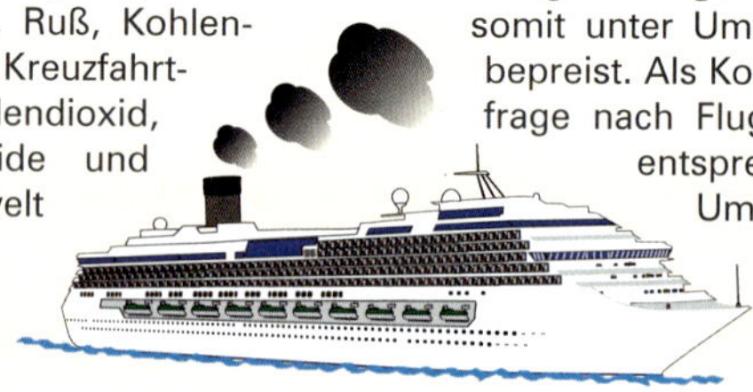

Würden nun über Steuern oder Abgaben die Kosten der Umweltbelastung von den jeweiligen Flug- bzw. Schifffahrtsgesellschaften übernommen werden müssen, käme es zu einer entsprechenden Verteuerung derartiger Reisen. Das Produkt wäre somit unter Umweltgesichtspunkten „fair" bepreist. Als Konsequenz würde die Nachfrage nach Flugreisen oder Kreuzfahrten entsprechend zurückgehen. Die Umwelt würde weniger stark belastet.

Gleichzeitig hat der Verursacher der Umweltbelastung die Kosten dafür gezahlt, da die Preise für Flug- und Schiffsreisen nunmehr derartige Kosten beinhalten.

(5) Prinzipien der Umweltpolitik

Zur Orientierung für die Umweltpolitik sollten bestimmte **Prinzipien** beachtet werden:

Prinzipien	Erläuterungen	Beispiele
Verursacherprinzip	Dem **Verursacherprinzip** folgend müssen also die Kosten für die Vermeidung oder Beseitigung der Umweltbelastung demjenigen zugerechnet werden, der für die Entstehung dieser Belastung verantwortlich ist. Durch diese Zurechnung der Kosten werden umweltbelastende Güter nicht mehr mit zu niedrigen Preisen kalkuliert und angeboten, wodurch eine Fehlsteuerung von Produktion und Konsum vermieden wird. Die Internalisierung externer Effekte ist jedoch sehr problematisch, da beispielsweise der „Verursacher" der Umweltbelastung nicht immer eindeutig identifiziert werden kann.	Das Verpackungsgesetz (VerpackG) sieht eine Entsorgungspflicht für Verpackungen vor. So sind Hersteller, Großhändler und Einzelhändler verpflichtet, ihre Verpackungen entweder erneut zu verwenden oder zu entsorgen (z.B. durch das Duale System). Dadurch ist es ihnen nicht möglich, die Entsorgungskosten zu „externalisieren", d.h. von der „Außenwelt" (der Gesellschaft) tragen zu lassen. Mit der gesetzlichen Entsorgungspflicht werden die Kosten „internalisiert", d.h., die Kosten erscheinen in den Kalkulationen der Unternehmen.

Prinzipien	Erläuterungen	Beispiele
Gemeinlastprinzip	Neben dem Verursacherprinzip spielt auch das **Gemeinlastprinzip** eine wichtige Rolle. Kann z. B. der Verursacher der Umweltbelastung nicht ausgemacht werden oder ist schnelles Handeln erforderlich, da Gefahren für Leib und Leben bestehen, so ist staatliches Handeln notwendig, d. h., die Gemeinschaft muss für die Beseitigung der Umweltschäden aufkommen.	Zum Einsatz kommt dieses Prinzip immer dann, wenn es gilt, Gefahren für die Allgemeinheit abzuwehren. Dies ist beispielsweise dann der Fall, wenn illegal im öffentlichen Raum abgestellte gefährliche Altlasten dringend entsorgt werden müssen und man den Verursacher nicht sofort ermitteln kann.
Vorsorgeprinzip	Das **Vorsorgeprinzip** sollte im Rahmen der Umweltpolitik eine tragende Rolle spielen. Der Kern dieses Prinzips besteht darin, dass es im Rahmen der Umweltpolitik nicht nur um die Beseitigung von Umweltschäden gehen darf, sondern dass vielmehr Umweltbelastungen im Vorfeld zu vermeiden sind.	Bereits in der Planungsphase privater und öffentlicher Maßnahmen (z. B. Bauplanungen) prüfen staatliche Behörden, ob bei den zu genehmigenden Projekten schädliche Immissionen (Einwirkungen auf Pflanzen, Tiere und Menschen) zu erwarten sind (Umweltverträglichkeitsprüfung).

Kompetenztraining

44

1. Im vorigen Kapitel wurden einige ausgewählte Problembereiche zum Thema „Ökologie und Ökonomie" angesprochen. Die genannten Problemfelder sind nicht voneinander zu trennen, sondern hängen eng zusammen und überlappen sich vielfach.

   Aufgabe:

   Nennen Sie Beispiele von solchen Überschneidungen!

2. Die im vorigen Kapitel dargestellten Problembereiche stellen nur eine Auswahl dar!

   Aufgabe:

   Nennen Sie vier Problemfelder zum Thema „Ökologie und Ökonomie"!

3. „Wenn eine freie Gesellschaft den vielen, die arm sind, nicht helfen kann, kann sie auch die wenigen nicht retten, die reich sind."

   Aufgabe:

   Interpretieren Sie diesen Ausspruch von John F. Kennedy!

4. Nennen und erläutern Sie drei Prinzipien der Umweltschutzpolitik! Nennen Sie Beispiele!

3 Ausgewählte Maßnahmen der Umweltpolitik analysieren

3.1 Grundlegendes

Einer alle zwei Jahre stattfindenden Studie des Bundesministeriums für Umwelt, Naturschutz und nukleare Sicherheit zufolge nimmt die Bevölkerung mit mehr als 90 Prozent die langfristige Gefährdung unserer natürlichen Lebensgrundlagen sehr ernst. Um die erforderlichen Veränderungen umzusetzen, reichen **Marktmechanismen** allein allerdings nicht aus. Es bedarf vielmehr **staatlicher Maßnahmen** im Sinne einer **Umweltpolitik,** um Wirtschaft und Märkte so zu regulieren, dass **Umweltbelastungen vermieden** und – dort wo Vermeidung nicht möglich ist – diese zumindest so **gering** wie möglich zu halten.

Umweltpolitik umfasst die **Gesamtheit der Maßnahmen** zur **Vermeidung** bzw. **Verringerung von Umweltbelastungen.**

Umweltschutz ist letzten Endes gerichtet auf Art und Ausmaß des **Abbaus** natürlicher Ressourcen, der **Umweltbelastung** durch Produktions- und Konsumrückstände und der **Regeneration** der natürlichen Umwelt.

Hierzu stehen dem Staat als **Träger der Umweltpolitik** verschiedene Instrumente zur Verfügung, die sich zunächst danach unterscheiden lassen, ob der Staat

- die **Beseitigung** von Schadstoffen selbst vornimmt
- oder seinen Politikschwerpunkt eher darauf verlagert, Einfluss auf die privaten Wirtschaftseinheiten zu nehmen, um Verschmutzen von Umwelt möglichst zu **vermeiden.**

3.2 Staatliche Beseitigung von Schadstoffen

Bei der **direkten Staatsaktivität zur Beseitigung von Schadstoffen** lässt der Staat die Verschmutzung der Umwelt zunächst zu. Bei diesem umweltpolitischen Instrument beschränkt sich die Zielsetzung der Umweltpolitik also lediglich darauf, **entstandene Belastung** im Nachhinein zu **beseitigen.** Eine **ursachenadäquate** Umweltpolitik, die eine Umweltbelastung verhindert, findet **nicht** statt.

Beispiele:

- Schadstoffbeseitigung durch den Staat (kommunale Kläranlagen, Abfuhr von Sperrmüll) oder
- Wiederaufbereitung verbrauchter Güter (Recycling).

3.3 Einflussnahme des Staates auf private Wirtschaftseinheiten

Liegt der Schwerpunkt staatlicher Umweltpolitik hingegen auf der Einflussnahme des Staates auf private Wirtschaftssubjekte, so stehen ihm verschiedene Instrumente zur Verfügung, die sich nach der **Stärke** ihrer **Eingriffsintensität** unterscheiden lassen.

3.3.1 Aufklärung

Bei der Aufklärung handelt es sich um das umweltpolitische Instrument mit der **geringsten Eingriffsintensität.**

Das Instrument der Aufklärung wird in den letzten Jahren vermehrt genutzt, um die Bevölkerung immer wieder auf die **Verschwendung von Lebensmitteln** in Privathaushalten oder das **Wegwerfverhalten** aufmerksam zu machen und für **Verhaltensänderungen** zu sensibilisieren.

(1) Information

Im Rahmen der **Information** zeigt der Staat den privaten Wirtschaftssubjekten Möglichkeiten auf, wie Umweltbelastungen vermieden werden können. Als Informationskanal stehen ihm unterschiedliche Wege zur Verfügung, z. B. Informationsbroschüren, Informationsveranstaltungen oder Fernsehsendungen.

(2) Apelle

Die staatlichen **Appelle** gehen über die bloße Information hinaus. Hierdurch versucht der Staat über öffentliche Appelle (auch **„moral suasion"** genannt) gezielt das Verantwortungsbewusstsein der privaten Wirtschaftseinheiten anzusprechen und das **Umweltbewusstsein** zu stärken.

3.3.2 Anreize

Da bloße Aufklärung häufig bei den nach dem ökonomischen Prinzip handelnden Wirtschaftssubjekten wenig bewirkt, versucht der Staat, die Wirtschaftssubjekte durch **finanzielle Anreize** dazu zu veranlassen, Umweltschutz zu betreiben. Dies kann entweder in Form von staatlichen **Preisvorgaben** (Abgaben und Subventionen) oder staatlichen **Men-**

genvorgaben (Umweltmärkte) erfolgen. Bei den **Abgaben und Steuern** gibt der Staat **Preise vor,** die **Emissionsmengen** ergeben sich dann als **Folge** dieser Preise im Zeitverlauf. Bei dem **Emissionshandel** legt der Staat die Emissionsmengen fest, für die sich dann ein Preis über den Markt bildet.

3.3.2.1 Abgaben und Subventionen

Bei den **Abgaben** – beispielsweise in Form von Steuern – soll derjenige **„bestraft"** werden, der die Umwelt belastet.

So müssen diejenigen Wirtschaftseinheiten eine finanzielle Entschädigung **zahlen,** die Emissionen an die Umwelt abgeben. Hierdurch soll für die Wirtschaftseinheiten ein Anreiz geschaffen werden, Emissionen zu vermeiden, um die ansonsten zu zahlenden Abgaben einzusparen.

Beispiel:

Möchte der Staat, dass klimaschädliche Heizungsanlagen wie beispielsweise Öl- oder Gasheizungen gegen klimafreundlichere Heizungsanlagen (z. B. Erdwärme) ausgetauscht werden, könnte er eine Abgabe auf Altanlagen oder eine höhere Steuer auf Öl und Gas einführen. Je nach Höhe der Abgabe würden die Haushalte vermehrt ihre Öl- oder Gasheizungen gegen eine neue, klimafreundliche Heizungstechnologie austauschen und somit die Umwelt entlasten.

Der Anreiz **wirkt allerdings nur** bei den Wirtschaftseinheiten, bei denen die **Kosten für die Vermeidung geringer** sind **als die zu zahlenden Abgaben.**

Durch die **Subventionen** wird zwar das gleiche Ziel wie durch die Abgaben angestrebt, der Ansatzpunkt hingegen ist ein anderer.

Durch **Subventionen** soll derjenige **„belohnt"** werden, der keine (oder nur geringe) Schadstoffe bei der Produktion bzw. dem Konsum von Gütern emittiert.

Beispiel:

Möchte der Staat, dass Kraftfahrzeuge mit Verbrennungsmotor gegen beispielsweise E-Kraftfahrzeuge ausgetauscht werden, könnte er eine entsprechende Subvention für derartige Neufahrzeuge einführen. Je nach Höhe der Subvention, wären die Haushalte zunehmend bereit, ihre Autos mit Verbrennungsmotoren zu verkaufen und ein Fahrzeug mit Elektromotor anzuschaffen.

Als wesentlicher **Kritikpunkt** bei diesem Instrument der Umweltpolitik bleibt anzumerken, dass es vonseiten des Staates sehr schwierig sein dürfte, die Abgaben bzw. Subventionen **in der Höhe so festzulegen,** dass das angestrebte Umweltschutzziel auch tatsächlich erreicht wird. Werden die Abgaben bzw. Subventionen beispielsweise zu **niedrig** angesetzt, so wird das Umweltziel wegen der zu hohen Emissionsmenge verfehlt. Setzt man die finanziellen Anreize zu **hoch,** so wird der politisch angestrebte Umweltschutz zu teuer.

Zudem müssen die Abgaben und Subventionen fortlaufend sowohl an den **technischen Fortschritt** als auch an die **Inflation** angepasst werden.

3.3.2.2 Einrichtung von Umweltmärkten

Bei diesem Instrument der Umweltschutzpolitik setzt man konsequent auf die **marktwirtschaftlichen Selbststeuerungskräfte.**

So darf die Umweltbelastung bei diesem Instrument nur gegen eine entsprechende „Berechtigung" in Form von **Umweltzertifikaten** vorgenommen werden.

Durch den für die benötigten Emissionsberechtigungen von Schadstoffen nunmehr zu zahlenden Preis kann es bei entsprechend hohem Kurs dieser Zertifikate für viele Unternehmen unter **Kostengesichtspunkten** günstiger sein, die Produktion auf **emissionsärmere** Verfahren umzustellen oder die Emission gänzlich (z. B. Einbau von Filteranlagen) zu vermeiden. Sollte das Unternehmen bereits über Zertifikate verfügen, so könnten die dann nicht mehr benötigten Zertifikate am Markt verkauft werden.

Im **Gegensatz zu den Abgaben und Subventionen** muss der Staat bei diesem Instrument allerdings eine **Menge an Emissionen festlegen,** mit der dann in Form von Zertifikaten gehandelt werden kann. Der Preis für die Emission bildet sich dann als Folge der Mengenvorgabe im Zeitablauf am Markt.

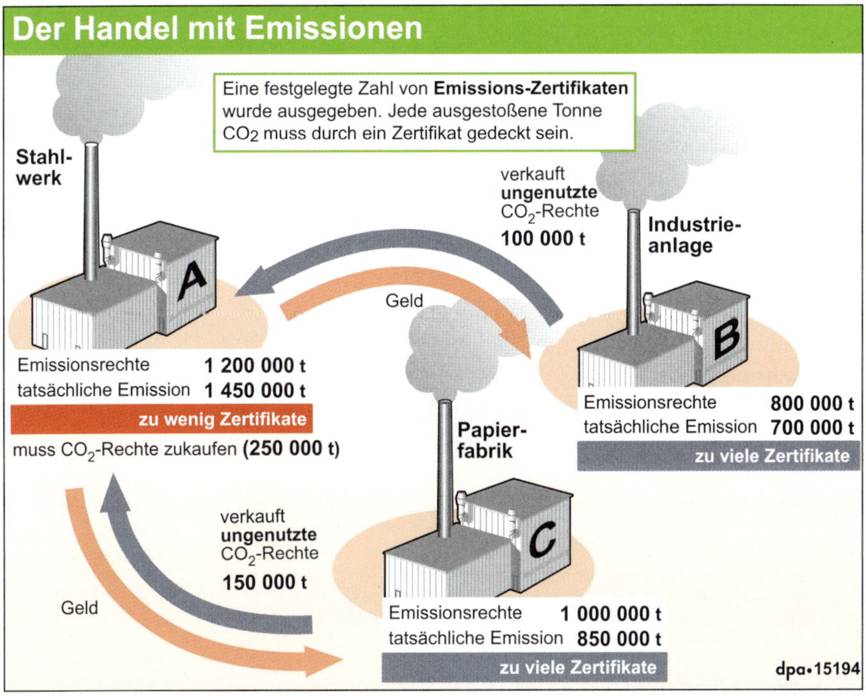

3.3.3 Zwang

Die **höchste Eingriffsintensität** besitzen die staatlichen Zwangsinstrumente, die entweder als Verbote oder Gebote formuliert sein können. Ihnen kommt heutzutage im Bereich des Umweltschutzes die **größte** Bedeutung zu, da ca. 90 % der Umweltpolitik in Deutschland auf Ordnungsrecht basiert.

Zwänge	Erläuterungen	Beispiele
Verbote	Bei den **Verboten** untersagt der Staat bestimmte Handlungen, wobei die Freiheitsgrade der Wirtschaftssubjekte im Vergleich zu den Geboten noch relativ hoch sind. Allgemein gilt: Alles, was nicht verboten ist, ist erlaubt, d.h., es besteht letztlich noch ein **Verhaltensspielraum.**	■ Verbot verschiedener Einwegprodukte aus Plastik wie z.B. Trinkhalme, Besteck, Teller, Wattestäbchen, Rührstäbchen für den Kaffee, Getränkeverpackungen aus erweitertem Polystyrol. ■ Verbot des Ausbringens von Herbiziden (Unkrautvernichtungsmitteln) auf befestigten oder versiegelten Flächen. ■ Regional vorhandene Verbote zum Ausbringen von Streusalz durch Privatpersonen auf deren Grundstücken bzw. entlang der Gehwege.
Gebote	Bei den **Geboten** sind die Wirtschaftssubjekte sehr eng gebunden. Der Staat erzwingt mit ihnen ein ganz bestimmtes Verhalten der Wirtschaftssubjekte.	■ Pflicht zum Einbau eines Dieselrußfilters für alle Traktoren mit Dieselmotor. ■ Stilllegung bzw. Nachrüstung mit Spezialfiltern von Kaminöfen, die älter als 30 Jahre sind.

3.3.4 Umwelthaftungsrecht

Das Umwelthaftungsrecht hat die **Aufgabe,** die **Umweltgefährdung** von Produktionsanlagen und Produkten zu **überprüfen** und durch **Vorsorgemaßnahmen** die finanziellen Risiken und somit die Entstehung von Ersatzansprüchen zu **vermindern.**

Je strenger die Haftungsvorschriften sind, desto mehr wird der Staat vom Erlass immer neuer Umweltvorschriften entlastet. Umweltkosten werden internalisiert (von den Unternehmen übernommen), auch dann, wenn sie sich versichern lassen. Die Versicherungsunternehmen werden hohe Risiken mit hohen Versicherungsbeiträgen, niedrige Risiken mit niedrigen Beiträgen belasten.

Das Haftungsrecht allein kann nur dort zum Zuge kommen, wo ein unmittelbarer Zusammenhang zwischen **Verursacher** und **Wirkung** besteht.

Beispiel:

Ein Landwirt spritzt seine Obstanlage mit für Fische gefährlichen Substanzen. Daraufhin sterben alle Fische im nahe gelegenen Teich.

In allen Fällen, in denen mehrere Ursachen zu Umweltschäden führen, kann das Umwelthaftungsrecht nicht weiterführen.

Beispiel:

Nach derzeitigen Kenntnissen hat das Waldsterben mehrere Ursachen, z.B. den sauren Regen, der wiederum aus zahlreichen Quellen stammt, die Ozonbelastung bei trockenen

Sonnentagen, Monokultur und Wildverbiss. Die geschädigten Waldeigentümer können deshalb keine Schadensersatzansprüche geltend machen.

Für die Bundesrepublik Deutschland gilt das **Umwelthaftungsgesetz [UmweltHG]**, das eine umfassende **Gefährdungshaftung** vorsieht. Das bedeutet, dass der Betreiber einer Anlage für Schäden an Personen und Sachen auch dann haftet, wenn ihn kein Verschulden trifft. Das Gesetz bestimmt, dass sich die Betreiber bestimmter Anlagen um eine Deckungsvorsorge kümmern müssen, damit sie ihren gesetzlichen Verpflichtungen im Fall eines Schadens nachkommen können. § 15 UmweltHG sieht allerdings eine Haftungshöchstgrenze vor, die die Unternehmen vor dem wirtschaftlichen Ruin schützen soll.

3.3.5 Umweltstrafrecht

Dem **Umweltstrafrecht** obliegt es, umweltschädigendes Verhalten als **Straftaten** oder **Ordnungswidrigkeiten** zu ahnden.

Ordnungswidrigkeiten unterscheiden sich von den Straftaten dadurch, dass sie nicht mit einer Kriminalstrafe (Freiheitsstrafe, Geldstrafe), sondern mit einer Geldbuße belegt werden.

Straftatbestände finden sich vor allem im 29. Abschnitt des Strafgesetzbuches (StGB) „Straftaten gegen die Umwelt" [§§ 324–330 d StGB].

Beispiele Straftatbestände:

- Wer unter Verletzung verwaltungsrechtlicher Pflichten Stoffe in den **Boden** einbringt, eindringen lässt oder freisetzt und diesen dadurch in einer Weise, die geeignet ist, die Gesundheit eines anderen, Tiere, Pflanzen oder andere Sachen von bedeutendem Wert oder ein Gewässer zu schädigen, oder in bedeutendem Umfang verunreinigt oder sonst nachteilig verändert, wird mit Freiheitsstrafe bis zu fünf Jahren oder mit Geldstrafe bestraft [§ 324 a StGB].
- Wer beim Betrieb einer Anlage, insbesondere einer Betriebsstätte oder Maschine, unter Verletzung verwaltungsrechtlicher Pflichten **Lärm** verursacht, der geeignet ist, außerhalb des zur Anlage gehörenden Bereichs die Gesundheit eines anderen zu schädigen, wird mit Freiheitsstrafe bis zu drei Jahren oder mit Geldstrafe bestraft [§ 325 a StGB].
- Wer beim Betrieb einer Anlage, insbesondere einer Betriebsstätte oder Maschine, unter Verletzung verwaltungsrechtlicher Pflichten Veränderungen der **Luft** verursacht, die geeignet sind, außerhalb des zur Anlage gehörenden Bereichs die Gesundheit eines anderen, Tiere, Pflanzen oder andere Sachen von bedeutendem Wert zu schädigen, wird mit Freiheitsstrafe bis zu fünf Jahren oder mit Geldstrafe bestraft. Der Versuch ist strafbar [§ 325 StGB].

Ordnungswidrigkeiten sind in den einzelnen Umweltgesetzen geregelt.

Beispiel:

Wer eine Anlage entgegen einer vollziehbaren Untersagung nach § 25 BImSchG betreibt, kann mit Geldbuße bis zu 50 000,00 EUR belegt werden [§ 62 I Nr. 6 BImSchG].

4 Nachhaltiges Wirtschaften als zentrales Leitbild der Umweltschutzpolitik

4.1 Grundlagen des nachhaltigen Wirtschaftens

Bei dieser Art des Wirtschaftens geht es darum, dass die wirtschaftliche Entwicklung mit den ökologischen Erfordernissen in Einklang gebracht wird.

Beispiel:

Im Rahmen des Wirtschaftens ist auf einen besonders sparsamen Umgang mit den vorhandenen Ressourcen ebenso zu achten wie auf den Einsatz möglichst umweltschonender Produktionsverfahren.

Das **Prinzip der Nachhaltigkeit** erfordert, dass wir heute so leben und handeln, dass **künftige Generationen** überall eine **lebenswerte** Umwelt vorfinden und ihre Bedürfnisse befriedigen können.

Der Begriff der Nachhaltigkeit stammt ursprünglich aus der Forstwirtschaft und wurde erstmals Anfang des 18. Jahrhunderts von Hans Carl von Carlowitz verwendet. Die vom Bergbau ausgelöste Holzknappheit veranlasste ihn zur Erarbeitung eines **Nachhaltigkeitskonzepts**[1] zur Sicherung des Waldbestands als natürliche Ressource für die Holzwirtschaft, wonach immer nur so viel Holz geschlagen wird, wie durch Wiederaufforstung nachwachsen kann. Auf heutige Verhältnisse übertragen ist außerdem dafür zu sorgen, dass dem Wald nicht die **natürlichen Lebens- und Wachstumsvoraussetzungen** entzogen werden, z. B. durch Schadstoffe im Boden und in der Luft (saurer Regen, Waldsterben), durch Klimawandel (Treibhauseffekt) oder durch Schädigung der Erdatmosphäre (Ozonloch).[2]

Deutschland zählt weltweit zu den größten **Rohstoffkonsumenten** und ist dabei in hohem Maße von Importen abhängig. **Versorgungssicherheit,** der **Schutz der natürlichen Ressourcen,** eine **sparsame Nutzung** sowie die **Wiederverwertung** sind daher von hoher Bedeutung für die Wirtschaft hierzulande.

1 **Konzept**: Entwurf, Plan.

2 Vgl. http://www.learn-line.nrw.de/angebote/agenda21/info/nachhalt.htm#Mag3eck [Zugriff am 05. 04. 2017].

4.2 Umsetzung des Prinzips der Nachhaltigkeit

Ziel des Handelns nach dem Prinzip der Nachhaltigkeit sollte es sein, bei allen (wirtschaftlichen) Handlungen die Umweltbelastungen und den Ressourcenverbrauch möglichst auf ein Minimum zu reduzieren. Als **Beispiele** für einen **schonenden Umgang** mit dem Leistungsfaktor Natur (Umwelt) können angeführt werden:

- umweltfreundliche Produktionstechniken (Reduzierung des Ressourcenverbrauchs, Einbau von Filteranlagen),
- Produktion und Kauf umweltfreundlicher Produkte (Mehrwegflaschen bzw. -verpackungen, Produkte aus nachwachsenden Rohstoffen),
- Recycling von gebrauchten Rohstoffen. **Weltweit** werden rund **80 %** aller gefertigten Produkte nach **einmaliger Benutzung** weggeworfen. Vor dem Hintergrund der Knappheit der Ressourcen tritt in einer **funktionierenden Kreislaufwirtschaft** an die Stelle des Wegwerfens in immer stärkerem Maße das Recycling. Dabei fließen Rohstoffe aus nicht mehr benötigten Gütern als **Sekundärrohstoffe** wieder in die Produktion ein.

Im Rahmen des Handelns nach dem Prinzip der Nachhaltigkeit ist es durchaus möglich, dass die Umsetzung umweltbewusster Maßnahmen mit **höheren Kosten** einhergehen kann. Nicht zuletzt deshalb versucht der Staat in einigen Bereichen unter ökologischen Gesichtspunkten auf die Entscheidungen der Wirtschaftssubjekte Einfluss zu nehmen, z. B.

- über Aufklärungsbroschüren,
- Umweltschutzgesetze,
- Steuern (höhere Besteuerung umweltschädlicher Güter) oder
- Subventionen (Zuschuss für Solaranlagen, verbilligte Kredite für energetische Sanierung von Wohnhäusern).

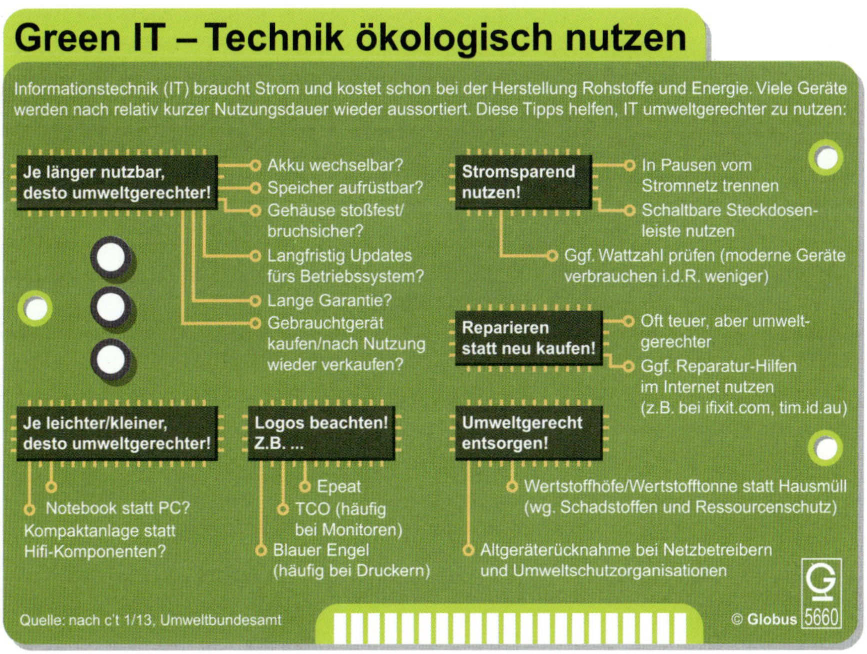

4.3 Agenda 2030

Die Agenda 2030 wurde im September 2015 auf einem Gipfel der **Vereinten Nationen** von allen Mitgliedstaaten verabschiedet und gilt für alle Staaten dieser Welt. Sie wurde mit **breiter Beteiligung der Zivilgesellschaft** in aller Welt entwickelt.

Die Agenda 2030 steht für ein neues globales Wohlstandsverständnis. Dies soll erreicht werden durch eine **Umgestaltung** von Volkswirtschaften hin zu nachhaltiger Entwicklung, beispielsweise durch verantwortungsvolle Konsum- und Produktionsmuster und saubere und erschwingliche Energie.

Das Kernstück der Agenda bildete ein ehrgeiziger **Katalog mit 17 Zielen für nachhaltige Entwicklung (Sustainable Development Goals),** welche erstmals alle **drei Dimensionen** der **Nachhaltigkeit** – Soziales, Wirtschaft (Ökonomie) und Umwelt (Ökologie) – gleichermaßen berücksichtigen. Die 17 Ziele sind unteilbar und bedingen einander.

Diesen 17 Zielen sind **fünf Kernbotschaften** als **handlungsleitende Prinzipien** vorangestellt: **Mensch, Planet, Wohlstand, Frieden und Partnerschaft.** Im Englischen spricht man von den **„5 Ps“: People, Planet, Prosperity, Peace, Partnership.**

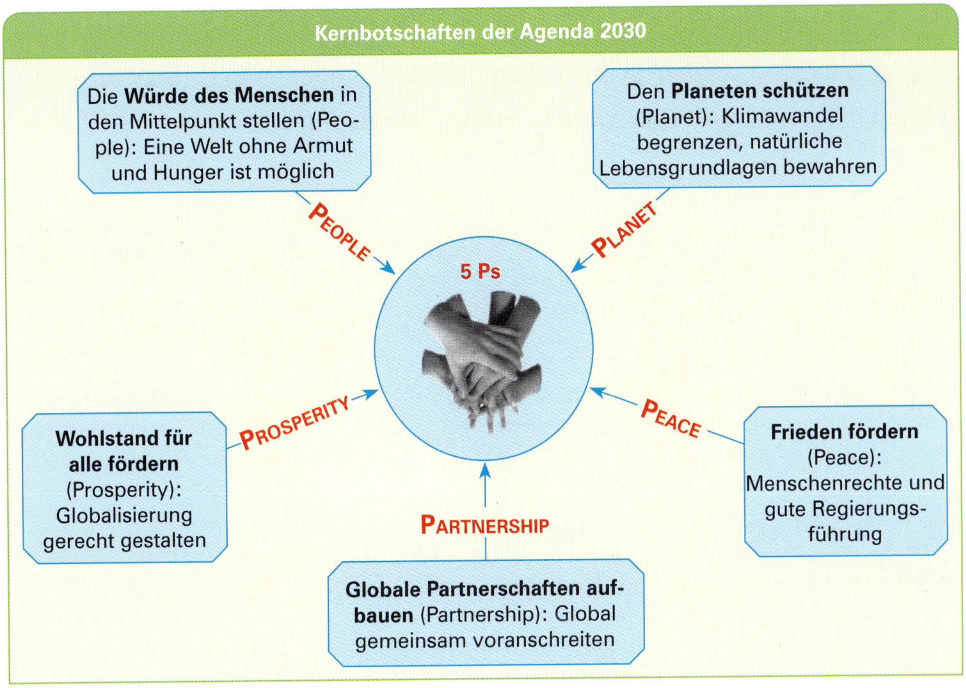

4.4 Ansätze von Nachhaltigkeit in deutschen Unternehmen

4.4.1 Erfassung und Bewertung von Umwelteinflüssen mittels Ökobilanz

(1) Grundlegendes

Umweltschutz als Thema in der Wirtschaft hat eine bemerkenswerte Wandlung durchlaufen: Vom völligen Tabu, von lästiger Notwendigkeit oder vom Sonderthema für Randgruppen ist Ökologie innerhalb weniger Jahre zu einer **zentralen Profilierungschance** für Unternehmen geworden. Außerdem haben verschärfte Umweltgesetze die Unternehmen veranlasst, sich mit Fragen des Umweltschutzes auseinanderzusetzen.

Derzeit werden insbesondere folgende **Ansprüche an Unternehmen** gestellt:

- **saubere Produktion** (clean technology),
- **Qualitätssicherung** (total quality management),
- **umweltverträgliche Logistik,**
- **Produkt- und Marktinnovation,**
- **Risikomanagement** sowie
- **Rücknahme** und **Entsorgung der Produkte** nach Ablauf der Nutzung.

Im Rechnungswesen hat sich der **Ökologiegedanke** insbesondere in der Erstellung von **Ökobilanzen** und **Ökokennzahlen** niedergeschlagen.

(2) Zweck einer Ökobilanz

Jede wirtschaftliche Tätigkeit bedeutet einen Eingriff in die natürliche Umwelt (Natur)

- als **Quelle** (Lieferant) aller primären **Roh- und Energiestoffe** (z. B. Erdöl, Kohle, Holz, Eisenerz),
- als **Aufnahmemedium** für die bei nahezu jeder industriellen Produktion zwangsläufig entstehenden **Emissionen** (z. B. Stäube, Gase, Abwärme).

Zweck der sogenannten Ökobilanzen (Umweltbilanzen) ist es, diese **vielfältigen Umweltwirkungen** (Umwelteffekte) bei der Produktion von Sachgütern und Erbringung von Dienstleistungen zu **erfassen** und unter ökologischen Gesichtspunkten zu **bewerten.**

Hierzu wird in einer Input-Output-Analyse der Stoff- und Energieeinsatz (Input) den hergestellten Fertigprodukten (Hauptprodukten) und messbaren Emissionen (Output) vergleichend gegenübergestellt.

4.4.2 Ermittlung ökologischer Kennzahlen

(1) Begriff ökologische Kennzahl

Für Informationen, die Aufschluss über die Folgen des betrieblichen bzw. des volkswirtschaftlichen Handelns auf die Umwelt geben, sind Kennzahlen unabdingbar. Ökologische Kennzahlen können volkswirtschaftlich für einzelne Betriebe, ganze Branchen oder Regionen verwendet werden. Sie erfassen quantitative Sachverhalte in konzentrierter Form. Informationen zur Erstellung der Kennzahlen erhält das Controlling aus der Kostenrechnung und der Buchführung. Kennzahlen können absolut sein (z. B. Gesamtenergieverbrauch), sie können aber auch relativ sein in Bezug zu einer weiteren Größe (z. B. Abfallquote).

Ökologische Kennzahlen sind **Orientierungshilfen** für **Umweltschutzmaßnahmen,** die z. B. Auskunft über bestimmte Umweltwirkungen geben und die Aussagefähigkeit der betrieblichen Umweltberichterstattung erhöhen können.

(2) Ökologische Kennzahlen z. B. der Input-Output-Bilanz der Brauerei AG

$$\text{Materialausbeute} = \frac{\text{Ausbringungsmenge} \cdot 100}{\text{eingesetzte Rohstoffmenge}} = \frac{9\,394\,000\text{ kg} \cdot 100}{11\,878\,000\text{ kg}} = \underline{\underline{79\,\%}}$$

Hinweise:

Ausbringungsmengen:*

Bier, ökologisch	3 999 100 kg
Bier, konventionell	2 468 900 kg
Alkoholfreie Getränke	2 465 000 kg
Malz, ökologisch	460 000 kg
Hopfen, sortiert	1 000 kg
	9 394 000 kg

* Ein Liter Bier wird mit einem Kilogramm gleichgesetzt.

Eingesetzte Rohstoffmengen:

Quellwasser	9 321 000 kg
Hopfen, ökologisch	16 000 kg
Gerste, ökologisch	1 663 000 kg
Gerste, konventionell	41 000 kg
Weizen, ökologisch	419 000 kg
Weizen, konventionell	78 000 kg
Limonadengrundstoff	272 000 kg
Kohlensäure (flüssig)	68 000 kg
	11 878 000 kg

$$\text{Abfallquote} = \frac{\text{Abfallgewicht} \cdot 100}{\text{Gesamtproduktgewicht}} = \frac{2\,456\,000\text{ kg} \cdot 100}{9\,394\,000\text{ kg}} = \underline{\underline{26\,\%}}$$

$$\text{Energiekennzahl} = \frac{\text{eingesetzte Energiemenge}}{\text{Produktionsmenge}} = \frac{6\,112\,610\text{ kWh}}{9\,394\,000\text{ kg}} = \underline{\underline{0{,}65\text{ kWh/kg}}}$$

$$\text{Wasserkennzahl} = \frac{\text{Brauchwassermenge}}{\text{Produktionsmenge}} = \frac{60\,121\,000\text{ l}}{9\,394\,000\text{ kg}} = \underline{\underline{6{,}4\text{ l/kg}}}$$

$$\text{Verpackungskennzahl} = \frac{\text{Verpackungsgewicht} \cdot 100}{\text{Gewicht der verpackten Produkte}} = \underline{\underline{\text{ca. 50 \% (Getränkeindustrie)}}}^{1}$$

$$\text{Logistikkennzahl} = \text{Transportkilometer der ausgelieferten Produkte} = \underline{\underline{\text{4,3 Millionen Kilometer}}}$$

Auswertung:

Da das Aufstellen von Ökobilanzen freiwillig und nicht einheitlich erfolgt, ist ein Branchenvergleich in der Regel nicht möglich. Der Wert liegt zunächst in der regelmäßigen Erfassung aller wichtigen umweltbelastenden Faktoren. Der Zeitvergleich ermöglicht es dann, eingetretene Verbesserungen aufzuzeigen. So kann die gezielte Einführung von Recycling-Maßnahmen **innerhalb** des Betriebs zu den erwünschten Kreislaufsystemen führen, die zum einen zu einer Einsparung an Rohstoffen, zum anderen zur Entlastung der Umwelt als Ressourcenspender und Deponiemedium führen. Das ökonomische Interesse an Kostenverringerung und das ökologische Interesse an sparsamem Material- und Energieverbrauch ergänzen sich also.

So könnte beispielsweise der hohe Brauchwasserverbrauch für die Reinigung der Mehrwegflaschen durch eine Wasserrückgewinnungsanlage spürbar reduziert werden.

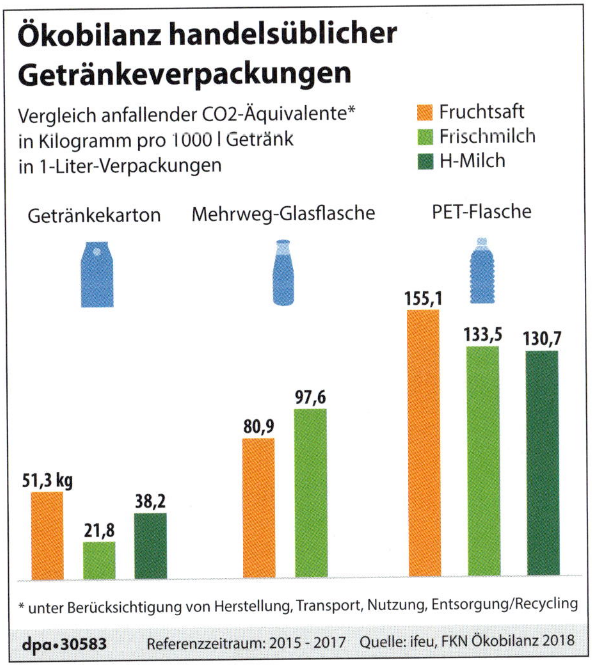

Ökobilanzen und Kennzahlen der Umweltbeanspruchung **fördern die Erkenntnis,** dass das **ökonomische** Interesse an Kostenverringerung und das **ökologische** Interesse an sparsamem Ressourcenverbrauch sich ergänzen.

1 Die Ökobilanz liefert wegen des Mehrwegsystems hier keine geeigneten Daten.

5 Perspektiven der Umweltpolitik

Zunächst lässt sich ganz allgemein feststellen, dass das **Umweltbewusstsein** der Bevölkerung und somit die **Akzeptanz für Umweltpolitik** in der jüngeren Vergangenheit **gestiegen** ist und zukünftig sicherlich auch weiter zunehmen dürfte. Denn schließlich halten immer größere Bevölkerungskreise die zunehmende Umweltverschmutzung aus heutiger Sicht für eines der gravierendsten **Zukunftsprobleme.**

Ein Ansatz für eine **ökologische Neuausrichtung** bildet das **Leitbild** der **Green Economy,** welche eine international wettbewerbsfähige, umwelt- und sozialverträgliche Wirtschaft anstrebt. Die Bundesregierung nimmt zur Umsetzung dieses Leitbildes eine umfassende **ökologische** und zugleich **kosteneffiziente** Modernisierung der **gesamten Wirtschaft** und ihrer Sektoren in den Blick, um damit die **Wettbewerbsfähigkeit** des **Standorts Deutschland** zu stärken. Letztlich soll die „Green Economy" als **Wachstumsmotor** dienen. Dazu wurde in einem Agendaprozess mit den großen Wirtschaftsverbänden, Gewerkschaften, Verbraucherorganisationen und NGOs (Nichtregierungsorganisationen) die Forschungsagenda Green Economy erarbeitet.

Green Economy: Gesellschaftlicher Wandel

Das Ziel der Green Economy ist eine nachhaltige Wirtschaft, die natürliche Ressourcen schont und die Umwelt weniger belastet. [...]

Die Green Economy verbindet Ökologie und Ökonomie: Wirtschaft muss international wettbewerbsfähig sein, genauso aber auch umwelt- und sozialverträglich. Die Green Economy steigert die gesellschaftliche Wohlfahrt, bekämpft Armut und strebt soziale Gerechtigkeit an. Vor dem Hintergrund anerkannter ökologischer Grenzen soll auf Basis eines umfassenden Verständnisses der Zusammenhänge in Wirtschaft, Finanzwesen und Politik ein umweltverträgliches qualitatives und somit nachhaltiges Wachstum ermöglicht werden. Ziel ist, veränderte, nachhaltige Produktions- und Konsumweisen zu entwickeln, um weltweit und insbesondere für kommende Generationen Wohlstand und eine hohe Lebensqualität zu sichern.

Der Weg zur Green Economy führt über einen Veränderungsprozess, der die gesamte Gesellschaft betrifft. Es geht um eine umfassende ökologische Modernisierung der gesamten Wirtschaft und ihrer Sektoren. Faktoren einer umweltverträglichen Wirtschaft sind Ressourcenverbrauch, Emissionsreduktion, Steigerung von Energie- und Rohstoffproduktivität sowie nachhaltige Gestaltung von Produkten, Versorgungssystemen und Infrastrukturen. Fragen nach Lebens- und Arbeitsbedingungen, Konsummustern, Produktlebenszyklen und Finanzierungsmodellen stehen damit in direktem Zusammenhang.

Green Economy ist eine gemeinsame Aufgabe

Im Jahr 2012 war Green Economy das zentrale Thema des UN-Nachhaltigkeitsgipfels Rio+20. Im Anschluss daran hat das Bundesforschungsministerium gemeinsam mit dem Bundesministerium für Umwelt, Naturschutz, Bau und Reaktorsicherheit eine Agenda zur Green Economy gestartet [...], die auf der Green Economy Konferenz am 18. November 2014 in Berlin der Öffentlichkeit vorgestellt wurde. Die Agenda umfasst folgende Handlungsfelder:

- Produktion und Ressourcen: Rohstoffe, Wasser und Land
- Nachhaltigkeit und Finanzdienstleistungen
- Nachhaltiger Konsum
- Nachhaltige Energieversorgung und -nutzung in der Wirtschaft
- Nachhaltige Mobilitätssysteme
- Infrastrukturen und intelligente Versorgungssysteme für die Zukunftsstadt.

[...] Darüber hinaus ist Nachhaltiges Wirtschaften ein Teil der neuen Hightech-Strategie der Bundesregierung, die die Lebensqualität in Deutschland sichert.

Quelle: Bundesministerium für Bildung und Forschung.

Kompetenztraining

45 1. Erklären Sie den Unterschied zwischen Emission und Immission!

2. Begründen Sie, warum die staatliche Beseitigung von Schadstoffen keine ursachenadäquate Umweltpolitik darstellt!

3. Dem Staat als Träger der Umweltpolitik stehen unterschiedliche Instrumente für die Umweltpolitik zur Verfügung.

   Aufgaben:

   3.1 Erläutern Sie, wie die Eingriffsintensität des Instruments der Umweltzertifikate einzustufen ist!

   3.2 Beschreiben Sie, worin der wesentliche Unterschied zwischen Abgaben und Steuern auf der einen und Umweltzertifikaten auf der anderen Seite besteht!

   3.3 Begründen Sie, warum die Einführung des Emissionshandels als „marktwirtschaftliches" Instrument bezeichnet wird!

   3.4 Erklären Sie, welcher wesentliche Vorteil des Emissionshandels von den Ökonomen besonders betont wird!

   3.5 Erläutern Sie, warum die Einführung von Umweltzertifikaten im nationalen Alleingang die Umweltprobleme auf Dauer nicht lösen kann!

4. Analysieren Sie nebenstehende Abbildung vor dem Hintergrund, welche unmittelbare Konsequenz sich aus dieser Grafik für die Industrieländer ergibt!

5. **Maßnahmenplan**

Betrachten Sie zunächst folgende Abbildung!

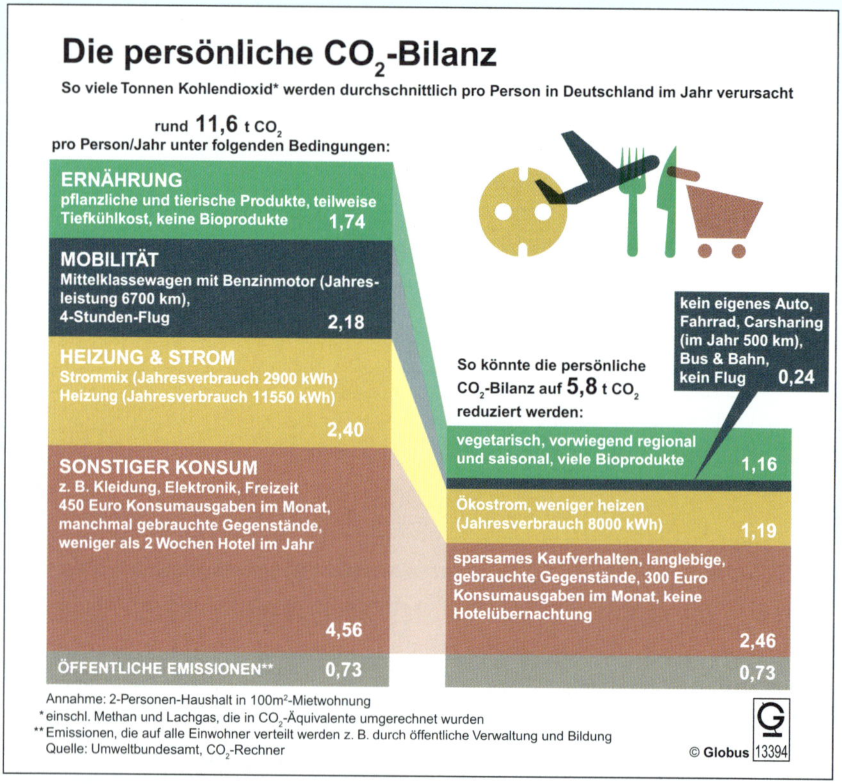

Aufgabe:

Entwickeln Sie mögliche Vorschläge für Einsparungen von CO_2 beim Konsum! Gehen Sie dabei vor allem auf dringend notwendige und von Ihnen zu leistende Verhaltensänderungen ein!

6. **Pro- und Kontra-Diskussion**

In vielen Staaten wird nicht zuletzt aus Gründen des Umweltschutzes die Elektromobilität durch Subventionen, z. B. in Form von Kaufprämien, gefördert. Diskutieren Sie diese Förderung und ziehen Sie am Ende ein eigenes Fazit!

7. Beurteilen Sie aufgrund der nachfolgenden Sachdarstellungen, welches umweltpolitische Instrument angesprochen wird und tragen Sie die entsprechende Ziffer in das Lösungsfeld ein!

① Information
② Appell
③ Abgaben
④ Subvention
⑤ Umweltzertifikate
⑥ Verbot
⑦ Gebot

Sollte keine eindeutige Zuordnung möglich sein, tragen Sie eine ⑨ ein!

7.1	Bei diesem Instrument mit der höchsten Eingriffsintensität verbleibt den Wirtschaftssubjekten noch ein Verhaltensspielraum.	
7.2	Vor der Einführung dieses Instruments bedarf es der verbindlichen Festlegung einer Mengenvorgabe.	
7.3	Die Anschaffungskosten der Vermeidungstechnologie darf die in Aussicht gestellten Transferzahlungen nicht überschreiten.	
7.4	Der Staat versucht über dieses Instrument, das Verantwortungsbewusstsein der Wirtschaftssubjekte zu beeinflussen.	
7.5	Der Staat erhebt eine Ökosteuer, die auf den Verbrauch natürlicher Ressourcen berechnet wird.	
7.6	Der Staat setzt zunächst Preise als Vorgaben fest.	
7.7	Das Umweltbundesamt verteilt an Grundschulen Broschüren, wie Abfall vermieden werden kann.	
7.8	Der Staat führt eine Verordnung ein, die der Automobilindustrie die Rücknahme von Altfahrzeugen verbindlich vorschreibt.	
7.9	Durch den staatlichen Aufkauf werden Verschmutzungsrechte knapp, wodurch sich die Anschaffung von Vermeidungstechnologie für mehr Unternehmen lohnt.	

8. **Forderungskatalog**

Im Rahmen eines Praktikums in einem mittelständischen Industriebetrieb sollen Sie folgende Aufgabenstellung lösen: Das Unternehmen möchte sich auf dem Gebiet der Nachhaltigkeit verstärkt engagieren.

Sie erhalten die Aufgabe, einen Forderungskatalog für die Unternehmensleitung zu formulieren, in dem ganz einfach umzusetzende praktische Aktivitäten aufgelistet werden, die einen Beitrag zu mehr Nachhaltigkeit leisten!

9. Angenommen, in einer Gemeinde befinden sich aufgelassene Industriegelände. Die Abrissarbeiten für ein ansiedlungswilliges Unternehmen betragen einschließlich der Grunderwerbskosten 250,00 EUR je m^2. Die Nachbargemeinde bietet Industriegrundstücke auf der „grünen Wiese" für 50,00 EUR je m^2 einschließlich Grunderwerbsteuer an.

Aufgaben:

9.1 Beurteilen Sie, wie hoch eine „Neuversiegelungsteuer" unter sonst gleichen Bedingungen mindestens sein müsste, um das Unternehmen zu veranlassen, das aufgelassene Industriegrundstück zu erwerben!

9.2 Entscheiden Sie, welcher Steuerart Sie die Neuversiegelungsteuer zurechnen! Begründen Sie Ihre Antwort!

9.3 Stufen Sie die genannte Neuversiegelungsteuer als marktkonforme oder als marktkonträre Maßnahme ein und begründen Sie Ihre Entscheidung!

10. **Maßnahmenplan**

Entwickeln Sie vier marktkonforme Umweltschutzmaßnahmen, die in Ihrer Stadt oder Kommune umgesetzt werden könnten! Beschreiben Sie diese Maßnahmen nebst den zu erwartenden positiven Wirkungen möglichst konkret und gehen Sie auch darauf ein, wie die Bevölkerung auf Ihre Vorschläge reagiert!

11. **Maßnahmenplan**

Falls im Laufe der nächsten Jahre in Deutschland die im Rahmen der Agenda 2030 angestrebten Ziele absehbar nicht erreicht werden, müsste die Bundesregierung entsprechend handeln. Entwickeln Sie einen Maßnahmenplan, wie ein solches Eingreifen der Bundesregierung aussehen könnte und beurteilen Sie Ihre Vorschläge hinsichtlich einer möglichen Reaktion der Bevölkerung!

46

1. Beantworten Sie, gegebenenfalls mittels Recherche, folgende Fragen:

Aufgaben:

1.1 Nennen Sie Beispiele für Öko-Steuern!

1.2 Überlegen Sie sich ein praktisches Beispiel, wie durch Steuervorteile die Nachfrage nach einem umweltfreundlicheren Produkt zulasten eines umweltschädlichen Produktes erhöht werden kann!

1.3 Nennen Sie ein Beispiel, wie der Staat selbst durch sein Nachfrageverhalten Einfluss auf die Produktion umweltfreundlicher Produkte nehmen kann!

2.

In einem Luftkurort sind die Bürger seit einigen Wochen sehr beunruhigt, denn eine Zementfabrik plant, sich in ihrer Stadt, die über große Kalksteinvorkommen verfügt, niederzulassen.

Die Manager der Zementfabrik haben den Gemeinderat des Luftkurortes gebeten, einen Teil des Gemeindegrundes, auf dem zurzeit viele kleine Schrebergärten angelegt sind, zu verkaufen. Darüber hinaus wurden auch mehrere Kleinlandwirte angesprochen, ihren Grund und Boden teilweise zu verkaufen, damit das neue Zementwerk möglichst in der Nähe der Kalksteinvorkommen gebaut werden kann. Zudem muss ein Teil des an die Schrebergärten angrenzenden Waldes, in dem viele geschützte Vogelarten heimisch sind, abgeholzt werden.

Im Luftkurort herrschen unterschiedliche Auffassungen über die geplante Errichtung der Fabrik. Da sich die Bewohner in Befürworter und Gegner gespalten haben, wurden unterschiedliche Interessengruppen gebildet.

Um sich über die verschiedenen Meinungen der Bürger zu informieren, hat der Gemeinderat vor der endgültigen Entscheidung über den geplanten Bau der Zementfabrik die verschiedenen Interessengruppen zu einer öffentlichen Gemeinderatssitzung im Dorfgasthof „Alte Schmiede" eingeladen.

Die Interessengruppen treffen sich bereits **20 Minuten vor** der anstehenden Sitzung, um eine gemeinsame Linie festzulegen. Als Interessengruppen vertreten sind: die Mitglieder des Gemeinderates, Arbeitsuchende, Umweltschützer und die Unternehmensmanager.

Aufgaben:

Rollenspiel

2.1 Entscheiden Sie, in welcher Interessengruppe Sie gerne mitarbeiten möchten und finden Sie sich am jeweiligen „Stammtisch" ein. Nach ca. 20 Minuten Vorbereitungszeit sollte die Gemeinderatssitzung beginnen. Diskutieren Sie über die geplante Errichtung der Zementfabrik.

Rollenkarten

Mitglieder des Gemeinderates

Sie sind Mitglied des Gemeinderates und wurden von den Zementwerkmanagern bereits im Vorfeld gefragt, ob Sie den kalksteinhaltigen Gemeindegrund, auf dem zurzeit die Schrebergärten angelegt sind, verkaufen würden.

In den vergangenen Tagen mussten Sie allerdings feststellen, dass es nicht nur Befürworter für die Errichtung des Zementwerkes innerhalb der Bevölkerung gibt.

Um die Situation nicht weiter eskalieren zu lassen, haben Sie die Einberufung einer öffentlichen Gemeinderatssitzung beschlossen, an der die unterschiedlichen Interessenvertreter (z. B. Zementwerkmanager, Naturschützer, Arbeitsuchende) teilnehmen.

Umweltschützer

Als Bürger des Luftkurortes sind Sie von Geburt an eng mit Ihrer Heimat verwurzelt. Dabei lieben Sie vor allem die reizvolle Landschaft dieses Luftkurortes und sind zudem sehr naturverbunden.

Mit großem Entsetzen haben Sie deshalb in den vergangenen Tagen die Nachricht verfolgt, dass unweit Ihres Wohnhauses auf dem Schrebergartengelände ein Zementwerk errichtet werden soll. Um dies zu verhindern, haben Sie sich sofort der Bürgerinitiative **„Naturfreunde unserer Stadt"** angeschlossen, deren Ziel es ist, die Errichtung des Zementwerkes – zumindest unter den derzeitig geplanten Bedingungen – zu verhindern.

Arbeitsuchende

Nach Beendigung Ihrer Ausbildung zum Bankkaufmann möchten Sie sich beruflich verändern und als kaufmännischer Angestellter zu einem Großunternehmen wechseln. Wie Ihnen die Agentur für Arbeit mitteilte, sind die Aussichten auf eine gut dotierte Stelle in dieser Region allerdings gering. Mit großem Interesse haben Sie deshalb die Nachrichten von der geplanten Errichtung des Zementwerkes verfolgt, da hierdurch 500 Arbeitsplätze im kaufmännischen Bereich entstehen sollen.

Um Ihre Interessen zu wahren, haben Sie sich deshalb der neu gegründeten Bürgerinitiative **„Arbeit in unserer Stadt"** angeschlossen, die eine Errichtung des Zementwerkes befürwortet.

Unternehmensmanager

Als Unternehmensmanager und Mitinhaber eines der weltweit führenden Zementherstellers planen Sie die Errichtung einer Zementfabrik im Luftkurort. Nach ersten Untersuchungen handelt es sich um eines der größten Kalksteinvorkommen Deutschlands, welches leicht zugänglich ist und somit entsprechend geringe Abbaukosten verursacht.

Nachdem Ihnen sowohl der Gemeinderat als auch die angesprochenen Bauern bereits Bereitschaft für den Verkauf des Geländes signalisiert haben, werden Sie vom Bürgermeister zu einer öffentlichen Gemeinderatssitzung bestellt, da sich Widerstand innerhalb der Bevölkerung breitgemacht hat.

Leserbrief

2.2 Formulieren Sie für die einzelnen Standpunkte Leserbriefe für die Lokalzeitung!

3. Die Ultra-Sportswear AG hat sich auf Sportbekleidung spezialisiert. Sie sieht ein verbessertes Markenimage durch den Nachweis einer umweltschonenden Produktion und veröffentlichte deshalb folgende Ökobilanz:

Vereinfachte Ökobilanz der Ultra-Sportswear AG

Input	30. Juni 20..		Output
1. Rohstoffe		1. Produkte	
1.1 Wollgarne	480 000	1.1 Herrenartikel (kg)	469 000
1.2 Polyamid bunt (kg)	220 000	1.2 Frauenartikel (kg)	307 600
1.3 Polyamid reinw. (kg)	109 000	2. Verpackungen	
2. Hilfsstoffe		2.1 Produktverpackung (kg)	6 300
2.1 Farbstoff (kg)	12 000	2.2 Transportverpackung (kg)	4 300
2.2 Hilfsmittel (kg)	31 700	3. Abgänge	
2.3 Öle etc. (kg)	1 200	3.1 Mehrwegbehälter (kg)	15 600
2.4 Verpackungsmat. (kg)	10 600	3.2 Wertstoff (kg)	57 600
3. Betriebsstoffe (kg)	745 000	3.3 Müll (kg)	4 900
4. Energie (kWh)	30 958 000	4. Abwasser	
5. Brauchwasser (kg)	116 154 000	4.1 Klärwerk (kg)	92 781 000
		4.2 Rückgewinnung (kg)	9 200 000
		4.3 Dampf (kg)	18 282 000
		5. Abgase	k. A.

Aufgabe:

Ermitteln Sie die Energie-, Wasser- und Verpackungskennzahl sowie die Abfallquote!

4. Entscheiden Sie, in welchem der nachfolgenden Vorgänge es sich nicht um die Einflussnahme des Staates durch Anreize handelt!

① Der Staat verdoppelt die Kfz-Steuer auf Autos mit Verbrennungsmotoren.

② Die Stadt München erlässt für alle E-Autos die Parkgebühren in der Innenstadt.

③ Beim Neubau von Immobilien sollen Erdwärmeheizungen künftig mit 20 % der Anschaffungskosten bezuschusst werden.

④ Der Staat schafft die Mehrwertsteuer auf Bahn- und Bustickets ab.

⑤ Künftig sollen die Gebühren für Restmüll grundsätzlich nach dem Gewicht des Mülls berechnet werden.

⑥ Der Verkauf von Feuerwerkskörpern wird deutschlandweit untersagt.

☐

Stichwortverzeichnis

Bilderverzeichnis

S. 26: Dmytro Vietrov – www.colourbox.de • **S. 27**: M. Schlutter - adpic.de • **S. 53**: www.colourbox.de • **S. 66**: drubig-foto – fotolia.com • **S. 69**: Tashatuvango – www.colourbox.de • **S. 76**: PetraD – www.colourbox.de • **S. 88**: ikonoklast_hh – Fotolia.com • **S. 119**: Petr Ciz – Fotolia.com • **S. 167**: Bundeskartellamt • **S. 176**: Christian Schwier– fotolia.com • **S. 176**: www.adpic.de • **S. 176**: CandyBox Images – Fotolia.com • **S. 189**: loraks – Fotolia.com • **S. 219**: MEV-Verlag, Germany • **S. 233**: AUDI AG https:\\www.audi-media-center.com/de/fotos/album/techday-smart-factory-721 • **S. 324**: Phovoir – www.colourbox.de • **S. 362**: www.colourbox.de • **S. 369**: Bundesagentur für Arbeit • **S. 371**: Bundesagentur für Arbeit